大臣・長官 （令和4年 8月10日発足）（令和4年 12月27日現在）

法務大臣
齋藤　健

外務大臣
林　芳正

財務大臣※1
鈴木俊一

厚生労働大臣
加藤勝信

農林水産大臣
野村哲郎

経済産業大臣※3
西村康稔

内閣官房長官※6
松野博一

デジタル大臣※7
河野太郎

復興大臣※8
渡辺博道

経済安全保障担当大臣※12
高市早苗

JN132442

※1　……の大臣の兼務職員欄はまとめ参照下さい。

国会の勢力分野

（令和5年1月23日現在）

（政　党　別）

（　）内は女性議員で、内数です。

（衆議院）	政　党　名	（参議院）		
		令元	令4	計
260(20)	自　由　民　主　党	55(10)	63(13)	118(23)
96(13)	立　憲　民　主　党	22(9)	16(8)	38(17)
40(4)	日　本　維　新　の　会	9(1)	12(3)	21(4)
32(4)	公　明　党	14(2)	13(2)	27(4)
10(2)	日　本　共　産　党	7(3)	4(2)	11(5)
10(1)	国　民　民　主　党	5(1)	5(2)	10(3)
3(2)	れ　い　わ　新　選　組	2(1)	3(0)	5(1)
1(0)	社　会　民　主　党	0	1(1)	1(1)
0	Ｎ　Ｈ　Ｋ　党	1(0)	1(0)	2(0)
0	参　政　党	0	1(0)	1(0)
10(0)	無所属（諸派を含む）	9(3)	5(3)	14(6)
3	欠　　　員	0	0	0
465(46)	計	124(30)	124(34)	248(63)

※衆参の正副議長は無所属に含む

（会　派　別）

（衆議院）	会　派　名	（参議院）		
		令元	令4	計
260(20)	自　由　民　主　党	55(10)	63(13)	118(23)
97(13)	立　憲　民　主　党	22(9)	18(10)	40(19)
40(4)	日　本　維　新　の　会	9(1)	12(3)	21(4)
32(4)	公　明　党	14(2)	13(2)	27(4)
10(1)	国　民　民　主　党	7(2)	6(2)	13(4)
10(2)	日　本　共　産　党	7(3)	4(2)	11(5)
5(0)	有　志　の　会	—	—	—
3(2)	れ　い　わ　新　選　組	2(1)	3(0)	5(1)
—	Ｎ　Ｈ　Ｋ　党	1(0)	1(0)	2(0)
—	沖　縄　の　風	1(0)	1(0)	2(0)
5(0)	無　所　属	6(2)	3(2)	9(4)
3	欠　　　員	0	0	0
465(46)	計	124(30)	124(34)	248(64)

(注)立憲民主党は衆院で「立憲民主党・無所属」、参院で「立憲民主・社民」。国民民主党は衆院で「国民民主党・無所属クラブ」、参院で「国民民主党・新緑風会」。

国会関係所在地電話番号一覧

■ 総理大臣官邸　〒100-0014　千, 永田町2-3-1　☎3581-0101

■ 衆議院　〒100-8960　千, 永田町1-7-1　☎3581-5111
議　長　公　邸　〒100-0014 千, 永田町2-18-1　☎3581-1461
副 議 長 公 邸　〒107-0052 港, 赤坂8-11-40　☎3423-0311
赤 坂 議 員 宿 舎　〒107-0052 港, 赤坂2-17-10　☎5549-4671
青 山 議 員 宿 舎　〒106-0032 港, 六本木7-1-3　☎3408-4911

■ 参議院　〒100-8961　千, 永田町1-7-1　☎3581-3111
議　長　公　邸　〒100-0014 千, 永田町2-18-2　☎3581-1481
副 議 長 公 邸　〒106-0043 港, 麻布永坂町25　☎3586-6741
麹 町 議 員 宿 舎　〒102-0083 千, 麹町4-7　☎3237-0341
清水谷議員宿舎　〒102-0094 千, 紀尾井町1-15　☎3264-1351

■ 衆議院議員会館
第 一 議 員 会 館　〒100-8981 千, 永田町2-2-1　☎3581-5111(代)
　　　　　　　　　　　　　　　　　　　　　　☎3581-4700(簡)
第 二 議 員 会 館　〒100-8982 千, 永田町2-1-2　☎3581-5111(代)
　　　　　　　　　　　　　　　　　　　　　　☎3581-1954(簡)

■ 参議院議員会館
参議院議員会館　〒100-8962 千, 永田町2-1-1　☎3581-3111(代)
　　　　　　　　　　　　　　　　　　　　　　☎3581-3146(簡)

国 立 国 会 図 書 館　〒100-8924 千, 永田町1-10-1　☎3581-2331
憲 政 記 念 館　〒100-0014 千, 永田町1-1-1　☎3581-1651

要覧アプリ
配信中！
左記IDにて登録

1

目　　次

目　　　次

第2次岸田改造内閣・大臣・秘書官（令和4年8月10日発足）

	大　臣	秘書官	秘書官室
内閣総理大臣	岸　田　文　雄 衆(自)	嶋　田　　隆	3581-0101
総　務　大　臣	松　本　剛　明 衆(自)	梅　津　德　之	5253-5006
法　務　大　臣	齋　藤　　健 衆(自)	福　田　かおる	3581-0530
外　務　大　臣	林　　　芳　正 衆(自)	宮　本　賢　一	3580-3311(代)
財　務　大　臣 内閣府特命担当大臣 (金　　融) デフレ脱却担当	鈴　木　俊　一 衆(自)	鈴　木　俊太郎	3581-0101 3581-2716
文部科学大臣 教育未来創造担当	永　岡　桂　子 衆(自)	大　越　貴　陽	6734-2101
厚生労働大臣	加　藤　勝　信 衆(自)	桒　原　雄　尚	3595-8226
農林水産大臣	野　村　哲　郎 参(自)	碇　本　博　一	3502-8111(代)
経済産業大臣 原子力経済被害担当 GX実行推進担当 産業競争力担当 ロシア経済分野協力担当 内閣府特命担当大臣 (原子力損害賠償・ 廃炉等支援機構)	西　村　康　稔 衆(自)	岸　本　吉　生	3501-1601 1602
国土交通大臣 水循環政策担当 国際園芸博覧会担当	斉　藤　鉄　夫 衆(公)	城　戸　一　興	5253-8019
環　境　大　臣 内閣府特命担当大臣 (原子力防災)	西　村　明　宏 衆(自)	髙　木　哲　哉	3580-0241
防　衛　大　臣	浜　田　靖　一 衆(自)		5269-3240
内閣官房長官 沖縄基地負担軽減担当 拉　致　問　題　担　当 ワクチン接種推進担当	松　野　博　一 衆(自)	小　澤　貴　仁	3581-0101
デジタル大臣 内閣府特命担当大臣 (デジタル改革 及び消費者 及び食品安全) 国家公務員制度担当	河　野　太　郎 衆(自)	盛　　純　二	4477-6775(代)
復　興　大　臣 福島原発事故再生総括担当	渡　辺　博　道 衆(自)	井　本　　昇	6328-1111(代)
国家公安委員会委員長 国　土　強　靱　化　担　当 領　土　問　題　担　当 内閣府特命担当大臣 (防災　海洋政策)	谷　　　公　一 衆(自)	磯　　篤　志	3581-1739
こども政策担当 共生社会担当 女　性　活　躍　担　当 孤独・孤立対策担当 内閣府特命担当大臣 (少子化対策　男女共同参画)	小　倉　將　信 衆(自)	前　田　茂　人	5253-2111(代)
経済再生担当 新しい資本主義担当 スタートアップ担当 新型コロナ対策・健康危機管理担当 全世代型社会保障改革担当 内閣府特命担当大臣 (経済財政政策)	後　藤　茂　之 衆(自)	波多野　泰　史	5253-2111(代)
経済安全保障担当 内閣府特命担当大臣 (知的財産戦略　科学技術政策 宇宙政策　経済安全保障)	高　市　早　苗 衆(自)	髙　市　知　嗣	5253-2111(代)
内閣府特命担当大臣 (沖縄及び北方対策　地方創生 規制改革　クールジャパン戦略 アイヌ施策) デジタル田園都市国家構想担当 国際博覧会担当 行政改革担当	岡　田　直　樹 参(自)	谷　端　臣　文	5253-2111(代)

副大臣・大臣政務官・事務次官一覧

省庁	副大臣	副大臣室	大臣政務官	大臣政務官室	事務次官
デジタル庁	大串正樹 衆(自)	4477-6775	尾﨑正直 衆(自)	4477-6775	
復興庁	小島敏文 衆(自) 竹谷とし子 参(自) 石井浩郎 参(自)	6328-1111	中野英幸 衆(自) 山本左近 衆(自) 里見隆治 参(自) 西田昭二 衆(自)	6328-1111	石田 優
内閣府	藤丸 敏 衆(自) 星野剛士 衆(自) 和田義明 衆(自) 大串正樹 衆(自) 伊佐進一 衆(公) 中谷真一 衆(自) 太田房江 参(自) 石井浩郎 参(自) 小林茂樹 衆(自) 井野俊郎 衆(自)	5253-2111	鈴木英敬 衆(自) 自見はなこ 参(自) 中野英幸 衆(自) 尾﨑正直 衆(自) 本田顕子 参(自) 長峯 誠 参(自) 里見隆治 参(自) 西田昭二 衆(自) 柳本 顕 衆(自) 木村次郎 衆(自)	5253-2111	田和 宏
総務省	尾身朝子 衆(自) 柘植芳文 参(自)	5253-5111	国光あやの 衆(自) 中川貴元 衆(自) 長谷川淳二 衆(自)	5253-5111	山下哲夫
法務省	門山宏哲 衆(自)	3581-1940	高見康裕 衆(自)	3592-7833	川原隆司
外務省	武井俊輔 衆(自) 山田賢司 衆(自)	5501-8007 5501-8010	秋本真利 衆(自) 髙木 啓 衆(自) 吉川ゆうみ 参(自)	3580-3311(代)	森 健良
財務省	井上貴博 衆(自) 秋野公造 参(公)	3581-2713 3581-2714	金子俊平 衆(自) 宮本周司 参(自)	3581-7622 3581-7600	茶谷栄治
文部科学省	井出庸生 衆(自) 簗 和生 衆(自)	6734-3301 6734-2103	伊藤孝江 参(公) 山本左近 衆(自)	6734-3503 6734-3501	柳 孝
厚生労働省	羽生田俊 参(自) 伊佐進一 衆(公)	5253-1111	畦元将吾 衆(自) 本田顕子 参(自)	5253-1111	大島一博
農林水産省	勝俣孝明 衆(自) 野中 厚 衆(自)	3591-2722 3591-2051	角田秀穂 衆(自) 藤木眞也 参(自)	3591-5561 3591-5730	横山 紳
経済産業省	中谷真一 衆(自) 太田房江 参(自)	3501-1603 3501-1604	長峯 誠 参(自) 里見隆治 参(自)	3501-1221 3501-1222	多田明弘
国土交通省	豊田俊郎 参(自) 石井浩郎 参(自)	5253-8021 5253-8020	古川 康 衆(自) 清水真人 参(自) 西田昭二 衆(自)	5253-8023 5253-8024 5253-8976	藤井直樹
環境省	山田美樹 衆(自) 小林茂樹 衆(自)	3580-0247	国定勇人 衆(自) 柳本 顕 衆(自)	3581-3362 3581-4912	和田篤也
防衛省	井野俊郎 衆(自)	5229-2121	小野田紀美 参(自) 木村次郎 衆(自)	3267-0336 5229-2122	鈴木敦夫
内閣官房副長官	木原誠二 衆(自) 磯﨑仁彦 参(自) 栗生俊一	3581-0101 5532-8615 3581-1061			

衆・参各議院役員等一覧

第211回国会（令和5年1月23日〜6月21日）（1月23日現在）

【衆議院】

議　　　長	細田博之	(無)
副 議 長	海江田万里	(無)

常任委員長

内　　　閣	大西英男	(自)
総　　　務	浮島智子	(公)
法　　　務	伊藤忠彦	(自)
外　　　務	黄川田仁志	(自)
財務金融	塚田一郎	(自)
文部科学	宮内秀樹	(自)
厚生労働	三ッ林裕巳	(自)
農林水産	笹川博義	(自)
経済産業	竹内　譲	(公)
国土交通	木原　稔	(自)
環　　　境	古賀　篤	(自)
安全保障	鬼木　誠	(自)
国家基本政策	塩谷　立	(自)
予　　　算	根本　匠	(自)
決算行政監視	江田憲司	(立)
議院運営	山口俊一	(自)
懲　　　罰	大串博志	(立)

特別委員長

災害対策	江藤　拓	(自)
倫理公選	平口　洋	(自)
沖縄北方	松木けんこう	(立)
拉致問題	下条みつ	(立)
消費者問題	稲田朋美	(自)
東日本大震災復興	長島昭久	(自)
原子力問題調査	鈴木淳司	(自)
地域活性化・こども政策・デジタル社会形成	橋本　岳	(自)

憲法審査会会長	森　英介	(自)
情報監視審査会会長	小野寺五典	(自)
政治倫理審査会会長	逢沢一郎	(自)
事務総長	岡田憲治	

【参議院】

議　　　長	尾辻秀久	(無)
副 議 長	長浜博行	(無)

常任委員長

内　　　閣	古賀友一郎	(自)
総　　　務	河野義博	(公)
法　　　務	杉　久武	(公)
外交防衛	阿達雅志	(自)
財政金融	酒井庸行	(自)
文教科学	高橋克法	(自)
厚生労働	山田　宏	(自)
農林水産	山下雄平	(自)
経済産業	吉川沙織	(立)
国土交通	蓮　舫	(立)
環　　　境	滝沢　求	(自)
国家基本政策	室井邦彦	(維)
予　　　算	末松信介	(自)
決　　　算	佐藤信秋	(自)
行政監視	青木　愛	(立)
議院運営	石井準一	(自)
懲　　　罰	鈴木宗男	(維)

特別委員長

災害対策	三浦信祐	(公)
ODA・沖縄北方	三原じゅん子	(自)
倫理選挙	古川俊治	(自)
拉致問題	山谷えり子	(自)
地方創生・デジタル社会	鶴保庸介	(自)
消費者問題	松沢成文	(維)
東日本大震災復興	古賀之士	(立)

調査会長

外交・安全保障	猪口邦子	(自)
国民生活・経済及び地方	福山哲郎	(立)
資源エネルギー・持続可能社会	宮沢洋一	(自)

憲法審査会会長	中曽根弘文	(自)
情報監視審査会会長	有村治子	(自)
政治倫理審査会会長	松下新平	(自)
事務総長	小林史武	

（カッコ内は会派名。自＝自由民主党、立＝立憲民主党・無所属（衆院）、立憲民主・社民（参院）、維＝日本維新の会、公＝公明党、無＝無所属）

衆 議 院

選挙区	選挙当日有権者数 投票率	選挙得票数・得票率 (比は比例代表との重複立候補者、比当 は比例代表での当選者)

選挙区割

	党派*（会派） 出身地 勤続年数(うち🔴年数)(初当選年) 勤続年数は令和5年2月末現在	当選回数 生年月日

ふり	がな	
氏	名	

略　　歴　〔現職はゴシック。但し大臣・副大臣・政務官、委
員会及び党役職のみ。年齢は令和5年2月末現在〕

〒　地元　住所　☎
〒　中央　住所　☎

*　新…当選1回の議員、前…直近の衆議院解散により衆議院議員を失職した人、
　元…衆議院議員の経験があり、直近の衆議院議員総選挙に落選した人、ある
　　　いは、出馬しなかった人
(注) 比例代表で復活当選した議員の小選挙区名を〈　〉内に示した。

●編集要領

○ 住所に宿舎とあるのは議員宿舎、会館とあるのは議員会館。
　○ 党派名、自民党議員の派閥名（[　]で表示）を略称で表記した。

自…自由民主党	社…社会民主党	[森]…森山派
立…立憲民主党	無…無所属	[無]…無派閥
維…日本維新の会	[安]…安倍派	
公…公明党	[茂]…茂木派	（　）内は会派名
国…国民民主党	[麻]…麻生派	立憲…立憲民主党・無所属
共…日本共産党	[二]…二階派	有志…有志の会
れ…れいわ新選組	[岸]…岸田派	

○ 常任委員会

内閣委員会……………………**内閣委**	国土交通委員会……………**国交委**
総務委員会……………………**総務委**	環境委員会……………………**環境委**
法務委員会……………………**法務委**	安全保障委員会……………**安保委**
外務委員会……………………**外務委**	国家基本政策委員会…**国家基本委**
財務金融委員会………………**財金委**	予算委員会……………………**予算委**
文部科学委員会………………**文科委**	決算行政監視委員会……**決算行監委**
厚生労働委員会………………**厚労委**	議院運営委員会……………**議運委**
農林水産委員会………………**農水委**	懲罰委員会……………………**懲罰委**
経済産業委員会………………**経産委**	

○ 特別委員会

災害対策特別委員会 ………………………………………………**災害特委**
政治倫理の確立及び公職選挙法改正に関する特別委員会 ……**倫選特委**
沖縄及び北方問題に関する特別委員会 …………………………**沖北特委**
北朝鮮による拉致問題等に関する特別委員会 …………………**拉致特委**
消費者問題に関する特別委員会 …………………………………**消費者特委**
東日本大震災復興特別委員会 ……………………………………**復興特委**
原子力問題調査特別委員会 ………………………………………**原子力特委**
地域活性化・こども政策・デジタル社会形成に関する特別委員会…**地域・こども特委**

○ 審査会

憲法審査会 …………………………………………………………**憲法審委**
情報監視審査会 ……………………………………………………**情報監視審委**
政治倫理審査会 ……………………………………………………**政倫審委**

※所属の委員会名は、1月23日現在の委員部資料及び議員への取材に基づいて掲載しています。

衆議院議員・秘書名一覧

	議　員　名	党派(会派)	選挙区	政策秘書名第1秘書名第2秘書名	館別号室	直通FAX	略歴頁
あ	あかま二郎 じろう	自[麻]	神奈川14	鈴木久恵 飯田則恭 神﨑慶子	1 421	3508-7317 3508-3317	86
	あべ俊子 としこ	自[無]	比例中国	竹山直子	1 514	3508-7136 3508-3436	148
	安住淳 あずみ じゅん	立	宮城5	泉貴仁 遠藤裕美 髙木万莉子	1 1003	3508-7293 3508-3503	61
	安倍晋三 あべ しんぞう		山口4	（令和4年7月8日死去）			147
	足立康史 あだち やすし	維	大阪9	斉藤巧 川口元気 植田まゆみ	1 1016	3508-7100 3508-6410	129
あ	阿部司 あべ つかさ	維	比例東京	両角穣 國井百合子 津田郁也	2 321	3508-7504 3508-3934	101
	阿部知子 あべ ともこ	立	神奈川12	石塚淳子 齊藤剛彦 横山弓彦	1 424	3508-7303 3508-3303	86
	阿部弘樹 あべ ひろき	維	比例九州	高岡英一	2 1102	3508-7480 3508-3360	166
	逢沢一郎 あいさわ いちろう	自[無]	岡山1	三谷正史 藤井章文 足立輝	1 505	3508-7105 3508-0319	143
	青柳仁士 あおやぎ ひとし	維	大阪9	小島英治 綾田剛樹 上山博史	1 723	3508-7609 3508-3989	130
	青柳陽一郎 あおやぎよういちろう	立	比例南関東	仲長久男 高正信 宮下佳織	2 1013	3508-7245 3508-3515	90
	青山周平 あおやましゅうへい	自[安]	比例東海	佐藤彰亮 田中大也 大須賀竜	2 616	3508-7083 3508-3089	119
	青山大人 あおやま やまと	立	比例北関東		2 201	3508-7039 3508-3839	77
	赤木正幸 あかぎ まさゆき	維	比例近畿	佐藤秋則 戸谷太郎	2 506	3508-7505 3508-3935	137
	赤澤亮正 あかざわりょうせい	自[無]	鳥取2	来間誠司 佐藤亨子 秋田和秋	2 1022	3508-7490 3508-3370	142
	赤羽一嘉 あかば かずよし	公	兵庫2	治井邦弘 川元揚二郎 御影幸	2 414	3508-7079 3508-3769	132
	赤嶺政賢 あかみね せいけん	共	沖縄1	竹内真寿 佐々木森夢 新庄沙穂	1 1107	3508-7196 3508-3626	162
	秋葉賢也 あきば けんや	自[茂]	比例東北	高嶋佳恵 西憲太郎 五十嵐隆	1 823	3508-7392 3508-3632	64
	秋本真利 あきもと まさとし	自[無]	比例南関東		1 1209	3508-7611 3508-3991	88

※内線電話番号は、第1議員会館は5＋室番号、6＋室番号（3〜9階は5、6のあとに0を入れる）、
　第2議員会館は7＋室番号、8＋室番号（2〜9階は7、8のあとに0を入れる）

議員名	党派(会派)	選挙区	政策秘書名 第1秘書名 第2秘書名	館別号室	直通 FAX	略歴頁
あさ かわ よし はる 浅川 義治	維	比例 南関東	持丸 優 碓井 慎一 森 幸恵	2 803	3508-7197 3508-3627	91
あさ の さとし 浅野 哲	国	茨城5	森田 亜希人 川口 一弘 大田 中洋和	1 406	3508-7231 3508-3231	68
あずま くに よし 東 国幹	自 [茂]	北海道6	武末 和仁 森川 沙織 吉原 元浩	2 1020	3508-7634 3508-3264	54
あぜ もとしょうご 畦元 将吾	自 [岸]	比例 中国	竹若 重晃 林 吉美 仁	1 501	3508-7710 3508-3343	148
あそう た ろう 麻生 太郎	自 [麻]	福岡8	佐々木 隆治 藤原 誠人 口 勇	1 301	3508-7703 3501-7528	156
あま り あきら 甘利 明	自 [麻]	比例 南関東	河野 一郎 伊柴 彦昌 高 大	2 514	3508-7528 3502-5087	88
あら い ゆたか 荒井 優	立	比例 北海道	荻野 あおい 秋元 恭兵 運上 一平	2 602	3508-7602 3508-3982	57
あら かき くに お 新垣 邦男	社	沖縄2	塚田 大海志 宮城 一郎 久保 睦美	2 711	3508-7157 3508-3707	163
い がらし きよし 五十嵐 清	自 [茂]	比例 北関東	上野 忠彦 野 貴喜 濱﨑 絵美子	2 915	3508-7085 3508-3865	76
い さか のぶ ひこ 井坂 信彦	立	兵庫1	佐藤 利信 万谷 智晃 高山 一	2 1216	3508-7082 3508-3862	131
い で よう せい 井出 庸生	自 [麻]	長野3	高橋 澄美 井出 泰充 竹内 生	2 721	3508-7469 3508-3299	107
い の とし ろう 井野 俊郎	自 [茂]	群馬2	川﨑 陽子 城下 正樹 齊 田 直	2 921	3508-7219 3508-3219	70
いの うえ しん じ 井上 信治	自 [麻]	東京25	臼井 悠人 岩崎 百合子 竹本 美紀	1 317	3508-7328 3508-3328	99
いの うえ たか ひろ 井上 貴博	自 [麻]	福岡1	伊藤 雄治 大谷 茂明 野口 賢三	1 323	3508-7239 3508-3239	155
いの うえ ひで たか 井上 英孝	維	大阪1	石橋 子 広瀬 映能 小 優久	1 404	3508-7333 3508-3333	127
い ばやし たつ のり 井林 辰憲	自 [麻]	静岡2	福井 正哉 高木 勝克 島 之	1 919	3508-7127 3508-3427	113
い はら たくみ 井原 巧	自 [安]	愛媛3	松田 貢一 曽我部 孝 押尾 拓也	2 207	3508-7201 3508-3201	152
い さ しん いち 伊佐 進一	公	大阪6	湯浅 憲一 小西 泰瑞 小菅 夫人	1 1004	3508-7391 3508-3631	128
い とう のぶ ひさ 伊東 信久	維	大阪19	永田 千昌 武田 則寿 舩 冨 夫	1 916	3508-7243 3508-3513	131
い とう よし たか 伊東 良孝	自 [二]	北海道7	魚住 純也 児玉 雅裕 大志保 早里奈	1 623	3508-7170 3508-7177	54

い

※内線電話番号は、第1議員会館は5＋室番号、6＋室番号（3〜9階は5、6のあとに0を入れる）
　　　　　　　　第2議員会館は7＋室番号、8＋室番号（2〜9階は7、8のあとに0を入れる）

議員名	党派(会派)	選挙区	政策秘書名第1秘書名第2秘書名	館別号室	直通FAX	略歴頁
伊藤俊輔 いとうしゅんすけ	立	比例東京	東　恭弘 月原大輔	2 1122	3508-7150 3508-3640	100
伊藤信太郎 いとうしんたろう	自[麻]	宮城4	大谷津篤広 熊谷守田中貴美子	2 205	3508-7091 3508-3871	60
伊藤忠彦 いとうただひこ	自[二]	愛知8	上田恵利 宮島隆志	2 222	3508-7003 3508-3803	116
伊藤達也 いとうたつや	自[茂]	東京22	山中真喜子 内川直樹 福井裕康	2 524	3508-7623 3508-3253	98
伊藤渉 いとうわたる	公	比例東海	中島勉豊 本村貴 北澤匡臣	1 921	3508-7187 3508-3617	122
池下卓 いけしたたく	維	大阪10	上野寿朗	1 907	3508-7454 3508-3284	129
池田佳隆 いけだよしたか	自[安]	比例東海	柿沼和宏 丹羽葉子 坂本舞	2 511	3508-7616 3508-3996	120
池畑浩太朗 いけはたこうたろう	維	比例近畿	野崎雄義 及川敏智	2 509	3508-7520 3508-3950	137
石井啓一 いしいけいいち	公	比例北関東	杉戸研介 勝橋成典 高橋高	1 411	3508-7110 3508-3229	77
石井拓 いしいたく	自[安]	比例東海	藤原陽子 林哲三 小嶋田光紗	2 209	3508-7031 3508-3813	119
石川昭政 いしかわあきまさ	自[無]	比例北関東	大塚史久 石川敬浩	2 1014	3508-7159 3508-3709	76
石川香織 いしかわかおり	立	北海道11	亀井政貴浩 高桑督家和	2 512	3508-7512 3508-3942	55
石田真敏 いしだまさとし	自[岸]	和歌山2	山崎紀仁 今上西治泰	2 313	3508-7072 3581-6992	135
石破茂 いしばしげる	自[無]	鳥取1	吉村央 瀬淵水彦 谷長資正	2 515	3508-7525 3502-5174	142
石橋林太郎 いしばしりんたろう	自[岸]	比例中国	田丸志野明 植村恭路 吉岡広小路	1 1221	3508-7901 3508-3409	147
石原宏高 いしはらひろたか	自[岸]	比例東京	佐藤紀人 夏星目野顕仁	1 813	3508-7319 3508-3319	100
石原正敬 いしはらまさたか	自[岸]	比例東海	市川淀内幸史 髙島篤	1 910	3508-7706 3508-3321	120
泉健太 いずみけんた	立	京都3	田中栄一 野本田生明 泰和	1 817	3508-7005 3508-3805	126
泉田裕彦 いずみだひろひこ	自[二]	比例北陸信越	早智敬 横川山絵理 高木英明	2 914	3508-7640 3508-3270	109
一谷勇一郎 いちたにゆういちろう	維	比例近畿	柴田翔平 鈴木薫	2 507	3508-7300 3508-3373	137

※内線電話番号は、第1議員会館は5＋室番号、6＋室番号（3～9階は5、6のあとに0を入れる）、
　　第2議員会館は7＋室番号、8＋室番号（2～9階は7、8のあとに0を入れる）

議員名	党派(会派)	選挙区	政策秘書名／第1秘書名／第2秘書名	館別号室	直通／FAX	略歴頁
いちむらこういちろう **市村浩一郎**	維	兵庫6	康本昭赫／渡智恵子	2 1203	3508-7165 3508-3715	133
いなだともみ **稲田朋美**	自[安]	福井1	大河内茂太／藤田千恵子／斉藤恭子	2 1115	3508-7035 3508-3835	106
いなづひさし **稲津　久**	公	北海道10	布川和義男／一戸康樹／谷内直樹	2 413	3508-7089 3508-3869	55
いなとみしゅうじ **稲富修二**	立	比例九州	神山洋介／古屋伴朗	2 1004	3508-7515 3508-3945	165
いまえだそういちろう **今枝宗一郎**	自[麻]	愛知14	田淵雄三／木曽智弘	1 422	3508-7080 3508-3860	118
いまむらまさひろ **今村雅弘**	自[二]	比例九州	無津呂智臣／木下明仁	2 1210	3508-7610 3597-2723	163
いわたかずちか **岩田和親**	自[岸]	比例九州	峯崎恭輔	2 206	3508-7707 3508-3203	164
いわたにりょうへい **岩谷良平**	維	大阪13	三森好本／新一／治也	1 906	3508-7314 3508-3314	130
いわやたけし **岩屋　毅**	自[麻]	大分3	山口青木／明隆／浩久幸	2 1209	3508-7510 3509-7610	160
うえすぎけんたろう **上杉謙太郎**	自[安]	比例東北	中川博登／大見祐子	2 1111	3508-7074 3508-3764	65
うえだえいしゅん **上田英俊**	自[茂]	富山2	大瀧幸雄／藤井開	2 811	3508-7061 3508-3381	105
うえのけんいちろう **上野賢一郎**	自[森]	滋賀2	原島潤／浅山慎信／野中みゆき	1 621	3508-7004 3508-3804	124
うきしまともこ **浮島智子**	公	比例近畿	柏本淳／竹本佳恵	2 820	3508-7290 3508-3740	139
うめたにまもる **梅谷　守**	立	新潟6	瀧澤直樹／岡村祐子／杉山直人	2 403	3508-7403 3508-3883	105
うらのやすと **浦野靖人**	維	大阪15	藤鷹英雄／大河内国光／池側純二	1 405	3508-7641 3508-3271	130
うるまじょうじ **漆間譲司**	維	大阪8	長嶋雅代／川面篤志／高田祐也	1 912	3508-7298 3508-3508	128
えさきてつま **江﨑鐵磨**	自[二]	愛知10	若山慎司／江﨑琢磨	2 1002	3508-7418 3508-3898	117
えだけんじ **江田憲司**	立	神奈川8	大塚亜紀子／町田融哉	2 610	3508-7462 3508-3292	85
えとあきのり **江渡聡徳**	自[麻]	青森1	鈴木貴司／高渕正賢／齊藤晃	2 1021	3508-7096 3508-3961	58
えとうたく **江藤　拓**	自[無]	宮崎2	三野晃二／川合賢秀／小西	2 1207	3508-7468 3591-3063	161

う（欄外：上杉謙太郎の行）
え（欄外：江﨑鐵磨の行）

※内線電話番号は、第1議員会館は5＋室番号、6＋室番号（3〜9階は5、6のあとに0を入れる）、
　第2議員会館は7＋室番号、8＋室番号（2〜9階は7、8のあとに0を入れる）

議員名	党派(会派)	選挙区	政策秘書名第1秘書名第2秘書名	館別号室	直通FAX	略歴頁
衛藤征士郎 えとうせいしろう	自[安]	大分2	衛藤 孝 増村幸成 金髙桃子	1 1101	3508-7618 3595-0003	160
枝野幸男 えだのゆきお	立	埼玉5	枝野佐智子 三吉弘司 沼田陽香	1 804	3508-7448 3591-2249	72
遠藤敬 えんどうたかし	維	大阪18	山中栄一 下条潤弥 淵上翔香	1 415	3508-7325 3508-3325	131
遠藤利明 えんどうとしあき	自[無]	山形1	須藤孝治 帯刀亮央 矢野圭一	1 703	3508-7158 3592-7660	62
遠藤良太 えんどうりょうた	維	比例近畿	松尾和弥 栄村孝弘 松かおり	1 516	3508-7114 3508-3225	137
おおつき紅葉 おおつきくれは	立	比例北海道	竹岡正博 冨下山輔 下山大	1 820	3508-7493 3508-3320	57
小川淳也 おがわじゅんや	立	香川1	坂本広武 青木田佳 原本田枝	2 1005	3508-7621 3508-3251	151
小熊慎司 おぐましんじ	立	福島4	荻野妙子 廣岡田久一 田秀代	1 808	3508-7138 3508-3438	63
小倉將信 おぐらまさのぶ	自[二]	東京23	齋藤祐伸弥人 横田哲敦 遠藤藤人	1 814	3508-7140 3508-3440	98
小里泰弘 おざとやすひろ	自[無]	比例九州	金子達也 今吉美智子 原範明	1 811	3508-7247 3502-5017	165
小沢一郎 おざわいちろう	立	比例東北	宇田川勲 川邊嗣治 中村敬太	1 605	3508-7175	65
小田原潔 おだわらきよし	自[安]	東京21	潮麻衣子 吉田直哉 伊集院聡	2 1007	3508-7909 3508-3273	98
小野泰輔 おのたいすけ	維	比例東京	岩本優美子 大竹等晴 門馬一樹	1 513	3508-7340 3508-3340	101
小野寺五典 おのでらいつのり	自[岸]	宮城6	鈴木敦 加美山不可史 佐藤丈寛	2 715	3508-7432 3508-3912	61
小渕優子 おぶちゆうこ	自[茂]	群馬5	石川幸子 輕部順也 渡部慎也	2 823	3508-7424 3592-1754	71
尾﨑正直 おざきまさなお	自[二]	高知1	栗原雄一郎 北村強一 池田誠二	2 901	3508-7619 3508-3999	153
尾身朝子 おみあさこ	自[安]	比例北関東	滝誠一郎 塩澤正男	1 1201	3508-7484 3508-3364	75
越智隆雄 おちたかお	自[安]	比例東京	渡辺晴彦 米満山淳子 滝澤修	1 1105	3508-7479 3508-3359	100
緒方林太郎 おがたりんたろう	無(有志)	福岡9	大歳はるか 髙橋伊織 森晶優	2 617	3508-7119 3508-3426	157
大石あきこ おおいし	れ	比例近畿	中島浩 岸本紗希希 村田加奈恵	2 417	3508-7404 3508-3884	140

※内線電話番号は、第1議員会館は5＋室番号、6＋室番号（3〜9階は5、6のあとに0を入れる）、
第2議員会館は7＋室番号、8＋室番号（2〜9階は7、8のあとに0を入れる）

12

議員名	党派(会派)	選挙区	政策秘書名第1秘書名第2秘書名	館別号室	直通 FAX	略歴頁
おお おか とし たか 大岡敏孝	自 [二]	滋賀1	石岸冨 橋迫 広行都佳代	1 619	3508-7208 3508-3208	124
おおかわら 大河原まさこ	立	比例 東京	市権久 来藤野 伴良子嗣茂	1 517	3508-7261 3508-3531	101
おお ぐし ひろ し 大串博志	立	佐賀2	及北北 川島島 昭一智広夫孝	1 308	3508-7335 3508-3335	158
おお ぐし まさ き 大串正樹	自 [無]	比例 近畿	森大 本澤 猛一史功	1 616	3508-7191 3508-3621	138
おお ぐち よし のり 大口善徳	公	比例 東海	山山久 中保田 基克由司則美	2 308	3508-7017 3508-8552	122
おお しま あつし 大島 敦	立	埼玉6	稲永加 垣藤藤 雅紀幸由一幸	1 420	3508-7093 3508-3380	73
おお つか たく 大塚 拓	自 [安]	埼玉9	松井佐 井藤 晴由子美	1 710	3508-7608 3508-3988	73
おお にし けん すけ 大西健介	立	愛知13	乾倉伊 嶋関 ひとみ弘延元夫	1 923	3508-7108 3508-3408	117
おお にし ひで お 大西英男	自 [安]	東京16	亀山吉 本下田 正誠晃城治樹	2 510	3508-7033 3508-3833	97
おお の けいたろう 大野敬太郎	自 [無]	香川3	奴横大 賀内谷 裕飛まゆみ行真美	1 1211	3508-7132 3502-5870	151
おお さか せい じ 逢坂誠二	立	北海道8	谷野浜 口村谷 真宗優香平香	2 517	3508-7517 3508-3947	55
おか だ かつ や 岡田克也	立	三重3	金安村 指良上 良啓幸樹子司	1 506	3508-7109 3502-5047	119
おかもと 岡本あき子	立	比例 東北	村家藤 田木鈴 義清実人美	1 711	3508-7064 3508-3844	65
おか もと みつ なり 岡本三成	公	東京12	坂佐宮 本藤木 友希正明美子雄	1 1005	3508-7147 3508-3637	96
おく した たけ みつ 奥下剛光	維	大阪7	平池中 松内濱 大沙健輔織太	1 721	3508-7225 3508-3414	128
おく の しん すけ 奥野信亮	自 [安]	比例 近畿	水木平 野口岡 元善晴行次行	2 1001	3508-7421 3508-3901	138
おく の そういちろう 奥野総一郎	立	千葉9	西中野北 牟田野あかね村 勲昭ね昭	1 1119	3508-7256 3508-3526	82
おち あい たか ゆき 落合貴之	立	東京6	星京下 野菜野 葉利英子治治	2 606	3508-7134 3508-3434	94
おに き まこと 鬼木 誠	自 [森]	福岡2	大平濱 森山﨑 一康耕樹樹太	1 715	3508-7182 3508-3612	155
か とう あゆ こ 加藤鮎子	自 [無]	山形3	宮川 岳	1 705	3508-7216 3508-3216	62

※内線電話番号は、第1議員会館は5+室番号、6+室番号（3〜9階は5、6のあとに0を入れる）、
　第2議員会館は7+室番号、8+室番号（2〜9階は7、8のあとに0を入れる）

議員・秘書

お・か

か

議員名	党派(会派)	選挙区	政策秘書名 第1秘書名 第2秘書名	館別号室	直通 FAX	略歴頁
かとうかつのぶ **加藤勝信**	自[茂]	岡山5	加藤則和 杉原洋平 頭山晋太郎	2 1104	3508-7459 3508-3289	144
かとうりゅうしょう **加藤竜祥**	自[安]	長崎2	山岸直嗣 中西英雄 中羽根里奈	2 1106	3508-7230 3508-3230	158
かさいこういち **河西宏一**	公	比例 東京	田邊清二 石井敏之 海野奈保子	2 503	3508-7630 3508-3260	101
かいえだばんり **海江田万里**	無	比例 東京	落合友子 三上雲崇 村正大	1 609	3508-7316 3508-3316	101
かきざわみと **柿沢未途**	自	東京15	柚留木成人 帖地雅史	2 611	3508-7427 3508-8807	96
かさいあきら **笠井亮**	共	比例 東京	向直也 佐田珠実 平智之	2 621	3508-7439 3508-3919	102
かじやまひろし **梶山弘志**	自[無]	茨城4	木村義人 宇留野洋治 石黒理恵子	2 903	3508-7529 3508-7714	68
かつまたたかあき **勝俣孝明**	自[二]	静岡6	新井裕志 土倉隆祥 村上太平	1 920	3508-7202 3508-3202	114
かつめやすし **勝目康**	自[無]	京都1	柴田真次 柳幸博史 綾部繁	2 615	3508-7615 3508-3995	125
かどやまひろあき **門山宏哲**	自[無]	比例 南関東	中村寿城 石原竹 脇亮久太	2 1121	3508-7382 3508-3512	89
かねこえみ **金子恵美**	立	福島1	中川誠一郎 来山佳子	2 710	3508-7476 3508-3356	63
かねこしゅんぺい **金子俊平**	自[岸]	岐阜4	塚本信二 藤掛友尚 滝村裕人	2 913	3508-7060 3502-5853	112
かねこやすし **金子恭之**	自[岸]	熊本4	白石剛嗣 中大串浩穂 実	2 410	3508-7410 3504-8776	160
かねだかつとし **金田勝年**	自[二]	比例 東北	工藤衛 小田嶋希実	2 1009	3508-7053 3508-8815	65
かねむらりゅうな **金村龍那**	維	比例 南関東	上垣敬祐	2 421	3508-7411 3508-3891	90
かまたさゆり **鎌田さゆり**	立	宮城2	横田ひろ子 石川良明 橋本俊博	1 313	3508-7204 3508-3204	60
かみかわようこ **上川陽子**	自[岸]	静岡1	西谷康祐 村松潮見 藤田知士	2 305	3508-7460 3508-3290	112
かみやひろし **神谷裕**	立	比例 北海道	長内勇人 倉本さやか	2 801	3508-7050 3508-3960	57
かめおかよしたみ **亀岡偉民**	自[安]	比例 東北	亀岡まなみ 岡崎雄旭	1 1006	3508-7148 3508-3638	64
かわさきひでと **川崎ひでと**	自[無]	三重2	長嶺友之 笹井貴与彦 永田真巳	1 702	3508-7152 3502-5173	118

㊙議員秘書

か

※内線電話番号は、第1議員会館は5＋室番号、6＋室番号（3〜9階は5、6のあとに0を入れる）、
　第2議員会館は7＋室番号、8＋室番号（2〜9階は7、8のあとに0を入れる）

議　員　名	党派 (会派)	選挙区	政策秘書名 第1秘書名 第2秘書名	館別 号室	直通 FAX	略歴頁
かん　だ　けん　じ 神田憲次	自 [安]	愛知5	────	1 1124	3508-7253 3508-3523	115
かん　だ　じゅんいち 神田潤一	自 [岸]	青森2	黒貝藍澤奈緒子 保吹浩介志志	2 812	3508-7502 3508-3932	58
かん　なお　と 菅　直人	立	東京18	菅岡金子裕弥 源太郎正典	1 512	3508-7323 3595-0090	97
かん　けいちろう 菅家一郎	自 [安]	比例 東北	中佐原純太 川廣西勇文	1 503	3508-7107 3508-3407	64
き　はら　せい　じ 木原誠二	自 [岸]	東京20	川西倉﨑正 上賢也也克二	1 915	3508-7169 3508-3719	98
き　はら　みのる 木原　稔	自 [茂]	熊本1	篠北岡久浩卓治 原了二治	2 1116	3508-7450 3508-3970	159
き　むら　じ　ろう 木村次郎	自 [安]	青森3	村山今本岡陽也子 田尚助也	2 809	3508-7407 3508-3887	59
き　ら　しゅうじ 吉良州司	無 (有志)	大分1	尾﨑美加	2 707	3508-7412 3508-3892	160
き　い　たかし 城井　崇	立	福岡10	襲早方文則 田見はる則 緒方文	1 807	3508-7389 3508-3509	157
き　うち　みのる 城内　実	自 [無]	静岡7	安古南谷幸代 田年潤一一代	2 623	3508-7441 3508-3921	114
きかわだひとし 黄川田仁志	自 [無]	埼玉3	石井川内昂智哉徳 久永	1 816	3508-7123 3508-3423	72
きくたまきこ 菊田真紀子	立	新潟4	鈴木明紀直 中金村子起 久之起	2 802	3508-7524 3508-3954	104
きし　のぶ　お 岸　信夫	自 [安]	山口2	小吉林倉下陸史彦 史憲隆彦陸	1 1203	3508-1203 3508-3237	146
きし　だふみ　お 岸田文雄	自 [岸]	広島1	山浮本岸征 高義晴史 義征	1 1222	3508-7279 3591-3118	144
きし　もとしゅうへい 岸本周平		和歌山1	（令和4年9月1日辞職）			135
きた　がみけいろう 北神圭朗	無 (有志)	京都4	三ツ谷菜採 千葉一真	2 519	3508-7069 3508-3849	126
きた　がわかず　お 北側一雄	公	大阪16	橋岡矢野博 本勝之章之 博	1 508	3508-7263 3508-3533	130
きた　むらせい　ご 北村誠吾	自 [岸]	長崎4	神聞竹村道代 吉浩明也代	2 714	3508-7627 3508-3257	159
きんじょうやすくに 金城泰邦	公	比例 九州	大上地貴大 西章英大	1 801	3508-7153 3508-3703	166
く　どうしょうぞう 工藤彰三	自 [麻]	愛知4	原酒澤井直雄司 樹司	2 218	3508-7018 3508-3818	115

※内線電話番号は、第1議員会館は5＋室番号、6＋室番号（3〜9階は5、6のあとに0を入れる）、
　第2議員会館は7＋室番号、8＋室番号（2〜9階は7、8のあとに0を入れる）

議員名	党派(会派)	選挙区	政策秘書名 第1秘書名 第2秘書名	館別号室	直通 FAX	略歴頁
くさ か まさ き 日下 正喜	公	比例 中国	山 田 一 成 木 濱 勇 貴 濱 岡 一 史	2 920	3508-7021 3508-3821	149
くし ぶち まり 櫛渕 万里	れ	比例 東京繰	—— —— ——	2 416	3508-7063 3508-3383	102
くに さだ い さと 国定 勇人	自 [二]	比例 北陸信越	中赤 溝堀 篤 司 大也 松川 徹	1 1220	3508-7131 3508-3431	109
くに しげ とおる 國重 徹	公	大阪5	山 西元 博晋之輔 松福 本 彰律	2 716	3508-7405 3508-3885	128
くにみつ 国光 あやの	自 [岸]	茨城6	越 智 章 央 川 又 智佐子	2 304	3508-7036 3508-3836	68
くま だ ひろ みち 熊田 裕通	自 [無]	愛知1	山 田 伸 夫歩絵 伊 藤 理 田 辺 理	2 508	3508-7513		114
げん ば こういちろう 玄葉 光一郎	立	福島3	浜 吉 秀 夫誠幸 佐 藤 田 周	1 819	3508-7252 3591-2635	63
げん ま けん たろう 源馬 謙太郎	立	静岡8	小 野 隆 朗尚泰 小森 口 庄 啓	1 624	3508-7160 3508-3710	114
こいずみしんじろう 小泉 進次郎	自 [無]	神奈川11	干場 香名女 沼 口 祐 季	1 314	3508-7327		85
こ いずみりゅうじ 小泉 龍司	自 [二]	埼玉11	原 田 祐一郎 松 村 建 綾子 菊 地 真	2 1107	3508-7121 3508-3351	74
こ じまとしふみ 小島 敏文	自 [岸]	比例 中国	山 本 秀 一樹枝 鎌 倉 正 一 久 松	1 1206	3508-7192 3508-3622	147
こ てら ひろ お 小寺 裕雄	自 [二]	滋賀4	新 井 勝 美口史 吉 田 幸越 小 寺	1 601	3508-7126 3508-3419	125
こばやししげ き 小林 茂樹	自 [二]	比例 近畿	吉 川 英 里名誠 岩 見 田 志 大	2 501	3508-7090 3508-3870	138
こばやしたか ゆき 小林 鷹之	自 [二]	千葉2	竹 内 仁 美大憲 原 原 隆 正 藤 田 中	1 417	3508-7617 3508-3997	80
こばやしふみ あき 小林 史明	自 [岸]	広島7	小川 麻理 亜豊帆 平宮 盛越 真	1 1205	3508-7455 3508-3630	146
こ みやまやすこ 小宮山 泰子	立	比例 北関東	有 本 和 雄次策 八 川 上 偉	1 607	3508-7184 3508-3614	77
こもり たく お 小森 卓郎	自 [安]	石川1	髙 谷 均生 岡 育	1 812	3508-7179 3508-3609	106
こ やま のぶ ひろ 小山 展弘	立	静岡3	安 田 幸 祐健え 伊 藤 田 羽 田	1 1113	3508-7270 3508-3540	113
こ が あつし 古賀 篤	自 [岸]	福岡3	堀 井 英 樹子士 宮 崎 章 井	2 216	3508-7081 3508-3861	155
ご とう しげ ゆき 後藤 茂之	自 [無]	長野4	小 林 勇 郎 三 沢 泰 敏	1 704	3508-7702 3508-3452	108

け

こ

※内線電話番号は、第1議員会館は5＋室番号、6＋室番号（3～9階は5、6のあとに0を入れる）、
　　第2議員会館は7＋室番号、8＋室番号（2～9階は7、8のあとに0を入れる）

16

議員名	党派(会派)	選挙区	政策秘書名 第1秘書名 第2秘書名	館別号室	直通 FAX	略歴頁
ごとうゆういち 後藤祐一	立	神奈川16	藤巻 浩 細野 康輔 日沼 勇	2 814	3508-7092 3508-3962	87
こうのたろう 河野太郎	自[麻]	神奈川15	菊地陽介 山本亜希子 加藤睦美	2 1103	3508-7006 3500-5360	86
こうづ 神津たけし	立	比例 北陸信越	堀内由理一 上條研泳大	2 204	3508-7015 3508-3815	110
こうむらまさひろ 高村正大	自[麻]	山口1	上田将祐 江田和亨 荒木剛尊	1 701	3508-7113 3502-5044	146
こくばこうのすけ 國場幸之助	自[岸]	比例 九州	渡邊純宏 下川一明 篠宮智明	2 1016	3508-7741 3508-3061	164
こくたけいじ 穀田恵二	共	比例 近畿	山内聡 窪田則行 元山小百合	2 620	3508-7438 3508-3918	140
こしみずけいいち 輿水恵一	公	比例 北関東	藤村達彦 葛西正矩	2 307	3508-7076 3508-3766	77
こんどうかずや 近藤和也	立	比例 北陸信越	宮崎直広希 川辺樹敏純 辻森純	2 819	3508-7605 3508-3985	109
こんどうしょういち 近藤昭一	立	愛知3	笘米地真理 成川正之也 坂野達	2 402	3508-7402 3508-3882	115
ささきはじめ 佐々木紀	自[安]	石川2	田辺暢明 道券助 横山大	2 301	3508-7059 6273-3012	106
さとうこうじ 佐藤公治	公	広島6	神戸淳司 松前良次 門永健	1 1022	3508-7145 3508-3635	146
さとうしげき 佐藤茂樹	公	大阪3	浮田広宣 清水良憲 斎藤良	1 908	3508-7200 3508-3510	127
さとうつとむ 佐藤勉	自[無]	栃木4	佐藤圭 武正司 須崎和司	2 902	3508-7408 3597-2740	70
さとうひでみち 佐藤英道	公	比例 北海道	服部正利 川島謙 向田公貴	2 717	3508-7457 3508-3287	57
さいとうてつお 斉藤鉄夫	公	広島3	稲田隆則 小堀信明 小片博	1 412	3508-7308 3501-5524	145
さいとう 斎藤アレックス	国	比例 近畿	伊藤直子 安持英太郎 大﨑俊英	2 405	3508-7637 3508-3267	140
さいとうけん 齋藤健	自[無]	千葉7	安藤辰生 安藤晴晴	1 822	3508-7221 3508-3221	81
さいとうひろあき 斎藤洋明	自[麻]	新潟3	田中悟 長谷川智希 若狭健太	1 407	3508-7155 3508-3705	104
さかいまなぶ 坂井学	自[無]	神奈川5	李燁明 勝間田将 白井亮次	2 1119	3508-7489 3508-3369	84
さかもとてつし 坂本哲志	自[森]	熊本3	山室絢 山本心太 本田次郎	2 702	3508-7034 3508-3834	159

さ

㊙議員秘書

こ・さ

※内線電話番号は、第1議員会館は5+室番号、6+室番号（3～9階は5、6のあとに0を入れる)、
　　　　　　　　第2議員会館は7+室番号、8+室番号（2～9階は7、8のあとに0を入れる)

議員名	党派(会派)	選挙区	政策秘書名	第1秘書名	第2秘書名	館別号室	直通 / FAX	略歴頁
坂本祐之輔（さかもとゆうのすけ）	立	比例北関東	今井省吾	黒澤拓馬	長野司	2 / 1221	3508-7449 / 3508-3969	77
櫻井周（さくらいしゅう）	立	比例近畿	藤井千幸	桐山尚也	齋藤光	2 / 409	3508-7465 / 3508-3295	139
櫻田義孝（さくらだよしたか）	自[二]	比例南関東	上野剛	小田原暁史	井田翔	2 / 1117	3508-7381 / 3508-3501	89
笹川博義（ささがわひろよし）	自[茂]	群馬3	茂木和幸	小礒守正	小嶋崇之	2 / 316	3508-7338 / 3508-3338	71
沢田良（さわだりょう）	維	比例北関東	松村東介	吉村豪	高野みずほ	2 / 323	3508-7526 / 3508-3956	78
志位和夫（しいかずお）	共	比例南関東	浜田文子	吉井芳	井岡弘	1 / 1017	3508-7285 / 3508-3735	91
塩川鉄也（しおかわてつや）	共	比例北関東	山本陽子	岡田宝志	浅野子	2 / 905	3508-7507 / 3508-3937	78
塩崎彰久（しおざきあきひさ）	自[安]	愛媛1	清水洋之	川崎義	溝江一	1 / 1102	3508-7189 / 3508-3619	151
塩谷立（しおのやりゅう）	自[安]	比例東海	渡辺桃子	山泰志	岡直哉	2 / 1211	3508-7632 / 3508-3262	120
重徳和彦（しげとくかずひこ）	立	愛知12	藤原聖	畔柳智章	磯智子	2 / 909	3508-7910 / 3508-3285	117
階猛（しなたけし）	立	岩手1	河村匡庸	前田哲朗	木村維	2 / 203	3508-7024 / 3508-3824	59
篠原豪（しのはらごう）	立	神奈川1	中山真吾	毛呂武史	大知恵	2 / 608	3508-7130 / 3508-3430	83
篠原孝（しのはらたかし）	立	比例北陸信越	岡本匡介	沓掛広一	篠原章	1 / 719	3508-7268 / 3508-3538	109
柴山昌彦（しばやままさひこ）	自[安]	埼玉8	増井朗	大塚隆浩	渡邊洋平	2 / 822	3508-7624 / 3508-7715	73
島尻安伊子（しまじりあいこ）	自[茂]	沖縄3	宮城一郎	下地太一	伊佐広貴	1 / 1111	3508-7265 / 3508-3535	163
下条みつ（しもじょうみつ）	立	長野2	小川昌昭	百瀬則秀	白澤孝	1 / 806	3508-7271 / 3508-3541	107
下村博文（しもむらはくぶん）	自[安]	東京11	榮村友里子	中野恭平	河平紀	2 / 622	3508-7084 / 3597-2772	95
庄子賢一（しょうじけんいち）	公	比例東北	早坂光志	松野博俊	九鬼	2 / 1224	3508-7474 / 3508-3354	66
白石洋一（しらいしよういち）	立	比例四国	沼田忠典			2 / 720	3508-7244 / 3508-3514	153
新谷正義（しんたにまさよし）	自[茂]	広島4	麻生満理子			2 / 805	3508-7604 / 3508-3984	145

※内線電話番号は、第1議員会館は5＋室番号、6＋室番号（3〜9階は5、6のあとに0を入れる）、第2議員会館は7＋室番号、8＋室番号（2〜9階は7、8のあとに0を入れる）

議　員　名	党派 (会派)	選挙区	政策秘書名 第1秘書名 第2秘書名	館別 号室	直通 FAX	略歴 頁
しん どう よし たか 新藤義孝	自 [茂]	埼玉2	天野　優子 飯嶋　頼康	1 810	3508-7313 3508-3313	72
す　すえ つぐ せい いち 末次精一	立	比例 九州	佐藤　吉伸 浦川　栄一	1 606	3508-7176 3508-3606	165
すえ まつ よし のり 末松義規	立	東京19	奥村　真政 本庄田悠治 森田 弓之	2 1008	3508-7488 3508-3368	97
すが よし ひで 菅　義偉	自 [無]	神奈川2	黄瀬　周作 新田章文 長田　拓也	2 1113	3508-7446 3597-2707	83
すぎ た み お 杉田水脈	自 [安]	比例 中国	嘉悦　彩 石村　健	2 907	3508-7029 3508-3829	148
すぎ もと かず み 杉本和巳	維	比例 東海	野間口雅彦 早川亜貴子 杉田茂	1 414	3508-7266 3508-3536	122
すず き あつし 鈴木　敦	国	比例 南関東	竹内淳太郎 内田美奈子 青山明日香	2 1123	3508-7286 3508-3736	91
すず き えい けい 鈴木英敬	自 [安]	三重4	寺西弘行 岡田充信 中川尚昭	1 614	3508-7269 3508-3539	119
すず き けい すけ 鈴木馨祐	自 [麻]	神奈川7	黒田幸輝 藤田芳紀	1 423	3508-7304 3508-3304	84
すず き しゅんいち 鈴木俊一	自 [麻]	岩手2	清川健二 島田秀治 堀間悟	1 1001	3508-7267 3508-3543	59
すず き じゅん じ 鈴木淳司	自 [安]	愛知7	安治仁司 三崎敦美 神崎里美	1 1110	3508-7264 3508-3534	116
すず き たか こ 鈴木貴子	自 [茂]	比例 北海道		1 1202	3508-7233 3508-3233	56
すず き のり かず 鈴木憲和	自 [茂]	山形2	田中辰明 佐藤愛美 後藤理徳	1 416	3508-7318 3508-3318	62
すず き はや と 鈴木隼人	自 [茂]	東京10	丸山響哉 唐橋新明 菊池秀明	2 1215	3508-7463 3508-3293	95
すず き よう すけ 鈴木庸介	立	比例 東京	加藤義直 加納拓弥 岡崎隆浩	1 1216	3508-7028 3508-3828	100
すず き よし ひろ 鈴木義弘	国	比例 北関東	新井寛雄 山川英英	1 713	3508-7282 3508-3732	78
すみ よし ひろ き 住吉寛紀	維	比例 近畿	橋本淳 金田千里	2 303	3508-7415 3508-3895	136
せ　せ と たか かず 瀬戸隆一	自 [麻]	比例 四国繰	山崎香織 久米昭弘	1 1112	3508-7712 3508-3241	153
せき よし ひろ 関　芳弘	自 [安]	兵庫3	髙谷理恵 守内一誠 山形浩昭	1 603	3508-7173 3508-3603	132
そ　その うら けん た ろう 薗浦健太郎		千葉5	（令和4年12月21日辞職）			81

㊙議員・秘書

し・す・せ・そ

※内線電話番号は、第1議員会館は5＋室番号、6＋室番号（3〜9階は5、6のあとに0を入れる）、
　第2議員会館は7＋室番号、8＋室番号（2〜9階は7、8のあとに0を入れる）

19

議員名	党派(会派)	選挙区	政策秘書名 第1秘書名 第2秘書名	館別号室	直通 FAX	略歴頁
空本誠喜 そらもとせいき	維	比例中国	高山藤智真秀二 伊沼	2 1202	3508-7451 3508-3281	149
た たがや亮 りょう	れ	比例南関東	前田正志 後菅沼秦子	2 415	3508-7008 3508-3808	91
田嶋要 たじまかなめ	立	千葉1	丸尾崎活亮祐二孔 宮菊池	1 1215	3508-7229 3508-3411	80
田所嘉徳 たどころよしのり	自[無]	比例北関東	中山嘉隆昌一 永井川太 中	1 716	3508-7068 3508-3848	76
田中和徳 たなかかずのり	自[麻]	神奈川10	細田将史子 矢作真英彦 菅谷	1 1010	3508-7294 3508-3504	85
田中健 たなかけん	国	比例東海	矢島原光洋 小鈴木木	1 712	3508-7190 3508-3620	123
田中英之 たなかひでゆき	自[無]	比例近畿	葛城直樹 湯浅剛代 奥谷佳	2 604	3508-7007 3508-3807	138
田中良生 たなかりょうせい	自[無]	埼玉15	森幹雄 福森真一吉 山本	2 521	3508-7058 3508-3858	75
田野瀬太道 たのせたいどう	自[森]	奈良3	沖浦功一 木之下秀機 杉岡宏	2 314	3508-7071 3591-6569	135
田畑裕明 たばたひろあき	自[安]	富山1	西村寛一郎 高原典 岩佐秀	2 214	3508-7704 3508-3454	105
田村貴昭 たむらたかあき	共	比例九州	村高芳樹 山口織史 川邉隆	2 712	3508-7475 3508-3355	166
田村憲久 たむらのりひさ	自[無]	三重1	中村敏幸 世古丈人	1 902	3508-7163 3502-5066	118
平将明 たいらまさあき	自[無]	東京4	若林継啓之美 山森野仁 津下下	1 914	3508-7297 3508-3507	94
高市早苗 たかいちさなえ	自[無]	奈良2	蓮実守志 下村剛守 木下	1 903	3508-7198 3508-7199	135
髙階恵美子 たかがいえみこ	自[安]	比例中国	佐々木由美 池田和正	2 1208	3508-7518 3508-3948	148
髙木啓 たかぎけい	自[安]	比例東京	杉浦貴和子 川西宏知 渡部郁士	2 310	3508-7601 3508-3981	99
髙木毅 たかぎつよし	自[安]	福井2	小泉あずさ 望月ますみ	1 1008	3508-7296 3508-3506	107
高木宏壽 たかぎひろひさ	自[二]	北海道3	川村康博晴 近藤千也 田井中和	2 217	3508-7636 3508-3024	53
高木陽介 たかぎようすけ	公	比例東京	亀岡茂一 野村正史 高天野美	2 1023	3508-7481 5251-3685	101
髙鳥修一 たかとりしゅういち	自[安]	比例北陸信越	勝野淳一 丸山秀明	1 1214	3508-7607 3508-3987	108

※内線電話番号は、第1議員会館は5＋室番号、6＋室番号（3〜9階は5、6のあとに0を入れる）、
　第2議員会館は7＋室番号、8＋室番号（2〜9階は7、8のあとに0を入れる）

議員名	党派(会派)	選挙区	政策秘書名 第1秘書名 第2秘書名	館別号室	直通 FAX	略歴頁
たかはし ち づ こ 高橋千鶴子	共	比例 東北	永野保司 水野希美子 小谷祥司	2 904	3508-7506 3508-3936	66
たか はし ひで あき 高橋英明	維	比例 北関東	増田　　仁 板倉勝教 池田恵恵	2 808	3508-7260 3508-3530	78
たか み やす ひろ 高見康裕	自 [茂]	島根2	小牧雅史 曽田　一昇 吉本賢一郎	2 520	3508-7166 3508-3716	143
たけ うち ゆずる 竹内　譲	公	比例 近畿	包國嘉介 山田原大功	2 1223	3508-7473 3508-3353	139
たけ い しゅんすけ 武井俊輔	自 [岸]	比例 九州	小松隆輔 福倉拓寛 小長　充	2 1017	3508-7388 3508-3718	164
たけ だ りょう た 武田良太	自 [二]	福岡11	平嶺孔貴 矢天野志郎 天野統	1 610	3508-7180 3508-3610	157
たけ べ あらた 武部　新	自 [二]	北海道12	後藤秀一 藤澤陽平 小寒澤晶	2 1010	3508-7425 3502-5190	56
たけ むら のぶ ひで 武村展英	自 [無]	滋賀3	留川浩一 饗場場美子 井上喜美子	1 602	3508-7118 3508-3418	125
たちばな けいいちろう 橘　慶一郎	自 [無]	富山3	吉田　貢 山本健一 中里一枝	1 622	3508-7227 3508-3227	105
たな はし やす ふみ 棚橋泰文	自 [麻]	岐阜2	古田恭弘 和波佐江子 長島卓己	2 713	3508-7429 3508-3909	111
たに こう いち 谷　公一	自 [二]	兵庫5	津野田雄輔 渡辺浩司 森　和水	2 810	3508-7010 3502-5048	132
たに がわ 谷川とむ	自 [安]	比例 近畿	早川加寿裕 家門門基 石高大基	1 1104	3508-7514 3508-3944	139
たに がわ や いち 谷川弥一	自 [安]	長崎3	宮永宅龍典 三小林理恵	2 1101	3508-7014 3506-0557	158
たまき ゆういちろう 玉木雄一郎	国	香川2	井山哲 出水脇永子 門　　子	1 706	3508-7213 3508-3213	151
つ しま じゅん 津島　淳	自 [茂]	比例 東北	浅田裕之 石清水純眞	2 1204	3508-7073 3508-3033	64
つか だ いち ろう 塚田一郎	自 [麻]	比例 北陸信越	白石光治 木之本かづ美 石川祐也	1 302	3508-7705 3508-3455	109
つじ きよ と 辻　清人	自 [岸]	東京2		1 522	3508-7288 3508-3738	93
つち だ しん 土田　慎	自 [麻]	東京13	小野寺洋二 管崎太郎 平野友紀子	1 1020	3508-7341 3508-3341	96
つち や しな こ 土屋品子	自 [無]	埼玉13	佐々木太郎 豊田典子 高橋昌志	1 402	3508-7188 3508-3618	74
つつみ 堤　かなめ	立	福岡5	黛　典子 室屋美香 坂口香季	2 312	3508-7062 3508-3039	156

つ

※内線電話番号は、第1議員会館は5＋室番号、6＋室番号（3〜9階は5、6のあとに0を入れる）、第2議員会館は7＋室番号、8＋室番号（2〜9階は7、8のあとに0を入れる）

議員秘書

た・つ

議員名	党派(会派)	選挙区	政策秘書名／第1秘書名／第2秘書名	館別号室	直通 FAX	略歴頁
角田秀穂 つの だ ひで お	公	比例 南関東	江端 功一 鈴木 隆織 大倉 沙	2 309	3508-7052 3508-3852	91
て 手塚仁雄 て づか よし お	立	東京5	土橋 雄宇 柿澤 雄太 細貝 悠	1 802	3508-7234 3508-3234	94
寺田 学 てら た まなぶ	立	比例 東北	井川 知雄 島田 真淳 堀江	1 1014	3508-7464 3508-3294	65
寺田 稔 てら だ みのる	自 [岸]	広島5	迫田 誠 田坂 讓明 中山 智	1 1213	3508-7606 3508-3986	145
と 土井 亨 ど い とおる	自 [安]	宮城1	山田 朋広 佐藤 聖	1 1120	3508-7470 3508-3350	60
冨樫博之 と がし ひろ ゆき	自 [無]	秋田1	山田 修市 田 基樹 大澤 薫	2 1019	3508-7275 3508-3725	61
渡海紀三朗 と かい き さぶろう	自 [無]	兵庫10	中嶋 規人 茂木 朋章 石橋 友	1 1109	3508-7643 3508-3613	134
徳永久志 とく なが ひさ し	立	比例 近畿	川口 良治 坂口 田博 野 武宏	2 609	3508-7250 3508-3520	140
な 中川貴元 なか がわ たか もと	自 [麻]	比例 東海	四反田淳子	2 701	3508-7461 3508-3291	120
中川宏昌 なか がわ ひろ まさ	公	比例 北陸信越	大久保智広 藤田 正純 増田 美香	1 922	3508-3639 3508-7149	110
中川正春 なか がわ まさ はる	立	比例 東海	福原 勝	1 519	3508-7128 3508-3428	121
中川康洋 なか がわ やす ひろ	公	比例 東海	加賀 啓隆 石井 友憲 畑 和	2 919	3508-7038 3508-3838	122
中川郁子 なか がわ ゆう こ	自 [二]	比例 北海道		1 309	3508-7103 3508-3403	56
中島克仁 なか じま かつ ひと	立	比例 南関東	山本 健仁 朝田丸 滿二 金 智一	2 723	3508-7423 3508-3903	90
中曽根康隆 なか そ ね やすたか	自 [二]	群馬1	加藤 佑介 大山上 充穂 井 里美	2 923	3508-7272 3508-3722	70
中谷一馬 なか たに かず ま	立	比例 南関東	奈良 甲介 風間 良行 鈴木 敬	1 509	3508-7310 3508-3310	89
中谷 元 なか たに げん	自 [無]	高知1	豊田 圭三 北原 仁亮 山田	2 1222	3508-7486 3592-9032	152
中谷真一 なか たに しん いち	自 [茂]	山梨1	神園 健也 古郡 拓妃 矢 優	2 215	3508-7336 3508-3336	87
中司 宏 なか つか ひろし	維	大阪11	山田 大智 梅原 憲二 鈴木 裕	1 905	3508-7146 3508-3636	129
中西健治 なか にし けん じ	自 [麻]	神奈川3	吉村 義哉 平林 悟太 長谷川山	1 303	3508-7311 3508-3377	83

※内線電話番号は、第1議員会館は5＋室番号、6＋室番号（3〜9階は5、6のあとに0を入れる）、
　第2議員会館は7＋室番号、8＋室番号（2〜9階は7、8のあとに0を入れる）

議　員　名	党派 (会派)	選挙区	政策秘書名 第1秘書名 第2秘書名	館別 号室	直通 FAX	略歴 頁
なか　ね　かず　ゆき **中根一幸**	自 [安]	比例 北関東	犬飼俊郎 ――――	2 1206	3508-7458 3508-3288	76
なか　の　ひで　ゆき **中野英幸**	自 [二]	埼玉7	菊池　豪 金澤　將	2 220	3508-7220 3508-3220	73
なか　の　ひろ　まさ **中野洋昌**	公	兵庫8	小谷伸彦人 能村清友 山田　崇	1 722	3508-7224 3508-3415	133
なかむら　き　しろう **中村喜四郎**	立	比例 北関東	谷中勝一 岡野　功	2 411	3508-7501 3508-3931	77
なか　むら　ひろ　ゆき **中村裕之**	自 [麻]	北海道4	髙橋知久 栗原仁巧一 川　　伸	2 406	3508-7406 3508-3886	54
なか　やま　のり　ひろ **中山展宏**	自 [麻]	比例 南関東	松本達也士 白谷武一 宮崎鋭志	2 311	3508-7435 3508-3915	89
なが　おか　けい　こ **永岡桂子**	自 [麻]	茨城7	矢部憲司 小池寿伴太郎 中村裕美子	1 714	3508-7274 3508-3724	69
なが　さか　やす　まさ **長坂康正**	自 [麻]	愛知9	茶谷滋 坂長川隆徳 今　　治	1 1007	3508-7043 3508-3863	116
なが　しま　あき　ひさ **長島昭久**	自 [二]	比例 東京	及川哲央 花咲宏木史	1 510	3508-7309 3508-3309	100
なが　つま　　あきら **長妻　昭**	立	東京7	梶　　護 二瓶真樹子 中原翔太	2 706	3508-7456 3508-3286	94
なが　とも　しん　じ **長友慎治**	国	比例 九州	川添由香子 吉村大志郎 菊池史隆	2 912	3508-7212 3508-3212	167
に　かい　とし　ひろ **二階俊博**	自 [二]	和歌山3	二階俊樹 二階伸康 小川珠美	2 223	3508-7023 3502-5037	136
に　き　ひろ　ぶみ **仁木博文**	無 (有志)	徳島1	小笠原博信 丸高裕宏 岩田元宏	2 213	3508-7011 3508-3811	150
に　わ　ひで　き **丹羽秀樹**	自 [無]	愛知6	杉山健太郎 池田真一 舟橋千尋	2 916	3508-7025 3508-3825	116
にし　おか　ひで　こ **西岡秀子**	国	長崎1	高瀬千義	2 1124	3508-7343 3508-3733	158
にし　だ　しょう　じ **西田昭二**	自 [岸]	石川3	井上貴義 奥村淳豊 土倉	1 523	3508-7139 3508-3439	106
にし　の　だい　すけ **西野太亮**	自 [無]	熊本2	鹿島圭子 中村直哉之 生山敬	1 913	3508-7144 3508-3634	159
にし　むら　あき　ひろ **西村明宏**	自 [安]	宮城3	谷弘三 二階堂充 小平美衣	2 324	3508-7906 3508-3873	60
にしむら　ち　な　み **西村智奈美**	立	新潟1	髙田一喜 佐藤真 長島徹	2 404	3508-7614 3508-3994	103
にし　むら　やす　とし **西村康稔**	自 [安]	兵庫9	田中実 山慎太郎橋	1 611	3508-7101 3508-3401	133

㊟議員・秘書

な・に

議　員　名	党派 (会派)	選挙区	政策秘書名 第1秘書名 第2秘書名	館別 号室	直通 FAX	略歴 頁
にしめこうざぶろう **西銘恒三郎**	自 [茂]	沖縄4	大城和人 西吉達俊平	2 317	3508-7218 3508-3218	163
ぬ ぬかがふくしろう **額賀福志郎**	自 [茂]	茨城2	藤井川太 秋山剛輔三	2 824	3508-7447 3592-0468	67
ね ねもと たくみ **根本　匠**	自 [岸]	福島2	六林角陽佳 小松慎太郎	2 1213	3508-7312 3508-3312	63
ねもとゆきのり **根本幸典**	自 [安]	愛知15	服部靖夫 川越憂貴 若林由利	2 906	3508-7711 3508-3300	118
の のだせいこ **野田聖子**	自 [無]	岐阜1	半田亘 東海林和子 中森美恵子	1 504	3508-7161 3591-2143	111
のだよしひこ **野田佳彦**	立	千葉4	河井淳一 窪照美 山田勇介	1 821	3508-7141 3508-3441	80
のなか あつし **野中　厚**	自 [茂]	比例 北関東	柴田昭彦 山崎洋子 磯村玲子	1 419	3508-7041 3508-3841	75
のま たけし **野間　健**	立	鹿児島3	久本芳孝 潟晶一登 園山雅	2 601	3508-7027 3508-3827	162
は はせがわじゅんじ **長谷川淳二**	自 [無]	愛媛4	安藤明 下方公 松岡隆太朗	2 703	3508-7453 3508-3283	152
はなしやすひろ **葉梨康弘**	自 [岸]	茨城3	池田芳宏 鎌田総太郎	1 1117	3508-7248 3508-3518	68
ばば のぶゆき **馬場伸幸**	維	大阪17	辻修治 小寺一輝 山口剛士	1 511	3508-7322 3508-3322	131
ばば ゆうき **馬場雄基**	立	比例 東北	松木香凜 佐幸	2 821	3508-7631 3508-3261	65
はぎうだこういち **萩生田光一**	自 [安]	東京24	牛久保敏文 大竹律仲 鈴木脩介	2 1205	3508-7154 3508-3704	99
はしもと がく **橋本　岳**	自 [茂]	岡山4	矢吹彰康 藤村健 高坂隆行	2 306	3508-7016 3508-3816	144
はとやまじろう **鳩山二郎**	自 [二]	福岡6	立井尚友 江刺家孝臣 上田峻也	2 221	3508-7905 3580-8001	156
はまだ やすかず **浜田靖一**	自 [無]	千葉12	大掘将和 小暮眞也 永田実和子	2 315	3508-7020 3508-7644	82
はまち まさかず **濱地雅一**	公	比例 九州	吉田直樹 水町康博 濱田幸光	1 803	3508-7235 3508-3235	165
はやさか あつし **早坂　敦**	維	比例 東北	常澤正史 山本真尋 長谷奈都美	2 704	3508-7414 3508-3894	66
はやし もとお **林　幹雄**	自 [二]	千葉10	渡辺淳一 山野巧磨 津田光平	1 612	3508-7151 3502-5016	82
はやし よしまさ **林　芳正**	自 [岸]	山口3	河野恭子 小平均 山口恭二	1 1201	3508-7115 3508-3050	147

※内線電話番号は、第1議員会館は5＋室番号、6＋室番号（3～9階は5、6のあとに0を入れる）、
　　第2議員会館は7＋室番号、8＋室番号（2～9階は7、8のあとに0を入れる）

議　員　名	党派(会派)	選挙区	政策秘書名第1秘書名第2秘書名	館別号室	直通FAX	略歴頁
はら ぐち かず ひろ 原口 一博	立	佐賀1	池田　勝朗 坂本裕二郎 山﨑　康弘	1 307	3508-7238 3508-3238	157
ばん の　ゆたか 伴野 豊	立	比例東海	坪島俊成 大三見且一子 水且祥子	2 910	3508-7019 3508-3819	121
ひらい たく や 平井 卓也	自[岸]	比例四国	寺井　慶淳子 荒井映里子 須永映里子	1 1024	3508-7307 3508-3307	153
ひらぐち ひろし 平口 洋	自[茂]	広島2	庄輝路光子 湯浅典子 廣瀬典	2 804	3508-7622 3508-3252	145
ひら さわ かつ えい 平沢 勝栄	自[二]	東京17	熊修紀一 植谷和翔 藤澤	1 1115	3508-7257 3508-3527	97
ひらぬましょう じ ろう 平沼正二郎	自[二]	岡山3	福慎二郎 高原秀広 平沼	2 614	3508-7251 3508-3521	144
ひらばやし　あきら 平林 晃	公	比例中国	西堀稔己 池玉克幸 児	1 507	3508-7339 3508-3339	149
ふか ざわ よういち 深澤 陽一	自[岸]	静岡4	村泰史之 遠藤敏雅 重坂	1 1223	3508-7709 3508-3243	113
ふく しげ たか ひろ 福重 隆浩	公	比例北関東	掛信政 川原一雄香 上西口	1 909	3508-7249 3508-3519	78
ふく しま のぶ ゆき 福島 伸享	無(有志)	茨城1	赤川大司 渡邉雄勇二 稲葉	2 419	3508-7262 3508-3532	67
ふく だ あき お 福田 昭夫	立	栃木2	板倉京典 阿久津正歩夢 高橋	1 708	3508-7289 3508-3739	69
ふく だ たつ お 福田 達夫	自[安]	群馬4	石井郎行 菊地琢志 堤岳	1 1103	3508-7181 3508-3611	71
ふじ い ひさ ゆき 藤井比早之	自[無]	兵庫4	堀支津子 原田祐成 田	1 615	3508-7185 3508-3615	132
ふじ おか たか お 藤岡 隆雄	立	比例北関東	財満慎太郎 土澤敏史 浅津	1 608	3508-7178 3508-3608	76
ふじ た ふみ たけ 藤田 文武	維	大阪12	吉田樹也 田川慎志 中松	1 312	3508-7040 3508-3840	129
ふじ まき けん た 藤巻 健太	維	比例南関東	吉田新一 杉山修宣 緑川	2 320	3508-7503 3508-3933	90
ふじ まる　さとし 藤丸 敏	自[岸]	福岡7	原野隆博 松尾昭宏 廣松金悟	2 211	3508-7431 3597-0483	156
ふじ わら　たかし 藤原 崇	自[安]	岩手3	――――	2 1015	3508-7207 3508-3721	59
ふとり　ひで し 太 栄志	立	神奈川13	梶原博之	1 409	3508-7330 3508-3330	86
ふな だ　はじめ 船田 元	自[茂]	栃木1	盛未来 間本光雄 山嶋秀樹	2 605	3508-7156 3508-3706	69

※内線電話番号は、第1議員会館は5＋室番号、6＋室番号（3〜9階は5、6のあとに0を入れる）、
　　第2議員会館は7＋室番号、8＋室番号（2〜9階は7、8のあとに0を入れる）

㊙議員・秘書

は・ひ・ふ

25

議 員 名	党派(会派)	選挙区	政策秘書名第1秘書名第2秘書名	館別号室	直通FAX	略歴頁
ふる かわ なお き **古川 直季**	自[無]	神奈川6	荒井 大樹 小林 大蔵	2 1114	3508-7523 3508-3953	84
ふる かわ もと ひさ **古川 元久**	国	愛知2	阪口 祥代 加藤 麻紀子 横田 大	2 1006	3508-7078 3597-2758	115
ふる かわ やすし **古川 康**	自[茂]	比例九州	澁田 士剛 小松 康輝 中尾 彦	3 813	6205-7711 3508-3897	164
ふる かわ よし ひさ **古川 禎久**	自[茂]	宮崎3	西田 生代 田中 千代 小坏 麻綾	2 612	3508-7612 3506-2503	161
ふる や けい じ **古屋 圭司**	自[無]	岐阜5	渡辺 博 古屋 一郎 梶田 誉穰	2 423	3508-7440 3592-9040	112
ふる や のり こ **古屋 範子**	公	比例南関東	深澤 貴美子 中島 順一 高野 清志	2 502	3508-7629 3508-3259	91
ほ さか やすし **穂坂 泰**	自[無]	埼玉4	酒井 慶太 小池 夕妃 神谷 健太	2 908	3508-7030 3508-3830	72
ほし の つよ し **星野 剛士**	自[無]	比例南関東	宇野 沢典子 山中 和則 齋藤 猛昭	2 708	3508-7413 3508-3893	88
ほそ だ けん いち **細田 健一**	自[安]	新潟2	楠原 浩祐 山田 孝枝	2 1220	3508-7278 3508-3728	104
ほそ だ ひろ ゆき **細田 博之**	無	島根1	津川 幸治 笛田 修輔	2 513	3508-7443 3503-7530	143
ほそ の ごう し **細野 豪志**	自[二]	静岡5	佐藤 公彦 髙木 いづみ 眞野 卓	1 620	3508-7116 3508-3416	113
ほり い まなぶ **堀井 学**	自[安]	比例北海道	岩坂 香廣 笹嶋 隆裕 石川 裕丈	2 408	3508-7125 3508-3425	56
ほり うち のり こ **堀内 詔子**	自[岸]	山梨2	渡辺 明紀 鈴木 秀介 志村 さおり	2 407	3508-7487 3508-3367	88
ほり ば さち こ **堀場 幸子**	維	比例近畿	師岡 孝明 神農 美恵	2 422	3508-7422 3508-3902	137
ほり い けん じ **掘井 健智**	維	比例近畿	三品 作子 鈴木 耕良 西原 茜	2 806	3508-7088 3508-3868	136
ほんじょうさと し **本庄知史**	立	千葉8	細見 一雄 芳野 泰崇 矢口 すみれ	2 1219	3508-7519 3508-3949	81
ほん だ た ろう **本田太郎**	自[無]	京都5	髙森 眞由美 小谷 典康 西 地康宏	2 210	3508-7012 3508-3812	126
ま ぶち すみ お **馬淵澄夫**	立	奈良1	片岡 新 馬淵錦之介 岩井 禅	1 1217	3508-7122 3508-3051	134
まえ かわ きよ しげ **前川 清成**	維	比例近畿	内ケ﨑雅俊 坊 修一 大菅亜希子	2 815	3508-7625 3508-3255	137
まえ はら せい じ **前原誠司**	国	京都2	村田 昭一郎 木元 俊久 齋藤 博史	1 809	3508-7171 3592-6696	125

※内線電話番号は、第1議員会館は5＋室番号、6＋室番号（3～9階は5、6のあとに0を入れる）、
　　　　　　　　第2議員会館は7＋室番号、8＋室番号（2～9階は7、8のあとに0を入れる）

議員名	党派(会派)	選挙区	政策秘書名 第1秘書名 第2秘書名	館別号室	直通 FAX	略歴頁
まき よしお 牧 義夫	立	比例東海	北江成／村原瀬／礼史厚／文朗子	1 305	3508-7628 3508-3258	121
まきしま 牧島かれん	自[麻]	神奈川17		1 322	3508-7026 3508-3826	87
まきはらひでき 牧原秀樹	自[無]	比例北関東	末細／廣田／慎孝／二子	1 1116	3508-7254 3508-3524	76
まつき 松木けんこう	立	北海道2	岡梶櫻／本浦井／征宜知／弘明英	1 324	3508-7324 3508-3324	53
まつしま 松島みどり	自[安]	東京14	福高網／田山仲／就真美／健造美	1 709	3508-7065 3508-3845	96
まつの ひろかず 松野博一	自[安]	千葉3	曽伊山／我藤崎／陽一孝岳／郎行久	1 502	3508-7329 3508-3329	80
まつばら じん 松原 仁	立	東京3	関高伊／根池藤／慶／勉太賢	2 709	3508-7452 3580-7336	93
まつもとたけあき 松本剛明	自[麻]	兵庫11	大清／路瀬／博／渡文	1 707	3508-7214 3508-3214	134
まつもと ひさし 松本 尚	自[安]	千葉13	高金上／野塚原／雅学／樹径	1 1009	3508-7295 3508-3505	83
まつもとようへい 松本洋平	自[二]	比例東京	柏関／原隆泰／宏章	1 1011	3508-7133 3508-3433	99
み みきけえ 三木圭恵	維	比例近畿	森渡／山壁／秀勇／樹樹	2 1105	3508-7638 3508-3268	136
みたぞの さとし 三反園 訓	無	鹿児島2	牛松村／嶋本田／賢克真／太彦	2 924	3508-7511 3508-3941	162
みたにひでひろ 三谷英弘	自[無]	比例南関東	中楠／谷本／百合喜／子満	2 1120	3508-7522 3508-3952	88
みつばやしひろみ 三ッ林裕巳	自[安]	埼玉14	志清佐／村水藤／賢貴亮／一博平	2 522	3508-7416 3508-3896	75
みのべてるお 美延映夫	維	大阪4		1 1019	3508-7194 3508-3624	127
みのりかわのぶひで 御法川信英	自[無]	秋田3	石佐鈴／毛木木／真理春由／子男希	1 901	3508-7167 3508-3717	62
みさき まき 岬 麻紀	維	比例東海	浅飯高／田塚木／淳将英／志史夫	2 705	3508-7409 3508-3889	122
みちしただいき 道下大樹	立	北海道1	佐市伊／藤橋藤／陽修孝／子太大介	2 516	3508-7516 3508-3946	53
みどりかわたかし 緑川貴士	立	秋田2	小長阿／池崎部／里朋義／子典人	2 202	3508-7002 3508-3802	61
みやうちひでき 宮内秀樹	自[二]	福岡4	上赤櫻／原川井／雅康晴／人介	1 604	3508-7174 3508-3604	155

み

※内線電話番号は、第1議員会館は5＋室番号、6＋室番号（3～9階は5、6のあとに0を入れる）、
　　第2議員会館は7＋室番号、8＋室番号（2～9階は7、8のあとに0を入れる）

議員名	党派(会派)	選挙区	政策秘書名 第1秘書名 第2秘書名	館別室号室	直通 FAX	略歴頁
みやざき まさ ひさ 宮﨑 政久	自 [茂]	比例 九州	今井時右衛門 大澤 真弓	2 722	3508-7360 3508-3071	164
みや ざわ ひろ ゆき 宮澤 博行	自 [安]	比例 東海	藤谷 洋平 鈴木 翔士 石川美由紀	1 1021	3508-7135 3508-3435	120
みや じ たく ま 宮路 拓馬	自 [森]	鹿児島1	田中 彰 木村 訓 粕谷 颯史	1 311	3508-7206 3508-3206	161
みや した いち ろう 宮下 一郎	自 [安]	長野5	天野健太郎 高橋 達之 尾関 正行	1 1207	3508-7903 3508-3643	108
みや もと たけ し 宮本 岳志	共	比例 近畿	村田 恵美 隅田 幸清 古山 潔	1 1108	3508-7255 3508-3525	140
みや もと とおる 宮本 徹	共	比例 東京	坂間 和史 松川 野平	1 1219	3508-7508 3508-3938	102
む とう よう じ 武藤 容治	自 [麻]	岐阜3	野村 真一 小檜山千代久 伊藤 康男	2 1212	3508-7482 3508-3362	112
む たいしゅんすけ 務台 俊介	自 [麻]	比例 北陸信越	赤羽俊太郎 村瀬元良 五十嵐佐江子	1 403	3508-7334 3508-3334	109
むね きよ こう いち 宗清 皇一	自 [安]	比例 近畿	佐藤博之 川中 健司 蓮岡 牧生	1 310	3508-7205 3508-3205	138
むら い ひで き 村井 英樹	自 [岸]	埼玉1	二宮 尚徳 尾崎裕太 相馬 大作	1 911	3508-7467 3508-3297	71
むらかみせいいちろう 村上誠一郎	自 [無]	愛媛2	佐藤 洋一 村上信太郎 田丸勇野人	1 1224	3508-7291 3502-5172	152
もて ぎ とし みつ 茂木 敏充	自 [茂]	栃木5	駒林裕康 近藤 真幸 田代 真美和	2 1011	3508-1011 3508-3269	70
もと むら のぶ こ 本村 伸子	共	比例 東海	綿貫 隆尋 奥田千知 田畑 代	1 1106	3508-7280 3508-3730	122
もり しま ただし 守島 正	維	大阪2	小林倫明 林本豊一郎 安本 五	1 720	3508-7112 3508-3412	127
もり やま まさ ひと 盛山 正仁	自 [岸]	比例 近畿	伊藤雅子 中谷昌子 戸井田真太郎	1 904	3508-7380 3508-3629	139
もり えい すけ 森 英介	自 [麻]	千葉11	坂本克実 谷合彦樹 西橋裕樹	1 1210	3508-7162 3592-9036	82
もり た とし かず 森田 俊和	立	埼玉12	木沢良一樹 渡辺真弘 橋本光弘	2 1003	3508-7419 3508-3899	74
もり やま ひろ ゆき 森山 浩行	立	比例 近畿	牧井有子 阪本圭 瀬頼 由起	2 613	3508-7426 3508-3906	140
もり やま ひろし 森山 裕	自 [森]	鹿児島4	森山友久美 池田和弘 船迫作章	1 515	3508-7164 3508-3714	162
や ぎ てつ や 八木 哲也	自 [無]	愛知11	蜷川 徹 大﨑さきえ 伊藤由紀	2 319	3508-7236 3508-3236	117

※内線電話番号は、第1議員会館は5＋室番号、6＋室番号（3〜9階は5、6のあとに0を入れる）、
　　　　　　　第2議員会館は7＋室番号、8＋室番号（2〜9階は7、8のあとに0を入れる）

議員名	党派(会派)	選挙区	政策秘書	第1秘書	第2秘書	館別室号室	直通FAX	略歴頁
やたがわ はじめ 谷田川 元	立	比例 南関東	上濱 亜希	垣松 真美	栖髙 久美	1 1208	3508-7292 3508-3502	90
やすおか ひろたけ 保岡 宏武	自 [無]	比例 九州	水村 元彦	篠原 昌幸	齋藤 顕	1 815	3508-7633 3508-3263	164
やな かずお 築 和生	自 [安]	栃木3	根本 陽子	──	──	1 717	3508-7186 3508-3616	69
やなぎもと あきら 柳本 顕	自 [麻]	比例 近畿	熊谷 志保	阪本 聖二	細川 佑紀	1 320	3508-7902 3508-3537	138
やまおか たつまる 山岡 達丸	立	北海道9	根本 庸規	森地 秀悟	菊 規	1 306	3508-7306 3508-3306	55
やまぎし いっせい 山岸 一生	立	東京9	平野 隆志	土屋 奈々	草深 比呂至	1 1013	3508-7124 3508-3424	95
やまぎわだい しろう 山際大志郎	自 [麻]	神奈川18	倉持 佳代	小原 孝行		1 613	3508-7477 3508-3357	87
やまぐちしゅんいち 山口 俊一	自 [麻]	徳島2	横田 泰隆	小杉 誠正	塩田 保	2 412	3508-7054 3503-2138	150
やまぐち すすむ 山口 晋	自 [茂]	埼玉10	鈴木 邦三	鈴木 勝弘	山口 弘	2 1108	3508-7430 3508-3910	74
やまぐち つよし 山口 壯	自 [二]	兵庫12	山口 祥	三木 平	杉山 麻美子	2 603	3508-7521 3508-3951	134
やまざき まこと 山崎 誠	立	比例 南関東	黒須 裕彦	松島 章友	鈴木 尚美	1 401	3508-7137 3508-3437	90
やまさき まさやす 山崎 正恭	公	比例 四国	室岡 利雄	内 大志		1 1024	3508-7472 3508-3352	154
やました たかし 山下 貴司	自 [茂]	岡山2	福島 拓介	荻野 大和	横山 生	2 719	3508-7057 3508-3857	143
やまだ かつひこ 山田 勝彦	自 [麻]	比例 九州	藤真 信也	高柳 政章	大窪 浩	2 401	3508-7420 3508-3550	165
やまだ けんじ 山田 賢司	自 [麻]	兵庫7	荻野 浩次郎	佐々木 達二		1 617	3508-7908 3508-3957	133
やまだ みき 山田 美樹	自 [安]	東京1	中島 貴彦	鈴木あきら	小室 圭	1 917	3508-7037 3508-3837	93
やまのい かずのり 山井 和則	立	京都6	吉澤 直樹	宮地 俊之	山下 恵理子	1 805	3508-7240 3508-8882	126
やまもと ごうせい 山本 剛正	維	比例 九州	大塚 伸一	松田 晃二		2 302	3508-7009 3508-3809	166
やまもと さこん 山本 左近	自 [麻]	比例 東海	髙橋 洋樹	南田 直樹		1 304	3508-7302 3508-3302	121
やまもと 山本ともひろ	自 [無]	比例 南関東	瀬戸 芳明	松本 雄飛		2 1110	3508-7193 3508-3623	89

衆議員・秘書

や

	議員名	党派(会派)	選挙区	政策秘書名	第1秘書名	第2秘書名	館別室号	直通 / FAX	略歴頁
	山本有二（やまもとゆうじ）	自[無]	比例四国	前田真二郎	松村雄太	石本和憲	1館316	3508-7232 / 3592-9069	153
ゆ	湯原俊二（ゆはらしゅんじ）	立	比例中国	———			1館1023	3508-7129 / 3508-3429	148
	柚木道義（ゆのきみちよし）	立	比例中国	———			2館1217	3508-7301 / 3508-3301	148
よ	吉川赳（よしかわたける）	無	比例東海	古賀真理	大塚謙一	木下航	2館816	3508-7228 / 3508-3551	120
	吉川元（よしかわはじめ）	立	比例九州	伊藤剛也	高野眞敬	市丸敬	2館505	3508-7056 / 3508-3856	165
	吉田久美子（よしだくみこ）	公	比例九州	岩野武彦	大津ミチル	立津伸志	2館504	3508-7055 / 3508-3855	166
	吉田統彦（よしだつねひこ）	立	比例東海	兒井篤公之	深中稔	村隆	2館322	3508-7104 / 3508-3404	121
	吉田とも代（よしだともよ）	維	比例四国		相原絵美子		2館424	3508-7001 / 3508-3801	154
	吉田豊史（よしだとよふみ）	無	比例北陸信越	梅澤佳子	吉田幹広	木村隆志	2館1112	3508-7434 / 3508-3914	110
	吉田宣弘（よしだのぶひろ）	公	比例九州	柴田康一	荒井茂夫		1館1114	3508-7276 / 3508-3726	166
	吉田はるみ（よしだはるみ）	立	東京8	———			2館607	3508-7620 / 3508-3250	95
	吉野正芳（よしのまさよし）	自[安]	福島5	野地誠	石川貴文	佐々木孟男	2館624	3508-7143 / 3595-4546	64
	義家弘介（よしいえひろゆき）	自[安]	比例南関東	佐々木由一	高橋愼一		1館1204	3508-7241 / 3508-3511	89
	米山隆一（よねやまりゅういち）	立	新潟5	橋口猛志	佐藤伸広	山﨑悦朗	2館724	3508-7485 / 3508-3365	104
り	笠浩史（りゅうひろふみ）	立	神奈川9	今林正史	花輪智	津田武彦	1館408	3508-3420 / 3508-7120	85
わ	早稲田ゆき（わせだゆき）	立	神奈川4	稲見圭俊	永瀬康南	児玉南	1館1012	3508-7106 / 3508-3406	84
	和田有一朗（わだゆういちろう）	維	比例近畿	藤島雄志	西島平志		2館807	3508-7527 / 3508-3973	136
	和田義明（わだよしあき）	自[安]	北海道5	菅谷康子	西嶋拓也	田口知佳	1館410	3508-7117 / 3508-3417	54
	若林健太（わかばやしけんた）	自[安]	長野1	浜謙一	渡邉一聖	齊藤拓麿	1館1002	3508-7277 / 3508-3727	107
	若宮健嗣（わかみやけんじ）	自[茂]	比例東京	荒木聡	山田拓陽	田崎陽介	2館523	3508-7509 / 3508-3939	100

※内線電話番号は、第1議員会館は5＋室番号、6＋室番号（3〜9階は5、6のあとに0を入れる）、
　第2議員会館は7＋室番号、8＋室番号（2〜9階は7、8のあとに0を入れる）

議　員　名	党派 (会派)	選挙区	政策秘書名 第1秘書名 第2秘書名	館別 号室	直通 FAX	略歴頁
わし お えいいちろう 鷲尾英一郎	自 [二]	比例 北陸信越	横　山　卓　司 竹　内　和　美 植　木　　　毅	2 208	3508-7650 3508-3062	108
わた なべ こう いち 渡辺孝一	自 [岸]	比例 北海道	朝比奈正倫 原田谷竜爾 澁　谷　皇　将	1 520	3508-7401 3508-3881	56
わた なべ　　しゅう 渡辺　周	立	比例 東海	大　塚　敏　弘 山　田　幸　宣 増　山　敬　一	2 1109	3508-7077 3508-3767	121
わた なべ　　そう 渡辺　創	立	宮崎1	荻　山　明　美 谷口浩太郎 竹　内　　　絢	1 1015	3508-7086 3508-3866	161
わた なべ ひろ みち 渡辺博道	自 [茂]	千葉6	大　森　亜　希	1 1012	3508-7387 3508-3701	81
わに ぶち よう こ 鰐淵洋子	公	比例 近畿	高　坂　友　和 上松満義 中村久美子	1 924	3508-7070 3508-3850	139

㊙議員・秘書

わ

衆議院議員会館案内図

衆議院第1議員会館3階

藤田文武 維　大阪12区 3508-7040　当2	312		313	鎌田さゆり 立　宮城2区 3508-7204　当3
宮路拓馬 自[森]　鹿児島1区 3508-7206　当3	311	喫煙室	314	小泉進次郎 自[無]　神奈川11区 3508-7327　当5
宗清皇一 自[安]　比近畿 3508-7205　当3	310	WC WC (男) (女)	315	
中川郁子 自[二]　比北海道 3508-7103　当3	309		316	山本有二 自[無]　比四国 3508-7232　当11
大串博志 立　佐賀2区 3508-7335　当6	308	EV ホール	317	井上信治 自[麻]　東京25区 3508-7328　当7
原口一博 立　佐賀1区 3508-7238　当9	307		318	議員会議室 (国民)
山岡達丸 立　北海道9区 3508-7306　当3	306		319	防災備蓄室
牧　義夫 立　比東海 3508-7628　当7	305	EV ホール	320	柳本　顕 自[麻]　比近畿 3508-7902　当1
山本左近 自[麻]　比東海 3508-7302　当1	304		321	
中西健治 自[麻]　神奈川3区 3508-7311　当1	303	EV	322	牧島かれん 自[麻]　神奈川17区 3508-7026　当4
塚田一郎 自[麻]　比北陸信越 3508-7705　当1	302		323	井上貴博 自[麻]　福岡1区 3508-7239　当4
麻生太郎 自[麻]　福岡8区 3508-7703　当14	301	WC WC (男) (女)	324	松木けんこう 立　北海道2区 3508-7324　当6

国会議事堂側

衆議院第1議員会館4階

斉藤鉄夫 公 広島3区 3508-7308 当10	412		413	防災備蓄室
石井啓一 公 比 北関東 3508-7110 当10	411	喫煙室	414	杉本和巳 維 比 東海 3508-7266 当4
和田義明 自[安] 北海道5区 3508-7117 当3	410	WC（男）WC（女）	415	遠藤 敬 維 大阪18区 3508-7325 当4
太 栄志 立 神奈川13区 3508-7330 当1	409		416	鈴木憲和 自[茂] 山形2区 3508-7318 当4
笠 浩史 立 神奈川9区 3508-3420 当7	408	EVホール	417	小林鷹之 自[二] 千葉2区 3508-7617 当4
斎藤洋明 自[麻] 新潟3区 3508-7155 当4	407		418	議員会議室 （自民）
浅野 哲 国 茨城5区 3508-7231 当2	406		419	野中 厚 自[茂] 比 北関東 3508-7041 当4
浦野靖人 維 大阪15区 3508-7641 当4	405	EVホール	420	大島 敦 立 埼玉6区 3508-7093 当8
井上英孝 維 大阪1区 3508-7333 当3	404		421	あかま二郎 自[麻] 神奈川14区 3508-7317 当5
務台俊介 自[麻] 比 北陸信越 3508-7334 当4	403	EV	422	今枝宗一郎 自[麻] 愛知14区 3508-7080 当4
土屋品子 自[無] 埼玉13区 3508-7188 当8	402		423	鈴木馨祐 自[麻] 神奈川7区 3508-7304 当5
山崎 誠 立 比 南関東 3508-7137 当3	401	WC（男）WC（女）	424	阿部知子 立 神奈川12区 3508-7303 当8

衆 会館

国会議事堂側

33

衆議院第1議員会館5階

左列	号室		号室	右列
菅　直人 立　東京18区 3508-7323　当14	512		513	小野泰輔 維　比 東京 3508-7340　当1
馬場伸幸 維　大阪17区 3508-7322　当4	511	喫煙室	514	あべ俊子 自[無]　比 中国 3508-7136　当6
長島昭久 自[二]　比 東京 3508-7309　当7	510	WC(男) WC(女)	515	森山　裕 自[森] 鹿児島4区 3508-7164　当7
中谷一馬 立　比 南関東 3508-7310　当2	509		516	遠藤良太 維　比 近畿 3508-7114　当1
北側一雄 公　大阪16区 3508-7263　当10	508	EVホール	517	大河原まさこ 立　比 東京 3508-7261　当2
平林　晃 公　比 中国 3508-7339　当1	507		518	議員会議室 (維新)
岡田克也 立　三重3区 3508-7109　当11	506		519	中川正春 立　比 東海 3508-7128　当9
逢沢一郎 自[無]　岡山1区 3508-7105　当12	505	EVホール	520	渡辺孝一 自[岸] 比 北海道 3508-7401　当4
野田聖子 自[無]　岐阜1区 3508-7161　当10	504		521	防災備蓄室
菅家一郎 自[安]　比 東北 3508-7107　当4	503	EV	522	辻　清人 自[岸]　東京2区 3508-7288　当4
松野博一 自[安]　千葉3区 3508-7329　当8	502		523	西田昭二 自[岸]　石川3区 3508-7139　当2
畦元将吾 自[岸]　比 中国 3508-7710　当2	501	WC(男) WC(女)	524	議員予備室

国会議事堂側

衆議院第1議員会館6階

議員	号室		号室	議員
林 幹雄 自[二] 千葉10区 3508-7151 当10	612	喫煙室	613	山際大志郎 自[麻] 神奈川18区 3508-7477 当6
西村康稔 自[安] 兵庫9区 3508-7101 当7	611		614	鈴木英敬 自[安] 三重4区 3508-7269 当1
武田良太 自[二] 福岡11区 3508-7180 当7	610	WC(男) WC(女)	615	藤井比早之 自[無] 兵庫4区 3508-7185 当4
海江田万里 無 比 東京 3508-7316 当8	609		616	大串正樹 自[無] 比 近畿 3508-7191 当4
藤岡隆雄 立 比 北関東 3508-7178 当1	608	EV ホール	617	山田賢司 自[麻] 兵庫7区 3508-7908 当4
小宮山泰子 立 比 北関東 3508-7184 当7	607		618	議員会議室 (立憲)
末次精一 立 比 九州 3508-7176 当1	606		619	大岡敏孝 自[二] 滋賀1区 3508-7208 当4
小沢一郎 立 比 東北 3508-7175 当18	605	EV ホール	620	細野豪志 自[二] 静岡5区 3508-7116 当8
宮内秀樹 自[二] 福岡4区 3508-7174 当4	604		621	上野賢一郎 自[森] 滋賀2区 3508-7004 当5
関 芳弘 自[安] 兵庫3区 3508-7173 当5	603	EV	622	橘 慶一郎 自[無] 富山3区 3508-7227 当5
武村展英 自[無] 滋賀3区 3508-7118 当4	602	WC(男) WC(女)	623	伊東良孝 自[二] 北海道7区 3508-7170 当5
小寺裕雄 自[二] 滋賀4区 3508-7126 当2	601		624	源馬謙太郎 立 静岡8区 3508-7160 当2

衆 会館

国会議事堂側

35

衆議院第1議員会館7階

田中 健 国　　比東海 3508-7190　当1	712	713	鈴木義弘 国　　比北関東 3508-7282　当3
岡本あき子 立　　比東北 3508-7064　当2	711	喫煙室	714	永岡桂子 自[麻]　茨城7区 3508-7274　当6
大塚 拓 自[安]　埼玉9区 3508-7608　当5	710	WC(男) WC(女)	715	鬼木 誠 自[森]　福岡2区 3508-7182　当4
松島みどり 自[安]　東京14区 3508-7065　当7	709	716	田所嘉徳 自[無]　比北関東 3508-7068　当4
福田昭夫 立　　栃木2区 3508-7289　当6	708	EV ホール	717	築 和生 自[安]　栃木3区 3508-7186　当4
松本剛明 自[麻]　兵庫11区 3508-7214　当8	707	718	議員会議室 (公明)
玉木雄一郎 国　　香川2区 3508-7213　当5	706	719	篠原 孝 立　比北陸信越 3508-7268　当7
加藤鮎子 自[無]　山形3区 3508-7216　当3	705	EV ホール	720	守島 正 維　　大阪2区 3508-7112　当1
後藤茂之 自[無]　長野4区 3508-7702　当7	704	721	奥下剛光 維　　大阪7区 3508-7225　当1
遠藤利明 自[無]　山形1区 3508-7158　当9	703	EV	722	中野洋昌 公　　兵庫8区 3508-7224　当4
川崎ひでと 自[無]　三重2区 3508-7152　当1	702	WC(男) WC(女)	723	青柳仁士 維　　大阪14区 3508-7609　当1
高村正大 自[麻]　山口1区 3508-7113　当2	701	724	防災備蓄室

国会議事堂側

衆議院第1議員会館8階

号室	議員		号室	議員
812	小森卓郎 自[安] 石川1区 3508-7179 当1		813	石原宏高 自[岸] 比 東京 3508-7319 当5
811	小里泰弘 自[無] 比 九州 3508-7247 当6	喫煙室	814	小倉將信 自[二] 東京23区 3508-7140 当4
810	新藤義孝 自[茂] 埼玉2区 3508-7313 当8	WC(男) WC(女)	815	保岡宏武 自[無] 比 九州 3508-7633 当1
809	前原誠司 国 京都2区 3508-7171 当10		816	黄川田仁志 自[無] 埼玉3区 3508-7123 当4
808	小熊慎司 立 福島4区 3508-7138 当4	EV ホール	817	泉 健太 立 京都3区 3508-7005 当8
807	城井 崇 立 福岡10区 3508-7389 当4		818	議員会議室 (立憲)
806	下条みつ 立 長野2区 3508-7271 当5		819	玄葉光一郎 立 福島3区 3508-7252 当10
805	山井和則 立 京都6区 3508-7240 当8	EV ホール	820	おおつき紅葉 立 比 北海道 3508-7493 当1
804	枝野幸男 立 埼玉5区 3508-7448 当10		821	野田佳彦 立 千葉4区 3508-7141 当9
803	濱地雅一 公 比 九州 3508-7235 当4	EV	822	齋藤 健 自[無] 千葉7区 3508-7221 当5
802	手塚仁雄 立 東京5区 3508-7234 当5	WC(男) WC(女)	823	秋葉賢也 自[茂] 比 東北 3508-7392 当7
801	金城泰邦 公 比 九州 3508-7153 当1		824	議員予備室

会館

国会議事堂側

37

衆議院第1議員会館9階

漆間 譲司 維　大阪8区 3508-7298　当1	912		913	西野 太亮 自[無]　熊本2区 3508-7144　当1
村井 英樹 自[岸]　埼玉1区 3508-7467　当4	911	喫煙室	914	平　将明 自[無]　東京4区 3508-7297　当6
石原 正敬 自[岸]　比 東海 3508-7706　当1	910	WC(男) WC(女)	915	木原 誠二 自[岸]　東京20区 3508-7169　当5
福重 隆浩 公　比 北関東 3508-7249　当1	909		916	伊東 信久 維　大阪19区 3508-7243　当3
佐藤 茂樹 公　大阪3区 3508-7200　当10	908	EVホール	917	防災備蓄室
池下 卓 維　大阪10区 3508-7454　当1	907		918	議員会議室 (自民)
岩谷 良平 維　大阪13区 3508-7314　当1	906		919	井林 辰憲 自[麻]　静岡2区 3508-7127　当4
中司　宏 維　大阪11区 3508-7146　当1	905	EVホール	920	勝俣 孝明 自[二]　静岡6区 3508-7202　当4
盛山 正仁 自[岸]　比 近畿 3508-7380　当5	904		921	伊藤　渉 公　比 東海 3508-7187　当5
高市 早苗 自[無]　奈良2区 3508-7198　当9	903	EV	922	中川 宏昌 公 比 北陸信越 3508-3639　当1
田村 憲久 自[無]　三重1区 3508-7163　当9	902	WC(男) WC(女)	923	大西 健介 立　愛知13区 3508-7108　当5
御法川 信英 自[無]　秋田3区 3508-7167　当6	901		924	鰐淵 洋子 公　比 近畿 3508-7070　当2

国会議事堂側

会館

衆議院第1議員会館10階

渡辺博道 自[茂] 千葉6区 3508-7387 当8	1012	喫煙室	1013	山岸一生 立 東京9区 3508-7124 当1
松本洋平 自[二] 比 東京 3508-7133 当5	1011		1014	寺田 学 立 比 東北 3508-7464 当6
田中和德 自[麻] 神奈川10区 3508-7294 当9	1010	WC WC (男)(女)	1015	渡辺 創 立 宮崎1区 3508-7086 当1
松本 尚 自[安] 千葉13区 3508-7295 当1	1009		1016	足立康史 維 大阪9区 3508-7100 当4
髙木 毅 自[安] 福井2区 3508-7296 当8	1008	EV ホール	1017	志位和夫 共 比 南関東 3508-7285 当10
長坂康正 自[麻] 愛知9区 3508-7043 当4	1007		1018	議員会議室 (維新)
亀岡偉民 自[安] 比 東北 3508-7148 当5	1006		1019	美延映夫 維 大阪4区 3508-7194 当2
岡本三成 公 東京12区 3508-7147 当4	1005	EV ホール	1020	土田 慎 自[麻] 東京13区 3508-7341 当1
伊佐進一 公 大阪6区 3508-7391 当4	1004		1021	宮澤博行 自[安] 比 東海 3508-7135 当4
安住 淳 立 宮城5区 3508-7293 当9	1003	EV	1022	佐藤公治 立 広島6区 3508-7145 当4
若林健太 自[安] 長野1区 3508-7277 当1	1002		1023	湯原俊二 立 比 中国 3508-7129 当2
鈴木俊一 自[麻] 岩手2区 3508-7267 当10	1001	WC WC (男)(女)	1024	平井卓也 自[岸] 比 四国 3508-7307 当8

国会議事堂側

衆議院第1議員会館11階

左列	室番号		室番号	右列
瀬戸隆一 自[麻] 比 四国繰 3508-7712 当3	1112		1113	小山展弘 立 静岡3区 3508-7270 当3
島尻安伊子 自[茂] 沖縄3区 3508-7265 当1	1111	喫煙室	1114	吉田宣弘 公 比 九州 3508-7276 当3
鈴木淳司 自[安] 愛知7区 3508-7264 当6	1110	WC(男) WC(女)	1115	平沢勝栄 自[二] 東京17区 3508-7257 当9
渡海紀三朗 自[無] 兵庫10区 3508-7643 当10	1109		1116	牧原秀樹 自[無] 比 北関東 3508-7254 当5
宮本岳志 共 比 近畿 3508-7255 当5	1108	EVホール	1117	葉梨康弘 自[岸] 茨城3区 3508-7248 当6
赤嶺政賢 共 沖縄1区 3508-7196 当8	1107		1118	議員会議室 (共用)
本村伸子 共 比 東海 3508-7280 当3	1106		1119	奥野総一郎 立 千葉9区 3508-7256 当5
越智隆雄 自[安] 比 東京 3508-7479 当5	1105	EVホール	1120	土井亨 自[安] 宮城1区 3508-7470 当5
谷川とむ 自[安] 比 近畿 3508-7514 当3	1104		1121	議員予備室
福田達夫 自[安] 群馬4区 3508-7181 当4	1103	EV	1122	議員予備室
塩崎彰久 自[安] 愛媛1区 3508-7189 当1	1102	WC(男) WC(女)	1123	防災備蓄室
衛藤征士郎 自[安] 大分2区 3508-7618 当13	1101		1124	神田憲次 自[安] 愛知5区 3508-7253 当4

国会議事堂側

衆議院第1議員会館12階

	1212	1213	寺田　稔 自[岸] 広島5区 3508-7606 当6
大野敬太郎 自[無] 香川3区 3508-7132 当4	1211	1214	髙鳥修一 自[安] 比北陸信越 3508-7607 当5
森　英介 自[麻] 千葉11区 3508-7162 当11	1210	1215	田嶋　要 立　千葉1区 3508-7229 当7
秋本真利 自[無] 比南関東 3508-7611 当4	1209	1216	鈴木庸介 立　比東京 3508-7028 当1
谷田川　元 立　比南関東 3508-7292 当3	1208	1217	馬淵澄夫 立　奈良1区 3508-7122 当7
宮下一郎 自[安] 長野5区 3508-7903 当6	1207	1218	議員会議室 （自民）
小島敏文 自[岸] 比中国 3508-7192 当4	1206	1219	宮本　徹 共　比東京 3508-7508 当3
小林史明 自[岸] 広島7区 3508-7455 当4	1205	1220	国定勇人 自[二] 比北陸信越 3508-7131 当1
義家弘介 自[安] 比南関東 3508-7241 当4	1204	1221	石橋林太郎 自[岸] 比中国 3508-7901 当1
岸　信夫 自[安] 山口2区 3508-1203 当4	1203	1222	岸田文雄 自[岸] 広島1区 3508-7279 当10
鈴木貴子 自[茂] 比北海道 3508-7233 当4	1202	1223	深澤陽一 自[岸] 静岡4区 3508-7709 当2
林　芳正 自[岸] 山口3区 3508-7115 当1	1201	1224	村上誠一郎 自[無] 愛媛2区 3508-7291 当12

喫煙室

WC（男）WC（女）

EVホール

EV

EVホール

EV

WC（男）WC（女）

衆 会館

国会議事堂側

41

衆議院第2議員会館2階

左側	部屋番号	中央	右側	部屋番号
特別室	212	EV／湯沸室事務室	訴追委員会事務室／訴追委員会委員次長兼資料室／訴追委員会委員長室／訴追委員会会議室	
藤丸 敏 自[岸] 福岡7区 3508-7431 当4	211	喫煙室	**仁木博文** 無(有志) 徳島1区 3508-7011 当2	213
本田太郎 自[無] 京都5区 3508-7012 当2	210	WC(男) WC(女)	**田畑裕明** 自[安] 富山1区 3508-7704 当4	214
石井 拓 自[安] 比 東海 3508-7031 当1	209		**中谷真一** 自[茂] 山梨1区 3508-7336 当4	215
鷲尾英一郎 自[二] 比 北陸信越 3508-7650 当6	208	EVホール	**古賀 篤** 自[岸] 福岡3区 3508-7081 当4	216
井原 巧 自[安] 愛媛3区 3508-7201 当1	207		**高木宏壽** 自[二] 北海道3区 3508-7636 当3	217
岩田和親 自[岸] 比 九州 3508-7707 当4	206		**工藤彰三** 自[麻] 愛知4区 3508-7018 当4	218
伊藤信太郎 自[麻] 宮城4区 3508-7091 当7	205	EVホール	**防災備蓄室**	219
神津たけし 立 比 北陸信越 3508-7015 当1	204		**中野英幸** 自[二] 埼玉7区 3508-7220 当1	220
階 猛 立 岩手1区 3508-7024 当6	203	EV	**鳩山二郎** 自[二] 福岡6区 3508-7905 当3	221
緑川貴士 立 秋田2区 3508-7002 当2	202	WC(男) WC(女)	**伊藤忠彦** 自[二] 愛知8区 3508-7003 当5	222
青山大人 立 比 北関東 3508-7039 当2	201		**二階俊博** 自[二] 和歌山3区 3508-7023 当13	223

国会議事堂側

衆議院第2議員会館3階

堤　かなめ 立　福岡5区 3508-7062　当1	312		313	石田真敏 自[岸]　和歌山2区 3508-7072　当7
中山展宏 自[麻]　比南関東 3508-7435　当4	311	喫煙室	314	田野瀬太道 自[森]　奈良3区 3508-7071　当4
髙木　啓 自[安]　比東京 3508-7601　当2	310	WC WC (男)(女)	315	浜田靖一 自[無]　千葉12区 3508-7020　当10
角田秀穂 公　比南関東 3508-7052　当2	309		316	笹川博義 自[茂]　群馬3区 3508-7338　当4
大口善徳 公　比東海 3508-7017　当9	308	EV ホール	317	西銘恒三郎 自[茂]　沖縄4区 3508-7218　当6
輿水恵一 公　比北関東 3508-7076　当3	307		318	議員会議室 （れいわ）
橋本　岳 自[茂]　岡山4区 3508-7016　当5	306		319	八木哲也 自[無]　愛知11区 3508-7236　当4
上川陽子 自[岸]　静岡1区 3508-7460　当7	305	EV ホール	320	藤巻健太 維　比南関東 3508-7503　当1
国光あやの 自[岸]　茨城6区 3508-7036　当2	304		321	阿部　司 維　比東京 3508-7504　当1
住吉寛紀 維　比近畿 3508-7415　当1	303	EV	322	吉田統彦 立　比東海 3508-7104　当3
山本剛正 維　比九州 3508-7009　当2	302		323	沢田　良 維　比北関東 3508-7526　当1
佐々木　紀 自[安]　石川2区 3508-7059　当4	301	WC WC (男)(女)	324	西村明宏 自[安]　宮城3区 3508-7906　当6

国会議事堂側

会館

43

衆議院第2議員会館4階

山口俊一 自[麻] 徳島2区 3508-7054 当11	412		413	稲津 久 公 北海道10区 3508-7089 当5
中村喜四郎 立 比 北関東 3508-7501 当15	411	喫煙室	414	赤羽一嘉 公 兵庫2区 3508-7079 当9
金子恭之 自[岸] 熊本4区 3508-7410 当8	410	WC WC (男)(女)	415	たがや 亮 れ 比 南関東 3508-7008 当1
櫻井 周 立 比 近畿 3508-7465 当2	409		416	櫛渕万里 れ 比 東京繰 3508-7063 当2
堀井 学 自[安] 比 北海道 3508-7125 当4	408	EV ホール	417	大石あきこ れ 比 近畿 3508-7404 当1
堀内詔子 自[岸] 山梨2区 3508-7487 当4	407		418	議員会議室 (立憲)
中村裕之 自[麻] 北海道4区 3508-7406 当4	406		419	福島伸享 無(有志) 茨城1区 3508-7262 当3
斎藤アレックス 国 比 近畿 3508-7637 当1	405	EV ホール	420	防災備蓄室
西村智奈美 立 新潟1区 3508-7614 当6	404		421	金村龍那 維 比 南関東 3508-7411 当1
梅谷 守 立 新潟6区 3508-7403 当1	403	EV	422	堀場幸子 維 比 近畿 3508-7422 当1
近藤昭一 立 愛知3区 3508-7402 当9	402	WC WC (男)(女)	423	古屋圭司 自[無] 岐阜5区 3508-7440 当11
山田勝彦 立 比 九州 3508-7420 当1	401		424	吉田とも代 維 比 四国 3508-7001 当1

国会議事堂側

44

衆議院第2議員会館5階

議員名	所属・選挙区	号室		号室	議員名	所属・選挙区
石川香織	立 北海道11区 3508-7512 当2	512		513	細田博之	無 島根1区 3508-7443 当11
池田佳隆	自[安] 比 東海 3508-7616 当4	511	喫煙室	514	甘利 明	自[麻] 比 南関東 3508-7528 当13
大西英男	自[安] 東京16区 3508-7033 当4	510	WC(男) WC(女)	515	石破 茂	自[無] 鳥取1区 3508-7525 当12
池畑浩太朗	維 比 近畿 3508-7520 当1	509		516	道下大樹	立 北海道1区 3508-7516 当2
熊田裕通	自[無] 愛知1区 3508-7513 当4	508	EVホール	517	逢坂誠二	立 北海道8区 3508-7517 当5
一谷勇一郎	維 比 近畿 3508-7300 当1	507		518	議員会議室 (自民)	
赤木正幸	維 比 近畿 3508-7505 当1	506		519	北神圭朗	無(有志) 京都4区 3508-7069 当4
吉川 元	立 比 九州 3508-7056 当4	505	EVホール	520	高見康裕	自[茂] 島根2区 3508-7166 当1
吉田久美子	公 比 九州 3508-7055 当1	504		521	田中良生	自[無] 埼玉15区 3508-7058 当5
河西宏一	公 比 東京 3508-7630 当1	503	EV	522	三ッ林裕巳	自[安] 埼玉14区 3508-7416 当4
古屋範子	公 比 南関東 3508-7629 当7	502		523	若宮健嗣	自[茂] 比 東京 3508-7509 当5
小林茂樹	自[二] 比 近畿 3508-7090 当3	501	WC(男) WC(女)	524	伊藤達也	自[茂] 東京22区 3508-7623 当9

国会議事堂側

会館

45

衆議院第2議員会館6階

古川禎久 自[茂] 宮崎3区 3508-7612 当7	612	喫煙室	613	森山浩行 立 比 近畿 3508-7426 当3
柿沢未途 自 東京15区 3508-7427 当5	611		614	平沼正二郎 自[二] 岡山3区 3508-7251 当1
江田憲司 立 神奈川8区 3508-7462 当7	610	WC WC (男)(女)	615	勝目 康 自[無] 京都1区 3508-7615 当1
徳永久志 立 比 近畿 3508-7250 当1	609		616	青山周平 自[安] 比 東海 3508-7083 当4
篠原 豪 立 神奈川1区 3508-7130 当3	608	EV ホール	617	緒方林太郎 無(有志) 福岡9区 3508-7119 当3
吉田はるみ 立 東京8区 3508-7620 当1	607		618	議員会議室 (共用)
落合貴之 立 東京6区 3508-7134 当3	606		619	防災備蓄室
船田 元 自[茂] 栃木1区 3508-7156 当13	605	EV ホール	620	穀田恵二 共 比 近畿 3508-7438 当10
田中英之 自[無] 比 近畿 3508-7007 当4	604		621	笠井 亮 共 比 東京 3508-7439 当6
山口 壯 自[二] 比 近畿 3508-7521 当7	603	EV	622	下村博文 自[安] 東京11区 3508-7084 当9
荒井 優 立 比 北海道 3508-7602 当1	602		623	城内 実 自[無] 静岡7区 3508-7441 当6
野間 健 立 鹿児島3区 3508-7027 当3	601	WC WC (男)(女)	624	吉野正芳 自[安] 福島5区 3508-7143 当8

国会議事堂側

衆議院第2議員会館7階

左側	号室		号室	右側
田村貴昭 共　　比九州 3508-7475　当3	712	喫煙室	713	棚橋泰文 自[麻]　岐阜2区 3508-7429　当9
新垣邦男 社(立憲)沖縄2区 3508-7157　当1	711		714	北村誠吾 自[岸]　長崎4区 3508-7627　当8
金子恵美 立　　福島1区 3508-7476　当3	710	WC(男) WC(女)	715	小野寺五典 自[岸]　宮城6区 3508-7432　当8
松原　仁 立　　東京3区 3508-7452　当8	709		716	國重　徹 公　　大阪5区 3508-7405　当4
星野剛士 自[無]比南関東 3508-7413　当4	708	EVホール	717	佐藤英道 公　　比北海道 3508-7457　当4
吉良州司 無(有志)大分1区 3508-7412　当6	707		718	議員会議室 (自民)
長妻　昭 立　　東京7区 3508-7456　当8	706		719	山下貴司 自[茂]　岡山2区 3508-7057　当4
岬　麻紀 維　　比東海 3508-7409　当1	705	EVホール	720	白石洋一 立　　比四国 3508-7244　当3
早坂　敦 維　　比東北 3508-7414　当1	704		721	井出庸生 自[麻]　長野3区 3508-7469　当4
長谷川淳二 自[無]愛媛4区 3508-7453　当1	703	EV	722	宮﨑政久 自[茂]　比九州 3508-7360　当4
坂本哲志 自[森]熊本3区 3508-7034　当7	702		723	中島克仁 立　　比南関東 3508-7423　当4
中川貴元 自[麻]　比東海 3508-7461　当1	701	WC(男) WC(女)	724	米山隆一 立　　新潟5区 3508-7485　当1

衆 会館

国会議事堂側

47

衆議院第2議員会館8階

議員	室番号		室番号	議員
神田潤一 自[岸] 青森2区 3508-7502 当1	812		813	古川　康 自[茂] 比 九州 6205-7711 当3
上田英俊 自[茂] 富山2区 3508-7061 当1	811	喫煙室	814	後藤祐一 立 神奈川16区 3508-7092 当5
谷　公一 自[二] 兵庫5区 3508-7010 当7	810	WC WC (男)(女)	815	前川清成 維 比 近畿 3508-7625 当1
木村次郎 自[安] 青森3区 3508-7407 当2	809		816	吉川　赳 無 比 東海 3508-7228 当3
高橋英明 維 比 北関東 3508-7260 当1	808	EV ホール	817	防災備蓄室
和田有一朗 維 比 近畿 3508-7527 当1	807		818	議員会議室 (立憲)
掘井健智 維 比 近畿 3508-7088 当1	806		819	近藤和也 立 比 北陸信越 3508-7605 当3
新谷正義 自[茂] 広島4区 3508-7604 当4	805	EV ホール	820	浮島智子 公 比 近畿 3508-7290 当4
平口　洋 自[茂] 広島2区 3508-7622 当5	804		821	馬場雄基 立 比 東北 3508-7631 当1
浅川義治 維 比 南関東 3508-7197 当1	803	EV	822	柴山昌彦 自[安] 埼玉8区 3508-7624 当7
菊田真紀子 立 新潟4区 3508-7524 当7	802	WC WC (男)(女)	823	小渕優子 自[茂] 群馬5区 3508-7424 当8
神谷　裕 立 比 北海道 3508-7050 当2	801		824	額賀福志郎 自[茂] 茨城2区 3508-7447 当13

国会議事堂側

衆議院第2議員会館9階

左側	室	中央	室	右側
長友慎治 国　　比九州 3508-7212　当1	912	喫煙室	913	金子俊平 自[岸]　岐阜4区 3508-7060　当2
	911		914	泉田裕彦 自[二]　比 北陸信越 3508-7640　当2
伴野　豊 立　　比 東海 3508-7019　当6	910	WC WC (男)(女)	915	五十嵐　清 自[茂]　比 北関東 3508-7085　当1
重徳和彦 立　　愛知12区 3508-7910　当4	909		916	丹羽秀樹 自[無]　愛知6区 3508-7025　当6
穂坂　泰 自[無]　埼玉4区 3508-7030　当2	908	EV ホール	917	山田美樹 自[安]　東京1区 3508-7037　当4
杉田水脈 自[安]　比 中国 3508-7029　当3	907		918	議員会議室 (自民)
根本幸典 自[安]　愛知15区 3508-7711　当4	906		919	中川康洋 公　　比 東海 3508-7038　当2
塩川鉄也 共　　比 北関東 3508-7507　当8	905	EV ホール	920	日下正喜 公　　比 中国 3508-7021　当1
高橋千鶴子 共　　比 東北 3508-7506　当7	904		921	井野俊郎 自[茂]　群馬2区 3508-7219　当4
梶山弘志 自[無]　茨城4区 3508-7529　当8	903	EV	922	防災備蓄室
佐藤　勉 自[無]　栃木4区 3508-7408　当9	902	WC WC (男)(女)	923	中曽根康隆 自[二]　群馬1区 3508-7272　当2
尾﨑正直 自[二]　高知2区 3508-7619　当1	901		924	三反園　訓 無　　鹿児島2区 3508-7511　当1

国会議事堂側

衆
会
館

49

衆議院第2議員会館 10階

早稲田ゆき 立　神奈川4区 3508-7106　当2	1012		1013	青柳陽一郎 立　比 南関東 3508-7245　当4
茂木敏充 自[茂] 栃木5区 3508-1011　当10	1011	喫煙室	1014	石川昭政 自[無] 比 北関東 3508-7159　当4
武部　新 自[二] 北海道12区 3508-7425　当4	1010	WC WC (男)(女)	1015	藤原　崇 自[安] 岩手3区 3508-7207　当4
金田勝年 自[二] 比 東北 3508-7053　当5	1009		1016	國場幸之助 自[岸] 比 九州 3508-7741　当4
末松義規 立　東京19区 3508-7488　当7	1008	EV ホール	1017	武井俊輔 自[岸] 比 九州 3508-7388　当4
小田原　潔 自[安] 東京21区 3508-7909　当4	1007		1018	議員会議室 (公明)
古川元久 国　愛知2区 3508-7078　当9	1006		1019	冨樫博之 自[無] 秋田1区 3508-7275　当4
小川淳也 立　香川1区 3508-7621　当6	1005	EV ホール	1020	東　国幹 自[茂] 北海道6区 3508-7634　当1
稲富修二 立　比 九州 3508-7515　当3	1004		1021	江渡聡徳 自[麻] 青森1区 3508-7096　当8
森田俊和 立　埼玉12区 3508-7419　当2	1003	EV	1022	赤澤亮正 自[無] 鳥取2区 3508-7490　当6
江﨑鐵磨 自[二] 愛知10区 3508-7418　当8	1002		1023	高木陽介 公　比 東京 3508-7481　当9
奥野信亮 自[安] 比 近畿 3508-7421　当6	1001	WC WC (男)(女)	1024	山崎正恭 公　比 四国 3508-7472　当1

国会議事堂側

衆議院第 2 議員会館 11 階

吉田豊史 無 比 北陸信越 3508-7434 当2	1112	1113	菅 義偉 自[無] 神奈川2区 3508-7446 当9
上杉謙太郎 自[安] 比 東北 3508-7074 当2	1111	1114	古川直季 自[無] 神奈川6区 3508-7523 当1
山本ともひろ 自[無] 比 南関東 3508-7193 当5	1110	1115	稲田朋美 自[安] 福井1区 3508-7035 当6
渡辺 周 立 比 東海 3508-7077 当9	1109	1116	木原 稔 自[茂] 熊本1区 3508-7450 当5
山口 晋 自[茂] 埼玉10区 3508-7430 当1	1108	1117	櫻田義孝 自[二] 比 南関東 3508-7381 当8
小泉龍司 自[二] 埼玉11区 3508-7121 当7	1107	1118	議員会議室 (自民)
加藤竜祥 自[安] 長崎2区 3508-7230 当1	1106	1119	坂井 学 自[無] 神奈川5区 3508-7489 当5
三木圭恵 維 比 近畿 3508-7638 当2	1105	1120	三谷英弘 自[無] 比 南関東 3508-7522 当3
加藤勝信 自[茂] 岡山5区 3508-7459 当7	1104	1121	門山宏哲 自[無] 比 南関東 3508-7382 当4
河野太郎 自[麻] 神奈川15区 3508-7006 当9	1103	1122	伊藤俊輔 立 比 東京 3508-7150 当2
阿部弘樹 維 比 九州 3508-7480 当1	1102	1123	鈴木 敦 国 比 南関東 3508-7286 当1
谷川弥一 自[安] 長崎3区 3508-7014 当7	1101	1124	西岡秀子 国 長崎1区 3508-7343 当2

喫煙室

WC(男) WC(女)

EVホール

EV

国会議事堂側

衆議院第2議員会館12階

武藤容治 自[麻] 岐阜3区 3508-7482 当5	1212		1213	根本 匠 自[岸] 福島2区 3508-7312 当9
塩谷 立 自[安] 比 東海 3508-7632 当10	1211	喫煙室	1214	防災備蓄室
今村雅弘 自[二] 比 九州 3508-7610 当9	1210	WC WC (男)(女)	1215	鈴木隼人 自[茂] 東京10区 3508-7463 当3
岩屋 毅 自[麻] 大分3区 3508-7510 当9	1209		1216	井坂信彦 立 兵庫1区 3508-7082 当3
髙階恵美子 自[安] 比 中国 3508-7518 当1	1208	EV ホール	1217	柚木道義 立 比 中国 3508-7301 当6
江藤 拓 自[無] 宮崎2区 3508-7468 当7	1207		1218	議員会議室 (自民)
中根一幸 自[安] 比 北関東 3508-7458 当5	1206		1219	本庄知史 立 千葉8区 3508-7519 当1
萩生田光一 自[安] 東京24区 3508-7154 当6	1205	EV ホール	1220	細田健一 自[安] 新潟2区 3508-7278 当4
津島 淳 自[茂] 比 東北 3508-7073 当4	1204		1221	坂本祐之輔 立 比 北関東 3508-7449 当3
市村浩一郎 維 兵庫6区 3508-7165 当4	1203	EV	1222	中谷 元 自[無] 高知1区 3508-7486 当11
空本誠喜 維 比 中国 3508-7451 当2	1202	WC WC (男)(女)	1223	竹内 譲 公 比 近畿 3508-7473 当6
尾身朝子 自[安] 比 北関東 3508-7484 当3	1201		1224	庄子賢一 公 比 東北 3508-7474 当1

国会議事堂側

会館

52

第49回総選挙（小選挙区比例代表並立制）
（令和3年10月31日施行／令和7年10月30日満了）

議　長	細田博之 ほそ　だ　ひろ ゆき	秘書	椎名　雄一 石川　真一　☎3581-1461
副議長	海江田万里 かい え　だ ばん り	秘書	清家　弘司 中川　浩史　☎3423-0311

勤続年数は**令和5年2月末現在**です。

北海道1区	450,946 投 59.13	当118,286　道下　大樹　立前（45.3） 比106,985　船橋利実　自前（41.0） 比35,652　小林　悟　維新（13.7）

札幌市（中央区、北区の一部
（P169参照）、南区、西区の一部
（P169参照））

みち した　だい　き
道下　大樹

立前　　　　当2
北海道新得町 S50・12・24
勤5年6ヵ月（初／平29）

総務委、財金委、沖北特委理事、党税制調
査会事務局長、北海道議、道議会民進党
政審会長、衆議院議員秘書、中央大／47歳

〒060-0042　札幌市中央区大通西5丁目
昭和ビル5F　　　　　　　　☎011（233）2331

北海道2区	460,828 投 52.60	当105,807　松木謙公　立前（44.7） 比89,745　高橋祐介　自前（37.9） 比41,076　山崎　泉　維新（17.4）

札幌市（北区（1区に属しない区
域）（P169参照）、東区）

まつき
松木けんこう

立前　　　　当6
北海道札幌市 S34・2・22
勤13年11ヵ月（初／平15）

沖北特委員長、環境委、政倫審、党選対委員長
代理、新党大地幹事長、農水大臣政務官、官房
長官・労働大臣秘書、青山学院大学／64歳

〒001-0908　札幌市北区新琴似8条9丁目2-1
　　　　　　　　　　　　　　☎011（769）7770
〒168-0063　杉並区和泉3-31-12

北海道3区	474,944 投 56.24	当116,917　高木宏寿　自元（44.7） 比当112,535　荒井　優　立新（43.0） 比32,340　小和田康文　維新（12.4）

札幌市（白石区、豊平区、清田区）

たか　ぎ　ひろ　ひさ
高木宏壽

自元［二］　　　当3
北海道札幌市 S35・4・9
勤6年3ヵ月（初／平24）

厚労委理、決算行監委、沖北特委、原子力
特委、党生活安全関係団体委員長、党内
閣第一部会長代理、道議、慶大法／62歳

〒062-0020　札幌市豊平区月寒中央5-1-12
　　　　　　　　　　　　　　☎011（852）4764
〒100-8982　千代田区永田町2-1-2、会館☎03（3508）7636

北海道4区	363,778 ⑱ 61.14	当109,326 中村 裕之 自前(50.2) 比当108,630 大築 紅葉 立新(49.8)

札幌市(西区(1区に属しない区域)(P169参照)、手稲区)、小樽市、後志総合振興局管内

なか むら ひろ ゆき
中村 裕之
自前[麻]　当4
北海道　S36・2・23
勤10年4ヵ月　(初/平24)

文科委理、国交委、党文科部会長、農水副大臣、文科大臣政務官、国土・建設関係団体委員長、道議、道PTA連名長、JC、道庁、北海学園大／62歳

〒047-0024　小樽市花園1-4-19　☎0134(21)5770
〒107-0052　港区赤坂2-17-10、宿舎　☎03(5549)4671

北海道5区	467,864 ⑱ 60.22	当139,950 和田 義明 自前(50.6) 比111,366 池田 真紀 立前(40.3) 16,758 橋本 美香 共新(6.1) 8,520 大津伸太郎 無新(3.1)

札幌市(厚別区)、江別市、千歳市、恵庭市、北広島市、石狩市、石狩振興局管内

わ だ よし あき
和田 義明
自前[安]　当3
大阪府池田市 S46・10・10
勤7年　(初/平28補)

内閣府副大臣、党遊説局長、党国防副部会長、党総務、内閣府大臣政務官、外交副部会長、三菱商事、早大／51歳

〒004-0053　札幌市厚別区厚別中央3条5丁目8-20
☎011(896)5505
〒100-8981　千代田区永田町2-2-1、会館☎03(3508)7117

北海道6区	415,008 ⑱ 56.86	当128,670 東 国幹 自新(55.5) 比93,403 西川 将人 立新(40.3) 比9,776 斉藤 忠行 N新(4.2)

旭川市、士別市、名寄市、富良野市、上川総合振興局管内

あずま くに よし
東 国幹
自新[茂]　当1
北海道名寄市 S43・2・17
勤1年5ヵ月　(初/令3)

農水委、法務委、災害特委、党総務、党地方組織・議員総局次長、道議会議員、旭川市議、衆院議員秘書、東海大学／55歳

〒079-8412　旭川市永山2条4丁目2-19　☎0166(40)2223
〒107-0052　港区赤坂2-17-10、宿舎

北海道7区	253,134 ⑱ 56.19	当80,797 伊東 良孝 自前(58.0) 比45,563 篠田奈保子 立新(32.7) 12,913 石川 明美 共新(9.3)

釧路市、根室市、釧路総合振興局管内、根室振興局管内

い とう よし たか
伊東 良孝
自前[二]　当5
北海道　S23・11・24
勤13年8ヵ月　(初/平21)

衆議運委理事、道連会長、党国対副委員長、党豪酪委員長、北海道総合開発特委員長、地方創生特委、農水副大臣(2回目)、水産部会長、農水委員長、副幹事長、沖北特委筆頭理、財務政務官、釧路市長、道議、市議、道教育大／74歳

〒085-0021　釧路市浪花町13-2-1　☎0154(25)5500
〒100-8981　千代田区永田町2-2-1、会館　☎03(3508)7170

| 北海道8区 | 361,180
⑳60.08 | 当112,857　逢坂誠二　立前（52.7）
比101,379　前田一男　自元（47.3） |

函館市、北斗市、渡島総合振興
局管内、檜山振興局管内

おお　さか　せい　じ
逢坂　誠二　立前　　　　当5
北海道ニセコ町　S34・4・24
勤15年7ヵ月　（初/平17）

予算委野党筆頭理事、原子力特委、党代表代
行、道連代表、総理補佐官、総務大臣政務官、
ニセコ町長、薬剤師、行政書士、北大／63歳

〒040-0073　函館市宮前町8-4　　　☎0138(41)7773
〒100-8982　千代田区永田町2-1-2、会館　☎03(3508)7517

| 北海道9区 | 381,776
⑳58.92 | 当113,512　山岡達丸　立前（51.5）
比当106,842　堀井　学　自前（48.5） |

室蘭市、苫小牧市、登別市、伊
達市、胆振総合振興局管内、日高
振興局管内

やま　おか　たつ　まる
山岡　達丸　立前　　　当3（初/平21）
東京都　S54・7・22
勤8年10ヵ月

経産委、党副幹事長（総務局長兼務）、ハ
ラスメント対策委員、NHK記者、慶大
経／43歳

〒053-0021　北海道苫小牧市若草町1丁目1-24
〒100-8981　千代田区永田町2-2-1、会館　☎03(3508)7306

| 北海道10区 | 284,648
⑳64.80 | 当96,843　稲津　久　公前（53.9）
比当82,718　神谷　裕　立前（46.1） |

夕張市、岩見沢市、留萌市、美唄市、
芦別市、赤平市、三笠市、滝川市、
砂川市、歌志内市、深川市、空知総
合振興局管内、留萌振興局管内

いな　つ　　　ひさし
稲津　久　公前　　　　　当5
北海道芦別市　S33・2・9
勤13年8ヵ月　（初/平21）

党幹事長代理、中央幹事、政調副会長、
北海道本部代表、元厚生労働副大臣、元
農水政務官、元道議、専修大／65歳

〒068-0024　岩見沢市4条西2-4-2　　☎0126(22)8511
〒107-0052　港区赤坂2-17-10、宿舎

| 北海道11区 | 283,874
⑳63.51 | 当91,538　石川香織　立前（51.8）
比当85,336　中川郁子　自元（48.2） |

帯広市、十勝総合振興局管内

いし　かわ　か　おり
石川　香織　立前　　　　当2
神奈川県　S59・5・10
勤5年6ヵ月　（初/平29）

総務理、消費者特委、党副幹事長、前
党青年局長、元日本BS11アナウン
サー、聖心女子大／38歳

〒080-0028　帯広市西18条南5丁目47-5　☎0155(67)7730
〒107-0052　港区赤坂2-17-10、宿舎

㊟略歴

北海道

北海道12区	286,186 @ 59.82	当97,634	武部　　新	自前(58.4)
		比55,321	川原田英世	立新(33.1)
		14,140	菅原　　誠	共新(8.5)

北見市、網走市、稚内市、紋別市、
宗谷総合振興局管内、オホーツ
ク総合振興局管内

たけ　べ　　あらた
武 部　　新　　自前[二]　　　　当4
北海道　　S45・7・20
勤10年4ヵ月（初/平24）

党農林部会長、農水委、沖北特委、農林水産副大臣、
衆院議事進行係、過疎対策特委事務局長代理、環境
兼内閣府大臣政務官、早大法、シカゴ大院／52歳

〒090-0833　北見市とん田東町603-1　☎0157(61)7711

比例代表 北海道 8 人　北海道

すず　き　たか　こ
鈴木貴子　　自前[茂]　　　　当4
北海道帯広市　S61・1・5
勤9年10ヵ月（初/平25満）

自民党副幹事長、前外務副大臣、元防衛大臣政
務官、元NHK長野放送局番組制作ディレク
ター、カナダオンタリオ州トレント大学／37歳

〒085-0018　釧路市黒金町7-1-1
　　　　　　クロガネビル3F　　☎0154(24)2522

わた　なべ　こう　いち
渡辺孝一　　自前[岸]　　　　当4
北海道　　S32・11・25
勤10年4ヵ月（初/平24）

農水委理、総務委、憲法審、党内閣第一部会
長代理、総務大臣政務官、防衛大臣政務官、
岩見沢市長、歯科医、東日本学園大／65歳

〒068-0004　岩見沢市4条東1-7-1
　　　　　　北商4-1ビル1F
〒107-0052　港区赤坂2-17-10、宿舎　☎0126(25)1188

ほり　い　　　まなぶ
堀井　学　　自前[安]　　当4(初/平24)
北海道室蘭市　S47・2・19
勤10年4ヵ月　〈北海道9区〉

予算委理事、経産委、沖北特委理事、党
文科部会長代理、外務大臣政務官、道
議、王子製紙、専修大商／51歳

〒059-0012　登別市中央町5-14-1　☎0143(88)2811
〒107-0052　港区赤坂2-17-10、宿舎　☎03(5549)4671

なか　がわ　ゆう　こ
中川郁子　　自元[二]　　当3(初/平24)
新潟県　　S33・12・22
勤6年3ヵ月　〈北海道11区〉

外務委理、拉致特委理、党外交部会長代
理、水産総合調査会副会長、農林水産大
臣政務官、三菱商事、聖心女子大学／64歳

〒080-0802　帯広市東2条南13丁目18　☎0155(27)2611

おおつき紅葉 <ruby>紅葉<rt>くれは</rt></ruby>

立新　当1(初/令3)
北海道小樽市　S58・10・16
勤1年5ヵ月　〈北海道4区〉

懲罰委理、総務委、党国対副委員長、党政調会長補佐、フジテレビ政治部記者、英国バーミンガムシティ大／39歳

〒047-0024　小樽市花園2-6-7
　　　　　　プラムビル5F　　☎0134(33)8750

荒井 優 <ruby>荒井<rt>あらい</rt></ruby> <ruby>優<rt>ゆたか</rt></ruby>

立新　当1(初/令3)
北海道　S50・2・28
勤1年5ヵ月　〈北海道3区〉

文科委、復興特委、党代表政務室副室長・政調会長補佐、ソフトバンク(株)社長室、高校校長、早大／48歳

〒062-0933　札幌市豊平区平岸3条10-1-29 酒井ビル
　　　　　　　　　　　　　　　☎011(826)3021
〒107-0052　港区赤坂2-17-10、宿舎　☎03(5549)6471

神谷 裕 <ruby>神谷<rt>かみや</rt></ruby> <ruby>裕<rt>ひろし</rt></ruby>

立前　当2(初/平29)
東京都豊島区　S43・8・10
勤5年6ヵ月　〈北海道10区〉

総務委、沖北特委筆頭理事、参院議員秘書、衆院議員秘書、国務大臣秘書官、日鰹連職員、帝京大／54歳

〒068-0024　北海道岩見沢市4条西4丁目12　☎0126(22)1100

佐藤 英道 <ruby>佐藤<rt>さとう</rt></ruby> <ruby>英道<rt>ひでみち</rt></ruby>

公前　当4
宮城県名取市　S35・9・26
勤10年4ヵ月（初/平24）

厚労委、党厚生労働部会長、厚生労働・内閣府副大臣、議運委理事、農水政務官、党団体渉外委員長、中央幹事、国交部会長、創大院／62歳

〒060-0001　札幌市中央区北1条西19丁目
　　　　　　緒方ビル4F　　　☎011(688)5450
〒100-8982　千代田区永田町2-1-2、会館　☎03(3508)7457

比例代表 北海道 8人	有効投票数 2,569,130票

政党名	当選者数	得票数	得票率
	惜敗率 小選挙区		惜敗率 小選挙区
自 民 党	4人	863,300票	33.60%

当①鈴木　貴子　前
当②渡辺　孝一　前
当③堀井　　学　前(94.12)北 9
当③中川　郁子　元(93.22)北11
　③船橋　利実　新(90.45)北 1
　③前田　一男　元(89.8) 北 8
　③高橋　祐介　新(84.8) 北 2
　⑭鶴羽　佳子　新
　⑮長友　隆典　新

【小選挙区での当選者】
③高木　宏寿　元　　北 3
③中村　裕之　前　　北 4
③和田　義明　前　　北 5
③東　　国幹　新　　北 6
③伊東　良孝　前　　北 7
③武部　　新　前　　北12

立憲民主党　3人　　682,912票　26.58%

当①大築　紅葉　新(99.36)　北4	【小選挙区での当選者】
当①荒井　優　新(96.25)　北3	①道下　大樹　前　　　北1
当①神谷　裕　前(85.41)　北10	①松木　謙公　前　　　北2
①池田　真紀　前(79.58)　北5	①逢坂　誠二　前　　　北8
①西川　将人　新(72.59)　北6	①山岡　達丸　前　　　北9
①川原田英世　新(56.66)　北12	①石川　香織　前　　　北11
①篠田奈保子　新(56.39)　北7	
⑬原谷　那美　新	
⑭秋元　恭兵　新	
⑮田中　勝一　新	

公 明 党　　1人　　294,371票　11.46%

当①佐藤　英道　前	②荒瀬　正昭　前

....

その他の政党の得票数・得票率は下記のとおりです。
（当選者はいません）

政党名	得票数	得票率			
日本維新の会	215,344票	8.38%	支持政党なし	46,142票	1.80%
共産党	207,189票	8.06%	NHKと裁判してる党弁護士法72条違反で		
れいわ新選組	102,086票	3.97%		42,916票	1.67%
国民民主党	73,621票	2.87%	社民党	41,248票	1.61%

青森県1区　342,174　⑲51.84

当91,011　江渡聡徳　自前(52.4)
比64,870　升田世喜男　立元(37.4)
　17,783　斎藤美緒　共新(10.2)

青森市、むつ市、東津軽郡、上北郡（野辺地町、横浜町）、六ヶ所村）、下北郡

え　と　あき　のり
江 渡 聡 徳

自 前［麻］　　当8
青森県十和田市　S30・10・12
勤23年2ヵ月　（初/平8）

拉致特委理、安保委、原子力特委、党総務会長代行、防衛大臣、安保委員長、防衛副大臣、短大講師、日大院／67歳

〒030-0812　青森市堤町1-3-12　　　☎017(718)8820
〒107-0052　港区赤坂2-17-10、宿舎

青森県2区　389,510　⑲53.56

当126,137　神田潤一　自新(61.5)
比65,909　高畑紀子　立新(32.1)
　12,966　田端深雪　共新(6.3)

八戸市、十和田市、三沢市、上北郡（七戸町、六戸町、東北町、おいらせ町）、三戸郡

かん　だ　じゅん　いち
神 田 潤 一

自 新［岸］　　当1
青森県八戸市　S45・9・27
勤1年5ヵ月　（初/令3）

財金委、農水委、倫選特委、原子力特委、日本銀行職員、金融庁出向、日本生命出向、マネーフォワード執行役員、東大経、イェール大学院／52歳

〒031-0081　八戸市柏崎1-1-1　　　☎0178(51)8866

青森県3区　347,625　投53.29

当118,230　木村次郎　自前（65.0）
比63,796　山内　崇　新（35.0）

弘前市、黒石市、五所川原市、
つがる市、平川市、西津軽郡、
中津軽郡、南津軽郡、北津軽郡

き　むら　じ　ろう
木村次郎

自前［安］　　　　当2
青森県藤崎町　S42・12・16
勤5年6ヵ月　（初/平29）

防衛大臣政務官兼内閣府大臣政務官、安保委、国土交通大臣政務官、党国防副部会長、女性局次長、青森県職員、中央大／55歳

〒036-8191　青森県弘前市親方町43-3F　☎0172（36）8332
〒107-0052　港区赤坂2-17-10、宿舎　☎03（5549）4671

岩手県1区　293,290　投58.81

当87,017　階　猛　立前（51.2）
比62,666　高橋比奈子　自前（36.9）
20,300　吉田恭子　共新（11.9）

盛岡市、紫波郡

しな　　たけし
階　　猛

立前　　　　　当6
岩手県盛岡市　S41・10・7
勤15年9ヵ月（初/平19補）

憲法審査会幹事、財金委、党「次の内閣」財務金融大臣、総務大臣政務官、民進党政調会長、弁護士、銀行員、東大法／56歳

〒020-0021　盛岡市中央通3-3-2
菱和ビル6F　☎019（654）7111
〒107-0052　港区赤坂2-17-10、宿舎

岩手県2区　369,175　投60.28

当149,168　鈴木俊一　自前（68.0）
比66,689　大林正英　立新（30.4）
3,548　荒川順子　N新（1.6）

宮古市、大船渡市、久慈市、遠野市、
陸前高田市、釜石市、二戸市、八幡
平市、滝沢市、岩手郡、気仙郡、上
閉伊郡、下閉伊郡、九戸郡

すず　き　しゅん　いち
鈴木俊一

自前［麻］　　　当10
岩手県　S28・4・13
勤29年11ヵ月　（初/平2）

財務・金融担当大臣、党総務会長、東京オリパラ大臣、環境大臣、外務副大臣、衆外務・厚労・復興特委員長、早大／69歳

〒020-0668　岩手県滝沢市鵜飼狐洞1-432
☎019（687）5525
〒100-8981　千代田区永田町2-2-1、会館　☎03（3508）7267

岩手県3区　377,117　投61.71

当118,734　藤原崇　自前（52.1）
比当109,362　小沢一郎　立前（47.9）

花巻市、北上市、一関市、奥州市、
和賀郡、胆沢郡、西磐井郡

ふじ　わら　　たかし
藤原崇

自前［安］　当4（初/平24）
岩手県西和賀町　S58・8・2
勤10年4ヵ月

法務委理事、財金委、復興特委、党青年局長代理、財務大臣政務官、内閣府兼復興大臣政務官、明治学院大学法科大学院修了／39歳

〒024-0091　岩手県北上市大曲町2-24　☎0197（72）6056
〒100-8982　千代田区永田町2-1-2、会館　☎03（3508）7207

宮城県1区 439,697 ⑳54.60

当101,964　土井　亨　自前（43.4）
比96,649　岡本章子　立前（41.2）
23,033　春藤沙弥香　維新（ 9.8）
13,174　大草芳江　無新（ 5.6）

仙台市（青葉区、太白区（本庁管内））

ど　い　　　とおる
土井　亨
自前［安］　　当5
宮城県　　S33・8・12
勤14年3ヵ月（初／平17）

国交委、党所有者不明土地等に関する特別委員長、党情報調査局長、国交副大臣、復興副大臣、国交政務官、党国対副委長、党財金部会長、副幹事長、県議3期、東北学院大／64歳

〒980-0011　仙台市青葉区上杉1-1-30-102　☎022（262）7223

宮城県2区 455,409 ⑳53.62

当116,320　鎌田さゆり　立元（49.0）
比当115,749　秋葉賢也　自前（48.7）
比5,521　林マリアゆき　N新（ 2.3）

仙台市（宮城野区、若林区、泉区）

かまた　さゆり
鎌田さゆり
立元　　　　当3
宮城県　　S40・1・8
勤6年　　（初／平12）

法務委次席理事、震災復興特委、党災害・緊急事態局東北ブロック副局長、党政調副会長、東北学院大学／58歳

〒981-3133　仙台市泉区泉中央1-34-6-2F　☎022（771）5022
〒107-0052　港区赤坂2-17-10、宿舎

宮城県3区 286,936 ⑳57.71

当96,210　西村明宏　自前（59.3）
比60,237　大野園子　立新（37.1）
5,890　浅田晃司　無新（ 3.6）

仙台市（太白区（秋保総合支所管内（秋保町湯向、秋保町境野、秋保町長袋、秋保町馬場、秋保町湯元））、白石市、名取市、角田市、岩沼市、刈田郡、柴田郡、伊具郡、亘理郡）

にし　むら　あき　ひろ
西村明宏
自前［安］　　当6
福岡県北九州市　S35・7・16
勤16年1ヵ月（初／平15）

環境大臣、内閣府特命担当大臣、内閣官房副長官、国交・内閣府・復興副大臣、国交委長、党筆頭副幹事長、党団体総局長、地方組織議員総局長、経産・国交部会長、早大院／62歳

〒981-1231　宮城県名取市手倉田字諏訪609-1
〒100-8982　千代田区永田町2-1-2、会館　☎022（384）4757
☎03（3508）7906

宮城県4区 237,478 ⑳57.15

当74,721　伊藤信太郎　自前（56.5）
比30,047　松山由美　共新（22.7）
比当27,451　早坂敦　維新（20.8）

塩竈市、多賀城市、富谷市、宮城郡、黒川郡（大和町、大衡村）、加美郡（七ヶ浜町、利府町）、

い　とうしん　た　ろう
伊藤信太郎
自前［麻］　　当7
東京都港区　　S28・5・6
勤18年2ヵ月（初／平13補）

憲法審査会幹事、外務委、復興特委、党国際局長、外務副大臣、慶大院、ハーバード大院／69歳

〒985-0021　宮城県塩釜市尾島町24-20　☎022（367）8687
〒100-8982　千代田区永田町2-1-2、会館　☎03（3508）7091

| 宮城県5区 | 252,373 ㊺57.34 | 当81,033 | 安住　淳 | 立前（56.9） |
| | | 比64,410 | 森下　千里 | 自新（43.1） |

石巻市、東松島市、大崎市（松山・三本木・鹿島台・田尻総合支所管内）、宮城郡（松島町）、黒川郡（大郷町）、遠田郡、牡鹿郡、本吉郡

		立前	当9
あずみ　　じゅん		宮城県	S37・1・17
安住　淳		勤26年7ヵ月	（初／平8）

党国対委員長、懲罰委員長、民進党国対委員長、財務大臣、政府税調会長、防衛副大臣、衆安保委員長、党幹事長代行、NHK記者、早大／61歳

〒986-0814　石巻市南中里4-1-18　☎0225(23)2881
〒100-8981　千代田区永田町2-2-1、会館　☎03(3508)7293

| 宮城県6区 | 253,730 ㊺57.38 | 当119,555 | 小野寺五典 | 自前（83.2） |
| | | 24,072 | 内藤隆司 | 共新（16.8） |

気仙沼市、登米市、栗原市、大崎市（第5区に属しない区域）

		自前［岸］	当8
お　の　でら　いつのり		宮城県気仙沼市	S35・5・5
小野寺五典		勤21年5ヵ月	（初／平9補）

情報監視審査会長、党安全保障調査会長、防衛大臣、党政調会長代理、外務副大臣、外務大臣政務官、東北福祉大客員教授、県職員、松下政経塾、東大院／62歳

〒987-0511　登米市迫町佐沼字中江1-10-4
　　　　　　中江第一ビル2F、1号☎0220(22)6354
〒107-0052　港区赤坂2-17-10、宿舎

| 秋田県1区 | 261,956 ㊺58.18 | 当77,960 | 冨樫博之 | 自前（51.9） |
| | | 比72,366 | 寺田　学 | 立前（48.1） |

秋田市

		自前［無］	当4
と　がし　ひろ　ゆき		秋田県秋田市	S30・4・27
冨樫博之		勤10年4ヵ月	（初／平24）

経産委、国交委、倫選特委理、党経産部会長代理、商工・中小企業団体委員長、復興副大臣、総務大臣政務官、秋田県議会議長、衆院秘書、秋田経済大／67歳

〒010-1427　秋田市仁井田新田3-13-20　☎018(839)5601
〒107-0052　港区赤坂2-17-10、宿舎

| 秋田県2区 | 258,568 ㊺61.23 | 当81,845 | 緑川貴士 | 立前（52.5） |
| | | 比当73,945 | 金田勝年 | 自前（47.5） |

能代市、大館市、男鹿市、鹿角市、潟上市、北秋田市、鹿角郡、北秋田郡、山本郡、南秋田郡

		立前	当2（初／平29）
みどりかわ　たか　し		埼玉県	S60・1・10
緑川貴士		勤5年6ヵ月	

地域・こども特委、農水委理事、党秋田県連代表、秋田朝日放送アナウンサー、早大／38歳

〒017-0897　秋田県大館市三ノ丸92　☎0186(57)8614
〒100-8982　千代田区永田町2-1-2、会館　☎03(3508)7002

秋田県3区 320,409 ⑳55.89

当134,734	御法川信英 自前(77.9)
38,118	杉山　彰 共新(22.1)

横手市、湯沢市、由利本荘市、
大仙市、にかほ市、仙北市、仙
北郡、雄勝郡

み のりかわ のぶひで　　　自前[無]　　　　当6
御法川信英
秋田県　S39・5・25
勤16年1ヵ月　（初/平15）

党国対委員長代理、国家基本委理、議運委筆頭
理事、国土交通・内閣府・復興副大臣、財務副大
臣、外務政務官、コロンビア大院、慶大/58歳

〒014-0046　秋田県大仙市大曲田町20-32　☎0187(63)5835
〒107-0052　港区赤坂2-17-10、宿舎

山形県1区 303,982 ⑳61.59

当110,688	遠藤利明 自前(60.0)
比73,872	原田和広 立新(40.0)

山形市、上山市、天童市、東村
山郡

えん どう とし あき　　　自前[無]　　　　当9
遠藤利明
山形県上山市　S25・1・17
勤26年5ヵ月　（初/平5）

党総務会長、党選対委員長、東京オリンピッ
ク・パラリンピック大臣、党幹事長代理、文
科副大臣、建設政務次官、中大法/73歳

〒990-2481　山形市あかねヶ丘2-1-6　　☎023(646)6888
〒107-0052　港区赤坂2-17-10、宿舎　　☎03(5549)4671

山形県2区 313,967 ⑳65.71

当125,992	鈴木憲和 自前(61.8)
比77,742	加藤健一 国新(38.2)

米沢市、寒河江市、村山市、長井市、
東根市、尾花沢市、南陽市、西村山
郡、北村山郡、東置賜郡、西置賜郡

すず き のり かず　　　自前[茂]　　　　当4
鈴木憲和
山形県南陽市　S57・1・30
勤10年4ヵ月　（初/平24）

党青年局長、決算行監委、安保委、倫選特
委、外務大臣政務官、党外交部会長代理、
党農林部会長代理、農水省、東大法/41歳

〒992-0012　米沢市金池2-1-11　　☎0238(26)4260
〒100-8981　千代田区永田町2-2-1、会館☎03(3508)7318

山形県3区 287,642 ⑳65.74

当108,558	加藤鮎子 自前(58.1)
66,320	阿部ひとみ 無新(35.5)
12,100	梅木　威 共新(6.5)

鶴岡市、酒田市、新庄市、最上郡、
東田川郡、飽海郡

か とう あゆ こ　　　自前[無]　　　　当3
加藤鮎子
山形県鶴岡市　S54・4・19
勤8年4ヵ月　（初/平26）

国交委理事、決算行監委、拉致特委、党厚労部
会長代理、国土交通大臣政務官、環境兼内閣
府大臣政務官、コロンビア大院、慶大/43歳

〒997-0026　鶴岡市大東町17-23(自宅)　☎0235(22)0376
〒107-0052　港区赤坂2-17-10、宿舎

㊙略歴

秋田・山形

福島県1区 404,405 ⓐ60.61

当123,620 金子恵美 立前 (51.1)	
比当118,074 亀岡偉民 自前 (48.9)	

福島市、相馬市、南相馬市、伊達市、伊達郡、相馬郡

かね こ え み
金 子 恵 美　立前　当3(初/平26)※1

福島県保原原(現伊達市)　S40・7・7
勤14年5ヵ月(参6年1ヵ月)

党会計調査、党「次の内閣」ネクスト農水大臣、党震災復興本部事務局長、復興特委、農水委、県連代表、内閣府政務官兼復興政務官、参議員、福島大院/57歳

〒960-8253　福島市泉字泉川34-1　☎024(573)0520
〒100-8982　千代田区永田町2-1-2、会館　☎03(3508)7476

福島県2区 347,250 ⓐ55.06

当102,638 根本 匠 自前 (54.6)	
比当85,501 馬場雄基 立新 (45.4)	

郡山市、二本松市、本宮市、安達郡

ね もと たくみ
根 本 匠　自前[岸]　当9

福島県　S26・3・7
勤26年6ヵ月　(初/平5)

予算委員長、党中小企業調査会長、厚労大臣、党金融調査会長、復興大臣、総理補佐官、党憲法本部事務総長、経産委、内閣府副大臣、厚生政務次官、建設省、東大/71歳

〒963-8012　郡山市咲田1-2-1-103　☎024(932)6662
〒100-8982　千代田区永田町2-1-2、会館　☎03(3508)7312

福島県3区 264,121 ⓐ64.05

当90,457 玄葉光一郎 立前 (54.2)	
比当76,302 上杉謙太郎 自前 (45.8)	

白河市、須賀川市、田村市、岩瀬郡、西白河郡(泉崎村、中島村、矢吹町)、東白川郡、石川郡、田村郡

げん ば こう いちろう
玄 葉 光一郎　立前　当10

福島県田村市　S39・5・20
勤29年10ヵ月　(初/平5)

安保委、復興特委、決算行監委長、外相、国家戦略担当・内閣府特命担当大臣、民主党政調会長、選対委長、県連、上智大/58歳

〒962-0832　須賀川市本町3-2　☎0248(72)7990
〒100-8981　千代田区永田町2-2-1、会館　☎03(3508)7252

福島県4区 237,353 ⓐ64.68

当76,683 小熊慎司 立前 (51.0)	
比当73,784 菅家一郎 自前 (49.0)	

会津若松市、喜多方市、南会津郡、耶麻郡、河沼郡、大沼郡、西白河郡(西郷村)

お ぐま しん じ
小 熊 慎 司　立前　当4(初/平24)※2

福島県　S43・6・16
勤12年10ヵ月(参2年6ヵ月)

国交委、復興特委、党政調副会長、参院議員、福島県議、会津若松市議、専大法学部/54歳

〒965-0835　会津若松市館馬町2-14　　ニューパークハイツ1F　☎0242(38)3565
〒100-8981　千代田区永田町2-2-1、会館　☎03(3508)7138

よし の　まさ よし
吉野正芳

自前［安］　　当8
福島県いわき市　S23・8・8
勤22年10ヵ月（初/平12）

党復興本部長代理、復興大臣、政倫審会長、農林水産委・震災復興特委・原子力特委・環境委各委員長、環境副大臣、文科政務官、早大／74歳

〒970-8026　いわき市平尼子町2-26NKビル　☎0246(21)4747
〒107-0052　港区赤坂2-17-10、宿舎

略歴

福島・比例東北

つ しま　じゅん
津島　淳

自前［茂］　　当4
東京都　S41・10・18
勤10年4ヵ月（初/平24）

国交委理事、財金委、党国交部会長、法務副大臣、国交兼内閣府政務官、党国交・財金部会長代理、学習院大／56歳

〒038-0031　青森市三内字丸山381　☎017(718)3726
〒100-8982　千代田区永田町2-1-2、会館　☎03(3508)7073

あき ば　けん や
秋葉賢也

自前［茂］　　当7(初/平17・
宮城県　S37・7・3
勤18年　　　〈宮城2区〉

厚労委、決算行監委、前復興大臣、党情報調査局長、元内閣総理大臣補佐官、環境委長、厚労・復興副大臣、総務大臣政務官、松下政経塾、中大法、東北大院法／60歳

〒981-3121　仙台市泉区上谷刈4-17-16　☎022(375)4477
〒100-8981　千代田区永田町2-2-1、会館　☎03(3508)7392

かん け　いち ろう
菅家一郎

自前［安］　　当4(初/平24)
福島県　S30・5・20
勤10年4ヵ月　〈福島4区〉

環境委理、党国交部会長代理、復興副大臣、環境大臣政務官兼内閣府大臣政務官、会津若松市長、県議、市議、会社役員、早大／67歳

〒965-0872　会津若松市東栄町5-19　☎0242(27)9439

かめ おか　よし たみ
亀岡偉民

自前［安］　　当5(初/平17)
福島県　S30・9・10
勤14年3ヵ月　〈福島1区〉

予算委、拉致特委、懲罰委、党総裁補佐兼副幹事長、復興副大臣、文科兼内閣府副大臣、衆文科委員長、農相秘書、早大教育(野球部)／67歳

〒960-8055　福島市野田町5-6-25　☎024(533)3131
〒100-8981　千代田区永田町2-2-1、会館　☎03(3508)7148

金田勝年

自前［二］ 当5(初/平21)※
秋田県 S24・10・4
勤25年10ヵ月(参12年2ヵ月) 〈秋田2区〉

予算委、災害特委、党選対委員長代行、予算委員長、法務大臣、財務金融委員長、外務副大臣、農林水産政務次官、大蔵主計官、一橋大／73歳

〒016-0843 能代市中和1-16-2 ☎0185(54)3000
〒107-0052 港区赤坂2-17-10、宿舎 ☎03(5549)4671

うえすぎけんたろう

上杉謙太郎

自前［安］ 当2(初/平29)
神奈川県 S50・4・20
勤5年6ヵ月 〈福島3区〉

外務委、文科委、消費者特委、震災復興特委、外務大臣政務官、議員秘書、県3区支部長、早大／47歳

〒962-0023 須賀川市大黒町115-1 Ⅲ-A ☎0248(76)6024

おかもとあきこ

岡本あき子

立前 当2(初/平29)
宮城県 S39・8・16
勤5年6ヵ月 〈宮城1区〉

総務委、復興特委理、復党調副会長、子ども若者応援本部事務局長、党ジェンダー平等推進本部事務局長、仙台市議、NTT、東北大／58歳

〒982-0011 仙台市太白区長町4-4-29 ☎022(395)4781
〒100-8981 千代田区永田町2-2-1、会館 ☎03(3508)7064

てらたまなぶ

寺田 学

立前 当6(初/平15)
秋田県横手市 S51・9・20
勤17年5ヵ月 〈秋田1区〉

法務委筆頭理事、党代議士会長、内閣総理大臣補佐官、三菱商事社員、中央大／46歳

〒010-1424 秋田市御野場1-1-9 ☎018(827)7515
〒100-8981 千代田区永田町2-2-1、会館 ☎03(3508)7464

おざわいちろう

小沢一郎

立前 当18(初/昭44)
岩手県旧水沢市 S17・5・24
勤53年6ヵ月 〈岩手3区〉

自由党代表、生活の党代表、国民の生活が第一代表、民主党代表、自由党党首、新進党党首、自民党幹事長、官房副長官、自治相、慶大／80歳

〒023-0814 奥州市水沢袋町2-38 ☎0197(24)3851
〒100-8981 千代田区永田町2-2-1、会館 ☎03(3508)7175

ばばゆうき

馬場雄基

立新 当1(初/令3)
福島県郡山市 H4・10・15
勤1年5ヵ月 〈福島2区〉

環境委、震災復興特委、三井住友信託銀行、松下政経塾、コミュニティ施設事業統括、慶大法／30歳

〒963-8052 福島県郡山市八山田5-214
サルーテⅡ103 ☎024(953)8109
〒100-8982 千代田区永田町2-1-2、会館 ☎03(3508)7631

略歴

比例東北

公新 当1
庄子賢一 しょう じ けん いち
宮城県仙台市 S38・2・8
勤1年5ヵ月 （初／令3）

党中央幹事、党東北方面本部長、農水委
理、予算委、復興特委理、宮城県議会議
員5期、広告代理店、東北学院大／60歳

〒983-0852 仙台市宮城野区榴岡4-5-24-502
☎022(290)3770
〒100-8982 千代田区永田町2-1-2、会館 ☎03(3508)7474

共前 当7
高橋千鶴子 たか はし ち づ こ
秋田県 S34・9・16
勤19年5ヵ月 （初／平15）

党衆議院議員団長、障害者の権利委員会責任
者、党国交部会長、党常任幹部会委員、国交委、
復興特委、地域・こども特委、弘前大／63歳

〒980-0021 仙台市青葉区中央4-3-28
朝日ビル4F
☎022(223)7572
〒107-0052 港区赤坂2-17-10、宿舎 ☎03(5549)4671

維新 当1(初/令3)
早坂 敦 はや さか あつし
宮城県 S46・3・11
勤1年5ヵ月 〈宮城4区〉

文科委、復興特委理、会社役員、児童指
導員、仙台市議、東北高校／51歳

〒981-3304 宮城県富谷市ひより台2-31-1-202
☎022(344)6115
〒107-0052 港区赤坂2-17-10、宿舎

㊗略歴

比例東北

比例代表 東北 **13 人** 有効投票数 4,120,670票		

政党名	当選者数	得票数	得票率
	惜敗率 小選挙区		惜敗率 小選挙区

自民党　6人　1,628,233票　39.51%

当①津島　　淳　前	②木村　次郎　前　　　　青3
当①秋葉　賢也　前(99.51)宮2	②鈴木　俊一　前　　　　岩2
当①菅家　一郎　前(96.22)福4	②藤原　　崇　前　　　　岩3
当②亀岡　偉民　前(95.51)福1	②土井　　亨　前　　　　宮1
当②金田　勝年　前(90.38)秋2	②西村　明宏　前　　　　宮3
当②上杉謙太郎　前(84.35)福3	②伊藤信太郎　前　　　　宮4
②森下　千里　新(75.78)宮5	②小野寺五典　前　　　　宮6
②高橋比奈子　前(72.02)岩1	②冨樫　博之　前　　　　秋1
②前川　　恵　元	②御法川信英　前　　　　秋3
㉕入野田　博　新	②遠藤　利明　前　　　　山1
【小選挙区での当選者】	②鈴木　憲和　前　　　　山2
②江渡　聡徳　前　　　青1	②加藤　鮎子　前　　　　山3
②神田　潤一　新　　　青2	②根本　　匠　前　　　　福2

立憲民主党　4人　991,504票　24.06%

当①岡本　章子　前(94.79)宮1	①原田　和広　新(66.74)山1
当①寺田　　学　前(92.82)秋1	①大野　園子　新(62.61)宮3
当①小沢　一郎　前(92.11)岩3	①山内　　崇　新(53.96)青3
当①馬場　雄基　新(83.30)福2	①高畑　紀子　新(52.25)青2
①升田世喜男　元(71.28)青1	①大林　正英　新(44.71)岩2

⑱佐野　利恵　新　　　　①安住　　淳　前　　宮5
⑲鳥居　作弥　新　　　　①緑川　貴士　新　　　秋2
⑳内海　　太　新　　　　①金子　恵美　前　　　福1
【小選挙区での当選者】　　①玄葉光一郎　前　　　福3
①階　　猛　前　　岩1　　①小熊　慎司　前　　　福4
①鎌田さゆり　元　　宮2

公明党　1人　456,287票　11.07%

当①庄子　賢一　新　　　　③曽根　周作　新
　②佐々木雅文　新

共産党　1人　292,830票　7.11%

当①高橋千鶴子　前　　　　③藤本　友里　新
　②舩山　由美　新　　宮4

日本維新の会　1人　258,690票　6.28%

当①早坂　　敦　新(36.74)岩4　▼①春藤沙弥香　新(22.59)宮1

▼は小選挙区の得票が有効投票総数の10分の1未満で、復活当選の資格がない者

その他の政党の得票数・得票率は下記のとおりです。
(当選者はいません)

政党名	得票数	得票率			
国民民主党	195,754票	4.75%	NHKと裁判してる党弁護士法72条違反で		
れいわ新選組	143,265票	3.48%		52,664票	1.28%
社民党	101,442票	2.46%			

略
歴

比例東北・茨城

茨城県1区 402,090　㊿51.29　　当105,072　福島　伸享　無元(52.1)
　　　　　　　　　　　　　　　　　比当96,791　田所　嘉徳　自前(47.9)

水戸市(本庁管内、赤塚・常澄出張所管内)、下妻市の一部(P169参照)、笠間市(笠間支所管内)、常陸大宮市(御前山支所管内)、筑西市、桜川市、東茨城郡(城里町)

ふく　しま　のぶ　ゆき
福島　伸享

無元(有志)　　　当3
茨城県　　　　S45・8・8
勤7年7ヵ月　(初／平21)

国土交通委、震災復興特委、筑波大学客員教授、東京財団ディレクター、内閣官房参事官補佐、経産省、東大／52歳

〒310-0804　水戸市白梅1-7-21　　☎029(302)8895
〒107-0052　港区赤坂2-17-10、宿舎

茨城県2区 355,390　㊿49.80　　当110,831　額賀福志郎　自前(64.5)
　　　　　　　　　　　　　　　　　比61,103　藤田　幸久　立元(35.5)

水戸市(第1区に属しない区域)、笠間市(第1区に属しない区域)、鹿嶋市、潮来市、神栖市、行方市、鉾田市、小美玉市(本庁管内、小川総合支所管内)、東茨城郡(茨城町、大洗町)

ぬか　が　ふく　し　ろう
額賀福志郎

自前[茂]　　　　当13
茨城県行方市　S19・1・11
勤39年5ヵ月　(初／昭58)

懲罰委、党税調顧問、党震災復興本部長、党エネルギー調査会長、財務大臣、防衛庁長官、経済財政担当相、早大／79歳

〒311-3832　行方市麻生3287-32　　☎0299(72)1218
〒100-8982　千代田区永田町2-1-2、会館　☎03(3508)7447

茨城県3区 389,521 ⑳53.52

当109,448 葉梨康弘 自前（53.6）
比63,674 梶岡博樹 立新（31.2）
比31,100 岸野智康 維新（15.2）

龍ヶ崎市、取手市、牛久市、守谷市、稲敷市、稲敷郡、北相馬郡

は なし やす ひろ
葉梨康弘

自前［岸］ 当6
東京都 S34・10・12
勤16年1ヵ月 （初/平15）

決算行政監視委、法務大臣、党政調会長代理、農林水産副大臣、法務副大臣兼内閣府副大臣、財務大臣政務官、東大法／63歳

〒302-0017 取手市桑原1108 ☎0297(74)1859

茨城県4区 268,147 ⑳52.81

当98,254 梶山弘志 自前（70.5）
比25,162 武藤優子 維新（18.0）
比16,018 大内久美子 共新（11.5）

常陸太田市、ひたちなか市、常陸大宮市（第1区に属しない区域）、那珂市、久慈郡

かじ やま ひろ し
梶山弘志

自前［無］ 当8
茨城県常陸太田市 S30・10・18
勤22年10ヵ月 （初/平12）

党幹事長代行、経済産業大臣、地方創生大臣、国交副大臣・政務官、国交・災対特委員長、党選対委員長代理、政調会長代理、元JAEA職員、日大／67歳

〒313-0013 常陸太田市山下町1189 ☎0294(72)2772
〒100-8982 千代田区永田町2-1-2、会館

茨城県5区 241,755 ⑳53.30

当61,373 浅野 哲 国前（48.5）
比当53,878 石川昭政 自前（42.6）
8,061 飯田美弥子 共新（ 6.4）
3,248 田村 弘 無新（ 2.6）

日立市、高萩市、北茨城市、那珂郡

あさ の さとし
浅野 哲

国前 当2
東京都 S57・9・25
勤5年6ヵ月 （初/平29）

党国対委員長代理、エネルギー調査会会長、議運委、内閣委、原子力特委、衆議員秘書、(株)日立製作所、日立労組、青学院修了／40歳

〒317-0071 茨城県日立市鹿島町1-11-13 友愛ビル ☎0294(21)5522
〒100-8981 千代田区永田町2-2-1、会館 ☎03(3508)7231

茨城県6区 454,712 ⑳53.62

当125,703 国光文乃 自前（52.5）
比113,570 青山大人 立前（47.5）

土浦市、石岡市、つくば市、かすみがうら市、つくばみらい市、小美玉市（第2区に属しない区域）

くに みつ
国光あやの

自前［岸］ 当2
山口県 S54・3・20
勤5年6ヵ月 （初/平29）

総務大臣政務官、党文科副部会長、医師、厚労省職員、長崎大医学部、東京医科歯科大大学院、UCLA大学院／43歳

〒305-0022 つくば市吉瀬1851-1 ☎029(886)3686
〒100-8982 千代田区永田町2-1-2、会館 ☎03(3508)7036

茨城県7区	303,353 ㊥53.71	当74,362 永岡桂子 自前(46.5)
		比70,843 中村喜四郎 立前(44.3)
		比14,683 水梨伸晃 維新(9.2)

古河市、結城市、下妻市(第1区に属しない区域)、常総市、坂東市、結城郡、猿島郡

永岡桂子 なが おか けい こ

自前[麻] 当6
東京都 S28・12・8
勤17年7ヵ月 (初/平17)

文部科学大臣、党副幹事長、消費者特委長、文部科学副大臣、党内閣第一部会長、文科委員長、党政調副会長、厚労副大臣、農水政務官、学習院大法/69歳

〒306-0023 古河市本町2-7-13　☎0280(31)5033
〒100-8981 千代田区永田町2-2-1、会館　☎03(3508)7274

栃木県1区	434,814 ㊥52.42	当102,870 船田 元 自前(46.2)
		比66,700 渡辺典喜 立前(29.9)
		比43,935 柏倉祐司 維新(19.7)
		9,393 青木 弘 共新(4.2)

宇都宮市(本庁管内、平石・清原・横川・瑞穂野・城山・国本・富屋・豊郷・篠井・柴川・雀宮地区市民センター管内、宝木・陽南出張所管内)、下野市の一部(P169参照)、河内郡

船田 元 ふな だ　はじめ

自前[茂] 当13
栃木県宇都宮市 S28・11・22
勤36年10ヵ月 (初/昭54)

憲法審委、文科委、消費者特委、党消費者問題調査会長、党代議士会会長、経企庁長官、総務・文部政務次官、慶大院/69歳

〒320-0047 宇都宮市一の沢1-2-6　☎028(666)8735
〒100-8982 千代田区永田町2-1-2、会館　☎03(3508)7156

栃木県2区	262,690 ㊥53.75	当73,593 福田昭夫 立前(53.4)
		比64,253 五十嵐 清 自新(46.6)

宇都宮市(第1区に属しない区域)、栃木市(西方総合支所管内)、鹿沼市、日光市、さくら市、塩谷郡

福田昭夫 ふく だ あき お

立前 当6
栃木県日光市 S23・4・17
勤17年7ヵ月 (初/平17)

財務金融委、地域・こども特委、党県連代表、総務大臣政務官、栃木県知事、今市市長、東北大/74歳

〒321-2335 日光市森友781-3　☎0288(21)4182
〒107-0052 港区赤坂2-17-10、宿舎

栃木県3区	241,014 ㊥52.07	当82,398 簗 和生 自前(67.4)
		比39,826 伊賀 央 立新(32.6)

大田原市、矢板市、那須塩原市、那須烏山市、那須郡

簗 和生 やな かず お

自前[安] 当4
東京都 S54・4・22
勤10年4ヵ月 (初/平24)

文部科学副大臣、党農林部会長、党総務会総務、国交委理、経産委理、国交政務官兼内閣府政務官、シンクタンク研究員、慶大、東大院修/43歳

〒324-0042 栃木県大田原市末広2-3-17 ☎0287(22)8706

栃木県4区 402,456 当55.37

当111,863　佐藤　勉　自前(51.1)
比当107,043　藤岡隆雄　立新(48.9)

栃木市(大平・藤岡・都賀・岩舟総合支所
管内)、小山市、真岡市、下野市(第1区
に属しない区域)、芳賀郡、下都賀郡

	自前[無]	当9
さ とう　つとむ	栃木県壬生町	S27・6・20
佐藤　勉	勤26年7ヵ月	(初/平8)

国家基本委理、党総務会長、国家基本政
策委員長、議院運営委員長、党国会対策
委員長、総務大臣、日大／70歳

〒321-0225　下都賀郡壬生町本丸2-15-20　☎0282(83)0001

栃木県5区 284,314 当50.99

当108,380　茂木敏充　自前(77.4)
31,713　岡村恵子　共新(22.6)

足利市、栃木市(第2区及び第4区
に属しない区域)、佐野市

	自前[茂]	当10
も て ぎ とし みつ	栃木県足利市	S30・10・7
茂木敏充	勤29年10ヵ月	(初/平5)

党幹事長、元外務大臣、経済財政政策担当大
臣、党政調会長、経産大臣、金融・行革大臣、科
技・IT大臣、東大、ハーバード大院／67歳

〒326-0053　足利市伊勢4-14-6　☎0284(43)3050
〒100-8982　千代田区永田町2-1-2、会館　☎03(3508)1011

群馬県1区 378,869 当52.97

当110,244　中曽根康隆　自前(56.3)
比42,529　宮崎岳志　維元(21.7)
24,072　斎藤　敦子　無新(12.3)
18,917　店橋世津子　共新(9.7)

前橋市、桐生市(新里・黒保根支所管内)、
沼田市、渋川市(赤城・北橘行政センター
管内)、みどり市(東支所管内)、利根郡

	自前[二]	当2
なか そ ね やす たか	東京都	S57・1・19
中曽根康隆	勤5年6ヵ月	(初/平29)

**安保委、文科委、震災復興特委、地域・こども特
委**、防衛大臣政務官兼内閣府大臣政務官、参議
院議員秘書、JPモルガン証券(株)、慶大／41歳

〒371-0841　前橋市石倉町3-10-5　☎027(289)6650
〒100-8982　千代田区永田町2-1-2、会館　☎03(3508)7272

群馬県2区 322,971 当50.66

当88,799　井野俊郎　自前(54.0)
比50,325　堀越啓仁　立前(30.6)
25,216　石関貴史　無元(15.3)

桐生市(第1区に属しない区域)、伊勢崎
市、太田市(藪塚町、山之神町、寄合町、
大原町、六千石町、大久保町)、みどり
市(第1区に属しない区域)、佐波郡

	自前[茂]	当4
い の とし ろう	群馬県	S55・1・8
井野俊郎	勤10年4ヵ月	(初/平24)

防衛副大臣兼内閣府副大臣、党国対副委
員長、党畜酪対策委員会代理、元法務大
臣政務官、弁護士、市議、明大法／43歳

〒372-0042　伊勢崎市中央町26-2　☎0270(75)1050
〒106-0032　港区六本木7-1-3、宿舎

群馬県3区　303,475　⑳53.62

太田市(第2区に属しない区域)、館林市、邑楽郡

当86,021	笹川博義	自前(54.6)
比67,689	長谷川嘉一	立前(43.0)
3,737	説田健二	N新(2.4)

笹川博義　ささがわひろよし

自前[茂]　当4
東京都　S41·8·29
勤10年4ヵ月 (初/平24)

衆議院農林水産委員長、党副幹事長、環境副大臣、環境大臣政務官、衆議院議事進行係、党総務、県議、明大中退／56歳

〒373-0818　群馬県太田市小舞木町270-1　☎0276(46)7424
〒100-8982　千代田区永田町2-1-2、会館　☎03(3508)7338

群馬県4区　295,511　⑳56.39

高崎市(本庁管内、新町·吉井支所管内)、藤岡市、多野郡

当105,359	福田達夫	自前(65.0)
比56,682	角倉邦良	立新(35.0)

福田達夫　ふくだたつお

自前[安]　当4
東京都　S42·3·5
勤10年4ヵ月 (初/平24)

経産委、党筆頭副幹事長、党中小企業調査会事務局長、党税調幹事、党総務会長、防衛政務官、総理秘書官、商社員、慶大法／55歳

〒370-0073　高崎市緑町3-6-3　☎027(365)1192
〒100-8981　千代田区永田町2-2-1、会館　☎03(3508)7181

群馬県5区　303,298　⑳56.42

高崎市(第4区に属しない区域)、渋川市(第1区に属しない区域)、富岡市、安中市、北群馬郡、甘楽郡、吾妻郡

当125,702	小渕優子	自前(76.6)
38,428	伊藤達也	共新(23.4)

小渕優子　おぶちゆうこ

自前[茂]　当8
群馬県　S48·12·11
勤22年10ヵ月 (初/平12)

党組織運動本部長、国家基本委理、沖北特委、経産大臣、文科委員長、財務副大臣、内閣府特命担当大臣、成城大、早大院修了／49歳

〒377-0423　吾妻郡中之条町大字伊勢町1003-7　☎0279(75)2234
〒100-8982　千代田区永田町2-1-2、会館　☎03(3508)7424

埼玉県1区　465,306　⑳55.48

さいたま市(見沼区の一部(P169参照)、浦和区、緑区、岩槻区)

当120,856	村井英樹	自前(47.6)
比96,690	武正公一	立元(38.1)
比23,670	吉村豪介	維新(9.3)
11,540	佐藤真実	無新(4.5)
1,234	中島徳二	無新(0.5)

村井英樹　むらいひでき

自前[岸]　当4
埼玉県さいたま市　S55·5·14
勤10年4ヵ月 (初/平24)

内閣総理大臣補佐官、党国対副委員長、内閣府大臣政務官、党副幹事長、年金委員会事務局長、財務省、ハーバード大院、東大／42歳

〒330-0061　さいたま市浦和区常盤9-27-9　☎048(711)3241
〒100-8981　千代田区永田町2-1、会館　☎03(3508)7467

埼玉県2区 470,538 ㊗50.35
川口市の一部(P169参照)

当121,543 新藤義孝 自前(52.8)
比当57,327 髙橋英明 維新(24.9)
51,420 奥田智子 共新(22.3)

しん どう よし たか
新藤義孝

自前[茂] 当8
埼玉県川口市 S33・1・20
勤24年9ヵ月 (初/平8)

裁判官訴追委員長、衆憲法審査会与党筆
頭幹事、党政調会長代行、党デジタル田園
都市推進委員長、総務大臣、明大／65歳

〒332-0034 川口市並木1-10-22 ☎048(254)6000
〒100-8981 千代田区永田町2-2-1、会館 ☎03(3508)7313

埼玉県3区 462,607 ㊗51.88
草加市、越谷市の一部(P170参照)

当125,500 黄川田仁志 自前(53.6)
比100,963 山川百合子 立前(43.1)
7,534 河合悠祐 N新(3.2)

き かわ だ ひと し
黄川田仁志

自前[無] 当4
神奈川県横浜市 S45・10・13
勤10年4ヵ月 (初/平24)

外務委員長、内閣府副大臣、外務大臣政務
官、党海洋小委事務局長、会社員、松下政
経塾、米メリーランド大学院修了／52歳

〒340-0052 草加市金明町1-1
中野マンション102 ☎048(933)0591
〒100-8981 千代田区永田町2-2-1、会館 ☎03(3508)7123

埼玉県4区 386,796 ㊗54.49
朝霞市、志木市、和光市、新座市

当107,135 穂坂泰 自前(52.3)
比47,863 浅野克彦 国新(23.3)
34,897 工藤薫 共新(17.0)
11,733 遠藤宣彦 無元(5.7)
3,358 小笠原洋輝 無新(1.6)

ほ さか やすし
穂坂泰

自前[無] 当2
埼玉県志木市 S49・2・17
勤5年6ヵ月 (初/平29)

文科委、環境委、議運委、原子力特委、政
倫審、環境大臣政務官兼内閣府大臣政
務官、志木市議、青山学院大／49歳

〒351-0011 埼玉県朝霞市本町1-10-40-101
〒100-8982 千代田区永田町2-1-2、会館 ☎03(3508)7030 ☎048(458)3344

埼玉県5区 397,522 ㊗56.58
さいたま市(西区、北区、大宮区、
見沼区(大字砂、砂町2丁目、東
大宮2〜4丁目)、中央区)

当113,615 枝野幸男 立前(51.4)
比当107,532 牧原秀樹 自前(48.6)

えだ の ゆき お
枝野幸男

立前 当10
栃木県 S39・5・31
勤29年10ヵ月 (初/平5)

前党代表、民進党憲法調査会長、経済産業大臣、
内閣官房長官、行政刷新大臣、沖縄・北方担当大
臣、党幹事長、政調会長、弁護士、東北大／58歳

〒330-0846 さいたま市大宮区大門町2-108-5
永峰ビル2F ☎048(648)9124

㊗略歴

埼玉

72

埼玉県6区　443,180　⊕55.32

当134,281　大　島　　敦　立前(56.0)
比当105,433　中　根　一　幸　自前(44.0)

鴻巣市(本庁管内、吹上支所管内)、上尾市、桶川市、北本市、北足立郡

おお　しま　　あつし
大　島　　敦

立前　　　　　　当8
埼玉県北本市 S31・12・21
勤22年10ヵ月　(初/平12)

憲法審査会委、経産委、党企業・団体交流委員長、懲罰委員長、内閣府副大臣、総務副大臣、日本鋼管・ソニー生命社員、早大/66歳

〒363-0021　桶川市泉2-11-32 天沼ビル　☎048(789)2110
〒100-8981　千代田区永田町2-2-1、会館　☎03(3508)7093

埼玉県7区　436,985　⊕52.63

当98,958　中　野　英　幸　自新(44.2)
比当93,419　小　宮　山　泰　子　立前(41.7)
比31,475　伊　勢　田　享　子　維新(14.1)

川越市、富士見市、ふじみ野市(本庁管内)

なか　の　ひで　ゆき
中　野　英　幸

自新[二]　　　　当1
埼玉県　　　　S36・9・6
勤1年5ヵ月　　(初/令3)

内閣府大臣政務官兼復興大臣政務官、党商工中小企業団体委員会副委員長、党広報戦略局次長、埼玉県議、日大中退/61歳

〒350-0055　川越市久保町5-3　☎049(226)8888
〒107-0052　港区赤坂2-17-10、宿舎　☎03(5549)4671

埼玉県8区　365,768　⊕56.69

当104,650　柴　山　昌　彦　自前(51.6)
98,102　小　野　塚　勝　俊　無元(48.4)

所沢市、ふじみ野市(第7区に属しない区域)、入間郡(三芳町)

しば　やま　まさ　ひこ
柴　山　昌　彦

自前[安]　　　　当7
愛知県名古屋市 S40・12・5
勤19年　　(初/平16補)

党県連会長、選対副委員長、教育・人材力強化調査会長、幹事長代理、政調会長代理、文部科学大臣、首相補佐官、弁護士、東大法/57歳

〒359-1141　所沢市小手指町2-12-4
　　　　　　ユーケー小手指101　☎04(2924)5100
〒100-8982　千代田区永田町2-1-2、会館　☎03(3508)7624

埼玉県9区　404,689　⊕55.44

当117,002　大　塚　　拓　自前(53.4)
80,756　杉　村　慎　治　立新(36.8)
21,464　神　田　三　春　共新(9.8)

飯能市、狭山市、入間市、日高市、入間郡(毛呂山町、越生町)

おお　つか　　たく
大　塚　　拓

自前[安]　　　　当5
東京都　　　　S48・6・14
勤14年3ヵ月　　(初/平17)

党政調副会長、安保委員長、国防部会長、財務副大臣、内閣府副大臣、法務大臣政務官、東京三菱銀、慶大法、ハーバード大院/49歳

〒358-0003　入間市豊岡1-2-23
　　　　　　清水ビル2F　☎04(2901)1112

埼玉県10区 328,163 ㊵58.19

当96,153　山口　晋　自新(51.6)
比当90,214　坂本祐之輔　立元(48.4)

東松山市、坂戸市、鶴ヶ島市、
比企郡

やま　ぐち　　　すすむ
山口　晋
自新[茂]　　　当1
埼玉県川島町　S58・7・28
勤1年5ヵ月　　（初/令3）

衆院農水委、文科委、災害特委、党国会対策委員、
青年局次長、行革推進本部幹事、衆院議員秘書、一
橋大院修了、国立シンガポール大院修了／39歳

〒350-0227　坂戸市仲町12-10　　☎049(282)3773

埼玉県11区 351,863 ㊵52.87

当111,810　小泉龍司　自前(61.9)
比49,094　島田　誠　立新(27.2)
19,619　小山森也　共新(10.9)

熊谷市（江南行政センター管内）、
秩父市、本庄市、深谷市、秩父郡、
児玉郡、大里郡

こ　いずみりゅう　じ
小泉龍司
自前[二]　　　当7
東京都　　　　S27・9・17
勤18年11ヵ月　（初/平12）

財金委、党選対副委員長、元大蔵省銀行
局調査室長、東大法／70歳

〒366-0051　深谷市上柴町東3-17-19　　☎048(575)3030

埼玉県12区 369,482 ㊵55.52

当102,627　森田俊和　立前(51.0)
比当98,493　野中　厚　自前(49.0)

熊谷市（第11区に属しない区域）、
行田市、加須市、羽生市、鴻巣
市（第6区に属しない区域）

もり　た　とし　かず
森田俊和
立前　　　当2(初/平29)
埼玉県熊谷市　S49・9・19
勤5年6ヵ月

環境委理事、地域・こども特委、党国対
副委員長、会社役員、埼玉県議、早大大
学院／48歳

〒360-0831　埼玉県熊谷市久保島1003-2　☎048(530)6001

埼玉県13区 400,359 ㊵52.43

当101,149　土屋品子　自前(49.4)
比86,923　三角創太　立新(42.5)
16,622　赤岸雅治　共新(8.1)

春日部市の一部（P170参照）、越谷市
（第3区に属しない区域）（P170参照）、
久喜市（本庁管内、菖蒲総合支所管
内）、蓮田市、白岡市、南埼玉郡

つち　や　しな　こ
土屋品子
自前[無]　　　当8
埼玉県春日部市　S27・2・9
勤23年3ヵ月　　（初/平8）

党食育調査会長、総務会副会長、厚生労働副大
臣、環境副大臣、外務大臣政務官、外務委員長、消
費者特委員長、党副幹事長、聖心女子大／71歳

〒344-0062　春日部市粕壁東2-3-40-101　☎048(761)0475
〒100-8981　千代田区永田町2-2-1、会館　☎03(3508)7188

埼玉県14区　442,310　⑳50.08

当111,262　三ッ林裕巳　自前(51.6)
比当71,460　鈴木義弘　国元(33.1)
　　33,062　田村　勉　共新(15.3)

春日部市(第13区に属しない区域)、久喜市(第13区に属しない区域)、八潮市、三郷市、幸手市、吉川市、北葛飾郡

み　つばやしひろ　み
三ッ林裕巳

自前［安］　　　当4
埼玉県　　S30・9・7
勤10年4ヵ月　(初/平24)

厚労委員長、内閣府副大臣、厚労政務官、党副幹事長、国対副委員長、日本歯科大教授、日大客員教授、医師、日大医学部/67歳

〒340-0161　埼玉県幸手市千塚490-1　☎0480(42)3535

埼玉県15区　422,917　⑳53.65

当102,023　田中良生　自前(45.9)
比71,958　高木錬太郎　立前(32.4)
比当48,434　沢田　良　維新(21.8)

さいたま市(桜区、南区)、川口市の一部(P170参照)、蕨市、戸田市

た　なかりょう　せい
田中良生

自前［無］　　　当5
埼玉県　　S38・11・11
勤14年3ヵ月　(初/平17)

国交委、決算行監委理、内閣府・国土交通副大臣、党経済産業部会長、経済産業大臣政務官、党副幹事長、立教大/59歳

〒336-0018　さいたま市南区南本町1-14-5-104　☎048(844)3131
〒100-8982　千代田区永田町2-1-2,会館　☎03(3508)7058

比例代表　北関東　19人　　茨城、栃木、群馬、埼玉

お　み　あさ　こ
尾身朝子

自前［安］　　　当3
東京都　　S36・4・26
勤8年4ヵ月　(初/平26)

総務副大臣、党情報・通信関係団体委員長、中央政治大学院副院長、外交副部会長、女性局次長、外務大臣政務官、NTT、東大法/61歳

〒371-0852　前橋市総社町総社3137-1　☎027(280)5250
〒100-8982　千代田区永田町2-1-2,会館　☎03(3508)7484

の　なか　　　あつし
野中　厚

自前［茂］　当4(初/平24)
埼玉県　　S51・11・17
勤10年4ヵ月　〈埼玉12区〉

農林水産副大臣、党総務、党組織運動本部副本部長、農水委理事、党副幹事長、党国土・建設関係団体委員長、農水大臣政務官、党国対副委員長、埼玉県議、慶大/46歳

〒347-0001　埼玉県加須市大越2194　☎0480(53)5563
〒100-8981　千代田区永田町2-2-1,会館　☎03(3508)7041

牧原秀樹
まき はら ひで き

自前［無］当5(初/平17)
東京都　S46・6・4
勤14年3ヵ月　〈埼玉5区〉

予算委理、党選対副、党厚労部会長、経産副大臣、内閣委員長、厚労副大臣、環境大臣政務官、青年局長、弁護士、東大法／51歳

〒338-0001　さいたま市中央区上落合2-1-24
　　　　　　三殖ビル5F　　☎048(854)0808
〒100-8981　千代田区永田町2-2-1、会館　☎03(3508)7254

田所嘉徳
た どころ よし のり

自前［無］当4(初/平24)
茨城県　S29・1・19
勤10年4ヵ月　〈茨城1区〉

党労働関係団体委員長、広報副本部長、法務副大臣、法務政務官、党総務部会長、法務部会長代理、白鷗大学法科大学院／69歳

〒310-0804　水戸市白梅2-4-12　☎029(353)6822
〒100-8981　千代田区永田町2-2-1、会館　☎03(3508)7068

石川昭政
いし かわ あき まさ

自前［無］当4(初/平24)
茨城県日立市　S47・9・18
勤10年4ヵ月　〈茨城5区〉

原子力特委理、経産委、環境委、党経済産業部会長、経済産業兼内閣府兼復興大臣政務官、國學院大学院修了／50歳

〒317-0076　茨城県日立市会瀬町4-5-17　☎0294(51)5887

五十嵐清
い がらし　きよし

自新［茂］当1(初/令3)
栃木県小山市　S44・12・14
勤1年5ヵ月　〈栃木2区〉

衆農水委、法務委、党総務会総務、農水・環境団体委副委員長、元栃木県議会議長、豪州ボンド大／53歳

〒322-0024　栃木県鹿沼市晃望台25　☎0289(60)8811
〒100-8982　千代田区永田町2-1-2、会館　☎03(3508)7085

中根一幸
なか ね　かず ゆき

自前［安］当5(初/平17)
埼玉県鴻巣市　S44・7・11
勤14年3ヵ月　〈埼玉6区〉

国交委筆頭理事、党ITS推進・道路調査会幹事長、国交委員長、内閣府副大臣、外務副大臣、党総務副会長、党国交部会長、党内閣部会長、専大院法／53歳

〒365-0038　埼玉県鴻巣市本町3-9-28　☎048(543)8880
〒100-8982　千代田区永田町2-1-2、会館　☎03(3508)7458

藤岡隆雄
ふじ おか たか お

立新　当1(初/令3)
愛知県　S52・3・28
勤1年5ヵ月　〈栃木4区〉

予算委、財金委、党政調会長補佐、党栃木県連代表代行、金融庁課長補佐、大阪大／45歳

〒323-0024　小山市駅東通り2-14-22　☎0285(37)8214

なかむら き し ろう
中村喜四郎　立 前　当15(初/昭51)
茨城県
S24・4・10　勤43年10ヵ月　〈茨城7区〉

国家基本委、建設大臣、自民党国対副委長、政調副会長、科技庁長官、建設委員、日大／73歳

〒306-0400 猿島郡境町1728　☎0280(87)0154
〒107-0052 港区赤坂2-17-10、宿舎　☎03(5549)4671

こ み やまやすこ
小宮山泰子　立 前　当7(初/平15)
埼玉県川越市
S40・4・25　勤19年5ヵ月　〈埼玉7区〉

国交委、災害特委、党国土交通・復興部門長、ネクスト国交・復興大臣、元農水委員長、埼玉県議、衆議員秘書、NTT社員、慶大商、日大院修了／57歳

〒350-0043 川越市新富町1-18-6-2F　☎049(222)2900

さかもとゆう の すけ
坂本祐之輔　立 元　当3(初/平24)
埼玉県東松山市
S30・1・30　勤6年3ヵ月　〈埼玉10区〉

環境委、地域・こども特委理、武蔵丘短大客員教授、元科技特委長、民進党副代表、埼玉県体育協会長、東松山市長、日大／68歳

〒355-0016 東松山市材木町20-9　☎0493(22)3682
〒100-8982 千代田区永田町2-1-2、会館　☎03(3508)7449

あお やま やま と
青山大人　立 前　当2(初/平29)
茨城県土浦市
S54・1・24　勤5年6ヵ月　〈茨城6区〉

外務委、消費者特委、党青年局長、党副幹事長、茨城県議、世界史講師、土浦YEG顧問、消防団員、土浦一高、慶大経／44歳

〒300-0815 土浦市中高津1-21-3　村山ビル2F　☎029(828)7011

いし い けい いち
石井 啓一　公 前　当10
東京都
S33・3・20　勤29年10ヵ月　(初/平5)

党幹事長、党茨城県本部顧問、国土交通大臣、党政調会長、財務副大臣、東大工／64歳

〒310-0805 水戸市中央2-10-26-403　☎029(222)0711
〒107-0052 港区赤坂2-17-10、宿舎

こし みず けい いち
輿水恵一　公 元　当3
山梨県
S37・2・4　勤6年3ヵ月　(初/平24)

党国対副、党地方議会局長、党環境部会長、総務委理、地域・こども特委、予算委、総務大臣政務官、さいたま市議、キヤノン、青学大／61歳

〒336-0967 さいたま市緑区美園4-13-5　ドルフィーノ浦和美園202

ふく しげ たか ひろ **公新** 当1
福重隆浩 東京都 S37・5・3
勤1年5ヵ月 （初/令3）

党群馬県本部代表、党地方議会局次長、国際局次長、労働局次長、内閣委、決算行監委理、倫選特委、群馬県議、創価大／60歳

〒370-0069 高崎市飯塚町457-2 3F ☎027(370)5650
〒100-8981 千代田区永田町2-2-1、会館 ☎03(3508)7249

さわ だ りょう **維新** 当1（初/令3）
沢田　良 東京都江東区 S54・9・27
勤1年5ヵ月 〈埼玉15区〉

法務委理、消費者特委、党政調副会長、参議員秘書、浦和北ロータリー会員、日大校友会埼玉県支部常任幹事、日大芸術学部／43歳

〒336-0024 さいたま市南区根岸2-22-14 1F
☎048(767)8045

たか はし ひで あき **維新** 当1（初/令3）
高橋英明 埼玉県川口市 S38・5・10
勤1年5ヵ月 〈埼玉2区〉

文科委、政倫審委、川口市議、武蔵大経済学部、中央工学校／59歳

〒337-0847 川口市芝中田2-9-6 ☎048(262)5808

しお かわ てつ や **共前** 当8
塩川鉄也 埼玉県日高市 S36・12・18
勤22年10ヵ月 （初/平12）

党幹部会委員、党国会議員団国対委員長代理、衆院国対副委員長、内閣委、議運委、倫選特委、日高市職員、都立大／61歳

〒330-0835 さいたま市大宮区北袋町1-171-1
☎048(649)0409
〒100-8982 千代田区永田町2-1-2、会館 ☎03(3508)7507

すず き よし ひろ **国元** 当3（初/平24）
鈴木義弘 埼玉県三郷市 S37・11・10
勤6年3ヵ月 〈埼玉14区〉

法務委、経産委、党幹事長代理、元埼玉県議、（故）土屋義彦参院議員秘書、日本大学理工学部／60歳

〒341-0044 三郷市戸ケ崎3-347 ☎048(948)2070

㊛略歴

比例北関東

比例代表　北関東　19人	有効投票数　6,172,103票

政党名	当選者数		得票数	得票率	
	惜敗率	小選挙区		惜敗率	小選挙区
自民党	**7人**		**2,172,065票**	**35.19%**	

当①尾身　朝子 前 　　　　　当②牧原　秀樹 前(94.65)埼5
当②野中　厚 前(95.97)埼12 　　当②田所　嘉徳 前(92.12)茨1

78

当	②石川 昭政 前(87.79) 茨5		②茂木 敏充 前	栃5
当	②五十嵐 清 新(87.31) 栃2		②中曽根康隆 前	群1
当	②中根 一幸 前(78.52) 埼6		②井野 俊郎 前	群2
	㉜河村 建一 新		②笹川 博義 前	群3
	㉝神山 佐市 新		②福田 達夫 前	群4
	㉞西川 鎮央 新		②小渕 優子 前	群5
	㉟上野 宏史 前		②村井 英樹 前	埼1
	㊲佐藤 明男 前		②新藤 義孝 前	埼2
	㊳鈴木 聖二 新		②黄川田仁志 前	埼3
	㊴小川 雅幸 新		②穂坂 泰 前	埼4
	【小選挙区での当選者】		②柴山 昌彦 前	埼8
	②葉梨 康弘 前 茨3		②大塚 拓 前	埼9
	②梶山 弘志 前 茨4		②山口 晋 新	埼10
	②国光 文乃 前 茨6		②小泉 龍司 前	埼11
	②永岡 桂子 前 茨7		②土屋 品子 前	埼13
	②船田 元 前 栃1		②三ツ林裕巳 前	埼14
	②簗 和生 前 栃3		②田中 良生 前	埼15
	②佐藤 勉 前 栃4		㊱中野 英幸 新	埼7

立憲民主党　5人　1,391,148票　22.54%

当	①藤岡 隆雄 新(95.69) 埼4		①堀越 啓仁 前(56.67) 群2
当	①中村喜四郎 前(95.27) 茨7		①藤田 幸久 前(55.13) 茨2
当	①小宮山泰子 前(94.40) 埼7		①角倉 邦良 新(53.80) 群4
当	①坂本祐之輔 前(93.82) 埼10		①伊賀 央 新(48.23) 栃3
当	①青山 大人 前(90.35) 茨6		①島田 誠 新(43.91) 埼11
	①三角 創太 新(85.94) 埼13		㉓石塚 貞通 新
	①山川百合子 前(80.45) 埼3		㉔船山 幸雄 新
	①武正 公一 元(80.00) 埼1		㉕高杉 徹 新
	①長谷川嘉一 前(78.69) 群3		【小選挙区での当選者】
	①高木鍊太郎 前(70.53) 埼15		①福田 昭夫 前 栃2
	①杉村 慎治 新(69.02) 埼9		①枝野 幸男 前 埼5
	①渡辺 典喜 新(64.84) 栃1		①大島 敦 前 埼6
	①梶岡 博樹 新(58.18) 茨3		①森田 俊和 前 埼12

公 明 党　3人　823,930票　13.35%

当	①石井 啓一 前		当③福重 隆浩 新
当	②興水 恵一 元		④村上 知己 新

日本維新の会　2人　617,531票　10.01%

当	①沢田 良 新(47.47) 埼15		①岸野 智康 新(28.42) 茨3
当	①高橋 英明 新(47.17) 埼2		①武藤 優子 新(25.61) 茨4
	①柏倉 祐司 元(42.71) 栃1		▼①水梨 伸晃 新(19.75) 茨7
	①宮崎 岳志 元(38.58) 群1		▼①吉村 豪介 新(19.59) 埼1
	①伊勢田享子 新(31.81) 埼7		

共 産 党　1人　444,115票　7.20%

当	①塩川 鉄也 前		③大内久美子 新 茨4
	②梅村早江子 元		

国民民主党　1人　298,056票　4.83%

当	①鈴木 義弘 元(64.23) 埼14		【小選挙区での当選者】
	①浅野 克彦 新(44.68) 埼4		①浅野 哲 前 茨5

▼は小選挙区の得票が有効投票総数の10分の1未満で、復活当選の資格がない者

その他の政党の得票数・得票率は下記のとおりです。
（当選者はいません）

政党名	得票数	得票率	
れいわ新選組	239,592票	3.88%	NHKと裁判してる党弁護士法72条違反で
社民党	97,963票	1.59%	87,702票 1.42%

千葉県1区 430,513 ⑱54.51

当128,556 田嶋　要　立前（56.3）
比99,895 門山宏哲　自前（43.7）

千葉市（中央区、稲毛区、美浜区）

た　じま　　　かなめ　　立前　　　　当7
田嶋　要　愛知県　S36・9・22
勤19年5ヵ月（初/平15）

党NC経産大臣、経産委、原子力特委、経産政務
官、原子力災害現地対策本部長、NTT、世銀
IFC投資官、米ウォートンMBA、東大法／61歳

〒260-0015　千葉市中央区富士見2-9-28
第1山崎ビル6F　　　　☎043（202）1511

千葉県2区 460,509 ⑱54.65

当153,017 小林鷹之　自前（62.0）
比69,583 黒田　雄　立元（28.2）
比24,052 寺尾　賢　共新（9.8）

千葉市（花見川区）、習志野市、
八千代市

こ　ばやし　たか　ゆき　　自前［二］　　　当4
小林鷹之　千葉県　S49・11・29
勤10年4ヵ月（初/平24）

予算委理事、厚労委、消費者特委、憲法審委、
党副幹事長、経済安全保障大臣、防衛大臣政
務官、財務省、ハーバード大院、東大法／48歳

〒276-0033　千葉県八千代市台町1-16-16
　　　　　　　山萬八千代台ビル1F　☎047（409）5842
〒100-8981　千代田区永田町2-2-1、会館 ☎03（3508）7617

千葉県3区 336,241 ⑱52.36

当106,500 松野博一　自前（61.9）
比65,627 岡島一正　立前（38.1）

千葉市（緑区）、市原市

まつ　の　ひろ　かず　　自前［安］　　　当8
松野博一　千葉県　S37・9・13
勤22年10ヵ月（初/平12）

内閣官房長官、情報監視審査会長、党総務会長
代行、党雇用問題調査会長、文科大臣、厚労政務
官、松下政経塾、ライオン（株）、早大法／60歳

〒290-0072　市原市西国分寺台1-16-16　☎0436（23）9060
〒107-0052　港区赤坂2-17-10、宿舎　　☎03（5549）4671

千葉県4区 463,083 ⑱52.69

当154,412 野田佳彦　立前（64.5）
比84,813 木村哲也　自前（35.5）

船橋市（本庁管内、二宮・芝山・高根台・習志野
台・西船橋出張所管内、船橋駅前総合窓口セン
ター管内（丸山1〜5丁目に属する区域を除く。））

の　だ　よし　ひこ　　立前　　　　当9
野田佳彦　千葉県船橋市　S32・5・20
勤26年1ヵ月（初/平5）

党最高顧問、元民進党幹事長、内閣総理大臣、財
務大臣、財務副大臣、懲罰委員、党幹事長代理、
党国対委長、県議、松下政経塾、早大／65歳

〒274-0077　船橋市薬円台6-6-8-202　☎047（496）1110
〒107-0052　港区赤坂2-17-10、宿舎

千葉

千葉県5区	450,365 ㊺54.07

市川市(本庁管内の一部(P170参照)、行徳支所管内)、浦安市

当111,985　薗浦健太郎　自前(47.0)
比69,887　矢崎堅太郎　立新(29.3)
比32,241　椎木　保　維元(13.5)
比24,307　鴇田　敦　国新(10.2)

そのうらけんたろう
薗浦健太郎　無所属

辞　職(令和4年12月21日)

千葉県6区	369,609 ㊺52.99

市川市(第5区に属しない区域)、松戸市(本庁管内、常盤平・六実・矢切・東部支所管内)

当80,764　渡辺博道　自前(42.5)
比当48,829　藤巻健太　維新(25.7)
32,444　浅野史子　共新(17.1)
28,083　生方幸夫　無前(14.8)

わた　なべ　ひろ　みち　　自前[茂]　　　当8
渡辺博道　千葉県　S25・8・3
勤23年3ヵ月　(初/平8)

復興大臣、党経理局長、党再犯防止推進特別委員長、原子力特委長、復興大臣、地方創生特委長、厚労委長、総務委長、経産副大臣、早大、明大院/72歳

〒270-2241　松戸市松戸新田592　☎047(369)2929
〒100-8981　千代田区永田町2-2-1 会館　☎03(3508)7387

千葉県7区	434,040 ㊺54.54

松戸市(第6区に属しない区域)、野田市、流山市

当127,548　斎藤　健　自前(55.0)
比71,048　竹内千春　立新(30.6)
比28,594　内山　晃　維元(12.3)
4,749　渡辺晋宏　N新(2.0)

さい　とう　　けん　　自前[無]　　　当5
齋藤　健　東京都港区　S34・6・14
勤13年8ヵ月　(初/平21)

法務大臣、農水大臣、党団体総局長、厚労委筆頭理事、環境政務官、経産省課長、埼玉県副知事、ハーバード大院/63歳

〒270-0119　千葉県流山市おおたかの森北1-5-2
セレーナおおたかの森2F　　☎04(7190)5271

千葉県8区	423,866 ㊺56.16

柏市(本庁管内、田中・富勢・光ヶ丘・豊四季台・南部・西原・松葉・藤心出張所管内、柏駅前行政サービスセンター管内)、我孫子市

当135,125　本庄知史　立新(59.7)
比当81,556　桜田義孝　自前(36.0)
9,845　宮岡進一郎　無新(4.3)

ほん　じょう　さと　し　　立新　　　当1
本庄知史　京都府　S49・10・22
勤1年5ヵ月　(初/令3)

予算委、内閣委、憲法審委、党副幹事長、千葉県連副代表、副総理・外務大臣秘書官、衆議院議員政策秘書、東大法学部/48歳

〒277-0863　柏市豊四季949-9-101　☎04(7170)2680

千葉県9区	407,331	当107,322 奥野総一郎 立前(51.1)
	投53.01	比当102,741 秋 本 真 利 自前(48.9)

千葉市(若葉区)、佐倉市、四街
道市、八街市

おく の そういちろう

奥野総一郎

立前 　　　　当5
兵庫県神戸市　S39・7・15
勤13年8ヵ月　（初/平21）

**総務委筆頭理事、憲法審委、党千葉県連
代表**、総務省調査官、東大法/58歳

〒285-0845　佐倉市西志津1-20-4　　☎043(461)8609

千葉県10区	341,141	当83,822 林 幹 雄 自前(47.3)
	投53.28	比当80,971 谷 田 川 元 立前(45.7)
		10,272 梓 ま り 諸新(5.8)
		2,173 今留尚人 無新(1.2)

銚子市、成田市、旭市、匝瑳市、
香取市、香取郡、山武郡(横芝光
町の一部(P170参照))

はやし もと お

林 幹 雄

自前[二] 　　　　当10
千葉県銚子市　S22・1・3
勤29年10ヵ月　（初/平5）

党地方創生実行統合本部長、財務委員長、党幹事長代理、経産大臣、議
運委長、党航空特委長、党総務会代理長、国務大臣国家公安委員、沖・
北・防災担当大臣、国交委長、国交副大臣、運輸政務次官、日大芸/76歳

〒288-0046　銚子市大橋町2-2　　☎0479(23)1093
〒100-8981　千代田区永田町2-2-1、会館

千葉県11区	351,570	当110,538 森 英 介 自前(64.4)
	投51.38	30,557 椎 名 史 明 共新(17.8)
		比当30,432 多ケ谷 亮 れ新(17.7)

茂原市、東金市、勝浦市、山武市、
いすみ市、大網白里市、山武郡(九十九
里町、芝山町、横芝光町(第10区に属
しない区域))、長生郡、夷隅郡

もり えい すけ

森 英 介

自前[麻] 　　　　当11
東京都　S23・8・31
勤33年3ヵ月　（初/平2）

憲法審査会長、党労政局長、政倫審会長、
憲法審査会長、法務大臣、厚労副大臣、川
崎重工社員、工学博士、東北大/74歳

〒297-0016　茂原市木崎284-10　　☎0475(26)0200

千葉県12区	380,864	当123,210 浜 田 靖 一 自前(64.0)
	投52.20	比56,747 樋 高 剛 立元(29.5)
		12,530 葛 原 茂 共新(6.5)

館山市、木更津市、鴨川市、君
津市、富津市、袖ケ浦市、南房
総市、安房郡

はま だ やす かず

浜 田 靖 一

自前[無] 　　　　当10
千葉県富津市　S30・10・21
勤29年10ヵ月　（初/平5）

防衛大臣、予算委員長、党幹事長代理、
国対委員長、専修大/67歳

〒292-0066　木更津市新宿1-3柴野ビル2F　☎0438(23)5432
〒100-8982　千代田区永田町2-1-2、会館　☎03(3508)7020

㊟略歴

千葉

千葉県13区 416,857 ⊕54.49

当100,227 松本 尚 自新（45.1）
比79,687 宮川 伸 立前（35.8）
比42,473 清水 聖士 維新（19.1）

船橋市（豊富・二和出張所管内、船橋駅前総合窓口センター管内（丸山1～5丁目に属する区域に限る。））、柏市（第8区に属しない区域）、鎌ケ谷市、印西市、白井市、富里市、印旛郡

まつ もと ひさし
松本 尚　自新［安］　当1
石川県金沢市　S37・6・3
勤1年0ヵ月　（初／令3）

内閣委、厚労委、救急・外傷外科医、日本医科大学千葉北総病院副院長、同大学特任教授、千葉県医師会理事、MBA、金沢大医学部／60歳

〒270-1345 印西市船尾1380-2　☎0476(29)5099
〒107-0052 港区赤坂2-17-10、宿舎

神奈川県1区 427,922 ⊕53.99

当100,118 篠原 豪 立前（45.0）
76,064 松本 純 無前（34.2）
比46,271 浅川 義治 維新（20.8）

横浜市（中区、磯子区、金沢区）

しの はら ごう
篠原 豪　立前　当3
神奈川県横浜市　S50・2・12
勤8年4ヵ月　（初／平26）

安保委筆頭理事、外務委理、党ネクスト安保副大臣、党外交・安保PT事務局長、党県政策委員長、横浜市議、早大院／48歳

〒235-0016 横浜市磯子区磯子3-6-23　☎045(349)9180
　　　　　アイランドビル1F
〒100-8982 千代田区永田町2-1-2、会館　☎03(3508)7130

神奈川県2区 436,066 ⊕56.00

当146,166 菅 義偉 自前（61.1）
比92,880 岡本 英子 立元（38.9）

横浜市（西区、南区、港南区）

すが よし ひで
菅 義偉　自前［無］　当9
秋田県　S23・12・6
勤26年7ヵ月　（初／平8）

前内閣総理大臣、前党総裁、内閣官房長官、党幹事長代行、総務大臣、総務副大臣、経産・国交各政務官、横浜市議、法政大／74歳

〒232-0017 横浜市南区宿町2-49　☎045(743)5550
〒100-8982 千代田区永田町2-1-2、会館　☎03(3508)7446

神奈川県3区 442,398 ⊕52.64

当119,199 中西 健治 自前（52.5）
比68,457 小林 丈人 立新（30.2）
　23,310 木佐木 忠晶 共新（10.3）
　15,908 藤村 晃子 無新（7.0）

横浜市（鶴見区、神奈川区）

なか にし けん じ
中西 健治　自新［麻］　当1(初/令3)※
東京都　S39・1・4
勤12年10ヵ月（参11年5ヵ月）

財務金融委員会理事、党財金部会長、財務副大臣、参財政金融委員長、党法務部会長、元JPモルガン証券副社長、東大法／59歳

〒221-0822 横浜市神奈川区西神奈川2-2-1　☎045(565)5520
　　　　　日光堂ビル2F

※平22参院初当選

神奈川県4区 332,708 ⑰61.70

当66,841	早稲田夕季	立前（33.0）
63,687	浅尾慶一郎	無元（31.5）
比当47,511	山本朋広	自前（23.5）
比16,559	髙谷清彦	維新（ 8.2）
7,790	大西恒樹	無新（ 3.8）

横浜市（栄区）、鎌倉市、逗子市、
三浦郡

早稲田ゆき（わせだ）

立前 当2
東京都渋谷区 S33・12・6
勤5年6ヵ月 （初・平29）

厚労委、消費者特委、党NC厚生労働大臣、神奈川県議、鎌倉市議、日本輸出入銀行、早大／64歳

〒248-0012 神奈川県鎌倉市御成町5-41-2F ☎0467（24）0573

神奈川県5区 467,198 ⑰56.05

当136,288	坂井　学	自前（53.5）
比当118,619	山﨑　誠	立前（46.5）

横浜市（戸塚区、泉区、瀬谷区）

坂井　学（さかい　まなぶ）

自前［無］ 当5
東京都府中市 S40・9・4
勤14年3ヵ月 （初・平17）

党政調副、党花博特委員長、総務委、党総務、前内閣官房副長官、財金委員長、総務省内閣府副大臣、財務副大臣、党国交部会長、国交兼復興政務官、松下政経塾十期生、東大法／57歳

〒244-0003 横浜市戸塚区戸塚町142
鈴木ビル3F ☎045（863）0900

神奈川県6区 381,141 ⑰55.88

当92,405	古川直季	自新（44.3）
比当87,880	青柳陽一郎	立前（42.1）
比28,214	串田誠一	維前（13.5）

横浜市（保土ヶ谷区、旭区）

古川直季（ふる　かわ　なお　き）

自新［無］ 当1
神奈川県横浜市 S43・8・31
勤1年5ヵ月 （初・令3）

総務委、文科委、倫選特委、党国対委、横浜市会議員、衆議院議員秘書、横浜銀行員、明治大政経、明治大院／54歳

〒241-0825 横浜市旭区中希望が丘199-1 ☎045（391）4000

神奈川県7区 449,449 ⑰57.58

当128,870	鈴木馨祐	自前（50.9）
比当124,524	中谷一馬	立前（49.1）

横浜市（港北区、都筑区の一部
（P170参照））

鈴木馨祐（すず　き　けい　すけ）

自前［麻］ 当5
東京都 S52・2・9
勤14年3ヵ月 （初・平17）

外務委理事、党政調副会長、外務副大臣、財務副大臣、党青年局長、国土交通政務官、予算、議運理、法務委員長、大蔵省、（ジョージタウン大学院）、在ニューヨーク副領事、東大法／46歳

〒222-0033 横浜市港北区新横浜3-18-9
　　　　　　新横浜ICビル102号室 ☎045（620）0223
〒100-8981 千代田区永田町2-2-1、会館 ☎03（3508）7304

神奈川県8区 427,843 [投]59.37

当130,925	江田憲司	立前	(52.6)
比当117,963	三谷英弘	自前	(47.4)

横浜市(緑区、青葉区、都筑区(荏田東町、荏田東1～4丁目、荏田南町、荏田南1～5丁目、大丸)

江田憲司（えだ けんじ）

立前 当7
岡山県 S31・4・28
勤18年8ヵ月 (初/平14補)

決算行政監視委員長、党代表代行、民進党代表代行、維新の党代表、桐蔭横浜大客員教授、首相・通産相秘書官、ハーバード大客員研究員、東大／66歳

〒227-0062 横浜市青葉区青葉台2-9-30 ☎045(989)3911

神奈川県9区 338,241 [投]59.47

当83,847	笠浩史	立前	(42.4)
比当68,918	中山展宏	自前	(34.9)
比24,547	吉田大成	維新	(12.4)
20,432	斎藤温	共新	(10.3)

川崎市(多摩区、宮前区(神木本町1～5丁目)、麻生区)

笠浩史（りゅう ひろふみ）

立前 当7
福岡県 S40・1・3
勤19年5ヵ月 (初/平15)

党国対筆頭副委員長、科技特委長、文科副大臣、文科大臣政務官、民主党幹事長代理、衆議運委筆頭理事、テレビ朝日政治部記者、慶大文／58歳

〒214-0014 川崎市多摩区登戸1644-1
新川ガーデンビル1F ☎044(900)1800

神奈川県10区 470,746 [投]55.04

当104,832	田中和徳	自前	(41.4)
比当69,594	金村龍那	維新	(27.5)
比48,839	畑野君枝	共前	(19.3)
比当30,013	鈴木敦	国新	(11.8)

川崎市(川崎区、幸区、中原区の一部(P170参照))

田中和徳（たなか かずのり）

自前[麻] 当9
山口県下関市 S24・1・21
勤26年7ヵ月 (初/平8)

党再犯防止推進特委長、党交通安全対策特委長、党幹事長代理、復興大臣、党組織運動本部長、財務副大臣、財金委長、法大／74歳

〒210-0846 川崎市川崎区小田6-11-24 ☎044(366)1400

神奈川県11区 374,938 [投]52.21

当147,634	小泉進次郎	自前	(79.2)
38,843	林伸明	共新	(20.8)

横須賀市、三浦市

小泉進次郎（こいずみ しんじろう）

自前[無] 当5
神奈川県横須賀市 S56・4・14
勤13年8ヵ月 (初/平21)

党国対副委長、党総務会長代理、前環境大臣、党厚労部会長、筆頭副幹事長、農林部会長、内閣府政務官・復興政務官、衆院議員秘書、関東学院大、コロンビア大院修了／41歳

〒238-0004 横須賀市小川町13 宇野ビル3F ☎046(822)6600
〒100-8981 千代田区永田町2-2-1、会館☎03(3508)7327

神奈川県12区 406,623 ㊽56.14

藤沢市、高座郡

当95,013	阿 部 知 子 立前 (42.4)
比当91,159	星 野 剛 士 自前 (40.7)
比37,753	水 戸 将 史 維元 (16.9)

あ べ とも こ
阿 部 知 子

立前　　　　　　　当8
東京都目黒区　S23・4・24
勤22年10ヵ月　（初/平12）

衆厚労委、原子力特委、超党派議連「原発ゼロ再エネ100の会」事務局長、小児科医、東大医学部／74歳

〒251-0025　藤沢市鵠沼石上1-13-13
　藤沢共同ビル1F　☎0466(52)2680

神奈川県13区 471,671 ㊽55.77

大和市、海老名市、座間市の一部（P170参照）、綾瀬市

当130,124	太 　 栄 志 立新 (51.1)
比当124,595	甘 利 　 明 自前 (48.9)

ふとり　　ひで し
太 　 栄 志

立新　　　　　　　当1
鹿児島県大島郡知名町　S52・4・27
勤1年5ヵ月　（初/令3）

議運委、内閣委、拉致特委、衆議院議員秘書、米ハーバード大国際問題研究所員、ウィルソン・センター研究員、中大法、中大院／45歳

〒242-0017　大和市大和東3-7-11
　大和東共同ビル101　☎046(244)3203

神奈川県14区 460,744 ㊽56.02

相模原市（緑区の一部（P171参照）、中央区、南区の一部（P171参照））

当135,197	赤 間 二 郎 自前 (53.8)
比116,273	長 友 克 洋 立新 (46.2)

じ ろう
あかま二郎

自前［麻］　　　　当5
神奈川県相模原市　S43・3・27
勤14年3ヵ月　（初/平17）

党副幹事長、総務委筆頭理事、国土交通委員長、党総務部会長、内閣府副大臣、総務副大臣、総務政務官、副幹事長、県議、立教大、マンチェスター大学院／54歳

〒252-0239　相模原市中央区中央2-11-10　☎042(756)1500
〒100-8981　千代田区永田町2-2-1、会館　☎03(3508)7317

神奈川県15区 473,497 ㊽57.32

平塚市、茅ヶ崎市、中郡

当210,515	河 野 太 郎 自前 (79.3)
比46,312	佐々木克己 社新 (17.5)
8,565	渡辺マリコ N新 (3.2)

こう の た ろう
河 野 太 郎

自前［麻］　　　　当9
神奈川県小田原市　S38・1・10
勤26年7ヵ月　（初/平8）

デジタル大臣、党広報本部長、ワクチン担当大臣、規制改革・行政改革・沖北対策担当大臣、防衛大臣、外務大臣、国家公安委員長、富士ゼロックス、ジョージタウン大／60歳

〒254-0811　平塚市八重咲町26-8　☎0463(20)2001
〒100-8982　千代田区永田町2-1-2、会館　☎03(3508)7006

神奈川県16区 466,042 ⑮55.35

当137,558 後藤祐一 立前（54.6）
比当114,396 義家弘介 自前（45.4）

相模原市（緑区（第14区に属しない区域）、南区（第14区に属しない区域）（P171参照））、厚木市、伊勢原市、座間市（相模が丘1〜6丁目）、愛甲郡

後藤祐一 （ご とう ゆう いち）

立前　当5

神奈川県相模原市　S44・3・25
勤13年8ヵ月（初/平21）

予算委理事、党国対副委員長、県連副代表、情報監視審査会幹事、党役員室長、経産省課長補佐、東大法／53歳

〒243-0017　厚木市栄町2-4-28-212　☎046（296）2411
〒106-0032　港区六本木7-1-3、宿舎

神奈川県17区 424,659 ⑯56.98

当131,284 牧島かれん 自前（55.3）
比89,837 神山洋介 立元（37.9）
16,202 山田　正 共新（6.8）

小田原市、秦野市、南足柄市、足柄上郡、足柄下郡

牧島かれん （まきしま）

自前［麻］　当4

神奈川県　S51・11・1
勤10年4ヵ月（初/平24）

内閣委、経産委、予算委、デジタル大臣、行政改革・規制改革担当大臣、第51代党青年局長、元内閣府政務官、ICU大（Ph. D）、GW大修士／46歳

〒250-0862　小田原市成田178-1　☎0465（38）3388
〒100-8981　千代田区永田町2-2-1、会館☎03（3508）7026

神奈川県18区 451,301 ⑰57.25

当120,365 山際大志郎 自前（47.7）
比90,390 三村和也 立元（35.8）
比41,562 横田光弘 維新（16.5）

川崎市（中原区（第10区に属しない区域）（P171参照）、高津区、宮前区（第9区に属しない区域）（P171参照））

山際大志郎 （やまぎわ だい し ろう）

自前［麻］　当6

東京都　S43・9・12
勤16年1ヵ月（初/平15）

党コロナ対策本部長、経産委筆頭理事、経済再生・コロナ担当大臣、経産副大臣、内閣府大臣政務官、獣医学博士、東大院／54歳

〒213-0001　川崎市高津区溝口2-14-12　☎044（850）8884
〒100-8981　千代田区永田町2-2-1、会館☎03（3508）7477

山梨県1区 424,441 ⑱59.49

当125,325 中谷真一 自前（50.5）
比当118,223 中島克仁 立前（47.6）
4,826 辺見信介 N新（1.9）

甲府市、韮崎市、南アルプス市、北杜市、甲斐市、中央市、西八代郡、南巨摩郡、中巨摩郡

中谷真一 （なか たに しん いち）

自前［茂］　当4（初/平24）

山梨県甲府市　S51・9・30
勤10年4ヵ月

経産副大臣兼内閣府副大臣、党国対副委員長、外務大臣政務官、元自衛官、元参議院議員秘書、防大／46歳

〒400-0064　山梨県甲府市下飯田3-8-29　☎055（288）8220
〒106-0032　港区六本木7-1-3、宿舎

山梨県2区	262,259 ⊛62.31	当109,036	堀内 詔子	自前(67.9)
		比44,441	市来 伴子	立新(27.7)
		7,027	大久保令子	共新(4.4)

富士吉田市、都留市、山梨市、大月市、笛吹市、上野原市、甲州市、南都留郡、北都留郡

ほり うち のり こ
堀内 詔子
自前[岸]　　当4
山梨県笛吹市 S40・10・28
勤10年4ヵ月（初/平24）／57歳

環境política理、厚労委、消費者特委理、党副幹事長、前ワクチン接種推進担当大臣、東京オリパラ担当大臣、環境副大臣兼内閣府副大臣、厚労大臣政務官、学習院大院／57歳

〒403-0007　富士吉田市中曽根1-5-25　☎0555(23)7688
〒100-8982　千代田区永田町2-1-2、会館　☎03(3508)7487

比例代表 南関東 22人　千葉、神奈川、山梨

ほし の つよ し
星野 剛士
自前[無]　当4(初/平24)
神奈川県藤沢市 S38・8・8
勤10年4ヵ月〈神奈川12区〉

内閣府副大臣、党内閣第一部会長代理、経済産業兼内閣府兼復興各大臣政務官、産経新聞記者、神奈川県議、NYエルマイラ大、日大法／59歳

〒251-0052　藤沢市973
　　　　　　相模プラザ第三ビル1F　☎0466(23)6338
〒100-8982　千代田区永田町2-1-2、会館　☎03(3508)7413

あま り あきら
甘利 明
自前[麻]　当13(初/昭58)
神奈川県厚木市 S24・8・27
勤39年5ヵ月〈神奈川13区〉

党税調顧問、党幹事長、選対委員長、政調会長、予算委員長、労働大臣、経済産業大臣、行革大臣、経済再生大臣、慶大／73歳

〒242-0028　大和市桜森3-6-14　☎046(262)2200
〒100-8982　千代田区永田町2-1-2、会館　☎03(3508)7528

あき もと まさ とし
秋本 真利
自前[無]　当4(初/平24)
千葉県 S50・8・10
勤10年4ヵ月　〈千葉9区〉

外務大臣政務官、党副幹事長、党再エネ議連事務局長、党国対副委員長、国土交通大臣政務官、法政大法／47歳

〒264-0021　千葉市若葉区若松町360-21　☎043(214)3600

み たに ひで ひろ
三谷 英弘
自前[無]　当3(初/平24)
神奈川県藤沢市 S51・6・28
勤7年6ヵ月　〈神奈川8区〉

議運委、厚労委、文科委、党国対副委員長、党ネットメディア局次長、党遊説局次長、女性局研修部長、弁護士、東大法学部／46歳

〒227-0055　横浜市青葉区つつじが丘10-20
　　　　　　ラポール若野 2F　☎045(532)4600

よし いえ ひろ ゆき
義家 弘介

自前［安］ 当4(初/平24)*
長野県 S46・3・31
勤15年9ヵ月（参5年5ヵ月）（神奈川16区）

党総務会長代理、拉致特委理、法務副大臣、文科副大臣、文科政務官、文科委員長、党副幹事長、党財金部会長、参院議員、教育再生会議担当室長、横浜市教育委員、高校教諭、明治学院大学／51歳

〒243-0014 厚木市旭町1-15-17　☎046(226)8585

なか やま のり ひろ
中山 展宏

自前［麻］ 当4(初/平24)
兵庫県 S43・9・16
勤10年4ヵ月 （神奈川9区）

予算委理、内閣委、財金委、消費者特委、国土交通副大臣、外務大臣政務官、内閣委理、ルール形成戦略議連事務局長、東大先端研客員研究員、早大院中退／54歳

〒214-0014 川崎市多摩区登戸2663　☎044(322)8600
東洋ビル5F

かど やま ひろ あき
門山 宏哲

自前［無］ 当4(初/平24)
千葉県千葉市 S39・9・3
勤10年4ヵ月 〈千葉1区〉

法務副大臣、党副幹事長、元法務大臣政務官、弁護士、元千葉家裁家事調停委員、中央大学法学部／58歳

〒260-0013 千葉市中央区中央4-13-31　☎043(223)0050
高嶋ビル101
〒106-0032 港区六本木7-1-3、宿舎

やまもと
山本ともひろ

自前［無］ 当5(初/平17)
京都府京都市 S50・6・20
勤14年3ヵ月 〈神奈川4区〉

安保委、党文科部会長、防衛副大臣・内閣府副大臣、松下政経塾員、米ジョージタウン大客員研究員、関西大、京大院修／47歳

〒247-0056 鎌倉市大船1-6-6　☎0467(39)6933
大久保ビル3F

さくら だ よし たか
櫻田 義孝

自前［二］ 当8(初/平8)
千葉県柏市 S24・12・20
勤23年3ヵ月 〈千葉8区〉

国交委、拉致特委、東京オリンピック・パラリンピック担当大臣、文科副大臣、内閣府副大臣、外務政務官、千葉県議、柏市議、明大商／73歳

〒277-0814 柏市正連寺373-3　☎04(7132)0881
〒100-8982 千代田区永田町2-1-2、会館 ☎03(3508)7381

なか たに かず ま
中谷 一馬

立前 当2(初/平29)
神奈川県川崎市 S58・8・30
勤5年6ヵ月 〈神奈川7区〉

内閣委、党政務調査会副会長、党デジタル政策PT座長、党広報本部幹事、神奈川県議、デジタルハリウッド大学院／39歳

〒223-0061 横浜市港北区日吉2-6-3-201 ☎045(534)9624
〒107-0052 港区赤坂2-17-10、宿舎

やたがわ　はじめ
谷田川　元
立前　　当3(初/平21)
千葉県香取市　S38・1・17
勤7年5ヵ月　〈千葉10区〉

国交委理、決算行監委理、憲法審委、党政
調副会長、千葉県議4期、山村新治郎衆院
議員秘書、松下政経塾、早大政経／60歳

〒287-0001　香取市佐原ロ2164-2　　☎0478(54)5678

あおやぎよういちろう
青柳陽一郎
立前　　当4(初/平24)
神奈川県横浜市
保土ヶ谷区　S44・8・29
勤10年4ヵ月　〈神奈川6区〉

内閣委筆頭理事、党神奈川県連代表、認
定NPO法人ICA会長、元国務大臣政策
秘書、早大院、日大法／53歳

〒240-0003　横浜市保土ヶ谷区天王町1-9-5
　　　　　　第7瀬戸ビル1F　　☎045(334)4110
〒100-8982　千代田区永田町2-1-2、会館☎03(3508)7245

なかじまかつひと
中島克仁
立前　　当4(初/平24)
山梨県　S42・9・27
勤10年4ヵ月　〈山梨1区〉

厚労委理事、ほくと診療所院長、韮崎市
立病院、山梨大学病院第一外科、帝京大
医学部、医師／55歳

〒400-0858　山梨県甲府市相生1-1-21　☎055(242)9208
〒107-0052　港区赤坂2-17-10、宿舎

やまざき　まこと
山崎　誠
立前　　当3(初/平21)
東京都練馬区　S37・11・22
勤8年10ヵ月　〈神奈川5区〉

経産委理事、災害特委、党政調副会長、党
環境エネルギーPT事務局長、横浜市議2
期、横浜国大院博士課程単位取得／60歳

〒244-0003　横浜市戸塚区戸塚町121-2F　☎045(438)9696
〒100-8981　千代田区永田町2-2-1、会館　☎03(3508)7137

かねむらりゅうな
金村龍那
維新　　当1(初/令3)
愛知県名古屋市　S54・4・6
勤1年5ヵ月　〈神奈川10区〉

文科委、決算行監委理、党国対副委員長、神
奈川維新の会代表、会社役員、児童福祉施
設代表、衆議員秘書、専修大法中退／43歳

〒210-0836　川崎市川崎区大島上町18-1
　　　　　　サニークレイン201　　☎044(366)8680

ふじまきけんた
藤巻健太
維新　　当1(初/令3)
英国ロンドン　S58・10・7
勤1年5ヵ月　〈千葉6区〉

財金委、参院議員秘書、みずほ銀行、慶
大経済／39歳

〒271-0092　千葉県松戸市松戸1836
　　　　　　メグロビル1F　　☎047(710)0523
〒100-8982　千代田区永田町2-1-2、会館☎03(3508)7503

浅川　義治
あさ　かわ　よし　はる

維 新
神奈川県横浜市　S43・2・23
勤1年5ヵ月　〈神奈川1区〉
当1(初/令3)

党県幹事長、安保委、消費者特委、横浜市議会議員、日本大学法学部／55歳

〒236-0021　横浜市金沢区泥亀1-15-4
雨宮ビル1F　　☎045(349)4231

古 屋　範 子
ふる　や　のり　こ

公 前
埼玉県さいたま市　S31・5・14
勤19年5ヵ月　(初/平15)
当7

党副代表、党女性委員長、党政調会長代理、党神奈川県本部顧問、厚労委、消費者特委理、厚労副大臣、総務大臣政務官、早大／66歳

〒238-0011　横須賀市米が浜通1-7-2
サクマ横須賀ビル503号　☎046(828)4230

角 田　秀 穂
つの　だ　ひで　お

公 元
東京都　S36・3・25
勤4年3ヵ月　(初/平26)
当2

農林水産大臣政務官、農水委、党千葉県本部副代表、船橋市議4期、社会保険労務士、創価大／61歳

〒273-0011　船橋市湊町1-7-4　　☎047(404)8013

志 位　和 夫
し　い　かず　お

共 前
千葉県四街道市　S29・7・29
勤29年10ヵ月　(初/平5)
当10

党幹部会委員長、国家基本委、党書記局長、党青年・学生対策委員会責任者、党選挙対策局政策論戦副部長、東大／68歳

〒221-0822　横浜市神奈川区西神奈川1-10-16
斉藤ビル2F　　☎045(324)6516

鈴 木　敦
すず　き　あつし

国 新
神奈川県川崎市　S63・12・15
勤1年5ヵ月　〈神奈川10区〉
当1(初/令3)

外務委、拉致特委、復興特委、党国対副委員長、党神奈川県連代表代行・選挙対策委員長、政党職員、元衆院議員秘書、航空関連会社社員、駿河台大中退／34歳

〒211-0025　川崎市中原区木月2-4-3
TFTビル2階　　☎044(872)7182
〒100-8982　千代田区永田町2-1-2、会館☎03(3508)7286

たがや　亮
りょう

れ 新
東京都　S43・11・25
勤1年5ヵ月　〈千葉11区〉
当1(初/令3)

党国会対策委員長、国土交通委、決算行監委、会社経営、国学院大／54歳

〒297-0037　茂原市早野1342-1　　☎0475(44)6750
〒107-0052　港区赤坂2-17-10、宿舎

政党名	当選者数		得票数	得票率	
		惜敗率 小選挙区		惜敗率	小選挙区

自民党　9人　2,590,787票　34.94%

当	①星野　剛士　前	(95.94)	神12		①松野　博一　前		千3
当	①甘利　明　前	(95.75)	神13		①薗浦健太郎　前		千5
当	①秋本　真利　前	(95.73)	千9		①渡辺　博道　前		千6
当	①三谷　英弘　前	(90.10)	神8		①斎藤　健　前		千7
当	①義家　弘介　前	(83.16)	神16		①浜田　靖一　前		千12
当	①中山　展宏　前	(82.19)	神9		①松本　尚　新		千13
当	①門山　宏哲　前	(77.71)	千1		①菅　義偉　前		神2
当	①山本　朋広　前	(71.08)	神4		①中西　健治　新		神3
当	①桜田　義孝　前	(60.36)	千8		①坂井　学　前		神5
	①木村　哲也　前	(54.93)	千4		①古川　直季　新		神6
	㉚出畑　実　前				①鈴木　馨祐　前		神7
	㉛高橋　恭介　新				①田中　和徳　前		神10
	㉜文月　涼　新				①赤間　二郎　前		神14
	㉝望月　忠彦　新				①河野　太郎　前		神15
	㉞高木　昭寿　新				①牧島かれん　前		神17
	㉟及川　博　新				①山際大志郎　前		神18
【小選挙区での当選者】					①中谷　真一　前		山1
	①小林　鷹之　前		千2		①堀内　詔子　前		山2

立憲民主党　5人　1,651,562票　22.28%

当	①中谷　一馬　前	(96.63)	神7		①市来　伴子　新	(40.76)	山2
当	①谷田川　元　前	(96.60)	千10		㉙小野　次郎　元		
当	①青柳陽一郎　前	(95.10)	神6		㉚金子　建一　元		
当	①中島　克仁　前	(94.34)	山1		【小選挙区での当選者】		
当	①山崎　誠　前	(87.04)	神5		①田嶋　要　前		千1
	①長友　克洋　新	(86.00)	神14		①野田　佳彦　前		千4
	①宮川　伸　前	(79.51)	千13		①本庄　知史　新		千8
	①三村　和也　元	(75.10)	神18		①奥野総一郎　前		千9
	①中山　洋介　新	(68.43)	神17		①篠原　豪　前		神1
	①岡本　英子　前	(63.54)	神2		①早稲田夕季　前		神4
	①矢崎堅太郎　新	(62.41)	千5		①江田　憲司　前		神8
	①岡島　一正　前	(61.62)	千3		①笠　浩史　前		神9
	①小林　丈人　新	(57.43)	神3		①阿部　知子　前		神12
	①竹内　千春　新	(55.70)	千7		①太　栄志　新		神13
	①樋高　剛　元	(46.06)	千12		①後藤　祐一　前		神16
	①黒田　雄　元	(45.47)	千2				

日本維新の会　3人　863,897票　11.65%

当	①金村　龍那　新	(66.39)	神10		①串田　誠一　前	(30.53)	神6
当	①藤巻　健太　新	(60.46)	千6		①吉田　大成　新	(29.28)	神9
当	①浅川　義治　新	(46.22)	神1		①椎木　保　元	(28.79)	千5
	①清水　聖士　新	(42.38)	千13		①内山　晃　元	(22.42)	千7
	①水戸　将史　前	(39.73)	神12	▼	①高谷　清彦　新	(24.77)	神4
	①横田　光弘　新	(34.53)	神18				

公明党　2人　850,667票　11.47%

当	①古屋　範子　前				④江端　功一　新	
当	①角田　秀穂　元				⑤井川　泰雄　新	
	③上田　勇　元					

共産党　1人　534,493票　7.21%

当	①志位　和夫　前				④沼上　徳光　新		
	②畑野　君枝　前		神10	▼	⑤寺尾　賢　新		千2
	③斉藤　和子　元						

国民民主党　　1人	384,481票	5.19%

当①鈴木　敦 新(28.63)神10　　③長谷　康人 新
　①鴇田　敦 新(21.71)千5

れいわ新選組　　1人	302,675票	4.08%

当①多ケ谷　亮 新　　千11　　②木下　隼 新

▼は小選挙区の得票が有効投票総数の10分の1未満で、復活当選の資格がない者
....
その他の政党の得票数・得票率は下記のとおりです。
(当選者はいません)

政党名	得票数	得票率	NHKと裁判してる党弁護士法72条違反で
社民党	124,447票	1.68%	111,298票 1.50%

東京都1区	462,609 投56.27	当99,133　山田美樹　自前(39.0)
千代田区、港区の一部(P171参照)、新宿区の一部(P171参照)		比当90,043　海江田万里　立前(35.4) 比当60,230　小野泰輔　維新(23.7) 4,715　内藤久遠　無新(1.9)

やまだ みき
山田美樹　　自前[安]　　当4
東京都　S49・3・15
勤10年4ヵ月 (初/平24)

環境副大臣、党法務部会長、外務政務官、エルメス、BCG、通産省、東大法、コロンビア大/48歳

〒100-8982　千代田区永田町2-1-2、会館　☎03(3508)7037

東京都2区	463,165 投60.82	当119,281　辻　清人　自前(43.4)
中央区、港区(第1区に属しない区域) (P171参照)、文京区、台東区の一部(P171参照)		比90,422　松尾明弘　立前(32.9) 比45,754　木内孝胤　維元(16.7) 比14,487　北村　造　れ新(5.3) 4,659　出口紳一郎　無新(1.7)

つじ きよ と
辻　清人　　自前[岸]　　当4
東京都　S54・9・7
勤10年4ヵ月 (初/平24)

党国会対策副委員長、予算委、外務委、文科委、倫選特委、拉致特委、憲法審委、党副幹事長、外務大臣政務官、京大、米コロンビア大院修了/43歳

〒111-0021　台東区日本堤2-23-13
深谷ビル　☎03(6802)4701

東京都3区	470,083 投59.87	当124,961　松原　仁　立前(45.9)
品川区の一部(P171参照)、大田区の一部(P171参照)、大島・三宅・八丈・小笠原支庁管内		比当116,753　石原宏高　自前(42.9) 30,648　香西克介　共新(11.3)

まつ ばら じん
松原　仁　　立前　　当8
東京都板橋区　S31・7・31
勤22年10ヵ月 (初/平12)

決算行監委理、外務委、民進党国対委員長、党都連会長、国家公安委長、拉致担当大臣、消費者担当大臣、国交副大臣、拉致特委長、都議、松下政経塾、早大/66歳

〒140-0011　品川区東大井5-17-4
高山ビル402　☎03(5783)2511

略歴

比例南関東・東京

93

東京都４区	474,029 ⑮54.43	当128,708 平　将明 自前(51.5)
大田区(第3区に属しない区域) (P171参照)		比62,286 谷川智行 共新(24.9) 比58,891 林　智興 維新(23.6)

たいら　　まさ　あき
平　将明

自前[無]　　当6
東京都　S42・2・21
勤17年7ヵ月　(初/平17)

内閣委、党ネットメディア局長、内閣府副大臣、選対副委員長、消費者特委筆頭理事、経産政務官兼内閣府政務官、副幹事長、早大/56歳

〒144-0052　大田区蒲田5-30-15
　　第20下川ビル7F　　☎03(5714)7071

東京都５区	464,694 ⑯60.03	当111,246 手塚仁雄 立前(41.0)
目黒区の一部(P171参照)、世田 谷区の一部(P171参照)		比当105,842 若宮健嗣 自前(39.0) 比54,363 田淵正文 維新(20.0)

て　づか　よし　お
手塚仁雄

立前　　当5(初/平12)
東京都目黒区　S41・9・14
勤14年1ヵ月

党幹事長代理、党東京都連幹事長、科技特委長、議運野党筆頭理事、内閣総理大臣補佐官、都議、早大/56歳

〒152-0022　目黒区柿の木坂3-11-4-205　　☎03(3412)0440

東京都６区	467,339 ⑰60.36	当110,169 落合貴之 立前(40.1)
世田谷区(第5区に属しない区域) (P171参照)		比当105,186 越智隆雄 自前(38.3) 比59,490 碓井梨恵 維新(21.6)

おち　あい　たか　ゆき
落合貴之

立前　　当3
東京都世田谷区　S54・8・17
勤8年4ヵ月　(初/平26)

経産委理、倫選特委、党副幹事長兼財務局長、党税制調査会副会長、党都連政調会長、元銀行員、慶大経済/43歳

〒154-0017　世田谷区世田谷1-12-14
　　原ビル2F　　☎03(6312)4505
〒100-8982　千代田区永田町2-1-2、会館☎03(3508)7134

東京都７区	459,575 ⑯56.47	当124,541 長妻　昭 立前(49.2)
品川区(第3区に属しない区域)(P171 参照)、目黒区(第5区に属しない区域) (P171参照)、渋谷区、中野区の一部 (P171参照)、杉並区(方南1〜2丁目)		比81,087 松本文明 自前(32.1) 比37,781 辻　健太郎 維新(14.9) 5,665 込山　洋 無新(2.2) 3,822 猪野恵司 N新(1.5)

なが　つま　　あきら
長妻　昭

立前　　当8
東京都　S35・6・14
勤22年10ヵ月　(初/平12)

党政調会長、党都連会長、党代表代行、党選対委員長、厚労委長、厚生労働大臣、日経ビジネス記者、NEC、慶大/62歳

〒164-0011　中野区中央4-11-13-101　　☎03(5342)6551

東京

東京都8区
476,188
⊛61.03

当137,341　吉田　晴美　立新（48.4）
比105,381　石原　伸晃　自前（37.2）
比40,763　笠谷　圭司　維新（14.4）

杉並区（第7区に属しない区域）
（P172参照）

吉田はるみ
よし　だ

立新　　　　　　　当1
山形県　　　　S47・1・1
勤1年5ヵ月　（初／令3）

法務委、予算審委、憲法審委、党国際局副局長、外я系経営
コンサルタント、法務大臣政務秘書官、大学特任教授、
立教大卒、バーミンガム大学経営大学院修了／51歳

〒166-0001　杉並区阿佐谷北1-3-4
　　　　　　　小堺ビル301　　　　　☎03(5364)9620

東京都9区
478,743
⊛57.71

当109,489　山岸　一生　立新（40.9）
比95,284　安藤　高夫　自前（35.6）
比47,842　南　　　純　維新（17.9）
15,091　小林　興起　諸元（5.6）

練馬区の一部（P172参照）

山 岸 一 生
やま　ぎし　いっ　せい

立新　　　　　　　当1
東京都　　　　S56・8・28
勤1年5ヵ月　（初／令3）

内閣委、議運委、原子力特委理、朝日新
聞記者、東大法学部／41歳

〒177-0041　練馬区石神井町8-17-8-105　☎03(6676)7318
〒100-8981　千代田区永田町2-2-1、会館　☎03(3508)7124

東京都10区
479,088
⊛56.50

当115,122　鈴木　隼人　自前（43.8）
比当107,920　鈴木　庸介　立新（41.1）
比30,574　藤川　隆史　維新（11.6）
4,684　小山　　謙　無新（1.8）
4,552　沢口　祐司　諸新（1.7）

新宿区（第1区に属しない区域）（P172
参照）、中野区（第7区に属しない区域）
（P172参照）、豊島区の一部（P172参
照）、練馬区（第9区に属しない区域）

鈴 木 隼 人
すず　き　はや　と

自前［茂］　　　　当3
東京都　　　　S52・8・8
勤8年4ヵ月　（初／平26）

外務委、予算委、議運委、沖北特委、地域・こども
特委、党国会対策副委員長、前外務大臣政務官、
経済産業省課長補佐、東大、東大院修／45歳

〒176-0005　練馬区旭丘1-64-14
　　　　　　　ジュピター江古田301号室　☎03(6908)1071
〒100-8982　千代田区永田町2-1-2、会館　☎03(3508)7463

東京都11区
462,626
⊛54.97

当122,465　下村　博文　自前（50.0）
比87,635　阿久津幸彦　立前（35.8）
29,304　西之原修斗　共新（12.0）
5,639　桑島　康文　無新（2.3）

板橋区の一部（P172参照）

下 村 博 文
しも　むら　はく　ぶん

自前［安］　　　　当9
群馬県　　　　S29・5・23
勤26年7ヵ月　（初／平8）

党総務、党中央政治大学院長、党政調会長、党選対委
員長、党憲法改正本部長、党幹事長代行、文科大臣、
オリパラ大臣、内閣官房副長官、都議、早大／68歳

〒173-0024　板橋区大山金井町38-12
　　　　　　　新大山ビル205　　　☎03(5995)4491
〒100-8982　千代田区永田町2-1-2、会館　☎03(3508)7084

東京都12区　462,732　投57.45

当	101,020	岡本三成	公前（39.9）
比当	80,323	阿部　司	維新（31.7）
比	71,948	池内沙織	共元（28.4）

豊島区（第10区に属しない区域）(P172参照)、北区、板橋区（第11区に属しない区域)(P172参照)、足立区の一部(P172参照)

岡本三成
おか もと みつ なり

公前　当4
佐賀県　S40・5・5
勤10年4ヵ月（初／平24）

議運委理事、党中央幹事、党国対委員長代理、財務副大臣、外務政務官、ゴールドマン・サックス証券、米国ケロッグ経営大学院（MBA）、創価大／57歳

〒114-0002　北区王子2-30-4
　　　　　　グランシャリオ王子101　☎03(6908)4912
〒100-8981　千代田区永田町2-2-1、会館　☎03(3508)7147

東京都13区　480,247　投50.88

当	115,669	土田　慎	自新（49.3）
	78,665	北條智彦	立元（33.5）
	30,204	沢田真吾	共新（12.9）
	5,985	渡辺秀高	無新（2.6）
	4,039	橋本孫美	無新（1.7）

足立区（第12区に属しない区域）
(P172参照)

土田　慎
つち だ　しん

自新［麻］　当1
神奈川県茅ヶ崎市　H2・10・30
勤1年5ヵ月（初／令3）

厚労委、経産委、消費者特委、党国会対策委員、党青年局次長、衆・参議員秘書、参議院議長参事、京大／32歳

〒121-0816　足立区梅島2-2-10　楠ビル201

東京都14区　465,702　投55.96

当	108,681	松島みどり	自前（43.3）
比	80,932	木村剛司	立元（32.2）
比	49,517	西村恵美	維新（19.7）
	5,845	梁本和則	無新（2.3）
	3,364	竹本秀之	無新（1.3）
	2,772	大塚紀久雄	無新（1.1）

台東区（第2区に属しない区域）
(P172参照)、墨田区、荒川区

松島みどり
まつ しま

自前［安］　当7
大阪府　S31・7・15
勤19年6ヵ月（初／平12）

党住宅土地・都市政策調査会長、消費者特委、安保委、党広報本部長、法務大臣、経産副大臣、国交副大臣、外務政務官、朝日新聞記者、東大／66歳

〒131-0045　墨田区押上1-24-2川新ビル2F　☎03(5610)5566
〒100-8981　千代田区永田町2-2-1、会館　☎03(3508)7065

東京都15区　424,125　投58.73

当	76,261	柿沢未途	自前（32.0）
比	58,978	井戸正枝	立元（24.7）
比当	44,882	金沢結衣	維新（18.8）
	26,628	今村洋史	無元（11.2）
	17,514	猪野隆	諸新（7.3）
	9,449	桜井誠	諸新（4.0）
	4,608	吉田浩司	無新（1.9）

江東区

柿沢未途
かき ざわ み と

自前　当5(初/平21)
ベルギー　S46・1・21
勤13年8ヵ月

党国対副委員長、国交委、厚労委、決算行監委、災害特委、消費者特委、予算委理事、東京都議、NHK記者、東大法／52歳

〒135-0047　江東区富岡1-26-21-3F　☎03(5620)3104

略歴

東京

96

東京都16区 465,115 ⑰51.58

江戸川区の一部(P173参照)

当88,758 大西英男 自前(38.7)
比68,397 水野素子 立新(29.8)
比39,290 中津川博郷 維元(17.1)
26,819 太田彩花 共新(11.7)
比6,264 田中 健 N新(2.7)

おお にし ひで お
大西英男

自前[安] 当4
東京都江戸川区 S21・8・28
勤10年4ヵ月 (初/平24)

衆議院内閣委員長、党副幹事長、国土交通副大臣、総務大臣政務官、江戸川区議会議長、都議会自民党幹事長、國学院大／76歳

〒132-0011 江戸川区瑞江2-6-19 6階 ☎03(5666)7770

東京都17区 475,912 ⑰53.06

葛飾区、江戸川区(本庁管内(上一色1〜3丁目、本一色1〜3丁目、興宮町)、小岩事務所管内)

当119,384 平沢勝栄 自前(50.1)
比52,260 猪口幸子 維新(22.0)
36,309 新井杉生 共新(15.3)
比30,103 円より子 国新(12.6)

ひら さわ かつ えい
平沢勝栄

自前[二] 当9
岐阜県 S20・9・4
勤26年7ヵ月 (初/平8)

外務委、予算委、党総務会副会長、復興大臣、党広報本部長、予算委員長、党政調会長代理、外務委員、内閣府副大臣、拉致特委、警察庁審議官、官房長官秘書官、東大／77歳

〒124-0012 葛飾区立石8-6-1-102 ☎03(5670)1111

東京都18区 444,924 ⑰59.86

武蔵野市、府中市、小金井市

当122,091 菅 直人 立前(47.1)
比当115,881 長島昭久 自前(44.7)
21,151 子安正美 無新(8.2)

かん なお と
菅 直人

立前 当14
山口県 S21・10・10
勤42年11ヵ月 (初/昭55)

党最高顧問、経済委、原子力特委、首相、副総理、財務相、厚相、民主党代表、さきがけ政調会長、社民連政審会長、弁護士、東工大／76歳

〒180-0006 武蔵野市中町1-2-9-302 ☎0422(55)7010

東京都19区 439,147 ⑰60.00

小平市、国分寺市、西東京市

当111,267 末松義規 立前(43.0)
比当109,131 松本洋平 自前(42.2)
比38,182 山崎英昭 維新(14.8)

すえ まつ よし のり
末松義規

立前 当7(初/平8)
福岡県北九州市 S31・12・5
勤21年9ヵ月

財金委筆頭理事、党NC財務金融副大臣、沖北特委長、元復興副大臣兼内閣府副大臣、内閣総理大臣補佐官、一橋大、米国プリンストン大学大学院／66歳

〒187-0002 小平市花小金井2-1-39 ☎042(460)9050

東京都20区	418,245 ㊺56.77	当121,621 木原誠二 自前(52.6) 比当66,516 宮本 徹 共前(28.8) 比43,089 前田順一郎 維新(18.6)

東村山市、東大和市、清瀬市、東久留米市、武蔵村山市

き はら せい じ
木原 誠二

自前[岸]　　当5
東京都　　S45・6・8
勤14年3ヵ月（初/平17）

内閣官房副長官、内閣委員長、外務副大臣、外務政務官、議運委理事、党政調副会長、党情報調査局長、財務省、東大法／52歳

〒189-0025 東村山市廻田町4-3-4　　☎042(392)4105

東京都21区	438,466 ㊺57.72	当112,433 小田原 潔 自前(45.5) 比当99,090 大河原雅子 立前(40.1) 比35,527 竹田光明 維元(14.4)

八王子市(中野、大塚)、立川市、日野市、国立市、多摩市の一部(P173参照)、稲城市の一部(P173参照)

お だ わら　きよし
小田原　潔

自前[安]　当4(初/平24)
大分県宇佐市　S39・5・23
勤10年4ヵ月

外務理、震災復興特委、外務副大臣、モルガンスタンレー証券マネジングディレクター、富士銀行、東大／58歳

〒190-0011 立川市高松町3-14-11
マスターズオフィス立川　☎042(548)0065

東京都22区	478,721 ㊺60.01	当131,351 伊藤達也 自前(46.9) 比112,393 山花郁夫 立前(40.1) 比31,981 櫛渕万里 れ元(11.4) 4,535 長谷川洋平 N新(1.6)

三鷹市、調布市、狛江市、稲城市(第21区に属しない区域)(P173参照)

い とう たつ や
伊藤 達也

自前[茂]　　当9
東京都　　S36・7・6
勤26年6ヵ月（初/平5）

予算委、憲法審委、情報監視審委、党幹事長代理、中小企業調査会長、税調副会長、元金融相、総理大臣補佐官、衆財金委員長、慶大／61歳

〒182-0024 調布市布田1-3-1ダイヤビル2F ☎042(499)0501
〒107-0052 港区赤坂2-17-10、宿舎

東京都23区	458,998 ㊺58.37	当133,206 小倉将信 自前(51.2) 比当126,732 伊藤俊輔 立前(48.8)

町田市、多摩市(第21区に属しない区域)(P173参照)

お ぐら まさ のぶ
小倉 將信

自前[二]　　当4
東京都　　S56・5・30
勤10年4ヵ月（初/平24）

少子化担当大臣、党青年局長、総務政務官、日本銀行職員、東大、オックスフォード大学院／41歳

〒194-0013 町田市原町田5-4-7 からかあさ101号
☎042(710)1192

東京都24区	463,096 ⊛56.77		当149,152 萩生田光一 自前(58.5)
			比44,546 佐藤 由美 国新(17.5)
八王子市(第21区に属しない区 域)(P173参照)			44,474 吉川 穂香 共新(17.5)
			比16,590 朝倉 玲子 社新(6.5)

はぎ う だ こう いち
萩生田光一
自前[安]　　　　当6
東京都八王子市　S38・8・31
勤16年1ヵ月　(初/平15)

**党政調会長、党都連会長、経済産業大臣、文科
大臣、党幹事長代行、内閣官房副長官、党総裁
特別補佐、党青年局長、都議、市議、明大／59歳**

〒192-0046　八王子市明神町4-1-2
　　　　　　ストーク八王子205　　☎042(646)3008

東京都25区	413,266 ⊛54.90		当131,430 井上 信治 自前(59.4)
青梅市、昭島市、福生市、羽村市、 あきる野市、西多摩郡			比89,991 島田 幸成 立新(40.6)

いの うえ しん じ
井上信治
自前[麻]　　　　当7
東京都　　　S44・10・7
勤19年5ヵ月　(初/平15)

**党幹事長代理、環境・温暖化対策調査会長、国
際博覧会担当大臣、内閣府特命担当大臣、環
境副大臣、内閣委員長、国交省、東大／53歳**

〒198-0024　青梅市新町3-39-1　　　☎0428(32)8182
〒100-8981　千代田区永田町2-2-1、会館　☎03(3508)7328

比例代表 東京都 17人 　東京

たか ぎ けい
髙木 啓
自前[安]　　　　当2
東京都北区　S40・3・16
勤5年6ヵ月　(初/平29)

**外務大臣政務官、党北区総支部長、党内
閣第一副部会長、国土建設団体副委長、
都議、北区議、立教大／57歳**

〒114-0022　北区王子本町1-14-9-202　☎03(5948)6790

まつ もと よう へい
松本洋平
自前[二]　　　当5(初/平17)
東京都　　　S48・8・31
勤14年3ヵ月　〈東京19区〉

**党政調副会長兼事務局長、衆電選特委筆
頭理事、経産副大臣、内閣府副大臣、党副
幹事長、党青年局長、慶大経済学部／49歳**

〒187-0003　小平市花小金井南町2-17-4　☎042(461)6644
〒100-8981　千代田区永田町2-2-1、会館　☎03(3508)7133

越智隆雄
おちたかお

自前［安］　当5(初/平17)
東京都　　　S39・2・27
勤14年3ヵ月　〈東京6区〉

財金委理、憲法審委、財金委員、内閣府副大臣、党国対副委長、党財金部会長、国務大臣秘書官、住友銀行、仏ESSEC大院、東大法院、慶大／59歳

〒154-0023　世田谷区若林1-7-2-1F　　☎03(3413)4600

若宮健嗣
わかみやけんじ

自前［茂］　当5(初/平17)
東京都　　　S36・9・2
勤14年3ヵ月　〈東京5区〉

党経理局長、選対副委員長、内閣府特命担当大臣、外務副大臣、防衛副大臣、外務委長、安保委員、慶大／61歳

〒152-0023　目黒区八雲1-3-4
〒100-8982　千代田区永田町2-1-2、会館　☎03(5726)5060
　　　　　　　　　　　　　　　　　　　　☎03(3508)7509

長島昭久
ながしまあきひさ

自前［二］　当7(初/平15)
神奈川県横浜市　S37・2・17
勤19年5ヵ月　〈東京18区〉

震災復興特委員長、安保委、防衛副大臣、総理補佐官、慶大院、米ジョンズホプキンス大院／61歳

〒183-0022　府中市宮西町4-12-11
　　　　　　モア府中2F　　　　　　☎042(319)2118

石原宏高
いしはらひろたか

自前［岸］　当5(初/平17)
神奈川県　　S39・6・19
勤14年5ヵ月　〈東京3区〉

原子力特委筆頭理事、内閣委、環境委、災害特委、党報道局長、環境委員長、環境副大臣、内閣府副大臣、外務大臣政務官、銀行員、慶大／58歳

〒140-0014　品川区大井1-22-5
　　　　　　八木ビル7F　　　　　　☎03(3777)2275
〒100-8981　千代田区永田町2-2-1、会館　☎03(3508)7319

伊藤俊輔
いとうしゅんすけ

立前　　　　当2(初/平29)
東京都町田市　S54・8・5
勤5年6ヵ月　〈東京23区〉

UR住宅居住者を支援する議連事務局次長、全建総連懇話会幹事、小田急多摩線延伸促進議連顧問、安保委理、議運委、政倫審幹事、桐蔭高、北京大留学、中央大／43歳

〒194-0021　町田市中町2-6-11
　　　　　　サワダビル3F　　　　　☎042(723)0117

鈴木庸介
すずきようすけ

立新　　　　当1(初/令3)
東京都　　　S50・11・21
勤1年5ヵ月　〈東京10区〉

法務委、情監審委、元NHK記者、立教大学経済学部兼任講師、コロンビア大院／47歳

〒170-0004　豊島区北大塚2-14-1
　　　　　　鈴矢ビル3F　　　　　　☎03(6903)1544

海江田万里 <small>かい え だ ばん り</small>

無 前　当8(初/平5)
東京都　S24・2・26
勤21年1ヵ月　〈東京1区〉

衆議院副議長、立憲民主党都連顧問、税制調査会顧問、前決算行監委員、元民主党代表、元経済産業大臣、元内閣府特命担当大臣、慶大／74歳

〒160-0004　新宿区四谷3-11山一ビル6F　☎03(5363)6015
〒160-0023　新宿区西新宿4-8-4-301(自宅)☎03(3375)1445

大河原まさこ <small>おおかわら</small>

立 前　当2(初/平29)*
神奈川県横浜市　S28・4・8
勤11年7ヵ月(参6年1ヵ月)〈東京21区〉

決算行監委理、消費者特委、党ジェンダー平等推進本部副事務局長、元参議院議員、東京都議、国際基督教大／69歳

〒190-0022　立川市錦町1-10-25
　　　　　　YS錦町ビル1F　☎042(529)5155
〒100-8981　千代田区永田町2-2-1、会館☎03(3508)7261

阿部　司 <small>あ べ　つかさ</small>

維 新　当1(初/令3)
東京都大田区　S57・6・18
勤1年5ヵ月　〈東京12区〉

内閣委理、予算委、党代表付、国対副、青山社中株式会社(政策シンクタンク)、日本HP、早大／40歳

〒114-0022　北区王子本町1-13-9
　　　　　　KSKサンパール203　☎03(3908)3121

小野泰輔 <small>お の たい すけ</small>

維 新　当1(初/令3)
東京都　S49・4・20
勤1年5ヵ月　〈東京1区〉

経産委理、憲法審委、党政調副会長、熊本県副知事、東大法／48歳

〒160-0004　新宿区四谷3-4-8 4階　☎090(6773)0705
〒100-8981　千代田区永田町2-2-1、会館　☎03(3508)7340

高木陽介 <small>たか ぎ よう すけ</small>

公 前　当9
東京都　S34・12・16
勤26年1ヵ月　(初/平5)

党政調会長、党都本部代表、経産副大臣、衆総務委員長、国交政務官、党国対委員長、党選対委員長、毎日記者、創価大／63歳

〒190-0022　立川市錦町1-4-4
　　　　　　立川サニーハイツ301　☎042(540)1155

河西宏一 <small>か さい こう いち</small>

公 新　当1
神奈川県鎌倉市　S54・6・25
勤1年5ヵ月　(初/令3)

党青年局委員長、党都本部副代表、内閣委、安保委、震災復興特委、政党職員、電機メーカー社員、東大／43歳

〒100-8982　千代田区永田町2-1-2、会館　☎03(3508)7630

略歴

比例東京

笠井 亮 （かさい　あきら）　共 前　当6(初/平17)*
大阪府　S27・10・15
勤23年8ヵ月（参6年1ヵ月）

党原発・気候変動・エネルギー対策委員
会責任者、経産委、原子力特委、拉致特
委、参院議員1期、東大／70歳

〒151-0053　渋谷区代々木1-44-11-1F　☎03(5304)5639
〒107-0052　港区赤坂2-17-10、宿舎

宮本 徹 （みや　もと　とおる）　共 前　当3(初/平26)
兵庫県三木市　S47・1・22
勤8年4ヵ月　〈東京20区〉

党中央委員、厚労委、予算委、東大教育
／51歳

〒151-0053　渋谷区代々木1-44-11　☎03(5304)5639
〒100-8981　千代田区永田町2-2-1、会館　☎03(3508)7508

櫛渕 万里 （くし　ぶち　まり）　れ 元　繰当2(初/平21)
群馬県沼田市　S42・10・15
勤4年3ヵ月

内閣委、決算行監委、党共同代表、国際
交流NGO共同代表兼事務局長、立教大
／55歳

〒182-0002　調布市国領町1-25-38-203　☎042(444)7188
〒100-8982　千代田区永田町2-1-2、会館　☎03(3508)7063

比例代表 東京都 17人　有効投票数 6,446,898票

政党名	当選者数		得票数	得票率
	惜敗率	小選挙区		惜敗率　小選挙区

自民党　6人　2,000,084票　31.02%

当選者		【小選挙区での当選者】	
当①高木　啓 前			
当②松本　洋平 前(98.08) 東19	②山田　美樹 前	東1
当②越智　隆雄 前(95.48) 東6	②辻　　清人 前	東2
当②若宮　健嗣 前(95.14) 東5	②平　　将明 前	東4
当②長島　昭久 前(94.91) 東18	②鈴木　隼人 前	東10
当②石原　宏高 前(93.43) 東3	②下村　博文 前	東11
②安藤　高夫 前(87.03) 東9	②土田　　慎 新	東13
②石原　伸晃 前(76.73) 東8	②松島みどり 前	東14
②松本　文明 前(65.11) 東7	②木原　誠二 前	東20
㉓伊藤　智加 新	②小田原　潔 前	東21
㉔松野　未佳 新	②伊藤　達也 前	東22
㉕小松　　裕 前	②小倉　将信 前	東23
㉖西田　　譲 元	②萩生田光一 前	東24
㉗和泉　武彦 新	②井上　信治 前	東25
㉘崎山　知尚 新		

立憲民主党　4人　1,293,281票　20.06%

当①伊藤　俊輔 前(95.14) 東23	①山花　郁夫 前(85.57) 東22
当①鈴木　庸介 新(93.74) 東10	①井戸　正枝 元(77.38) 東15
当①海江田万里 前(90.83) 東1	①水野　素子 新(77.06) 東16
当①大河原雅子 前(88.13) 東21	①松尾　明弘 前(75.81) 東2

※ 平7参院初当選

①木村　剛司　元(74.47) 東14　　①松原　仁　前　　東3
①阿久津幸彦　前(71.56) 東11　　①手塚　仁雄　前　　東5
①島田　幸成　新(68.47) 東25　　①落合　貴之　前　　東6
①北條　智彦　前(68.01) 東13　　①長妻　昭　前　　東7
㉑髙松　智之　新　　　　　　　　①吉田　晴美　新　　東8
㉒川島智太郎　元　　　　　　　　①山岸　一生　新　　東9
㉓北出　美翔　新　　　　　　　　①菅　直人　前　　東18
【小選挙区での当選者】　　　　　①末松　義規　前　　東19

日本維新の会　2人　　　　858,577票　13.32%

当①阿部　司　新(79.51) 東12　　①南　純　新(43.70) 東9
当①小野　泰輔　前(60.76) 東1　　①木内　孝胤　元(38.36) 東2
①金沢　結衣　新(58.85) 東15　　①前田順一郎　新(35.43) 東20
①碓井　梨恵　新(54.00) 東6　　①山崎　英昭　新(34.32) 東19
①田淵　正文　新(48.87) 東5　　①竹田　光明　元(31.60) 東21
①林　智興　新(45.76) 東4　　　①辻　健太郎　新(30.37) 東7
①西村　恵美　新(45.56) 東14　　①笠谷　圭司　新(29.68) 東8
①中津川博郷　元(44.27) 東16　　①藤川　隆史　新(26.56) 東10
①猪口　幸子　新(43.77) 東17

公明党　2人　　　　　　715,450票　11.10%

当①高木　陽介　前　　　　　　　③藤井　伸城　新
当②河西　宏一　新　　　　　　　④大沼　伸貴　新
　　　　　　　　　　　　　　　　（令4.6.15離党）

共産党　2人　　　　　　670,340票　10.40%

当①笠井　亮　前　　　　　　　　③池内　沙織　元　　東12
当②宮本　徹　前　　　　東20　　④谷川　智行　新　　東4

れいわ新選組　1人　　　　360,387票　5.59%

当①山本　太郎　新　　　　　　　▼②北村　造　新(12.15) 東2
　（令4.4.19辞職）　　　　　　　④渡辺　照子　新
繰②櫛渕　万里　元(24.35) 東22
　（令4.4.27繰上）

▼は小選挙区の得票が有効投票総数の10分の1未満で、復活当選の資格がない者

その他の政党の得票数・得票率は下記のとおりです。
（当選者はいません）

政党名	得票数	得票率			
国民民主党	306,179票	4.75%	日本第一党	33,661票	0.52%
社民党	92,995票	1.44%	新党やまと	16,970票	0.26%
NHKと裁判してる党弁護士法72条違反で			政権交代によるコロナ対策強化新党		
	92,353票	1.43%		6,620票	0.10%

新潟県 1区	434,016 投57.25	当127,365 西村智奈美　立前(52.6)
		比当96,591 塚田一郎　自新(39.9)
		比18,333 石崎　徹　維元(7.6)

新潟市（北区・東区・中央区・江南区・南区・西区の一部）（P173参照）

にしむら　ち　な　み
西村智奈美

立前　　　　　　当6
新潟県　S42・1・13
勤17年5ヵ月（初/平15）

党代表代行、予算委、厚労委、拉致特委、党県連代表、厚労副大臣、外務大臣政務官、新潟県議、新潟大院／56歳

〒950-0916　新潟市中央区米山2-5-8
　　　　　　　米山プラザビル202　　☎025(244)1173
〒107-0052　港区赤坂2-17-10、宿舎

新潟県2区　288,107　⑯62.66

当105,426　細田健一　自前(59.9)
比37,157　高倉　栄　国新(21.1)
比33,399　平あや子　共新(19.0)

新潟市(南区(味方・月潟出張所管内)、西区(第1区に属しない区域)、西蒲区)、長岡市の一部(P173参照)、柏崎市、燕市、佐渡市、西蒲原郡、三島郡、刈羽郡

ほそ　だ　けん　いち
細田健一

自前[安]　当4(初/平24)
東京都　S39・7・11
勤10年4ヵ月

農水委、経産委理、原子力特委、党国土建設関係団体委員長、経産副大臣、予算委理、農水政務官、経産省、京大法、米ハーバード大学院／58歳

〒945-0051　柏崎市東本町2-3-30一越ビル1F　☎0257(32)3857
〒100-8982　千代田区永田町2-1-2、会館　☎03(3508)7278

新潟県3区　298,289　⑯65.04

当102,564　斎藤洋明　自前(53.6)
比88,744　黒岩宇洋　立前(46.4)

新潟市(北区の一部(P173参照))、新発田市、村上市、五泉市、阿賀野市、胎内市、北蒲原郡、東蒲原郡、岩船郡

さい　とう　ひろ　あき
斎藤洋明

自前[麻]　当4
新潟県村上市　S51・12・8
勤10年4ヵ月　(初/平24)

総務委理、党国土・建設関係団体委員長、総務大臣政務官、党総務部会長代理、文科部会長代理、内閣府、公正取引委員会、神戸大学院、学習院大／46歳

〒957-0056　新発田市大栄町3-6-3　☎0254(21)0003
〒100-8981　千代田区永田町2-2-1、会館　☎03(3508)7155

新潟県4区　307,471　⑯64.17

当97,494　菊田真紀子　立前(50.1)
比当97,256　国定勇人　自新(49.9)

新潟市(北区・東区・中央区・江南区の一部、秋葉区、南区の一部(P173参照))、長岡市の一部(P173参照))、三条市、加茂市、見附市、南蒲原郡

きく　た　ま　き　こ
菊田真紀子

立前　当7
新潟県加茂市　S44・10・24
勤19年5ヵ月　(初/平15)

党「次の内閣」ネクスト文科大臣、拉致問題対策本部副本部長、外務政務官、市議(2期)、中国黒龍江大学留学、加茂高／53歳

〒955-0071　三条市本町6-13-3　☎0256(35)6066
〒107-0052　港区赤坂2-17-10、宿舎

新潟県5区　275,224　⑯65.20

当79,447　米山隆一　無新(45.0)
比60,837　泉田裕彦　自前(34.4)
36,422　森　民夫　無新(20.6)

長岡市(第2区及び第4区に属しない区域)、小千谷市、魚沼市、南魚沼市、南魚沼郡

よね　やま　りゅう　いち
米山隆一

立新　当1
新潟県魚沼市　S42・9・8
勤1年5ヵ月　(初/令3)

法務委、原子力特委、決算行監委、前新潟県知事、医師、医学博士、弁護士、おおたか総合法律事務所代表弁護士、灘高校、東大医学部医学科／55歳

〒940-0072　魚沼市七日市新田127　☎0258(89)8800
〒100-8982　千代田区永田町2-1-2、会館　☎03(3508)7485

新潟県6区	272,966 投67.79	当90,679 梅谷 守 立新(49.6)
		比当90,549 高鳥修一 自前(49.5)
		1,711 神鳥古賛 無新(0.9)

十日町市、糸魚川市、妙高市、
上越市、中魚沼郡

うめ たに まもる **梅 谷 守**

立新　当1
東京都　S48・12・9
勤1年5ヵ月　(初/令3)

党政調会長補佐、農水委、議運委、文科委、拉致特委理、新潟県議会議員、国会議員政策担当秘書、早大／49歳

〒943-0805 上越市木田1-8-14　☎025(526)4211

富山県1区	267,782 投52.43	当71,696 田畑裕明 自前(51.8)
		比当45,411 吉田豊史 維元(32.8)
		比14,563 西尾政英 立新(10.5)
		6,800 青山了介 共新(4.9)

富山市の一部(P173参照)

た ばた ひろ あき **田 畑 裕 明**

自前[安]　当4
富山県　S48・1・2
勤10年4ヵ月　(初/平24)

党厚労部会長、厚労委員、消費者特委、総務副大臣、文科委理、国対副委員長、厚労大臣政務官、県議、富山市議、獨協大学経済学部／50歳

〒930-0017 富山市東田地方町2-2-5　☎076(471)6036
〒107-0052 港区赤坂2-17-10、宿舎

富山県2区	247,492 投54.22	当89,341 上田英俊 自新(68.4)
		比41,252 越川康晴 立新(31.6)

富山市(第1区に属しない区域)、
魚津市、滑川市、黒部市、中新
川郡、下新川郡

うえ だ えいしゅん **上 田 英 俊**

自新[茂]　当1
富山県下新川郡入善町　S40・1・22
勤1年5ヵ月　(初/令3)

厚労委、農水委、党地方組織・議員総局長、富山県議会議員、早大政経学部／58歳

〒937-0051 魚津市駅前新町5-30
魚津サンプラザ3F　☎0765(22)6648
〒107-0052 港区赤坂2-17-10、宿舎　☎03(5549)4671

富山県3区	364,742 投59.06	当161,818 橘 慶一郎 自前(78.5)
		44,214 坂本洋史 共新(21.5)

高岡市、氷見市、砺波市、小矢
部市、南砺市、射水市

たちばな けいいち ろう **橘 慶一郎**

自前[無]　当5
富山県高岡市　S36・1・23
勤13年8ヵ月　(初/平21)

文科委筆頭理事、党組織本部団体総局長、社会の事業推進特別委員、復興副大臣、総務大臣政務官、高岡市長、北開庁、東大／62歳

〒933-0912 高岡市丸の内1-40
高岡商工ビル　☎0766(25)5780
〒107-0052 港区赤坂2-17-10、宿舎

㊟ 略歴

新潟・富山

105

石川県1区	376,122 ⊕52.20	当88,321	小森 卓郎	自新（46.1）
金沢市		比48,491	荒井 淳志	立新（25.3）
		比45,663	小林 誠	維新（23.9）
		8,930	亀田 良典	共新（4.7）

こ もり たく お
小森 卓郎
自新［安］　当1
神奈川県　S45・5・21
勤1年5ヵ月　（初／令3）

総務委、経産委、地域・こども特委、金融庁総合政策課長、防衛省会計課長、財務省主計局主査、石川県総務部長、プリンストン大院修了、東大法／52歳

〒920-8203　金沢市鞍月5-181　☎076(239)0102
〒100-8981　千代田区永田町2-2-1、会館　☎03(3508)7179

石川県2区	325,273 ⊕56.13	当137,032	佐々木 紀	自前（78.4）
小松市、加賀市、白山市、能美市、 野々市市、能美郡		27,049	坂本 浩	共新（15.5）
		10,632	山本 保幸	無新（6.1）

さ さ き　はじめ
佐々木 紀
自前［安］　当4
石川県能美市　S49・10・18
勤10年4ヵ月　（初／平24）

衆議運委議事進行係、総務委、経産委、党国対副委員長、国交大臣政務官、党青年局長、会社役員、東北大法／48歳

〒923-0941　小松市城南町35番地　☎0761(21)1181
〒107-0052　港区赤坂2-17-10、宿舎　☎03(5549)4671

石川県3区	243,618 ⊕66.09	当80,692	西田 昭二	自前（50.7）
七尾市、輪島市、珠洲市、羽咋市、 かほく市、河北郡、羽咋郡、鹿 島郡、鳳珠郡		比当76,747	近藤 和也	立前（48.3）
		1,588	倉 知昭一	無新（1.0）

にし だ しょう じ
西田 昭二
自前［岸］　当2
石川県七尾市　S44・5・1
勤5年6ヵ月　（初／平29）

国土交通・内閣府・復興大臣政務官、党総務、党国交副部会長、元県議会副議長、県議（3期）、市議（3期）、秘書、愛知学院大／53歳

〒926-0041　石川県七尾市府中町員外26　☎0767(58)6140
〒100-8981　千代田区永田町2-2-1、会館　☎03(3508)7139

福井県1区	375,210 ⊕56.82	当136,171	稲田 朋美	自前（65.5）
福井市、大野市、勝山市、あわ ら市、坂井市、吉田郡		比71,845	野田 富久	立新（34.5）

いな だ とも み
稲田 朋美
自前［安］　当6
福井県　S34・2・20
勤17年7ヵ月　（初／平17）

消費者特委長、経産委、党整備新幹線等鉄道調査会長、党幹事長代行、防衛大臣、党政調会長、内閣府特命担当相、弁護士、早大／64歳

〒910-0858　福井市手寄1-9-20　☎0776(22)0510
〒100-8982　千代田区永田町2-1-2、会館　☎03(3508)7035

福井県2区	262,612 🔺59.12	当81,705 高木　毅 自前（53.9） 比69,984 斉木武志 立前（46.1）

敦賀市、小浜市、鯖江市、越前市、今立郡、南条郡、丹生郡、三方郡、大飯郡、三方上中郡

たか　ぎ　　　つよし
髙 木　　毅

自前［安］　　　当8
福井県敦賀市 S31・1・16
勤22年10ヵ月（初／平12）

党国対委員長、議運委長、議運委筆頭理事、復興大臣、国交副大臣、防衛政務官、JC北信越会長、青山学院大学／67歳

〒914-0805　敦賀市鋳物師町4-8
　　　　　　森口ビル2F　　　　☎0770(21)2244
〒100-8981　千代田区永田町2-2-1、会館☎03(3508)7296

長野県1区	425,440 🔺59.74	当128,423 若林健太 自新（51.3） 比121,962 篠原　孝 立前（48.7）

長野市の一部（P174参照）、須坂市、中野市、飯山市、上高井郡、下高井郡、下水内郡

わか　ばやし　けん　　た
若 林 健 太

自新［安］ 当1(初/令3)*
長野県長野市 S39・1・11
勤7年6ヵ月（参6年1ヵ月）

農水理事、財金委、災害特委、党税調幹事、党総務、税理士・公認会計士、参議水委、外務政務官、監査法人代表社員、長野JC理事長、慶大、早大院／59歳

〒380-0921　長野市栗田8-1
〒107-0052　港区赤坂2-17-10、宿舎　☎026(269)0330

長野県2区	382,123 🔺57.03	当101,391 下条みつ 立前（47.5） 比68,958 務台俊介 自前（32.3） 比43,026 手塚大輔 維新（20.2）

長野市（第1区に属しない区域）、松本市、大町市、安曇野市、東筑摩郡、北安曇郡、上水内郡

しも　じょう
下 条 みつ

立前　　　　　当5
長野県松本市 S30・12・29
勤14年7ヵ月（初／平15）

拉致特委長、国交委、防衛大臣政務官、予算委理、党総務、災害特委、厚生大臣秘書官、富士銀行参事役、信州大／67歳

〒390-0877　松本市沢村2-13-9　　　☎0263(87)3280
〒100-8981　千代田区永田町2-2-1、会館☎03(3508)7271

長野県3区	399,168 🔺59.32	当120,023 井出庸生 自前（51.5） 比当109,179 神津　健 立新（46.9） 比3,722 池　高生 N新（ 1.6）

上田市、小諸市、佐久市、千曲市、東御市、南佐久郡、北佐久郡、小県郡、埴科郡

い　で　よう　せい
井 出 庸 生

自前［麻］　　　当4
東京都　　　S52・11・21
勤10年4ヵ月（初／平24）

文部科学副大臣、党厚生労働部会長代理、党司法制度調査会事務局長、NHK記者、東大／45歳

〒385-0022　佐久市岩村田638　　　☎0267(78)5515
〒100-8982　千代田区永田町2-1-2、会館☎03(3508)7469

㊕
略
歴

福井・長野

長野県4区
240,401
⊛59.37

当86,962　後藤茂之　自前(62.6)
　51,922　長瀬由希子　共新(37.4)

岡谷市、諏訪市、茅野市、塩尻市、
諏訪郡、木曽郡

ご　とう　しげ　ゆき
後藤茂之

自前[無]　　　　当7
東京都　　S30・12・9
勤19年6ヵ月（初/平12）

**経済再生担当大臣、厚生労働大臣、党政調会長代理、
社会保障制度調査会長、税調副（インナー）、法副
相、国交政務官、厚労委員、大蔵省、東大法/67歳**

〒392-0021　諏訪市上川3丁目2212-1　☎0266(57)3370
〒100-8981　千代田区永田町2-2-1、会館　☎03(3508)7702

長野県5区
280,123
⊛64.54

当97,730　宮下一郎　自前(54.9)
　80,408　曽我逸郎　立新(45.1)

飯田市、伊那市、駒ヶ根市、上
伊那郡、下伊那郡

みや　した　いち　ろう
宮下一郎

自前[安]　　　　当6
長野県　　S33・8・1
勤16年1ヵ月（初/平15）

**消費者特委筆頭理事、党政調会長代理、
党農林・経産部会長、内閣府・財務副大
臣、財金委員長、東大/64歳**

〒396-0010　伊那市境1550-3　　　☎0265(78)2828

比例代表 北陸信越 11人

新潟、富山、石川、福井、長野

わし　お　えいいち　ろう
鷲尾英一郎

自前[二]　　　　当6
新潟県　　S52・1・3
勤17年7ヵ月（初/平17）

**党副幹事長、環境委理、予算委、災害特委理、外務副大
臣、環境委員、党行革推進副本部長、農水政務官、公認会
計士、税理士、行政書士、新日本監査法人、東大経/46歳**

〒940-2023　長岡市蓮潟5-1-72　　☎0258(86)4900

たか　とり　しゅう　いち
髙鳥修一

自前[安]　当5(初/平17)
新潟県上越市　S35・9・29
勤14年3ヵ月　〈新潟6区〉

**災害特委理事、農水委、党政調会長代理、元党筆
頭副幹事長・総裁特別補佐、元農水・内閣副大臣、
元農水・厚労委員長、元厚労政務官、早大/62歳**

〒943-0804　上越市新光町2-1-1　　☎025(521)0760

国定勇人 <ruby>国<rt>くに</rt></ruby><ruby>定<rt>さだ</rt></ruby><ruby>勇<rt>いさ</rt></ruby><ruby>人<rt>と</rt></ruby>　自新［二］　当1(初/令3)
東京都　S47・8・30
勤1年5ヵ月　〈新潟4区〉

環境大臣政務官、三条市長、総務省、一橋大商学部／50歳

〒955-0071　三条市本町4-9-27　☎0256(47)1555
〒100-8981　千代田区永田町2-2-1、会館　☎03(3508)7131

泉田裕彦 <ruby>泉<rt>いずみ</rt></ruby><ruby>田<rt>だ</rt></ruby><ruby>裕<rt>ひろ</rt></ruby><ruby>彦<rt>ひこ</rt></ruby>　自前［二］　当2(初/平29)
新潟県　S37・9・15
勤5年6ヵ月　〈新潟5区〉

農水委、国交委、原子力特委、国土交通・内閣府・復興大臣政務官、元新潟県知事、経産省、通産省、京大法／60歳

〒940-0082　長岡市千歳3-2-33　☎0258(89)8506
〒100-8982　千代田区永田町2-1-2、会館　☎03(3508)7640

塚田一郎 <ruby>塚<rt>つか</rt></ruby><ruby>田<rt>だ</rt></ruby><ruby>一<rt>いち</rt></ruby><ruby>郎<rt>ろう</rt></ruby>　自新［麻］　当1(初/令3)※
新潟県新潟市　S38・12・27
勤13年7ヵ月(参12年2ヵ月)〈新潟1区〉

財務金融委員長、国土交通副大臣、復興副大臣、内閣府副大臣、党新潟県連会長、中央大、ボストン大院／59歳

〒950-0945　新潟市中央区女池上山2-22-7　☎025(280)1016
〒107-0052　港区赤坂2-17-10、宿舎

務台俊介 <ruby>む<rt></rt></ruby><ruby>台<rt>たい</rt></ruby><ruby>俊<rt>しゅん</rt></ruby><ruby>介<rt>すけ</rt></ruby>　自前［麻］　当4(初/平24)
長野県安曇野市　S31・7・3
勤10年4ヵ月　〈長野2区〉

環境委理、総務委、憲法審委、党環境部会長代理、環境兼内閣府副大臣、消防庁防災課長、神奈川大教授、東大法／66歳

〒390-0863　松本市白板2-3-30
　　　　　　大永第三ビル101
〒100-8981　千代田区永田町2-2-1、会館　☎0263(33)0518　☎03(3508)7334

近藤和也 <ruby>こん<rt></rt></ruby><ruby>藤<rt>どう</rt></ruby><ruby>和<rt>かず</rt></ruby><ruby>也<rt>や</rt></ruby>　立前　　当3(初/平21)
石川県　S48・12・12
勤8年10ヵ月　〈石川3区〉

農水委理、復興特委、党副幹事長、党選対委員長代理、党拉致問題対策本部幹事、元野村證券(株)、京大経済学部／49歳

〒926-0054　七尾市川原町60-2　☎0767(57)5717

篠原孝 <ruby>しの<rt></rt></ruby><ruby>はら<rt></rt></ruby><ruby>たかし<rt></rt></ruby>　立前　　当7(初/平15)
長野県中野市　S23・7・17
勤19年5ヵ月　〈長野1区〉

環境委筆頭理事、経産委、憲法審委、農水委理、農水政策研究所長、OECD代表部、京大法、UW大修士／74歳

〒380-0928　長野市若里4-12-26
　　　　　　宮沢ビル2F
〒100-8981　千代田区永田町2-2-1、会館　☎026(229)5777　☎03(3508)7268

※平19参院初当選

こう づ
神津たけし

立 新　当1(初/令3)
神奈川県鎌倉市　S52・1・21
勤1年5ヵ月　〈長野3区〉

国交委、災害特委理、元JICA企画調査員(南アフリカ、ケニア、チュニジア、コートジボワール、ルワンダ駐在)、政策研究大学院大/46歳

〒386-0023　上田市中央西1-7-7 北大手ビル201号室　☎0268(71)5250
〒385-0011　佐久市猿久保668-1 ミニタウンA&A-2号室
　　　　　　　　　　　　　　　　　　☎0267(88)7866

よし だ とよ ふみ
吉田豊史

無 元　当2(初/平26)
富山県　S45・4・10
勤4年3ヵ月　〈富山1区〉

財金委、会社員、起業、会社役員、富山県議会議員(2期)、早大法/52歳

〒930-0975　富山市西長江3-6-32　　☎076(495)8823

なか がわ ひろ まさ
中川宏昌

公 新　当1
長野県塩尻市　S45・7・15
勤1年5ヵ月　(初/令3)

党中央幹事、党北陸信越方面本部長、党長野県代表、経産委、地域・こども特委理事、長野県議、長野銀行、創価大/52歳

〒399-0006　松本市野溝西1-3-4 2F　☎0263(88)5550
〒106-0032　港区六本木7-1-3、宿舎

比例代表　北陸信越　11人　有効投票数 3,510,613票

政党名	当選者数		得票数	得票率
	惜敗率	小選挙区	惜敗率 小選挙区	

自民党　6人　1,468,380票　41.83%

当①鷲尾英一郎 前　　　　　　　　　　②斎藤　洋明 前　　　　　　新3
当②高鳥　修一 前(99.86)新6　　　　②田畑　裕明 前　　　　　　富1
当②国定　勇人 前(99.76)新4　　　　②上田　英俊 新　　　　　　富2
当②泉田　裕彦 前(76.58)新3　　　　②橘　慶一郎 前　　　　　　富3
当②塚田　一郎 前(75.84)新1　　　　②小森　卓郎 新　　　　　　石1
当②務台　俊介 前(68.01)長2　　　　②佐々木　紀 前　　　　　　石2
　㉑山本　　拓 新　　　　　　　　　②西田　昭二 前　　　　　　石3
　㉒佐藤　　俊 新　　　　　　　　　②稲田　朋美 前　　　　　　福1
　㉓工藤　昌克 新　　　　　　　　　②高木　　毅 前　　　　　　福2
　㉔滝沢　圭隆 新　　　　　　　　　②若林　健太 新　　　　　　長1
　㉕近藤　真衣 新　　　　　　　　　②井出　庸生 前　　　　　　長3
【小選挙区での当選者】　　　　　　　②後藤　茂之 前　　　　　　長4
　②細田　健一 前　　　　　新2　　②宮下　一郎 前　　　　　　長5

立憲民主党　3人　773,076票　22.02%

当①近藤　和也 前(95.11)石3　　　　①越川　康晴 新(46.17)富2
当①篠原　　孝 前(94.97)長1　　　　①西尾　政英 新(20.31)富1
当①神津　　健 新(90.97)長3　　　　⑮石本　伸二 新
　①黒岩　宇洋 前(86.53)新3　　【小選挙区での当選者】
　①斉木　武志 前(85.65)福2　　　　①西村智奈美 前　　　　　新1
　①曽我　逸郎 新(82.28)長5　　　　①菊田真紀子 前　　　　　新4
　①荒井　淳志 新(54.90)石1　　　　①梅谷　　守 新　　　　　新6
　①野田　富久 新(52.76)福1　　　　①下条　みつ 前　　　　　長2

日本維新の会　1人　　361,476票　10.30%

当①吉田　豊史　元(63.34)富1		①手塚　大輔 新(42.44)長2	
①小林　誠 新(51.70)石1		▼①石崎　徹 元(14.39)新1	

公明党　1人　　322,535票　9.19%

当①中川　宏昌 新	②小松　実新

▼は小選挙区の得票が有効投票総数の10分の1未満で、復活当選の資格がない者

.....

その他の政党の得票数・得票率は下記のとおりです。
（当選者はいません）

政党名	得票数	得票率		
共産党	225,551票	6.42%	社民党	71,185票 2.03%
国民民主党	133,599票	3.81%	NHKと裁判してる党弁護士法72条違反で	
れいわ新選組	111,281票	3.17%		43,529票 1.24%

比例北陸信越・岐阜

岐阜県1区	326,022 ㊿52.31

当103,805　野田聖子　自前(62.5)
比48,629　川本慧佑　立新(29.3)
　9,846　山越　徹　共新(5.9)
　3,698　土田正光　諸新(2.2)

岐阜市(本庁管内、西部・東部・北部・南部東・南部西・日光事務所管内)

野田聖子　のだせいこ

自前［無］　　当10
岐阜県岐阜市　S35・9・3
勤29年10ヵ月　（初/平5）

党情報通信戦略調査会長、内閣府特命担当大臣、党幹事長代行、予算委員長、総務大臣、党総務会長、郵政大臣、県議、帝国ホテル、上智大／62歳

〒500-8367　岐阜市宇佐南4-14-20 2F　☎058(276)2601
〒100-8981　千代田区永田町2-2-1、会館　☎03(3508)7161

岐阜県2区	300,608 ㊿56.09

当108,755　棚橋泰文　自前(65.8)
比40,179　大谷由里子　国新(24.3)
16,374　三尾圭司　共新(9.9)

大垣市、海津市、養老郡、不破郡、安八郡、揖斐郡

棚橋泰文　たなはしやすふみ

自前［麻］　　当9
岐阜県大垣市　S38・2・11
勤26年7ヵ月　（初/平8）

党行政改革推進本部長、党総務副会長、国家公安委員長、予算委員長、党幹事長代理、内閣府特命担当大臣、党青年局長、通産省課長補佐、弁護士、東大／60歳

〒503-0904　大垣市桐ヶ崎町93　☎0584(73)3000
〒100-8982　千代田区永田町2-1-2、会館　☎03(3508)7429

岐阜県3区　422,993　⊛54.55

当132,357　武藤　容治　自前（58.6）
比93,616　阪口　直人　立元（41.4）

岐阜市（第1区に属しない区域）、関市、美濃市、羽島市、各務原市、山県市、瑞穂市、本巣市、羽島郡、本巣郡

む　とう　よう　じ
武藤　容治

自前［麻］　当5
岐阜県　S30・10・18
勤14年3ヵ月　（初／平17）

議運理事、党国対副委員長、農水委長、経産副大臣、外務副大臣、総務政務官、党政調副会長、会社会長、慶大商／67歳

〒504-0909　各務原市那加信長町1-91　☎058（389）2711
〒100-8982　千代田区永田町2-1-2、会館　☎03（3508）7482

岐阜県4区　330,497　⊛66.37

当110,844　金子　俊平　自前（51.2）
比91,354　今井　雅人　立前（42.2）
比14,171　佐伯　哲也　維新（ 6.5）

高山市、美濃加茂市、可児市、飛騨市、郡上市、下呂市、加茂郡、可児郡、大野郡

かね　こ　しゅん　ぺい
金子　俊平

自前［岸］　当2
岐阜県高山市　S53・5・28
勤5年6ヵ月　（初／平29）

財務大臣政務官、党副幹事長、党農林副会長、党青年局次長、三井不動産、国交相秘書官、高山青年会議所理事長、日本青年会議所岐阜ブロック協議会会長、慶大／44歳

〒506-0008　高山市初田町1-58-15　☎0577（32）0395

岐阜県5区　273,847　⊛62.72

当82,140　古屋　圭司　自前（48.5）
比68,615　今井　瑠々　立新（40.5）
比9,921　山田　良司　維元（ 5.9）
8,736　小関　祥子　共新（ 5.2）

多治見市、中津川市、瑞浪市、恵那市、土岐市

ふる　や　けい　じ
古屋　圭司

自前［無］　当11
岐阜県恵那市　S27・11・1
勤33年3ヵ月　（初／平2）

党憲法改正実現本部長、予算委、憲法審委、党政調会長代行、議運委長、党選対委長、国家公安委長、拉致問題・国土強靱化・防災担当大臣、経産副大臣、成蹊大／70歳

〒509-7203　恵那市長島町正家1-1-25
ナカヤマプラザ2F　☎0573（25）7550
〒100-8982　千代田区永田町2-1-2、会館　☎03（3508）7440

静岡県1区　387,132　⊛50.99

当101,868　上川　陽子　自前（52.4）
比53,974　遠藤　行洋　立新（27.7）
比21,074　高橋　美穂　国元（10.8）
比17,667　青山　雅幸　維前（ 9.1）

静岡市（葵区・駿河区・清水区の一部（P175参照））

かみ　かわ　よう　こ
上川　陽子

自前［岸］　当7
静岡県静岡市　S28・3・1
勤19年6ヵ月　（初／平12）

党幹事長代理、憲法審幹事、法務大臣、党一億総活躍推進本部長、党司法制度調査会長、厚労委、総務副大臣、内閣府特命大臣、公文書管理相、東大、ハーバード大院／69歳

〒420-0035　静岡市葵区七間町18-10　☎054（251）8424
〒100-8982　千代田区永田町2-1-2、会館　☎03（3508）7460

岐阜・静岡

静岡県2区　388,436　⑤56.11

島田市、焼津市、藤枝市、御前崎市（御前崎支所管内）、牧之原市、榛原郡

当131,082　井林辰憲　自前（61.1）
比71,032　福村　隆　立新（33.1）
　12,396　山口祐樹　共新（ 5.8）

いばやし たつ のり
井林辰憲　自前［麻］　当4
東京都　S51・7・18
勤10年4ヵ月　（初/平24）

財金理事、総務委、原子力特委、党副幹事長、党財務金融部会長、環境兼内閣府大臣政務官、国土交通省、京都大学工学部環境工学科、大学院／46歳

〒426-0037　藤枝市青木3-13-8　☎054(639)5801
〒100-8981　千代田区永田町2-2-1、会館　☎03(3508)7127

静岡県3区　371,830　⑤58.14

浜松市（天竜区の一部(P175参照)）、磐田市、掛川市、袋井市、御前崎市（第2区に属しない区域）、菊川市、周智郡

当112,464　小山展弘　立元（52.7）
比100,775　宮沢博行　自前（47.3）

こ やま のぶ ひろ
小山展弘　立元　当3
静岡県掛川市　S50・12・26
勤7年7ヵ月　（初/平21）

農林水産委、災害特委筆頭理事、党つながる本部副本部長、党静岡県連副代表、農林中央金庫職員、早大院／47歳

〒438-0078　磐田市中泉656-1　☎0538(39)1234

⑭略歴

静岡

静岡県4区　320,374　⑤50.07

静岡市（葵区の第1区に属しない区域）、駿河区（第1区に属しない区域）、清水区（第1区に属しない区域）、富士宮市、富士市（本島、岩淵、中之郷、南松野、北松野、中野台1～2丁目）

当84,154　深沢陽一　自前（53.3）
比当49,305　田中　健　国新（31.2）
比24,441　中村憲一　維新（15.5）

ふか ざわ よう いち
深澤陽一　自前［岸］　当2
静岡県静岡市　S51・6・21
勤3年　（初/令2）

国交委、法務委、災害特委、党財務金融副部会長、厚労政務官、党青年局・女性局次長、静岡県議、静岡市議、衆院議員秘書、信州大学／46歳

〒424-0817　静岡市清水区銀座14-17　☎054(361)0615
〒107-0052　港区赤坂2-17-10、宿舎

静岡県5区　458,636　⑤54.39

三島市、富士市（第4区に属しない区域）、御殿場市、裾野市、伊豆の国市（本庁管内）、田方郡、駿東郡（小山町）

当127,580　細野豪志　無前（51.8）
比61,337　吉川　赳　自前（24.9）
　51,965　小野範和　立新（21.1）
　 5,350　千田　光　諸新（ 2.2）

ほそ の ごう し
細野豪志　自前［二］　当8
滋賀県　S46・8・21
勤22年10ヵ月　（初/平12）

安保委、復興特委、憲法委、民主党政調会長、党幹事長、環境大臣、原発事故収束・再発防止担当大臣、内閣府特命担当大臣（原子力行政）、京大法／51歳

〒411-0847　三島市西本町4-6
　　　　　　コーア三島ビル2F　☎055(991)1269

113

静岡県6区 425,131 ⑰53.77

沼津市、熱海市、伊東市、下田市、伊豆市、伊豆の国市（第5区に属しない区域）、賀茂郡、駿東郡（清水町、長泉町）

当104,178 勝俣孝明 自前（46.1）
比当99,758 渡辺 周 立前（44.1）
比22,086 山下洸棋 維新（ 9.8）

かつ また たか あき
勝俣孝明

自前［二］　　　当4
静岡県沼津市　S51・4・7
勤10年4ヵ月　（初/平24）

農林水産副大臣、党政調副会長、環境大臣政務官、スルガ銀行、財団法人企業経営研究所、学習院大、慶大院修了/46歳

〒410-0062　静岡県沼津市宮前町13-3　☎055(922)5526

静岡県7区 328,735 ⑰58.72

浜松市（中区の一部(P175参照)、西区、南区の一部(P175参照)、北区、浜北区、天竜区（第3区に属しない区域））、湖西市

当130,024 城内 実 自前（68.2）
比60,726 日吉雄太 立前（31.8）

き うち みのる
城内 実

自前［無］　　　当6
静岡県浜松市　S40・4・19
勤15年6ヵ月　（初/平15）

沖北特委筆頭理事、県連会長、外務委員、党国対副委員長、環境副大臣、党経産部会長、拉致特委長、外務副大臣、外務省、東大教養国際関係論/57歳

〒433-8112　浜松市北区初生町1288-1　☎053(430)5789

静岡県8区 367,189 ⑰56.47

浜松市（中区（第7区に属しない区域）、東区、南区（第7区に属しない区域））

当114,210 源馬謙太郎 立前（55.8）
比当90,408 塩谷 立 自前（44.2）

げん ま けん た ろう
源馬謙太郎

立前　　　当2
静岡県浜松市　S47・12・21
勤5年6ヵ月　（初/平29）

外務委理事、党副幹事長、国際局長、静岡県議会議員、松下政経塾、成蹊大、American University大学院/50歳

〒430-0852　浜松市中区領家1-1-16　☎053(464)0755

愛知県1区 400,338 ⑰49.49

名古屋市（東区、北区、西区、中区）

当94,107 熊田裕通 自前（48.8）
比当91,707 吉田統彦 立前（47.6）
6,988 門田節代 N新（ 3.6）

くま だ ひろ みち
熊田裕通

自前［無］　　　当4
愛知県名古屋市　S39・8・28
勤10年4ヵ月　（初/平24）

予算委、法務委、倫選特委、憲法審委、党国対副、党法務部会長代理、安保調査会事務局長、総務副大臣、防衛大臣政務官、県議、総理秘書、神奈川大法/58歳

〒451-0061　名古屋市西区浄心1-1-41浄心ステーションビル
　　　　　　　北館102
〒107-0052　港区赤坂2-17-10、宿舎　☎052(521)1144

愛知県2区	404,436 ⑳53.44	当131,397 古川元久 国新（62.3）
		比当79,418 中川貴元 自新（37.7）

名古屋市（千種区、守山区、名東区）

ふる かわ もと ひさ
古 川 元 久

国前　　　　　　当9
愛知県名古屋市 S40・12・6
勤26年7ヵ月 （初/平8）

党国対委員長、企業団体委員長、国際局長、国交委、災害特委、内閣委員、国家戦略担当大臣、官房副長官、大蔵省、米国コロンビア大学留学、東大／57歳

〒464-0075 名古屋市千種区内山3-8-16
トキワビル2F
〒107-0052 港区赤坂2-17-10、宿舎　☎052（733）8401

愛知県3区	417,728 ⑳54.22	当121,400 近藤昭一 立前（55.0）
		比当99,489 池田佳隆 自前（45.0）

名古屋市（昭和区、緑区、天白区）

こん どう しょう いち
近 藤 昭 一

立前　　　　　　当9
愛知県名古屋市 S33・5・26
勤26年7ヵ月 （初/平8）

環境委、憲法審査、党企業・団体交流委員会顧問、党副代表・選対委員長、環境副大臣、総務委員長、中日新聞社員、上智大／64歳

〒468-0058 名古屋市天白区植田西3-1207 ☎052（808）1181
〒100-8982 千代田区永田町2-1-2、会館　☎03（3508）7402

愛知県4区	372,310 ⑳48.95	当78,004 工藤彰三 自前（43.7）
		比当72,786 牧 義夫 立前（40.8）
		比27,640 中田千代 維新（15.5）

名古屋市（瑞穂区、熱田区、港区、南区）

く どう しょう ぞう
工 藤 彰 三

自前［麻］　　　当4
愛知県 S39・12・8
勤10年4ヵ月 （初/平24）

災害特委理事、内閣委、国交委、党選対副委員長、国土交通大臣政務官、名古屋市議、議員秘書、中央大商／58歳

〒456-0052 名古屋市熱田区二番2-2-24 ☎052（651）9591
〒107-0052 港区赤坂2-17-10、宿舎

愛知県5区	432,024 ⑳48.63	当84,320 神田憲次 自前（41.2）
		比74,995 西川厚志 立新（36.6）
		比当45,540 岬 麻紀 維新（22.2）

名古屋市（中村区、中川区）、清須市、北名古屋市、西春日井郡

かん だ けん じ
神 田 憲 次

自前［安］　　　当4
大分県 S38・2・19
勤10年4ヵ月 （初/平24）

内閣委理、財金委、原子力特委理、党内閣第二部会長、党財金部会長代理、金融調査会事務局長、内閣府大臣政務官、中京大院、愛知学院大院／60歳

〒453-0021 名古屋市中村区松原町5-64-2 ☎052（462）9872
〒107-0052 港区赤坂2-17-10、宿舎

愛知県6区 435,949 ⑳54.83

当136,168 丹羽 秀樹 自前(58.3)
比76,912 松田 功 立前(33.0)
　20,299 内田 謙 共新(8.7)

瀬戸市の一部(P175参照)、春日井市、犬山市、小牧市

に わ ひで き
丹羽 秀樹　愛知県
自前[無]　当6
S47・12・20
勤15年11ヵ月 (初/平17)

議運委理事、党国対副委員長、文部科学副大臣兼内閣府副大臣、党広報戦略局長、厚労委員長、党副幹事長、玉川大/50歳

〒486-0844 春日井市鳥居松町4-68
　　　　　　シティ春日井ビル1階　☎0568(87)6226
〒107-0052 港区赤坂2-17-10、宿舎

愛知県7区 455,656 ⑳59.54

当144,725 鈴木 淳司 自前(54.7)
比88,914 森本 和義 立元(33.6)
　30,956 須山 初美 共新(11.7)

瀬戸市(第6区に属しない区域)、大府市、尾張旭市、豊明市、日進市、長久手市、愛知郡

すず き じゅん じ
鈴木 淳司　愛知県瀬戸市
自前[安]　当6
S33・4・7
勤16年1ヵ月 (初/平15)

原子力特委員長、経産委、党原子力規制特委員長、元総務・経産副大臣、法務委員長、瀬戸市議、松下政経塾、早大/64歳

〒489-0929 瀬戸市西長根町83
　　　　　　Kインタービル2F　☎0561(89)3611
〒100-8981 千代田区永田町2-2-1、会館☎03(3508)7264

愛知県8区 437,645 ⑳56.53

当121,714 伊藤 忠彦 自前(50.2)
比120,649 伴野 豊 立元(49.8)

半田市、常滑市、東海市、知多市、知多郡

い とう ただ ひこ
伊藤 忠彦　愛知県
自前[二]　当5
S39・7・11
勤14年3ヵ月 (初/平17)

衆法務委長、前震災復興特委長、前国土交通委理事、前国交部会長、前環境副大臣、県議、電通、早大法/58歳

〒478-0021 知多市岡田字向田61　☎0562(55)5508
〒100-8982 千代田区永田町2-1-2、会館☎03(3508)7003

愛知県9区 432,760 ⑳53.98

当120,213 長坂 康正 自新(52.7)
比107,722 岡本 充功 立前(47.3)

一宮市(本庁管内(P175参照))、津島市、稲沢市、愛西市、弥富市、あま市、海部郡

なが さか やす まさ
長坂 康正　愛知県
自前[麻]　当4
S32・4・10
勤10年4ヵ月 (初/平24)

国交委理事、経産委、原子力特委、党国交部会長代理、党運輸交通関係団体委員長、経産兼内閣府副大臣、内閣府兼復興政務官、県連幹事長、県議期、総理大臣秘書、内閣官房副長官、青山学院大学経済学部/65歳

〒496-0044 津島市立込町3-26-2　☎0567(26)3339
〒100-8981 千代田区永田町2-2-1、会館☎03(3508)7043

愛知県10区 436,560 ⑳54.49

当81,107　江﨑鉄磨　自前（35.0）
比当62,601　杉本和巳　維前（27.0）
比53,375　藤原規真　立新（23.0）
比20,989　安井美沙子　れ新（9.1）
13,605　板倉正文　共新（5.9）

一宮市（第9区に属しない区域）、
江南市、岩倉市、丹羽郡

え さき てつ ま
江﨑鐵磨

自前［二］　　当8
愛知県　S18・9・17
勤23年1ヵ月（初／平5）

決算行監委、党総務会長代理、元内閣府特命大臣
（沖縄・北方・消費者等担当）、法務・消費者各委員
長、国土交通副大臣、外務総括次官、立教大／79歳

〒491-0002　一宮市時之島字下奈良西2　☎0586(77)8555
〒107-0052　港区赤坂2-17-10、宿舎　☎03(5563)9732

愛知県11区 383,834 ⑳62.80

当158,018　八木哲也　自前（69.1）
36,788　本多信弘　共新（16.1）
33,990　梅村忠司　無新（14.9）

豊田市（旭・足助・小原・上郷・挙
母・猿投・下山・高岡・高橋・藤岡・
松平地域自治区）、みよし市

や ぎ てつ や
八木哲也

自前［無］　　当4
愛知県豊田市　S22・8・10
勤10年4ヵ月（初／平24）

財金委、予算委、環境委、復興特委、党国対副
委員長、党経産副部会長、党副幹事長、環境
大臣政務官、豊田市議長、中大理工／75歳

〒471-0868　豊田市神田町1-5-9　☎0565(32)0048
〒107-0052　港区赤坂2-17-10、宿舎

愛知県12区 444,780 ⑳61.97

当142,536　重徳和彦　立前（52.7）
比128,083　青山周平　自前（47.3）

岡崎市、西尾市

しげ とく かず ひこ
重徳和彦

立前　　当4
愛知県　S45・12・21
勤10年4ヵ月（初／平24）

党代表政務室長代理、総務委、安保委、
総務省課長補佐、コロンビア大公共経
営学修士、東大法／52歳

〒444-0858　岡崎市上六名3-13-13
　　　　　　浅井ビル3F西　☎0564(51)1192
〒107-0052　港区赤坂2-17-10、宿舎

愛知県13区 422,731 ⑳61.56

当134,033　大西健介　立前（52.7）
比当120,203　石井　拓　自新（47.3）

碧南市、刈谷市、安城市、知立市、
高浜市

おお にし けん すけ
大西健介

立前　　当5
奈良県　S46・4・13
勤13年8ヵ月（初／平21）

予算委、厚労委、情報監視審査会委、党
政調会長代理、元議員秘書、元外交官、
元参院職員、京大法／51歳

〒446-0074　安城市井杭山町高見8-7-2F　☎0566(70)7122
〒100-8981　千代田区永田町2-2-1、会館　☎03(3508)7108

愛知県14区 296,452 ⊕62.26

当114,160 今枝宗一郎 自前(63.0)
比59,462 田中克典 立新(32.8)
7,689 野沢康幸 共新(4.2)

豊川市、豊田市(第11区に属しない区域)、蒲郡市、新城市、額田郡、北設楽郡

いまえだ そう いちろう
今枝宗一郎

自前[麻] 当4
愛知県 S59・2・18
勤10年4ヵ月 (初/平24)

党経産部会長代理、法務部会長代理、党青年局青年部長、経産委、党新型コロナ対策本部事務局長、財務大臣政務官、医師、名大医学部/39歳

〒442-0031 豊川市豊川西町64 ☎0533(89)9010
〒100-8981 千代田区永田町2-2-1、会館 ☎03(3508)7080

愛知県15区 348,761 ⊕58.10

当104,204 根本幸典 自前(52.4)
比80,776 関 健一郎 立前(40.6)
比13,832 菅谷 竜 れ新(7.0)

豊橋市、田原市

ね もと ゆき のり
根本幸典

自前[安] 当4
愛知県豊橋市 S40・2・21
勤10年4ヵ月 (初/平24)

文科委員、国交委、災害特理、党農林部会長代理、党総務、国土交通政務官兼内閣府政務官、豊橋市議(2期)、一橋大経済/58歳

〒441-8032 豊橋市花中町63 ☎0532(35)0261
〒107-0052 港区赤坂2-17-10、宿舎

三重県1区 359,419 ⊕54.88

当122,772 田村憲久 自前(63.1)
比64,507 松田直久 立元(33.1)
比7,329 山田いずみ N新(3.8)

津市、松阪市

た むら のり ひさ
田村憲久

自前[無] 当9
三重県松阪市 S39・12・15
勤26年7ヵ月 (初/平8)

衆院情報監視審査会委員、元厚労大臣(2回)、元党政調会長代理、元総務副大臣、全国保育議連会長、千葉大/58歳

〒514-0053 津市博多町5-63 ☎059(253)2883
〒107-0052 港区赤坂2-17-10、宿舎 ☎03(3508)7163

三重県2区 408,281 ⊕54.86

当110,155 川崎秀人 自新(50.2)
比当109,165 中川正春 立前(49.8)

四日市市(日永・四郷・内部・塩浜・小山田・河原田・水沢・楠地区市民センター管内)、鈴鹿市、名張市、亀山市、伊賀市

かわ さき
川崎ひでと

自新[無] 当1
三重県伊賀市 S56・11・4
勤1年5ヵ月 (初/令3)

総務委、厚労委、倫選特委、党ネットメディア局次長、衆議院議員秘書、(株)NTTドコモ、法政大/41歳

〒518-0832 伊賀市上野車坂町821 ☎0595(21)3249
〒107-0052 港区赤坂2-17-10、宿舎 ☎03(5549)4671

三重県3区 414,312 ⓣ55.31

当144,688	岡田克也 立前（64.1）
比当81,209	石原正敬 自新（35.9）

四日市市(富洲原・富田・羽津・常磐・川島・神前・桜・三重・県・八郷・下野・大矢知・保々・海蔵・橋北・中部地区市民センター管内)、桑名市、いなべ市、桑名郡、員弁郡、三重郡

岡田克也　おか だ　かつ や

立前　当11
三重県四日市市　S28・7・14
勤33年3ヵ月　〈初/平2〉

立憲民主党幹事長、元「無所属の会」代表、民進党・民主党代表、副総理、外相、東大法／69歳

〒510-8121　三重郡川越町高松30-1　☎059(361)6633
〒100-8981　千代田区永田町2-2-1、会館　☎03(3508)7109

三重県4区 297,008 ⓣ60.76

当128,753	鈴木英敬 自新（72.4）
比41,311	坊農秀治 立新（23.2）
7,882	中川民英 共新（4.4）

伊勢市、尾鷲市、鳥羽市、熊野市、志摩市、多気郡、度会郡、北牟婁郡、南牟婁郡

鈴木英敬　すず き　えい けい

自新［安］　当1
兵庫県　S49・8・15
勤1年5ヵ月　〈初/令3〉

内閣府大臣政務官（経済再生、新型コロナ・健康危機管理、新しい資本主義、スタートアップ支援、全世代型社会保障）、内閣委、人口減少対策議員連盟事務局長、三重県知事、東大／48歳

〒516-0074　伊勢市本町4-3　サンフォレストビル　☎0596(22)7331
〒100-8981　千代田区永田町2-2-1、会館　☎03(3508)7269

比例代表　東海　21人

岐阜、静岡、愛知、三重

青山周平　あお やま しゅう へい

自前［安］　当4(初/平24)
愛知県岡崎市　S52・4・28
勤9年　〈愛知12区〉

文科委、財金委、復興特委、原子力特委、憲法審委、党国対副委員長、党青年局次長、幼教委次長、ラグビー少年団指導員、幼稚園園長、法政大／45歳

〒444-0038　岡崎市伝馬通5-63-1　☎0564(25)2345
〒106-0032　港区六本木7-1-3、宿舎

石井拓　いし い　たく

自新［安］　当1(初/令3)
愛知県碧南市　S40・4・11
勤1年5ヵ月　〈愛知13区〉

財金委、経産委、党環境関係団体委・農水関係団体委各副委員長、国対委、愛知県議、碧南市議、立命館大学法学部／57歳

〒447-0877　愛知県碧南市栄町4-82-102　☎0566(48)2920
〒107-0052　港区赤坂2-17-10、宿舎

みや　ざわ　ひろ　ゆき
宮澤 博行

自 前［安］　当4(初/平24)
静岡県磐田郡龍山村　S50・1・10
勤10年4ヵ月　〈静岡3区〉

党副幹事長、安保委理事、原子力特委理、環境委、党国防部会長、防衛兼内閣府大臣政務官、磐田市議3期、東大法／48歳

〒438-0086　磐田市見付5738-13　☎0538(30)7701
〒100-8981　千代田区永田町2-2-1、会館　☎03(3581)5111 内51021

いけ　だ　よし　たか
池田 佳隆

自 前［安］　当4(初/平24)
愛知県　S41・6・20
勤10年4ヵ月　〈愛知3区〉

内閣委、文科委、拉致特委、文部科学副大臣兼内閣府副大臣、党文部科学部会長代理、日本JC会頭、慶大院／56歳

〒468-0037　名古屋市天白区天白町
野並上大塚124-1　☎052(838)6381
〒100-8982　千代田区永田町2-1-2、会館　☎03(3508)7616

しお　のや　りゅう
塩谷 立

自 前［安］　当10(初/平2)
静岡県浜松市　S25・2・18
勤27年4ヵ月　〈静岡8区〉

国家基本政策委員長、党雇用問題調査会長、党税制調査会小委員長、文科大臣、内閣官房副長官、国交委、文科副大臣、総務政務次官、慶大／73歳

〒430-0928　浜松市中区板屋町605　☎053(455)3711
〒107-0052　港区赤坂2-17-10、宿舎

なか　がわ　たか　もと
中川 貴元

自 新［麻］　当1(初/令3)
愛知県あま市　S42・2・25
勤1年5ヵ月　〈愛知2区〉

総務大臣政務官、総務委、党国対委、名古屋市議、名古屋市会議長、指定都市議長会会長、早大／56歳

〒464-0848　名古屋市千種区春岡1-4-8 805号
〒107-0052　港区赤坂2-17-10、宿舎　☎052(752)6255

いし　はら　まさ　たか
石原 正敬

自 新［岸］　当1
三重県菰野町　S46・11・29
勤1年5ヵ月　〈三重3区〉

議運委、財金委、環境委、倫選特委、党中小企業小規模事業者政策調査会幹事、法務自治・国土建設団体副委長、菰野町長、名古屋大院／51歳

〒510-1226　三重郡菰野町吉澤441-1　☎059(394)6533
〒510-8028　四日市下之宮町345-1　☎059(324)0661

よし　かわ　たける
吉川 赳

無 前　当3(初/平24)
静岡県　S57・4・7
勤6年1ヵ月　〈静岡5区〉

総務委、内閣府大臣政務官兼復興大臣政務官、医療法人役員、国会議員秘書、日大院博士前期課程修了／40歳

〒416-0923　静岡県富士市横割本町16-1　☎0545(62)3020
〒107-0052　港区赤坂2-17-10、宿舎

山本　左近（やまもと　さこん）
自 新［麻］　当1
愛知県　S57・7・9
勤1年5ヵ月　（初/令3）

文部科学大臣政務官兼復興大臣政務官、元F1ドライバー、医療法人・社会福祉法人理事、南山大学中退／40歳

〒440-0806　豊橋市八町通1-14-1　☎0532(21)7008

伴野　豊（ばん　の　ゆたか）
立 元　当6(初/平12)
愛知県東海市　S36・1・1
勤16年9ヵ月　〈愛知8区〉

国土交通委筆頭理事、外務副大臣、国土交通副大臣、国土交通委員長、立憲民主党愛知県第8区総支部長、名古屋工業大学大学院修了／62歳

〒475-0836　半田市青山2-19-8
　　　　　　アンビシャス青山1F　☎0569(25)1888
〒107-0052　港区赤坂2-17-10、宿舎　☎03(5549)4671

中川　正春（なか　がわ　まさ　はる）
立 前　当9(初/平8)
三重県　S25・6・10
勤26年7ヵ月　〈三重2区〉

憲法審幹事、法務委、党憲法調査会長、防災担当大臣、文部科学大臣、党外交・安保調査会長、NC財務大臣、三重県議、米ジョージタウン大／72歳

〒513-0801　鈴鹿市神戸7-1-5　☎059(381)3513
〒100-8981　千代田区永田町2-2-1、会館　☎03(3508)7128

吉田　統彦（よし　だ　つね　ひこ）
立 前　当3(初/平21)
愛知県名古屋市　S49・11・14
勤8年6ヵ月　〈愛知1区〉

厚労委、消費者特委理、党内閣部門NC副大臣(消費者問題)、党愛知県連副代表、医師・医博、愛知学院大歯学部眼科客員教授、名大、名大院修了／48歳

〒462-0810　名古屋市北区山田1-10-8　☎052(508)8412

渡辺　周（わた　なべ　しゅう）
立 前　当9(初/平8)
静岡県沼津市　S36・12・11
勤26年7ヵ月　〈静岡6区〉

国交委、拉致特委理、党静岡県連代表、党代表政務室長、元総務・防衛副大臣、領土議連事務局長、拉致議連会長代行、早大／61歳

〒410-0888　沼津市末広町54　☎055(951)1949

牧　義夫（まき　よし　お）
立 前　当7(初/平12)
愛知県名古屋市　S33・1・14
勤20年10ヵ月　〈愛知4区〉

政倫審幹事、文科委、議運委理、環境委員長、厚生労働委員長、厚生労働副大臣、衆議院議員秘書、上智大中退／65歳

〒456-0031　名古屋市熱田区神宮2-9-12　☎052(681)0440
〒100-8981　千代田区永田町2-2-1、会館　☎03(3508)7628

㊟略歴

比例東海

おお ぐち よし のり **大口善徳**

公前　当9
大阪府大阪市　S30・9・5
勤26年5ヵ月　（初/平5）

党政務調査会長代理、党中央幹事、党静岡県本部代表、党中部方面副本部長、党東海道方面本部長、法務委理、災害特委、情監審委、裁判官訴追委、厚労副大臣、弁護士、創価大／67歳

〒420-0067　静岡市葵区幸町11-1 1F　☎054（273）8739
〒107-0052　港区赤坂2-17-10、宿舎

い とう わたる **伊藤　渉**

公前　当5
愛知県名古屋市　S44・11・13
勤14年3ヵ月　（初/平17）

党中央幹事、党政調会長代理、党税調事務局長、党中部方面本部長、財務副大臣、厚生労働大臣政務官、JR東海、防災士、阪大院／53歳

〒457-0053　名古屋市南区本城町3-5-1　☎052（823）9105
　　　　　　プラザ本城1-D
〒100-8981　千代田区永田町2-2-1、会館　☎03（3508）7187

なか がわ やす ひろ **中川康洋**

公元　当2
三重県四日市　S43・2・12
勤4年3ヵ月　（初/平26）

党中央幹事、党国対副委員長、党総務部会長、党三重県本部代表、環境大臣政務官、三重県議、四日市市議、衆・参議員秘書、創価大／55歳

〒510-0822　四日市市芝田1-10-29　☎059（340）5341
　　　　　　新栄ビル

すぎ もと かず み **杉本和巳**

維前　当4（初/平21）
東京都　S35・9・17
勤10年10ヵ月　〈愛知10区〉

外務委、沖北特委理、元銀行員、英オックスフォード大院・米ハーバード大院修了、早大政経／62歳

〒491-0873　一宮市せんい4-5-1　☎0586（75）5507
〒100-8981　千代田区永田町2-2-1、会館　☎03（3508）7266

みさき ま き **岬　麻紀**

維新　当1（初/令3）
愛知県名古屋市　S43・12・26
勤1年5ヵ月　〈愛知5区〉

財務金融委、災害特委、フリーアナウンサー、愛知大学（中退）、早大eスクール在学中／54歳

〒453-0043　名古屋市中村区上ノ宮町1-2-2 藤井ビル1F
　　　　　　　　　　　　　　　　　　　　☎052（433）5778

もと むら のぶ こ **本村伸子**

共前　当3
愛知県豊田市　S47・10・20
勤8年4ヵ月　（初/平26）

党幹部会委員、党中央委員、法務委、消費者特委、八田ひろ子参院議員秘書、県立刈谷高、龍谷大院修士課程修了／50歳

〒460-0007　名古屋市中区新栄3-12-25　☎052（264）0833
〒107-0052　港区赤坂2-17-10、宿舎

田中　健 <ruby>田<rt>た</rt></ruby><ruby>中<rt>なか</rt></ruby>　<ruby>健<rt>けん</rt></ruby>

国 新 　当1(初/令3)
静岡県　S52・7・18
勤1年5ヵ月　〈静岡4区〉

党国対副委員長、党税調副事務局長、党静
岡県連代表代行、厚労委、消費者特委、東
京都議、大田区議、銀行員、青学大／45歳

〒424-0872　静岡市清水区平川地6-50　☎054(340)5256

比例代表　東海　21人　有効投票数 6,728,400票

政党名	当選者数	得票数	得票率
	惜敗率 小選挙区		惜敗率 小選挙区

自 民 党　9人　2,515,841票　37.39%

当①青山　周平 前(89.86) 愛12		①古屋　圭司 前		岐5
当①石井　拓 新(89.68) 愛13		①上川　陽子 前		静1
当①宮沢　博行 前(89.61) 静3		①井林　辰憲 前		静2
当①池田　佳隆 前(81.95) 愛3		①深沢　陽一 前		静4
当①塩谷　立 前(79.16) 静8		①勝俣　孝明 前		静6
当①中川　貴元 前(60.44) 愛2		①城内　実 前		静7
当①石原　正敬 新(56.13) 三3		①熊田　裕通 前		愛1
当①吉川　赳 前(48.08) 静5		①工藤　彰三 前		愛4
当㉛山本　左近 新		①神田　憲次 前		愛5
㉜木造　燿子 新		①丹羽　秀樹 前		愛6
㉝森　由紀子 新		①鈴木　淳司 前		愛7
㉞松本　忠真 新		①伊藤　忠彦 前		愛8
㉟岡本　康宏 新		①長坂　康正 前		愛9
【小選挙区での当選者】		①今枝宗一郎 前		愛14
①野田　聖子 前	岐1	①根本　幸典 前		愛15
①棚橋　泰文 前	岐2	①田村　憲久 前		三1
①武藤　容治 前	岐3	①川崎　秀人 新		三2
①金子　俊平 前	岐4	①鈴木　英敬 新		三4

立憲民主党　5人　1,485,947票　22.08%

当①伴野　豊 元(99.12) 愛8		①遠藤　行洋 新(52.98) 静1		
当①中川　正春 前(99.10) 三2		①松田　功 元(52.54) 三1		
当①吉田　統彦 前(97.45) 愛1		①田中　克典 新(52.09) 愛14		
当①渡辺　周 前(95.76) 静6		①川本　慧佑 新(46.85) 岐1		
当①牧　義夫 前(93.31) 愛4		①日吉　雄太 前(46.70) 静7		
①岡本　充功 前(89.61) 愛9		①小野　範和 新(40.73) 静5		
①西川　厚志 新(88.94) 愛3		①坊農　秀治 新(32.09) 三4		
①今井　瑠々 新(83.53) 岐5		㉘芳野　正英 新		
①今井　雅人 新(82.42) 岐4		㉙大島　もえ 新		
①関　健一郎 前(77.52) 愛15		【小選挙区での当選者】		
①阪口　直人 元(70.73) 岐3		①小山　展弘 元		静3
①藤原　規真 新(65.81) 愛10		①源馬謙太郎 前		静8
①森本　和義 元(61.44) 愛7		①近藤　昭一 前		愛3
①松田　功 新(56.48) 愛5		①重徳　和彦 前		愛12
①福村　隆 新(54.19) 静2		①大西　健介 前		愛13

公 明 党　3人　784,976票　11.67%

当①大口　善徳 前		④国森　光信 新	
当②伊藤　渉 前		⑤越野　優一 新	
当③中川　康洋 元			

㊙ 略 歴

比 例 東 海

日本維新の会　2人　694,630票　10.32%

当①杉本　和巳 前(77.18)愛10
当①岬　　麻紀 新(54.01)愛5
　①中田　千代 新(35.43)愛4
　①中村　憲一 新(29.04)静4
▼①山下　洸棋 新(21.20)静6
▼①青山　雅幸 前(17.34)静1
▼①佐伯　哲也 新(12.78)岐4
▼①山田　良司 元(12.08)岐5

共産党　1人　408,606票　6.07%

当①本村　伸子 前
　②島津　幸広 元
　③長内　史子 新

国民民主党　1人　382,733票　5.69%

当①田中　　健 新(58.59)静4
　①大谷由里子 新(36.94)岐2
　①高橋　美穂 元(20.69)静1

【小選挙区での当選者】
①古川　元久 前　愛2

▼は小選挙区の得票が有効投票総数の10分の1未満で、復活当選の資格がない者

その他の政党の得票数・得票率は下記のとおりです。
(当選者はいません)

政党名	得票数	得票率
れいわ新選組	273,208票	4.06%
NHKと裁判してる党弁護士法72条違反で	98,238票	1.46%
社民党	84,220票	1.25%

滋賀県1区　324,354 投58.90

大津市、高島市

当97,482　大岡敏孝　自前(52.2)
比当84,106　斎藤アレックス　国新(45.1)
比5,092　日高千穂　N新(2.7)

おおおかとしたか
大岡敏孝
自前[二]　当4
滋賀県　S47・4・16
勤10年4ヵ月(初/平24)

厚労委理、安保委、原子力特委、環境副大臣、財務大臣政務官、静岡県議、浜松市議、中小企業診断士、スズキ(株)、早大政治経済学部/50歳

〒520-0026　大津市桜野町1-1-6
西大津ISⅡ203　☎077(572)7770
〒106-0032　港区六本木7-1-3、宿舎

滋賀県2区　263,110 投56.93

彦根市、長浜市、東近江市(愛東・湖東支所管内)、米原市、愛知郡、犬上郡

当83,502　上野賢一郎　自前(56.6)
比64,119　田島一成　立元(43.4)

うえのけんいちろう
上野賢一郎
自前[森]　当5
滋賀県長浜市　S40・8・3
勤14年3ヵ月(初/平17)

厚労委筆頭、党政調副会長、税調幹事、内閣委員長、財務副大臣、党経産部会長、党財金部会長、国交政務官、総務省、京大法/57歳

〒526-0021　長浜市八幡中山町88-11　☎0749(63)9977
〒100-8981　千代田区永田町2-2-1、会館　☎03(3508)7004

滋賀県3区	274,521	当81,888	武村展英	自前(52.8)
	⑳57.43	比41,593	直山　仁	維新(26.8)
草津市、守山市、栗東市、野洲市		20,423	佐藤耕平	共新(13.2)
		比11,227	高井崇志	れ前(7.2)

武村展英 （たけ むら のぶ ひで）

自前［無］　　当4

滋賀県草津市　S47・1・21
勤10年4ヵ月　（初/平24）

消費者特委、総務委理事、環境委、党総務部会長、内閣府政務官、公認会計士、新日本監査法人、慶大／51歳

〒525-0025　草津市西渋川1-4-6
　　　　　　MAEDA第二ビル1F　☎077(566)5345
〒107-0052　港区赤坂2-17-10、宿舎　☎03(5549)4671

滋賀県4区	291,102	当86,762	小寺裕雄	自前(54.6)
	⑳55.83	比72,116	徳永久志	立新(45.4)
近江八幡市、甲賀市、湖南市、東近江市（第2区に属しない区域）、蒲生郡				

小寺裕雄 （こ てら ひろ お）

自前［二］　　当2

滋賀県東近江市　S35・9・18
勤5年6ヵ月　（初/平29）

内閣委、農水委、復興特委、地域・こども特委、党女性局次長、党教育・文化・スポーツ関係団体副委員長、内閣府大臣政務官、会社役員、滋賀県議会副議長、八日市青年会議所理事長、同志社大／62歳

〒527-0032　東近江市春日町3-1　☎0748(22)5001
〒106-0032　港区六本木7-1-3、宿舎

京都府1区	390,373	当86,238	勝目　康	自新(40.4)
	⑳55.90	比当65,201	穀田恵二	共前(30.5)
京都市（北区、上京区、中京区、下京区、南区）		比当62,007	堀場幸子	維新(29.1)

勝目康 （かつ め やすし）

自新［無］　　当1

京都府　S49・5・17
勤1年5ヵ月　（初/令3）

党京都府第一選挙区支部長、文科委、厚労委、総務省室長、京都府総務部長、内閣官房副長官秘書官、在仏大使館書記官、東大法／48歳

〒600-8008　京都市下京区四条通東洞院角
　　　　　　フコク生命ビル3F　☎075(211)1889

京都府2区	264,808	当72,516	前原誠司	国前(48.9)
	⑳57.14	43,291	繁本　護	自前(29.2)
京都市（左京区、東山区、山科区）		25,260	地坂拓晃	共新(17.0)
		7,263	中　辰哉	れ新(4.9)

前原誠司 （まえ はら せい じ）

国前　　当10

京都府京都市　S37・4・30
勤29年10ヵ月　（初/平5）

財金委、党代表代行、民進党代表、外相、国交相、国家戦略担当相、民主党代表、府議、松下政経塾、京大法／60歳

〒606-8007　京都市左京区山端壱町田町8-46
　　　　　　　　　　　　　　　　☎075(723)2751
〒100-8981　千代田区永田町2-2-1、会館

京都府3区	353,915 ㊙53.52	当89,259	泉　健太	立前(48.2)
		比61,674	木村弥生	自前(33.3)
		比34,288	井上博明	維新(18.5)

京都市(伏見区)、向日市、長岡京市、乙訓郡

立前　　　　　　当8

いずみ　けん　た
泉　　健太

北海道　S49・7・29
勤19年6ヵ月（初/平15）

党代表、国家基本委、党政務調査会長、国民民主党国対委員長、内閣府政務官、議運筆頭理事、立命館大／48歳

〒612-8434　京都市伏見区深草加賀屋敷町3-6
　　　　　　　ネクスト21ⅡⅠF　　☎075(646)5566
〒100-8981　千代田区永田町2-2-1、会館　☎03(3508)7005

京都府4区	396,960 ㊙56.21	当96,172	北神圭朗	無元(44.2)
		比当80,775	田中英之	自前(37.1)
		40,603	吉田幸一	共新(18.7)

京都市(右京区、西京区)、亀岡市、南丹市、船井郡

無元（有志）　　当4

きた　がみ　けい　ろう
北　神　圭　朗

東京都　S42・2・1
勤10年2ヵ月（初/平17）

農水委、憲法審委、首相補佐官、経済産業大臣政務官、内閣府大臣政務官、経産委筆頭理事、大蔵省、金融庁、京大法／56歳

〒615-0055　京都市右京区西院西田町23
　　　　　　　日新ビル2F　　☎075(315)3487
〒100-8982　千代田区永田町2-1-2、会館　☎03(3508)7069

京都府5区	238,618 ㊙59.49	当68,693	本田太郎	自前(49.4)
		比32,108	山本和嘉子	立前(23.1)
		21,904	井上一徳	無前(15.7)
		16,375	山内　健	共新(11.8)

福知山市、舞鶴市、綾部市、宮津市、京丹後市、与謝郡

自前［無］　　当2

ほん　だ　た　ろう
本　田　太　郎

京都府　S48・12・1
勤5年6ヵ月　（初/平29）

議運委、厚労委、倫選特委、消費者特委、政倫審委、党総務、外務大臣政務官、弁護士、府議、東大法／49歳

〒629-2251　京都府宮津市須津413-41　☎0772(46)5033
〒100-8982　千代田区永田町2-1-2、会館　☎03(3508)7012

京都府6区	460,284 ㊙56.81	当116,111	山井和則	立前(45.2)
		82,004	清水鴻一郎	自元(32.0)
		比58,487	中嶋秀樹	維新(22.8)

宇治市、城陽市、八幡市、京田辺市、木津川市、久世郡、綴喜郡、相楽郡

立前　　　　　　当8

やま　のい　かず　のり
山　井　和　則

京都府京都市　S37・1・6
勤22年10ヵ月（初/平12）

厚労委、党国対委長代理、民進党国対委員、厚生労働大臣政務官、高齢社会研究所長、大学講師、松下政経塾、京大工院／61歳

〒610-0101　城陽市平川茶屋裏58-1　☎0774(54)0703
〒100-8981　千代田区永田町2-2-1、会館　☎03(3508)7240

大阪府1区	427,637 ㊟53.27	当110,120	井上 英孝	維前	(49.4)
		比67,145	大西 宏幸	自前	(30.1)
大阪市（中央区、西区、港区、天		比28,477	村上 賀厚	立新	(12.8)
王寺区、浪速区、東成区）		17,194	竹内 祥倫	共新	(7.7)

井上 英孝　いの　うえ　ひで　たか

維前　当4

大阪府大阪市　S46・10・25

勤10年4ヵ月　（初/平24）

党会計監査人代表、選対本部長代行、懲罰委理事、科技特委員長、国交理事、大阪市議、近畿大／51歳

〒552-0011　大阪市港区南市岡1-7-24 1F　☎06(6581)0001

〒107-0052　港区赤坂2-17-10、宿舎　☎03(5549)4671

大阪府2区	446,933 ㊟56.98	当120,913	守島 正	維新	(48.5)
		比80,937	左藤 章	自前	(32.5)
大阪市（生野区、阿倍野区、東住		比47,487	尾辻かな子	立前	(19.0)
吉区、平野区）					

守島 正　もり　しま　ただし

維新　当1

大阪府　S56・7・15

勤1年5ヵ月　（初/令3）

総務委理事、沖北特委、党選挙対策班班長、大阪市議3期、中小企業診断士、同志社大商、大阪市大院創造都市修士／41歳

〒545-0011　大阪市阿倍野区昭和町2-1-26-6B

☎06(6195)4774

㊟略歴　大阪

大阪府3区	367,518 ㊟53.87	当79,507	佐藤 茂樹	公前	(44.7)
		比41,737	萩原 仁	立元	(23.4)
大阪市（大正区、住之江区、住吉		38,170	渡部 結	共新	(21.4)
区、西成区）		18,637	中条栄太郎	無新	(10.5)

佐藤 茂樹　さ　とう　しげ　き

公前　当10

滋賀県　S34・6・8

勤26年10ヵ月　（初/平5）

党国会対策委員長、党関西方面副本部長、厚生労働副大臣、文部科学委員長、国土交通大臣政務官、京大／63歳

〒557-0041　大阪市西成区岸里3-1-29　☎06(6653)3630

〒100-8981　千代田区永田町2-2-1、会館　☎03(3508)7200

大阪府4区	408,256 ㊟58.33	当107,585	美延 映夫	維前	(46.1)
		比72,835	中山 泰秀	自前	(31.2)
大阪市（北区、都島区、福島区、		比28,254	吉田 治	立元	(12.1)
城東区）		比24,469	清水 忠史	共前	(10.5)

美延 映夫　み　のべ　てる　お

維前　当2

大阪府大阪市北区　S36・5・23

勤3年　（初/令2）

安保委、拉致特委理事、大阪市会議長、大阪維新の会市会議員団幹事長2期、大阪市監査委員、大阪市議、会社役員、神戸学院大／61歳

〒530-0043　大阪市北区天満1-6-6

井上ビル3F　☎06(6351)1258

〒100-8981　千代田区永田町2-2-1、会館　☎03(3508)7194

大阪府5区	431,558 投52.98	当106,508 国重　徹 公前（53.1）
大阪市（此花区、西淀川区、淀川区、東淀川区）		比当48,248 宮本岳志 共元（24.1） 比当34,202 大石晃子 れ新（17.1） 11,458 籠池諄子 無新（5.7）

くに しげ　とおる
國重　徹
公前　当4
大阪府大阪市 S49・11・23
勤10年4ヵ月（初/平24）

党内閣部会長、党青年委員長、党広報局長、内閣委員、消費者特委、憲法審委、総務大臣政務官、弁護士、税理士、防災士、創価大/48歳

〒532-0023 大阪府淀川区十三東1-17-19 ファルコンビル5F ☎06(6885)6000
〒100-8982 千代田区永田町2-1-2、会館 ☎03(3508)7405

大阪府6区	391,045 投54.27	当106,878 伊佐進一 公前（54.8）
大阪市（旭区、鶴見区）、守口市、門真市		比59,191 村上史好 立前（30.4） 28,895 星 健太郎 無新（14.8）

い さ　しん いち
伊佐進一
公前　当4
大阪府 S49・12・10
勤10年4ヵ月（初/平24）

厚生労働副大臣兼内閣府副大臣、党厚生労働部会長、ジョンズホプキンス大院/48歳

〒570-0027 守口市桜町5-9-201 ☎06(6992)8881

大阪府7区	382,714 投60.02	当102,486 奥下剛光 維新（45.3）
吹田市、摂津市		比71,592 渡嘉敷奈緒美 自前（31.7） 比24,052 乃木涼介 立新（11.0） 20,083 川添健真 共新（8.9） 比6,927 西川弘城 れ新（3.1）

おく した　たけ みつ
奥下剛光
維新　当1
大阪府 S50・10・4
勤1年5ヵ月（初/令3）

環境委、災害特委理、党国対副委員長、元大阪市長・元大阪府知事秘書、元外務副大臣秘書、元内閣総理大臣宮澤喜一秘書、専修大学/47歳

〒564-0032 吹田市内本町2-6-13 アイワステーションビルⅡ号館 ☎06(6381)7711

大阪府8区	337,105 投59.75	当105,073 漆間譲司 維新（53.2）
豊中市		比53,877 高麗啓一郎 自新（27.3） 比38,458 松井博史 立新（19.5）

うる ま じょう じ
漆間譲司
維新　当1
大阪府 S49・9・14
勤1年5ヵ月（初/令3）

環境委理事、法務委、党政調副会長、大阪府議3期、会社役員、銀行勤務、慶大商学部/48歳

〒561-0884 豊中市岡町北1-1-4 3F ☎06(6857)7770
〒107-0052 港区赤坂2-17-10、宿舎

略歴　大阪

大阪府9区	456,232 ㊗59.08	当133,146 足立 康史 維前（50.3）
池田市、茨木市、箕面市、豊能郡		83,776 原田 憲治 自前（31.7） 比42,165 大椿 裕子 社新（15.9） 5,369 磯部 和哉 無新（ 2.0）

足立 康史 あ だち やす し
維前 当4
大阪府 S40・10・14
勤10年4ヵ月 （初／平24）

農水委理事、経産委、原子力特委、元経済産業省大臣官房参事官、米コロンビア大院、京大院、京大工学部／57歳

〒567-0883 茨木市大手町9-26 吉川ビル3F ☎072（623）5834
〒107-0052 港区赤坂2-17-10、宿舎 ☎03（5549）4671

大阪府10区	320,990 ㊗63.32	当80,932 池下 卓 維前（40.3）
高槻市、三島郡		比66,943 辻元 清美 立前（33.4） 比52,843 大隈 和英 自前（26.3）

池下 卓 いけ した たく
維新 当1
大阪府高槻市 S50・4・10
勤1年5ヵ月 （初／令3）

厚生労働委理事、拉致特委、党会計監査人、大阪府府議、府健康福祉委員長、税理士、龍谷大院／47歳

〒569-1121 高槻市真上町1-1-18
Insist 3A ☎072（668）2013

大阪府11区	398,749 ㊗60.57	当105,746 中司 宏 維新（44.7）
枚方市、交野市		比70,568 佐藤ゆかり 自前（29.8） 比60,281 平野 博文 立前（25.5）

中司 宏 なか つか ひろし
維新 当1
大阪府枚方市 S31・3・11
勤1年5ヵ月 （初／令3）

総務委、議運委、地域・こども特委理事、党国会議員団代表補佐、国対副委員長、党紀委員長、枚方市長、府議、産経記者、早大／66歳

〒573-0022 枚方市宮之阪1-22-10-101 ☎072（898）4567
〒107-0052 港区赤坂2-17-10、宿舎

大阪府12区	339,395 ㊗55.00	当94,003 藤田 文武 維前（51.2）
寝屋川市、大東市、四條畷市		比59,304 北川 晋平 自新（32.3） 比17,730 宇都宮優子 立新（ 9.7） 12,614 松尾 正utatemPe 共新（ 6.9）

藤田 文武 ふじ た ふみ たけ
維前 当2
大阪府寝屋川市 S55・12・27
勤4年 （初／平31）

党幹事長、国家基本委、会社役員、筑波大／42歳

〒572-0838 寝屋川市八坂町24-6
ロイヤルライフ八坂101 ☎072（830）2620
〒107-0052 港区赤坂2-17-10、宿舎

大阪府13区	400,235 ⑫53.43	当101,857 岩谷良平 維新(48.5)
東大阪市		比当85,321 宗清皇一 自前(40.6)
		22,982 神野淳一 共新(10.9)

いわ たに りょう へい　維新　　　当1
岩谷 良平
大阪府守口市　S55・6・7
勤1年5ヵ月　（初／令3）

憲法審委、内閣委、倫選特委、党副幹事長、党国対副委員長、行政書士、元会社経営者、早大法卒、京産大院修了「法務博士（専門職）」／42歳

〒577-0809 大阪府東大阪市永和1-25-14-2F
☎06(6732)4204

大阪府14区	421,826 ⑫55.28	当126,307 青柳仁士 維新(55.7)
八尾市、柏原市、羽曳野市、藤井寺市		比70,029 長尾 敬 自前(30.9)
		30,547 小松 久 共新(13.5)

あお やぎ ひと し　維新　　　当1
青柳 仁士
埼玉県所沢市　S53・11・7
勤1年5ヵ月　（初／令3）

予算委理、外務委、党国会議員団政調会長代行、党国際局長、国連職員、JICA職員、早大政経、米デューク大修士／44歳

〒581-0081 八尾市南本町4-6-37　☎072(992)2459
〒100-8981 千代田区永田町2-2-1、会館　☎03(3508)7609

大阪府15区	390,415 ⑫55.78	当114,861 浦野靖人 維前(54.1)
堺市（美原区）、富田林市、河内長野市、松原市、大阪狭山市、南河内郡		比67,887 加納陽之助 自新(32.0)
		29,570 為 仁史 共新(13.9)

うら の やす と　維前　　　当4
浦野 靖人
大阪府松原市　S48・4・4
勤10年4ヵ月　（初／平24）

党選挙対策本部長代理、内閣委、倫選特委、政倫審幹事、保育士、聖和大学（現関西学院大学）／49歳

〒580-0044 松原市田井城1-1-18　☎072(330)6700
〒107-0052 港区赤坂2-17-10、宿舎

大阪府16区	326,278 ⑫55.50	当84,563 北側一雄 公前(50.8)
堺市（堺区、東区、北区）		比当72,571 森山浩行 立前(43.6)
		9,288 西脇京子 N新(5.6)

きた がわ かず お　公前　　　当10
北側 一雄
大阪府　S28・3・2
勤29年11ヵ月　（初／平2）

党副代表・中央幹事会会長、党関西方面本部長、党憲法調査会長、憲法審幹事、国交委、元国土交通大臣、弁護士、税理士、創価大学法学部／69歳

〒590-0957 堺市堺区中之町西1-1-10
堀ビル2F　☎072(221)2706
〒107-0052 港区赤坂2-17-10、宿舎　☎03(5549)4671

大阪府17区　330,263　当94,398　馬場伸幸　維前（53.6）
🔺54.50

堺市（中区、西区、南区）

比56,061　岡下昌平　自前（31.8）
　　25,660　森　流星　共新（14.6）

ば　ば　のぶ　ゆき　　維前　　　　当4
馬場伸幸
大阪府　S40・1・27
勤10年4ヵ月（初/平24）

党代表、国家基本委理事、憲法審幹事、元堺市議会議長、衆院議員中山太郎秘書、「大阪維新の会」副代表、鳳高校／58歳

〒593-8325　堺市西区鳳南町5-711-5　☎072(274)0771
〒107-0052　港区赤坂2-17-10、宿舎

大阪府18区　434,309　当118,421　遠藤　敬　維前（53.0）
🔺52.91

岸和田市、泉大津市、和泉市、高石市、泉北郡

比61,597　神谷　昇　自前（27.5）
比24,490　川戸康嗣　立新（11.0）
　　19,075　望月亮佑　共新（ 8.5）

えん　どう　　たかし　　維前　　　　当4
遠藤　敬
大阪府　S43・6・6
勤10年4ヵ月（初/平24）

党国対委員長、議運委理、（社）秋田犬保存会会長、日本青年会議所大阪ブロック協議会長、大産大附属高／54歳

〒592-0014　高石市綾園2-7-18
　　　　　　千代田ビル201号　　☎072(266)8228
〒107-0052　港区赤坂2-17-10、宿舎

大阪府19区　304,908　当68,209　伊東信久　維元（42.2）
🔺53.96

貝塚市、泉佐野市、泉南市、阪南市、泉南郡

比52,052　谷川とむ　自前（32.2）
比32,193　長安　豊　立元（19.9）
　　 9,258　北村みき　共新（ 5.7）

い　とう　のぶ　ひさ　　維元　　　　当3
伊東信久
大阪府大阪市　S39・1・4
勤6年3ヵ月（初/平24）

総務委、決算行監委、医療法人理事長、大阪大学大学院招聘教授、神戸大学／59歳

〒598-0055　泉佐野市若宮町7-13
　　　　　　田畑ビル4F　　　　☎072(463)8777
〒107-0052　港区赤坂2-17-10、宿舎　☎03(5549)4671

兵庫県1区　393,494　当78,657　井坂信彦　立元（36.9）
🔺55.48

神戸市（東灘区、灘区、中央区）

比当64,202　盛山正仁　自前（30.1）
比当53,211　一谷勇一郎　維新（25.0）
　　 9,922　高橋進吾　無新（ 4.7）
　　 7,174　木原功仁哉　無新（ 3.4）

い　さか　のぶ　ひこ　　立元　　　　当3
井坂信彦
東京都　S49・3・27
勤6年3ヵ月（初/平24）

厚労委、消費者特委、党代表政務室副室長、党デジタルPT・フリーランスWT事務局長、行政書士、神戸市議、京大／48歳

〒651-0085　神戸市中央区八幡通4-2-14
　　　　　　トロア神戸ビル4F　　☎078(271)3705

兵庫県2区 385,611 投57.97

当99,455　赤羽 一嘉　公前（54.2）
比61,884 船川 治郎　立新（33.7）
22,124 宮野 鶴生　共新（12.1）

神戸市（兵庫区、北区、長田区）、
西宮市（塩瀬・山口支所管内）

あか　ば　かず　よし
赤羽 一嘉

公前　　　　　当9
東京都　　　S33・5・7
勤26年6ヵ月　（初/平5）

党幹事長代行、前国土交通大臣、経済産
業委員長、経済産業副大臣（兼）内閣府
副大臣、三井物産、慶大法学部／64歳

〒652-0803　神戸市兵庫区大開通2-3-6
　　　　　メゾンユニベール203　☎078(575)5139
〒107-0052　港区赤坂2-17-10、宿舎

兵庫県3区 315,484 投54.43

当68,957　関 芳弘　自前（40.9）
比当59,537 和田有一朗　維新（35.4）
比22,765 佐藤 泰樹　国新（13.5）
17,155 赤田 勝紀　共新（10.2）

神戸市（須磨区、垂水区）

せき　　よし　ひろ
関 芳弘

自前 [安]　　　当5
徳島県　　　S40・6・7
勤14年3ヵ月　（初/平17）

経済産業委筆頭理事、経産副大臣、環境
副大臣、三井住友銀行、関学大、英国
ウェールズ大学院（MBA取得）／57歳

〒654-0026　神戸市須磨区大池町2-3-7
　　　　　オルタンシア大池1F5号　☎078(739)0904

兵庫県4区 421,086 投54.69

当112,810　藤井比早之　自前（50.0）
比当59,143 赤木 正幸　維新（26.2）
比53,476 今泉 真緒　立新（23.7）

神戸市（西区）、西脇市、三木市、
小野市、加西市、加東市、多可
郡

ふじ　い　ひ　さ　ゆき
藤井比早之

自前 [無]　　　当4
兵庫県西脇市　S46・9・11
勤10年4ヵ月　（初/平24）

内閣委理、党選対副委員長、党副幹事長、デジタル社会推進本部幹
事長、内閣府副大臣、初代デジタル副大臣、初代ワクチン接種担当
副大臣、国交大臣政務官、彦根市副市長、総務省、東大法／51歳

〒673-0404　兵庫県三木市大村530-1　☎0794(81)1118
〒100-8981　千代田区永田町2-2-1、会館　☎03(3508)7185

兵庫県5区 368,205 投61.59

当94,656　谷 公一　自前（42.5）
比当65,714 遠藤 良太　維新（29.5）
比62,414 梶原 康弘　立元（28.0）

豊岡市、川西市の一部（P175参
照）、三田市、丹波篠山市、養父市、
丹波市、朝来市、川辺郡、美方郡

たに　　こう　いち
谷 公一

自前 [二]　　　当7
兵庫県　　　S27・1・28
勤19年5ヵ月　（初/平15）

国家公安委員長、防災担当大臣、党政調会長代理、過疎特
委長、団体総局長、総務会副会長、衆国交委長、復興特委
長、復興大臣補佐官、復興副大臣、国交政務官、明大／71歳

〒667-0024　養父市八鹿町朝倉49-1　☎079(665)7070
〒107-0052　港区赤坂2-17-10、宿舎　☎03(5549)4671

兵庫県6区　465,210　⊛55.58

伊丹市、宝塚市、川西市(第5区に属しない区域)(P175参照)

当89,571　市村浩一郎　維元(35.2)
比当87,502　大串正樹　自前(34.4)
比77,347　桜井　周　立前(30.4)

市村浩一郎　維元　当4
いちむらこういちろう

福岡県福岡市　S39・7・16
勤10年6ヵ月(初/平15)

党代議士会長、総務委、決算行政監視委、国土交通大臣政務官、松下政経塾9期生、一橋大/58歳

〒665-0035　宝塚市逆瀬川2-6-2　☎0797(71)1111
〒106-0032　港区六本木7-1-3、宿舎　☎03(3408)4911

兵庫県7区　441,775　⊛58.38

西宮市(本庁管内、甲東・瓦木・鳴尾支所管内)、芦屋市

当95,140　山田賢司　自前(37.5)
比当93,610　三木圭恵　維元(36.9)
比64,817　安田真理　立新(25.6)

山田賢司　自前[麻]　当4
やまだけんじ

大阪府　S41・4・20
勤10年4ヵ月(初/平24)

外務副大臣、党国対副委員長、議運委(議事進行係)、外務大臣政務官、三井住友銀行、神戸大法/56歳

〒662-0998　西宮市産所町4-8
　　　　　　村井ビル205号室　☎0798(22)0340
〒107-0052　港区赤坂2-17-10、宿舎　☎03(5549)4671

兵庫県8区　386,254　⊛48.83

尼崎市

当100,313　中野洋昌　公前(58.8)
比45,403　小村　潤　共新(26.6)
比24,880　辻　　恵　れ元(14.6)

中野洋昌　公前　当4
なかのひろまさ

京都府京都市　S53・1・4
勤10年4ヵ月(初/平24)

党経産部会長、経産委理事、原子力特委理事、予算委、元経済産業・内閣府・復興大臣政務官、元国交省課長補佐、東大、米コロンビア大院修了/45歳

〒660-0052　尼崎市七松町3-17-20-201　☎06(6415)0220

兵庫県9区　363,347　⊛53.23

明石市、洲本市、南あわじ市、淡路市

当141,973　西村康稔　自前(76.3)
44,172　福原由加利　共新(23.7)

西村康稔　自前[安]　当7
にしむらやすとし

兵庫県明石市　S37・10・15
勤19年5ヵ月(初/平15)

経済産業大臣、清和会事務総長、党選対委員長代行、コロナ対策本部長、前経済再生・コロナ対策担当相、元官房副長官、東大法/60歳

〒673-0822　明石市相生町2-8-21
　　　　　　ドール明石201号
〒107-0052　港区赤坂2-17-10、宿舎　☎078(919)2320
☎03(5549)4671(代)

兵庫県10区 347,835 ⑳51.55

当79,061 渡海紀三朗 自前（45.0）
比当57,874 掘井健智 維新（32.9）
　　38,786 隠樹圭子 立新（22.1）

加古川市、高砂市、加古郡

渡海 紀三朗 （と かい き さぶろう）

自前［無］　当10
兵庫県高砂市　S23・2・11
勤29年9ヵ月　（初/昭61）

安保委、党科学技術・イノベーション戦略調査会長、元文科相、決算行監委長、総理補佐官、党政調会長代理、早大建築／75歳

〒676-0082　高砂市曽根町2248
〒107-0052　港区赤坂2-17-10、宿舎　☎079(447)4353

兵庫県11区 399,029 ⑳48.39

当92,761 松本剛明 自前（49.0）
比当78,082 住吉寛紀 維新（41.3）
　　18,363 太田清幸 共新（ 9.7）

姫路市の一部（P175参照）

松 本 剛 明 （まつ もと たけ あき）

自前［麻］　当8
東京都　S34・4・25
勤22年10ヵ月　（初/平12）

総務大臣、党国協議会長、税調幹事、新しい資本主義本部、デジタル本部、情報調、金融調、政調会長代理、外相、議運委長、外務委員、旧民主党政調会長、興銀、東大法／63歳

〒670-0972　姫路市手柄1-124
〒100-8981　千代田区永田町2-2-1、会館　☎079(282)5516
　　　　　　　　　　　　　　　　　　　☎03(3508)7214

兵庫県12区 284,813 ⑳58.90

当91,099 山口　壮 自前（55.6）
比当49,736 池畑浩太朗 維新（30.3）
比23,137 酒井孝典 立新（14.1）

姫路市（第11区に属しない区域）、相生市、赤穂市、宍粟市、たつの市、神崎郡、掲保郡、赤穂郡、佐用郡

山 口 　壮 （やま ぐち つよし）

自前［二］　当7
兵庫県相生市　S29・10・3
勤21年　　（初/平12）

環境委、拉致特委、環境大臣、党筆頭副幹事長、拉致特委長、安保委、内閣府・外務各副大臣、外務省国際科学協力室長、国際政治学博士、東大法、米ジョンズ・ホプキンス大院／68歳

〒678-0005　相生市大石町19-10
　　　　　　西本ビル2F
〒107-0052　港区赤坂2-17-10、宿舎　☎0791(23)6122

奈良県1区 359,066 ⑳61.30

当93,050 馬淵澄夫 立前（39.0）
比当83,718 小林茂樹 自前（35.1）
比当62,000 前川清成 維新（26.0）

奈良市（本庁管内、西部・北部・東部出張所管内、月ヶ瀬行政センター管内）、生駒市

馬 淵 澄 夫 （ま ぶち すみ お）

立前　　当7
奈良県奈良市　S35・8・23
勤18年1ヵ月　（初/平15）

内閣委、党国対委員長、党常任幹事、国土交通大臣、国土交通副大臣、内閣総理大臣補佐官、災害特委、決算行監視委員長、会社役員、横浜国大／62歳

〒631-0036　奈良市学園北1-11-10
　　　　　　森田ビル6F
〒100-8981　千代田区永田町2-2-1、会館　☎0742(40)5531
　　　　　　　　　　　　　　　　　　　☎03(3508)7122

奈良県2区	383,875 当58.69

当141,858　高市早苗　自前(64.6)
比54,326　猪奥美里　立新(24.8)
　23,285　宮本次郎　共新(10.6)

奈良市(都祁行政センター管内)、大和郡山市、天理市、香芝市、山辺郡、生駒郡、磯城郡、北葛城郡

たか いち さ なえ
高市早苗　自前[無]　当9
奈良県奈良市　S36・3・7
勤28年　(初/平5)

経済安全保障担当大臣、党政調会長、総務大臣、科学技術担当大臣、経産副大臣、議運委員長、近畿大学教授、松下政経塾、神戸大／61歳

〒639-1123　大和郡山市筒井町940-1
〒107-0052　港区赤坂2-17-10、宿舎

奈良県3区	355,246 当57.19

当114,553　田野瀬太道　自前(60.8)
　34,334　西川正克　共新(18.2)
　32,669　高見省次　無новый(17.3)
　6,824　加藤孝　N新(3.6)

大和高田市、橿原市、桜井市、五條市、御所市、葛城市、宇陀市、宇陀郡、高市郡、吉野郡

た の せ たい どう
田野瀬太道　自前[森]　当4
奈良県五條市　S49・7・4
勤10年4ヵ月　(初/平24)

衆内閣委、文科委、憲法審委、党国対副委員長、前文部科学副大臣兼内閣府副大臣、議運理事、衆議事進行係、早大／48歳

〒634-0044　橿原市大軽町59-1　☎0744(28)6699
〒107-0052　港区赤坂2-17-10、宿舎

和歌山県1区	307,817 当55.16

当103,676　岸本周平　国前(62.7)
比61,608　門博文　自前(37.3)

和歌山市

きし もと しゅう へい
岸本周平　無所属

辞　職(令和4年9月1日)

和歌山県2区	242,858 当57.94

当79,365　石田真敏　自前(57.7)
比35,654　藤井幹雄　立新(25.9)
比19,735　所順子　維新(14.4)
　2,700　遠西愛美　N新(2.0)

海南市、橋本市、有田市、紀の川市、岩出市、海草郡、伊都郡

いし だ まさ とし
石田真敏　自前[岸]　当8
和歌山県　S27・4・11
勤21年　(初/平14補)

党広報本部長、党税調小委員長代理、総務大臣、法務委員長、財務副大臣、国土交通大臣政務官、和歌山県議、海南市長、早大政経／70歳

〒649-6226　岩出市宮83 ホテルいとう1F　☎0736(69)0123
〒107-0052　港区赤坂2-17-10、宿舎

和歌山県3区	250,261 ⑫62.32	当102,834	二 階 俊 博	自前（69.3）
		20,692	畑 野 良 弘	共新（14.0）
御坊市、田辺市、新宮市、有田郡、		19,034	本 間 奈 々	諸新（12.8）
日高郡、西牟婁郡、東牟婁郡		5,745	根 来 英 樹	無新（ 3.9）

に かい と し ひろ
二 階 俊 博

自前[二]　　　　当13
和歌山県　　S14・2・17
勤39年5ヵ月　（初/昭58）

党国土強靭化推進本部長、元党幹事長、総務会長、予算委員長、元経産相・運輸相、(社)全国旅行業協会長、県議、中大／84歳

〒644-0003　御坊市島440-1　　☎0738(23)0123

比例代表 近畿	28人	滋賀、京都、大阪、兵庫、奈良、和歌山

み き け え
三 木 圭 恵

維元　　　　当2(初/平24)
兵庫県西宮市　　S41・7・7
勤3年5ヵ月　〈兵庫7区〉

安保委理事、憲法審査会委、党幹事長代理及び政調副会長、兵庫維新の会幹事長、三田市議2期、関西大学社会学部／56歳

〒662-0837　西宮市広田町1-27　　☎0798(73)1825
〒100-8982　千代田区永田町2-1-2、会館　☎03(3508)7638

わ だ ゆう いち ろう
和 田 有 一 朗

維新　　　　当1(初/令3)
兵庫県神戸市　　S39・10・23
勤1年5ヵ月　〈兵庫3区〉

外務委、情監審委、国会議員秘書、団体役員、神戸市議、兵庫県議、早大、神戸市外国語大学大学院／58歳

〒655-0894　神戸市垂水区川原4-1-1　　☎078(753)3533

すみ よし ひろ き
住 吉 寛 紀

維新　　　　当1(初/令3)
兵庫県神戸市　　S60・1・24
勤1年5ヵ月　〈兵庫11区〉

財金委理、地域・こども特委、党政調副会長、三菱UFJモルガン・スタンレー証券、兵庫県議、白陵高、名古屋大、東大院／38歳

〒670-0043　姫路市小姓町35-1　　☎079(293)7105
　　　　　　船場西ビル1F4号室
〒106-0032　港区六本木7-1-3、宿舎　☎03(3508)7415

ほり い けん じ
堀 井 健 智

維新　　　　当1(初/令3)
兵庫県　　S42・1・10
勤1年5ヵ月　〈兵庫10区〉

予算委、農水委、加古川市議、兵庫県議、大阪産業大学／56歳

〒675-0066　加古川市加古川町寺家町352-4　　☎079(423)7458
　　　　　　みどり屋ビル2階
〒107-0052　港区赤坂2-17-10、宿舎　☎03(5549)4671

堀場幸子（ほりば さちこ）　維新　当1（初/令3）
北海道札幌市　S54・3・24
勤1年5ヵ月　〈京都1区〉

文科委理事、内閣委、党文科部会長、党政調副会長、アンガーマネジメントファシリテーター、フェリス女学院大学大学院修士号／43歳

〒601-8025　京都市南区東九条柳下町6-4　☎075(888)6045

遠藤良太（えん どう りょう た）　維新　当1（初/令3）
大阪府　S59・12・19
勤1年5ヵ月　〈兵庫5区〉

党国対副委員長、厚労委、経産委、介護関連会社役員、追手門学院大／38歳

〒669-1529　兵庫県三田市中央町3-12　マスダビル3階
〒107-0052　港区赤坂2-17-10、宿舎　☎079(564)6156

一谷勇一郎（いちたに ゆう いちろう）　維新　当1（初/令3）
大阪府大阪市　S50・1・22
勤1年5ヵ月　〈兵庫1区〉

厚労委、国交委、原子力特委理、党政調副会長、柔道整復師、介護事業所経営、(一社)デイサービス協会理事長、(一社)日本・ロシア経済友好協会理事、関西医療学園専門学校／48歳

〒650-0001　神戸市中央区加納町4-4-15　KGビル201　☎078(332)3536

前川清成（まえ かわ きよ しげ）　維新　当1（初/令3）※
奈良県橿原市　S37・12・22
勤13年7ヵ月（参12年2ヵ月）　〈奈良1区〉

経産委、国交委、内閣府副大臣、復興副大臣、参議院議院運営委員会筆頭理事、参議院経済産業委員長、龍谷大理事、弁護士、関大大／60歳

〒630-8115　奈良市大宮町1-12-8　☎0742(32)3366
〒100-8982　千代田区永田町2-1-2、会館

池畑浩太朗（いけはた こう た ろう）　維新　当1（初/令3）
東京都港区　S49・9・26
勤1年5ヵ月　〈兵庫12区〉

農林水産委、予算委、消費者特委理、党国対副委員長、兵庫県議、衆院議員秘書、農業高校教員、岡山県立農業大学校／48歳

〒679-4167　兵庫県たつの市龍野町富永730-20　玉田ビル1F
〒106-0032　港区六本木7-1-3、宿舎　☎0791(63)2814

赤木正幸（あか ぎ まさ ゆき）　維新　当1（初/令3）
岡山県倉敷市　S50・2・22
勤1年5ヵ月　〈兵庫4区〉

党国会対策副委員長、国土交通委理事、IT会社代表、不動産会社代表、早大法学部、早大大学院政治学研究科博士課程修了／48歳

〒651-2243　神戸市西区押部谷町2-2-1-602　☎050(3154)1117
〒100-8982　千代田区永田町2-1-2、会館　☎03(3508)7505

おく の しん すけ
奥野 信亮

自前[安]　当6
奈良県　S19・3・5
勤16年1ヵ月（初/平15）

倫選特委員、予算委、法務委、裁判官訴
追委、党山村振興特別委員長、総務・法
務副大臣、日産取締役、慶大／78歳

〒639-2212　御所市中央通り2-113-1　☎0745(62)4379
〒100-8982　千代田区永田町2-1-2、会館　☎03(3581)5111
　　　　　　　　　　　　　　　　　　　　　　（内71001）

やなぎ もと　　　あきら
柳本 顕

自新[麻]　当1
大阪府大阪市　S49・1・29
勤1年5ヵ月　（初/令3）

環境大臣政務官兼内閣府大臣政務官、
大阪市会議員(5期)、大阪市議団幹事
長、関西電力㈱、京大法学部／49歳

〒557-0034　大阪市西成区松1-1-6　☎06(4398)6090
〒107-0052　港区赤坂2-17-10、宿舎

おお ぐし まさ き
大串 正樹

自前[無]　当4(初/平24)
兵庫県　S41・1・20
勤10年4ヵ月　〈兵庫6区〉

デジタル副大臣兼内閣府副大臣、党国対副委員長、厚
労部会長代理、経産政務官、IHI、松下政経塾、JAIST
(Ph.D.)助教、西武文理大准教授、東北大院／57歳

〒664-0851　伊丹市中央1-2-6
　　　　　　グランドハイツコーワ2-12　☎072(773)7601
〒100-8981　千代田区永田町2-2-1、会館　☎03(3508)7191

こ ばやし しげ き
小林 茂樹

自前[二]　当3(初/平24)
奈良県奈良市　S39・10・9
勤7年6ヵ月　〈奈良1区〉

環境副大臣兼内閣府副大臣、党総務、国
土交通大臣政務官、元奈良県議、奈良青
年会議所理事長、慶大法／58歳

〒631-0827　奈良市西大寺小坊町1-6
　　　　　　西大寺ビル1F東　　　　　☎0742(52)6700

た なか ひで ゆき
田中 英之

自前[無]　当4(初/平24)
京都府　S45・7・11
勤10年4ヵ月　〈京都4区〉

国交委、地域・こども特委理、決算行監委理、
党副幹事長、文科副大臣、国交政務官、党農
林部会長代理、京都市議、京都外大／52歳

〒615-0021　京都市右京区西院三蔵町35　☎075(315)7500
〒107-0052　港区赤坂2-17-10、宿舎

むね きよ こう いち
宗清 皇一

自前[安]　当3(初/平26)
大阪府東大阪市　S45・8・9
勤8年4ヵ月　〈大阪13区〉

財金委理、経産委、震災復興特委、原子力特委、内閣府大臣政
務官兼復興大臣政務官、経済産業大臣政務官兼内閣府大臣
政務官(万博担当)、大阪府議、衆院議員秘書、龍谷大／52歳

〒577-0843　東大阪市荒川1-13-23　☎06(6726)0090
〒107-0052　港区赤坂2-17-10、宿舎

もり やま まさ ひと
盛山正仁

自前［岸］当5（初/平17）
大阪府大阪市　S28・12・14
勤14年3ヵ月　〈兵庫1区〉

議運委筆頭理、懲罰委員、国家基本委、政倫審筆頭幹事、党国対筆頭副委員長、厚労委長、法務省内閣府副大臣、国交省部長、環境省課長、OECD職員、東大、神戸大院、法学・商学博士／69歳

〒650-0001　神戸市中央区加納町2-4-10
　　　　　　水木ビル601　☎078（231）5888

たに がわ
谷川とむ

自前［安］当3（初/平26）
兵庫県尼崎市　S51・4・27
勤8年4ヵ月　〈大阪19区〉

法務委理、国交委、復興特委理、地域・こども特委、党団幹事長、総務大臣政務官、参院議員秘書、僧侶、俳優、阪大院修士／46歳

〒598-0007　大阪府泉佐野市上町1-1-35
　　　　　　1.3ビルディング2階　☎072（464）1416
〒107-0052　港区赤坂2-17-10、宿舎

たけ うち ゆずる
竹内　譲

公前　当6
京都府京都市　S33・6・25
勤16年11ヵ月　（初/平5）

経済産業委員、党中央幹事会会長代理、総務委員、厚労副大臣、党政調会長、京都市議、三和銀行、京大法／64歳

〒602-8442　京都市上京区今出川通大宮南西角
　　　　　　　　　　　☎075（417）4440
〒100-8982　千代田区永田町2-1-2、会館☎03（3508）7473

うき しま とも こ
浮島智子

公前　当4（初/平24）[1]
東京都　S38・2・1
勤16年5ヵ月　（参6年1ヵ月）

総務委員長、党政調副会長、党文化芸術局長、党教育改革推進本部長、文部科学副大臣兼内閣府副大臣、環境政務官兼内閣府政務官、参院議員、東京立正高／60歳

〒540-0025　大阪市中央区徳井町2-4-15
　　　　　　タニイビル6F　☎06（6942）1150
〒107-0052　港区赤坂2-17-10、宿舎

わに ぶち よう こ
鰐淵洋子

公前　当2（初/平29）[2]
福岡県福岡市　S47・4・10
勤11年7ヵ月　（参6年1ヵ月）

党女性委副委員長、党国対副委員長、文科委理、予算委、文科大臣政務官、党経産部会長、参議院議員、公明党本部、創価女子短大／50歳

〒550-0013　大阪市西区新町3-5-8
　　　　　　エーベック西長堀ビル401
〒107-0052　港区赤坂2-17-10、宿舎

さくら い しゅう
櫻井　周

立前　当2（初/平29）
兵庫県　S45・8・16
勤5年6ヵ月　〈兵庫6区〉

財金委理、倫選特委、党国際局副局長、政調副会長、兵庫県連幹事長、伊丹市議、弁理士、JBIC、京大、京大院、ブラウン大院／52歳

〒664-0858　伊丹市西台5-1-11　☎072（768）9260
〒107-0052　港区赤坂2-17-10、宿舎

略歴

比例近畿

もり やま ひろ ゆき
森山浩行
立前　当3(初/平21)
大阪府堺市　S46・4・8
勤8年10ヵ月　〈大阪16区〉

文科委理、予算委、国家基本委理、党災害・緊急事態局長、国対副委員長、大阪府連代表、関西TV記者、堺市議、大阪府議、明大法／51歳

〒590-0078　堺市堺区南瓦町1-21
　　　　　　宏昌センタービル2F　　☎072(233)8188

とく なが ひさ し
徳永久志
立新　当1(初/令3)※1
滋賀県　S38・6・27
勤7年6ヵ月(参6年1ヵ月)〈滋賀4区〉

外務委理、倫選特委、党近畿ブロック常任幹事、党NC外務副大臣、滋賀県連代表、参議院議員、外務大臣政務官、滋賀県議、松下政経塾、早大政経／59歳

〒523-0892　近江八幡市出町414-6
　　　　　　サツキビル　　　　　　☎0748(31)3047
〒107-0052　港区赤坂2-17-10、宿舎

こく た けい じ
穀田恵二
共前　当10(初/平5)
岩手県水沢市　S22・1・14
勤29年10ヵ月　〈京都1区〉

党国対委員長、党選挙対策委員長、党常任幹部会委員、外務委、政倫審、京都市議、立命館職員、立命館大／76歳

〒604-0092　京都市中京区丸太町
　　　　　　新町角大炊町186　　　☎075(231)5198
〒107-0052　港区赤坂2-17-10、宿舎　☎03(5549)3114

みや もと たけ し
宮本岳志
共元　当5(初/平21)※2
和歌山県和歌山市　S34・12・25
勤17年3ヵ月(参6年1ヵ月)〈大阪5区〉

党中央委員、総務委、文科委、和歌山大学教育学部除籍／63歳

〒537-0025　大阪市東成区中道1-10-10　☎06(6975)9111
〒100-8981　千代田区永田町2-2-1、会館　☎03(3508)7255

さいとう
斎藤アレックス
国新　当1(初/令3)
スペイン国マドリッド市　S60・6・30
勤1年5ヵ月　〈滋賀1区〉

党政調副会長、予算委、安保委、倫選特委、松下政経塾、米国議会フェロー、衆議員秘書、同志社大経済学部／37歳

〒520-0044　大津市京町3-2-11
〒107-0052　港区赤坂2-17-10、宿舎　☎077(525)5030

おおいし
大石あきこ
れ新　当1(初/令3)
大阪府大阪市　S52・5・27
勤1年5ヵ月　〈大阪5区〉

内閣委、元大阪府職員、大阪大／45歳

〒532-0011　大阪市淀川区西中島7-1-1 興北ビル2階
〒100-8982　千代田区永田町2-1-2、会館

比例近畿

※1 平19参院初当選　※2 平10参院初当選

比例代表　近畿　28人　有効投票数　9,378,905票

政党名		当選者数		得票数	得票率
		惜敗率 小選挙区			惜敗率 小選挙区

日本維新の会　10人　3,180,219票　33.91%

当	①三木　圭恵	元(98.39)兵7	①守島　正	新	大2
当	①和田有一朗	新(86.34)兵3	①美延　映夫	前	大4
当	①住吉　寛紀	新(84.18)兵1	①奥下　剛光	新	大7
当	①掘井　健智	新(73.20)兵10	①漆間　譲司	新	大8
当	①堀場　幸子	新(71.90)京1	①足立　康史	前	大9
当	①遠藤　良太	新(69.42)兵5	①池下　卓	新	大10
当	①一谷勇一郎	新(67.65)兵3	①中司　宏	新	大11
当	①前川　清成	新(66.63)奈1	①藤田　文武	前	大12
当	①池畑浩太朗	新(54.60)兵12	①岩谷　良平	新	大13
当	①赤木　正幸	新(52.43)兵4	①青柳　仁士	新	大14
	①直山　仁	新(50.79)滋3	①浦野　靖人	前	大15
	①中嶋　秀樹	新(50.37)京6	①馬場　伸幸	前	大17
	①井上　博明	新(38.41)京3	①遠藤　敬	前	大19
	①所　順子	新(24.87)和2	①伊東　信久	元	大19
【小選挙区での当選者】			①市村浩一郎	元	兵6
	①井上　英孝	前　　大1			

自 民 党　8人　2,407,699票　25.67%

当	②奥野　信亮	前	③神谷　昇	前(52.02)大18
当	②柳本　顕	新	③高麗啓一郎	新(51.28)大8
当	③大串　正樹	前(97.69)兵6	㊴湯峯　理之	新
当	③小林　茂樹	前(89.97)奈1	㊵野村　広志	新
当	③中田　英之	新(83.99)兵4	【小選挙区での当選者】	
当	③宗清　皇一	前(83.77)大13	③大岡　敏孝	前	滋1
当	③盛山　正仁	前(81.62)兵1	③上野賢一郎	前	滋2
当	③谷川　とむ	前(76.31)大19	③武村　展英	前	滋3
	③渡嘉敷奈緒美	前(69.86)大7	③小寺　裕雄	前	滋4
	③木村　弥生	前(69.10)京3	③勝目　康	新	京1
	③中山　泰秀	前(67.70)大4	③本田　太郎	前	京5
	③左藤　章	前(66.94)大2	③関　芳弘	前	兵3
	③佐藤ゆかり	前(66.73)大11	③藤井比早之	前	兵4
	③大隈　和英	前(65.29)大10	③谷　公一	前	兵5
	③北川　晋平	前(63.09)大12	③山田　賢司	前	兵7
	③大西　宏幸	前(60.97)大1	③西村　康稔	前	兵9
	③繁本　護	前(59.70)京2	③松本　剛明	前	兵11
	③門　博文	前(59.42)和1	③山口　壯	前	兵12
	③岡下　昌平	前(59.39)大17	③高市　早苗	前	奈2
	③加納陽之助	前(59.10)大15	③石田　真敏	前	和2
	③長尾　敬	前(55.44)大14		

公 明 党　3人　1,155,683票　12.32%

当	①竹内　譲	前	⑤田丸　義高	新
当	②浮島　智子	前	⑥鷲岡　秀明	新
当	③鰐淵　洋子	前	⑦田中　博之	新
	④浜村　進	前	⑧井上　幸作	新

立憲民主党　3人　1,090,665票　11.63%

当	①桜井　周	前(86.35)兵6	①平野　博文	前(57.01)大11
当	①森山　浩行	前(85.82)大16	①村上　史好	前(55.38)大5
当	①徳永　久志	新(83.12)滋4	①萩原　仁	元(52.49)大3
	①辻元　清美	前(82.72)大10	①隠樹　圭子	新(49.06)兵3
	①田島　一成	元(76.79)滋3	①今長　眞緒	新(47.40)兵4
	①安田　真理	新(68.13)兵7	①長安　豊	元(47.20)大19
	①梶原　康弘	元(65.94)兵5	①山本和嘉子	前(46.74)京5
	①船川　治郎	新(62.22)兵2	①藤井　幹雄	新(44.92)和2

共産党　2人　　　736,156票　7.85%

国民民主党　1人　　　303,480票　3.24%

れいわ新選組　1人　　　292,483票　3.12%

▼は小選挙区の得票が有効投票総数の10分の1未満で、復活当選の資格がない者

・・・

その他の政党の得票数・得票率は下記のとおりです。
（当選者はいません）

㊙
略
歴

比
例
近
畿
・
鳥
取

| **鳥取県1区** | 230,959
⊕56.10 | 当105,441 石破 茂 自前(84.1) |
| | | 19,985 岡田正和 共新(15.9) |

鳥取市、倉吉市、岩美郡、八頭郡、
東伯郡(三朝町)

石破 茂 <small>いし ば しげる</small>

自前[無]　当12
鳥取県八頭郡　S32・2・4
勤36年10ヵ月（初/昭61）

予算委、憲法審委、党総務、元地方創生担当相、党幹事長、政調会長、農林水産相、防衛相、防衛庁長官、運輸委員、三井銀行、慶大／66歳

〒680-0055　鳥取市戎町515-3　　☎0857(27)4898
〒100-8982　千代田区永田町2-1-2、会館

| **鳥取県2区** | 234.420
⊕60.20 | 当75,005 赤沢亮正 自前(54.0) |
| | | 比63,947 湯原俊二 立元(46.0) |

米子市、境港市、東伯郡(湯梨浜
町、琴浦町、北栄町)、西伯郡、
日野郡

赤澤亮正 <small>あか ざわ りょう せい</small>

自前[無]　当6
東京都　S35・12・18
勤17年7ヵ月（初/平17）

内閣委、党文化立国調査会長代理、党政調会長代理、内閣府副大臣、国交大臣政務官、東大法／62歳

〒683-0823　米子市加茂町1-24　　☎0859(38)7333
〒100-8982　千代田区永田町2-1-2、会館　☎03(3508)7490

島根県1区 268,337 ⚫61.23

松江市、出雲市（平田支所管内）、安来市、雲南市（大東・加茂・木次総合センター管内）、仁多郡、隠岐郡

当90,638　細田博之　自前（56.0)
比66,847　亀井亜紀子　立前（41.3)
　4,318　亀井彰子　無新（2.7)

無前　　　　　　当11
ほそ だ ひろ ゆき
細田博之　島根県松江市　S19・4・5
　　　　　　　勤33年3ヵ月　（初/平2)

衆議院議長、憲法審査会長、自民党総務会長、党幹事長、党国対委員長、内閣官房長官、国務大臣、東大/78歳

〒690-0851　松江市堂形町881細田会館　☎0852(21)6455

島根県2区 291,649 ⚫61.85

浜田市、出雲市（第1区に属しない区域）、益田市、大田市、江津市、雲南市（第1区に属しない区域）、飯石郡、邑智郡、鹿足郡

当110,327　高見康裕　自新（62.4)
比52,016　山本　誉　立新（29.4)
　14,361　向瀬慎一　共新（8.1)

自新[茂]　　　　　当1
たか み やす ひろ
高見康裕　島根県出雲市　S55・10・16
　　　　　　　勤1年5ヵ月　（初/令3)

法務大臣政務官、法務委、党青年局顧問、島根県議、海上自衛隊、読売新聞、東大大学院/42歳

〒693-0058　出雲市矢野町941-4　☎0853(23)8118
〒107-0052　港区赤坂2-17-10、宿舎

岡山県1区 364,162 ⚫46.73

岡山市（北区の一部(P176参照)、南区の一部(P176参照)）、加賀郡（吉備中央町（本庁管内(P176参照)、井原出張所管内）

当90,939　逢沢一郎　自前（55.0)
比65,499　原田謙介　立新（39.6)
　8,990　余江雪央　共新（5.4)

自前[無]　　　　　当12
あい さわ いち ろう
逢沢一郎　岡山県岡山市　S29・6・10
　　　　　　　勤36年10ヵ月　（初/昭61)

党選挙制度調査会長、政倫審会長、国家基本委員、議運委員、党国対委員、予算委員、幹事長代理、外務副大臣、通産政務次官、松下政経塾理事、慶大工/68歳

〒700-0933　岡山市北区奥田1-2-3　☎086(233)0016
〒100-8981　千代田区永田町2-2-1、会館　☎03(3508)7105

岡山県2区 289,071 ⚫50.42

岡山市（北区（第1区に属しない区域）、中区、東区、南区（本庁管内）、南区（第1区に属しない区域）、玉野市、瀬戸内市

当80,903　山下貴司　自前（56.4)
比62,555　津村啓介　立前（43.6)

自前[茂]　　　　　当4
やま した たか し
山下貴司　岡山県岡山市　S40・9・8
　　　　　　　勤10年4ヵ月　（初/平24)

経産委、憲法審幹事、党改革実行本部事務局長、党憲法改正実現本部事務局長、知的財産戦略調査会事務局長、法務大臣、検事、外交官、弁護士、東大法/57歳

〒703-8282　岡山市中区平井6-3-13　☎086(230)1570
〒100-8982　千代田区永田町2-1-2、会館　☎03(3508)7057

略歴

島根・岡山

岡山県3区 270,568 ⊛57.97

当68,631 平沼正二郎 無新（44.4）
比当54,930 阿部俊子 自前（35.5）
比23,316 森本 栄 立新（15.1）
7,760 尾崎宏子 共新（5.0）

岡山市（東区（第2区に属しない区域））、津山市、備前市、赤磐市、真庭市の一部（P176参照）、美作市、和気郡、真庭郡、吉田郡、勝田郡、英田郡、久米郡

ひらぬましょうじろう

平沼正二郎

自新［二］　　　当1
岡山県岡山市　S54・11・11
勤1年5ヵ月（初/令3）

内閣委、農林水産委、消費者特委、党青年局次長、IT会社役員、学習院大学経済学部／43歳

〒708-0806 津山市大田81-11　☎0868（24）0107

岡山県4区 381,828 ⊛48.04

当89,052 橋本 岳 自前（49.7）
比当83,859 柚木道義 立前（46.8）
6,146 中川智晴 無新（3.4）

倉敷市（本庁管内、児島・玉島・水島・庄・茶屋町支所管内）、都窪郡

はしもと がく

橋本 岳

自前［茂］　　　当5
岡山県総社市　S49・2・5
勤14年3ヵ月（初/平17）

地域・こども特別委員長、厚労委員長、党総務、厚労副大臣、党厚労部会長、党外交部会長、厚労政務官、三菱総研研究員、慶大院／49歳

〒710-0842 倉敷市吉岡552　☎086（422）8410
〒107-0052 港区赤坂2-17-10、宿舎

岡山県5区 262,936 ⊛54.33

当102,139 加藤勝信 自前（72.6）
比31,467 はたともこ 立新（22.4）
7,067 美見芳明 共新（5.0）

倉敷市（第4区に属しない区域）、笠岡市、井原市、総社市、高梁市、新見市、真庭市（第33区に属しない区域）、浅口市、浅口郡、小田郡、加賀郡（吉備中央町（第1区に属しない区域））

かとう かつのぶ

加藤勝信

自前［茂］　　　当7
東京都　S30・11・22
勤19年5ヵ月（初/平15）

厚生労働大臣、党社会保障制度調査会長、官房長官、厚労相、党総務会長、一億総活躍・働き方改革相、元大蔵省、東大／67歳

〒714-0088 笠岡市中央町31-1　☎0865（63）6800
〒100-8982 千代田区永田町2-1-2、会館　☎03（3508）7459

広島県1区 332,001 ⊛50.81

当133,704 岸田文雄 自前（80.7）
比15,904 有田優子 社新（9.6）
14,508 大西 理 共新（8.8）
1,630 上出圭一 諸新（1.0）

広島市（中区、東区、南区）

きしだ ふみお

岸田文雄

自前［岸］　　　当10
東京都渋谷区　S32・7・29
勤29年10ヵ月（初/平5）

内閣総理大臣、自民党総裁、党政調会長、外務大臣、防衛大臣、党国対委員長、内閣府特命担当大臣、厚労委員長、早大法／65歳

〒730-0013 広島市中区八丁堀6-3
和光八丁堀ビル　☎082（228）2411
〒100-8981 千代田区永田町2-2-1、会館　☎03（3508）7279

広島県2区 404,009 ⑩51.48

当133,126 平口 洋 自前(65.2)
比70,939 大井赤亥 立新(34.8)

広島市(西区、佐伯区)、大竹市、廿日市市、江田島市(本庁管内、能美・沖美支所管内、深江・柿浦連絡所管内)

ひら ぐち　　ひろし
平口 洋

自前[茂] 当5
広島県江田島市 S23・8・1
勤14年3ヵ月 (初/平17)

倫選特委長、農水委長、党国土交通部会長、法務副大臣、法務委員長、党副幹事長、環境副大臣、国交省河川局次長、秋田県警本部長、東大法/74歳

〒733-0812 広島市西区己斐本町2-6-20 ☎082(527)2100
〒100-8982 千代田区永田町2-1-2、会館 ☎03(3508)7622

広島県3区 360,198 ⑩51.07

当97,844 斉藤鉄夫 公前(55.1)
比53,143 ライソン真由美 立新(29.9)
比18,088 瀬木寛親 維新(10.2)
3,559 大山 宏 無新(2.0)
比2,789 矢島秀平 N新(1.6)
2,251 玉田憲勲 無新(1.3)

広島市(安佐南区、安佐北区)、安芸高田市、山県郡

さい とう てつ お
斉藤鉄夫

公前 当10
島根県 S27・2・5
勤29年10ヵ月 (初/平5)

国交大臣、党副代表、党幹事長、党選対委長、党税制調査会長、党政調会長、環境大臣、文科委長、科技総括政務次官、プリンストン大研究員、清水建設、工博、技術士、東工大院/71歳

〒731-0103 広島市安佐南区緑井2-18-15 ☎082(870)0088
〒107-0052 港区赤坂2-17-10、宿舎 ☎03(5549)3145

広島県4区 309,781 ⑩53.18

当78,253 新谷正義 自前(48.3)
比33,681 上野寛治 立前(17.9)
比当28,966 空本誠喜 維元(17.9)
21,112 中川俊直 無元(13.0)

広島市(安芸区)、三原市(大和支所管内)、東広島市(本庁管内、八本松・志和・高屋出張所管内、黒瀬・福富・豊栄・河内支所管内)、安芸郡

しん たに まさ よし
新谷正義

自前[茂] 当4
広島県 S50・3・8
勤10年4ヵ月 (初/平24)

議運委理、党国対副委長、党副幹事長、総務副大臣、厚労政務官、衆厚労委理、衆総務委理、党国交副部会長、医師、病院長、帝京大医、東大経/47歳

〒739-0015 東広島市西条栄町9-21 ☎082(431)5177
〒100-8982 千代田区永田町2-1-2、会館 ☎03(3508)7604

広島県5区 242,034 ⑩54.52

当87,434 寺田 稔 自前(67.7)
比41,788 野村功次郎 立新(32.3)

呉市、竹原市、三原市(本郷支所管内)、尾道市(瀬戸田支所管内)、東広島市(第4区に属しない区域)、江田島市(第2区に属しない区域)、豊田郡

てら だ　　みのる
寺田 稔

自前[岸] 当6
広島県 S33・1・24
勤15年8ヵ月 (初/平16補)

外務委、決算行監委、前総務大臣、総理大臣補佐官、党経理局長、総務副大臣兼内閣府副大臣、安保委長、内閣府副大臣、防衛政務官、内閣参事官、財務省主計官、ハーバード大院、東大法/65歳

〒737-0045 呉市本通4-3-15呉YSビル2F ☎0823(24)2358
〒100-8981 千代田区永田町2-2-1、会館 ☎03(3508)7606

広島県6区 294,154 ⑯56.35

当83,796 佐藤公治 立前（51.4）
比当79,158 小島敏文 自前（48.6）

三原市（第4区及び第5区に属しない区域）、尾道市（第5区に属しない区域）、府中市、三次市、庄原市、世羅郡、神石郡

さ とう こう じ
佐藤公治

立前 当4（初/平12）※1
広島県尾道市 S34・7・28
勤16年10ヵ月（参6年1ヵ月）

農水委、倫選特委、県連代表、元参外交防衛委員長、国務大臣秘書官（旧国土庁、旧北海道・沖縄開発庁）、電通、慶大法／63歳

〒722-0045 広島県尾道市久保2-26-2 ☎0848（37）2100
〒100-8981 千代田区永田町2-2-1、会館 ☎03（3508）7145

広島県7区 382,135 ⑯49.35

当123,396 小林史明 自前（66.4）
比45,520 佐藤広典 立前（24.5）
11,580 村井明美 共新（ 6.2）
5,207 橋本加代 無新（ 2.8）

福山市

こ ばやし ふみ あき
小林史明

自前［岸］ 当4
広島県福山市 S58・4・8
勤10年4ヵ月（初/平24）

決算行監委、国交委、災害特委、党副幹事長、党デジタル社会推進本部事務局長、デジタル副大臣兼内閣府副大臣、内閣府大臣補佐官、総務政務官兼内閣府政務官、党青年局長、上智大学／39歳

〒721-0958 福山市西新涯町2-23-34 ☎084（959）5884
〒107-0052 港区赤坂2-17-10、宿舎

山口県1区 356,209 ⑯48.50

当118,882 高村正大 自前（70.1）
比50,684 大内一也 立新（29.9）

山口市（山口・小郡・秋穂・阿知須・徳地総合支所管内）、防府市、周南市の一部（P176参照））

こう むら まさ ひろ
高村正大

自前［麻］ 当2
山口県周南市 S45・11・14
勤5年6ヵ月 （初/平29）

財金委、議運委、厚労委、財務大臣政務官、党外交・国防副部会長、外務大臣秘書官、経企庁長官秘書官、会社員、慶大／52歳

〒745-0004 山口県周南市毛利町1-3 ☎0834（31）4715
〒100-8981 千代田区永田町2-2-1、会館 ☎03（3508）7113

山口県2区 283,552 ⑯51.61

当109,914 岸 信夫 自前（76.9）
32,936 松田一志 共新（23.1）

下松市、岩国市、光市、柳井市、周南市（第1区に属しない区域）、大島郡、玖珂郡、熊毛郡

きし のぶ お
岸 信夫

自前［安］ 当4（初/平24）※2
山口県熊毛郡 S34・4・1
勤18年10ヵ月（参8年6ヵ月）

内閣総理大臣補佐官、防衛大臣、党国対筆頭副委員長、議運委筆頭理事、安保委員長、外務副大臣、外務委員長、防衛政務官、住友商事、慶大経／63歳

〒742-1511 熊毛郡田布施町下田布施3391 ☎0820（52）2003

広島・山口

※1 平19参院初当選 ※2 平16参院初当選

山口県3区	256,039 ⊕50.14	当96,983	林　芳正	自新(76.9)

比29,073　坂本史子　立新(23.1)

宇部市、山口市(第1区に属しない区域)、萩市、美祢市、山陽小野田市、阿武郡

はやし	よし	まさ	自新［岸］	当1*

林　芳正　山口県　S36・1・19
勤27年11ヵ月(参26年6ヵ月)(初/令3)

外務大臣、参院憲法審査会長、文部科学大臣、農林水産大臣、党政調会長代理、経済財政担当大臣、防衛大臣、三井物産、東大法、ハーバード大院/62歳

〒755-0033　宇部市琴芝町2-1-30　☎0836(35)3333
〒100-8981　千代田区永田町2-2-1、会館　☎03(3508)7115

山口県4区	244,858 ⊕48.64	当80,448	安倍晋三	自前(69.7)

比19,096　竹村克司　れ新(16.6)
15,836　大野頼子　無新(13.7)

下関市、長門市

あ　べ　しん　ぞう

安 倍 晋 三　自民

死　去（令和4年7月8日）

比例代表 中国	11人	鳥取、島根、岡山、広島、山口

いしばし りん たろう	自新［岸］	当1

石橋林太郎　広島県広島市　S53・5・2
勤1年5ヵ月　(初/令3)

文科委、法務委、党国会対策委員、青年局・女性局各次長、広島県議会議員(二期)、大阪外国語大学/44歳

〒731-0124　広島市安佐南区大町東2-15-7
〒107-0052　港区赤坂2-17-10、宿舎　☎082(836)3444

こ じま とし ふみ	自前［岸］	当4(初/平24)

小島敏文　広島県世羅町　S25・9・7
勤10年4ヵ月　〈広島6区〉

復興副大臣、党国土交通部会長、党厚労部会長代理、厚生労働大臣政務官、経産部会長代理、農林部会長代理、副幹事長、広島県議会副議長、大東文化大/72歳

〒722-1114　世羅郡世羅町東神崎368-21　☎0847(22)4055
〒107-0052　港区赤坂2-17-10、宿舎

あべ俊子
とし こ

自前［無］　当6(初/平17)
宮城県　　S34・5・19
勤17年7ヵ月　〈岡山3区〉

農水委筆頭理事、外務副大臣、党副幹事長、農水副大臣、外務政務官、東京医科歯科大助教授、米イリノイ州立大院／63歳

〒708-0841　津山市川崎162-5　　☎0868(26)6711
〒100-8981　千代田区永田町2-2-1、会館　☎03(3508)7136

髙階恵美子
たかがい え み こ

自新［安］　当1(初/令3)※
宮城県　　S38・12・21
勤12年10ヵ月(参11年5ヵ月)

復興特委理、厚労委、元厚労副大臣、元厚労大臣政務官、元参院文教委員長、元党女性局長、東京医科歯科大大学院／59歳

〒690-0873　松江市内中原町140-2
　　　　　　島根県政会館3F　　☎0852(28)2158
〒100-8982　千代田区永田町2-1-2、会館　☎03(3508)7518

杉田水脈
すぎ た み お

自前［安］　　当3
兵庫県神戸市　S42・4・22
勤7年6ヵ月　（初/平24）

内閣委、総務委、総務大臣政務官、党国土交通副部会長、党女性局次長、鳥取大学農学部／55歳

〒753-0067　山口市赤妻町3-1-102
〒107-0052　港区赤坂2-17-10、宿舎　☎083(924)0588

畦元将吾
あぜ もとしょう ご

自前［岸］　　当2
広島県広島市　S33・4・30
勤3年9ヵ月　（初/令元）

厚生労働大臣政務官、党総務、党環境副部会長、東邦大医学部客員教授、診療放射線技師／64歳

〒730-0843　広島市中区舟入本町13-4
　　　　　　KAIZOビル202　　☎082(234)5130
〒100-8981　千代田区永田町2-2-1、会館　☎03(3508)7710

柚木道義
ゆの き みち よし

立前　　当6(初/平17)
岡山県倉敷市　S47・5・28
勤17年7ヵ月　〈岡山4区〉

文部科学委筆頭理事、決算行監委、財務大臣政務官、会社員、岡山大文学部／50歳

〒710-0052　倉敷市美和2-16-20　　☎086(430)2355
〒100-8982　千代田区永田町2-1-2、会館　☎03(3508)7301

湯原俊二
ゆ はらしゅん じ

立元　　当2(初/平21)
鳥取県米子市　S37・11・20
勤4年9ヵ月　〈鳥取2区〉

総務委、地域・こども特委理、立憲民主党鳥取県連副代表、鳥取県議、米子市議、衆議員秘書、早大／60歳

〒683-0804　米子市米原5-3-20　　☎0859(21)2888

ひら ばやし	あきら	公 新	当1

平林 晃
愛知県名古屋市 S46・2・2
勤1年5ヵ月 （初／令3）

総務委、文科委、原子力特委、党組織局次長、デ
ジタル社会推進本部事務局次長、立命館大学
教授、山口大学准教授、博士（東工大）／52歳

〒732-0057 広島市東区二葉の里1-1-72-901

くさ か	まさ き	公 新	当1

日下 正喜
和歌山県 S40・11・25
勤1年5ヵ月 （初／令3）

党組織局次長、広島県本部副代表、法務
委、環境委、党広島県本部事務長、広大
院中退、創大法（通信）卒／57歳

〒730-0854 広島市中区土橋町2-43-406
〒107-0052 港区赤坂2-17-10、宿舎

そら もと	せい き	維 元	当2(初／平21)

空本誠喜
広島県呉市 S39・3・11
勤4年9ヵ月 〈広島4区〉

党広島県総支部代表、環境委、原子力特
委、技術指導会社代表、元東芝（原子
力）、工学博士（原子力）、東大院／58歳

〒739-0044 東広島市西条町下見4623番地15
〒107-0052 港区赤坂2-17-10、宿舎　☎082(421)8146

比例中国

| 比例代表 中国 | 11人 | 有効投票数 3,119,427票 | | |

政党名	当選者数	得票数		得票率
		惜敗率	小選挙区	惜敗率 小選挙区

自民党　6人　1,352,723票　43.36%

当①石橋林太郎 新		②逢沢 一郎 前	岡1
当②小島 敏文 前(94.47)広6		②山下 貴司 前	岡2
当②阿部 俊子 前(80.04)岡3		②橋本 岳 新	岡4
当⑱高階恵美子 新		②加藤 勝信 前	岡5
当⑲杉田 水脈 前		②新谷 正義 前	広4
当⑳畦元 将吾 前		②寺田 稔 前	広5
㉑小林孝一郎 新		②小林 史明 前	広7
㉒徳村純一郎 新		②高村 正大 前	山1
【小選挙区での当選者】		②岸 信夫 前	山2
②石破 茂 前	鳥1	②林 芳正 新	山3
②赤沢 亮正 前	鳥2	②安倍 晋三 前	山4
②高見 康裕 新	鳥2		

立憲民主党　2人　573,324票　18.38%

当①柚木 道義 前(94.17)岡4		①ライアン真由美 新(54.31)広3
当①湯原 俊二 元(85.26)鳥2		①大井 赤亥 新(53.29)広2
①津村 啓介 前(77.32)岡2		①野村功次郎 新(47.79)広5
①亀井亜紀子 前(73.75)島1		①山本 誉 新(47.15)島2
①原田 謙介 新(72.03)岡1		①上野 寛治 新(43.04)広4

149

①大内　一也 新(42.63) 山1　　　⑰加藤　寿彦 新
①佐藤　広典 新(36.89) 広7　　　⑱姫井由美子 新
①森本　　栄 新(33.97) 岡3　　　【小選挙区での当選者】
①はたともこ 新(30.81) 岡5　　　①佐藤　公治 前　　　広6
①坂本　史子 新(29.98) 山3

公明党　2人　　　436,220票　13.98%

当①平林　　晃 新　　　　　③長谷川裕輝 新
当②日下　正喜 新

日本維新の会　1人　　286,302票　9.18%

当①空本　誠喜 元(37.02) 広4　　③喜多　義典 新
①瀬木　寛親 新(18.49) 広3

....

その他の政党の得票数・得票率は下記のとおりです。
（当選者はいません）

政党名	得票数	得票率
共産党	173,117票	5.55%
国民民主党	113,898票	3.65%
れいわ新選組	94,446票	3.03%

| 社民党 | 52,638票 | 1.69% |
| NHKと裁判してる党弁護士法72条違反で | 36,758票 | 1.18% |

㊥略歴

比例中国・徳島

徳島県1区	362,130 ⑦55.93	当99,474　仁木博文　無元(50.1)

徳島市、小松島市、阿南市、勝
浦郡、名東郡、名西郡、那賀郡、
海部郡

比当77,398　後藤田正純　自元(38.9)
比当20,065　吉田知代　維新(10.1)
　　1,808　佐藤行俊　無新(0.9)

に　き　ひろ　ぶみ　無元(有志)　　当2
仁木博文　徳島県阿南市　S41・5・23
　　　　　　　勤4年9ヵ月　（初/平21）

厚生労働委員、医療法人理事長、徳島大
学大学院医学博士取得／56歳

〒770-0865　徳島市南末広町4-88-1　　☎088(624)9350
〒107-0052　港区赤坂2-17-10、宿舎　　☎03(5549)4671

徳島県2区	260,655 ⑦50.99	当76,879　山口俊一　自前(59.5)

鳴門市、吉野川市、阿波市、美馬
市、三好市、板野郡、美馬郡、三好
郡

比43,473　中野真由美　立新(33.6)
　8,851　久保孝之　共新(6.9)

やま　ぐち　しゅん　いち　自前[麻]　　当11
山口俊一　徳島県　S25・2・28
　　　　　　　勤33年3ヵ月　（初/平2）

議院運営委員長、元内閣府特命担当大
臣、首相補佐官、総務・財務副大臣、郵政
政務次官、青山学院大／73歳

〒771-0219　板野郡松茂町笹木野字八北開拓247-1　　☎088(624)4851
〒107-0052　港区赤坂2-17-10、宿舎　　☎03(5571)9512

香川県1区
313,296　⑳57.52

高松市の一部（P176参照）、小豆郡、香川郡

当90,267　小川淳也　立前（51.0）
比70,827　平井卓也　自前（40.0）
比15,888　町川順子　維新（ 9.0）

おがわじゅんや
小川淳也
立前　　　　　　当6
香川県　　S46・4・18
勤17年7ヵ月　（初/平17）

厚労委筆頭理事、沖北特委、香川県連代表、国土審議会離島振興対策分科会長、総務政務官、総務省課長補佐、春日井市部長、自治省、東大/51歳

〒761-8083　高松市三名町569-3　☎087(814)5600
〒107-0052　港区赤坂2-17-10、宿舎　☎03(5549)4671

香川県2区
258,730　⑳58.53

高松市（1区に属しない区域）、丸亀市（綾歌・飯山市民総合センター管内）、坂出市、さぬき市、東かがわ市、木田郡、綾歌郡

当94,530　玉木雄一郎　国前（63.5）
比54,334　瀬戸隆一　自元（36.5）

たまきゆういちろう
玉木雄一郎
国前　　　　　　当5
香川県さぬき市寒川町　S44・5・1
勤13年8ヵ月　（初/平21）

党代表、国家基本委、憲法審査会委、元民進党幹事長代理、財務省主計局課長補佐、東大法、ハーバード大院修了/53歳

〒769-2321　さぬき市寒川町石田東甲814-1　☎0879(43)0280
〒107-0052　港区赤坂2-17-10、宿舎

香川県3区
240,033　⑳51.60

丸亀市（第2区に属しない区域）、善通寺市、観音寺市、三豊市、仲多度郡

当94,437　大野敬太郎　自前（79.8）
23,937　尾崎淳一郎　共新（20.2）

おおのけいたろう
大野敬太郎
自前［無］　　　当4
香川県丸亀市　S43・11・1
勤10年4ヵ月　（初/平24）

党副幹事長、経済安全保障推進本部事務局長、内閣府副大臣、党副幹事長、防衛大臣政務官、米UCB客員フェロー、東大研究員、東大博士、東工大、同大学院修士/54歳

〒763-0082　丸亀市土器町東1-129-2　☎0877(21)7711
〒100-8981　千代田区永田町2-2-1、会館　☎03(3508)7132

愛媛県1区
385,321　⑳52.10

松山市の一部（P176参照）

当119,633　塩崎彰久　自新（60.8）
比77,091　友近聡朗　立新（39.2）

しおざきあきひさ
塩崎彰久
自新［安］　　　当1
愛媛県松山市　S51・9・9
勤1年5ヵ月　（初/令3）

厚労委、財金委、倫選特委、党国対委員、党Web3PT及びAIPT事務局長、長島・大野・常松法律事務所パートナー弁護士、内閣官房長官秘書官、東大/46歳

〒790-0003　松山市三番町4-7-2　☎089(941)4843

愛媛県2区 249,121 ⓣ52.73

松山市(浮穴支所管内(北条町27日に属する区域を除く。)、久谷・北条・中島支所管内)、今治市、東温市、越智郡、伊予郡

当72,861　村上誠一郎　自前(57.5)
比42,520　石井智恵　国新(33.5)
　11,358　片岡　朗　共新(9.0)

村上誠一郎 むらかみせいいちろう

自前[無]　当12
愛媛県今治市　S27・5・11
勤36年10ヵ月　(初/昭61)

決算行監委、国務大臣・内閣府特命担当大臣、財務副大臣、大蔵・石炭委長、大蔵政務次官、東大法/70歳

〒794-0028　今治市北宝来町1-5-11　☎0898(31)2600
〒107-0052　港区赤坂2-17-10、宿舎　☎03(5549)4671

愛媛県3区 260,288 ⓣ57.42

新居浜市、西条市、四国中央市

当76,263　井原　巧　自新(51.6)
比当71,600　白石洋一　立前(48.4)

井原　巧 いはら　たくみ

自新[安]　当1(初/令3)※
愛媛県四国中央市　S38・11・13
勤7年6ヵ月　(参6年1ヵ月)

経産委理、総務委、党県連会長、党文科部会長代理、経産・内閣府・復興大臣政務官、参議院議員、四国中央市長、専修大/59歳

〒799-0413　四国中央市中曽根町411-5　☎0896(23)8650
〒100-8982　千代田区永田町2-1-2、会館　☎03(3508)7201

愛媛県4区 246,664 ⓣ59.16

宇和島市、八幡浜市、大洲市、伊予市、西予市、上浮穴郡、喜多郡、西宇和郡、北宇和郡、南宇和郡

当81,015　長谷川淳二　自新(56.6)
　47,717　桜内文城　無元(33.3)
　11,555　西井直人　共新(8.1)
　 1,547　藤島利久　無新(1.1)
　 1,319　前田龍夫　無新(0.9)

長谷川淳二 はせがわじゅんじ

自新[無]　当1
岐阜県　S43・8・5
勤1年5ヵ月　(初/令3)

総務大臣政務官、総務委、党農林水産関係団体副委員長、総務省地域政策課長、内閣参事官、愛媛県副知事、東大/54歳

〒798-0040　宇和島市中央町2-3-30　☎0895(65)9410
〒100-8982　千代田区永田町2-1-2、会館　☎03(3508)7453

高知県1区 310,468 ⓣ53.50

高知市の一部(P176参照)、室戸市、安芸市、南国市、香南市、香美市、安芸郡、長岡郡、土佐郡

当104,837　中谷　元　自前(64.3)
比50,033　武内則男　立前(30.7)
比4,081　中島康治　N新(2.5)
　4,036　川田永二　無新(2.5)

中谷　元 なかたに　げん

自前[無]　当11
高知県高知市　S32・10・14
勤33年3ヵ月　(初/平2)

内閣総理大臣補佐官、防衛大臣、防衛庁長官、自治総括政務次官、郵政政務次官、衆総務委員長、中央政治大学院長、防衛大/65歳

〒781-5106　高知市介良乙278-1
　　　　　　　タイシンビル2F
〒107-0052　港区赤坂2-17-10、宿舎　☎088(855)6678

※平25参院初当選

高知県2区 287,552 @61.50

当117,810 尾﨑 正直 自新（67.2）
比55,214 広田 一 立前（31.5）
2,171 広田晋一郎 N新（1.2）

高知市（第1区に属しない区域）、土
佐市、須崎市、宿毛市、土佐清水市、
四万十市、吾川郡、高岡郡、幡多郡

お ざき まさ なお
尾﨑 正直　自新［二］　当1
高知県高知　S42・9・14
勤1年5ヵ月　（初／令3）

デジタル大臣政務官兼内閣府大臣政務官、党組織
運動本部地方組織議員総局長、地方創生・国土強
靭化本部本部長補佐、前高知県知事、東大／55歳

〒781-8010 高知市桟橋通3-25-31 ☎088（855）9140
〒100-8982 千代田区永田町2-1-2、会館 ☎03（3508）7619

比例代表 四国 6人 徳島、香川、愛媛、高知

やま もと ゆう じ
山本 有二　自前［無］　当11
高知県　S27・5・11
勤33年3ヵ月　（初／平2）

予算委、憲法委、**党総務**、党財務委員長、農林
水産大臣、党道路調査会長、予算委員長、金
融担当大臣、法務総括、弁護士、早大／70歳

〒781-8010 高知市桟橋通3-31-1 ☎088（803）7788
〒100-8981 千代田区永田町2-2-1、会館 ☎03（3508）7232

ひら い たく や
平井 卓也　自前［岸］　当8(初/平12)
香川県高松市　S33・1・25
勤22年10ヵ月　〈香川1区〉

内閣委、倫選特委、党デジタル社会推進本部
長、初代デジタル大臣、デジタル改革担当相、
党広報本部長、内閣委員、電通、上智大／65歳

〒760-0025 高松市古新町4-3 ☎087（826）2811
〒100-8981 千代田区永田町2-2-1、会館 ☎03（3508）7307

せ と たか かず
瀬戸 隆一　自元［麻］　繰当3
香川県坂出市　S40・8・2
勤5年　（初／平24）

厚労委、総務省、岩手県警、郵政省、東京
工業大学大学院／57歳

〒762-0007 坂出市室町2-5-20 ☎0877（44）1755
〒100-8981 千代田区永田町2-2-1、会館 ☎03（3508）7712

しら いし よう いち
白石 洋一　立前　当3(初/平21)
愛媛県　S38・6・25
勤8年10ヵ月　〈愛媛3区〉

文科委、地域・こども特委理事、党国際局長代
理、党政調副会長、米国監査法人、長銀、カリ
フォルニア大バークレー校MBA、東大法／59歳

〒793-0028 愛媛県西条市新田197-4 ☎0897（47）1000

やま さき まさ やす

公 新　　　　　　当1
高知県高知市　　S46・3・5
勤1年5ヵ月　　（初／令3）

党教育改革推進本部事務局次長、文部
科学委、財務金融委、高知県議、中京大、
鳴門教育大学院／51歳

〒781-8010 高知市桟橋通4-12-36 ウィンビル1F　☎088(805)0607
〒100-8982 千代田区永田町2-1-2、会館　☎03(3508)7472

吉田とも代
よし だ　　よ

維 新　　　　　当1(初／令3)
兵庫県神戸市　　S50・2・23
勤1年5ヵ月　　〈徳島1区〉

党徳島県第1選挙区支部長、厚労委、災
害特委、党政調副会長、党厚生労働部会
長、丹波篠山市議、神戸松蔭短大／48歳

〒770-0847 徳島市幸町3-48 賀川ビル　☎088(635)1718
〒100-8982 千代田区永田町2-1-2、会館　☎03(3508)7001

比例代表 四国　6人　有効投票数 1,698,487票

政党名	当選者数	得票数	得票率
	惜敗率 小選挙区		惜敗率 小選挙区

自民党　3人　664,805票　39.14%

当①山本　有二 前
当②平井　卓也 前(78.46) 香1
当②後藤田正純 前(77.81) 徳1
　（令5.1.5辞職）
繰②瀬戸　隆一 元(57.48) 香2
　（令5.1.17繰上）
⑬福山　守 前
⑭福井　照 前
⑮二川　弘康 新
⑯井桜　康司 新

【小選挙区での当選者】
②山口　俊一 前　　　徳2
②大野敬太郎 前　　　香3
②塩崎　彰久 新　　　愛1
②村上誠一郎 前　　　愛2
②井原　巧 新　　　愛3
②長谷川淳二 新　　　愛4
②中谷　元 前　　　高1
②尾崎　正直 新　　　高2

立憲民主党　1人　291,870票　17.18%

当①白石　洋一 前(93.89) 愛3
　①友近　聡朗 新(64.44) 愛2
　①中野真由美 新(56.55) 徳2
　①武内　則男 前(47.72) 高1
　①広田　一 前(46.87) 高2

⑦長山　雅一 新
⑧小山田経子 新
【小選挙区での当選者】
①小川　淳也 前　　　香1

公明党　1人　233,407票　13.74%

当①山崎　正恭 新

②坂本　道応 新

日本維新の会　1人　173,826票　10.23%

当①吉田　知代 新(20.17) 徳1
▼①町川　順子 新(17.60) 香1

③佐藤　暁 新

▼は小選挙区の得票が有効投票総数の10分の1未満で、復活当選の資格がない者

その他の政党の得票数・得票率は下記のとおりです。
（当選者はいません）

政党名	得票数	得票率			
国民民主党	122,082票	7.19%	社民党	30,249票	1.78%
共産党	108,021票	6.36%	NHKと裁判してる党弁護士法72条違反で		
れいわ新選組	52,941票	3.12%		21,285票	1.25%

154

比例四国

福岡県1区　453,215　49投47.56

当99,430　井上貴博　自前（47.5）
比53,755　坪田　晋　立新（25.7）
比当37,604　山本剛正　維元（18.0）
18,487　木村拓史　共新（8.8）

福岡市（東区、博多区）

いの　うえ　たか　ひろ
井上貴博

自前［麻］　当4
福岡県福岡市　S37・4・2
勤10年4ヵ月（初／平24）

財務副大臣、党副幹事長、財務大臣政務官、財務大臣補佐官、党国対副委員長、福岡県議、福岡JC理事長、獨協大法／60歳

〒812-0014　福岡市博多区比恵町2-1
博多エステートビル102号　☎092（418）9898

福岡県2区　449,552　49投53.81

当109,382　鬼木　誠　自前（46.0）
比当101,258　稲富修二　立前（42.6）
比27,302　新開崇司　維新（11.5）

福岡市（中央区、南区の一部（P177参照）、城南区の一部（P177参照））

おに　き　　まこと
鬼木　誠

自前［森］　当4
福岡県福岡市　S47・10・16
勤10年4ヵ月（初／平24）

衆院安保委員長、党税調幹事、前防衛副大臣、元衆院経産・国交・法務各理事、環境大臣政務官、県議、銀行員、九大法／50歳

〒810-0014　福岡市中央区平尾2-3-15　☎092（707）1972
〒107-0052　港区赤坂2-17-10、宿舎

福岡県3区　433,603　49投54.42

当135,031　古賀　篤　自前（57.9）
比98,304　山内康一　立前（42.1）

福岡市（城南区（第2区に属しない区域）（P177参照）、早良区、西区）、糸島市

こ　が　　あつし
古賀　篤

自前［岸］　当4
福岡県福岡市　S47・7・14
勤10年4ヵ月（初／平24）

環境委員長、厚生労働副大臣、総務（兼）内閣府大臣政務官、国交委理事、金融庁課長補佐、財務省主計局主査、東大法／50歳

〒814-0015　福岡市早良区室見2-1-22 2F　☎092（822）5051
〒100-8982　千代田区永田町2-1-2、会館　☎03（3508）7081

福岡県4区　369,215　49投53.97

当96,023　宮内秀樹　自前（49.4）
比49,935　森本慎太郎　立新（25.7）
比当36,998　阿部弘樹　維新（19.0）
比11,338　竹内信昭　社新（5.8）

宗像市、古賀市、福津市、糟屋郡

みや　うち　ひで　き
宮内秀樹

自前［二］　当4
愛媛県　S37・10・19
勤10年4ヵ月（初／平24）

文部科学委員長、党地方創生実行統合本部事務局長、元農林水産副大臣、党副幹事長、国土交通大臣政務官、青山学院大／60歳

〒811-3101　古賀市天神4-8-1　☎092（942）5510
〒100-8981　千代田区永田町2-2-1、会館　☎03（3508）7174

福岡県5区　454,493　⊛54.52

当125,315　堤　かなめ　立新（53.1）
110,706　原田義昭　自前（46.9）

福岡市（南区（第2区に属しない区域）(P177参照))、筑紫野市、春日市、大野城市、太宰府市、朝倉市、那珂川市、朝倉郡

つつみ

堤　かなめ

立新　　　当1
福岡県　S35・10・27
勤1年5ヵ月（初／令3）

環境委、地域・こども特委、党政調会長補佐、党福岡県連副代表、福岡県議（3期）、大学教員、NPO法人、九州大学／62歳

〒818-0072　筑紫野市二日市中央2-7-17-2F　☎092(409)0077
〒100-8982　千代田区永田町2-1-2、会館　☎03(3508)7062

福岡県6区　374,631　⊛51.19

当125,366　鳩山二郎　自前（67.4）
比38,578　田辺　徹　立新（20.8）
12,565　河野一弘　共新（6.8）
5,612　組坂善昭　無新（3.0）
3,753　熊丸英治　N新（2.0）

久留米市、大川市、小郡市、うきは市、三井郡、三潴郡

はと　やま　じ　ろう

鳩山二郎

自前［二]　　　当3
東京都　S54・1・1
勤6年6ヵ月（初／平28補）

総務理、法務委、倫選特委、消費者特委、総務大臣政務官、国土交通大臣政務官兼内閣府大臣政務官、大川市長、法務大臣秘書官、杏林大／44歳

〒830-0018　久留米市通町1-1 2F　☎0942(39)2111
〒107-0052　港区赤坂2-17-10、宿舎

福岡県7区　288,733　⊛52.53

当92,233　藤丸　敏　自前（62.3）
比55,820　青木剛志　立新（37.7）

大牟田市、柳川市、八女市、筑後市、みやま市、八女郡

ふじ　まる　さとし

藤丸　敏

自前［岸]　　　当4
福岡県　S35・1・19
勤10年4ヵ月（初／平24）

内閣府副大臣、党外交部会長代理、防衛政務官兼内閣府政務官、衆議院議員秘書、高校教師、東京学芸大学大学院中退／63歳

〒836-0842　大牟田市有明町2-1-16
ウドノビル4F　☎0944(57)6106

福岡県8区　349,058　⊛53.04

当104,924　麻生太郎　自前（59.6）
38,083　河野祥子　共新（21.6）
比32,964　大島九州男　れ新（18.7）

直方市、飯塚市、中間市、宮若市、嘉麻市、遠賀郡、鞍手郡、嘉穂郡

あそ　う　た　ろう

麻生太郎

自前［麻]　　　当14
福岡県飯塚市　S15・9・20
勤41年　　（初／昭54）

党副総裁、前副総理・財務相・金融相、元首相、党幹事長、外相、総務相、党政調会長、経財相、経企庁長官、学習院大／82歳

〒820-0040　飯塚市吉原町10-7　☎0948(25)1121
〒100-8981　千代田区永田町2-2-1、会館　☎03(3508)7703

福岡県９区 380,277 投50.95

北九州市(若松区、八幡東区、八幡西区、戸畑区)

当91,591	緒方林太郎	無元	(48.1)
76,481	三原朝彦	自前	(40.2)
比22,273	真島省三	共元	(11.7)

おがたりんたろう
緒方林太郎
無元(有志)　当3
福岡県　S48・1・8
勤7年7ヵ月　(初/平21)

内閣委、予算委、元外務省課長補佐、東大法中退／50歳

〒806-0045　北九州市八幡西区竹末2-2-21　☎093(644)7077

福岡県10区 408,059 投48.00

北九州市(門司区、小倉北区、小倉南区)

当85,361	城井崇	立前	(44.5)
81,882	山本幸三	自前	(42.7)
比21,829	西田主税	維新	(11.4)
2,840	大西啓雅	無新	(1.5)

きい　たかし
城井　崇
立前　当4
福岡県北九州市　S48・6・23
勤10年8ヵ月　(初/平15)

国交委、憲法審委、党政調会長代理、広報本部副本部長、子ども若者応援本部副本部長、憲法調査会副会長、県連代表、国交委理、文科委理、文科大臣政務官、社会福祉法人評議員、衆院議員秘書、京大／49歳

〒802-0072　北九州市小倉北区東篠崎1-4-1
TAKAビル片野2F　☎093(941)7767
〒100-8981　千代田区永田町2-2-1、会館　☎03(3508)7389

福岡県11区 256,676 投54.28

田川市、行橋市、豊前市、田川郡、京都郡、築上郡

当75,997	武田良太	自前	(55.8)
40,996	村上智信	無新	(30.1)
比19,310	志岐玲子	社新	(14.2)

たけだりょうた
武田良太
自前［二］　当7
福岡県福智町(旧赤池町)　S43・4・1
勤19年5ヵ月　(初/平15)

安保委、総務大臣、国家公安委員長、内閣府特命担当大臣(防災)、党幹事長特別補佐、元防衛副大臣・政務官、安保委員長、早大院修了／54歳

〒826-0041　福岡県田川市大字弓削田3513-1　☎0947(46)0224
〒107-0052　港区赤坂2-17-10、宿舎

佐賀県１区 333,792 投56.19

佐賀市、鳥栖市、神埼市、神埼郡、三養基郡

当92,452	原口一博	立前	(50.0)
比当92,319	岩田和親	自前	(50.0)

はらぐちかずひろ
原口一博
立前　当9
佐賀県　S34・7・2
勤26年7ヵ月　(初/平8)

財金委、決算行監委、党副代表、国会対策委員長代行、県連代表、国家基本委理、政倫審幹事、総務大臣、県議、松下政経塾、東大／63歳

〒849-0922　佐賀市高木瀬東2-5-41　☎0952(32)2321
〒107-0052　港区赤坂2-17-10、宿舎

佐賀県2区　340,930　投60.75

当106,608　大串 博志　立前（52.0）
比当98,224　古川 康　自前（48.0）

唐津市、多久市、伊万里市、武雄市、
鹿島市、小城市、嬉野市、東松浦郡、
西松浦郡、杵島郡、藤津郡

おお ぐし ひろ し
大串 博志

立前　　　　　当6
佐賀県白石町　S40・8・31
勤17年7ヵ月　（初/平17）

党選対委員長、懲罰委員長、党税調会
長、首相補佐官、財務大臣政務官、財務
省主計局主査、東大/57歳

〒849-0302　小城市牛津町柿樋瀬1062-1 セリオ2F　☎0952(66)5776
〒107-0052　港区赤坂2-17-10、宿舎　☎03(5549)4671

長崎県1区　334,139　投55.25

当101,877　西岡 秀子　国前（56.1）
比69,053　初村滝一郎　自前（38.0）
10,754　安江綾子　共新（ 5.9）

長崎市(本庁管内、小ヶ倉・土井首・小榊・
西浦上・滑石・福田・深堀・日見・茂木・式
見・東長崎・三重支所管内、香焼・伊王島・
高島・野母崎・三和行政センター管内)

にし おか ひで こ
西岡 秀子

国前　　　　　当2
長崎県長崎市　S39・3・15
勤5年6ヵ月　（初/平29）

党政調会長代理、党副幹事長、党第2部会長、党長
崎県連代表、総務委、文科委、地域・こども特委、
国会議員秘書、会社員、学習院大法学部/58歳

〒850-0842　長崎市新地町5-6　☎095(821)2077
〒100-8982　千代田区永田町2-1-2、会館　☎03(3508)7343

長崎県2区　293,298　投57.03

当95,271　加藤 竜祥　自新（58.2）
比68,405　松平 浩一　立前（41.8）

長崎市(第1区に属しない区域)、
島原市、諫早市、雲仙市、南島
原市、西彼杵郡

か とう りゅうしょう
加藤 竜祥

自新［安］　　　当1
長崎県島原市　S55・2・10
勤1年5ヵ月　（初/令3）

農水委、法務委、倫選特委、党国対委、党政調農林部会、
畜産・酪農対策委事務局次長、党農水関係団体副委員
長、党青年局副部長、衆議院議員秘書、日大経/43歳

〒854-0026　諫早市東本町2-4三央ビル2F　☎0957(35)1000
〒107-0052　港区赤坂2-17-10、宿舎　☎03(5549)4671

長崎県3区　236,525　投60.93

当57,223　谷川 弥一　自前（40.7）
比55,189　山田 勝彦　立新（39.2）
25,566　山田 博司　無新（18.2）
2,750　石本 啓之　諸新（ 2.0）

佐世保市(早岐・三川内・宮支所管内)、大
村市、対馬市、壱岐市、五島市、東彼杵
郡、北松浦郡(小値賀町)、南松浦郡

たに がわ や いち
谷川 弥一

自前［安］　　　当7
長崎県五島市　S16・8・12
勤19年5ヵ月　（初/平15）

文科委、地域・こども特委理、党離島振興
特別委員長、文科委員長、文科副大臣、農
水政務官、県議長、長崎東高/81歳

〒856-0826　大村市東三城町6-1-2F　☎0957(50)1981

長崎県4区 250,004 ⑳55.08

当55,968	北村 誠吾	自前（42.1）
比55,577	末次 精一	立新（41.8）
16,860	萩原 活	無新（12.7）
4,675	田中隆治	無新（3.5）

佐世保市（第3区に属しない区域）、平戸市、松浦市、西海市、北松浦郡（佐々町）

きた むら せい ご
北 村 誠 吾　　自前［岸］　　当8
長崎県　S22・1・29
勤22年10ヵ月（初/平12）

決算行監委、党総務、党半島振興特委長、内閣府特命担当大臣、党総務副会長、副幹事長、安保委長、政調副、防衛副大臣、防衛政務官、学校法人理事、県議、佐世保市議、代議士秘書、早大/76歳

〒857-0863　佐世保市三浦町1-23　☎0956(25)3113
〒100-8982　千代田区永田町2-1-2、会館　☎03(3508)7627

熊本県1区 421,038 ⑳52.91

当131,371	木原 稔	自前（61.0）
比83,842	濱田 大造	立新（39.0）

熊本市（中央区、東区、北区）

き はら みのる
木 原 稔　　自前［茂］　　当5
熊本県熊本市　S44・8・12
勤14年3ヵ月（初/平17）

国土交通委員長、党安保調査会幹事長、政調副会長兼事務局長、選対副委員、文科部会長、青年局長、総理補佐官、財務副大臣、防衛政務官、日本航空、早大/53歳

〒862-0976　熊本市中央区九品寺2-8-17
　　　　　　九品寺サンシャイン1F　☎096(273)6833
〒100-8982　千代田区永田町2-1-2、会館　☎03(3508)7450

熊本県2区 314,184 ⑳58.67

当110,310	西野 太亮	無新（60.6）
60,091	野田 毅	自前（33.0）
11,521	橋田 芳昭	共新（6.3）

熊本市（西区、南区）、荒尾市、玉名市、玉名郡

にし の だい すけ
西 野 太 亮　　自新［無］　　当1
熊本県熊本市　S53・9・22
勤1年5ヵ月　　（初/令3）

総務委、農水委、震災復興特委、党青年局次長、財務省主計局主査、復興庁参事官補佐、コロンビア大学院、東大/44歳

〒861-4101　熊本市南区近見7-5-40　☎096(355)5008
〒100-8981　千代田区永田町2-2-1、会館　☎03(3508)7144

熊本県3区 315,296 ⑳57.37

当125,158	坂本 哲志	自前（71.2）
比37,832	馬場 功世	社新（21.5）
12,909	本間 明子	N新（7.3）

山鹿市、菊池市、阿蘇市、合志市、菊池郡、阿蘇郡、上益城郡

さか もと てつ し
坂 本 哲 志　　自前［森］　　当7
熊本県菊池郡　S25・11・6
勤17年7ヵ月（初/平15）

農水委、地域・こども特委理、党副幹事長、党組織運動本部長代理、内閣府特命担当大臣、農林水産委員長、県議、新聞記者、中央大学中/72歳

〒869-1235　菊池郡大津町室122-4　☎096(293)7990
〒100-8982　千代田区永田町2-1-2、会館　☎03(3508)7034

熊本県4区 404,286 ⑳57.50

当155,572	金子恭之	自前（68.1）
比72,966	矢上雅義	立前（31.9）

八代市、人吉市、水俣市、天草市、
宇土市、上天草市、宇城市、下益城郡、
八代郡、葦北郡、球磨郡、天草郡

金子恭之 かね こ やす し

自前［岸］ 当8
熊本県あさぎり町 S36・2・27
勤22年10ヵ月 （初/平12）

災害特委筆頭理事、総務委、党総務会長代理、総務大臣、党政調会長代理、党副幹事長、国土交通副大臣、農水政務官、早大／62歳

〒866-0814 八代市東片町463-1 ☎0965（39）8366

大分県1区 385,469 ⑳53.17

当97,117	吉良州司	無前（48.8）
比75,932	高橋舞子	自新（38.1）
15,889	山下 魁	共新（8.0）
6,216	西宮重貴	無新（3.1）
4,001	野中美咲	N新（2.0）

大分市の一部（P177参照）

吉良州司 き ら しゅう じ

無前（有志） 当6
大分県 S33・3・16
勤17年5ヵ月 （初/平15）

外務委、国家基本委、有志の会（会派）代表、元外務副大臣、外務大臣政務官、沖北特委長、日商岩井ニューヨーク部長、東大法／64歳

〒870-0820 大分市西大道2-4-2 ☎097（545）7777
〒100-8982 千代田区永田町2-1-2、会館 ☎03（3508）7412

大分県2区 267,779 ⑳60.45

当79,433	衛藤征士郎	自前（50.2）
比78,779	吉川 元	立前（49.8）

大分市（第1区に属しない区域）、日田市、佐伯市、臼杵市、津久見市、竹田市、豊後大野市、由布市、玖珠郡

衛藤征士郎 え とうせい し ろう

自前［安］ 当13(初/昭58)※
大分県 S16・4・29
勤45年6ヵ月 （参6年1ヵ月）

予算委、党外交調査会長、党総務、衆議院副議長、予算委員長、外務副大臣、決算・大蔵委員長、防衛庁長官、参院議員、玖珠町長、早大院／81歳

〒876-0833 佐伯市池船町21-1 ☎0972（24）0003
〒107-0052 港区赤坂2-17-10、宿舎

大分県3区 301,700 ⑳59.67

当102,807	岩屋 毅	自前（58.4）
比73,159	横光克彦	立前（41.6）

別府市、中津市、豊後高田市、杵築市、宇佐市、国東市、東国東郡、速見郡

岩屋 毅 いわ や たけし

自前［麻］ 当9
大分県別府市 S32・8・24
勤26年3ヵ月 （初/平2）

予算委、憲法審、党治安テロ調査会長、防衛大臣、外務副大臣、防衛政務官、文科委員長、県議、早大政経／65歳

〒874-0933 別府市野口元町1-3
富士吉ビル2F ☎0977（21）1781
〒107-0052 港区赤坂2-17-10、宿舎 ☎03（5549）4671

※昭52参院初当選

宮崎県1区　354,691　⑳53.29

宮崎市、東諸県郡

当60,719　渡辺　創　立新（32.6）
比当59,649　武井俊輔　自前（32.0）
43,555　脇谷のりこ　無新（23.4）
比22,350　外山　斎　維新（12.0）

わた　なべ　　そう
渡辺　創　立新　当1

宮崎県宮崎市　S52・10・3
勤1年5ヵ月　（初／令3）

予算委、農水委、災害特委、党県連代表、党組織委副委員長、党災害・緊急事態局事務局長、宮崎県議、毎日新聞記者、新潟大／45歳

〒880-0001　宮崎市橘通西5-5-19　☎0985(77)8777
〒107-0052　港区赤坂2-17-10、宿舎

宮崎県2区　273,071　⑳56.28

延岡市、日向市、西都市、児湯郡、東臼杵郡、西臼杵郡

当94,156　江藤　拓　自前（62.2）
比57,210　長友慎治　国新（37.8）

え　とう　　たく
江藤　拓　自前［無］　当7

宮崎県門川町　S35・7・1
勤19年5ヵ月　（初／平15）

災害特委員長、農水委、党政調会長代理、前農水大臣、内閣総理大臣補佐官、拉致特委、農水委員長、農水副大臣、党農林部会長、成城大／62歳

〒883-0021　日向市大字財光寺233-1　☎0982(53)1367
〒100-8982　千代田区永田町2-1-2、会館　☎03(3508)7468

宮崎県3区　274,053　⑳51.53

都城市、日南市、小林市、串間市、えびの市、北諸県郡、西諸県郡

当111,845　古川禎久　自前（80.7）
20,342　松本　隆　共新（14.7）
6,347　重黒木優平　N新（4.6）

ふる　かわ　よし　ひさ
古川禎久　自前［茂］　当7

宮崎県串間市　S40・8・3
勤19年5ヵ月　（初／平15）

予算委理、憲法審委、党司法制度調査会長、税制調査会副会長、道路調査会事務総長、法務大臣、財務副大臣、東大法／57歳

〒885-0006　都城市吉尾町811-7　☎0986(47)1881
〒107-0052　港区赤坂2-17-10、宿舎

鹿児島県1区　358,070　⑳54.10

鹿児島市（本庁管内、伊敷・東桜島・吉野・吉田・桜島・松元・郡山支所管内）、鹿児島郡

当101,251　宮路拓馬　自前（53.2）
比89,232　川内博史　立前（46.8）

みや　じ　たく　ま
宮路拓馬　自前［森］　当3

鹿児島県南さつま市　S54・12・6
勤8年4ヵ月　（初／平26）

内閣委理、農水委、災害特委、地域・こども特委、内閣府大臣政務官、元総務大臣政務官、総務省課長補佐、内閣官房参事官補佐、広島市財政局、東大法／43歳

〒892-0838　鹿児島市新屋敷町16-422
公社ビル　☎099(295)4860
〒100-8981　千代田区永田町2-2-1、会館　☎03(3508)7206

鹿児島県2区　337,186　⑳ 58.58

当92,614　三反園　訓　無新（47.7）
　80,469　金子万寿夫　自前（41.4）
比21,084　松崎真琴　共新（10.9）

鹿児島市（谷山・喜入支所管内）、
枕崎市、指宿市、南さつま市、
奄美市、南九州市、大島郡

三反園　訓　（みたぞの　さとし）
無新　　　　当1
鹿児島県指宿市　S33・2・13
勤1年5ヵ月　（初／令3）

決算行監委、鹿児島県知事、ニュースキャスター、政治記者、総理官邸各省庁キャップ、早大大学院非常勤講師、早大／65歳

〒891-0141　鹿児島市谷山中央3-4701-4　☎099（266）3333
〒100-8982　千代田区永田町2-1-2、会館　☎03（3508）7511

鹿児島県3区　318,530　⑳ 61.39

当104,053　野間　健　立元（53.9）
比当89,110　小里泰弘　自前（46.1）

阿久根市、出水市、薩摩川内市、
日置市、いちき串木野市、伊佐市、
姶良市、薩摩郡、出水郡、姶良郡

野間　健　（のま　たけし）
立元　　　　当3
鹿児島県日置市　S33・10・8
勤6年3ヵ月　（初／平24）

厚労委、原子力特委理事、党国対副委員長、国民新党政調会長、国務大臣秘書官、商社員、松下政経塾、慶大／64歳

〒895-0061　薩摩川内市御陵下町27-23　☎0996（22）1505
〒100-8982　千代田区永田町2-1-2、会館　☎03（3508）7027

鹿児島県4区　325,670　⑳ 57.16

当127,731　森山　裕　自前（69.5）
比49,077　米永淳子　社新（26.8）
　6,618　宮川直輝　N新（3.6）

鹿屋市、西之表市、垂水市、曽
於市、霧島市、志布志市、曽於郡、
肝属郡、熊毛郡

森山　裕　（もりやま　ひろし）
自前［森］　　当7（初／平16補）*
鹿児島県鹿屋市　S20・4・8
勤24年10ヵ月　（参5年10ヵ月）

党選挙対策委員長、党国会対策委員長、党政調会長代理、農林水産大臣、財務副大臣、参議院議員、鹿児島市議会議長5期、日新高校（旧鶴丸高夜間課程）／77歳

〒893-0015　鹿屋市新川町671-2　☎0994（31）1035
〒100-8981　千代田区永田町2-2-1、会館　☎03（3508）7164

沖縄県1区　267,939　⑳ 55.89

当61,519　赤嶺政賢　共前（42.2）
比当54,532　国場幸之助　自前（37.4）
　29,827　下地幹郎　無前（20.4）

那覇市、島尻郡（渡嘉敷村、座間
味村、粟国村、渡名喜村、南大
東村、北大東村、久米島町）

赤嶺政賢　（あか　みね　せい　けん）
共前　　　　当8
沖縄県那覇市　S22・12・18
勤22年10ヵ月　（初／平12）

党沖縄県委員長、党幹部会委員、安保委、沖北特委、憲法審委、那覇市議、東京教育大／75歳

〒900-0016　那覇市前島3-1-17　☎098（862）7521
〒100-8981　千代田区永田町2-1、会館　☎03（3508）7196

　　※平10参院初当選

沖縄県2区 294,848 ⊘54.82

宜野湾市、浦添市、中頭郡

当74,665	新垣邦男	社新	(47.4)
比当64,542	宮崎政久	自前	(41.0)
比15,296	山川泰博	維新	(9.7)
3,053	中村幸也	N新	(1.9)

あら かき くに お
新垣邦男 社新　　当1(初/令3)
沖縄県　S31・6・19
勤1年5ヵ月　〈沖縄2区〉

党副党首、政審会長、国対委員長、安保委、憲法審委、沖北特委、元北中城村長、日大／66歳

〒901-2212 宜野湾市長田4-16-11　☎098(892)2132
〒107-0052 港区赤坂2-17-10、宿舎

沖縄県3区 316,908 ⊘54.00

名護市、沖縄市、うるま市、国頭郡、島尻郡(伊平屋村、伊是名村)

当87,710	島尻安伊子	自新	(52.1)
比80,496	屋良朝博	立前	(47.9)

しま じり あ い こ
島尻安伊子 自新[茂]　当1(初/令3)※
宮城県仙台市　S40・3・4
勤10年10ヵ月(参9年5ヵ月)

沖北特委理、外務委、総務委、内閣府特命担当大臣、参院環境委員長、党沖縄県連会長、参議院議員、那覇市議、上智大／57歳

〒904-2153 沖縄市美里1-2-1　☎098(921)3144
〒107-0052 港区赤坂2-17-10、宿舎

沖縄県4区 295,455 ⊘55.05

石垣市、糸満市、豊見城市、宮古島市、南城市、島尻郡(与那原町、南風原町、八重瀬町)、宮古郡、八重山郡

当87,671	西銘恒三郎	自前	(54.9)
比72,031	金城徹	立新	(45.1)

にし め こう さぶ ろう
西銘恒三郎 自前[茂]　　当6
沖縄県　S29・8・7
勤16年1ヵ月　(初/平15)

外務委理、沖北特委、復興・沖北担当大臣、沖北特筆理、安保・国交委員長、経産・総務副大臣、国交政務官、予算委理事、県議4期、上智大／68歳

〒901-1115 沖縄県島尻郡南風原字山川286-1(2F)　☎098(888)5360
〒100-8982 千代田区永田町2-1-2、会館　☎03(3508)7218

比例代表 九州 20人

福岡、佐賀、長崎、熊本、大分、宮崎、鹿児島、沖縄

いま むら まさ ひろ
今村雅弘 自前[二]　　当9
佐賀県鹿島市　S22・1・5
勤26年7ヵ月　(初/平8)

党政調会長代理、党物流調査会長、予算委、元復興大臣、農林水産副大臣、国交・外務政務官、衆国交委員長、JR九州、東大法／76歳

〒840-0032 佐賀市末広2-13-36　☎0952(27)8015
〒100-8982 千代田区永田町2-1-2、会館　☎03(3508)7610

※平19補参院初当選

やす おか ひろ たけ
保岡 宏武

自新［無］　当1
鹿児島県　S48・5・6
勤1年5ヵ月　（初／令3）

総務委、農水委、消費者特委、地域・こども特委、衆議員保岡興治公設第一秘書、鹿児島事務所長、青山学院大法学部、鹿児島大学大学院農学研究科／49歳

〒890-0054　鹿児島市荒田1-10-8
〒106-0032　港区六本木7-1-3、宿舎　　☎099(263)8666

いわ た かず ちか
岩田 和親

自前［岸］　当4(初/平24)
佐賀県　S48・9・20
勤10年4ヵ月　（佐賀1区）

経産委理事、法務委、震災復興特委、党経産部会長、経産・内閣府・復興GX大臣政務官、防衛大臣政務官、佐賀県議、九大法／49歳

〒840-0045　佐賀市西田代2-3-14-1
〒107-0052　港区赤坂2-17-10、宿舎　　☎0952(23)7880

たけ い しゅん すけ
武井 俊輔

自前［岸］　当4(初/平24)
宮崎県宮崎市　S50・3・29
勤10年4ヵ月　（宮崎1区）

外務副大臣、党国対副委員長、外務政務官、県水泳連盟会長、県議、早大院、中大／47歳

〒880-0805　宮崎市橘通東2-1-4
　　　　　　テツカビル1F
〒100-8982　千代田区永田町1-2-2、会館☎03(3508)7388

ふる かわ やすし
古川 康

自前［茂］　当3(初/平26)
佐賀県唐津市　S33・7・15
勤8年4ヵ月　（佐賀2区）

国土交通大臣政務官、党税調幹事、組織本部財政金融証券委員長、総務副会長、農業基本政策検討委員会事務局次長、総務大臣政務官、佐賀県知事、東大／64歳

〒847-0052　唐津市呉服町1790
〒107-0052　港区赤坂2-17-10、宿舎　　☎0955(74)7888

こく ば こう の すけ
國場 幸之助

自前［岸］　当4(初/平24)
沖縄県　S48・1・10
勤10年4ヵ月　（沖縄1区）

安保委理、沖北特委、経産委、憲法審委、党国防部会長、中小企業・小規模事業者政策調査会事務局長、外務大臣政務官、党副幹事長、党沖縄県連会長、県議、会社員、早大卒、日大中退／50歳

〒900-0033　那覇市久米2-31-1
　　　　　　マリーナヴィスタ久米2F☎098(861)6813
〒100-8982　千代田区永田町2-1-2、会館☎03(3508)7741

みや ざき まさ ひさ
宮﨑 政久

自前［茂］　当4(初/平24)
長野県　S40・8・8
勤9年3ヵ月　（沖縄2区）

法務委理、消費者特委理、党法務部会長、法務大臣政務官、党経産部会長代理、国交委会長代理、弁護士、明大法／57歳

〒901-2211　宜野湾市宜野湾1-1-1 2F☎098(893)2955
〒107-0052　港区赤坂2-17-10、宿舎　　☎03(5549)4671

おざと やす ひろ
小 里 泰 弘
自前［無］　当6（初/平17）
鹿児島県　S33・9・29
勤17年7ヵ月　〈鹿児島3区〉

党総務会長代理、党経済成長戦略本部長、災害特委員長、農水副大臣、農水委員長、環境（兼）内閣府副大臣、慶大／64歳

〒895-0012　鹿児島県薩摩川内市平佐1-10 ☎0996（23）5888
〒100-8981　千代田区永田町2-2-1、会館 ☎03（3508）7247

すえ つぐ せい いち
末 次 精 一
立新　当1（初/令3）
長崎県　S37・12・2
勤1年5ヵ月　〈長崎4区〉

国土交通委、地域・こども特委、長崎県議、衆議院議員秘書、NPO法人理事長、京大工学部／60歳

〒857-0016　佐世保市俵町6-21 ☎0956（37）3535

よし かわ　はじめ
吉 川 　元
立前　当4（初/平24）
香川県　S41・9・28
勤10年4ヵ月　〈大分2区〉

議運理事、文科委、党国対副委員長、社民党副党首、政策秘書、神戸大中退／56歳

〒875-0041　大分県臼杵市大字臼杵195 ☎0972（64）0370
〒107-0052　港区赤坂2-17-10、宿舎

やま だ かつ ひこ
山 田 勝 彦
立新　当1（初/令3）
長崎県長崎市　S54・7・19
勤1年5ヵ月　〈長崎3区〉

法務委、厚労委、消費者特委理、障がい福祉施設代表、衆議員秘書、法政大／43歳

〒856-0805　大村市竹松本町859-1 ☎0957（46）3788
〒107-0052　港区赤坂2-17-10、宿舎

いな とみ しゅう じ
稲 富 修 二
立前　当3（初/平21）
福岡県　S45・8・26
勤8年10ヵ月　〈福岡2区〉

内閣委理事、災害特委、党政調副会長、丸紅、松下政経塾、東大法、米コロンビア大院修了／52歳

〒815-0041　福岡市南区野間4-1-35-107 ☎092（557）8501
〒100-8982　千代田区永田町2-1-2、会館 ☎03（3508）7515

はま ち まさ かず
濱 地 雅 一
公前　当4
福岡県福岡市　S45・5・8
勤10年4ヵ月　（初/平24）

安保委理事、拉致特委理事、党中央幹事、党福岡県本部代表、外務大臣政務官、弁護士、早大法学部／52歳

〒812-0023　福岡市博多区奈良屋町11-6
　奈良屋ビル2F ☎092（262）6616
〒100-8981　千代田区永田町2-2-1、会館 ☎03（3508）7235

よし だ のぶ ひろ
吉田 宣弘

公前　　　　当3
熊本県荒尾市　S42・12・8
勤5年　　　（初／平26）

党国対副委員長、外務委理事、災害特委理事、元福岡県議、元参院議員秘書、九州大学／55歳

〒862-0910　熊本市東区健軍本町26-10
　　　　　　村上ビル2F-A　　☎096(285)3686
〒100-8981　千代田区永田町2-2-1、会館☎03(3508)7276

きん じょう やす くに
金城 泰邦

公新　　　　当1
沖縄県浦添市　S44・7・16
勤1年5ヵ月　（初／令3）

党地方議会局次長、党遊説局次長、党沖縄方面本部幹事長、党沖縄県本部代表代行、外務委、沖北特委理、沖縄県議、浦添市議、沖縄国際大／53歳

〒901-2114　浦添市安波茶1-6-5 3F　☎098(870)7120
〒107-0052　港区赤坂2-17-10、宿舎

よし だ く み こ
吉田久美子

公新　　　　当1
佐賀県鳥栖市　S38・7・19
勤1年5ヵ月　（初／令3）

党女性委員会副委員長、厚労委、決算委、消費者特委、佐賀大教育学部／59歳

〒818-0072　筑紫野市二日市中央6-3-1-202☎092(929)2801
〒100-8982　千代田区永田町2-1-2、会館　☎03(3508)7055

あ べ ひろ き
阿部弘樹

維新　　　　当1(初/令3)
福岡県　　　S36・12・15
勤1年5ヵ月　〈福岡4区〉

法務委、福岡県議、津屋崎町長、厚生省課長補佐、保健所、医師、医博、熊本大学大学院／61歳

〒811-2207　福岡県糟屋郡志免町南里3-4-1
　　　　　　　　　　　　　　☎092(957)8760
〒100-8982　千代田区永田町2-1-2、会館☎03(3508)7480

やま もと ごう せい
山本 剛正

維元　　　　当2(初/平21)
東京都　　　S47・1・1
勤4年9ヵ月　〈福岡1区〉

国土交通委、倫選特委理事、商社員、衆議院議員秘書、駒澤大学／51歳

〒812-0001　福岡市博多区大井2-13-23　☎092(621)0120

た むら たか あき
田村 貴昭

共前　　　　当3(初/平26)
大阪府枚方市　S36・4・30
勤8年4ヵ月

党中央委員、農水委、財金委、災害特委、北九州市議、北九州大学法学部政治学科／61歳

〒810-0022　福岡市中央区薬院3-13-12
　　　　　　大場ビル3F　　☎092(526)1933
〒107-0052　港区赤坂2-17-10、宿舎

長友 慎治
なが　とも　しん　じ

国 新　　当1(初/令3)

宮崎県宮崎市
勤1年5ヵ月

S52・6・22
〈宮崎2区〉

農水委、沖北特委、党政調副会長、NPO法人
フードバンク日向理事長、日向市産業支援セ
ンター長、㈱博報堂ケトル、早大法／45歳

〒882-0823 延岡市中町2-2-20　☎0982(20)2011
〒100-8982 千代田区永田町2-1-2、会館　☎03(3508)7212

比例代表　九州　20 人	有効投票数　6,307,040票

政党名	当選者数	得票数	得票率
	惜敗率 小選挙区		惜敗率 小選挙区

自民党　8人　　2,250,966票　35.69%

当①今村　雅弘 前			③古賀　篤 前	福3
当②保岡　宏武 新			③宮内　秀樹 前	福4
当③岩田　和親 前(99.86)	佐1		③鳩山　二郎 前	福6
当③武井　俊輔 前(98.24)	宮1		③藤丸　敏 前	福7
当③古川　康 前(92.14)	佐2		③武田　良太 前	福11
当③国場幸之助 前(88.41)	沖1		③加藤　竜祥 新	長2
当③宮崎　政久 前(86.44)	沖2		③木原　稔 前	熊1
当③小里　泰弘 前(85.64)	鹿3		③坂本　哲志 前	熊3
③高橋　舞子 新(78.19)	大1		③金子　恭之 前	熊4
③初村滝一郎 新(67.78)	長1		③岩屋　毅 前	大3
㉘河野　正美 元			③江藤　拓 前	宮2
㉙新　義明 新			③古川　禎久 前	宮3
㉚田畑　隆治 新			③宮路　拓馬 前	鹿1
【小選挙区での当選者】			③島尻安伊子 新	沖3
③井上　貴博 前	福1		③西銘恒三郎 前	沖4
③鬼木　誠 前	福2			

立憲民主党　4人　　1,266,801票　20.09%

当①末次　精一 前(99.30)	長4		①森本慎太郎 新(52.00)	福4
当①吉川　元 前(99.18)	大2		①矢上　雅義 前(46.90)	熊4
当①山田　勝彦 新(96.45)	長3		①田辺　徹 新(30.77)	福6
当①稲富　修二 前(92.57)	福2		㉓出口慎太郎 新	
①屋良　朝博 前(91.78)	沖3		㉔大川　富洋 元	
①川内　博史 前(88.13)	鹿1		㉕川西　義人 新	
①金城　徹 新(82.16)	沖4		【小選挙区での当選者】	
①山内　康一 前(72.80)	福3		①堤　かなめ 新	福5
①松平　浩一 前(71.80)	長2		①城井　崇 前	福10
①横光　克彦 前(71.16)	大3		①原口　一博 前	佐1
①濱田　大造 新(63.82)	熊1		①大串　博志 前	佐2
①青木　剛志 新(60.52)	福7		①渡辺　創 新	宮1
①坪田　晋 新(54.06)	福1		①野間　健 元	鹿3

公明党　4人　　1,040,756票　16.50%

当①浜地　雅一 前		当④吉田久美子 新	
当②吉田　宣弘 前		⑤窪田　哲也 新	
当③金城　泰邦 新		⑥中山　英一 新	

㊟
略
歴

比
例
九
州

日本維新の会　2人　　540,338票　8.57%

当①阿部　弘樹 新(38.53)福 4	①西田　主税 新(25.57)福10	
当①山本　剛正 元(37.82)福 1	①新開　崇司 新(24.96)福 2	
①外山　斎 新(36.81)宮 1	▼①山川　泰博 新(20.49)沖 2	

共産党　1人　　365,658票　5.80%

当②田村　貴昭 前	【小選挙区での当選者】	
③真島　省三 元　　　　福 9	①赤嶺　政賢 前　　　　沖 1	
④松崎　真琴 新　　　　鹿 2		

国民民主党　1人　　279,509票　4.43%

当①長友　慎治 新(60.76)宮 2	【小選挙区での当選者】	
③前野真実子 新	①西岡　秀子 前　　　　長 1	

▼は小選挙区の得票が有効投票総数の10分の1未満で、復活当選の資格がない者
・・・

その他の政党の得票数・得票率は下記のとおりです。
（当選者はいません）

政党名	得票数	得票率			
れいわ新選組	243,284票	3.86%	NHKと裁判してる党弁護士法72条違反で		
社民党	221,221票	3.51%		98,506票	1.56%

㊥
略
歴

比
例
九
州

衆議院小選挙区区割り詳細（未掲載分）

【北海道1区の札幌市北区・西区の一部】（P53参照）

北区（本庁管内（北六条西1～9丁目、北七条西1～10丁目、北八条西1～11丁目、北九条西1～11丁目、北十条西1～11丁目、北十一条西1～11丁目、北十二条西5～12丁目、北十三条西5～12丁目、北十四条西5～13丁目、北十五条西6～13丁目、北十六条西6～13丁目、北十七条西7～13丁目））、山の手一条1～13丁目、山の手二条1～12丁目、山の手三条1～12丁目、山の手四条1～11丁目、山の手五条1～10丁目、山の手六条1～9丁目、山の手七条5～8丁目、山の手、山の手二十四軒一条1～7丁目、二十四軒二条1～7丁目、二十四軒三条1～7丁目、二十四軒四条1～7丁目、琴似一条1～7丁目、琴似二条1～7丁目、琴似三条1～7丁目、琴似四条1～7丁目、発寒六条14丁目、発寒七条14丁目、発寒八条13丁目（14番）、発寒八条14丁目、発寒九条13丁目（5番から7番まで）、発寒九条14丁目、小別沢、宮の沢一条1～5丁目、宮の沢二条1～5丁目、宮の沢三条2～5丁目、宮の沢四条3～5丁目、宮の沢、西町南1～21丁目、西町北1～20丁目、西野一条1～9丁目、西野二条1～10丁目、西野三条1～10丁目、西野四条1～10丁目、西野五条1～10丁目、西野六条1～10丁目、西野七条1～10丁目、西野八条1～10丁目、西野九条1～10丁目、西野十条6～9丁目、西野十一条4～7丁目、西野十二条8丁目、西野十三条8丁目、西野十四条8丁目、福井、福井一～10丁目、福井、平和一条2～11丁目、平和二条1～11丁目、平和三条4～10丁目、平和）

【北海道2区の札幌市北区（1区に属しない区域）】（P53参照）

本庁管内（北十二条西1～4丁目、北十三条西1～4丁目、北十四条西1～5丁目、北十五条西1～5丁目、北十六条西1～5丁目、北十七条西1～6丁目、北十八条西1～13丁目、北十九条西2～13丁目、北二十条西1～13丁目、北二十一条西2～13丁目、北二十二条西2～13丁目、北二十三条西1～14丁目、北二十四条西2～19丁目、北二十五条西2～9丁目、北二十六条西1～16丁目、北二十七条西1～12丁目、北二十八条西1～15丁目、北二十九条西1～13丁目、北三十条西1～12丁目、北三十一条西2～11丁目、北三十二条西1～15丁目、北三十三条西2～11丁目、北三十四条西2～9丁目、北三十八条西2～8丁目、北三十九条西3～7丁目、北四十一条西6丁目、新川一条1～6丁目、新川二条1～5丁目、新川三条1～20丁目、新川四条1～20丁目、新川五条1～6丁目、新川六条14～16丁目、新川五条20丁目、新川六条14～16丁目、新川六条20丁目、新川七条16丁目、新川八条11丁目、新川一条1～4丁目、新川西一条6～7丁目、新川西二条1～7丁目、新川西三条1～7丁目、新川四条西3～4丁目、新川四条西5条4丁目、新川、新琴似一条1～13丁目、新琴似二条1～13丁目、新琴似三条1～13丁目、新琴似四条1～17丁目、新琴似五条1～17丁目、新琴似六条1～17丁目、新琴似七条1～17丁目、新琴似八条1～17丁目、新琴似九条1～16丁目、新琴似十条1～17丁目、新琴似十一条1～17丁目、新琴似、屯田一条1～2丁目、屯田三条1～5丁目、屯田三条1～8丁目、屯田四条1～10丁目、屯田五条1～10丁目、屯田六条1～9丁目、屯田七条1～9丁目、屯田八条1～12丁目、屯田九条1～12丁目、屯田十条1～3丁目、屯田十一条1～3丁目、屯田町、麻生町1～9丁目）、篠路出張所管内

【北海道4区の札幌市西区（1区に属しない区域）】（P54参照）

八軒一条東1～5丁目、八軒一条西1～6丁目、八軒二条東1～5丁目、八軒二条西1～6丁目、八軒三条東1～5丁目、八軒三条西1～6丁目、八軒四条東1～5丁目、八軒四条西1～5丁目、八軒五条東1～5丁目、八軒五条西1～6丁目、八軒六条東1～5丁目、八軒六条西1～6丁目、八軒七条東1～5丁目、八軒七条西1～6丁目、八軒八条東1～5丁目、八軒八条西1～6丁目、八軒九条東1～6丁目、八軒九条西1～11丁目、八軒十条東1～6丁目、八軒十条西1～9丁目、発寒一条2～6丁目、発寒二条1～7丁目、発寒三条1～7丁目、発寒四条1～6丁目、発寒五条1～11丁目、発寒六条1～11丁目、発寒六条1～13丁目、発寒七条4～5丁目、発寒七条5～7丁目、発寒八条9～12丁目、発寒八条1～13丁目（14番を除く。）、発寒九条9～12丁目、発寒九条13丁目（5番から7番までを除く。）、発寒十条1～5丁目、発寒十一条4～7丁目、発寒十一条8～14丁目、発寒十二条1～5丁目、発寒十二条11～14丁目、発寒十三条5～7丁目、発寒十三条8～11丁目、発寒十三条11～14丁目、発寒十四条1～5丁目、発寒十五条1～4丁目、発寒十五条12～14丁目、発寒十六条1～14丁目、発寒十六条5～11丁目、発寒十七条13～14丁目

【茨城県1区の下妻市の一部】（P67参照）

下妻、長塚、砂沼新田、坂本新田、大木新田、石の宮、堀篭、坂井、比毛、横根、平川戸、北大宝、大宝、大串、平沼、福田、下木戸、神明、若柳、下宮、数須、筬場、下田、中郷、黒駒、江、平方、尻手、渋井、柳ヶ瀬、前河原、赤須、栄、半谷、大木、南原、上野、関本下、関本上、鯨畷、古沢、小島、二本紀、今泉、中居指、新堀、加養、亀崎、樋橋、村谷、山尻、谷田部、柳原、安食、高道祖、本城町1～3丁目、小野子町1～2丁目、本宿町1～2丁目、田町1～2丁目

【栃木県1区の下野市の一部】（P69参照）

薬師寺、成田、町田、谷池置、下文挾、田中、石川、本吉田、別当河原、下吉田、磯部、中川島、上川島、上吉田、三王山、絹板、花田、下坪山、上坪山、東根、祇園1～5丁目、緑1～6丁目

【埼玉県1区のさいたま市見沼区の一部】（P71参照）

大字大谷、大和田町1～2丁目、卸町1～2丁目、大字加田屋新田、加田屋1～2丁目、大字片柳、片柳1～2丁目、片柳東、大字上山口新田、大字大谷、大字島、島町1～2丁目、大字新右エ門新田、大字染谷、染谷1～3丁目、大字中川、大字東大宮、大字西山村新田町、大字蓮沼、春岡1～3丁目、春野1～4丁目、大字東新井、東大宮5～7丁目、大字東門前、大字藤子、大字深作、深作1～5丁目、大字膝子、東宮下1～3丁目、大字風渡野、堀崎町、大字丸ヶ崎、丸ヶ崎町、大字御蔵、大字南中野、大字南中丸、大字見山、大字山

【埼玉県2区の川口市の一部】（P72参照）

本庁管内、新郷・神根支所管内、芝支所管内（芝中田1～2丁目、芝宮根町、芝

169

高木1～2丁目、芝東町、芝1～4丁目、芝下1～3丁目、大字芝（3102番地から3198番地までを除く。）、芝西1丁目（1番から11番までを除く。）、芝西2丁目、芝塚原1丁目（1番及び4番を除く。）、芝塚原2丁目、大字伊刈、大字小谷場、柳崎1～5丁目、北園町、柳根町）、安行・戸塚・鳩ヶ谷支所管内

【埼玉県3区の越谷市の一部】（P72参照）

赤山町1～5丁目、赤山本町、東町1～5丁目、伊原1～2丁目、大字大里、大沢、大沢1～4丁目、大字大泊、大沢1丁目、大字大林、大字大房、大字大松、大間野町1～5丁目、大字大吉、大字小曽川、大字上間久里（976番地から1075番地までを除く。）、大字蒲生、蒲生1～4丁目、蒲生茜町、蒲生旭町、蒲生愛宕町、蒲生寿町、蒲生西町1～2丁目、蒲生東町、蒲生南町、蒲生南町、川柳町1～5丁目、瓦曽根1～3丁目、大字北川崎、北越谷1～5丁目、越ヶ谷、越ヶ谷1～5丁目、越ヶ谷本町、御殿町、相模町1～7丁目、七左町1丁目、七左町4～8丁目、大字七間町、新川町1～2丁目、新越谷1～2丁目、神明町1～3丁目、大字砂原、千間台東1～4丁目、大成町1～8丁目、大字大道、大字千間台、大字長島、中町、大字西新井、大字西方、西方1～2丁目、大字野島、登戸町、大字花田、花田1～7丁目、東大沢1～5丁目、東越谷1～10丁目、東町駅前、大字平方、平方南町、大字袋山（671番地から679番地まで、681番地から687番地まで、696番地から699番地まで、704番地、728番地から753番地まで、761番地から805番地まで、811番地から837番地まで、843番地、856番地から888番地まで、899番地から952番地まで、978番地から1021番地まで、1081番地から1162番地まで、1164番地から1187番地まで、1191番地から1218番地まで、1677番地、1717番地、1718番地、1756番地、1757番地、1851番地から2001番地まで、2004番地から2060番地まで）、大字船渡、大字増林、増林1～3丁目、大字増森、増森1～2丁目、大字南荻島（1番地から4013番地まで、4095番地、4096番地及び4131番地から4135番地まで）、南越谷1～5丁目、南町1～3丁目、宮前1丁目、宮本町1～5丁目、大字向畑、元柳田町、弥栄町1～4丁目、大字弥十郎、谷中町1～4丁目、柳町、弥生町、流通団地1～4丁目、レイクタウン1～9丁目

【埼玉県13区の春日部市の一部、越谷市（3区に属しない区域）】（P74参照）

春日部市（赤沼、一ノ割、一ノ割1～4丁目、牛島、内牧、梅田、梅田1～3丁目、梅田本町1～2丁目、大枝、大沼1～7丁目、大場、大畑、粕壁、粕壁1～3丁目、粕壁東1～6丁目、上大増新田、上蛭田、小渕、栄町1～3丁目、下大増新田、下蛭田、新川、薄谷、千間1丁目、中央1～8丁目、銚子口、道口蛭田、道順川戸、豊町1～3丁目、武里中野、新方袋、西八木崎1～3丁目、八丁目、花積、浜川戸1～2丁目、樋掘、樋籠、備後西1～5丁目、備後東1～8丁目、藤塚、不動院野、本田町1～2丁目、増戸、増戸、増田新田、緑町1～6丁目、南1～5丁目、南栄町、南中曽根、八木崎町1～2丁目、谷原新田、豊町1～6丁目、六軒町）、**越谷市**（大字大竹、大字大道、大字恩間、大字恩間新田、大字上間久里（976番地から1075番地までを除く。）、大字三野宮、千間台西1～5丁目、大字袋山（671番地から679番地まで、681番地から687番地まで、696番地から699番地まで、704番地、728番地から753番地まで、761番地から805番地まで、811番地から837番地まで、843番地、856番地から888番地まで、899番地から952番地まで、978番地から1021番地まで、1081番地から1162番地まで、1164番地から1187番地まで、1191番地から1218番地まで、1677番地、1717番地、1718番地、1756番地、1757番地、1851番地から2001番地まで及び2004番地から2060番地までを除く。）、大字南荻島（1番地から4013番地まで、4095番地、4096番地及び4131番地から4135番地までを除く。））

【埼玉県15区の川口市の一部】（P75参照）

芝支所管内（芝新町、芝5丁目、芝樋ノ爪1～2丁目、芝富士1～2丁目、芝園町、大字芝（3102番地から3198番地まで）、芝塚原1丁目（1番及び4番）

【千葉県5区の市川市本庁管内】（P81参照）

市川1～3丁目、市川南1～3丁目、真間1～3丁目、新田1～5丁目、平田1～4丁目、大洲1～4丁目、大和田1～5丁目、東大和田1～2丁目、稲荷木1～3丁目、八幡1～6丁目、南八幡1～5丁目、菅野1～6丁目、東菅野1～3丁目、鬼越1～2丁目、鬼高1～4丁目、高石神、中山1～4丁目、若宮1～3丁目、北方1～3丁目、本北方1～3丁目、北方町4丁目、東浜1丁目、田尻、田尻1～5丁目、高谷、高谷1～3丁目、高谷新町、原木、原木1～4丁目、二俣、二俣1～2丁目、二俣新町、上妙典

【千葉県10区の横芝光町の一部】（P82参照）

篠本、新井、宝米、市野原、二又、小川台、台、傍示戸、富下、虫生、小田部、母子、宮崎、芝崎南、芝崎、芝崎中、台、日邊、上原、原方、木戸、尾重イ、尾垂ロ、篠本根切

【神奈川県7区の横浜市都筑区の一部】（P84参照）

あゆみが丘、池辺町、牛久保町、牛久保1～3丁目、牛久保西1～4丁目、牛久保東1～3丁目、大棚町、大棚西、大熊町、折本町、加賀原1～2丁目、勝田町、勝田南1～2丁目、川向町、川和台、川和町、北山田1～7丁目、葛が谷、佐江戸町、桜並木、桜並木、すみれが丘、高山、茅ヶ崎町、茅ヶ崎中央、茅ヶ崎南1～5丁目、茅ヶ崎南1～5丁目、中川1～8丁目、中川中央1～2丁目、長坂、仲町台1～5丁目、二の丸、早渕1～3丁目、東方町、東山田町、東山田1～4丁目、平台、富士見が丘、南山田町、南山田1～3丁目、見花山

【神奈川県10区の川崎市中原区の一部】（P85参照）

新丸子町、新丸子東1～3丁目、丸子通1～2丁目、上丸子山王町1～2丁目、上丸子八幡町、上丸子天神町、小杉町1～3丁目、小杉御殿町1～2丁目、小杉陣屋町1～2丁目、等々力、井田1～3丁目、西加瀬、木月祗園町、木月伊勢町、木月大町、木月住吉町、苅宿、大倉町、市ノ坪、今井上町、今井仲町、今井西町、今井南町、井田中ノ町、井田三舞町、井田杉山町、北谷町、中丸子、下沼部、上丸子、小杉

【神奈川県13区の座間市の一部】（P86参照）

入谷1～5丁目、栗原、栗原1～6丁目、小松原1～2丁目、さがみ野1～3丁目、座間、座間1～2丁目、座間入谷、新田宿、相武台1～4丁目、立野台1～3丁目、

西栗原1～2丁目、東原1～5丁目、ひばりが丘1～5丁目、広野台1～2丁目、緑ケ丘1～6丁目、南栗原1～6丁目、明王、四ツ谷

【神奈川県14区の相模原市緑区・南区の一部】（P86参照）

緑区（相原、相模大野、大山町、上九沢、下九沢、田名、西橋本1～5丁目、二本松1～3丁目、橋本1～8丁目、橋本台1～4丁目、東橋本1～4丁目、元橋本町）、**南区**（旭町、鵜野森1～3丁目、大野台1～8丁目、上鶴間1～8丁目、上鶴間本町1～9丁目、古淵1～6丁目、相模台1～9丁目、相南1丁目（1番から18番まで）、相南2丁目（1番から12番まで、17番及び25番から28番まで）、相南3丁目（1番から26番まで及び34番から47番まで）、西大沼1～5丁目、東大沼1～4丁目、東林間1～8丁目、文京1～2丁目、御園1～5丁目、豊町、若松1～6丁目）

【神奈川県16区の相模原市南区（14区に属しない区域）】（P87参照）

麻溝台、麻溝台1～8丁目、新磯野、新磯野1～5丁目、磯部、上鶴間、北里1～2丁目、相模台1～7丁目、相模台団地、桜台、下溝、新戸、相南1丁目（19番から24番まで）、相南2丁目（13番から16番まで及び18番から24番まで）、相南3丁目（27番から33番まで）、相南4丁目、相武台1～3丁目、相武台団地1～2丁目、当麻、双葉1～2丁目、松が枝町、御園4～5丁目、南台1～6丁目

【神奈川県18区の川崎市中原区（10区に属しない区域）・宮前区（9区に属しない区域）】（P87参照）

中原区（宮内1～4丁目、新城、上新城1～2丁目、新城1～5丁目、新城中町、下新城1～3丁目、上小田中1～7丁目、下小田中1～6丁目、井田三舞町、井田杉山町）、**宮前区**（向ケ丘、けやき平、神木1～2丁目、馬絹、馬絹1～3丁目、小台1～2丁目、土橋1～7丁目、有馬1～9丁目、東有馬1～5丁目、野川、宮崎、宮崎1～6丁目、宮前平1～3丁目、鷺沼1～4丁目、梶ケ谷、菅生ケ丘、水沢1～3丁目、潮見台、初山1～2丁目、菅生1～6丁目、犬蔵1～3丁目、平1～6丁目、五所塚1～2丁目、南平台、白幡台1～2丁目）

【東京都1区の港区・新宿区の一部】（P93参照）

港区（芝地区総合支所管内（芝5丁目、三田1～3丁目））、麻布地区・赤坂地区・高輪地区総合支所管内、芝浦港南地区総合支所管内（芝浦4丁目、海岸3丁目（4番から13番まで、20番、21番及び31番から33番まで）、港南1～5丁目、台場1～2丁目））、**新宿区**（本庁管内、四谷・箪笥町・榎町・若松町・大久保・戸塚特別出張所管内、落合第一特別出張所管内（下落合1～4丁目、中落合2丁目、高田馬場3丁目）、柏木・角筈特別出張所管内）

【東京都2区の港区（1区に属しない区域）、台東区の一部】（P93参照）

港区（芝地区総合支所管内（芝1～4丁目、海岸1丁目、東新橋1～2丁目、新橋1～6丁目、西新橋1～3丁目、浜松町1～2丁目、芝大門1～2丁目、芝公園1～4丁目、虎ノ門1～5丁目、愛宕1～2丁目）、芝浦港南地区総合支所管内（芝浦1～3丁目、海岸2丁目（1番から3番まで、14番から19番まで及び22番から30番まで）））、**台東区**（台東1～4丁目、柳橋1～2丁目、浅草橋1～5丁目、鳥越1～2丁目、蔵前1～4丁目、小島1～2丁目、三筋1～2丁目、秋葉原、上野1～7丁目、東上野1～5丁目、元浅草1～4丁目、寿1～4丁目、駒形1～2丁目、北上野1～2丁目、下谷1丁目、下谷2丁目（1番から12番まで、13番6号から13番13号まで及び16番から23番まで）、下谷3丁目、根岸1～5丁目、入谷1丁目（1番から8番まで、15番から28番まで及び29番から61番まで）、入谷2丁目（34番から39番まで）、竜泉1～3丁目、西浅草1丁目、雷門1～2丁目、浅草1丁目、浅草2丁目（1番から12番まで及び17番から27番まで）、花川戸1～2丁目、千束2丁目（33番から36番まで）、日本堤2丁目（36番から39番まで）、三ノ輪1～2丁目、池之端1～4丁目、上野公園、上野桜木1～2丁目、谷中1丁目）

【東京都3区の品川区・大田区の一部】（P93参照）

品川区（品川第一・品川第二地域センター管内、大崎第一地域センター管内（東五反田1～3丁目、西五反田1丁目、西五反田2丁目（1番から21番まで）、西五反田8丁目（4番19から4番13号まで、5番、6番20号から6番23号まで、7番及び8番）、小山台1丁目、小山1丁目、荏原1丁目）、大崎第二地域センター管内（西五反田6丁目及び7丁目並びに荏原1丁目を除く。）、大井第一・大井第二・大井第三・荏原第一・荏原第二・荏原第三・荏原第四・荏原第五・八潮地域センター管内）、**大田区**（嶺町・田園調布特別出張所管内、鵜の木特別出張所管内（鵜の木2丁目及び鵜の木3丁目に属する区域に限る。）、久が原特別出張所管内（千鳥1丁目及び池上3丁目に属する区域を除く。）、雪谷・千束特別出張所管内）

【東京都4区の大田区（3区に属しない区域）】（P94参照）

大森東・大森西・入新井・馬込・池上・新井宿特別出張所管内、鵜の木特別出張所管内（鵜の木2丁目及び鵜の木3丁目に属する区域を除く。）、久が原特別出張所管内（千鳥1丁目及び池上3丁目に属する区域に限る。）、糀谷・羽田・六郷・矢口・蒲田西・蒲田東特別出張所管内

【東京都5区の目黒区・世田谷区の一部】（P94参照）

目黒区（上目黒2丁目（47番から48番まで）、上目黒4丁目、中目黒1丁目、目黒4丁目（1番から6番まで、12番から26番まで）、下目黒4丁目（21番から23番まで）、下目黒5丁目（8番から37番まで）、下目黒6丁目、中町1～2丁目、五本木1～3丁目、祐天寺1～2丁目、中央町1～2丁目、目黒本町1～6丁目、原町1～2丁目、洗足1～2丁目、南1～3丁目、碑文谷1～6丁目、鷹番1～3丁目、平町1～2丁目、大岡山1～2丁目、緑が丘1～3丁目、自由が丘1～3丁目、中根1～2丁目、柿の木坂1～3丁目、八雲1～5丁目、東が丘1～2丁目、大橋2丁目）、**世田谷区**（池尻・太子堂・下馬・上馬・代沢・奥沢・九品仏・等々力・上野毛・用賀・深沢まちづくりセンター管内）

【東京都6区の世田谷区（5区に属しない区域）】（P94参照）

若林・上町・経堂・梅丘・新代田・北沢・松原・松沢・祖師谷・成城・船橋・喜多見・砧・上北沢・上祖師谷・烏山まちづくりセンター管内

【東京都7区の品川区（3区に属しない区域）、目黒区（5区に属しない区域）、中野区の一部】（P94参照）

品川区（大崎第一地域センター管内（上大崎1〜4丁目、東五反田4〜5丁目、西五反田2丁目（1番から21番までを除く。））、大崎第二地域センター管内（西五反田5丁目及び西五反田7丁目に属する区域に限る。）、**目黒区**（駒場1〜4丁目、青葉台1〜4丁目、東山1〜3丁目、大橋1〜2丁目、上目黒1〜5丁目、中目黒1〜5丁目、下目黒1〜3丁目、中目黒2〜5丁目、中町1〜2丁目、三田1〜2丁目、目黒1〜3丁目、目黒4丁目（6番から11番まで）、下目黒1〜3丁目、下目黒4丁目（1番から20番まで）、下目黒5丁目（1番から7番まで）、**中野区**（南台1〜5丁目、弥生町1〜6丁目、本町1〜6丁目、中央1〜5丁目、東中野1〜5丁目、中野1〜5丁目、中野6丁目（10番から68番まで）、新井1丁目（1番から35番まで）、新井2〜3丁目、野方1丁目、野方2丁目（1番から31番まで及び41番から62番まで））

【東京都8区の杉並区（7区に属しない区域）】 (P95参照)

井草1〜5丁目、上井草1〜4丁目、下井草1〜5丁目、善福寺1〜4丁目、今川1〜4丁目、桃井1〜4丁目、西荻北1〜5丁目、上荻1〜4丁目、清水1〜3丁目、本天沼1〜3丁目、天沼1〜3丁目、阿佐谷北1〜6丁目、阿佐谷南1〜3丁目、高円寺北1〜4丁目、高円寺南1〜5丁目、和田1〜3丁目、和泉1〜4丁目、堀ノ内1〜3丁目、松ノ木1〜3丁目、大宮1〜2丁目、梅里1〜2丁目、久我山1〜5丁目、高井戸西1〜3丁目、上高井戸1〜3丁目、永福1〜4丁目、浜田山1〜4丁目、下高井戸1〜5丁目、南荻窪1〜4丁目、西荻南1〜4丁目、松庵1〜3丁目、宮前1〜5丁目

【東京都9区の練馬区の一部】 (P95参照)

豊玉上1〜2丁目、豊玉中1〜4丁目、豊玉南1〜3丁目、豊玉北3〜6丁目、中村1〜3丁目、中村南1〜3丁目、中村北1〜4丁目、練馬1〜4丁目、向山1〜4丁目、貫井1〜5丁目、春日町1〜6丁目、高松1〜6丁目（14番から30番までを除く。）、田柄5丁目（21番から28番までを除く。）、光が丘2〜7丁目、土支田1〜4丁目、富士見台1〜4丁目、南田中1〜5丁目、高野台1〜5丁目、谷原1〜6丁目、三原台1〜3丁目、石神井町1〜8丁目、石神井台1〜8丁目、下石神井1〜6丁目、東大泉1〜7丁目、西大泉1〜6丁目、西大泉町、南大泉1〜6丁目、大泉町1〜6丁目、大泉学園町1〜9丁目、関町北1〜5丁目、関町南1〜4丁目、上石神井南町、立野町、上石神井1〜4丁目、関町東1〜2丁目

【東京都10区の新宿区（1区に属しない区域）、中野区（7区に属しない区域）、豊島区の一部】 (P95参照)

新宿区（落合第一特別出張所管内（上落合1〜2丁目、中落合1丁目、中落合2〜4丁目、中井2丁目）、落合第二特別出張所管内（上落合3丁目、中井1丁目、中井2丁目（1番から9番まで）、中野区**（東中野3丁目、中野7丁目（1番から9番まで）、中野6丁目、上高田1〜5丁目、新井1丁目（36番から43番まで）、新井4〜5丁目、沼袋1〜4丁目、松が丘1〜2丁目、江古田1丁目、江古田1〜4丁目、丸山1〜2丁目、野方2丁目（32番から40番まで及び63番から69番まで）、野方3〜6丁目、大和町1〜4丁目、若宮1〜3丁目、白鷺1〜3丁目、鷺宮1〜6丁目、上鷺宮1〜5丁目）、**豊島区**（本庁管内（東池袋1〜5丁目、南池袋1〜4丁目、西池袋1〜5丁目、池袋1〜4丁目、池袋本町1〜4丁目、雑司が谷1〜3丁目、高田1〜3丁目、目白1〜4丁目）、東部区民事務所管内（南大塚3丁目及び東池袋5丁目に属する区域に限る。）、西部区民事務所管内）

【東京都11区の板橋区の一部】 (P95参照)

本庁管内（板橋1〜4丁目、加賀1〜2丁目、大山東町、大山金井町、熊野町、中丸町、南町、稲荷台、仲宿、氷川町、栄町、大山町1〜4丁目、大山西町、幸町、中板橋、仲町、弥生町、本町、大和町、双葉町、富士見町、大谷口上町、大谷口北町、大谷口1〜2丁目、向原1〜3丁目、小茂根1〜5丁目、常盤台1〜4丁目、南常盤台1〜2丁目、東新町1〜2丁目、上板橋1〜3丁目、清水町、蓮沼町、大原町、泉町、宮本町、志村1〜3丁目、坂下1〜3丁目、東坂下1〜2丁目、小豆沢1〜4丁目、西台1〜4丁目、中台1〜3丁目、若木1〜3丁目、蓮根1〜3丁目、相生町、前野町1〜6丁目、三園1丁目、東山町、桜川1〜3丁目、高島平1〜9丁目、新河岸3丁目）、赤塚支所管内

【東京都12区の豊島区（10区に属しない区域）、板橋区（11区に属しない区域）、足立区の一部】 (P96参照)

豊島区（本庁管内（西巣鴨1丁目、北大塚3丁目、上池袋1〜4丁目）、東部区民事務所管内（南大塚3丁目及び東池袋5丁目に属する区域に限る。））、**板橋区**（本庁管内（新河岸1〜2丁目、舟渡1〜4丁目）、**足立区**（入谷1〜9丁目、入谷町、扇1〜2丁目、小台1〜2丁目、加賀1〜2丁目、江北1〜7丁目、皿沼1〜3丁目、鹿浜1〜8丁目、新田1〜3丁目、椿1〜2丁目、舎人1〜6丁目、舎人公園、舎人町、堀之内1〜2丁目、宮城1〜2丁目、谷在家2丁目）

【東京都13区の足立区（12区に属しない区域）】 (P96参照)

青井1〜6丁目、足立1〜4丁目、綾瀬1〜7丁目、伊興1〜5丁目、伊興本町1〜2丁目、梅島1〜3丁目、梅田1〜8丁目、大谷田1〜5丁目、加平1〜3丁目、北加平町、栗原1〜4丁目、弘道1〜2丁目、古千谷1丁目、古千谷本町1〜4丁目、佐野1〜2丁目、島根1〜4丁目、神明1〜3丁目、神明南1〜2丁目、関原1〜3丁目、千住1〜5丁目、千住曙町、千住旭町、千住柳町、千住大川町、千住河原町、千住寿町、千住桜木1〜2丁目、千住関屋町、千住龍田町、千住中居町、千住橋戸町、千住緑町1〜3丁目、千住宮元町、千住元町、千住1〜5丁目、中川1〜5丁目、竹の塚1〜7丁目、辰沼1〜2丁目、中央本町1〜5丁目、長門町、保木間1〜5丁目、花畑1〜8丁目、東綾瀬1〜3丁目、西新井1〜7丁目、西新井栄町1〜2丁目、東伊興1〜4丁目、西伊興町、西加平1〜2丁目、西竹の塚1〜2丁目、西保木間1〜4丁目、東六月町、一ツ家1〜4丁目、日ノ出町、平野1〜3丁目、保木間1〜5丁目、保塚町、南花畑1〜5丁目、六木1〜4丁目、谷在家1丁目、谷中1〜5丁目、柳原1〜2丁目、六月1〜3丁目、六町1〜4丁目、扇1丁目、扇3丁目、興野1〜2丁目、西新井本町、本木町、本木東町、本木南町

【東京都14区の台東区（2区に属しない区域）】 (P96参照)

東上野6丁目、下谷2丁目（13番1号から13番5号まで、13番14号から13番24号まで、14番、15番及び24番）、入谷1丁目（1番から3番まで、9番から14番まで、

21番から28番まで、32番及び33番）、入谷2丁目（1番から33番まで）、松が谷1～4丁目、西浅草2～3丁目、浅草2丁目（13番から27番まで）、浅草3～7丁目、千束1丁目、千束2丁目（1番から32番まで）、千束3～4丁目、今戸1～2丁目、東浅草1～2丁目、橋場1～2丁目、清川1～2丁目、日本堤1丁目、日本堤2丁目（1番から35番まで）

【東京都16区の江戸川区の一部】（P97参照）

本庁管内（中央1～4丁目、松島1～4丁目、松江1～7丁目、東小松川1～4丁目、西小松川町、大杉1～5丁目、西一之江1～4丁目、春江町4丁目、一之江1～8丁目、西瑞江4丁目、江戸川4丁目、松本1～2丁目）、小岩川・葛西・東部・鹿骨事務所管内

【東京都21区の多摩市・稲城市の一部】（P98参照）

多摩市（関戸、関戸1～4丁目、関戸5丁目（1番から8番まで及び13番から31番まで）、連光寺、連光寺1～6丁目、東寺方1丁目、一ノ宮、一ノ宮1～4丁目、聖ヶ丘1丁目（1番から24番まで、35番及び44番）、聖ヶ丘2～5丁目）、**稲城市**（坂浜、平尾、平尾1～3丁目、長峰1～3丁目、若葉台1～4丁目）

【東京都22区の稲城市の一部（21区に属しない区域）】（P98参照）

矢野口、東長沼、大丸、百村、押立、向陽台1～6丁目

【東京都23区の多摩市（21区に属しない区域を除く。）】（P98参照）

関戸5丁目（1番から8番まで及び13番から31番を除く。）、関戸6丁目、貝取、乞田、和田、百草、落川、東寺方、桜ケ丘1～4丁目、聖ヶ丘1丁目（1番から24番まで、35番及び44番を除く。）、馬引沢1～2丁目、山王下、中沢、唐木田、諏訪1～6丁目、永山1～7丁目、貝取1～5丁目、豊ヶ丘1～6丁目、落合1～6丁目、鶴牧1～6丁目、南野1～3丁目、東寺方1～3丁目、愛宕1～4丁目

【東京都24区の八王子市（21区に属しない区域）】（P99参照）

横山町、八日町、八幡町、八木町、追分町、千人町1～4丁目、日吉町、元本郷町1～4丁目、平岡町、本郷町、大横町、本町、元横山町1～3丁目、日町、新町、明神町1～4丁目、子安町1～4丁目、東町、旭町、三崎町、中町、南町、寺町、万町、上野町、天神町、南新町、小門町、台町1～4丁目、中野町、暁町1～3丁目、中野上町1～5丁目、中野山王1～3丁目、中野町1～7丁目、富士見町、緑町、清川町、東浅川町、初沢町、高尾町、南浅川町、西浅川町、裏高尾町、廿里町、下柚木、下柚木1～3丁目、上柚木、上柚木1～3丁目、越野、南陽台1～3丁目、堀之内、堀之内1～2丁目、鹿島、松が谷、鑓水、鑓水2丁目、南大沢1～5丁目、松木、別所1～2丁目、並木町、散田町1～5丁目、山田町、めじろ台1～4丁目、長房町、城山手1～2丁目、狭間町、椚田町、館町、寺田町、大船町、大楽寺町、上壱分方町、諏訪町、四谷町、叶谷町、泉町、横川町、弐分方町、川町、元八王子町1～3丁目、下恩方町、上恩方町、西寺方町、小津町、川口町、上川町、大日町、楢原町、美山町、尾崎町、左入町、滝山町1～2丁目、梅坪町、谷野町、みつい台1～2丁目、丹木町1～3丁目、加住町1～2丁目、宮下町、戸吹町、高月町、小比企町、片倉町、西片倉1～3丁目、宇津貫町、みなみ野1～6丁目、兵衛1～2丁目、七国1～7丁目、北野町、打越町、北野台1～5丁目、長沼町、絹ケ丘1～3丁目、高倉町、石川町、宇津木町、平町、小宮町、久保山町1～2丁目、大谷町、丸山町

【新潟県1区の新潟市北区・東区・中央区・江南区・南区・西区の一部】（P103参照）

北区（本庁管内（細山に属する区域に限る。）、北出張所管内（すみれ野4丁目に属する区域を除く。））、**東区**（本庁管内、石山出張所内（亀田中島4丁目に属する区域を除く。））、**中央区**（本庁管内、南出張所内、南出張所内（鵜ノ子及び俵山早潟に属する区域を除く。）、**江南区**（本庁管内（天野、天野1～3丁目、粟山、姥ケ山、江口、大淵、祖父興野、嘉木、嘉瀬、上和田、北山、久蔵興野、蔵岡、酒屋町、城所、丸山、三百地、鐘木、清五郎、曽川、楚川、曽野木1～2丁目、太右エ門新田、俵柳、直り山、長潟、中野山、鍋潟新田、茅野、西山、花ノ牧、平賀、細山、舞潟、松山、丸潟新田、丸山、丸山ノ内善之丞組、茗荷谷、山二ツ、両川1～2丁目、和田、割野））、**南区**（本庁管内（天野に属する区域に限る。））、**西区**（本庁管内、西出張所内（四ツ郷屋及び與兵衛野新田に属する区域を除く。）、黒埼出張所管内）

【新潟県2区の長岡市の一部】（P104参照）

本庁管内（西津町に属する区域のうち、平成17年3月31日において三島郡越路町の区域であった区域に限る。）、越路・三島・小国・和島・寺泊・与板支所管内

【新潟県3区の新潟市北区の一部】（P104参照）

本庁管内（細山、小杉、十二前及び横越に属する区域を除く。）、北出張所内（すみれ野4丁目に属する区域に限る。）

【新潟県4区の新潟市北区・東区・中央区・江南区・南区の一部、長岡市の一部】（P104参照）

新潟市（北区（第1区及び第3区に属しない区域）、**東区**（第1区に属しない区域）、**中央区**（第1区及び第2区に属しない区域）、**江南区**（第1区に属しない区域）、**南区**（第1区及び第2区に属しない区域））、**長岡市**（中之島支所内（押切川原町に属する区域のうち、平成17年3月31日において長岡市の区域であった区域を除く。）、栃尾支所内）

【富山県1区の富山市の一部】（P105参照）

相生町、綾田町1～3丁目、青柳、青柳新、赤江町、赤田、秋ヶ島、秋吉、秋吉新町、悪王寺、曙町、朝日、旭町、愛宕町、愛宕町1～2丁目、荒川、荒川1～5丁目、荒川新町、新屋、新庄、有沢、有沢新町、粟島町1～3丁目、安養寺、安養坊、飯野、池多、石金1～3丁目、石倉町、石坂、石坂新、石坂東町、石屋、泉町1～2丁目、磯部町1～4丁目、一番町、一本木、稲荷園町、稲荷町1～4丁目、稲荷元町1～3丁目、犬島1～7丁目、大島新町1～2丁目、今泉、今泉西部町、今泉北部町、今市、今木町、岩瀬赤田町、岩瀬天池町、岩瀬諏訪町、岩瀬入船町、岩瀬梅本町、岩瀬御蔵町、岩瀬表町、岩瀬古志町、岩瀬五助、岩瀬高畠町、岩瀬天神町、岩瀬福来町、岩瀬白山町、岩瀬文化町、岩瀬前田町、

岩瀬松原町、岩瀬港町、牛島新町、牛島町、牛島本町1〜2丁目、打出、打出新、内幸町、梅沢町1〜3丁目、上野、上野寿町、上野新、上野新町、永楽町、越前町、江木、荏原新町、鮭町、追分茶屋、大井、大泉、大泉北町、大泉中町、大泉東町1〜2丁目、大泉本町1〜2丁目、大泉町1〜3丁目、大江干、大江干新町、大島1〜4丁目、太田、太田口通り1〜3丁目、於保多町、太田育町、大塚、大塚北、大塚西、大塚東、大塚南、大手町、大場、大宮町、奥井町、奥田寿町、奥田新町、奥田双葉町、奥田本町、押上、音羽町1〜3丁目、雄山町、海岸通、開発、掛尾栄町、掛尾町、鹿島町1〜2丁目、金代、金屋、金山町、金山新北、金山新桜ヶ丘、金山東町、金山新西、金山新町、金山新東、金山新南、上赤江、上赤江町1〜2丁目、上飯野、上飯野新町1〜5丁目、上今町、上熊野、上栄、上仕町、上新保、上千儀町、上布目、上袋、上冨居、上冨居1〜3丁目、上冨居新町、上堀前町、上本町、上八町町、願海寺、北押川、北新町1〜2丁目、北代、北代新町、北代中部、北代東部、北代北部、北二ツ塚、木場町、経田、経塞、経塞1〜4丁目、経塞新町、経力、金泉寺、銀嶺町、久郷、草島、楠木、窪新町、窪本町、公文名、栗山、呉羽野田、呉羽町、呉羽町北、呉羽町東、黒崎、黒瀬、黒瀬北町1〜2丁目、小泉町、興人町、高来、古志町1〜6丁目、小島、五福、五礫、小中、小西、五番町、五福、五木横、駒見、才覚寺、境野新、栄新町、栄町1〜3丁目、坂下新、桜木町、桜谷みどり町1〜2丁目、桜橋通り、桜町1〜2丁目、山王町、三熊、三番町、七軒町、芝園町1〜3丁目、島田、清水中町、清水町1〜9丁目、清水元町、下赤江、下赤江町1〜2丁目、下飯野、下奥井1〜2丁目、下熊野、下新庄町、下冨居1〜2丁目、下堀、城川原1〜3丁目、庄高田、城北町、城材、城材新町、白銀町、新金代1〜2丁目、新川原町、新桜町、新庄北町、新庄銀座1〜3丁目、新庄本町1〜2丁目、新庄町、新庄町1〜4丁目、新根塚町1〜3丁目、新冨居、新保、新乎、杉瀬、杉谷、砂町、住友町、住吉、住吉町1〜3丁目、諏訪川原1〜3丁目、清風町、関、千石町1〜5丁目、千成町、千歳町、総曲輪1〜4丁目、惣在寺、双代町、高木、高木西、高木南、高木南、高島、高園町、高田、珠泉東町、珠泉東町、手屋、手屋1〜3丁目、太郎丸、太郎丸西町1〜2丁目、太郎丸本町1〜2丁目、千歳町1〜3丁目、千原崎、千原崎1〜2丁目、茶屋町、辻ケ堂、月岡町緑町、月岡東緑町1〜4丁目、月岡町1〜7丁目、月見町1〜3丁目、堤町通り1〜2丁目、つばめ野1〜3丁目、鶴ケ丘町、鶴ケ丘、常盤台、常磐町、栃谷、利波、富岡町、友杉、豊ケ丘町、豊川町、豊島町、豊城新町、豊城町、豊城町、豊田、豊田町、豊田本町1〜4丁目、豊田新町1〜2丁目、豊若町1〜3丁目、豊町、永久町、中市、中市1〜2丁目、長江、長江1〜5丁目、長江新町1〜4丁目、長江東町1〜3丁目、長江本町、長柄町1〜3丁目、中老田町、長岡、長岡新、中沖、中川原、中川原新町、中川原台1〜2丁目、中島1〜5丁目、中町、中布目、中野新、中野新町、中冨居、中冨居新町、中屋、流杉、鍋田、南央町、西四十物町、西荒屋、西大泉、西金屋、西金泉、西公文名、西公文名新町、西山王町、西新庄、西町、西田地方町1〜3丁目、西長江1〜4丁目、西長江本町、西中野町1〜2丁目、西野新、西野新町、西宮町、西二俣、西之番、蛯川、布市、布市新町、布瀬本町、布瀬町、布瀬町1〜2丁目、堀南町1〜3丁目、布目、布目北、布目町、根、根塚町1〜4丁目、野口、野口新、野ノ上新町、野口北部、野田、野中、野中新、野々上、八町町、萩原、蓮町1〜6丁目、旅籠町、畑中、八川、八人町、八ッ山、八町、浜黒崎、林崎、針原、針原中、針原中町、晴海台、東石金町、東岩瀬町、東岩瀬柳町、東老田、東田地方町1〜2丁目、東富山中町1〜3丁目、東中野町1〜2丁目、東流杉、東町1〜3丁目、日方江、久方町、日之出町、日俣、百塚、鴨島、ひよどり南台、平榎、平岡、開ケ丘、平吹町、福居、冨居栄町、不二越本町1〜2丁目、不二越町、藤木、藤本新、藤木新町、藤の木園町、藤の木台1〜3丁目、二口町1〜5丁目、二俣、二俣新町、舟倉今町、舟橋北町、舟橋南町、古鍛冶町、古川、古沢、古寺、文京町1〜3丁目、別名、星井町1〜3丁目、堀、堀川小泉町、堀川町1〜2丁目、堀川本町、堀川町、堀端、本郷、本郷島、本郷東部、本郷町、本郷西部、本郷中部、本郷北部、本郷町北、本郷町北部、本郷町南、本町、本丸、牧田、町新、町袋、町村、町村1〜2丁目、松浦町、松木、松本、松若町、丸の内1〜3丁目、三上、水落、水橋池田館、水橋池田袋、水橋魚躬、水橋石瀬、水橋石割、水橋伊勢屋、水橋伊勢領、水橋市田袋、水橋市田新田、水橋狐島、水橋魚取、水橋畠等、水橋大町、水橋開発町、水橋鏡田、水橋柏木、水橋金尾、水橋金割、水橋小出、水橋五郎丸、水橋川原町、水橋小路、水橋佐桜新、水橋小池、水橋小路、水橋恋塚、水橋小出、水橋五郎丸、水橋桜木、水橋佐野竹、水橋三郷、水橋清水堂、水橋砂子坂、水橋砂子田、水橋常願寺、水橋清水堂、水橋下砂子坂、水橋常願寺、水橋上条新町、水橋舘町、水橋堀町、水橋南町、光寺、水橋大江、水橋鮎里、水橋鮎里、水橋高堂、水橋舘町、水橋田伏、水橋辻ケ堂、水橋狐島、水橋中馬場、水橋中村、水橋中村町、水橋入部町、水橋畠等、水橋畠等町、水橋平榎、水橋平塚、水橋二ツ屋、水橋肘崎、水橋町袋、水橋柳寺、水橋柳寺、緑町1〜2丁目、湊入船町、南金屋、南栗山、南新町、南田町1〜2丁目、南中田、水橋宮成、宮園町、宮成、宮成新、宮保、宮町、向新庄、向新庄町1〜8丁目、向川原町、室町通り1〜2丁目、明輪町、元町1〜2丁目、桃井町1〜2丁目、森、森1〜5丁目、森住町、森若町、森若町、安野屋町1〜3丁目、柳町1〜4丁目、八幡、山岸、山室、山室荒屋、山室荒屋新町、山本、山王新、弥生町1〜3丁目、四方、四方北窪、四方荒屋、四方一番町、四方恵比須町、四方北窪、四方新、四方新町、四方神明町、四方荒屋新、四方西岩瀬、四方二番町、四方西、四方町、四方港町、吉倉、吉作、四ツ葉町、米田、米田すずかけ台1〜3丁目、米田町1〜3丁目、若竹町1〜6丁目

【長野県1区の長野市の一部】（P107参照）

本庁管内、篠ノ井・松代・若穂、川中島・更北・七二会・信更・古里・柳原・浅川・大豆島・朝陽・若槻・長沼・安茂里・小田切・芋井・芹田・古牧・三輪・吉田支所管内

174

【静岡県1区の静岡市葵区・駿河区・清水区の一部】（P112参照）

葵区（本庁管内（瀬名川3丁目（5番25号及び5番50号から5番59号まで）に属する区域を除く。）、井川支所管内）、駿河区（本庁管内（谷田に属する区域のうち、平成15年3月31日において清水市の区域であった区域を除く。）、長田支所管内）、清水区（本庁管内（楠（694番地1及び696番地3）に属する区域に限る。）

【静岡県3区の浜松市天竜区の一部】（P113参照）

春野町領家、春野町堀之内、春野町胡桃平、春野町和泉平、春野町砂川、春野町大時、春野町長蔵寺、春野町石打松下、春野町田黒、春野町筏戸大上、春野町五和、春野町越木平、春野町田河内、春野町牧野、春野町花島、春野町杉、春野町川上、春野町宮川、春野町気田、春野町豊岡、春野町石切、春野町小俣京丸

【静岡県7区の浜松市中区・南区の一部】（P114参照）

中区（西丘町及び花川町に属する区域に限る。）、南区（高塚町、増楽町、若林町及び東若林町に属する区域に限る。）

【愛知県6区の瀬戸市の一部】（P116参照）

川平町、本郷町（10番から1048番まで）、十軒町、鹿乗町、内田町1〜3丁目、北みずの原1〜3丁目

【愛知県9区の一宮市本庁管内】（P116参照）

起、開明、上租父江、北今、小信中島、三条、玉野、冨田、西五城、西中野、西中野番外、西萩原、蓮池、東五城、東加賀野井、明地、祐久、篭屋1〜5丁目

【兵庫県5区の川西市の一部】（P132参照）

平野（字カキヲジ原）、西畦野（字丸山及び字東通りを除く。）、一庫、国崎、黒川、横路、大和東1〜5丁目、大和西1〜5丁目、美山台1〜3丁目、丸山台1〜3丁目、見野1〜3丁目、東畦野、東畦野1〜6丁目、東畦野山手1〜2丁目、長尾町、西畦野1〜2丁目、山原、山原1〜2丁目、緑が丘1〜2丁目、山下町、山下、笹部1〜3丁目、笹部、下財町、一庫1〜3丁目

【兵庫県6区の川西市（5区に属しない区域）】（P133参照）

中央町、小花1〜2丁目、小戸1〜3丁目、美園町、絹延町、丸の内町、滝山町、鴬の森町、萩原1〜3丁目、火打1〜2丁目、松が丘町、霞ヶ丘1〜2丁目、日高町、栄町、花屋敷山手町、花屋敷1〜2丁目、寺畑1〜2丁目、栄根1〜2丁目、南花屋敷1〜4丁目、加茂1〜6丁目、下加茂1〜2丁目、久代1〜6丁目、東久代1〜2丁目、萩原台東1〜2丁目、萩原台西1〜3丁目、鴬が丘、加茂1〜3丁目、東多田、平野1〜3丁目、多田桜木1〜2丁目、東多田1〜3丁目、鼓が滝1〜3丁目、矢問1〜3丁目、矢問東町、西多田1〜2丁目、錦松台、多田院1〜2丁目、多田院多田所町、多田院西1〜2丁目、満願寺町、満願寺、平野（字カキヲジ原を除く。）、東多田、西多田、多田院、石道、虫生、赤松、柳谷、芋生、若宮、緑台1〜7丁目、向陽台1〜3丁目、水明台1〜3丁目、清和台東1〜5丁目、清和台西1〜5丁目、湯山台1〜2丁目、鴬台1〜2丁目、けやき坂1〜5丁目、南野坂1〜2丁目、西畦野（字丸山及び字東通り）、清流台

【兵庫県11区の姫路市の一部】（P134参照）

相野、青山、青山1〜5丁目、青山北1〜3丁目、青山西1〜5丁目、青山南1〜4丁目、朝日町、阿保、網干区（網干浜、大江島、大江島寺前町、大江島古川町、興浜、垣内中町、垣内西町、垣内南町、垣内本町、垣内南町、北新在家、坂出、坂上、新在家、田井、高田、津市場、浜田、福井、宮内、余子浜、和久）、嵐山町、飯田、飯田1〜3丁目、生野町、石倉、市川台1〜3丁目、市川橋通1〜2丁目、市之郷、市之郷町1〜4丁目、伊伝居、威徳寺町、井ノ口、今宿、宮前町、魚町、打越、梅ケ枝町、梅ケ谷町、駅前町、太市中、大塩町、大塩町汐咲1〜3丁目、大塩町宮前、吉美、大津区（恵美酒町1〜2丁目、大津町1〜4丁目、勘兵衛町1〜5丁目、北天満町、吉美、天満1〜2丁目、天満、長松、西土井、平松、真砂町）、大野町、岡田、岡町、奥山、鍵町、柿山伏、綱干台、片田町、刀田、山戸、刀、金屋町、兼田、上大野1〜7丁目、上片町、上手野、神屋町、神屋町1〜6丁目、亀井町、亀山、亀山1〜2丁目、川西、川西台、神田町1〜3丁目、北今宿1〜3丁目、北新在家1〜3丁目、北原、北平野1〜6丁目、北平野奥垣内、北平野南の町、北平野南の町、北八代1〜2丁目、北夢前台1〜2丁目、木場、木場1〜八反町、木場前の町、木場前山手町、京口町、京口1〜3丁目、楠町、久保町、栗山町、車崎1〜3丁目、景福寺前、国府寺町、五軒邸1〜4丁目、小姓町、琴岡町、古二階町、河間町、呉服町、米屋町、小利木町、五郎右衛門邸、紺屋町、西庄、材木町、幸町、塩町、坂田町、坂元町、定元町、三左衛門堀西の町、三左衛門堀東の町、三条町1〜2丁目、塩町、飾磨区（英賀、英賀春日町1〜2丁目、英賀清水町1〜3丁目、英賀西町1〜3丁目、英賀東町1〜2丁目、英賀保駅前町、英賀宮台、英賀宮町1〜3丁目、阿成、阿成植木、今在家、阿成下垣内、阿成渡場、今在家、今在家1〜7丁目、今在家北1〜3丁目、入船町、恵美酒、大浜、細谷新町、構、構1〜5丁目、鎌倉町、上野田1〜6丁目、亀山、加茂、加茂北、加茂東、加茂南、御幸、栄町、三和町、思案橋、清水、清水1〜3丁目、下野田1〜4丁目、城南町1〜3丁目、須加、妻鹿、高町1〜2丁目、妻鹿町、玉地1丁目、付城、付城1〜2丁目、天神、都倉1〜3丁目、中島、中島1〜3丁目、中野田1〜3丁目、西浜町1〜3丁目、都倉、野田町、堀、富士見ケ丘町、細江、堀川町、宮、三宅1〜3丁目、山崎台、若宮町）、飾西、飾西台、飾東町庄、飾東町大釜、飾東町大釜新、飾東町小原、飾東町小原新、飾東町清住、飾東町唐端新、飾東町志吕、飾東町佐良和、飾東町豊国、飾東町八重畑、飾東町山崎、飾東町夕陽ケ丘、四郷町明田、四郷町見野、四郷町山脇、東光寺1〜6丁目、忍町、実法寺、下手野1〜6丁目、十二所前町、庄田、城東町、城東町中河原、城東町田町、城東町毘沙門、城北新町1〜3丁目、城北本町、書写、書写台1〜3丁目、白国、白国1〜5丁目、白浜町字宇佐崎北1〜3丁目、白浜町字宇佐崎中1〜3丁目、白浜町宇佐崎南1〜2丁目、白浜町神田1〜2丁目、白浜町寺家1〜2丁目、

白浜町灘浜、白銀町、城見台1～4丁目、城見町、新在家、新在家1～4丁目、新在家中の町、新在家本町1～6丁目、神和町、菅生台、総社本町、大黒壱丁町、大寿台1～2丁目、大善町、田井台、高岡新町、高尾町、鷹匠町、竹田町、龍野町1～6丁目、立町、田寺1～8丁目、田寺東1～4丁目、田寺山手町、玉手、玉手1～4丁目、地内町、中地、中地南町、町田、町坪、町坪南町、千代田町、継、佃町、辻井1～9丁目、土山1～7丁目、土山東の町、手柄、手柄1～2丁目、天神町、東郷町、同心町、豆腐町、砥堀、苫編、苫編南1～2丁目、豊沢町、豊富町甲丘1～4丁目、豊富町神谷、豊富町豊富、豊富町御蔭、名古山町、南条、南条1～3丁目、二階町、西今宿1～8丁目、西駅前町、西新在家1～3丁目、西新町、西大寿台、西中島、西二階町、西延末、西八代町、西夢前台1～3丁目、西脇、仁豊野、農人町、南畝町、南畝町1～2丁目、野里、野里上野町1～2丁目、野里慶雲寺前町、野里新町、野里月丘町、野里寺町、野里中町、野里東同心町、野里東町、野里堀留町、野里大和町、延末、延末1丁目、白鳥台1～3丁目、博労町、橋之町、花影町1～4丁目、花田町一本松、花田町小川、花田町加納原田、花田町上原田、花田町高木、花田町勅旨、林田町大堤、林田町奥佐見、林田町上伊勢、林田町上構、林田町口佐見、林田町久保、林田町下伊勢、林田町下構、林田町新町、林田町中構、林田町中山下、林田町林田、林田町林谷、林田町松山、林田町六九谷、林田町八幡、林田町山田、東今宿1～6丁目、東駅前町、東辻井1～4丁目、東延末、東延末1～5丁目、東山、東夢前台1～3丁目、日出町1～3丁目、平野町、広畑区（吾妻町1～3丁目、大町1～3丁目、蒲田、蒲田1～5丁目、北河原町、北野町1～2丁目、京見町、小坂、小松町1～4丁目、才、清水町1～3丁目、城山町、末広町1～3丁目、正門通1～4丁目、高浜町1～4丁目、鶴町1～2丁目、長町1～2丁目、西蒲田、西夢前台4～8丁目、則直、早瀬町1～3丁目、東新町1～3丁目、東夢前台4丁目、富士町、本町1～6丁目、夢前町1～4丁目、広峰1～2丁目、広嶺山、福居町、福沢町、福中町、福本町、藤ケ台、双葉町、船丘町、船津町、船橋町2～6丁目、別所町家具町、別所町北宿、別所町小林、別所町佐土、別所町佐土1～3丁目、別所町佐土新、別所町別所、別所町別所1～5丁目、北条、北条1丁目、北条梅原町、北条口1～5丁目、北条永良町、北条宮の町、保城、坊主町、峰南町、本町、増位新町1～2丁目、増位本町1～2丁目、的形町福泊、的形町的形、丸尾町、御国野町国分寺、御国野町御着、御国野町西御着、御国野町深志野、神子岡前1～4丁目、御立北1～4丁目、御立中1～8丁目、御立西1～6丁目、御立東1～6丁目、緑台1～2丁目、南今宿、南駅前町、南車崎1～2丁目、南新在家、南町、南八代町、宮上町1～2丁目、宮西町1～4丁目、睦町、元塩町、元町、八家、八木町、八代、八代東光寺町、八代本町1～2丁目、八代緑ケ丘町、八代宮前町、安田1～4丁目、柳町、山田町北山田、山田町多田、山田町西山田、山田町牧野、山田町南山田、山野井町、山畑新田、山吹1～2丁目、吉田町、米田町、余部区（上川原、上余部、下余部）、六角、若菜町1～2丁目、綿町

【岡山県1区の岡山市北区・南区の一部、吉備中央町本庁管内】（P143参照）

岡山市（**北区**（本庁管内（祇園、後楽園、中原及び牟佐に属する区域を除く。）、御津・建部支所管内）、**南区**（青江6丁目、あけぼの町、泉田、泉田1～5丁目、内尾、浦安西町、浦安本町、浦安南町、大福、海岸通1～2丁目、古新田、市場1～2丁目、下中野、新福1～2丁目、新保、洲崎1～3丁目、妹尾、妹尾崎、曽根、立川町、築港栄町、築港新町1～2丁目、築港ひかり町、築港緑町1～3丁目、築港元町、千鳥町、当新田、富浜町、豊成1～3丁目、豊浜町、中畦、並木町1～2丁目、南輝1～3丁目、西市、西畦、浜野1～4丁目、東畦、平福1～2丁目、福島1～4丁目、福田、福富中1～2丁目、福富西1～3丁目、福富東1～2丁目、福成1～3丁目、福浜町、福浜西町、福吉町、藤田、芳泉1～4丁目、松浜町、万倍、箕島、三浜町1～2丁目、山田、米倉、若葉町）、**吉備中央町**（広面、上加茂、下加茂、美原、加茂市場、高谷、平岡、上野、竹部、上田東、細田、三納谷、上田西、円城、案田、高富、神瀬、船津、小森）

【岡山県3区の真庭市の一部】（P144参照）

本庁管内、蒜山・落合・勝山・美甘・湯原振興局管内

【山口県1区の周南市の一部】（P146参照）

本庁管内、新南陽・鹿野総合支所管内、櫛浜・鼓南・久米・菊川・夜市・戸田・湯野・大津島・向道・長穂・須々万・中須・須金支所管内

【香川県1区の高松市の一部】（P151参照）

本庁管内、勝賀総合センター管内、山田支所管内、鶴尾・太田・木太・古高松・屋島・前田・川添・林・三谷・仏生山・一宮・多肥・川岡・円座・檀紙・女木・男木出張所管内

【愛媛県1区の松山市の一部】（P151参照）

本庁管内、桑原・道後・味生・生石・垣生・三津浜・久枝・潮見・和気・堀江・余土・興居島・久米・湯山・伊台・五明・小野支所管内、浮穴支所管内（北井門2丁目に属する区域に限る。）、石井支所管内

【高知県1区の高知市の一部】（P152参照）

上町1～5丁目、本丁筋、水通町、通町、唐人町、与力町、鷹匠町1～2丁目、本町1～5丁目、升形、帯屋町1～2丁目、追手筋1～2丁目、廿代町、永国寺町、丸ノ内1～2丁目、中の島、九反田、菜園場町、農人町、城見町、堺町、南はりまや町1～2丁目、弘化台、桜井町1～2丁目、はりまや町1～3丁目、宝永町、弥生町、丸池町、小倉町、東雲町、日の出町、知寄町1～3丁目、青柳町、稲荷町、若松町、高埇、杉井流、北金田、南金田、札場、南御座、北御座、南川添、北川添、北久保、南久保、海老ノ丸、中宝永町、南宝永町、二葉町、入明町、洞ケ島町、寿町、中水道、幸町、伊勢崎町、相模町、吉田町、愛宕町1～4丁目、大川筋1～2丁目、駅前町、相生町、江陽町、北本町1～4丁目、新本町1～2丁目、昭和町、和泉町、塩田町、比島町1～4丁目、栄田町1～3丁目、井口町、平和町、三ノ丸、宮前町、西町、大膳町、山ノ端町、桜馬場、城北町、北八反町、宝町、小津町、越前町1～2丁目、新屋敷1～2丁目、八反町1～2丁目、東城山町、城山町、東石立町、石立町、玉水町、縄手町、鏡川町、下島町、旭町1～3丁目、赤石町、中須賀町、旭駅前町、元町、南元町、旭上町、水源町、本宮町、上本

宮町、大谷、岩ヶ淵、鳥越、塚ノ原、西塚ノ原、長尾山町、旭天神町、佐々木町、北端町、山手町、横内、口細山、尾立、蓮台、福井町、福井扇町、福井東町、池、仁井田、種崎、十津1～6丁目、吸江、五台山、屋頭、高須、葛島1～4丁目、高須新町1～4丁目、高須砂地、高須本町、高須新木、高須1～3丁目、高須南町、高須西町、高須絶海、高須大谷、高須大島、布師田、一宮、薊野、重倉、久礼野、薊野内ノ2～3丁目、薊野北町1～4丁目、薊野東町、薊野中町、薊野南町、一宮西町1～4丁目、一宮しなね1～2丁目、一宮南町1～2丁目、一宮中町1～3丁目、一宮東町1～5丁目、一宮徳谷、愛宕山、前里、東秦泉寺、中秦泉寺、三園町、西秦泉寺、北秦泉寺、宇津野、三谷、七ツ淵、加賀野井1～2丁目、愛宕山南町、秦南町1～2丁目、東久万、中久万、西久万、南久万、万々、中万々、南万々、柴巻、円行寺、一ツ橋町1～2丁目、みづき1～3丁目、みづき山、大津甲、大津乙、介良甲、介良乙、介良内、介良、潮見台1～3丁目、鏡大河内、鏡小浜、鏡大利、鏡今井、鏡草峰、鏡白岩、鏡狩山、鏡的渕、鏡去坂、鏡竹奈路、鏡敷ノ山、鏡柿ノ又、鏡横矢、鏡増原、鏡叢山、鏡梅ノ木、鏡小山、土佐山菖蒲、土佐山西川、土佐山梶谷、土佐山、土佐山高川、土佐山桑尾、土佐山都網、土佐山弘瀬、土佐山東川、土佐山中切

【福岡県2区の福岡市南区・城南区の一部】 （P155参照）

南区（那の川1丁目、那の川2丁目（1番から4番まで）、大楠1～3丁目、清水1～4丁目、玉川町、塩原1～4丁目、大橋1～4丁目、高木1～4丁目、五十川1～3丁目、井尻1～5丁目、折立町、横手1～4丁目、横手南町、的場1～2丁目、花畑1～2丁目、向新町1～2丁目、向野町1～2丁目、高宮1～5丁目、多賀1～2丁目、向野1～2丁目、筑紫丘1～2丁目、野間1～4丁目、若久団地、若久1～6丁目、三宅1～3丁目、南大橋1～2丁目、大池1～2丁目、野多目1～3丁目、野多目4丁目（1番から13番まで、18番1号から18番14号まで、18番61号から18番82号まで及び19番から30番まで）、野多目5丁目、老司1丁目（1番1号から1番17号まで、1番26号から1番48号まで、2番から4番まで、5番18号から5番36号まで、6番及び7番9号から7番28号まで）、市崎1～2丁目、大池1～2丁目、平和1～2丁目、平和4丁目、寺塚1～2丁目、柳河内1～2丁目、皿山1～4丁目、中尾1～3丁目、花畑1～4丁目、屋形原1～5丁目、鶴田4丁目（1番1号から1番8号まで、1番44号から1番47号まで、3番5号から3番24号まで及び3番38号から3番54号まで）、長丘1～5丁目、長住1～7丁目、西長住1～3丁目、大楠桧原、桧原1～7丁目、大平寺1～2丁目、大字柏原、柏原1丁目（1番から25番まで及び27番から53番まで）、柏原3～7丁目）、城南区（鳥飼4～7丁目、別府団地、別府1～7丁目、城西団地、荒江団地、荒江1丁目、飯倉1丁目、田島1～6丁目、茶山1～6丁目、金山団地、七隈1～2丁目、七隈3丁目（3番から5号まで、8番31号から8番47号まで、15番から19番まで、20番1号から20番4号まで及び20番25号から20番67号まで）、松山1～2丁目、友丘1～6丁目、友泉亭、長尾1～5丁目、樋井川1～7丁目、宝台団地、堤団地、堤1～2丁目、東油山1～6丁目、大字東油山、大字片江、片江1～5丁目、南片江1～6丁目、西片江1～2丁目、神松寺1～3丁目）

【福岡県3区の福岡市城南区（2区に属しない区域）】 （P155参照）

七隈3丁目（6番、7番、8番1号から8番23号まで、8番25号から8番30号まで、8番45号、8番46号、9番から14番まで、20番5号から20番24号まで及び21番から23番まで）、七隈4～8丁目、干隈1～2丁目、梅林1～5丁目、大字梅林

【福岡県5区の福岡市南区（2区に属しない区域）】 （P156参照）

日佐3丁目、警弥郷1～3丁目、柳瀬1～2丁目、弥永1～5丁目、弥永団地、野多目4丁目（14番から17番まで、18番15号から18番60号まで、31番及び32番）、野多目6丁目、老司1丁目（1番18号から1番25号まで、5番1号から5番17号まで、5番37号から5番53号まで、7番1号から7番8号まで、7番29号から7番39号まで及び8番から35番まで）、老司2～5丁目、鶴田1～3丁目、鶴田4丁目（1番9号から1番43号まで、2番から3番4号まで、3番25号から3番37号まで、3番55号から3番60号まで及び4番から54番まで）、柏原1丁目（26番）、柏原2丁目

【大分県1区の大分市の一部】 （P160参照）

本庁管内、鶴崎・大南支所管内、稙田支所管内（大字廻栖野（618番地から747番地2まで、830番地から832番地1まで、833番地1、833番3から836番地3まで、838番地1から838番地2まで、841番地、1587番地、1591番地から1618番地まで及び1620番地）に属する区域を除く。）、大在・坂ノ市・明野支所管内

【常任委員会】

内閣委員（40）
(自22)(立7)(維4)(公3)(国1)(共1)(有1)(れ1)

会派名（自＝自民、立＝立民、維＝維新、公＝公明、国＝国民、共＝共産、有＝有志、れ＝れいわ）

㋕大 　井 　神 　藤 　宮 　青 　稲 　阿 　國 　赤 　池 　石 　尾 　大 　工 　小 　鈴 　田 　平 　中 　中 　平 　牧 　松 　中 　本 　馬 　山 　岩 　浦 　堀 　河 　福 　浅 　塩 　緒 　大

西上 井路柳富部　重澤田原崎野藤寺田木瀬
英信憲比拓陽修　亮佳宏正敬彰裕英太将英展卓正か
男治次之馬二司徹直隆高直郎三雄脈道明幸宏也郎ん尚馬志史夫生平人子一浩哲也郎こ
野山井沼島本谷　庄淵岸谷野場西重野川方石　鉄あき

党派：自自自立公自／自自自自自自自自自／自自自自自自自自自立立維維公国共有れ

（右の自民続き）
巧之との／郎紀学子／脈德元亮二季介武／恭ひあ卓
安水嘉貴太淳直俊宏孝紅あ／和大俊信浩／恵秀岳
原子崎光森木尻所川野川台岡辺
伊藤彦元亮二季介武一葉子裕樹二久郎宏一子志赳
本谷德下原村司水岡本川
井金川国小佐坂杉田中西長古務渡々
岡重道湯伊市中興西宮吉
神本谷本川水岡本川

総務委員（40）
(自22)(立8)(維4)(公3)(国1)(共1)(無1)

㋕浮島 智子（公）
　ま　あか　斎藤　武　鳩　石　奥　守　中　井
智二洋展二香総／郎明郎織一／正洋憲
党派：公自自自立維公自立維公国自

法務委員（35）
(自19)(立7)(維3)(公3)(国1)(共1)(欠1)

㋕伊藤 忠彦
㋛藤原 崇
　川崎　原田　田口　十嵐　橋田　野木　見山　口澤　原下　木川田
　むり学良徳幹親売祥通祐徳洋一樹司介春彦
　政さゆ　善国　林和信竜裕馨康二
　彦と　忠　政　嵐　善国　林　信　竜　裕　馨　康
党派：自自自自自自立立立維維公国共

（承前）

自	神田潤一
自	小泉龍司
自	高村正大
自	塩崎彰久
自	中山展宏
自	葉梨康弘
自	八木哲也
自	若林健太
立	階猛
立	野間健
立	原口一博
立	福田昭夫
維	藤巻健太
維	岬麻紀
公	山崎正恭
公	中野洋昌
国	前原誠司
共	田村貴昭
無	吉田豊史

文部科学委員（40）

（自23）（立8）（維4）（公3）（国1）（共1）

役	党	氏名
長	自	宮内秀樹
理	自	池田佳隆
理	自	橘慶一郎
理	自	中村裕之
理	自	本田太郎
理	自	山本ともひろ
理	自	柴山昌彦
理	自	根本幸典
	自	井出庸生
	自	勝目康
	自	杉田水脈
	自	高橋英明
	自	堀井学
	自	山口晋
	自	鈴木英敬
	立	荒井優
	立	牧義夫
	立	柚木道義
	立	菊田真紀子
	維	堀場幸子
	維	金村龍那
	維	早坂敦
	維	青柳仁士
	公	鰐淵洋子
	公	浮島智子
	共	宮本岳志
	国	西岡秀子

（承前）

立	吉田はるみ
立	米山隆一
維	阿部弘樹
維	漆間譲司
公	日下正喜
公	平林晃
国	鈴木義弘
共	本村伸子

外務委員（30）

（自17）（立5）（維3）（公2）（国1）（共1）（有1）

役	党	氏名
長	自	黄川田仁志
理	自	川原祐一
理	自	木原誠二
理	自	鈴木馨祐
理	自	城内実
理	立	源馬謙太郎
理	維	和田有一朗
理	公	日下正喜
	自	上杉謙太郎
	自	新藤義孝
	自	鈴木隼人
	自	高木啓
	自	辻清人
	自	平沢勝栄
	立	青柳陽一郎
	立	松原仁
	維	金村龍那
	公	鈴木良
	有	吉良州司

財務金融委員（40）

（自23）（立8）（維3）（公3）（国1）（共1）（無1）

役	党	氏名
長	自	津島淳
理	自	井林辰憲
理	自	越智隆雄
理	自	中西健治
理	自	宗清皇一
理	自	櫻井周
理	自	末松義規
理	立	稲田朋美
	自	青山周平
	自	石井拓
	自	大塚拓
	自	大岡敏孝
	自	金子俊平
	自	神田潤一

179

右ページ（委員会名簿）。縦書きを横書きに変換、各委員会ごとに委員長（長）・理事（理）の役職と会派を付す。

（前委員会の続き・左段上部）

公	平林　晃
公	山崎　正恭
国	西岡　秀子
共	宮本　岳志

厚生労働委員（45）
（自25）（立10）（維4）（公3）（国1）（共1）（有1）

長	三ッ林　裕巳	自
理	林	自
理	野	自
理	岡	自
理	畑	立
理	木	維
理	川	公
	島	自
	下	自
	藤	自
	葉	自
	元	自
	田	自
	沢	自
	目	自
	崎	自
	泉	自
	村	自
	崎	自
	戸	立
	村	立
	階	立
	田	立
	本	立
	内	立
	田	立
	本	維
	谷	維
	坂	公
	西	公
	村	公
	間	国
	井	共
	田	有

（名の字：賢・敏・裕・宏・淳・克・英・賢・将・未・ひで・進・鷹・正・彰・正・隆・憲・詔・太・英・知・信・健・智・和・統・ゆ・勇・良・とも・博 ほか）

農林水産委員（40）
（自23）（立8）（維3）（公3）（国1）（共1）（有1）

長	笹川　博義	自
理	川　俊	自
理	あ　新太一	自
理	武　健	自
理	若　孝	立
理	渡　和	
理	近	

右段

（前委員会の続き・上部）

会派順：立・維・公・公・自・自・自・自・自・自・自・自・自・立・立・立・立・維・公・共・有

（理事あり）緑・足・庄・東・五・伊・江・加・神・小・坂・高・西・宮 ほか
（氏名の字：士・史・一・幹・清・孝・俊・拓・祥・一・雄・志・二／川・立・子／十・嵐・東田・藤藤田・川寺本・子沼野・岡路・口谷・山田辺・渡井津・池掘稲・角長田・北）
（名の字：良・裕・英／竜・潤・裕・哲・修・太／恵・展・公・勝／浩・健／秀・慎・貴・圭）

経済産業委員（40）
（自23）（立8）（維4）（公3）（国1）（共1）

長	竹内	自
長／理	原田	自
理	井	自
理	岩	自
理	関	自
理	細	立
理	落	立
理	山	自
	小	
	中	
	石	
	石	
	稲	
	今	
	上	
	小	
	國	
	佐	
	土	
	冨	
	長	
	福	
	堀	
	松	

会派順：公・自・自・自・自・立・立・自 ほか（自・立・維・公・国・共）
（名の字：譲・巧・親・弘・一・之・誠・輔・昌・拓・政・美・郎・子・郎・助・紀・司・慎・之・正・夫・学・ん・平／和・芳・健・貴／泰・洋／昭・朋・宗・陽・卓・幸／淳／博・康・達／かれ／洋）

たがや　亮　れ

環境委員（30）
（自17）（立7）（維3）
（公2）（欠1）

役	党	氏名
㊨	自	古賀　篤
㊧	自	菅家　一郎
㊡	自	堀内　詔子
㊡	自	務台　俊介
㊡	自	鷲尾　英一郎
㊡	自	森　英介
㊡	自	篠原　孝
㊡	自	漆間　譲司
㊡	自	水間　昭恵
㊡	自	石川　昭政
㊡	自	石原　宏高
㊡	自	今枝　宗一郎
㊡	自	国定　勇人
㊡	自	武村　展英
㊡	自	中西　健治
㊡	立	穂坂　泰
㊡	立	八木　博
㊡	立	柳本　顕
㊡	立	山口　壯
㊡	立	近藤　昭一
㊡	立	坂本　祐之輔
㊡	維	馬場　雄基
㊡	維	松木　けんこう
㊡	維	奥下　剛光
㊡	公	空本　誠喜
㊡	公	日下　正喜

安全保障委員（30）
（自17）（立6）（維3）
（公2）（国1）（共1）

役	党	氏名
㊨	自	鬼木　誠
㊧	自	木塚　拓
㊡	自	大國　場助
㊡	自	宮澤　行嗣
㊡	自	若宮　健輔
㊡	自	伊藤　豪
㊡	自	篠原　恵一
㊡	自	濱地　雅一
㊡	自	三木　徳
㊡	自	大岡　孝郎
㊡	自	木村　和太
㊡	自	海江田　朗
㊡	自	泉　隆久
㊡	自	渡辺　志り
㊡	自	中島　男
㊡	立	根本　郎
㊡	立	長島　彦
㊡	立	本庄　周
㊡	立	細野　みともひろ
㊡	公	新垣　邦男
㊡	国	玄葉　光一郎
㊡	共	渡辺　和

国土交通委員（45）
（自25）（立9）（維4）（公3）
（国1）（共1）（有1）（れ1）

役	党	氏名
㊨	自	木原　稔
㊧	自	原田　淳
㊡	自	鮎川　幸正
㊡	自	加藤　豊
㊡	自	津島　元
㊡	自	中根　幸
㊡	自	長坂　渉
㊡	自	伴野　彦
㊡	自	谷川　弘
㊡	自	赤木　途
㊡	自	泉田　郎
㊡	自	小里　三
㊡	自	柿沢　明
㊡	自	菅家　孝
㊡	自	工藤　之
㊡	自	小林　生
㊡	自	櫻田　む
㊡	自	田中　之
㊡	自	富樫　二
㊡	自	土井　典
㊡	自	中川　一康
㊡	自	西村　久
㊡	自	深澤　治男
㊡	自	古川　司
㊡	自	宮崎　崇
㊡	立	武田　しつ
㊡	立	枝野　一郎
㊡	立	小熊　成
㊡	立	城井　正
㊡	立	下条　雄
㊡	立	末次　洋
㊡	立	一山　久
㊡	立	前川　子
㊡	立	山本　亨
㊡	維	北側　けい
㊡	維	中川　一郎
㊡	維	古川　康
㊡	維	高橋　千鶴
㊡	公	福島　伸

浅川義治 維
美延映夫 維
河西宏一 公
斎藤アレックス 国
赤嶺政賢 共

国家基本政策委員(30)

(自17)(立7)(維2)(公1)
(国1)(共1)(有1)

[長] 塩谷立 自
[理] 石田真敏 自
[理] 小渕優子 自
[理] 佐藤勉 自
[理] 御法川信英 自
[理] 森山浩行 立
[理] 山井和則 立
[理] 馬場伸幸 維
[理] 石井啓一 公
麻生太郎 自
江渡聡徳 自
遠藤利明 自
梶山弘志 自
金田勝年 自
上川陽子 自
新藤義孝 自
髙木毅 自
萩生田光一 自
茂木敏充 自
盛山正仁 自
森山裕 自
泉健太 立
岡田克也 立
中村喜四郎 立
長妻昭 立
笠浩史 立
藤田文武 維
玉木雄一郎 国
志位和夫 共
吉良州司 有

予算委員(50)

(自28)(立10)(維4)(公4)
(国1)(共1)(有1)(れ1)

[長] 根本匠 自
[理] 小林鷹之 自
[理] 中山展宏 自
[理] 古川禎久 自
[理] 堀井学 自
[理] 牧原秀樹 自
[理] 逢坂誠二 立
[理] 後藤祐一 立
[理] 青柳仁士 維
[理] 赤羽一嘉 公
伊藤達也 自
石破茂 自
今村雅弘 自
岩屋毅 自
衛藤征士郎 自
奥野信亮 自
金田勝年 自
亀岡偉民 自
熊田裕通 自
下村博文 自

鈴木隼人 自
田中和徳 自
辻清人 自
土屋品子 自
平沢勝栄 自
古屋圭司 自
牧島かれん 自
三谷英弘 自
宮下一郎 自
八木哲也 自
山本有二 自
鷲尾英一郎 自
大西健介 立
源馬謙太郎 立
西村智奈美 立
藤岡隆雄 立
本庄知史 立
森山浩行 立
吉田はるみ 立
渡辺創 立
阿部司 維
池畑浩太朗 維
堀井健智 維
庄子賢一 公
中野洋昌 公
鰐淵洋子 公
斎藤アレックス 国
宮本徹 共
緒方林太郎 有
櫛渕万里 れ

決算行政監視委員(40)

(自22)(立8)(維3)(公3)
(れ2)(無1)(欠1)

[長] 江田憲司 立
[理] 大野敬太郎 自
[理] 小林史明 自
[理] 田中英之 自
[理] 田中良生 自
[理] 大河原まさこ 立
[理] 谷田川元 立
[理] 金村龍那 維
[理] 福重隆浩 公
秋葉賢也 自
江﨑鐵磨 自
小野寺五典 自
加藤鮎子 自
柿沢未途 自
北村誠吾 自
下村博文 自
鈴木憲和 自
高木宏壽 自
武部新 自
棚橋泰文 自
寺田稔 自
野田聖子 自
葉梨康弘 自
村上誠一郎 自
森英介 自
山際大志郎 自
吉野正芳 自
手塚仁雄 立
原口一博 立

松原仁 立
柚木道義 立
米山隆一 立
伊東信久 維
市村浩一郎 維
高木陽介 公
吉田久美子 公
櫛渕万里 れ
たがや亮 れ
三反園訓 無

議院運営委員(25)

(自14)(立6)(維2)
(公1)(国1)(共1)

[長] 山口俊一 自
[理] 伊東良孝 自
[理] 新谷正義 自
[理] 丹羽秀樹 自
[理] 武藤容治 自
[理] 盛山正仁 自
[理] 吉川元 立
[理] 笠浩史 立
[理] 遠藤敬 維
[理] 岡本三成 公
石原正敬 自
高村正大 自
佐々木紀 自
鈴木隼人 自
穂坂泰 自
本田太郎 自
三谷英弘 自
若林健太 自
伊藤俊輔 立
梅谷守 立
太栄志 立
山岸一生 立
中司宏 維
浅野哲 国
塩川鉄也 共

懲罰委員(20)

(自10)(立6)(維1)
(公1)(欠2)

[長] 大串博志 立
[理] 丹羽秀樹 自
[理] 林幹雄 自
[理] 盛山正仁 自
[理] おおつき紅葉 立
[理] 井上英孝 維
逢沢一郎 自
甘利明 自
亀岡偉民 自
菅義偉 自
二階俊博 自
額賀福志郎 自
武藤容治 自
安住淳 立
泉健太 立
小沢一郎 立
岡田克也 立
佐藤茂樹 公

【特別委員会】

災害対策特別委員(35)

(自20)(立7)(維3)
(公3)(国1)(共1)

[長] 江藤拓 自
[理] 金子恭之 自
[理] 工藤彰三 自
[理] 高鳥修一 自
[理] 根本幸典 自
[理] 小山展弘 立
[理] 神津たけし 立
[理] 奥下剛光 維
[理] 吉田宣弘 公
東国幹 自
石原宏高 自
小里泰弘 自
柿沢未途 自
金田勝年 自
菅家一郎 自
小林史明 自
坂井学 自
新谷正義 自
深澤陽一 自
三谷英弘 自
宮路拓馬 自
務台俊介 自
山口晋 自
若林健太 自
稲富修二 立
菊田真紀子 立
小宮山泰子 立
山崎誠 立
渡辺創 立
岬麻紀 維
吉田とも代 維
大口善徳 公
佐藤英道 公
古川元久 国
田村貴昭 共

政治倫理の確立及び公職選挙法改正に関する特別委員(35)

(自20)(立7)(維3)
(公3)(国1)(共1)

[長] 平口洋 自
[理] 奥野信亮 自
[理] 冨樫博之 自
[理] 藤井比早之 自
[理] 松本洋平 自
[理] 源馬謙太郎 立
[理] 渡辺周 立
[理] 山本剛正 維
[理] 伊藤渉 公
石原正敬 自
加藤竜祥 自
勝目康 自
川崎ひでと 自
神田潤一 自
熊田裕通 自

自自自自自自自自自自自立立維公公国共
斎塩鈴辻中鳩平古本落佐櫻岩浦福斎塩
藤崎木　西山井川田合藤井塚永谷野本重藤川
洋彰憲清健二卓直太貴公　仁久良靖三隆アレックス鉄
明久和人治郎也季郎之治周雄志平人成浩也

北朝鮮による拉致問題等に関する特別委員(25)

(自14)(立5)(維2)
(公2)(国1)(共1)

立自自自自立公自自自自自自自自自自立維公国共

㊙

- ㊥(長)(理)(理)(理) 下江斎中藤義梅松濱岡村木田　井田口村　下川木井
- つ徳明子介守仁一隆大紀孝人之一壮美志卓昌敦亮早奈
- み聡洋郁弘　映雅佳偉正　義清比健智栄宏
- 条藤家谷原延地田　岡加亀高佐櫻辻藤細山西池中鈴笠

消費者問題に関する特別委員(35)

(自20)(立7)(維3)
(公3)(国1)(共1)

自自自自立自維公自自自自自自自自自自自自自自自立

㊙

- ㊥(長)(理)(理)(理) 稲田原内﨑下田畑屋杉沢上林畑村田山沼田原島岡山坂川
- 井堀宮山吉池古柿勝小田武土中鳩平船本牧松保青井石
- 美巧子久郎彦朗郎途康之明英慎宏郎元樹り武人彦織
- 朋詔政一勝統浩範謙未　鷹裕展　展二正　太秀み宏大信香

沖縄及び北方問題に関する特別委員(25)

(自14)(立5)(維2)
(公2)(国1)(共1)

立自自自立自維公自自自自自自自自自自自自立維国共

㊙

- ㊥(長)(理)(理)(理)(理)(理) 松木けんこう城島鈴堀神道杉下本城東渕泉場木木部銘辺川原島津友嶺
- 内尻木井谷下金伊小小國鈴高武西宮渡小篠守稲長
- 実子学裕樹巳邦孝子郎助人壽新郎久一也豪正久治賢
- 安伊　大和泰良進幸次之三　恒政孝淳　慎政

㊙委員会

斎藤洋明 自
鈴木隼人 自
谷川とむ 自
土屋品子 自
中川郁子 自
中曽根康隆 自
宮路拓馬 自
保岡宏武 自
渡辺孝一 自
末次精一 立
堤かなめ 立
福田昭夫 立
緑川貴士 立
森田俊和 立
住吉寛紀 維
堀場幸子 維
輿水恵一 公
鰐淵洋子 公
西岡秀子 国
高橋千鶴子 共

【憲法審査会】

憲法審査会委員(50)

(自28)(立11)(維4)(公4)
(国1)(共1)(有1)

[長] 森英介 自
[幹] 伊藤信太郎 自
[幹] 上川陽子 自
[幹] 柴山昌彦 自
[幹] 新藤義孝 自
[幹] 山下貴司 自
[幹] 階猛 立
[幹] 中川正春 立
[幹] 馬場伸幸 維
[幹] 北側一雄 公
青山周平 自
伊藤達也 自
石破茂 自
岩屋毅 自
衛藤征士郎 自
越智隆雄 自
大塚拓 自
神田憲次 自
熊田裕通 自
小林鷹之 自
國場幸之助 自
下村博文 自
田野瀬太道 自
辻清人 自
中西健治 自
船田元 自
古川禎久 自
古屋圭司 自
細野豪志 自
務台俊介 自
山本有二 自
渡辺孝一 自
新垣邦男 立
大島敦 立
奥野総一郎 立

城井崇 立
近藤昭一 立
篠原孝 立
本庄知史 立
谷田川元 立
吉田はるみ 立
岩谷良平 維
小野泰輔 維
三木圭恵 維
國重徹 公
濵地雅一 公
吉田宣弘 公
玉木雄一郎 国
赤嶺政賢 共
北神圭朗 有

【情報監視審査会】

情報監視審査会委員(8)

(自4)(立2)(維1)(公1)

[長] **小野寺五典** 自
伊東良孝 自
伊藤達也 自
田村憲久 自
大西健介 立
鈴木庸介 立
和田有一朗 維
大口善徳 公

【政治倫理審査会】

政治倫理審査会委員(25)

(自14)(立5)(維2)
(公2)(国1)(共1)

[長] **逢沢一郎** 自
[幹] 伊東良孝 自
[幹] 丹羽秀樹 自
[幹] 武藤容治 自
[幹] 盛山正仁 自
[幹] 伊藤俊輔 立
[幹] 牧義夫 立
[幹] 浦野靖人 維
[幹] 佐藤茂樹 公
石原正敬 自
高村正大 自
佐々木紀 自
新谷正義 自
鈴木隼人 自
穂坂泰 自
本田太郎 自
三谷英弘 自
若林健太 自
岡田克也 立
松木けんこう 立
笠浩史 立
高橋英明 維
高木陽介 公
前原誠司 国
穀田恵二 共

[衆]委員会

会派名の表記は下記の通り。

自＝自由民主党
立＝立憲民主党・無所属
維＝日本維新の会
公＝公明党
国＝国民民主党・無所属クラブ
共＝日本共産党
有＝有志の会
れ＝れいわ新選組
無＝無所属
欠＝欠員

2005年以降の主な政党の変遷 (数字は年月)

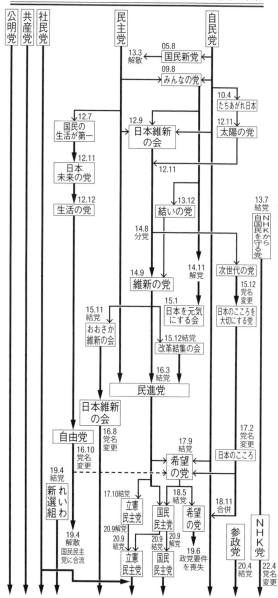

参 議 院

●凡例　記載内容は原則として令和5年1月23日現在。

選挙区	定 数

第25回選挙得票数・得票率　第26回選挙得票数・得票率
（令和元年7月21日）　　　　（令和4年7月10日）

得票数の左の▽印は繰り上げ当選者の資格を持つ法定得票数獲得者。

　　　　　　　　　　　　　党派*（会派）[選挙年] 当選回数
　　　　　　　　　　　　　出身地　　　　　生年月日
氏　　　名（ふり／がな）　勤続年数（うち㊗年数）（初当選年）
　　　　　　　　　　　　　勤続年数は令和5年2月末現在

略　　　歴　｜現職はゴシック。但し大臣・副大臣・政務官、委｜
　　　　　　｜員会及び党役職のみ。年齢は令和5年2月末現在｜

〒　地元　住所　　☎
〒　中央　住所　　☎

*新…当選1回の議員。前…当選2回以上で、選出される選挙時点で参議院議員であった議員。元…当選2回以上で、選出される選挙時点では、参議院議員でなかった議員、または当選2回以上で、繰上補充もしくは、補欠選挙により選出された議員。

●編集要領

○ 住所に宿舎とあるのは議員宿舎、会館とあるのは議員会館。
　○ 党派名、自民党議員の派閥名（[ ]で表示）を略称で表記した。

自…自由民主党	れ…れいわ新選組	[茂]…茂木派	（ ）内は会派名
立…立憲民主党	N…NHK党	[麻]…麻生派	立憲…立憲民主・社民
公…公明党	参…参政党	[二]…二階派	国民…国民民主党・新緑風会
維…日本維新の会	社…社会民主党	[岸]…岸田派	沖縄…沖縄の風
共…日本共産党	無…無所属	[森]…森山派	
国…国民民主党	[安]…安倍派	[無]…無派閥	

○ 常任委員会

内閣委員会……………………	**内閣委**	国土交通委員会………………	**国交委**
総務委員会……………………	**総務委**	環境委員会……………………	**環境委**
法務委員会……………………	**法務委**	国家基本政策委員会………	**国家基本委**
外交防衛委員会………………	**外交防衛委**	予算委員会……………………	**予算委**
財政金融委員会………………	**財金委**	決算委員会……………………	**決算委**
文教科学委員会………………	**文科委**	行政監視委員会………………	**行政監視委**
厚生労働委員会………………	**厚労委**	議院運営委員会………………	**議運委**
農林水産委員会………………	**農水委**	懲罰委員会……………………	**懲罰委**
経済産業委員会………………	**経産委**		

○ 特別委員会

災害対策特別委員会 ……………………………………………	**災害特委**
政府開発援助等及び沖縄・北方問題に関する特別委員会 ……	**ODA・沖北特委**
政治倫理の確立及び選挙制度に関する特別委員会 ……………	**倫選特委**
北朝鮮による拉致問題等に関する特別委員会 …………………	**拉致特委**
地方創生及びデジタル社会の形成等に関する特別委員会 ……	**地方・デジ特委**
消費者問題に関する特別委員会 ………………………………	**消費者特委**
東日本大震災復興特別委員会 …………………………………	**復興特委**

○ 調査会・審査会

外交・安全保障に関する調査会 ………………………………	**外交・安保調委**
国民生活・経済及び地方に関する調査会 ……………………	**国民生活調委**
資源エネルギー・持続可能社会に関する調査会 ……………	**資源エネ調委**
憲法審査会 ………………………………………………………	**憲法審委**
情報監視審査会 …………………………………………………	**情報監視審委**
政治倫理審査会 …………………………………………………	**政倫審委**

※所属の委員会名は、1月23日現在の委員部資料及び議員への取材に基づいて掲載しています。

参議院議員・秘書名一覧

議員名	党派(会派)	選挙区 選挙年	政策秘書名	第1秘書名	第2秘書名	号室	直通 FAX	略歴頁
あ 安達　澄（あだち きよし）	無	大分元	田中伸一郎	津中裕章	日名子英明	419	6550-0419 6551-0419	267
足立敏之（あだち としゆき）	自[岸]	比例④	大槻英二	本田俊三	中山麻友	501	6550-0501 6551-0501	227
阿達雅志（あだち まさし）	自[無]	比例④	土屋達之介	長安康平	安西直紀	309	6550-0309 6551-0309	228
青木　愛（あおき あい）	立	比例④	———			507	6550-0507 6551-0507	231
青木一彦（あおき かずひこ）	自[茂]	鳥取・島根④	吉佐々木崇	武戸弘哲	青戸哲哉 行	814	6550-0814 3502-8825	261
青島健太（あおしま けんた）	維	比例④	有働正美	剱持益之	高橋叔之	405	6550-0405 6551-0405	230
青山繁晴（あおやま しげはる）	自[無]	比例④	出口太未	三浦川和美	入間	1215	3581-3111(代)	226
赤池誠章（あかいけ まさあき）	自[安]	比例元	中島朱美	松岡俊一		524	6550-0524 6551-0524	216
赤松　健（あかまつ けん）	自[無]	比例④	日高周	中野梨紗	田	423	6550-0423 6551-0423	226
秋野公造（あきの こうぞう）	公	福岡	中條壽	前田信洋	塩出麻里子	711	6550-0711 6551-0711	265
浅尾慶一郎（あさお けいいちろう）	自[麻]	神奈川④	東海林大雄	三谷智有	長屋祐	601	6550-0601 6551-0601	249
浅田　均（あさだ ひとし）	維	大阪④	熊谷知志	平坪紀政史		621	6550-0621 6551-0621	258
朝日健太郎（あさひ けんたろう）	自[無]	東京④	桑代真哉	菅野文盛	門内淳	620	6550-0620 6551-0620	247
東　　徹（あずま とおる）	維	大阪④	吉成則	高野隆宏	柊谷龍	510	6550-0510 6551-0510	257
有村治子（ありむら はるこ）	自[麻]	比例元	高橋弘光	渡部桃三	子恵	1015	6550-1015 6551-1015	215
い 井上哲士（いのうえ さとし）	共	比例元	児玉善彦	広井真光	藤浦修司	321	6550-0321 6551-0321	221
井上義行（いのうえ よしゆき）	自[安]	比例④	黒木乃梨子	梅澤恭徳		920	6550-0920 6551-0920	228
伊藤　岳（いとう がく）	共	埼玉④	石川健介	岡拓也	磯谷理恵	609	6550-0609 6551-0609	243
伊藤孝江（いとう たかえ）	公	兵庫④	本孝薫	薗谷晃一	武田朋久	1014	6550-1014 6551-1014	259

※内線電話番号は、5＋室番号（3〜9階は5のあとに0を入れる）

190

議員名	党派(会派)	選挙区 選挙年	政策秘書名 第1秘書名 第2秘書名	号室	直通 FAX	略歴頁
伊藤孝恵（いとうたかえ）	国	愛知④	中島浩一司 中川井太 荻巣延子	1008	6550-1008 6551-1008	255
伊波洋一（いはよういち）	無(沖縄)	沖縄④	伊廣哲介 伊波俊介 高江洲満子	519	6550-0519 6551-0519	269
生稲晃子（いくいなあきこ）	自[安]	東京④	中平大開 斉藤道之	904	6550-0904 6551-0904	247
石井章（いしいあきら）	維	比例④		1204	6550-1204 6551-1204	229
石井準一（いしいじゅんいち）	自[茂]	千葉元	森崎大輔 東野田公男 山田光	506	6550-0506 5512-2606	244
石井浩郎（いしいひろお）	自[茂]	秋田④	黒川茂雄 畑澤敦淳 千葉淳一	713	6550-0713 6551-0713	240
石井正弘（いしいまさひろ）	自[安]	岡山元	近藤儀道 藤淵善治 石田真也代	1214	6550-1214 6551-1214	261
石井苗子（いしいみつこ）	維	比例④	小島正徳 橋本範矢 森本卓	1115	6550-1115 6551-1115	229
石垣のりこ（いしがき）	立	宮城元	青木まり子	813	6550-0813 6551-0813	239
石川大我（いしかわたいが）	立	比例元	榎本順一 浜原健伍 飛鳥斗亜	1113	6550-1113 6551-1113	218
石川博崇（いしかわひろたか）	公	大阪④	櫻井久美子 青木正伸 本浦正志	616	6550-0616 6551-0616	258
石田昌宏（いしだまさひろ）	自[安]	比例元	五反分正彦 太田京二 橋本祥太朗	1101	6550-1101 6551-1101	215
石橋通宏（いしばしみちひろ）	立	比例④	渡辺卓也 鈴木知子 伊藤淳子	523	6550-0523 6551-0523	231
磯﨑仁彦（いそざきよしひこ）	自[岸]	香川④	冨田久雄 後藤康弘 竹内寿生	624	6550-0624 6551-0624	264
礒﨑哲史（いそざきてつじ）	国	比例元	長谷康人 小松暢花 榛葉梨花	1210	6550-1210 6551-1210	221
猪口邦子（いのぐちくにこ）	自[麻]	千葉④	末原功太郎 関口生弥	1105	6550-1105 6551-1105	245
猪瀬直樹（いのせなおき）	維	比例④	中嶋徳彦 樹澤悟	513	6550-0513 6551-0513	229
今井絵理子（いまいえりこ）	自[麻]	比例④	神田信浩 柳澤浩美 吉川夏貴	315	6550-0315 6551-0315	228
岩渕友（いわぶちとも）	共	比例④	安部由美子 阿部了 小島あずみ	1002	6550-1002 6551-1002	233
岩本剛人（いわもとつよひと）	自[二]	北海道④	荒木真一 小林三奈子 原雅也	205	6550-0205 6551-0205	237

※内線電話番号は、５＋室番号（３～９階は５のあとに０を入れる）

参 議員秘書

い

議　員　名	党派(会派)	選挙区選挙年	政策秘書名第1秘書名第2秘書名		号室	直通FAX	略歴頁
う うえ だ いさむ 上田　勇	公	比例④	嶋 林 秀 能 時 井 源 大	一 行 也	1212	6550-1212 6551-1212	232
うえ だ きよし 上田清司	無(国民)	埼玉④	六 川 鉄 池 田 麻 田	平 里	618	6550-0618 6551-0618	244
うえ の みち こ 上野通子	自[安]	栃木④	齋 藤　淳 根 本 龍 夫 瀧　幸 彦		918	6550-0918 6551-0918	242
うす い しょういち 臼井正一	自[茂]	千葉④	江 熊 富 美 代 原 川 雄 一 郎 菱 川　　透		909	6550-0909 6551-0909	245
うちこし さく ら 打越さく良	立	新潟元	山 口 希 望 相 田 墨 人 石　田 武 佳		901	6550-0901 6551-0901	249
うめ むら さとし 梅村　聡	維	比例④	北 渡 会 静 井　内 郁 都	地 香 郎	326	6550-0326 6551-0326	220
うめむら 梅村みずほ	維	大阪元	大 嶋 公 一 橋 崎 勝 則		1004	6550-1004 6551-1004	257
え え じま きよし 江島　潔	自[安]	山口④	三 浦 善 一 郎 稲 永 誉 亮 亀　永　　晃	晃 晃	1103	6550-1103 6551-1103	263
え とうせいいち 衛藤晟一	自[安]	比例④	北 村 賢 一 柴 清 水 史 清　水　　剛	史 剛	1216	6550-1216 6551-1216	216
お お ざわ まさ ひと 小沢雅仁	立	比例④	加 藤 陽 子 鍵 山 田 健 園　田　　人	人	1119	6550-1119 6551-1119	217
お ぬま たくみ 小沼　巧	立	茨城元	西　恵 美 子 宮 田 康 茂 四 倉　　茂		1012	6550-1012 6551-1012	241
お の だ きみ 小野田紀美	自[茂]	岡山元	山 口 栄 利 香 石 原 塚 絵 重 狐　塚　多		318	6550-0318 6551-0318	261
お つじ ひで ひさ 尾辻秀久	無	鹿児島元	松 尾 有 嗣 香 沼 田 実 香 竹　内　和		515	6550-0515 3595-1127	268
お ち としゆき 越智俊之	自[無]	比例④	皆 川 洋 平		821	6550-0821 5512-5121	229
おおいえ さと し 大家敏志	自[麻]	福岡④	石 田 麻 子 伊 隆 敏 夫 柴　　泰		518	6550-0518 6551-0518	265
おおしまく す お 大島九州男	れ	比例繰			714	6550-0714 6551-0714	233
おおつか こう へい 大塚耕平	国	愛知元	河 本 安 子 岩 崎 孝 史 川　越　崇	史	1121	6550-1121 6551-1121	254
おお の やすただ 大野泰正	自[安]	岐阜元	岩 田 佳 子 高 井 雅 之 高　木 まゆみ		503	6550-0503 6551-0503	252
おお た ふさ え 太田房江	自[安]	大阪元	郷　千 鶴 子 川 端 威 臣 星 神 裕 希 枝		308	6550-0308 6551-0308	257
おか だ なお き 岡田直樹	自[安]	石川④	丹 後 智 浩 下 平 央 学 大　畠　央　三	学 三	807	6550-0807 6551-0807	250

※内線電話番号は、5＋室番号（3〜9階は5のあとに0を入れる）

参議員・秘書

う・え・お

議　員　名	党派 (会派)	選挙区 選挙年	政策秘書名 第１秘書名 第２秘書名	号室	直通 FAX	略歴 頁
おときた　しゅん 音喜多　駿	維	東京㋥	小林　優輔 小濱　あやこ 下山　達人	612	6550-0612 6551-0612	246
おにき　まこと 鬼木　誠	立	比例④	鳥越保浩 三木みどり	511	6550-0511 6551-0511	230
か だ ひろ ゆき 加田裕之	自 [安]	兵庫㋥	福田　聖也 藤本　哲也 宇都宮祥一郎	819	6550-0819 6551-0819	259
か とう あき よし 加藤明良	自 [茂]	茨城④	大塚典子 前田拓哉 雨澤陸希	414	6550-0414 6551-0414	241
か だ ゆき こ 嘉田由紀子	無 (国民)	滋賀㋥	安部秀行 五月女彩子 古谷桂信	815	6550-0815 6551-0815	256
ガーシー	N	比例④	渡邉文俊 墨谷林柚 武　久貴	304	6550-0304 6551-0304	234
かじ はら だい すけ 梶原大介	自 [二]	比例④	吉澤昌樹 泉　栄恵 宍戸麻里子	201	6550-0201 6551-0201	226
かた やま 片山さつき	自 [無]	比例④	源平尚人 山下英規 山崎二恵	420	6550-0420 6551-0420	227
かた やま だい すけ 片山大介	維	兵庫④	三井敏弘	721	6550-0721 6551-0721	259
かつ べ けん じ 勝部賢志	立	北海道④	田中信彦 中桐眞昭 林田雅昭	608	6550-0608 6551-0608	237
かね こ みち ひと 金子道仁	維	比例④	宮田宗宏 米内宏宣 金子達基	1013	6550-1013 6551-1013	230
かみ や そう へい 神谷宗幣	参	比例④	上原千可子 浅井英彦 平岡有加里	520	6550-0520 6551-0520	234
かみ や まさ ゆき 神谷政幸	自 [麻]	比例④		1218	6550-1218 6551-1218	228
かみ ともこ 紙　智子	共	比例㋥	田井共生 小松正英	710	6550-0710 6551-0710	221
かわ い たか のり 川合孝典	国	比例④	平澤幸子 海保順一	1223	6550-1223 6551-1223	233
かわ だ りゅうへい 川田龍平	立	比例㋥	岩渕宏美 髙木健二	508	6550-0508 6551-0508	218
かわ の よし ひろ 河野義博	公	比例㋥	新保正則 矢野野枝子 芝久江	720	6550-0720 6551-0720	219
き むら えい こ 木村英子	れ	比例㋥	入野田智也 堤　昌也	314	6550-0314 6551-0314	222
きら こ 吉良よし子	共	東京㋥	加藤昭宏 菊田由佳子 恒川京子	509	6550-0509 6551-0509	246
きし まき こ 岸　真紀子	立	比例㋥	岸野ミチル 米田由美子 渡邉　武	611	6550-0611 6551-0611	217

か

き

※内線電話番号は、５＋室番号（３〜９階は５のあとに０を入れる）

議員名	党派(会派)	選挙区選挙年	政策秘書名 第1秘書名 第2秘書名	号室	直通 FAX	略歴頁
きたむらつねお 北村経夫	自 [安]	山口[元]補	菅田誠 渡部仁志 黒坂陽子	1109	6550-1109 6551-1109	262
[く] くしだせいいち 串田誠一	維	比例④	— 大塚莉沙 —	1203	6550-1203 6551-1203	230
くぼたてつや 窪田哲也	公	比例④	細田千鶴子 稲又進一 仮屋雄一	202	6550-0202 6551-0202	232
くまがいひろと 熊谷裕人	立	埼玉[元]	上原広 — 野口浩	1217	6550-1217 6551-1217	243
くらばやしあきこ 倉林明子	共	京都[元]	増田優子 山本裕太 佐藤萌海	1021	6550-1021 6551-1021	256
[こ] たかし こやり隆史	自 [岸]	滋賀④	増田綾子 田村敏一 田中里佳子	716	6550-0716 6551-0716	256
こいけあきら 小池晃	共	比例[元]	丸井龍平 小山田智枝 槐島明香	1208	6550-1208 6551-1208	220
こにしひろゆき 小西洋之	立	千葉④	千葉章 鈴木宏明 小野寺章	915	6550-0915 6551-0915	245
こばやしかずひろ 小林一大	自 [無]	新潟④	橋本美奈子 — 石山肇	416	6550-0416 6551-0416	249
こがちかげ 古賀千景	立	比例④	前川浩司 安西仁美 —	409	6550-0409 6551-0409	230
こがゆういちろう 古賀友一郎	自 [岸]	長崎[元]	高田久美子 葉山史織 坂爪ひとみ	1206	6550-1206 6551-1206	266
こがゆきひと 古賀之士	立	福岡④	鈴木加世子 片山浩 大井ゆかり	1108	6550-1108 6551-1108	265
こしょうはるとも 古庄玄知	自 [安]	大分④	原敬一 川口純男 古庄はるか	907	6550-0907 6551-0907	267
こうづきりょうすけ 上月良祐	自 [茂]	茨城[元]	岸田礼子 平島剛 畔上秀一	704	6550-0704 6551-0704	241
[さ] さささき 佐々木さやか	公	神奈川[元]	長岡光明 古屋伸一 高木和明	514	6550-0514 6551-0514	248
さとうけい 佐藤啓	自 [安]	奈良④	榎本政子 石橋利洋 寺内清智	708	6550-0708 6551-0708	260
さとうのぶあき 佐藤信秋	自 [茂]	比例[元]	玉村貴 安和博 富山明彦	722	6550-0722 6551-0722	215
さとうまさひさ 佐藤正久	自 [茂]	比例[元]	木下俊治 橋谷田洋介 野口マキ	705	6550-0705 6551-0705	215
さいとうよしたか 斎藤嘉隆	立	愛知④	石田敏高 市川晶 若松善幸	707	6550-0707 6551-0707	255
さかいやすゆき 酒井庸行	自 [安]	愛知[元]	忽那薫 鈴木秀二 歌川純子	723	6550-0723 6551-0723	254

※内線電話番号は、5＋室番号（3～9階は5のあとに0を入れる）

議　員　名	党派 (会派)	選挙区 選挙年	政策秘書名 第1秘書名 第2秘書名	号室	直通 FAX	略歴頁
さくらい　みつる 櫻井　充	自 [無]	宮城④	佐藤　道昭 國分　貴士	512	6550-0512 6551-0512	239
さとみ　りゅうじ 里見隆治	公	愛知④	黒田　泰広 山下　高明 長尾　稔	301	6550-0301 6551-0301	254
さんとう　あきこ 山東昭子	自 [麻]	比例元	勝島　岳人 俣田　好隆 岳谷　政春	310	6550-0310 6551-0310	216
し　みず　たか　ゆき 清水貴之	維	兵庫元	上杉　真之 小濱　丈弥 福西こころ	404	6550-0404 6551-0404	258
し　みず　まさ　と 清水真人	自 [二]	群馬元	三留　哲郎 佐藤　始 神田　彩	923	6550-0923 6551-0923	242
じ　み 自見はなこ	自 [二]	比例④	讃岐　浩士 藤裕　之美 佐畑　成	504	6550-0504 6551-0504	227
しお　た　ひろ　あき 塩田博昭	公	比例④	橋本　正博 菊地　淑彦 尾形　康	1117	6550-1117 6551-1117	219
しおむら 塩村あやか	立	東京元	石井　茂 丸子知奈美	706	6550-0706 6551-0706	246
しば　しん　いち 柴　愼一	立	比例④	高木　智章 加藤久美子	1009	6550-1009 6551-1009	231
しば　た　たくみ 柴田　巧	維	比例元	吉岡　彩乃 田道　康 富牧　毅	816	6550-0816 6551-0816	220
しま　むら　だい 島村　大	自 [無]	神奈川④	中大窪佳子 桜木　長利	415	6550-0415 6551-0415	248
しも　の　ろく　た 下野六太	公	福岡元	奈須野文麿 成松　明	913	6550-0913 6551-0913	265
しんどうかね　ひ　こ 進藤金日子	自 [二]	比例④	豊　輝久 知花正博 佐々木理恵	719	6550-0719 6551-0719	228
しん　ば　か　づ　や 榛葉賀津也	国	静岡元	堀池　志 日高由佳 松浦　恭輔	1011	6550-1011 6551-0026	253
す　どうげん　き 須藤元気	無	比例元	西　悦蔵 御子貝浩太	914	6550-0914 6551-0914	218
すえ　まつ　しん　すけ 末松信介	自 [安]	兵庫④	荒金美保治 中末松真帆	905	6550-0905 5512-2616	259
すぎ　ひさ　たけ 杉　久武	公	大阪元	小川輝一司 神久保城 井崎光	615	6550-0615 6551-0615	257
すぎ　お　ひで　や 杉尾秀哉	立	長野④	山根睦弘 松原秀吉 小林樹	724	6550-0724 6551-0724	252
すず　き　むね　お 鈴木宗男	維	比例元	赤飯松真次 堀島居翔和	1219	6550-1219 6551-1219	220
せ　こう　ひろ　しげ 世耕弘成	自 [安]	和歌山元	川村太祐 福井康司 佐藤拓治	1017	6550-1017 6551-1017	260

※内線電話番号は、5＋室番号（3〜9階は5のあとに0を入れる）

議　員　名	党派 (会派)	選挙区 選挙年	政策秘書名 第1秘書名 第2秘書名	号室	直通 FAX	略歴頁
<ruby>関<rt>せき</rt></ruby><ruby>口<rt>ぐち</rt></ruby> <ruby>昌<rt>まさ</rt></ruby><ruby>一<rt>かず</rt></ruby>	自 [茂]	埼玉④	多 関 政 弘 関口 恵 太 齋藤 恵 亮	1104	6550-1104 6551-1104	244
<ruby>田<rt>た</rt></ruby><ruby>島<rt>じま</rt></ruby> <ruby>麻<rt>ま</rt></ruby><ruby>衣<rt>い</rt></ruby><ruby>子<rt>こ</rt></ruby>	立	愛知④	矢 下 雄 介 河 合 利 浩	410	6550-0410 6551-0410	254
<ruby>田<rt>た</rt></ruby><ruby>中<rt>なか</rt></ruby> <ruby>昌<rt>まさ</rt></ruby><ruby>史<rt>し</rt></ruby>	自 [無]繰	比例元	＿＿＿	505	6550-0505 6551-0505	217
<ruby>田<rt>た</rt></ruby><ruby>名<rt>な</rt></ruby><ruby>部<rt>ぶ</rt></ruby> <ruby>匡<rt>まさ</rt></ruby><ruby>代<rt>よ</rt></ruby>	立	青森④	大 谷 佳 子 八 木 蔵 博	1106	6550-1106 6551-1106	238
<ruby>田<rt>た</rt></ruby><ruby>村<rt>むら</rt></ruby> <ruby>智<rt>とも</rt></ruby><ruby>子<rt>こ</rt></ruby>	共	比例④	岩 藤 智 彦 栃 木 浩 一 寺 下 　 真	908	6550-0908 6551-0908	232
<ruby>田<rt>た</rt></ruby><ruby>村<rt>むら</rt></ruby> まみ	国	比例元	堺 　 知 郎 林 公 太 美 岡 　 光 隆	910	6550-0910 6551-0910	221
<ruby>高<rt>たか</rt></ruby><ruby>木<rt>ぎ</rt></ruby> かおり	維	大阪④	近 藤 晶 久	306	6550-0306 6551-0306	258
<ruby>高<rt>たか</rt></ruby><ruby>木<rt>ぎ</rt></ruby> <ruby>真<rt>ま</rt></ruby><ruby>理<rt>り</rt></ruby>	立	埼玉元	細 川 千恵子 森 　 千代子	317	6550-0317 6551-0317	244
<ruby>高<rt>たか</rt></ruby><ruby>野<rt>の</rt></ruby><ruby>光<rt>こう</rt></ruby><ruby>二<rt>じ</rt></ruby><ruby>郎<rt>ろう</rt></ruby>	自 [麻]	徳島・ 高知元	山 城 太 一 鈴 田 和 基 合 田 壮一郎	421	6550-0421 6551-0421	263
<ruby>高<rt>たか</rt></ruby><ruby>橋<rt>はし</rt></ruby> <ruby>克<rt>かつ</rt></ruby><ruby>法<rt>のり</rt></ruby>	自 [麻]	栃木元	網 野 辰 男 阿久津伸之 市 村 綾 一	324	6550-0324 6551-0324	242
<ruby>高<rt>たか</rt></ruby><ruby>橋<rt>はし</rt></ruby> はるみ	自 [安]	北海道元	小 野 隼 人 三 上 　 静	303	6550-0303 6551-0303	237
<ruby>高<rt>たか</rt></ruby><ruby>橋<rt>はし</rt></ruby><ruby>光<rt>みつ</rt></ruby><ruby>男<rt>お</rt></ruby>	公	兵庫元	深 田 知 行 青 木 勇 篤 坂 本 本 史	614	6550-0614 6551-0614	259
<ruby>髙<rt>たか</rt></ruby><ruby>良<rt>ら</rt></ruby> <ruby>鉄<rt>てつ</rt></ruby><ruby>美<rt>み</rt></ruby>	無 (沖縄)	沖縄元	新 澤 　 有 紀 知 念 祐 樹 安 　 　 紀	712	6550-0712 6551-0712	269
<ruby>滝<rt>たき</rt></ruby><ruby>沢<rt>さわ</rt></ruby> <ruby>求<rt>もとめ</rt></ruby>	自 [麻]	青森元	平 岡 久 宣 野 月 法 文 細 谷 真理子	522	6550-0522 6551-0522	238
<ruby>滝<rt>たき</rt></ruby><ruby>波<rt>なみ</rt></ruby><ruby>宏<rt>ひろ</rt></ruby><ruby>文<rt>ふみ</rt></ruby>	自 [安]	福井元	磯 村 圭 一 橋 本 純 子	307	6550-0307 6551-0307	251
<ruby>竹<rt>たけ</rt></ruby><ruby>内<rt>うち</rt></ruby><ruby>真<rt>しん</rt></ruby><ruby>二<rt>じ</rt></ruby>	公	比例④	金 田 守 正 半 沢 拓 巳 田 沢 純 一	801	6550-0801 6551-0801	231
<ruby>竹<rt>たけ</rt></ruby><ruby>詰<rt>づめ</rt></ruby> <ruby>仁<rt>ひとし</rt></ruby>	国	比例④	小池ひろみ 井 上 　 徹 塚越深雪	406	6550-0406 6551-0406	233
<ruby>竹<rt>たけ</rt></ruby><ruby>谷<rt>や</rt></ruby> とし<ruby>子<rt>こ</rt></ruby>	公	東京元	池 田 奈保美 松 下 秋 子 萩 原 明 子	517	6550-0517 6551-0517	247
<ruby>武<rt>たけ</rt></ruby><ruby>見<rt>み</rt></ruby> <ruby>敬<rt>けい</rt></ruby><ruby>三<rt>ぞう</rt></ruby>	自 [麻]	東京元	牧 野 能 治 田 中 真 一 新 田 純 弘	413	6550-0413 6206-1502	246
<ruby>谷<rt>たに</rt></ruby><ruby>合<rt>あい</rt></ruby> <ruby>正<rt>まさ</rt></ruby><ruby>明<rt>あき</rt></ruby>	公	比例④	木 倉 谷 靖 角 屋 　 忍 田 村 　 智	922	6550-0922 6551-0922	232

た

せ・た

<ruby>参<rt>マル</rt></ruby>議員・秘書

※内線電話番号は、5＋室番号（3〜9階は5のあとに0を入れる）

議員名	党派(会派)	選挙区選挙年	政策第1秘書名秘書第2秘書名	号室	直通FAX	略歴頁
つ　柘植芳文 つげよしふみ	自[無]	比例元	辰田水 巳丸野 知方真 宏敏梨	1114	6550-1114 6551-1114	214
辻元清美 つじもときよみ	立	比例④	長辻岩 谷川崎 哲一雅 也之子	613	6550-0613 6551-0613	230
鶴保庸介 つるほようすけ	自[二]	和歌山④	益鈴 田木 直彬 輝人	313	6550-0313 6551-0313	260
く　寺田静 てらだしずか	無	秋田元	反桑荒 田原木 麻理裕 愛美子	204	6550-0204 6551-0204	240
天畠大輔 てんばただいすけ	れ	比例④	黒篠田 田田 宗 矢恵	316	6550-0316 6551-0316	233
と　堂故茂 どうこしげる	自[茂]	富山元	深亀関 津谷 忠宏由加 登	1003	6550-1003 6551-1003	250
堂込麻紀子 どうごみまきこ	無	茨城④	荒武黒 木田田 有宏 子司誠	607	6550-0607 6551-0607	242
徳永エリ とくながえり	立	北海道④	岡矢 内野 隆信 博彦	701	6550-0701 6551-0701	238
友納理緒 とものうりお	自[安]	比例④	池星井 田達之セイク千恵紀郎孝	1116	6550-1116 6551-1116	227
豊田俊郎 とよだとしろう	自[麻]	千葉元	木村松崎岡 慎和瑛 一也右	1213	6550-1213 6551-1213	245
な　ながえ孝子 ながえたかこ	無	愛媛元	林福藤 田田 弘剛一成樹	709	6550-0709 6551-0709	264
中条きよし なかじょうきよし	維	比例④	────	805	6550-0805 6551-0805	229
中曽根弘文 なかそねひろふみ	自[二]	群馬④	上望米 屋岡岡 勝美輝 哉和	1224	6550-1224 3592-2424	243
中田宏 なかだひろし	自[無]繰	比例元繰	奈日神 良高田山 俊真幸之樹也	1102	6550-1102 6551-1102	217
中西祐介 なかにしゆうすけ	自[麻]	徳島・高知④	平喜多村 岡英 士旬	622	6550-0622 6551-0622	263
永井学 ながいまなぶ	自[茂]	山梨④	玉吉折 木峰山 武佳俊 彦世樹	516	6550-0516 6551-0516	251
長浜博行 ながはまひろゆき	無	千葉元	鈴大山 木滝田 浩奈由央美子	606	6550-0606 6551-0606	245
長峯誠 ながみねまこと	自[安]	宮崎④	早持栗 川永山 健隆真一郎大也	802	6550-0802 6551-0802	268
に　仁比聡平 にひそうへい	共	比例④	加園韮 藤山澤 紀あゆみ男彰	408	6550-0408 6551-0408	232
新妻秀規 にいづまひでき	公	比例元	萱松 原浦 信英喜子	1112	6550-1112 6551-1112	219

※内線電話番号は、5＋室番号（3〜9階は5のあとに0を入れる）

参 議員・秘書

つ・て・と・な・に

議員名	党派(会派)	選挙区／選挙年	政策秘書名／第1秘書名／第2秘書名	号室	直通／FAX	略歴頁
にし だ しょう じ 西田昌司	自[安]	京都元	安藤髙士／柿本大輔	1110	6550-1110 3502-8897	256
にし だ まこと 西田実仁	公	埼玉④	吉田正男／関富士博／大間昭	1005	6550-1005 6551-1005	244
の の がみ こう た ろう 野上浩太郎	自[安]	富山④	野村隆宏／小林靖也／白川智也	1010	6550-1010 6551-1010	250
の だ くに よし 野田国義	立	福岡④	大谷人也／小林卓貴／久保裕	323	6550-0323 6551-0323	265
の むら てつ ろう 野村哲郎	自[茂]	鹿児島④	留田敦義／奥畑雅代	1120	6550-1120 6551-1120	268
は は た じ ろう 羽田次郎	立	長野元補	辻甲子郎／濱貴紀／横山志保	818	6550-0818 6551-0818	252
は にゅう だ たかし 羽生田俊	自[安]	比例元	安部和之／星野彩	319	6550-0319 6551-0319	216
は が みち や 芳賀道也	無(国民)	山形元	戸次貴彦／相馬準男／関井美喜男	917	6550-0917 6551-0917	240
は せ がわ がく 長谷川岳	自[安]	北海道④	前島英希／牛間由美子／森越正	619	6550-0619 6550-0055	237
は せ がわ ひではる 長谷川英晴	自[無]	比例元	坪根輝彦／藤澤信明／渡辺信子	1020	6550-1020 6551-1020	226
ば ば せい し 馬場成志	自[岸]	熊本元	山内祐子／登耕啓／柴田大介	1016	6550-1016 6551-1016	267
はし もと せい こ 橋本聖子	自[安]	比例元	宮内栄子／藤原清将／甲斐裕	803	6550-0803 6551-0803	215
はま ぐち まこと 浜口誠	国	比例④	阿部洋祐／石綿慶香／井上千織	1022	6550-1022 6551-1022	233
はま だ さとし 浜田聡	N	比例元繰	大瀧靖峰／永友香梨／重黒木優平	403	6550-0403 6551-0403	222
はま の よし ふみ 浜野喜史	国	比例④	下橋佑治／片岡健太／小林和	521	6550-0521 6551-0521	221
ひ ひ が な つ み 比嘉奈津美	自[茂]	比例元繰	岡田英代／伊佐美歌代	1221	6550-1221 6551-1221	217
ひら き だい さく 平木大作	公	比例④	田中大作／麻生賢一／遠藤彰	422	6550-0422 6551-0422	219
ひら やま さ ち こ 平山佐知子	無	静岡④	細井貴光司／宮崎隆／篠原倫太郎	822	6550-0822 6551-0822	253
ひろ せ めぐみ 広瀬めぐみ	自[麻]	岩手④	───	418	6550-0418 6551-0418	239
ふ ふく おか たか まろ 福岡資麿	自[茂]	佐賀④	岩永幸雄／吉田勇一／相澤晃二	919	6550-0919 6551-0919	266

※内線電話番号は、5＋室番号（3〜9階は5のあとに0を入れる）

議 員 名	党派 (会派)	選挙区 選挙年	政策秘書名 第1秘書名 第2秘書名	号室	直通 FAX	略歴 頁
ふくしま 福島みずほ	社	比例④	石川　顕代 露木佳哲 鍋野	1111	6550-1111 6551-1111	234
ふくやまてつろう 福山哲郎	立	京都④	正木幸一	808	6550-0808 6551-0808	257
ふじいかずひろ 藤井一博	自 [無]	比例④	伊勢田暁子 浅井政厚 上杉和輝	605	6550-0605 6551-0605	226
ふじかわまさひと 藤川政人	自 [麻]	愛知④	松本由紀子 藤原勝彦	717	6550-0717 6550-0057	254
ふじきしんや 藤木眞也	自 [岸]	比例④	池上知子 石黒もも子 穴見健人	1006	6550-1006 6551-1006	227
ふなやまやすえ 舟山康江	国	山形④	中田兼司 伊藤洋昭 齊藤一秀	810	6550-0810 6551-0810	240
ふなごやすひこ 舩後靖彦	れ	比例元	岡田哲扶 蒔田備憲 小林律子	302	6550-0302 6551-0302	222
ふなはしとしみつ 船橋利実	自 [麻]	北海道④	戸田玄子 田浦祐典 三船真真	424	6550-0424 6551-0424	238
ふるかわとしはる 古川俊治	自 [安]	埼玉元	森本久聡 池上義典 高橋利	718	6550-0718 6551-0718	243
ほし　ほくと 星　北斗	自 [無]	福島④	漆畑　佑	322	6550-0322 6551-0322	241
ほりいいわお 堀井　巌	自 [安]	奈良元	平田勝紀 米田憲亮 吉田悠	417	6550-0417 6551-0417	260
ほんだあきこ 本田顕子	自 [無]	比例元	関野秀人 我妻山英恵 沖	1001	6550-1001 6551-1001	216
まいたちしょうじ 舞立昇治	自 [無]	鳥取・ 島根元	中園めぐみ 浅井威厚 中ノ森早苗	603	6550-0603 6551-0603	261
まきのたかお 牧野たかお	自 [茂]	静岡④	渡辺恵美 鷲見正親 土屋行男	812	6550-0812 6551-0812	253
まきやまひろえ 牧山ひろえ	立	神奈川④	平澤和明 柴田良也 渡真也	1007	6550-1007 6551-1007	248
まつかわるい 松川るい	自 [安]	大阪④	津坂光継 清水康弘 秋山真	407	6550-0407 6551-0407	258
まつざわしげふみ 松沢成文	維	神奈川④	千葉修平 神田頭輔 矢友祐	903	6550-0903 6551-0903	248
まつしたしんぺい 松下新平	自 [無]	宮崎④	児玉勝己 大出浩克 松浦哉	824	6550-0824 6551-0824	268
まつのあけみ 松野明美	維	比例④	金光雅美	912	6550-0912 6551-0912	229
まつむらよしふみ 松村祥史	自 [茂]	熊本④	下田市郁夫 四日賀正秋 古畑山登	1023	6550-1023 6551-1023	267

※内線電話番号は、5＋室番号（3〜9階は5のあとに0を入れる）

議員名	党派(会派)	選挙区／選挙年	政策秘書名／第1秘書名／第2秘書名	号室	直通／FAX	略歴頁
松山政司（まつやままさし）	自[岸]	福岡元	中島基彰／佐々木久之	1124	6550-1124／6551-1124	264
丸川珠代（まるかわたまよ）	自[安]	東京元	三浦田基孝／山美坂勇／広次輝	902	6550-0902／6551-0902	246
み 三浦信祐（みうらのぶひろ）	公	神奈川元	山本大三郎／浪川健太郎／薗部幸広	804	6550-0804／6551-0804	249
三浦靖（みうらやすし）	自[茂]	比例元	小林尾山已志吉／長森山真一広	811	6550-0811／6551-0811	214
三上えり（みかみえり）	無[立憲]	広島元	石橋鉄也／槙埜秀樹／川海栄	320	6550-0320／6551-0320	262
三原じゅん子（みはらじゅんこ）	自[無]	神奈川元	宮崎達也／関根千里／武原美世	823	6550-0823／6551-0823	248
三宅伸吾（みやけしんご）	自[無]	香川元	須山義正／蓮井靖信	604	6550-0604／6551-0604	263
水岡俊一（みずおかしゅんいち）	立	比例元	平野和子／藤濱花菜／田彦克	305	6550-0305／6551-0305	217
水野素子（みずのもとこ）	立	神奈川元＊	高井章浩／東使義謙／西塔谷志	1209	6550-1209／6551-1209	249
宮口治子（みやぐちはるこ）	立	広島元再	片山哲生／江田洋一／山田洋満	206	6550-0206／6551-0206	262
宮崎雅夫（みやざきまさお）	自[二]	比例元	木村充男／津大竹澄晃／子夫	610	6550-0610／6551-0610	216
宮崎勝（みやざきまさる）	公	比例元繰	廣野光夫／青木正美	1118	6550-1118／6551-1118	232
宮沢洋一（みやざわよういち）	自[岸]	広島元	小川修一／髙島淳悦子／有悦	820	6550-0820／6551-0820	262
宮本周司（みやもとしゅうじ）	自[安]	石川補	不破嶋行友大紀／中南野祥恵	1018	6550-1018／6551-1018	250
む 村田享子（むらたきょうこ）	立	比例④	井出智則／田中美佐江	1222	6550-1222／6551-1222	231
室井邦彦（むろいくにひこ）	維	比例元	藤生賢哉／能島知英	1122	6550-1122／6551-1122	220
も 森まさこ（もりまさこ）	自[安]	福島元	鈴木正佳／吉田田康／池吉代之	924	6550-0924／6551-0924	241
森本真治（もりもとしんじ）	立	広島元	八木橋美千代／古賀寛三／百田正	311	6550-0311／6551-0311	262
森屋隆（もりやたかし）	立	比例元	大澤祥文介／大瀬森理戸／古城戸美奈	1211	6550-1211／6551-1211	218
森屋宏（もりやひろし）	自[岸]	山梨元	漆原文彦介／小泉大治／髙橋賢治	502	6550-0502／6551-0502	251

※内線電話番号は、5＋室番号（3〜9階は5のあとに0を入れる）
＊水野素子議員の任期は令和7年まで。

	議員名	党派 (会派)	選挙区 選挙年	政策秘書名 第1秘書名 第2秘書名	号室	直通 FAX	略歴頁
や	やくらかつお 矢倉克夫	公	埼玉[元]	――― 中居俊夫 久富礼子	401	6550-0401 6551-0401	243
	やすえのぶお 安江伸夫	公	愛知[元]	大﨑順一 髙橋直樹 鐘ヶ江義之	312	6550-0312 6551-0312	254
	やながせひろふみ 柳ヶ瀬裕文	維	比例[元]	――― 大岡貴志 吉岡美智子	703	6550-0703 6551-0703	220
	やまぐちなつお 山口那津男	公	東京[元]	山下千秋 出口俊夫 大川満里子	806	6550-0806 6551-0806	246
	やまざきまさあき 山崎正昭	自 [安]	福井④	石山秀樹 松山康代 岸本成美	1201	6550-1201 6551-1201	251
	やましたゆうへい 山下雄平	自 [茂]	佐賀[元]	永石浩視 水谷秀美 中原茂	916	6550-0916 6551-0916	266
	やましたよしき 山下芳生	共	比例[元]	中村哲也 中島敬介 松井朋子	1123	6550-1123 6551-1123	221
	やまぞえたく 山添拓	共	東京④	加藤紀男 佐藤祐実 韮澤彰	817	6550-0817 6551-0817	247
	やまだたろう 山田太郎	自 [無]	比例[元]	小山紘一 荒井理沙 小寺直子	623	6550-0623 6551-0623	214
	やまだとしお 山田俊男	自 [森]	比例[元]	村瀬弘美 森田謙三 卜部隼太	809	6550-0809 6551-0809	215
	やまだひろし 山田宏	自 [安]	比例④	新良薫 大島康之 田中晴司	1205	6550-1205 6551-1205	227
	やまたにえりこ 山谷えり子	自 [安]	比例④	速水美智子 福元亮次 渡辺智彦	1107	6550-1107 6551-1107	228
	やまもとかなえ 山本香苗	公	比例[元]	小谷恵美子 則清ナヲミ 吹田幸一	1024	6550-1024 6551-1024	218
	やまもとけいすけ 山本啓介	自 [岸]	長崎④	太田久晴 前田浩章 吉田安秀	1202	6550-1202 6551-1202	266
	やまもとさちこ 山本佐知子	自 [茂]	三重④	――― ――― ―――	203	6550-0203 6551-0203	255
	やまもとじゅんぞう 山本順三	自 [安]	愛媛④	能登祐克 高岡直宏 近藤華菜子	1019	6550-1019 6551-1019	264
	やまもとたろう 山本太郎	れ	東京④	――― ―――	602	6550-0602 6551-0602	247
	やまもとひろし 山本博司	公	比例[元]	梅津秀宣 鈴木孝久 髙井彰	911	6550-0911 6551-0911	219
よ	よこさわたかのり 横沢高徳	立	岩手[元]	平野優 ――― 丸山亜里	702	6550-0702 6551-0702	239
	よこやましんいち 横山信一	公	比例④	八木橋広宣 小田秀路 吉井透	402	6550-0402 6551-0402	231

※内線電話番号は、5＋室番号（3～9階は5のあとに0を入れる）

議員名	党派(会派)	選挙区 選挙年	政策秘書名 第1秘書名 第2秘書名	号室	直通 FAX	略歴頁
吉井 章 (よしい あきら)	自 [無]	京都④	木本 和宜 山本 修士 佐藤 愛	921	6550-0921 6551-0921	256
吉川沙織 (よしかわ さおり)	立	比例元	浅野 英之 狩野 恵理	617	6550-0617 6551-0617	218
吉川ゆうみ (よしかわ)	自 [安]	三重元	岸田 直樹 菊池 知子	412	6550-0412 6551-0412	255
吉田忠智 (よしだ ただとも)	立	比例元	森本 亮太 佐藤 俊生 田澤 摩希子	906	6550-0906 6551-0906	222
れ 蓮 舫 (れん ほう)	立	東京③	倉田 顕子 鈴木 綾昭 北嶋 廣	411	6550-0411 6551-0411	247
わ 和田政宗 (わだ まさむね)	自 [無]	比例元	髙砂 満 浜崎 博 髙田 彌	1220	6550-1220 6551-1220	214
若林洋平 (わかばやししょうへい)	自 [二]	静岡	佐々木俊夫 勝亦 好美	715	6550-0715 6551-0715	253
若松謙維 (わかまつ かねしげ)	公	比例元	恩田 祐将 佐藤 大明 柳沼 作美	1207	6550-1207 6551-1207	219
渡辺猛之 (わた なべ たけゆき)	自 [茂]	岐阜④	長谷川英樹 大東 由幸 榊原 美穂	325	6550-0325 6551-0325	252

参議員・秘書

よ・れ・わ

参議院議員会館案内図

参議院議員会館 2 階

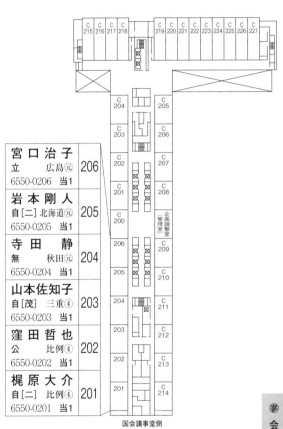

宮口治子 立　　広島㊨ 6550-0206　当1	206	
岩本剛人 自[二]北海道㊨ 6550-0205　当1	205	
寺田　静 無　　秋田㊨ 6550-0204　当1	204	
山本佐知子 自[茂]　三重④ 6550-0203　当1	203	
窪田哲也 公　　比例④ 6550-0202　当1	202	
梶原大介 自[二]　比例④ 6550-0201　当1	201	

国会議事堂側

参
会
館

梅村　聡
維　　比例⑰　326
6550-0326 当2

渡辺猛之
自[茂] 岐阜④　325
6550-0325 当3

326

安江伸夫
公　　愛知⑰　312
6550-0312 当1

喫煙室　313

鶴保庸介
自[二] 和歌山④
6550-0313 当5

森本真治
立　　広島⑰　311
6550-0311 当2

WC WC
(男)(女)　314

木村英子
れ　　比例⑰
6550-0314 当1

山東昭子
自[麻] 比例⑰　310
6550-0310 当8

315

今井絵理子
自[麻] 比例④
6550-0315 当2

阿達雅志
自[無] 比例④　309
6550-0309 当3

EV
ホール　316

天畠大輔
れ　　比例⑰
6550-0316 当1

太田房江
自[安] 大阪⑰　308
6550-0308 当2

317

高木真理
立　　埼玉④
6550-0317 当1

滝波宏文
自[安] 福井⑰　307
6550-0307 当2

318

小野田紀美
自[茂] 岡山④
6550-0318 当2

高木かおり
維　　大阪④　306
6550-0306 当2

EV
ホール　319

羽生田　俊
自[安] 比例⑰
6550-0319 当2

水岡俊一
立　　比例⑰　305
6550-0305 当3

320

三上えり
無(立憲) 広島④
6550-0320 当1

ガーシー
N　　比例④　304
6550-0304 当1

EV　321

井上哲士
共　　比例⑰
6550-0321 当4

高橋はるみ
自[安] 北海道⑰　303
6550-0303 当1

322

星　北斗
自[無] 福島④
6550-0322 当1

舩後靖彦
れ　　比例⑰　302
6550-0302 当1

WC WC
(男)(女)　323

野田国義
立　　福岡⑰
6550-0323 当2

里見隆治
公　　愛知④　301
6550-0301 当2

324

高橋克法
自[麻] 栃木⑰
6550-0324 当2

参
会
館

参議院議員会館 4 階

左側	号室	中央	号室	右側
吉川ゆうみ 自[安] 三重㊁ 6550-0412 当2	412	喫煙室	413	武見敬三 自[麻] 東京㊁ 6550-0413 当5
蓮　舫 立 東京④ 6550-0411 当4	411	WC(男) WC(女)	414	加藤明良 自[茂] 茨城④ 6550-0414 当1
田島麻衣子 立 愛知㊁ 6550-0410 当1	410		415	島村　大 自[無] 神奈川㊁ 6550-0415 当2
古賀千景 立 比例④ 6550-0409 当1	409	EVホール	416	小林一大 自[無] 新潟④ 6550-0416 当1
仁比聡平 共 比例④ 6550-0408 当3	408		417	堀井　巌 自[安] 奈良㊁ 6550-0417 当2
松川るい 自[安] 大阪④ 6550-0407 当2	407		418	広瀬めぐみ 自[麻] 岩手④ 6550-0418 当1
竹詰　仁 国 比例④ 6550-0406 当1	406	EVホール	419	安達　澄 無 大分㊁ 6550-0419 当1
青島健太 維 比例④ 6550-0405 当1	405		420	片山さつき 自[無] 比例④ 6550-0420 当3
清水貴之 維 兵庫㊁ 6550-0404 当2	404	EV	421	高野光二郎 自[麻] 徳島・高知㊁ 6550-0421 当2
浜田　聡 N 比例㊁ 6550-0403 当1	403		422	平木大作 公 比例㊁ 6550-0422 当2
横山信一 公 比例④ 6550-0402 当3	402	WC(男) WC(女)	423	赤松　健 自[無] 比例④ 6550-0423 当1
矢倉克夫 公 埼玉㊁ 6550-0401 当2	401		424	船橋利実 自[麻] 北海道④ 6550-0424 当1

国会議事堂側

参議院議員会館 5 階

左側	室番号	中央	室番号	右側
櫻井　充 自[無]　宮城④ 6550-0512　当5	512	喫煙室	513	猪瀬直樹 維　　比例④ 6550-0513　当1
鬼木　誠 立　　比例④ 6550-0511　当1	511	WC（男）WC（女）	514	佐々木さやか 公　　神奈川㋳ 6550-0514　当2
東　　徹 維　　大阪㋳ 6550-0510　当2	510		515	尾辻秀久 無　　鹿児島㋳ 6550-0515　当6
吉良よし子 共　　東京㋳ 6550-0509　当2	509	EVホール	516	永井　学 自[茂]　山梨㋳ 6550-0516　当1
川田龍平 立　　比例㋳ 6550-0508　当3	508		517	竹谷とし子 公　　東京④ 6550-0517　当3
青木　愛 立　　比例④ 6550-0507　当3	507		518	大家敏志 自[麻]　福岡④ 6550-0518　当3
石井準一 自[茂]　千葉㋳ 6550-0506　当3	506		519	伊波洋一 無(沖縄)　沖縄④ 6550-0519　当2
田中昌史 自[無]比例㋳繰 6550-0505　当1	505	EVホール	520	神谷宗幣 参(無所属)比例④ 6550-0520　当1
自見はなこ 自[二]　比例④ 6550-0504　当2	504	EV	521	浜野喜史 国　　比例㋳ 6550-0521　当2
大野泰正 自[安]　岐阜㋳ 6550-0503　当2	503		522	滝沢　求 自[麻]　青森㋳ 6550-0522　当2
森屋　宏 自[岸]　山梨㋳ 6550-0502　当2	502	WC（男）WC（女）	523	石橋通宏 立　　比例③ 6550-0523　当3
足立敏之 自[岸]　比例④ 6550-0501　当2	501		524	赤池誠章 自[安]　比例㋳ 6550-0524　当2

参　会　館

国会議事堂側

参議院議員会館 6 階

左列	号室		号室	右列
音喜多 駿 維 東京元 6550-0612 当1	612	喫煙室	613	辻元清美 立 比例④ 6550-0613 当1
岸 真紀子 立 比例元 6550-0611 当1	611	WC(男) WC(女)	614	高橋光男 公 兵庫元 6550-0614 当1
宮崎雅夫 自[二] 比例元 6550-0610 当1	610		615	杉 久武 公 大阪元 6550-0615 当2
伊藤 岳 共 埼玉元 6550-0609 当1	609	EV ホール	616	石川博崇 公 大阪④ 6550-0616 当3
勝部賢志 立 北海道元 6550-0608 当1	608		617	吉川沙織 立 比例元 6550-0617 当3
堂込麻紀子 無 茨城④ 6550-0607 当1	607		618	上田清司 無(国民)埼玉④ 6550-0618 当2
長浜博行 無 千葉元 6550-0606 当3	606		619	長谷川 岳 自[安]北海道④ 6550-0619 当3
藤井一博 自[無] 比例④ 6550-0605 当1	605	EV ホール	620	朝日健太郎 自[無] 東京④ 6550-0620 当2
三宅伸吾 自[無] 香川元 6550-0604 当2	604	EV	621	浅田 均 維 大阪④ 6550-0621 当2
舞立昇治 自[無]鳥取・島根元 6550-0603 当2	603		622	中西祐介 自[麻]徳島・高知④ 6550-0622 当3
山本太郎 れ 東京④ 6550-0602 当2	602	WC(男) WC(女)	623	山田太郎 自[無] 比例元 6550-0623 当2
浅尾慶一郎 自[麻]神奈川④ 6550-0601 当3	601		624	磯﨑仁彦 自[岸] 香川④ 6550-0624 当3

国会議事堂側

参議院議員会館 7階

左側	部屋番号	中央	部屋番号	右側
髙良 鉄美 無(沖縄) 沖縄元 6550-0712 当1	712	喫煙室	713	石井 浩郎 自[茂] 秋田④ 6550-0713 当3
秋野 公造 公 福岡④ 6550-0711 当3	711	WC(男) WC(女)	714	大島 九州男 れ 比例④繰 6550-0714 当3
紙 智子 共 比例元 6550-0710 当4	710	階段	715	若林 洋平 自[二] 静岡④ 6550-0715 当1
ながえ孝子 無 愛媛元 6550-0709 当1	709	EVホール	716	こやり隆史 自[岸] 滋賀元 6550-0716 当2
佐藤 啓 自[安] 奈良④ 6550-0708 当2	708		717	藤川 政人 自[麻] 愛知④ 6550-0717 当3
斎藤 嘉隆 立 愛知④ 6550-0707 当3	707		718	古川 俊治 自[安] 埼玉元 6550-0718 当3
塩村あやか 立 東京元 6550-0706 当1	706	EVホール	719	進藤金日子 自[二] 比例元 6550-0719 当2
佐藤 正久 自[茂] 比例元 6550-0705 当3	705		720	河野 義博 公 比例元 6550-0720 当2
上月 良祐 自[茂] 茨城元 6550-0704 当2	704	EV	721	片山 大介 維 兵庫④ 6550-0721 当2
柳ヶ瀬裕文 維 比例元 6550-0703 当1	703		722	佐藤 信秋 自[茂] 比例元 6550-0722 当3
横沢 高徳 立 岩手元 6550-0702 当1	702	WC(男) WC(女)	723	酒井 庸行 自[安] 愛知④ 6550-0723 当2
徳永 エリ 立 北海道④ 6550-0701 当3	701		724	杉尾 秀哉 立 長野④ 6550-0724 当2

参 会館

国会議事堂側

参議院議員会館 8 階

牧野たかお 自[茂] 静岡元 6550-0812 当3	812	喫煙室	813	石垣のりこ 立 宮城元 6550-0813 当1
三浦 靖 自[茂] 比例元 6550-0811 当1	811	WC WC (男)(女)	814	青木一彦 自[茂] 鳥取・島根④ 6550-0814 当3
舟山康江 国 山形④ 6550-0810 当3	810		815	嘉田由紀子 無(国民) 滋賀元 6550-0815 当1
山田俊男 自[森] 比例元 6550-0809 当3	809	EV ホール	816	柴田 巧 維 比例元 6550-0816 当2
福山哲郎 立 京都④ 6550-0808 当5	808		817	山添 拓 共 東京④ 6550-0817 当2
岡田直樹 自[安] 石川④ 6550-0807 当4	807		818	羽田次郎 立 長野元 6550-0818 当1
山口那津男 公 東京元 6550-0806 当4	806		819	加田裕之 自[安] 兵庫元 6550-0819 当1
中条きよし 維 比例④ 6550-0805 当1	805	EV ホール	820	宮沢洋一 自[岸] 広島④ 6550-0820 当3
三浦信祐 公 神奈川④ 6550-0804 当2	804	EV	821	越智俊之 自[無] 比例④ 6550-0821 当1
橋本聖子 自[安] 比例元 6550-0803 当5	803		822	平山佐知子 無 静岡④ 6550-0822 当2
長峯 誠 自[安] 宮崎元 6550-0802 当2	802	WC WC (男)(女)	823	三原じゅん子 自[無] 神奈川④ 6550-0823 当3
竹内真二 公 比例④ 6550-0801 当2	801		824	松下新平 自[無] 宮崎④ 6550-0824 当4

参 会 館

国会議事堂側

209

参議院議員会館 9 階

松野明美 維 比例④ 6550-0912 当1	912	喫煙室	913	下野六太 公 福岡元 6550-0913 当1
山本博司 公 比例元 6550-0911 当3	911	WC WC (男) (女)	914	須藤元気 無 比例元 6550-0914 当1
田村まみ 国 比例元 6550-0910 当1	910		915	小西洋之 立 千葉④ 6550-0915 当3
臼井正一 自[茂] 千葉④ 6550-0909 当1	909	EV ホール	916	山下雄平 自[茂] 佐賀② 6550-0916 当2
田村智子 共 比例④ 6550-0908 当3	908		917	芳賀道也 無(国民) 山形元 6550-0917 当1
古庄玄知 自[安] 大分④ 6550-0907 当1	907		918	上野通子 自[安] 栃木④ 6550-0918 当3
吉田忠智 立 比例元 6550-0906 当2	906		919	福岡資麿 自[茂] 佐賀④ 6550-0919 当3
末松信介 自[安] 兵庫④ 6550-0905 当4	905	EV ホール	920	井上義行 自[安] 比例② 6550-0920 当2
生稲晃子 自[安] 東京④ 6550-0904 当1	904	EV	921	吉井 章 自[無] 京都④ 6550-0921 当1
松沢成文 維 神奈川④ 6550-0903 当3	903		922	谷合正明 公 比例④ 6550-0922 当4
丸川珠代 自[安] 東京元 6550-0902 当3	902	WC WC (男) (女)	923	清水真人 自[二] 群馬元 6550-0923 当1
打越さく良 立 新潟① 6550-0901 当1	901		924	森 まさこ 自[安] 福島④ 6550-0924 当3

国会議事堂側

参議院議員会館 10 階

小沼 巧 立 茨城㋐ 6550-1012 当1	1012	喫煙室	1013	金子道仁 維 比例④ 6550-1013 当1
榛葉賀津也 国 静岡㋐ 6550-1011 当4	1011	WC(男) WC(女)	1014	伊藤孝江 公 兵庫④ 6550-1014 当2
野上浩太郎 自[安] 富山④ 6550-1010 当4	1010		1015	有村治子 自[麻] 比例④ 6550-1015 当4
柴 愼一 立 比例㋐ 6550-1009 当1	1009	EVホール	1016	馬場成志 自[岸] 熊本④ 6550-1016 当2
伊藤孝恵 国 愛知④ 6550-1008 当2	1008		1017	世耕弘成 自[安]和歌山㋐ 6550-1017 当5
牧山ひろえ 立 神奈川㋐ 6550-1007 当3	1007		1018	宮本周司 自[安]石川㋐補 6550-1018 当3
藤木眞也 自[岸] 比例④ 6550-1006 当2	1006	EVホール	1019	山本順三 自[岸] 愛媛④ 6550-1019 当4
西田実仁 公 埼玉④ 6550-1005 当4	1005		1020	長谷川英晴 自[無] 比例④ 6550-1020 当1
梅村みずほ 維 大阪㋐ 6550-1004 当1	1004	EV	1021	倉林明子 共 京都㋐ 6550-1021 当2
堂故 茂 自[茂] 富山㋐ 6550-1003 当2	1003		1022	浜口 誠 国 比例④ 6550-1022 当2
岩渕 友 共 比例④ 6550-1002 当2	1002	WC(男) WC(女)	1023	松村祥史 自[茂] 熊本④ 6550-1023 当4
本田顕子 自[無] 比例㋐ 6550-1001 当1	1001		1024	山本香苗 公 比例㋐ 6550-1024 当4

参 会 館

国会議事堂側

211

参議院議員会館 11 階

左側	室番号	中央	室番号	右側
新妻秀規 公　　比例元 6550-1112　当2	1112	喫煙室	1113	石川大我 立　　比例元 6550-1113　当1
福島みずほ 社　　比例④ 6550-1111　当5	1111	WC（男）WC（女）	1114	柘植芳文 自[無]　比例④ 6550-1114　当2
西田昌司 自[安]　京都元 6550-1110　当3	1110		1115	石井苗子 維　　比例② 6550-1115　当2
北村経夫 自[安]山口元補 6550-1109　当3	1109	EV ホール	1116	友納理緒 自[安]　比例④ 6550-1116　当1
古賀之士 立　　福岡④ 6550-1108　当2	1108		1117	塩田博昭 公　　比例元 6550-1117　当1
山谷えり子 自[安]　比例④ 6550-1107　当4	1107		1118	宮崎　勝 公　比例④繰 6550-1118　当2
田名部匡代 立　　青森④ 6550-1106　当2	1106		1119	小沢雅仁 立　　比例元 6550-1119　当1
猪口邦子 自[麻]　千葉④ 6550-1105　当3	1105	EV ホール	1120	野村哲郎 自[茂]鹿児島④ 6550-1120　当4
関口昌一 自[茂]　埼玉④ 6550-1104　当5	1104	EV	1121	大塚耕平 国　　愛知元 6550-1121　当4
江島　潔 自[安]　山口④ 6550-1103　当3	1103		1122	室井邦彦 維　　比例元 6550-1122　当3
中田　宏 自[無]比例元繰 6550-1102　当1	1102	WC（男）WC（女）	1123	山下芳生 共　　比例④ 6550-1123　当4
石田昌宏 自[安]　比例元 6550-1101　当2	1101		1124	松山政司 自[岸]　福岡④ 6550-1124　当4

国会議事堂側

参議院議員会館 12 階

上田 勇 公　　比例④ 6550-1212　当1	1212	喫煙室	1213	豊田俊郎 自[麻]　千葉元 6550-1213　当2
森屋 隆 立　　比例元 6550-1211　当1	1211	WC (男)　WC (女)	1214	石井正弘 自[安]　岡山元 6550-1214　当2
礒﨑哲史 国　　比例元 6550-1210　当2	1210		1215	青山繁晴 自[無]　比例④ 3581-3111(代)　当2
水野素子 立　神奈川④ 6550-1209　当1	1209	EV ホール	1216	衛藤晟一 自[安]　比例元 6550-1216　当3
小池 晃 共　　比例元 6550-1208　当4	1208		1217	熊谷裕人 立　埼玉元 6550-1217　当1
若松謙維 公　　比例元 6550-1207　当2	1207		1218	神谷政幸 自[麻]　比例④ 6550-1218　当1
古賀友一郎 自[岸]　長崎元 6550-1206　当2	1206	EV ホール	1219	鈴木宗男 維　　比例元 6550-1219　当1
山田 宏 自[安]　比例④ 6550-1205　当2	1205		1220	和田政宗 自[無]　比例元 6550-1220　当2
石井 章 維　　比例④ 6550-1204　当2	1204	EV	1221	比嘉奈津美 自[茂]　比例元 6550-1221　当1
串田誠一 維　　比例④ 6550-1203　当1	1203		1222	村田享子 立　　比例④ 6550-1222　当1
山本啓介 自[岸]　長崎④ 6550-1202　当1	1202	WC　WC (男)　(女)	1223	川合孝典 国　　比例④ 6550-1223　当3
山崎正昭 自[安]　福井④ 6550-1201　当6	1201		1224	中曽根弘文 自[二]　群馬④ 6550-1224　当7

国会議事堂側

参
会
館

議 長	尾辻秀久 おつじ ひでひさ	秘書	尾辻 朋実 石原 淳	☎3581-1481
副議長	長浜博行 ながはま ひろゆき	秘書	副島 浩 外川 裕之	☎3586-6741

勤続年数は**令和5年2月末現在**です。

参議院比例代表

第25回選挙

（令和元年7月21日施行／令和7年7月28日満了）

み うら やすし
三浦 靖　自新［茂］ⓇⒶ 当1(初/令元)*
島根県大田市　S48・4・9
勤5年6ヵ月(衆1年10ヵ月)

総務委理、資源エネ調理、行政監視委、倫選特委、総務大臣政務官、衆議院議員、大田市議、衆議院議員秘書、神奈川大／49歳

〒690-0873　島根県松江市内中原町140-2 ☎0852(61)2828
〒100-8962　千代田区永田町2-1-1、会館　☎03(6550)0811

つげ よしふみ
柘植 芳文　自前［無］ⓇⒶ 当2
岐阜県　S20・10・11
勤9年9ヵ月　（初/平25）

総務副大臣、総務委、国家基本委、元党総務副会長、元全国郵便局長会会長、愛知大／77歳

〒100-8962　千代田区永田町2-1-1、会館　☎03(6550)1114

やまだ たろう
山田 太郎　自元［無］ⓇⒶ 当2
東京都　S42・5・12
勤7年4ヵ月　（初/平24）

内閣委理、地方・デジ特委理、党デジ事務局長代理、党こどもDX小委員長、党知財小委事務局長、デジタル兼内閣府大臣政務官、上場企業社長、東工大特任教授、東大非常勤講師、慶大経、早大院／55歳

〒100-8962　千代田区永田町2-1-1、会館　☎03(6550)0623

わだ まさむね
和田 政宗　自前［無］ⓇⒶ 当2
東京都　S49・10・14
勤9年9ヵ月　（初/平25）

決算委理、法務委、復興特委理、参党国対副委員長、前国土交通大臣政務官兼内閣府大臣政務官、元NHKアナウンサー、慶大／48歳

〒980-0011　仙台市青葉区上杉1-5-13 3-B ☎022(263)3005
〒102-0083　千代田区麹町4-7、宿舎

比例代表

㊟略歴

　　　　　　　　　　※平29衆院初当選

佐藤正久 <ruby>佐<rt>さ</rt></ruby> <ruby>藤<rt>とう</rt></ruby> <ruby>正<rt>まさ</rt></ruby> <ruby>久<rt>ひさ</rt></ruby>

自前［茂］　RI　当3
福島県　S35・10・23
勤15年10ヵ月（初／平19）

外防委理、参国対委員長代行、国防議連
事務局長、元外務副大臣・防衛政務官、元
自衛官・イラク先遣隊長、防衛大／62歳

〒162-0845　新宿区市谷本村町3-20新盛堂ビル4F
〒100-8962　千代田区永田町2-1-1、会館　☎03(5206)7668
　　　　　　　　　　　　　　　　　　　☎03(6550)0705

佐藤信秋 <ruby>佐<rt>さ</rt></ruby> <ruby>藤<rt>とう</rt></ruby> <ruby>信<rt>のぶ</rt></ruby> <ruby>秋<rt>あき</rt></ruby>

自前［茂］　RI　当3
新潟県　S22・11・8
勤15年10ヵ月（初／平19）

決算委員長、党地方行政調査会長、党国
土強靱化推進本部本部長代理、元国交事
務次官、技監、道路局長、京大院／75歳

〒951-8062　新潟市中央区西堀前通11番町1645-4 ☎025(226)7686
〒100-8962　千代田区永田町2-1-1、会館　☎03(6550)0722

橋本聖子 <ruby>橋<rt>はし</rt></ruby> <ruby>本<rt>もと</rt></ruby> <ruby>聖<rt>せい</rt></ruby> <ruby>子<rt>こ</rt></ruby>

自前［安］　RI　当5
北海道　S39・10・5
勤28年（初／平7）

文科委、行監委、党両院議員総会長、元東京オリン
ピック・パラリンピック担当大臣、自民党参院議員
会長、外務副大臣、北開総括政務次官、駒苫高／58歳

〒060-0001　札幌市中央区北1条西5丁目2番
　　　　　　札幌興銀ビル6F　☎011(222)7275
〒100-8962　千代田区永田町2-1-1、会館　☎03(6550)0803

山田俊男 <ruby>山<rt>やま</rt></ruby> <ruby>田<rt>だ</rt></ruby> <ruby>俊<rt>とし</rt></ruby> <ruby>男<rt>お</rt></ruby>

自前［森］　RI　当3
富山県小矢部市　S21・11・29
勤15年10ヵ月（初／平19）

農水委、予算委、党総務会副会長、党人事局長、
都市農業対策委員長、ODA特委員長、農水委員
長、全国農協中央会専務理事、早大政経／76歳

〒932-0836　富山県小矢部市埴生352-2　☎0766(67)8882
〒100-8962　千代田区永田町2-1-1、会館　☎03(6550)0809

有村治子 <ruby>有<rt>あり</rt></ruby> <ruby>村<rt>むら</rt></ruby> <ruby>治<rt>はる</rt></ruby> <ruby>子<rt>こ</rt></ruby>

自前［麻］　RI　当4
滋賀県　S45・9・21
勤21年11ヵ月（初／平13）

情報監視審査会長、予算委、内閣委、ODA・沖
北特委、党中央政治大学院学院長、裁判官弾劾裁
判長、女性活躍担当大臣、米SIT大院修士／52歳

〒100-8962　千代田区永田町2-1-1、会館　☎03(6550)1015

石田昌宏 <ruby>石<rt>いし</rt></ruby> <ruby>田<rt>だ</rt></ruby> <ruby>昌<rt>まさ</rt></ruby> <ruby>宏<rt>ひろ</rt></ruby>

自前［安］　RI　当2
奈良県大和郡山市　S42・5・20
勤9年9ヵ月（初／平25）

議運委理、厚労委、参国対副委員長、厚労
委員長、党副幹事長、党財務金融副部会長、
日本看護連盟幹事長、東大応援部／55歳

〒100-8962　千代田区永田町2-1-1、会館　☎03(6550)1101

本田　顕子
ほん　だ　あき　こ

自新［無］　RI 当1
熊本県熊本市　S46・9・29
勤3年8ヵ月　（初/令元）

厚生労働大臣政務官兼内閣府大臣政務官、党副幹事長、党女性局次長代理、財金副会長、日本薬剤師会顧問・薬剤師連盟顧問、星薬科大学／51歳

〒860-0072　熊本市西区花園7-12-16　☎096(325)4470
〒100-8962　千代田区永田町2-1-1、会館　☎03(6550)1001

衛藤　晟一
え　とう　せい　いち

自前［安］RI 当3(初/平19)*
大分県大分市　S22・10・1
勤28年1ヵ月（衆12年3ヵ月）

党紀委員長、党少子化対策調査会長、一億総活躍・少子化対策担当大臣、元内閣総理大臣補佐官、厚労副大臣、大分大／75歳

〒870-0042　大分市豊町1-2-6　☎097(534)2015
〒100-8962　千代田区永田町2-1-1、会館　☎03(6550)1216

羽生田　俊
は にゅう だ　たかし

自前［安］　RI 当2
群馬県　S23・3・28
勤9年9ヵ月　（初/平25）

厚生労働副大臣、厚生労働委員長、党厚労部会長代理、副幹事長、元日本医師会副会長、医師、東京医科大学／74歳

〒371-0022　前橋市千代田町2-10-13　☎027(289)8680
〒100-8962　千代田区永田町2-1-1、会館　☎03(6550)0319

宮崎　雅夫
みや ざき　まさ お

自新［二］　RI 当1
兵庫県神戸市　S38・12・3
勤3年8ヵ月　（初/令元）

農水委理、決算委、災害特委、資源エネ調委、参党副幹事長、党農林副部会長、党水産総合調査会副会長、元農水省地域整備課長、神戸大学農学部／59歳

〒100-8962　千代田区永田町2-1-1、会館　☎03(6550)0610

山東　昭子
さん とう　あき こ

自前［麻］　RI 当8
東京都　S17・5・11
勤41年5ヵ月（初/昭49）

法務委、前参議院議長、前党紀委員長・党食育調査会長、元参議院副議長・科技庁長官・環境政務次官、文化学院／80歳

〒100-8962　千代田区永田町2-1-1、会館　☎03(6550)0310

赤池　誠章
あか いけ　まさ あき

自前［安］RI 当2(初/平25)*
山梨県甲府市　S36・7・19
勤13年8ヵ月（衆3年11ヵ月）

文科委筆頭理事、党政調副会長、内閣府副大臣、党文科部会長3期、文科委員長、文科大臣政務官、衆議院議員、明治大学／61歳

〒400-0032　山梨県甲府市中央1-1-11-2F　☎055(237)5523

※平2衆院初当選

比例代表

参　略歴

比嘉奈津美 ひがなつみ　自 新［茂］　RI 繰当1
沖縄県沖縄市　S33・10・3
勤6年3ヵ月（衆4年10ヵ月）（初/令3）※2

厚労委、決算委、倫理特委、参院党国
対副委員長、環境大臣政務官、衆議院議
員、歯科医師、福岡歯科大／64歳

〒904-0004　沖縄市中央1-18-6　☎098(938)0070
〒100-8962　千代田区永田町2-1-1、会館　☎03(6550)1221

中田　宏 なかだ　ひろし　自 新［無］　RI 繰当1
神奈川県横浜市　S39・9・20
勤11年9ヵ月（衆10年10ヵ月）（初/令4）※1

経済産業委、衆議院議員4期、横浜市長2
期、松下政経塾、青山学院大経済学部／
58歳

〒222-0033　横浜市港北区新横浜2-14-14
　　　　　　　新弘ビル7階　☎045(548)4488

田中昌史 たなかまさし　自 新［無］　RI 繰当1
北海道札幌市　S40・10・11
勤2ヵ月　（初/令5）

法務委、消費者特委、国民生活調委、党厚労関係団体
副委、日本理学療法士協会理事、日本理学療法士連
盟顧問（前会長）、理学療法士、北翔大院修／57歳

〒100-8962　千代田区永田町2-1-1、会館　☎03(6550)0505

岸　真紀子 きし　まきこ　立 新　RI 当1
北海道岩見沢市　S51・3・24
勤3年8ヵ月　（初/令元）

総務委、地方・デジ特委、資源エネ調委理、党
参幹事長代理、党参比例第13総支部長、自治
労特別中央執行委員、岩見沢緑陵高／46歳

〒100-8962　千代田区永田町2-1-1、会館　☎03(6550)0611

水岡俊一 みず　おか　しゅんいち　立 元　RI 当3
兵庫県豊岡市　S31・6・13
勤15年10ヵ月（初/平16）

環境委、懲罰委、党参議院議員会長、内閣総
理大臣補佐官、内閣委員長、兵庫県教組
役員、中学校教員、奈良教育大／66歳

〒102-0083　千代田区麹町4-7、宿舎

小沢雅仁 お　ざわ　まさ　ひと　立 新　RI 当1
山梨県甲府市　S40・8・13
勤3年8ヵ月　（初/令元）

総務委理、行監委、消費者特委、日本郵
政グループ労働組合中央副執行委員長、
長、山梨県立甲府西高／57歳

〒102-0083　千代田区麹町4-7、宿舎

よし かわ さ おり
吉川 沙織　立前　　R1 当3
徳島県　S51・10・9
勤15年10ヵ月（初/平19）

経産委員長、災害特委、議運委筆頭理事、党組織委員長、NTT元社員、同志社大院（博士前期）修了／46歳

〒100-8962　千代田区永田町2-1-1、会館　☎03(6550)0617

もり や　たかし
森 屋　　隆　立新　　R1 当1
東京都　S42・6・28
勤3年8ヵ月（初/令元）

国交委理、倫選特委、資源エネ調委、私鉄総連交通対策局長、西東京バス（株）、都立多摩工業高校／55歳

〒100-8962　千代田区永田町2-1-1、会館　☎03(6550)1211

かわ だ りゅう へい
川 田 龍 平　立前　　R1 当3
東京都　S51・1・12
勤15年10ヵ月（初/平19）

党両院議員総会長、厚労委筆頭理事、消費者特委筆頭理事、薬害エイズ訴訟原告、岩手医科大学客員教授、東経大／47歳

〒100-8962　千代田区永田町2-1-1、会館　☎03(6550)0508

いし かわ たい が
石 川 大 我　立新　　R1 当1
東京都豊島区　S49・7・3
勤3年8ヵ月（初/令元）

法務委、倫選特委理、憲法審、NPO法人代表理事、早大大学院修了／48歳

〒100-8962　千代田区永田町2-1-1、会館　☎03(6550)1113

す どう げん き
須 藤 元 気　無新　　R1 当1
東京都江東区　S53・3・8
勤3年8ヵ月（初/令元）

農水委、元格闘家、中央大学レスリング部ゼネラルマネージャー、拓殖大学レスリング部アドバイザー、会社役員、アーティスト、調理師、拓殖大学大学院／44歳

〒100-8962　千代田区永田町2-1-1、会館　☎03(6550)0914

やま もと か なえ
山 本 香 苗　公前　　R1 当4
広島県　S46・5・14
勤21年11ヵ月（初/平13）

厚労委理事、予算委、憲法審委、党中央幹事、参議院副会長、関西方面副本部長、大阪府本部代表代行、元厚労副大臣、元総務委員長、外務省、京大／51歳

〒542-0064　大阪市中央区上汐2-6-13 喜多ビル201号　☎06(6191)6077
〒100-8962　千代田区永田町2-1-1、会館　☎03(6550)1024

公前　　　R1　当3
山本博司
やま　もと　ひろ　し
愛媛県八幡浜市　S29・12・9
勤15年10ヵ月　（初／平14）

総務委理、党中央幹事、党中央規律副委員長、厚生労働副大臣兼内閣府副大臣、総務委員長、財務大臣政務官、日本IBM、慶大／68歳

〒760-0080　香川県高松市木太町607-1
　　　　　　クリエイト木太201　☎087(868)3607
〒152-0022　目黒区柿の木坂3-11-15　☎03(3418)9838

公前　　R1　当2（初／平25）*
若松謙維
わか　まつ　かね　しげ
福島県石川町　S30・8・5
勤20年2ヵ月（衆10年5ヵ月）

党中央幹事・機関紙推進委員長、厚労委、予算委、復興特委理、元復興副大臣、元総務副大臣、公認会計士、税理士、行政書士、防災士、中央大／67歳

〒960-8107　福島県福島市浜田町4-16
　　　　　　富士ビル1F2号　☎024(572)5567

公前　　　　R1　当2
河野義博
かわ　の　よし　ひろ
福岡県　S52・12・1
勤9年9ヵ月　（初／平25）

総務委員長、ODA・沖北特委、資源エネ調委、党中央幹事、農林水産大臣政務官、丸紅、東京三菱銀行、慶大経済／45歳

〒810-0045　福岡市中央区草香江1-4-34
　　　　　　エーデル大濠202　☎092(753)6491

公前　　　R1　当2
新妻秀規
にい　づま　ひで　き
埼玉県越谷市　S45・7・22
勤9年9ヵ月　（初／平25）

党国際局次長、愛知県本部副代表、環境委、震災復興特委、復興副大臣、元文部科学・内閣府・復興政務官、東大院（工学系研究科）／52歳

〒460-0008　名古屋市中区栄1-14-15
　　　　　　RSビル203号室　☎052(253)5085
〒102-0094　千代田区紀尾井町1-15、宿舎　☎03(6550)1112

公前　　　R1　当2
平木大作
ひら　き　だい　さく
長野県　S49・10・16
勤9年9ヵ月　（初／平25）

党外部会長・広報委員長代理、外交防衛委理、経産・内閣府・復興大臣政務官、東大法、スペイン・イエセ・ビジネススクール経営学修士／48歳

〒273-0011　船橋市湊町1-7-4 B号室　☎047(404)3202
〒100-8962　千代田区永田町2-1-1、会館　☎03(6550)0422

公新　　　R1　当1
塩田博昭
しお　た　ひろ　あき
徳島県阿波市　S37・1・19
勤3年8ヵ月　（初／令元）

党中央幹事、東京都本部副代表、秋田・山梨県本部顧問、内閣委理、予算委、災害特委、資源エネ調理、元党政調事務局長、秋田大／61歳

〒154-0004　世田谷区太子堂2-14-20-205　☎03(6805)3946
〒100-8962　千代田区永田町2-1-1、会館　☎03(6550)1117

※平5衆院初当選

すず き むね お　維新　R1当1(初/令元)※1
鈴木宗男　北海道足寄町　S23・1・31
勤28年8ヵ月 (衆25年)

懲罰委員長、法務委、ODA・沖北特委、
衆議院議員8期、元国務大臣、元外務委
員長、拓殖大／75歳

〒060-0061　札幌市中央区南1条西5丁目17-2
　　　　　　プレジデント松井ビル1205　☎011(251)5351

むろ い くに ひこ　維前　R1当3(初/平19)※2
室井邦彦　兵庫県　S22・4・10
勤17年6ヵ月 (衆1年10ヵ月)

国家基本委員長、国交委、災害特委、党参院会
長代行、国交大臣政務官、衆議院議員、兵庫県議2
期、尼崎市議1期、追手門学院大1期生／75歳

〒660-0892　尼崎市東難波町5-7-17
　　　　　　中央ビル1F
〒102-0083　千代田区麹町4-7、宿舎　☎06(6489)1001

うめ むら さとし　維元　R1当2
梅村　聡　大阪府　S50・2・13
勤9年9ヵ月 (初/平19)

行監委理、財金委、消費者特委、党コロ
ナ対策本部長、元厚労政務官、医師、大
阪大学医学部／48歳

〒563-0055　大阪府池田市菅原町2-17
　　　　　　Wind. hill池田2F　　　　☎072(751)2000
〒100-8962　千代田区永田町2-1-1、会館☎03(6550)0326

しば た たくみ　維元　R1当2
柴田　巧　富山県　S35・12・11
勤9年9ヵ月 (初/平22)

決算委理、内閣委、災害特委、党参院国
対委員長代理、富山県議、衆議院議員秘
書、早大院／62歳

〒932-0113　富山県小矢部市岩武1051　☎0766(61)1315

やな が せ ひろ ふみ　維新　R1当1
柳ヶ瀬裕文　東京都大田区　S49・11・8
勤3年8ヵ月 (初/令元)

総務委、決算委、地方・デジ特委、党総務
会長、東京都議会議員(3期)、大田区議
会議員、議員秘書・会社員、早大／48歳

〒146-0083　東京都大田区千鳥3-11-19
　　　　　　第2校ビル3F　　　　　　☎03(6459)8706
〒100-8962　千代田区永田町2-1-1、会館☎03(6550)0703

こ いけ あきら　共前　R1当4
小池　晃　東京都　S35・6・9
勤21年11ヵ月 (初/平10)

党書記局長、財金委、国家基本委理、党
政策委員長、東北大医／62歳

〒151-0053　渋谷区代々木1-44-11-1F　☎03(5304)5639

　　　※1 昭58衆院初当選　　　※2 平15衆院初当選

比例代表

やま した よし き
山下芳生 　共前　　　R1 当4
香川県　S35・2・27
勤21年11ヵ月（初/平7）

党筆頭副委員長、環境委理、政倫審委、
党書記局長、鳥取大／63歳

〒537-0025　大阪市東成区中道1-10-10 102号
☎06(6975)9111
〒100-8962　千代田区永田町2-1-1、会館　☎03(6550)1123

いの うえ さと し
井上哲士 　共前　　　R1 当4
京都府　S33・5・5
勤21年11ヵ月（初/平13）

党参院幹事長・国対委員長、党幹部会委
員、内閣委、懲罰委理、倫選特委、拉致特
委、「赤旗」記者、京大／64歳

〒604-0092　京都市中京区丸太町新町角大炊町186
☎075(231)5198
〒102-0083　千代田区麹町4-7、宿舎

かみ とも こ
紙　智子 　共前　　　R1 当4
北海道　S30・1・13
勤21年11ヵ月（初/平13）

党常任幹部会委員、党農林・漁民局長、農水委、行
監委、ODA・沖北特委、復興特委、民青同盟副委
員長、国会議員団総会長、北海道女短大／68歳

〒065-0012　札幌市東区北12条東2丁目3-2☎011(750)6677
〒102-0083　千代田区麹町4-7、宿舎　☎03(3237)0804

た むら
田村まみ 　国新　　　R1 当1
広島県広島市　S51・4・23
勤3年8ヵ月（初/令元）

厚労委、議運委、消費者特委、UAゼンセ
ン、イオン労働組合、イオンリテール
（株）、同志社大／46歳

〒100-8962　千代田区永田町2-1-1、会館　☎03(6550)0910

いそ ざき てつ じ
礒﨑哲史 　国前　　　R1 当2(初/平25)
東京都世田谷区　S44・4・7
勤9年9ヵ月　（初/平25）

経産委、予算委、憲法審委、党参国対委
員長、広報局長、元日産自動車（株）、東
京電機大工学部／53歳

〒100-8962　千代田区永田町2-1-1、会館　☎03(6550)1210

はま の よし ふみ
浜野喜史 　国前　　　R1 当2
兵庫県高砂市　S35・12・21
勤9年9ヵ月　（初/平25）

議運委理、環境委、党副代表、労働組合
役員、神戸大／62歳

〒102-0083　千代田区麹町4-7、宿舎

比例代表

㊙略歴

ふな ご やす ひこ

舩後靖彦　れ新　　　RI 当1

岐阜県岐阜市加納御車町 S32・10・4
勤3年8ヵ月　（初／令元）

文科委、拉致特委、(株)アース顧問、酒田時計貿易(株)、拓殖大学政経学部卒業／65歳

〒102-0083　千代田区麹町4-7、宿舎

き むら えい こ

木村英子　れ新　　　RI 当1

神奈川県横浜市 S40・5・11
勤3年8ヵ月　（初／令元）

国交委、国家基本委、国民生活調委、自立ステーションつばさ事務局長、神奈川県立平塚養護学校高等部／57歳

〒100-8962　千代田区永田町2-1-1、会館　☎03(6550)0314

よし だ ただ とも

吉田忠智　立元　　　RI 当2

大分県 S31・3・7
勤9年9ヵ月　（初／平22）

内閣委理、憲法審幹事、ODA・沖北特委、党選対委員長代理、社民党党首、自治労大分県職員連合労働組合委員長、大分県議会議員、九州大／66歳

〒870-0029　大分市高砂町4-20
高砂ビル203号室　☎097(573)8527

はま だ さとし

浜田聡　N新　　　RI 繰当1

京都府京都市 S52・5・11
勤3年5ヵ月　（初／令元）

党政調会長、総務委、予算委、日本医学放射線学会放射線科専門医、東大教育学部、同大学院修士課程、京大医学部医学科／45歳

〒710-0056　倉敷市鶴形1-5-33-1001　☎03(6550)0403
〒102-0094　千代田区紀尾井町-15、宿舎　☎03(3264)1351

比例代表

参 略歴

222

参議院比例代表（第25回選挙・令和元年7月21日施行）

全国有権者数	105,886,064人	全国投票者数	51,666,697人
男　〃	51,180,755人	男　〃	25,288,059人
女　〃	54,705,309人	女　〃	26,378,638人
		有効投票数	50,072,352

党別当選者数・党別個人別得票数・党別得票率
（※小数点以下の得票数は按分票です）

自 民 党　19人　17,712,373.119票　35.37%

政党名得票 12,712,515.344　個人名得票 4,999,857.775

	氏名		得票			氏名		得票
当	三木　亨	現	特定枠		当	赤池　誠章	現	131,727.208
	（令5.1.13辞職）				繰	比嘉奈津美	新	114,596
	三浦　靖	新	特定枠			（令3.10.20繰上）		
当	柘植　芳文	現	600,189.903		繰	中田　宏	新	112,581.303
当	吉田　太郎	新	540,077.960			（令4.4.14繰上）		
当	和田　政宗	現	288,080		繰	田中　昌史	新	100,005.187
当	佐藤　正久	現	237,432.095			（令5.1.17繰上）		
当	佐藤　信秋	現	232,548.956			尾立　源幸	元	92,882
当	橋本　聖子	現	225,617			木村　義雄	現	92,419.856
当	山田　俊男	現	217,619.597			井上　義行	元	87,946.669
当	有村　治子	現	206,221			（令4.7.10当選）		
当	宮本　周司	現	202,122			小川　眞史	新	85,266.022
	（令4.4.7失職）					山本　左近	新	78,236.224
当	石田　昌宏	現	189,893			（令3.10.31衆院議員当選）		
当	北村　経夫	現	178,210			角田　充由	新	75,241.505
	（令3.10.7失職）					丸山　和也	現	58,587
当	本田　顕子	新	159,596.151			糸川　正晃	新	36,311.527
当	衛藤　晟一	現	154,578			熊田　篤嗣	新	29,961
当	羽生田　俊	現	152,807.948			水口　尚人	新	24,504.222
当	宮崎　雅夫	新	137,502			森本　勝也	新	23,450.657
当	山東　昭子	現	133,645.785					

立憲民主党　8人　7,917,720.945票　15.81%

政党名得票 6,697,707.000　個人名得票 1,220,013.945

	氏名		得票			氏名		得票
当	岸　真紀子	新	157,849			藤田　幸久	現	28,919.215
当	水岡　俊一	元	148,309			斉藤　里恵	新	23,002
当	小沢　雅仁	新	144,751			佐藤　香	新	20,200.177
当	吉川　沙織	現	143,472			中村　起子	新	13,422.369
当	森屋　隆	新	104,339.413			今泉　真緒	新	11,991
当	川田　龍平	現	94,702			小俣　一平	新	10,140
当	石川　大我	新	73,799			白沢　みき	新	9,483.260
当	須藤　元気	新	73,787			真野　哲	新	9,008.343
	市井紗耶香	新	50,415.298			塩場　俊次	新	5,115
	奥村　政佳	新	32,024			深貝　亨	新	4,529.113
	若林　智子	新	31,683.757					
	おしどりマコ	新	29,072					

比例代表

参　略歴

公明党　7人　6,536,336.451票　13.05%

政党名得票 4,283,918.000　個人名得票 2,252,418.451

当	山本 香苗	現	594,288.947		西田 義光	新	3,986
当	山本 博司	現	471,759.555		藤井 伸城	新	3,249
当	若松 謙維	現	342,356		竹島 正人	新	3,106
当	河野 義博	現	328,659		角田健一郎	新	2,924.278
当	新妻 秀規	現	281,832		坂本 道応	新	2,438
当	平木 大作	現	183,869		村中 克也	新	2,163.335
当	塩田 博昭	新	15,178		塩崎 剛	新	1,996.336
	高橋 次郎	新	7,577		国分 隆作	新	1,623
	奈良 直記	新	5,413				

日本維新の会　5人　4,907,844.388票　9.80%

政党名得票 4,218,454.000　個人名得票 689,390.388

当	鈴木 宗男	新	220,742.675		桑原久美子	新	20,721
当	室井 邦彦	現	87,188		奥田 真理	新	20,478
当	梅村 聡	現	58,269.522		森口あゆみ	新	19,333.904
当	柴田 巧	元	53,938		空本 誠喜	新	12,772
当	柳ヶ瀬裕文	新	53,086		（令3.10.31衆院議員当選）		
	（令3.10.31衆院議員当選）				荒木 大樹	新	8,577
	藤巻 健史	現	51,619.511		岩渕美智子	新	8,137
	山口 和之	現	42,231.776				
	串田 久子	新	32,296				

共産党　4人　4,483,411.183票　8.95%

政党名得票 4,051,700.000　個人名得票 431,711.183

当	小池 晃	現	158,621		伊藤理智子	新	3,079.612
当	山下 芳生	現	48,932.480		有坂ちえこ	新	2,787.721
当	井上 哲士	現	42,982.440		田辺 健一	新	2,677
当	紙 智子	現	34,696.013		青山 了介	新	2,600.721
	仁比 聡平	現	33,360		松崎 真琴	新	2,581
	（令4.7.10当選）				大野 聖美	新	2,170.469
	山本 訓子	新	32,816.665		島袋 恵祐	新	2,162
	椎葉 寿幸	新	16,728.218		伊藤 達也	新	2,152.164
	梅村早江子	新	15,357.129		小久保剛志	新	1,200.134
	山本千代子	新	7,573.462		下奥 奈歩	新	936
	舩山 由美	新	5,364		沼上 徳光	新	647
	佐藤ちひろ	新	4,199.426		住寄 聡美	新	582.529
	原 純子	新	3,671		鎌野 祥二	新	419
	藤本 友里	新	3,414				

国民民主党　3人　3,481,078.400票　6.95%

政党名得票 2,174,706.000　個人名得票 1,306,372.400

当	田村 麻美	新	260,324		円 より子	元	24,709
当	礒崎 哲史	現	258,507		姫井由美子	元	21,006
当	浜野 喜史	現	256,928.785		小田原経子	新	8,306
	石上 俊雄	現	192,586.679		鈴木 覚	新	5,923.855
	田中 久弥	新	143,492.942		酒井 亮介	新	4,379.272
	大島九州男	現	87,740		中沢 健	新	4,058
	山下 容子	新	35,938.867		藤川 武人	新	2,472

れいわ新選組　2人　2,280,252.750票　4.55%

政党名得票 1,226,412.714　個人名得票 1,053,840.036

当	舩後 靖彦	現	特定枠		大西 恒樹	新	19,842
当	木村 英子	新	特定枠		安冨 歩	新	8,632.076
	山本 太郎	現	991,756.597		渡辺 照子	新	5,073.675
	（令4.7.10当選）				辻村 千尋	新	4,070.549
	蓮池 透	新	20,557.200		三井 義文	新	3,907.939

比例代表

㊗ 略歴

社 民 党　　1人　**1,046,011.520票**　2.09%

政党名得票　761,207.000　個人名得票　284,804.520

当　吉田　忠智　元　149,287　　　　矢野　敦子　新　21,391
　　仲村　未央　新　98,681.520　　　大椿　裕子　新　15,445

NHKから国民を守る党　1人　**987,885.326票**　1.97%

政党名得票　841,224.000　個人名得票　146,661.326

当　立花　孝志　新　130,233.367　　　岡本　介伸　新　4,269
　　（令元.10.10退職）　　　　　　　　熊丸　英治　新　2,850
繰　浜田　　聡　新　9,308.959
　　（令元.10.21繰上）

· ·

その他の政党の得票総数・得票率等は下記のとおりです。
（当選者はいません。個人名得票の内訳は省略しました）

安楽死制度を考える会　　得票総数　269,052.000票（0.54%）
　政党名得票　233,441.000　個人名得票　35,611.000

幸福実現党　　得票総数　202,278.772票（0.40%）
　政党名得票　158,954.000　個人名得票　43,324.772

オリーブの木　　得票総数　167,897.997票（0.34%）
　政党名得票　136,873.000　個人名得票　31,024.997

労働の解放をめざす労働者党　　得票総数　80,054.927票（0.16%）
　政党名得票　57,891.999　個人名得票　22,163.928

比例代表

参　略
歴

第26回選挙

（令和4年7月10日施行／令和10年7月25日満了）

ふじ い かず ひろ
藤井一博　自 新［無］　　R4 当1
鳥取県倉吉市　S52・12・23
勤8ヵ月　　（初／令4）

厚労委、行監委、倫選特委、党青年局・報道局次長、社会医療法人仁厚会理事長、医師、鳥取県議会議員、鳥取大／45歳

〒682-0023　鳥取県倉吉市山根572-4 サンクビエスビル2F201号室　☎0858(26)6081
〒100-8982　千代田区永田町2-1-1、会館　☎03(6550)0605

かじ はら だい すけ
梶原大介　自 新［二］　　R4 当1
高知県香南市　S48・10・29
勤8ヵ月　　（初／令4）

国土交通委、議運委、災害特委、党国土・建設関係団体副委員長、高知県連幹事長、県議（4期）、参議院議員秘書、国立高知高専／49歳

〒780-0861　高知市升形2-1 升形ビル2F　☎088(803)9600

あか まつ けん
赤松　健　自 新［無］　　R4 当1
愛知県名古屋市　S43・7・5
勤8ヵ月　　（初／令4）

文科委、議運委、消費者特委、外交・安保調委、漫画家、（公社）日本漫画家協会常務理事、（株）Jコミックテラス取締役会長、中央大／54歳

〒100-8962　千代田区永田町2-1-1、会館　☎03(6550)0423

は せ がわ ひではる
長谷川英晴　自 新［無］　　R4 当1
千葉県いすみ市　S34・5・7
勤8ヵ月　　（初／令4）

総務委、行監委、地方・デジ特委、外交・安保調委、全国郵便局長会相談役、千葉県山田郵便局長、全国郵便局長会副会長、東北大／63歳

〒100-8962　千代田区永田町2-1-1、会館　☎03(6550)1020

あお やま しげ はる
青山繁晴　自 前［無］　　R4 当2
兵庫県神戸市　S27・7・25
勤6年9ヵ月　　（初／平28）

経産委理事、ODA・沖北特委、憲法審委、党経産部会長代理、（株）独立総合研究所社長、共同通信社、早大／70歳

〒100-8962　千代田区永田町2-1-1、会館

かたやま
片山さつき

自前［無］ R4 当3(初/平22)※1
埼玉県　S34・5・9
勤16年9ヵ月(衆3年11ヵ月)

党副幹事長、予算委、経産委、党金融調査会長、元国務大臣(地方創生・規制改革・女性活躍)、衆院議員、財務省主計官、東大法／63歳

〒432-8069　浜松市西区志都呂1-32-15　☎053(581)7151
〒100-8962　千代田区永田町2-1-1、会館　☎03(6550)0420

あ　だち　とし　ゆき
足立敏之

自前［岸］　R4 当2
京都府福知山市　S29・5・20
勤6年9ヵ月　(初/平28)

予算委理、災害特委理、国土交通委、参党国会対策副委員長、国土交通省元技監、元水管理・国土保全局長、京大大学院修了／68歳

〒100-8962　千代田区永田町2-1-1、会館　☎03(6550)0501

じ　み
自見はなこ

自前［二］　R4 当2
福岡県北九州市　S51・2・15
勤6年9ヵ月　(初/平28)

内閣府大臣政務官、日医連参与、前党女性局長、元厚生労働大臣政務官、東海大医学部客員教授、東大・虎の門病院小児科、筑波大・東海大医／47歳

〒802-0077　北九州市小倉北区馬借2-7-28-2F　☎093(513)0875
〒100-8962　千代田区永田町2-1-1、会館　☎03(6550)0504

ふじ　き　しん　や
藤木眞也

自前［岸］　R4 当2
熊本県　S42・2・25
勤6年9ヵ月　(初/平28)

農林水産大臣政務官、党農林副部会長、JAかみましき組合長、JA全青協会長、農業生産法人社長、熊本農高／56歳

〒861-3101　熊本県上益城郡嘉島町大字鯰2792　☎096(282)8856
〒100-8962　千代田区永田町2-1-1、会館　☎03(6550)1006

やま　だ　　　ひろし
山田宏

自前［安］R4 当2(初/平28)※2
東京都八王子市　S33・1・8
勤12年(衆5年3ヵ月)

厚労委員長、憲法審委、防衛大臣政務官、衆院議員3期、杉並区長3期、東京都議2期、松下政経塾第2期生、京大／65歳

〒102-0093　千代田区平河町2-16-5-602
〒100-8962　千代田区永田町2-1-1、会館　☎03(6550)1205

とも　のう　り　お
友納理緒

自新［安］　R4 当1
東京都世田谷区　S55・11・18
勤8ヵ月　(初/令4)

厚労委、議運委、地方・デジ特委、国民生活調委、看護師、弁護士、元日本看護協会参与、早大大学院法務研究科、東京医科歯科大大学院修士／42歳

〒100-8962　千代田区永田町2-1-1、会館　☎03(6550)1116

比例代表

参

略歴

やまたに えり こ
山谷えり子

自前［安］ R4 当4（初/平16）※
福井県　S25・9・19
勤22年4ヵ月（衆3年5ヵ月）

拉致特委長、倫選特委長、国家公安委員長・拉致問題担当大臣、参党政審会長、首相補佐官、サンケイリビング編集長、聖心女子大／72歳

〒100-8962　千代田区永田町2-1-1、会館　☎03(6550)1107

いの うえ よし ゆき
井上 義行

自元［安］ R4 当2
神奈川県小田原市　S38・3・12
勤6年8ヵ月　（初/平25）

総務委、行監委、第一次安倍内閣総理大臣秘書官、日大経済学部（通信）／59歳

〒250-0011　小田原市栄町1-14-48
　　　　　ジャンボーナックビル706　☎0465(20)8357

しん どう かね ひ こ
進藤金日子

自前［二］ R4 当2
秋田県協和町（現大仙市）S38・7・7
勤6年9ヵ月　（初/平28）

環境委理、決算委、参党国対副委員長、党水産調査会副会長、元農水省中山間地域振興課長、全国水土里ネット会長会議顧問、岩手大／59歳

〒100-8962　千代田区永田町2-1-1、会館　☎03(6550)0719

いま い え り こ
今井絵理子

自前［麻］ R4 当2
沖縄県那覇市　S58・9・22
勤6年9ヵ月　（初/平28）

ODA・沖北特委理、決算委、文科委理、前内閣府大臣政務官、前党国会対策副委員長、歌手、八雲学園高校／39歳

〒100-8962　千代田区永田町2-1-1、会館　☎03(6550)0315

あ だち まさ し
阿達雅志

自前［無］ R4 当3
京都府　S34・9・27
勤8年5ヵ月（初/平26繰）

外交防衛委員長、災害特委、前総理補佐官、元国交政務官、元党外交部会長、NY州弁護士、住友商事、東大法／63歳

〒100-8962　千代田区永田町2-1-1、会館　☎03(6550)0309

かみ や まさ ゆき
神谷政幸

自新［麻］ R4 当1
愛知県豊橋市　S54・1・6
勤8ヵ月　（初/令4）

厚労委、議運委、資源エネ調委、党青年局次長、党厚生関係団体委副委員長、党新聞出版局次長、薬剤師、福山大薬学部／44歳

〒100-8962　千代田区永田町2-1-1、会館　☎03(6550)1218

※平12衆院初当選

おち　とし ゆき
越智 俊之　自新［無］　　R4 当1
広島県江田島市　S53・3・9
勤8ヵ月　（初／令4）

経産委、決算委、全国商工政治連盟小規模企業未来推進部長、全国商工会青年部連合会会長、三興建設(株)専務取締役、法大／44歳

〒730-0051　広島市中区大手町3-3-27 1F　☎082(545)5500
〒100-8962　千代田区永田町2-1-1、会館　☎03(6550)0821

いし い　　あきら
石井　章　維前　　R4 当2(初/平28)※
茨城県取手市　S32・5・6
勤10年1ヵ月（衆3年4ヵ月）

経産委理、行監委、倫選特委理、元衆議院議員、社会福祉法人理事長、専修大法学部／65歳

〒300-1513　茨城県取手市片町296　☎0297(83)8900
〒100-8962　千代田区永田町2-1-1、会館　☎03(6550)1204

いし い　 みつ こ
石井 苗子　維前　　R4 当2
東京都　S29・2・25
勤6年9ヵ月（初／平28）

国交委理、決算委、ODA・沖北特委、保健師、看護師、女優、民放キャスター、心療内科勤務、聖路加大・東大院／69歳

〒100-8962　千代田区永田町2-1-1、会館　☎03(6550)1115
〒102-0083　千代田区麴町4-7、宿舎

まつ の　 あけ み
松野 明美　維新　　R4 当1
熊本県　S43・4・27
勤8ヵ月　（初／令4）

厚労委、復興特委、外交・安保調委、元オリンピック選手、元熊本市議会議員、元熊本県議会議員、県立鹿本高校／54歳

〒861-0141　熊本市北区植木町投刀塚101　☎096(272)1534

なかじょう
中条きよし　維新　　R4 当1
岐阜県岐阜市　S21・3・4
勤8ヵ月　（初／令4）

文教科学委、倫選特委、歌手、俳優、岐阜東高中退／76歳

〒100-8962　千代田区永田町2-1-1、会館　☎03(6550)0805

いの せ なお き
猪瀬直樹　維新　　R4 当1
長野県長野市　S21・11・20
勤8ヵ月　（初／令4）

経産委、地方・デジ特委、憲法審委、党参院幹事長、作家、元東京都副知事、知事、道路公団民営化委員、信州大、明大院／76歳

〒100-8962　千代田区永田町2-1-1、会館　☎03(6550)0513

比例代表

参

略歴

かねこ みちひと
金子道仁
維新 [R4] 当1
神奈川県横浜市 S45・2・20
勤8ヵ月 (初/令4)

外交防衛委、拉致特委、キリスト教会牧師、社会福祉法人理事長、外務省、東大法／53歳

〒666-0251 兵庫県川辺郡猪名川町若葉1-137-22 ☎072(767)6004
〒102-0083 千代田区麹町4-7、宿舎

くしだ せいいち
串田誠一
維新 [R4] 当1
東京都大田区 S33・6・20
勤4年9ヵ月(衆4年1ヵ月)(初/令4)※1

予算委、農水委、党政調副会長、前衆議院議員、弁護士、法政大学／64歳

〒231-0012 横浜市中区相生町2-27 宇田川ビル3F ☎045(212)3327
〒100-8962 千代田区永田町2-1-1、会館 ☎03(6550)1203

あおしま けんた
青島健太
維新 [R4] 当1
新潟県新潟市 S33・4・7
勤8ヵ月 (初/令4)

予算委、環境委、資源エネ調委、元プロ野球選手、スポーツライター、慶大／64歳

〒340-0023 埼玉県草加市谷塚町952 関マンション104号 ☎048(954)6641
〒100-8962 千代田区永田町2-1-1、会館 ☎03(6550)0405

つじもと きよみ
辻元清美
立新 [R4] 当1
奈良県 S35・4・28
勤22年5ヵ月(衆21年9ヵ月)(初/令4)※2

予算委、環境委、憲法審委、党副代表、衆予算委野党筆頭理事、党国対委員長、首相補佐官、国交副大臣、早大／62歳

〒569-0071 大阪府高槻市城北町1-5-23 エクセレント城北 ☎072(668)5655

おにき まこと
鬼木誠
立新 [R4] 当1
福岡県筑紫野市 S38・12・7
勤8ヵ月 (初/令4)

国交委、決算委、震災復興特委、自治労本部書記長、福岡県職員労働組合委員長、福岡県職員、福岡県立筑紫高校／59歳

〒102-0083 千代田区麹町4-7、宿舎

こが ちかげ
古賀千景
立新 [R4] 当1
福岡県久留米市 S41・11・25
勤8ヵ月 (初/令4)

文科委、予算委、倫選特委、憲法審委、党参議院比例第16総支部長、日教組特別中央執行委員、小学校教諭、熊本大／56歳

〒100-8962 千代田区永田町2-1-1、会館 ☎03(6550)0409

※1 平29衆院初当選 ※2 平8衆院初当選

しば　しん　いち
柴　愼　一

立新　　　R4 当1
神奈川県　S39・9・14
勤8ヵ月　（初／令4）

財金委、行監委、震災復興特委、国民生活調委、元JP労組中央副執行委員長、柿生高校／58歳

〒100-8962　千代田区永田町2-1-1、会館　☎03(6550)1009

むら　た　きょう　こ
村 田 享 子

立新　　　R4 当1
鹿児島県鹿児島市　S58・5・16
勤8ヵ月　（初／令4）

予算委、経産委、消費者特委、基幹労連職員、参院議員秘書、東大／39歳

〒100-8962　千代田区永田町2-1-1、会館　☎03(6550)1222

あお　き　　あい
青 木　愛

立前　　　R4 当3(初/平19)*
東京都　S40・8・18
勤16年1ヵ月（衆7年2ヵ月）

行政監視委員長、元復興特委員長、元消費者特委員長、元国交委筆頭理事、保育士、社会福祉法人理事、千葉大院修了／57歳

〒114-0021　北区岸町1-2-9　☎03(5948)5038
〒100-8962　千代田区永田町2-1-1、会館　☎03(6550)0507

いし　ばし　みち　ひろ
石 橋 通 宏

立前　　　R4 当3
島根県　S40・7・1
勤12年10ヵ月（初／平22）

党国会対策委員長代理、予算委筆頭理事、ODA・沖北特委筆頭理事、厚労委、情報労連、元ILO専門官、米アラバマ大院、中大法／57歳

〒100-8962　千代田区永田町2-1-1、会館　☎03(6550)0523

たけ　うち　しん　じ
竹 内 真 二

公前　　　R4 当2
東京都　S39・3・19
勤5年6ヵ月（初／平29繰）

文科委、行監委、国民生活調理、拉致特委理、党遊説局長、団体局次長、公明新聞編集局次長、早大／58歳

〒102-0094　千代田区紀尾井町1-15、宿舎

よこ　やま　しん　いち
横 山 信 一

公前　　　R4 当3
北海道　S34・7・21
勤12年10ヵ月（初／平22）

党北海道本部代表代行、党東北方面副本部長、参国会対策委員長、党復興・防災部会長、復興副大臣、法務委員長、総務委員長、北大院／63歳

〒060-0001　札幌市中央区北1条西19丁目　緒方ビル3F　☎011(688)6222
〒102-0083　千代田区麹町4-7、宿舎

比例代表

参略歴

たに あい まさ あき
谷合 正明　公前　R4 当4
埼玉県　S48・4・27
勤18年11ヵ月（初/平16）

党幹事長代理・参幹事長・広報委員長・中国方面本部長・岡山県本部代表、法務委理、倫選特委理、農水副大臣、NGO職員、京大院／49歳

〒702-8031　岡山市南区福富西1-20-48
　　　　　　クボタビル2F ☎086(262)3611
〒102-0094　千代田区紀尾井町1-15、宿舎

くぼ た てつ や
窪田 哲也　公新　R4 当1
愛媛県　S40・11・2
勤8ヵ月　（初/令4）

党参国対副委員長、党団体局次長、党沖縄21世紀委員会事務局次長、厚労委、議運委、元公明新聞九州支局長、明治大／57歳

〒100-8962　千代田区永田町2-1-1、会館 ☎03(6550)0202

うえ だ いさむ
上田 勇　公新　神奈川県横浜市　R4 当1
S33・8・5
勤21年8ヵ月（衆21年）(初/令4)※

党政調会長代理、財金委理、決算委、衆院議員7期、財務副大臣、法務総括政務次官、農水省、東大、米コーネル大学大学院／64歳

〒422-8077　静岡市駿河区大和1-5-26-101 ☎054(291)7600

みや ざき まさる
宮崎 勝　公元　R4 繰当2
埼玉県　S33・3・18
勤6年6ヵ月　（初/平28）

環境委、予算委、消費者特委、党埼玉県本部副代表、党税調事務局次長、元環境大臣政務官、元公明新聞編集局長、埼玉大／64歳

〒330-0063　さいたま市浦和区高砂3-7-4 2F
〒102-0083　千代田区麹町4-7、宿舎

た むら とも こ
田村 智子　共前　R4 当3
東京都　S40・7・4
勤12年10ヵ月（初/平22）

党副委員長、政策委員長、国交委、予算委、元党東京都副委員長、元議員団事務局秘書、早大第一文学部／57歳

〒151-0053　渋谷区代々木1-44-11 ☎03(5304)5639
〒100-8962　千代田区永田町2-1-1、会館 ☎03(6550)0908

に ひ そう へい
仁比 聡平　共元　R4 当3
福岡県北九州市　S38・10・16
勤12年10ヵ月（初/平16）

法務委、議運理事、災害特委、憲法審委、党参院国対副委員長、党中央委員、弁護士、京大法／59歳

〒810-0022　福岡市中央区薬院3-13-12-3F ☎092(526)1933
〒102-0083　千代田区麹町4-7、宿舎

　　※平5衆院初当選

比例代表

㊲略歴

いわ ぶち　とも
岩 渕　友　共前　　R4 当2
福島県喜多方市　S51・10・3
勤6年9ヵ月　（初/平28）

党中央委員、党国会対策副委員長、経産委、復興特委、外交・安保調理、日本民主青年同盟福島県委員長、福島大／46歳

〒960-0112　福島市南矢野目字谷地65-3　☎024(555)0550
〒100-8962　千代田区永田町2-1-1、会館　☎03(6550)1002

たけ づめ　ひとし
竹 詰　仁　国新　　R4 当1
東京都　S44・2・6
勤8ヵ月　（初/令4）

総務委、決算委、復興特委、東電労組中央執行委員長、全国電力総連副会長、在タイ日本大使館一等書記官、慶大経／54歳

〒100-8962　千代田区永田町2-1-1、会館　☎03(6550)0406

はま ぐち　まこと
浜 口　誠　国前　　R4 当2
三重県松阪市　S40・5・18
勤6年9ヵ月　（初/平28）

国交委、ODA・沖北特委、外交・安保調理、情監審委、党役員室長、政調会長代理、自動車総連顧問、トヨタ自動車、筑波大／57歳

〒100-8962　千代田区永田町2-1-1、会館　☎03(6550)1022

かわ い　たか のり
川 合 孝 典　国前　　R4 当3
京都府京都市　S39・1・29
勤12年10ヵ月　（初/平19）

法務委理、拉致特委、党幹事長代行、党拉致問題対策本部長、UAゼンセン政治顧問、立命館大法学部／59歳

〒152-0004　目黒区鷹番3-4-5（自宅）

てん ばた　だい すけ
天 畠 大 輔　れ新　　R4 当1
広島県呉市　S56・12・29
勤8ヵ月　（初/令4）

厚労委、倫選特委、重度障がい者支援団体代表理事、ルーテル大、立命館大院（博士）／41歳

〒100-8962　千代田区永田町2-1-1、会館　☎03(6550)0316

おおしまくす お
大 島 九州男　れ元　　R4 繰当3
福岡県直方市　S36・6・11
勤12年4ヵ月　（初/平19）

内閣委、行監委、ODA・沖北特委、内閣委員長、予算委理、民主党副幹事長、直方市議3期、全国学習塾協会常理事、日大法学部／61歳

〒902-0062　沖縄県那覇市松川2-16-1
〒100-8962　千代田区永田町2-1-1、会館　☎03(6550)0714

	参新	R4 当1

かみ や そう へい
神 谷 宗 幣　福井県　S52・10・12
　　　　　　　　勤8ヵ月　（初/令4）

財政金融委、参政党副代表、会社役員、
吹田市議、関西大法科大学院／45歳

〒920-0967　金沢市菊川2-24-3　　☎076(255)0177
〒102-0083　千代田区麹町4-7、宿舎

	社前	R4 当5

ふくしま
福島みずほ　宮崎県　S30・12・24
　　　　　　　勤25年　（初/平10）

党首、法務委、予算委、憲法審委、前副党
首、消費者庁・男女共同参画・少子化・食
品安全担当大臣、弁護士、東大／67歳

〒100-8962　千代田区永田町2-1-1、会館　☎03(6550)1111

	N新	R4 当1

ガ ー シ ー　兵庫県西宮市　S46・10・6
　　　　　　　　勤8ヵ月　（初/令4）

総務委、YouTuber、元アパレル会社役
員、実業家、阪南大学経済学部／51歳

〒100-8962　千代田区永田町2-1-1、会館　☎03(6550)0304

参議院比例代表（第26回選挙・令和4年7月10日施行）

全国有権者数	105,019,203人	全国投票者数	54,655,446人
男　〃	50,740,309人	男　〃	26,517,077人
女　〃	54,278,894人	女　〃	28,138,369人
		有効投票数	53,027,260

党別当選者数・党別個人別得票数・党別得票率
（※小数点以下の得票数は按分票です）

自 民 党　18人　18,256,245.412票　34.43%

政党名得票　13,713,427.488　個人名得票　4,542,817.924

当	藤井 一博	新	特定枠		当	越智 俊之	新	118,710.034
当	梶原 大介	新	特定枠			小川 克巳	現	118,222.945
当	赤松 健	新	528,053			木村 義雄	元	113,873.825
当	長谷川英晴	新	414,371.020			宇都 隆史	現	101,840.710
当	青山 繁晴	現	373,786			園田 修光	元	93,380
当	片山さつき	現	298,091.510			水落 敏栄	現	82,920
当	足立 敏之	現	247,755.055			藤木 眞也	現	74,972
当	自見 英子	現	213,369			岩城 光英	元	63,714
当	藤木 真也	現	187,740.202			河村 建一	新	59,007.679
当	山田 宏	現	175,871.715			吉岡 伸太郎	新	55,804
当	友納 理緒	新	174,335			英利アルフィヤ	新	54,646
当	山谷えり子	現	172,640.169			尾立 源幸	元	24,576
当	井上 義行	元	165,062.175			向山 淳	新	20,638
当	進藤金日子	現	150,759			有里 真穂	新	18,561
当	今井絵理子	現	148,630.162			高原 朗子	新	17,542.622
当	阿達 雅志	現	138,994.642			遠藤奈央子	新	7,762
当	神谷 政幸	新	127,188.459					

比例代表

参 略歴

日本維新の会　8人　7,845,995.352票　14.80%

政党名得票　7,086,854.000　　個人名得票　759,141.352

当	石井　　章	現	123,279.274		松浦　大悟	元	20,222
当	石井　苗子	現	74,118.112		飯田　哲史	新	19,522
当	松野　明美	新	55,608		井上　一徳	元	18,370.158
当	中条きよし	新	47,420		山口　和之	元	18,175.008
当	猪瀬　直樹	新	44,211.978		石田　隆史	新	17,408.867
当	金子　道仁	新	36,944		西川　鎮央	新	16,722
当	串田　誠一	新	35,842		中川　健一	新	14,986.577
当	青島　健太	新	33,553		水ノ上成彰	新	11,701
	上野　　蛍	新	29,095		木内　孝胤	新	11,313
	神谷　ゆり	新	27,215.249		小林　　悟	新	9,370
	後藤　　斎	新	24,874.182		西郷隆太郎	新	8,637
	森口あゆみ	新	23,664.322		八田　盛茂	新	8,346
	岸口　　実	新	22,399		中村　悠基	新	6,143.625

立憲民主党　7人　6,771,945.011票　12.77%

政党名得票　5,204,394.497　　個人名得票　1,567,550.514

当	辻元　清美	新	428,859.769		堀越　啓仁	新	39,631
当	鬼木　　誠	新	171,619.697		栗下　善行	新	39,555
当	古賀　千景	新	144,344		はたともこ	元	18,208.635
当	柴　　慎一	新	127,382.292		要　友紀子	新	17,529
当	村田　享子	新	125,340.850		森永　美樹	新	10,055
当	青木　　愛	現	123,742		河野　麻美	新	7,941
当	石橋　通宏	現	111,703		沢邑　啓子	新	7,602
	白　　真勲	現	84,242		木村　正弘	新	7,101.466
	石川　雅俊	新	48,702.805		田中　勝一	新	4,503
	有田　芳生	現	46,715		菅原　美香	新	2,773

公明党　6人　6,181,431.937票　11.66%

政党名得票　4,048,585.000　　個人名得票　2,132,846.937

当	竹内　真二	現	437,228		水島　春香	新	9,058
当	横山　信一	現	415,178.606		河合　　綾	新	5,417.599
当	谷合　正明	現	351,413		中嶋　健二	新	2,786
当	窪田　哲也	現	349,359.320		塩野　正貴	新	1,717
当	熊野　正士	現	269,048		深沢　　淳	新	1,212
	（令4.9.30辞職）				伊大知孝一	新	797
当	上田　　勇	新	268,403		奈良　直記	新	738.014
繰	宮崎　　勝	現	9,695		淀屋　伸雄	新	730
	（令4.10.6繰上）				光延　康治	新	426
	中北　京子	現	9,640.398				

共産党　3人　3,618,342.792票　6.82%

政党名得票　3,321,097.000　　個人名得票　297,245.792

当	田村　智子	現	112,132.341		渡辺喜代子	新	2,199
当	仁比　聡平	元	36,098.530		上里　清美	新	2,141.184
当	岩渕　　友	現	35,392		花木　則彰	新	1,488
	大門実紀史	現	31,570		片岡　　朗	新	1,453
	武田　良介	現	23,370.641		高橋真生子	新	1,416.760
	山本　訓子	新	11,736.820		赤田　勝紀	新	1,258
	小山　早紀	新	6,618		冨田　直樹	新	1,164.007
	今村あゆみ	新	5,768.646		西沢　　博	新	968.268
	片山　和子	新	4,646.951		細野　真理	新	872
	佐々木とし子	新	4,635		堀川　朗子	新	736.367
	吉田　恭子	新	4,174.277		深田　秀美	新	583
	西田佐枝子	新	3,674		来田　時子	新	495
	丸本由美子	新	2,654				

比例代表

略歴

国民民主党　3人　3,159,625.890票　5.96%

政党名得票 2,234,837.672　個人名得票 924,788.218

当	竹詰　　仁	新	238,956.023		上松　正和	新		20,790
当	浜口　　誠	現	234,744.965		樺井　佳和	元		16,373.229
当	川合　孝典	現	211,783.997		城戸　佳織	新		16,078
	矢田　稚子	現	159,929.004		河辺　佳朗	新		3,822
	山下　容子	新	22,311					

れいわ新選組　2人　2,319,156.016票　4.37%

政党名得票 2,074,146.801　個人名得票 245,009.215

当	天畠　大輔	新	特定枠		辻　　　恵	新		18,393
当	水道橋博士	新	117,794		蓮池　　透	新		17,684
	（令5.1.16辞職）				依田　花蓮	新		14,821
繰	大島九州男	元	28,123		高井　崇志	新		13,326.841
	（令5.1.17繰上）				金　　泰泳	新		13,041
	長谷川羽衣子	新	21,826.374					

参 政 党　1人　1,768,385.409票　3.33%

政党名得票 1,370,215.000　個人名得票 398,170.409

当	神谷　宗幣	新	159,433.516		吉野　敏明	新		25,463
	武田　邦彦	新	128,257.022		赤尾　由美	新		11,344
	松田　　学	新	73,672.871					

社 民 党　1人　1,258,501.715票　2.37%

政党名得票 963,899.000　個人名得票 294,602.715

当	福島　瑞穂	現	216,984		大椿　裕子	新		10,390
	宮城　一郎	新	22,309		秋葉　忠利	新		6,623
	岡崎　彩子	新	17,466		久保　孝喜	新		4,518
	山口わか子	新	13,793.548		村田　峻一	新		2,519.167

ＮＨＫ党　1人　1,253,872.467票　2.36%

政党名得票 834,995.000　個人名得票 418,877.467

当	東谷　義和	新	287,714.767		西村　　斉	新		6,564.622
	山本　太郎	新	53,351.732		添田　真也	新		4,555.701
	黒川　敦彦	新	22,595		高橋　理洋	新		2,905.258
	斉藤健一郎	新	22,426.130		上妻　敬二	新		817
	久保田　学	新	17,947.257					

· ·

その他の政党の得票総数・得票率等は下記のとおりです。
（当選者はいません。個人名得票の内訳は省略しました）

比例代表

参 略歴

ごぼうの党　得票総数　193,724.387票（0.37%）
政党名得票 184,285.075　個人名得票 9,439.312

幸福実現党　得票総数　148,020.000票（0.28%）
政党名得票 129,662.000　個人名得票 18,358.000

日本第一党　得票総数　109,045.614票（0.21%）
政党名得票 76,912.000　個人名得票 32,133.614

新党くにもり　得票総数　77,861.000票（0.15%）
政党名得票 61,907.000　個人名得票 15,954.000

維新政党・新風　得票総数　65,107.000票（0.12%）
政党名得票 56,949.000　個人名得票 8,158.000

第25回選挙
（令和元年7月21日施行／令和7年7月28日満了）
第26回選挙
（令和4年7月10日施行／令和10年7月25日満了）

北海道　6人

令和元年選挙得票数

当	828,220	高橋はるみ	自新 (34.4)
当	523,737	勝部 賢志	立新 (21.7)
当	454,285	岩本 剛人	自新 (18.8)
▽	265,862	畠山 和也	共新 (11.0)
▽	227,174	原谷 那美	国新 (9.4)
	63,308	山本 貴平	諸新 (2.6)

以下は P270 に掲載

令和4年選挙得票数

当	595,033	長谷川 岳	自現 (25.5)
当	455,057	徳永 エリ	立現 (19.5)
当	447,232	船橋 利実	自新 (19.1)
	422,392	石川 知裕	立新 (18.1)
	163,252	畠山 和也	共新 (7.0)
	91,127	臼木 秀剛	維新 (3.9)
	75,299	大村小太郎	参新 (3.2)
	23,039	斉藤 忠行	N新 (1.0)
	18,831	石井 良恵	N新 (0.8)
	18,760	浜田 智	N新 (0.8)
	16,006	沢田 英一	諸新 (0.7)
	11,625	森山 佳則	諸新 (0.5)

たかはし
高橋はるみ　　自 新［安］　RI 当1

富山県富山市　S29・1・6
勤3年8ヵ月　（初／令元）

党副幹事長、予算委理、ODA・沖北特委
理、文科委、北海道知事(4期)、北海道経
済産業局長、一橋大学経済学部／69歳

〒060-0042　札幌市中央区大通西10丁目
　　　　　　　南大通ビル4F　　☎011(200)8066

かつ　べ　けん　じ
勝部賢志　　立 新　RI 当1

北海道千歳市　S34・9・6
勤3年8ヵ月　（初／令元）

議運委理、財金委、ODA・沖北特委、党副
幹事長、道議会副議長、道議会議員、小学
校教員、北海道教育大札幌分校／63歳

〒060-0042　札幌市中央区大通西5丁目8番
　　　　　　　昭和ビル5F　　☎011(596)7339
〒100-8962　千代田区永田町2-1-1、会館 ☎03(6550)0608

いわ　もと　つよ　ひと
岩本剛人　　自 新［二］　RI 当1

北海道札幌市　S39・10・19
勤3年8ヵ月　（初／令元）

外交防衛委理、決算委、災害特委、北海
道議会議員(5期)、元防衛大臣政務官、
淑徳大学社会福祉学科／58歳

〒060-0041　札幌市中央区大通東2丁目3-1
　　　　　　　第36桂和ビル7F　☎011(211)8185
〒100-8962　千代田区永田町2-1-1、会館 ☎03(6550)0205

長谷川　岳　　自 前［安］　R4 当3

はせがわ　　　がく

愛知県　S46・2・16
勤12年10ヵ月　（初／平22）

国交委筆頭理事、党副幹事長、農水委員長、党政調
副会長、前総務副大臣、党法務部会長、財政金融委
員長、党水産部会長、総務大臣政務官、北大／52歳

〒060-0004　札幌市中央区北4条西4丁目
　　　　　　　ニュー札幌ビル7F　☎011(223)7708
〒100-8962　千代田区永田町2-1-1、会館 ☎03(6550)0619

※選挙区別の当日有権者数・投票者数・投票率は 271 頁

徳永 エリ（とく なが エリ）

立前　　[R4]　当3
北海道札幌市　S37・1・1
勤12年10ヵ月（初/平22）

農林水産委理、国家基本委、震災復興特委、党常任幹事会議長、政調会長代理、TVリポーター、法大中退／61歳

〒060-0042　札幌市中央区大通西5-8
　　　　　　昭和ビル9F　　　　　☎011(218)2133
〒100-8962　千代田区永田町2-1-1、会館　☎03(6550)0701

船橋 利実（ふな はし とし みつ）

自新［麻］　[R4]　当1(初/令4)※1
北海道北見市　S35・11・20
勤6年9ヵ月（衆6年1ヵ月）

農水委理、予算委、参院国対副委員長、党農水関係団体副委員長、衆議院2期、財務大臣政務官、北海道議、北見市議、北海商科大学大学院商学研究科修了／62歳

〒060-0042　札幌市中央区大通西8丁目2-32
　　　　　　ダイヤモンドビル　　☎011(272)0171
〒100-8962　千代田区永田町2-1-1、会館　☎03(6550)0424

青森県　　2人

	令和元年選挙得票数				令和4年選挙得票数	
当	239,757	滝沢　　求	自現 (51.5)	当	277,009	田名部匡代	立現 (53.5)
▽	206,582	小田切　達	諸新 (44.4)		216,265	斉藤直427人	自新 (41.7)
	19,310	小山日奈子	諸新 (4.1)		13,607	中条栄太郎	参新 (2.6)
					11,335	佐々木　晃	N新 (2.2)

滝沢 求（たき さわ もとめ）

自前［麻］　[R1]　当2
青森県　S33・10・11
勤9年9ヵ月　（初/平25）

環境委員長、復興特委、党環境部会長、党環境関係団体委員長、副幹事長、外務大臣政務官、元県議会副議長、中大法／64歳

〒031-0057　八戸市上徒士町15-1　☎0178(45)5858
〒100-8962　千代田区永田町2-1-1、会館　☎03(6550)0522

田名部 匡代（た な ぶ まさ よ）

立前　　[R4]　当2(初/平28)※2
青森県八戸市　S44・7・10
勤14年4ヵ月（衆7年7ヵ月）

農水委、行監委員、党参院幹事長、党幹事代理、党つながる本部参与、党農林水産部会長、元農水政務官、衆議院秘書、玉川学園女子短大／53歳

〒031-0088　八戸市岩泉町4-7　　☎0178(44)1414
〒100-8962　千代田区永田町2-1-1、会館

岩手県　　2人

	令和元年選挙得票数				令和4年選挙得票数	
当	288,239	横沢　高徳	無新 (49.0)	当	264,422	広瀬めぐみ	自新 (47.2)
▽	272,733	平野　達男	自現 (46.3)	▽	242,174	木戸口英司	立現 (43.2)
	27,658	梶谷　秀一	諸新 (4.7)		26,960	白鳥　顕志	参新 (4.8)
					13,637	大越　裕子	無新 (2.4)
					13,352	松田　隆嗣	N新 (2.4)

参略歴

　　※1 平24衆院初当選　　※2 平15衆院初当選

立新　　　　R1 当1
横沢高徳　よこ さわ たか のり

岩手県矢巾町　S47・3・6
勤3年8ヵ月　（初/令元）

財金委理、議運委、震災復興特委、モトクロ
ス選手、バンクーバー・パラリンピックアル
ペンスキー日本代表、盛岡工業高校／50歳

〒020-0022　盛岡市大通3-1-24
　　　　　　第三菱和ビル5F　　☎019(625)6601

自新［麻］　　R4 当1
広瀬めぐみ　ひろ せ

岩手県　S41・6・27
勤8ヵ月　（初/令4）

内閣委、予算委、震災復興特委、弁護士、
上智大学外国語学部英文科／56歳

〒020-0024　盛岡市薬園1-11-4
　　　　　　樋下建設ビル3F　　☎019(681)6686

宮城県　　2人

令和元年選挙得票数			
当	474,692	石垣のり子	立新（48.6）
▽	465,194	愛知　治郎	自現（47.7）
	36,321	三宅　紀昭	諸新（3.7）

令和4年選挙得票数			
当	472,963	桜井　充	自現（51.9）
	271,455	小畑　仁子	立新（29.8）
	91,924	平井みどり	維新（10.1）
	52,938	ローレンス綾子	参新（5.8）
	21,286	中江　友哉	N新（2.3）

立新　　　　R1 当1
石垣のりこ　いし がき

宮城県仙台市　S49・8・1
勤3年8ヵ月　（初/令元）

農水委、予算委、震災復興特委理、ラジ
オ局アナウンサー、宮城県第二女子高
等学校、宮城教育大学／48歳

〒980-0014　仙台市青葉区本町3丁目5-21
　　　　　　アーカス本町ビル1F　☎022(355)9737
〒102-0083　千代田区麹町4-7、宿舎

自前［無］　　R4 当5
櫻井　充　さくら い　みつる

宮城県仙台市　S31・5・12
勤25年　（初/平10）

文科委、厚労副大臣、財務副大臣、医学
博士、東北大院／66歳

〒980-0811　仙台市青葉区一番町1-1-30
　　　　　　南町通有楽館ビル2F　☎022(723)4077
〒102-0083　千代田区麹町4-7、宿舎

秋田県　　2人

令和元年選挙得票数			
当	242,286	寺田　静	無新（50.5）
▽	221,219	中泉　松司	自現（46.1）
	16,683	石岡　隆治	諸新（3.5）

令和4年選挙得票数			
当	194,949	石井　浩郎	自現（42.7）
	162,889	村岡　敏英	無新（35.6）
	62,415	佐々百合子	立新（13.7）
	19,983	藤本　友里	共新（4.4）
	10,329	伊東万美子	参新（2.3）
	6,368	本田　幸久	N新（1.4）

岩手・宮城・秋田

参 略歴

寺田　静
<ruby>寺田<rt>てら た</rt></ruby>　<ruby>静<rt>しずか</rt></ruby>

無新　　R1 当1
秋田県横手市　S50・3・23
勤3年8ヵ月　（初／令元）

農水委、元議員秘書、早大／47歳

〒010-1424　秋田市御野場1-1-9　　☎018（853）9226

石井　浩郎
<ruby>石井<rt>いし い</rt></ruby>　<ruby>浩郎<rt>ひろ お</rt></ruby>

自前［茂］　　R4 当3
秋田県八郎潟町　S39・6・21
勤12年10ヵ月　（初／平22）

国交・内閣府・復興副大臣、国交委、国家基
本委、復興特委、党則幹事長、党人事局長、
倫選特委員長、文科委員、早大中退／58歳

〒010-0951　秋田市山王3-1-15　　☎018（883）1711
〒100-8962　千代田区永田町2-1-1、会館　☎03（6550）0713

芳賀　道也
<ruby>芳賀<rt>は が</rt></ruby>　<ruby>道也<rt>みち や</rt></ruby>

無新（国民）　　R1 当1
山形県　S33・3・2
勤3年8ヵ月　（初／令元）

厚労委、決算委、地方・デジ特委、政倫審
委、キャスター、アナウンサー、日本大
学文理学部／64歳

〒990-0825　山形市城北町1-24-15 2A　　☎023（676）5115
〒100-8962　千代田区永田町2-1-1、会館　☎03（6550）0917

舟山　康江
<ruby>舟山<rt>ふな やま</rt></ruby>　<ruby>康江<rt>やす え</rt></ruby>

国前　　R4 当3
埼玉県　S41・5・26
勤12年10ヵ月　（初／平19）

党参議院議員会長、農水委理、憲法審委、
消費者特委員長、元党政調会長、元農水
大臣政務官、農水省職員、北海道大／56歳

〒990-0039　山形市香澄町3-2-1　　☎023（627）2780
　　山交ビル8F
〒102-0083　千代田区麴町4-7、宿舎

森 まさこ（もり）　自前［安］　R1 当3
福島県いわき市　S39・8・22
勤15年10ヵ月（初/平19）

内閣総理大臣補佐官、法務大臣、国務大臣、環境・行政監視委員長、党環境・法務部会長、女性活躍推進本部長、弁護士、東北大／58歳

〒970-8026　いわき市平五色町1-103　☎0246(21)3700
〒100-8962　千代田区永田町2-1-1、会館　☎03(6550)0924

星 北斗（ほし ほくと）　自新［無］　R4 当1
福島県郡山市　S39・3・18
勤8ヵ月（初/令4）

厚労委、行監委、復興特委、国民生活調査委、(公財)星総合病院理事長、福島県医師会参与、旧厚生省医系技官、東邦大学医学部／58歳

〒963-8071　郡山市富久山町久保田字久保田227-1
〒100-8962　千代田区永田町2-1-1、会館　☎03(6550)0322

茨城県　4人

令和元年選挙得票数				
当	507,260	上月　良祐	自現	(47.9)
当	237,614	小沼　巧	立新	(22.4)
▽	129,151	大内久美子	共新	(12.2)
▽	125,542	海野　徹	維新	(11.9)
	58,978	田中　健	諸新	(5.6)

令和4年選挙得票数				
当	544,187	加藤　明良	自新	(49.9)
当	197,292	堂込麻紀子	無新	(18.1)
	159,017	佐々木里加	維新	(14.6)
▽	105,735	大内久美子	共新	(9.7)
	48,582	菊池　政也	参新	(4.5)
	16,966	村田　大地	N新	(1.6)
	14,724	丹羽　茂之	N新	(1.3)
	4,866	仲村渚哲勝	無新	(0.4)

上月 良祐（こうづき りょうすけ）　自前［茂］　R1 当2
兵庫県神戸市　S37・12・26
勤9年9ヵ月（初/平25）

内閣委理事、党副幹事長、党農産物輸出促進対策委員長、農水委員長、農林水産大臣政務官、元総務省、茨城県副知事、東大法／60歳

〒310-0063　水戸市五軒町1-3-4　渡辺ビル301　☎029(291)7231

小沼 巧（おぬま たくみ）　立新　R1 当1
茨城県鉾田市　S60・12・21
勤3年8ヵ月（初/令元）

国民生活調理、農水委、地方・デジ特委、党政調副会長、ボストン・コンサルティング、経産省、タフツ大院、早大／37歳

〒310-0851　水戸市千波町1150-1　石川ビル105　☎029(350)1815
〒100-8962　千代田区永田町2-1-1、会館　☎03(6550)1012

加藤 明良（か とう あき よし）　自新［茂］　R4 当1
茨城県水戸市　S43・2・7
勤8ヵ月（初/令元）

農林水産委、憲法審委、災害特委、議運委、茨城県議会議員(3期)、参議院議員秘書、専修大商学部／55歳

〒310-0817　水戸市柳町2-7-10　☎029(306)7778

堂込麻紀子　どうごみまきこ

無新　　R4　当1

茨城県阿見町　S50・9・16
勤8ヵ月　（初/令4）

財金委、連合茨城執行委員、UAゼンセン、イオンリテールワーカーズユニオン、流通経済大／47歳

〒310-0022　水戸市梅香2-1-39
茨城県労働福祉会館3階　☎029(306)6444
〒100-8962　千代田区永田町2-1-1、会館☎03(6550)0607

栃木県　2人

	令和元年選挙得票数				令和4年選挙得票数	
当	373,099	高橋　克法	自民 (53.5)	当	414,456	上野　通子	自現 (56.2)
▽	285,681	加藤　千穂	立新 (41.0)	▽	127,628	板倉　京	立新 (17.3)
	38,508	町田　紀光	諸新 (5.5)		100,529	大久保裕美	維新 (13.6)
					44,310	岡村　恵子	共新 (6.0)
					30,864	大隈　広郷	参新 (4.2)
					19,090	高橋真佐子	N新 (2.6)

高橋克法　たかはしかつのり

自前［麻］　R1　当2

栃木県　S32・12・7
勤9年9ヵ月　（初/平25）

文教科学委員長、参党国対筆頭副委員長、議運委理事、国交政務官、予算委理事、高根沢町長、栃木県議、参院議員秘書、明大／65歳

〒329-1232　栃木県塩谷郡高根沢町光陽台1-1-2　☎028(675)6500
〒100-8962　千代田区永田町2-1-1、会館　☎03(6550)0324

上野通子　うえのみちこ

自前［安］　R4　当3

栃木県宇都宮市　S33・4・21
勤12年10ヵ月　（初/平22）

文科委理事、ODA・沖北特委、党広報本部副本部長、党総務、文科副大臣、文科委員長、党女性局長、栃木県議、共立女子大／64歳

〒320-0034　宇都宮市泉町6-22　　☎028(627)8801

群馬県　2人

	令和元年選挙得票数				令和4年選挙得票数	
当	400,369	清水　真人	自新 (53.9)	当	476,017	中曽根弘文	自現 (63.8)
▽	286,651	斎藤　敦子	立新 (38.6)	▽	138,429	白井　桂子	無新 (18.6)
	55,209	前田みか子	諸新 (7.4)		69,490	高橋　保	共新 (9.3)
					39,523	新倉　郁郎	参新 (5.3)
					22,276	小島　糾史	N新 (3.0)

清水真人　しみずまさと

自新［二］　R1　当1

群馬県高崎市　S50・2・26
勤3年8ヵ月　（初/令元）

国土交通大臣政務官、参党副幹事長、内閣第二副部会長、群馬県議2期、高崎市議2期、明治学院大／48歳

〒371-0805　前橋市南町2-38-4　AMビル1F　☎027(212)9366
〒100-8962　千代田区永田町2-1-1、会館☎03(6550)0923

中曽根弘文
なか そ ね ひろ ふみ

自前［二］　R4 当7

群馬県前橋市 S20・11・28
勤37年2ヵ月（初/昭61）

憲法審査会長、外防委、党総務、予算委員長、党参院議員会長、外務大臣、文相、科技長官、慶大／77歳

〒371-0801　前橋市文京町1-1-14　☎027(221)1133
〒100-8962　千代田区永田町2-1-1、会館　☎03(6550)1224

埼玉県　7人

（令和元、4年選挙で定数各1増）

令和元年選挙得票数

当	786,479	古川	俊治	自現	(28.2)
当	536,338	熊谷	裕人	立新	(19.3)
当	532,302	矢倉	克夫	公現	(19.1)
当▽	359,297	伊藤	岳	共新	(12.9)
	244,399	宍戸	千絵	国新	(8.8)
	204,075	沢田	良	維新	(7.3)

令和4年選挙得票数

当	727,232	関口	昌一	自現	(24.1)
当	501,820	上田	清司	無現	(16.6)
当	476,642	西田	実仁	公現	(15.8)
当	444,567	高木	真理	立新	(14.7)
	324,476	加来	武宜	維新	(10.7)
	236,899	梅村	早江子	共新	(7.8)
	121,769	田部井	美香	参新	(4.0)
	89,693	坂本	雅彦	国新	(3.0)
	22,613	上條	司	諸現	(0.7)
	18,194	小池	幸造	N新	(0.6)
	15,389	河湊	斗稀	N新	(0.5)
	13,966	小林	宏子	N新	(0.5)
	12,279	宮内	直輝	N新	(0.4)
	8,588	堀切	笹美	N新	(0.3)
	7,178	池	高生	N新	(0.2)

以下はP270に掲載

古川俊治
ふる かわ とし はる

自前［安］　R1 当3

埼玉県 S38・1・14
勤15年10ヵ月（初/平19）

倫選特委員長、財金委、医師、弁護士、慶大教授、博士(医学)、慶大医・文・法卒、オックスフォード大院修／60歳

〒330-0063　さいたま市浦和区高砂3-12-24
　　　　　　小峰ビル3F　☎048(788)8887

熊谷裕人
くま がい ひろ と

立新　R1 当1

埼玉県さいたま市 S37・3・23
勤3年8ヵ月（初/令元）

文科委理、倫選特委、憲法審委、党政調副会長、党埼玉県連合代代行、さいたま市議、国会議員政策担当秘書、中央大／60歳

〒330-0841　さいたま市大宮区東町2-289-2　☎048(640)5977

矢倉克夫
や くら かつ お

公前　R1 当2

神奈川県横浜市 S50・1・11
勤9年9ヵ月（初/平25）

党青年委員会顧問、埼玉県本部副代表、予算委理、ODA・沖北特委理、国交委、憲法審委、弁護士、元経済産業省参事官補佐、東大／48歳

〒331-0815　さいたま市北区大成町4-81-201
〒100-8962　千代田区永田町2-1-1、会館　☎03(6550)0401

伊藤岳
い とう がく

共新　R1 当1

埼玉県 S35・3・6
勤3年8ヵ月（初/令元）

総務委、地方・デジ特委、党中央委員、文教大学人間科学部卒／62歳

〒330-0835　さいたま市大宮区北袋町1-171-1　☎048(658)5551
〒102-0083　千代田区麹町4-7、宿舎

群馬・埼玉

参

略

歴

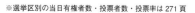

自前［茂］ R4 当5
関口昌一 せきぐちまさかず
埼玉県 S28・6・4
勤19年9ヵ月（初/平15補）

党参院議員会長、環境委、政倫審委、党参国
対委員長、地方創生特委員長、総務副大臣兼
内閣府副大臣、外務政務官、城西歯大／69歳

〒369-1412 埼玉県秩父郡皆野町皆野2391-9 ☎0494(62)3535
〒102-0083 千代田区麹町4-7、宿舎 ☎03(3237)0341

無前(国民) R4 当2(初/令元)＊
上田清司 うえだきよし
福岡県福岡市 S23・5・15
勤13年9ヵ月（衆10年3ヵ月）

内閣委、行監委理、国家基本委員長、埼玉県知
事4期、全国知事会会長、衆議院議員3期、建設
省建設大学校非常勤講師、早大院／74歳

〒100-8962 千代田区永田町2-1-1、会館 ☎03(6550)0618

公前 R4 当4
西田実仁 にしだまこと
東京都田無市 S37・8・27
勤18年11ヵ月（初/平16）

総務委、憲法審幹事、党参議院会長、税
調会長、選対委員長、埼玉県本部代表、
経済週刊誌副編集長、慶大経／60歳

〒330-0063 さいたま市浦和区高砂3-7-4 2F
〒102-0094 千代田区紀尾井町1-15、宿舎

立新 R4 当1
高木真理 たかぎまり
栃木県 S42・8・12
勤8ヵ月（初/令4）

厚労委、決算委、災害特委、国民生活調
委、党県連副代表、さいたま市議、埼玉
県議、衆院議員秘書、東大／55歳

〒331-0812 さいたま市北区宮原町
3-364-1 ☎048(654)2559

千葉県　6人

令和4年選挙得票数		
当	656,952	臼井 正一	自新 (25.9)
当	587,809	猪口 邦子	自現 (23.1)
当	473,175	小西 洋之	立現 (18.6)
	251,416	佐野 元彦	維新 (9.9)
	194,475	斉藤 和子	共新 (7.7)
	161,648	椎名 亮輔	国新 (6.4)
	86,147	宇田川 太之	参新 (3.4)
	28,295	中村 典子	N新 (1.1)
	22,834	七海 ひろこ	諸新 (0.9)
	18,791	林 和子	N新 (0.7)
	18,329	小池 梓	諸新 (0.7)
	17,511	渡辺 晋宏	N新 (0.7)
	13,016	須田 良	N新 (0.5)
	10,922	記内 恵	無新 (0.4)

令和元年選挙得票数		
当	698,993	石井 準一	自現 (30.5)
当	661,224	長浜 博行	立現 (28.9)
当	436,182	豊田 俊郎	自現 (19.1)
▽	359,854	浅野 史子	共新 (15.7)
▽	89,941	平塚 正幸	諸新 (3.9)
▽	42,643	門田 正則	諸新 (1.9)

自前［茂］ R1 当3
石井準一 いしいじゅんいち
千葉県 S32・11・23
勤15年10ヵ月（初/平19）

議運委員長、憲法審査会長、予算委員長、国交
委員長、党幹事長代理、党選対委員長代理、
党国対委員長代理、県議5期、長生高／66歳

〒297-0035 茂原市下永吉964-2 ☎0475(25)2311
〒100-8962 千代田区永田町2-1-1、会館 ☎03(6550)0506

埼玉・千葉

参　略歴

244

※平5衆院初当選

なが はま ひろ ゆき
長浜博行 無前　R1 当3(初/平19)※1
東京都　S33・10・20
勤26年3ヵ月（衆10年5ヵ月）

参議院副議長、前環境委員長、元環境大臣、
内閣官房副長官、厚労副大臣、国交委員長、
衆院4期、松下政経塾、早大政経／64歳

〒277-0021　柏市中央町5-21-705　☎04(7166)8333
〒100-8962　千代田区永田町2-1-1、会館　☎03(6550)0606

とよ だ とし ろう
豊田俊郎 自前［麻］　R1 当2
千葉県　S27・8・21
勤9年9ヵ月　（初/平25）

国土交通副大臣、内閣府大臣政務官、千
葉県議、八千代市長、中央工学校／70歳

〒276-0046　八千代市大和田新田310　☎047(480)7777
〒100-8962　千代田区永田町2-1-1、会館　☎03(6550)1213

うす い しょういち
臼井正一 自新［茂］　R4 当1
千葉県習志野市　S50・1・8
勤8ヵ月　（初/令4）

文科委、予算委、ODA・沖北特委、憲法審査、千葉
県議5期、(公財)千葉県身体不自由児協会理事長、
株式会社オリエンタルランド、日本大学／48歳

〒261-0004　千葉市美浜区高洲1-9-7-2　☎043(244)0033

いの ぐち くに こ
猪口邦子 自前［麻］　R4 当3(初/平22)※2
千葉県　S27・5・3
勤16年9ヵ月（衆3年11ヵ月）

外交・安保調査会長、予算委、外防委、党一億総活躍推進
本部長、上智大名誉教授、元少子化・男女共同参画大臣、
ジュネーブ軍縮大使、エール大博士号(Ph.D.)／70歳

〒260-0027　千葉市中央区新田町14-5
　　　　　　大野ビル101　☎043(307)9001
〒100-8962　千代田区永田町2-1-1、会館　☎03(6550)1105

こ にし ひろ ゆき
小西洋之 立前　R4 当3
徳島県　S47・1・28
勤12年10ヵ月　（初/平22）

憲法審査会長代理・筆頭幹事、外防委筆頭理、倫選特委、党政調
会長代理、党外務・安保副部会長、総務省・経産課長補佐、徳
島大医、東大、コロンビア大院修、東大医療人材講座／51歳

〒260-0012　千葉市中央区本町2-2-6
　　　　　　パークサイド小ླ␣102　☎043(441)3011
〒100-8962　千代田区永田町2-1-1、会館　☎03(6550)0915

東京都　12人		
令和元年選挙得票数		
当	1,143,458	丸川　珠代　自現 (19.9)
当	815,445	山口那津男　公現 (14.2)
当	706,532	吉良　佳子　共現 (12.3)
当	688,234	塩村　文夏　立新 (12.0)
当	526,575	音喜多　駿　維新 (9.2)
当	525,302	武見　敬三　自現 (9.1)
▽	496,347	山岸　一生　立新 (8.6)
		以下は P270 に掲載

令和4年選挙得票数		
当	922,793	朝日健太郎　自現 (14.7)
当	742,968	竹谷とし子　公現 (11.8)
当	685,224	山添　拓　共現 (10.9)
当	670,339	蓮　舫　立現 (10.7)
当	619,792	生稲　晃子　自新 (9.8)
当	565,925	山本　太郎　れ現 (9.0)
▽	530,361	海老沢由紀　維新 (8.4)
	372,064	松尾　明弘　立新 (5.9)
	322,904	乙武　洋匡　無新 (5.1)
	284,629	荒木　千陽　無新 (4.5)
		以下は P270 に掲載

丸川珠代
まる かわ たま よ

自前［安］　　Ⓡ1 当3
兵庫県　S46・1・19
勤15年10ヵ月（初/平19）

参党幹事長代行、党連合会長代行、憲法審委、元東京オリパラ大臣、元広報本部長、前参拉致特委員、元環境大臣、厚労委員長、党厚労部会長、厚労政務官、元テレ朝アナ、東大/52歳

〒160-0004　新宿区四谷1-9-3
　　　　　　新盛ビル4F B室　☎03(3350)9504

山口那津男
やまぐち な つ お

公前　　Ⓡ1 当4(初/平13)*
茨城県　S27・7・12
勤28年7ヵ月（衆6年8ヵ月）

党代表、外防委、国家基本委、党政務調査会長、参行政監視委員長、予算委理事、防衛政務次官、弁護士、東大/70歳

〒100-8962　千代田区永田町2-1-1、会館　☎03(6550)0806

吉良よし子
き ら　　こ

共前　　Ⓡ1 当2
高知県高知市　S57・9・14
勤9年9ヵ月　（初/平25）

文教科学委、決算委、党青年・学生委員会責任者、早大第一文学部/40歳

〒151-0053　渋谷区代々木1-44-11　☎03(5302)6511

塩村あやか
しおむら

立新　　Ⓡ1 当1
広島県　S53・7・6
勤3年8ヵ月　（初/令元）

予算委、内閣委、ODA・沖北特委、外交・安保調理、党青年局長代理、国際局副局長、東京都議、元放送作家、共立女子短大/44歳

〒154-0017　世田谷区世田谷4-18-3-202
〒100-8962　千代田区永田町2-1-1、会館　☎03(6550)0706

音喜多　駿
おと き た　しゅん

維新　　Ⓡ1 当1
東京都北区　S58・9・21
勤3年8ヵ月　（初/令元）

党政調会長、東京維新の会幹事長、予算委、外交防衛委理事、憲法審幹事、元東京都議、早大/39歳

〒114-0022　北区王子本町1-13-9
　　　　　　KSKサンパール203号室　☎03(3908)3121
〒100-8962　千代田区永田町2-1-1、会館　☎03(6550)0612

武見敬三
たけ み けい ぞう

自前［麻］　　Ⓡ1 当5
東京都　S26・11・5
勤22年7ヵ月　（初/平7）

外防委、党参院議員副会長、党国際保健戦略特委長、参院党政審会長、厚労副大臣、外務政務次官、ハーバード公衆衛生大学院研究員、慶大院/71歳

〒100-8962　千代田区永田町2-1-1、会館　☎03(6550)0413

※平2衆院初当選

あさ ひ けん た ろう
朝日健太郎　自前［無］　　R4 当2
熊本県　S50・9・19
勤6年9ヵ月　（初/平28）

予算委、環境委理、ODA・沖北特委、外交・安保調理、党政審副会長・国土交通部会長代理、法政大、早大院/47歳

〒100-8962　千代田区永田町2-1-1、会館　☎03(6550)0620

たけ や　　　 こ
竹谷とし子　公前　　　　R4 当3
北海道　S44・9・30
勤12年10ヵ月　（初/平22）

復興副大臣、党女性局長、党都本部副代表、法務委員長、総務委員、財務政務官、公認会計士、創価大/53歳

〒100-8962　千代田区永田町2-1-1、会館　☎03(6550)0517

やま ぞえ　　 たく
山添　拓　共前　　　　　R4 当2
京都府京都市 S59・11・20
勤6年9ヵ月　（初/平28）

予算委、外交防衛委、憲法審幹事、党常任幹部会委員、弁護士、東大法、早大院/38歳

〒151-0053　渋谷区代々木1-44-11　☎03(5302)6511
〒102-0094　千代田区紀尾井町1-15、宿舎

れん　　 ほう
蓮　舫　立前　　　　　R4 当4
東京都目黒区 S42・11・28
勤18年11ヵ月（初/平16）

国交委員長、党代表代行、国民運動・広報本部長、民進党代表、内閣府特命担当大臣、総理補佐官、報道キャスター、青学大/55歳

〒100-8962　千代田区永田町2-1-1、会館　☎03(6550)0411

いく いな あき こ
生稲晃子　自新［安］　　R4 当1
東京都小金井市 S43・4・28
勤8ヵ月　（初/令4）

厚労委、決算委、消費者特委、外交・安保調委、参党国対委、党女性局次長、党新聞局次長、恵泉女学園短大/54歳

〒100-8962　千代田区永田町2-1-1、会館　☎03(6550)0904

やま もと た ろう
山本太郎　れ元　　　　　R4 当2
兵庫県宝塚市 S49・11・24
勤7年4ヵ月（衆7ヵ月）(初/平25)※

れいわ新選組代表、環境委、予算委、震災復興特委、憲法審、箕面自由学園高等学校中退/48歳

〒100-8962　千代田区永田町2-1-1、会館　☎03(6550)0602

しま むら	だい	自前［無］	R1 当2

島村　大

千葉県　S35・8・11
勤9年9ヵ月（初/平25）

厚労委筆頭理事、予算委、厚生労働大臣政務官、厚労委員長、東京歯科大客員教授、元日本歯科医師連盟理事長、東京歯科大／62歳

〒231-0011　横浜市中区太田町1-9-6F　☎045(306)5500
〒100-8962　千代田町永田町2-1-1、会館　☎03(6550)0415

まきやま		立前	R1 当3

牧山ひろえ

東京都　S39・9・29
勤15年10ヵ月（初/平19）

法務理事、党ネクスト法務大臣、党参議院議員会長代行、米国弁護士、TBSディレクター、ICU、トーマス・クーリー法科大学院／58歳

〒231-0023　横浜市中区山下町108
　　　　　　小黒ビル403号室　☎045(226)2393

ささき		公前	R1 当2

佐々木さやか

青森県八戸市　S56・1・18
勤9年9ヵ月（初/平25）

議運理事、法務委、憲法審査、党参国会対策筆頭副委員長、女性委副委員長、青年委副委員長、災害対策特委員長、文科大臣政務官、弁護士、税理士、創価大、同法科大学院修了／42歳

〒231-0002　横浜市中区海岸通4-22
　　　　　　関内カサハラビル3F　☎045(319)4945
〒100-8962　千代田町永田町2-1-1、会館　☎03(6550)0514

みはら	こ	自前［無］	R4 当3

三原じゅん子

東京都　S39・9・13
勤12年10ヵ月（初/平22）

ODA・沖北特委員長、環境委、内閣府大臣補佐官、厚生労働副大臣、党女性局長、厚労委員長、女優／58歳

〒231-0013　横浜市中区住吉町5-64-1
　　　　　　VELUTINA馬車道704　☎045(228)9520
〒100-8962　千代田町永田町2-1-1、会館　☎03(6550)0823

まつ ざわ	しげ ふみ	維元	R4 当3(初/平25)※

松沢成文

神奈川県川崎市　S33・4・2
勤18年9ヵ月（衆9年10ヵ月）

消費者特委員長、文科委、聖マリアンナ医科大客員教授、神奈川大法学部非常勤講師、松下政経塾、慶大／64歳

〒231-0048　横浜市中区蓬莱町2-4-5
　　　　　　関内DOMONビル6階　☎045(594)6991

※平5衆院初当選

公前 　　　R4　当2
みうら のぶ ひろ
三浦信祐　宮城県仙台市　S50・3・5
　　　　　　　　　　　（初／平28）

災害特委員長、内閣委、決算委、党青年局長、党安全保障部会長代理、県本部代表、博士（工学）、千葉工大／47歳

〒231-0033　横浜市中区長者町5-48-2
　　　　　　トローチャンビル303
〒100-8962　千代田区永田町2-1-1、会館　☎045(341)3751
　　　　　　　　　　　　　　　　　☎03(6550)0804

自元[麻] 　　R4　当3
あさ お けいいちろう
浅尾慶一郎　東京都　S39・2・11
勤20年1ヵ月〈衆8年2ヵ月〉（初／平10）※1

財金委理、憲法審幹事、行監委、党国際局長代理、参財金委員長、外防委、衆予算委、決算行監委、銀行員、東大、スタンフォード院修了／59歳

〒247-0036　鎌倉市大船1-23-11
　　　　　　松岡ビル5F　　　　　☎0467(47)5682

立新 　　　R4※2　当1
みず の もと こ
水野素子　埼玉県久喜市　S45・4・9
勤8ヵ月　　　　　　（初／令4）

内閣委、行監委、ODA・沖北特委、JAXA、東大非常勤講師、慶大非常勤講師、中小企業診断士、東大法、蘭ライデン大国際法修士／52歳

〒231-0014　横浜市中区常盤町3-21-501　☎050(8883)8488

新潟県　　2人

立新 　　　R1　当1
うちこし ら
打越さく良　北海道旭川市　S43・1・6
勤3年8ヵ月　　　　（初／令元）

厚労委、拉致特委理、憲法審委、弁護士、東大大学院教育学研究科博士課程中途退学／55歳

〒950-0916　新潟市中央区米山2-5-8米山プラザビル201　☎025(250)5915
〒100-8962　千代田区永田町2-1-1、会館　　　　☎03(6550)0901

自新[無] 　　R4　当1
こ ばやし かず ひろ
小林一大　新潟県新潟市　S48・6・12
勤8ヵ月　　　　　　（初／令4）

経産委、予算委、拉致特委、憲法審委、新潟県議、党新潟県連政調会長、普談寺副住職、東京海上日動火災保険(株)、東大／49歳

〒950-0941　新潟市中央区女池5-9-19
　　　　　　Charites1-2
〒100-8962　千代田区永田町2-1-1、会館　☎025(383)6696
　　　　　　　　　　　　　　　　　☎03(6550)0416

神奈川・新潟

参略歴

令和元年選挙得票数

当	270,000	堂故　　茂	自現	(66.7)
	134,625	西尾　政英	国新	(33.3)

令和4年選挙得票数

当	302,951	野上浩太郎	自現	(68.8)
	43,177	京谷　公友	維新	(9.8)
	40,735	山　登志浩	立新	(9.2)
	26,493	坂本　洋史	共新	(6.0)
	20,970	海老　克昌	参新	(4.8)
	6,209	小関　真二	N新	(1.4)

堂故　　茂
どう　こ　　しげる

自前［茂］　　Ｒ1　当2
富山県氷見市　S27・8・7
勤9年9ヵ月　（初／平25）

農水委筆頭理事、行監委、国際経済調委、参党政審副会長、文科政務官、農水委長、代議士秘書、県議、氷見市長、慶大／70歳

〒930-0095　富山市舟橋南町3-15
　　　　　　 県自由民主会館4F　☎076(432)1217
〒100-8962　千代田区永田町2-1-1、会館　☎03(6550)1003

野上浩太郎
の　がみこう　た　ろう

自前［安］　　Ｒ4　当4
富山県富山市　S42・5・20
勤18年11ヵ月　（初／平13）

参党国会対策委員長、農林水産大臣、内閣官房副長官、国交副大臣、財務政務官、文教科学委長、三井不動産、県議、慶大／55歳

〒939-8272　富山市太郎丸本町3-1-12　☎076(491)7500

令和元年選挙得票数

当	288,040	山田　修路	自現	(67.2)
▽	140,279	田辺　　徹	国新	(32.8)

山田修路議員 令和3年12月24日辞職 補選(令和4.4.24)

当	189,503	宮本　周司	自現	(68.4)
	59,906	小山田経子	立新	(21.6)
	18,158	西村　祐士	共新	(6.6)
	9,430	斉藤健一郎	N新	(3.4)

令和4年選挙得票数

当	274,253	岡田　直樹	自現	(64.5)
▽	83,766	小山田経子	立新	(19.7)
	23,119	西村　祐士	共新	(5.4)
	21,567	先沖　仁志	参新	(5.1)
	12,120	山田　信一	N新	(2.9)
	10,188	針原　崇志	諸新	(2.4)

宮本　周司
みや　もと　しゅう　じ

自前［安］　　Ｒ1　補当3
石川県能美市　S46・3・27
勤9年10ヵ月　（初／平25）

財務大臣政務官、参院党国会対策副委員長、経済産業大臣政務官、全国商工会連合会顧問、東経大／51歳

〒920-8203　石川県金沢市鞍月3-127　☎076(256)5623
〒100-8962　千代田区永田町2-1-1、会館　☎03(6550)1018

岡田　直樹
おか　だ　なお　き

自前［安］　　Ｒ4　当4
石川県金沢市　S37・6・9
勤18年11ヵ月　（初／平16）

地方創生・沖縄・北方大臣、参党国対委員長、内閣官房副長官、参党幹事長代行、財務副大臣、国交委員長、国交大臣政務官、県議、北國新聞記者・論説委、東大／60歳

〒920-8203　金沢市鞍月4-115
　　　　　　 金沢ジーサイドビル4F　☎076(255)1931
〒102-0094　千代田区紀尾井町1-15、宿舎

たき なみ ひろ ふみ
滝波 宏文
自前［安］　RI　当2
福井県　S46・10・20
勤9年9ヵ月　（初/平25）

党水産部会長、拉致特委筆頭理事、党原子力規制特委幹事長、経産政務官、党青年局長代理、財務省広報室長、早大院博士、シカゴ大院修士、東大法／51歳

〒910-0854　福井市御幸4-20-18
　　　　　　オノダニビル御幸5F　☎0776(28)2815
〒100-8962　千代田区永田町2-1-1、会館　☎03(6550)0307

やま ざき まさ あき
山崎 正昭
自前［安］　R4　当6
福井県大野市　S17・5・24
勤31年1ヵ月　（初/平4）

法務委、参院議長、参院副議長、党参院幹事長、ODA特委長、内閣官房副長官、議運委長、大蔵政務次官、県議長、日大／80歳

〒912-0043　大野市国時町1205(自宅)　☎0779(65)3000
〒102-0083　千代田区麹町4-7、宿舎　☎03(5211)0248

もり や ひろし
森屋 宏
自前［岸］　RI　当2
山梨県　S32・7・21
勤9年9ヵ月　（初/平25）

内閣委筆頭理事、党内閣第一部会長、党県連会長、党副幹事長、内閣委員長、総務大臣政務官、県議会議長、北海道教育大、山梨学院大院／65歳

〒400-0031　山梨県甲府市丸の内1-17-18
　　　　　　東山ビル2F　☎055(298)6357
〒102-0083　千代田区麹町4-7、宿舎

なが い まなぶ
永井 学
自新［茂］　R4　当1
山梨県甲府市　S49・5・7
勤8ヵ月　（初/令4）

国土交通委、拉致特委、党運輸交通関係団体副委員長、FM富士記者、旅行会社役員、県議、議員秘書、国学院大学法学部／48歳

〒400-0034　甲府市宝2-27-5　☎055(267)6626
〒102-0083　千代田区麹町4-7、宿舎

福井・山梨

※選挙区別の当日有権者数・投票者数・投票率は271頁

令和元年選挙得票数

当	512,462	羽田雄一郎	国新	(55.1)
▽	366,810	小松　裕	自新	(39.5)
	31,137	古谷　孝	諸新	(3.3)
	19,211	斎藤 好明	諸新	(2.1)

令和2年12月27日羽田雄一郎議員死去 補選（令和3.4.25）

当	415,781	羽田　次郎	立新	(54.8)
▽	325,826	小松　裕	自元	(42.9)
	17,559	神谷幸太郎	N新	(2.3)

令和4年選挙得票数

当	433,154	杉尾　秀哉	立現	(44.6)
▽	376,028	松山三四六	自新	(38.7)
	102,223	手塚　大輔	維新	(10.5)
	31,644	秋山 良治	参新	(3.3)
	16,646	日高 千穂	N新	(1.7)
	10,978	サルサ岩渕	無新	(1.1)

はた　じろう　**羽田 次郎**　立新 [R1] 補当1
東京　S44・9・7
勤1年11ヵ月　（初／令3）

外防委、決算委、消費者特委、外交・安保調委、党参院国対副委員長、会社社長、衆議院議員秘書、米ウェイクフォレスト大学留学／53歳

〒386-0014　上田市材木町1-1-13　☎0268(22)0321
〒102-0094　千代田区紀尾井町1-15、宿舎

すぎ お ひで や　**杉尾 秀哉**　立前 [R4] 当2
兵庫県明石市　S32・9・30
勤6年9ヵ月　（初／平28）

内閣委、予算委理、地方・デジ特委筆頭理事、元TBSテレビキャスター、東大文／65歳

〒380-0936　長野市中御所岡田102-28　☎026(236)1517
〒100-8962　千代田区永田町2-1-1、会館　☎03(6550)0724

令和元年選挙得票数

当	467,309	大野　泰正	自現	(56.4)
▽	299,463	梅村　慎一	立新	(36.1)
	61,975	坂本 雅彦	諸新	(7.5)

令和4年選挙得票数

当	452,085	渡辺　猛之	自現	(52.8)
▽	257,852	丹野みどり	国新	(30.1)
	74,072	三尾　圭司	共新	(8.7)
	49,350	広江めぐみ	参新	(5.8)
	22,648	坂本　雅彦	N新	(2.6)

おお の やす ただ　**大野 泰正**　自前［安］[R1] 当2
岐阜県　S34・5・31
勤9年9ヵ月　（初／平25）

予算委理、災害特委筆頭理事、国交委、党国対副委員長、前党副幹事長、元国土交通大臣政務官、県議、全日空(株)、慶大法／63歳

〒501-6244　羽島市竹鼻町丸の内3-25-1　☎058(391)0273
〒100-8962　千代田区永田町2-1-1、会館　☎03(6550)0503

わた なべ たけ ゆき　**渡辺 猛之**　自前［茂］[R4] 当3
岐阜県　S43・4・18
勤12年10ヵ月　（初／平22）

議運委筆頭理事、環境委、国土交通副大臣兼内閣府副大臣兼復興副大臣、元県議、名古屋大経／54歳

〒505-0027　美濃加茂市本郷町6-11-12　☎0574(23)1511
〒100-8962　千代田区永田町2-1-1、会館　☎03(6550)0325

令和4年選挙得票数

当	622,141	若林　洋平	自新	(39.5)
当	446,185	平山佐知子	無現	(28.4)
▽	250,391	山崎真之輔	無現	(15.9)
	137,835	鈴木　千佳	共新	(8.8)
	72,662	山本　貴史	参新	(4.6)
	19,023	堀川　圭輔	N新	(1.2)
	14,640	舟橋　夢人	N新	(0.9)
	10,666	船山　淳志	無新	(0.7)

令和元年選挙得票数

当	585,271	牧野　京夫	自現	(38.5)
当	445,866	榛葉賀津也	国現	(29.4)
▽	301,895	徳川　家広	立新	(19.9)
▽	136,623	鈴木　千佳	共新	(9.0)
	48,739	畑山　浩一	諸新	(3.2)

まきの
牧野たかお　自前［茂］　Ｒ１　当3

静岡県島田市　S34・1・1
勤15年10ヵ月（初/平19）

総務委、党幹事長代理、国交副大臣、外務政務官、議運筆頭理事、党副幹事長、県議3期、民放記者、早大/64歳

〒422-8056　静岡市駿河区津島町11-25
　　　　　　　山形ビル1F　　☎054(285)9777

しんば　かづや
榛葉賀津也　国前　Ｒ１　当4

静岡県　S42・4・25
勤21年11ヵ月（初/平13）

党幹事長、外交防衛委、外務副大臣、防衛副大臣、党参国対委長、内閣委長、外防委長、議運筆頭理事、予算委理、米オタバイン大/55歳

〒436-0022　掛川市上張862-1 FGKビル　☎0537(62)3355
〒100-8962　千代田区永田町2-1-1、会館　☎03(6550)1011

わかばやし　よう　へい
若林洋平　自新［二］　Ｒ4　当1

茨城県　S46・12・24
勤8ヵ月（初/令4）

予算委、農水委、震災復興特委、参党国対委員、御殿場市長、医療法人人事務長、御殿場JC副理事長、埼玉大理学部/51歳

〒422-8065　静岡市駿河区宮本町1-9　☎054(272)1137

ひらやま　さ　ち　こ
平山佐知子　無前　Ｒ4　当2

静岡県　S46・1・3
勤6年9ヵ月（初/平28）

経産委、フリーアナウンサー、元NHK静岡放送局キャスター、日本福祉大学女子短大部/52歳

〒422-8061　静岡市駿河区森下町1-23　☎054(287)5511
〒100-8962　千代田区永田町2-1-1、会館　☎03(6550)0822

令和4年選挙得票数

当	878,403	藤川　政人	自現	(28.4)
当	443,250	里見　隆治	公現	(14.3)
当	403,027	斎藤　嘉隆	立現	(13.0)
当	391,757	伊藤　孝恵	国現	(12.7)
	351,840	広沢　一郎	維新	(11.4)
	198,962	須山　初美	共新	(6.4)
	108,922	我喜屋宗司	れ新	(3.5)
	107,387	伊藤　正義	参新	(3.5)
	40,868	石川　昭彦	日新	(1.3)
	39,569	塚崎　海緒	社新	(1.3)

以下は P270 に掲載

令和元年選挙得票数

当	737,317	酒井　庸行	自現	(25.7)
当	506,817	大塚　耕平	国現	(17.7)
当	461,531	田島麻衣子	立新	(16.1)
当	453,246	安江　伸夫	公新	(15.8)
▽	269,081	岬　　麻紀	維新	(9.4)
▽	216,674	須山　初美	共新	(7.6)
	85,262	末永友香梨	諸新	(3.0)

以下は P270 に掲載

さかい　やす　ゆき
酒井庸行
自前［安］　　RI　当2
愛知県刈谷市　S27・2・14
勤9年9ヵ月　（初/平25）

財金委員長、内閣委員長、参党国対副委員長、党政調副会長、内閣府大臣政務官、愛知県議、刈谷市議、日大芸術学部／71歳

〒448-0003　刈谷市一ツ木町8-11-2　☎0566(25)3071
〒102-0083　千代田区麹町4-7、宿舎

おお　つか　こう　へい
大塚耕平
国前　　RI　当4
愛知県　S34・10・5
勤21年11ヵ月　（初/平13）

党代表代行、政調会長、税調・経済調査会長、早大・藤田医科大客員教授、元民進党代表、厚労・内閣府副大臣、日銀、早大院／63歳

〒464-0841　名古屋市千種区覚王山通9-19
　　　　　　覚王山プラザ2F　☎052(757)1955
〒100-8962　千代田区永田町2-1-1、会館☎03(6550)1121

た　じま　ま　い　こ
田島麻衣子
立新　　RI　当1
東京都大田区　S51・12・20
勤3年8ヵ月　（初/令元）

経産委理、行監委理、ODA・沖北特委、党副幹事長、党県連副代表、国連世界食糧計画（WFP）、英オックスフォード大院／46歳

〒461-0003　名古屋市東区筒井3-26-10
　　　　　　リムファースト5F　☎052(937)0151
〒100-8962　千代田区永田町2-1-1、会館☎03(6550)0410

やす　え　のぶ　お
安江伸夫
公新　　RI　当1
愛知県　S62・6・26
勤3年8ヵ月　（初/令元）

農水委、消費者特委理、憲法審委、党学生局長、青年委副委員長、県本部副代表、弁護士、創価大法科大学院／35歳

〒462-0044　名古屋市北区元志賀町1-68-1
　　　　　　ヴェルドミール志賀　☎052(908)3955
〒100-8962　千代田区永田町2-1-1、会館☎03(6550)0312

ふじ　かわ　まさ　ひと
藤川政人
自前［麻］　　R4　当3
愛知県丹羽郡　S35・7・8
勤12年10ヵ月　（初/平22）

予算委筆頭理事、参党国対委員長代理、財務副大臣、総務大臣政務官、財金委、党愛知県連会長、愛知県議、南山大／62歳

〒451-0042　名古屋市西区那古野2-23-21
　　　　　　デラ・ドーラ6C　☎052(485)8361
〒102-0094　千代田区紀尾井町1-15、宿舎

さと　み　りゅう　じ
里見隆治
公前　　R4　当2
京都府　S42・10・17
勤6年9ヵ月　（初/平28）

経済産業兼内閣府兼復興大臣政務官、党労働局長、党愛知県本部代表、日本語教育推進議連事務局長、協同労働推進議連事務局長、厚労省参事官、東大／55歳

〒451-0031　名古屋市西区城西1-9-5
　　　　　　寺島ビル1F　☎052(522)1666
〒100-8962　千代田区永田町2-1-1、会館☎03(6550)0301

愛知

斎藤嘉隆 さい　とう　よし　たか

立前　　R4 当3
愛知県　S38・2・18
勤12年10ヵ月（初/平22）

文科委、国家基本委、党参院国対委員長、党県連代表、国土交通委員長、経産委員長、環境委員長、連合愛知副会長、愛教組委員長、愛知教育大／60歳

〒454-0976 名古屋市中川区服部3-507　☎052(439)0550
〒100-8962 千代田区永田町2-1-1、会館　☎03(6550)0707

伊藤孝恵 い　とう　たか　え

国前　　R4 当2
愛知県犬山市　S50・6・30
勤6年9ヵ月（初/平28）

文科委理、国民生活調理、倫選特委、党副幹事長、金城学院大非常勤講師、テレビ大阪、リクルート、金城学院大／47歳

〒456-0002 名古屋市熱田区金山町1-5-3
　　　　　　トーワ金山ビル7F　　☎052(683)1101
〒100-8962 千代田区永田町2-1-1、会館　☎03(6550)1008

三重県　　2人

令和元年選挙得票数			
当	379,339	吉川　有美	自現 (50.3)
▽	334,353	芳野　正英	無新 (44.3)
	40,906	門田　節代	諸新 (5.4)

令和4年選挙得票数			
当	403,630	山本佐知子	自新 (53.4)
▽	278,508	芳野　正英	無新 (36.9)
	51,069	堀江　珠恵	参新 (6.8)
	22,128	門田　節代	N新 (2.9)

吉川ゆうみ よし　かわ

自前 [安]　R1 当2
三重県桑名市　S48・9・4
勤9年9ヵ月（初/平25）

外務大臣政務官、経産大臣政務官、文科委員長、党女性局長、三井住友銀行、東京農工大院／49歳

〒510-0821 四日市市久保田2-8-1-103　☎059(356)8060
〒100-8962 千代田区永田町2-1-1、会館　☎03(6550)0412

山本佐知子 やま　もと　さ　ち　こ

自新 [茂]　R4 当1
三重県桑名市　S42・10・24
勤8ヵ月（初/令4）

国交委、議運委、党三重県連女性局長、三重県議、旅行会社員、住友銀行、神戸大学法学部、米オハイオ大学院修士／55歳

〒511-0836 三重県桑名市江場554　☎0594(86)7200
〒100-8962 千代田区永田町2-1-1、会館　☎03(6550)0203

滋賀県　　2人

令和元年選挙得票数			
当	291,072	嘉田由紀子	無現 (49.4)
▽	277,165	二之湯武史	自現 (47.0)
	21,358	服部　修	諸新 (3.6)

令和4年選挙得票数			
当	315,249	小鑓　隆史	自現 (51.6)
▽	190,700	田島　一成	無新 (31.2)
	51,742	石堂　淳士	共新 (8.5)
	35,839	片岡　真	参新 (5.9)
	16,980	田野上勇人	N新 (2.8)

かだゆきこ
嘉田由紀子

無新（国民）　R1　当1
埼玉県本庄市　S25・5・18
勤3年8ヵ月　（初/令元）

予算委、国交委、災害特委、資源エネ調委、環境社会学者、滋賀県知事、びわこ成蹊スポーツ大学長、博士（農学）、京大／72歳

〒520-0044　滋賀県大津市京町2-4-23　☎077(509)7206
〒102-0083　千代田区麹町4-7、宿舎

たかし
こやり隆史

自前［岸］　R4　当2
滋賀県大津市　S41・9・9
勤6年9ヵ月　（初/平28）

厚労委理、消費者特委理、外交・安保調理、情報監視審委、党副幹事長、厚労政務官、経産省職員、京大院、インペリアルカレッジ大学院／56歳

〒520-0043　滋賀県大津市中央3-2-1
セザール大津森田ビル7F　☎077(523)5048
〒102-0094　千代田区紀尾井町1-15、宿舎

京都府　4人

にしだしょうじ
西田昌司

自前［安］　R1　当3
京都府　S33・9・19
勤15年10ヵ月　（初/平19）

財金委理、党政調会長代理、党税調幹事、政調整備新幹線等鉄道調査会副会長、財金委員長、税理士、京都府議、滋賀大／64歳

〒601-8031　京都市南区烏丸通り十条上ル西側　☎075(661)6100
〒102-0083　千代田区麹町4-7、宿舎

くらばやしあきこ
倉林明子

共前　R1　当2
福島県　S35・12・3
勤9年6ヵ月　（初/平25）

厚労委、行監委理、党副委員長、ジェンダー平等委員会責任者、看護師、京都府議、京都市議、京都市立看護短大／62歳

〒604-0092　京都市中京区丸太町新町角大炊町186　☎075(231)5198

よしい　あきら
吉井　章

自新［無］　R4　当1
京都府京都市　S42・1・2
勤8ヵ月　（初/令4）

国交委、議運委、拉致特委、参党国会対策委、党女性局次長、京都市会議員(4期)、衆院議員秘書、京都産業大学中退／56歳

〒600-8177　京都市下京区大坂町391　第10長谷ビル6階　☎075(341)5800

R4 当5

福山哲郎
ふく やま てつ ろう

立 前
東京都　S37・1・19
勤25年　（初／平10）

国民生活調査会長、外交防衛委、党幹事長、内閣官房副長官、外務副大臣、外防委長、環境委長、松下政塾、大和証券、京大院／61歳

〒602-0873　京都市上京区河原町通丸太町下ル伊勢屋町406
　　　　　　マツヲビル1F　☎075(213)0988
〒100-8962　千代田区永田町2-1-1、会館　☎03(6550)0808

大阪府	8人		

令和元年選挙得票数

当	729,818	梅村みずほ	維新	(20.9)
当	660,128	東　徹	維現	(18.9)
当	591,664	杉　久武	公現	(16.9)
当	559,709	太田　房江	自現	(16.0)
▷	381,854	辰巳孝太郎	共現	(10.9)
▷	356,177	亀石　倫子	立新	(10.2)

以下は P270 に掲載

令和4年選挙得票数

当	862,736	高木佳保里	維現	(23.1)
当	725,243	松川　るい	自現	(19.4)
当	598,021	浅田　均	維現	(16.0)
▷	586,940	石川　博崇	公現	(15.7)
	337,467	辰巳孝太郎	共元	(9.0)
	197,975	石田　敏高	立新	(5.3)
	110,767	八幡　愛	諸新	(3.0)
	103,052	大谷由里子	国新	(2.8)
	97,426	油谷聖一郎	参新	(2.6)

以下は P270 に掲載

R1 当1

梅村みずほ
うめむら

維 新
愛知県名古屋市　S53・9・10
勤3年8ヵ月　（初／令元）

法務委、震災復興特委、日本維新の会参議院大阪府選挙区第4支部代表、フリーアナウンサー、JTB、立命館大／44歳

〒532-0011　大阪市淀川区西中島5-1-4
　　　　　　モジュール新大阪1002号室　☎06(6379)3183
〒102-0094　千代田区紀尾井町1-15、宿舎

R1 当2

東　徹
あずま　　とおる

維 前
大阪府大阪市住之江区　S41・9・16
勤9年9ヵ月　（初／平25）

議運委理、厚労委、拉致特委、参国対委員長、大阪府議3期、社会福祉士、福祉専門学校副学科長、東洋大院修士課程修了／56歳

〒559-0012　大阪市住之江区東加賀屋4-5-19　☎06(6681)0350
〒100-8962　千代田区永田町2-1-1、会館　☎03(6550)0510

R1 当2

杉　久武
すぎ　ひさ　たけ

公 前
大阪府大阪市　S51・1・4
勤9年9ヵ月　（初／平25）

法務委員長、予算委理事、議運委理、財務大臣政務官、党参院国対副委員長、公認会計士、米国公認会計士、税理士、創価大／47歳

〒543-0033　大阪市天王寺区堂ヶ芝1-9-2-3B　☎06(6773)0234
〒102-0083　千代田区麹町4-7、宿舎

太田房江
おお　た　ふさ　え

自 前［安］
広島県　S26・6・26
勤9年9ヵ月　（初／平25）

R1 当2

経産副大臣兼内閣府副大臣、党内閣第二部会長、党女性局長、厚労政務官、大阪府知事、通産省大臣官房審議官、岡山県副知事、通産省、東大／71歳

〒541-0046　大阪市中央区平野町2-5-14
　　　　　　FUKUビル三休橋502号室　☎06(4862)4822
〒102-0094　千代田区紀尾井町1-15、宿舎　☎03(3264)1351

※選挙区別の当日有権者数・投票者数・投票率は 271 頁

高木かおり たかぎ

維前 ［R4］当2

大阪府堺市 S47・10・10
勤6年9ヵ月 （初/平28）

内閣委、情監審委、党政調副会長、内閣部会長、ダイバーシティ推進局長、元堺市議2期、京都女子大/50歳

〒593-8311 堺市西区上439-8 ☎072(349)3295
〒100-8962 千代田区永田町2-1-1、会館 ☎03(6550)0306

松川るい まつかわ

自前［安］ ［R4］当2

奈良県 S46・2・26
勤6年9ヵ月 （初/平28）

外交防衛委、党女性局長、党大阪関西万博推進本部事務局長、党外交部会長代理、防衛大臣政務官、外務省、東大法/52歳

〒571-0030 門真市末広町8-13-6階 ☎06(6908)6677
〒100-8962 千代田区永田町2-1-1、会館 ☎03(6550)0407

浅田均 あさだ ひとし

維前 ［R4］当2

大阪府大阪市 S25・12・29
勤6年9ヵ月 （初/平28）

財金委、国家基本委、憲法審委、日本維新の会参議院会長、大阪府議、OECD日本政府代表、スタンフォード大院/72歳

〒536-0005 大阪市城東区中央1-13-13-218 ☎06(6933)2300
〒102-0094 千代田区紀尾井町1-15、宿舎

石川博崇 いしかわ ひろたか

公前 ［R4］当3

大阪府 S48・9・12
勤12年10ヵ月 （初/平22）

決算委理、経産委、情報監視審委、党中央幹事、市民活動委員長、決算行政監視部会長、法務委員長、外務省職員、創価大/49歳

〒543-0021 大阪市天王寺区東高津町1-28 ☎06(6766)1458
〒102-0083 千代田区麴町4-7、宿舎

兵庫県　6人

令和元年選挙得票数

当	573,427	清水	貴之	維現	(26.1)
当	503,790	高橋	光男	公新	(22.9)
当	466,161	加田	裕之	自新	(21.2)
▽	434,846	安田	真理	立新	(19.8)
▽	166,183	金田	峰生	共新	(7.6)
	54,152	原	博義	諸新	(2.5)

令和4年選挙得票数

当	652,384	片山	大介	維現	(28.3)
当	562,853	末松	信介	自現	(24.5)
当	454,962	伊藤	孝江	公現	(19.8)
	260,496	相崎佐和子		立新	(11.3)
	150,040	小村	潤	共新	(6.5)
	88,231	西村しのぶ		参新	(3.8)
	33,870	田名	秀高	N新	(1.5)
	27,057	山崎	藍子	N新	(1.2)
	25,113	木原功仁哉		無新	(1.1)
	16,324	中曽千鶴子		N新	(0.7)
	14,323	速水	肇	N新	(0.6)
	8,989	稲垣	秀哉	諸新	(0.4)
	7,263	里村	英一	諸新	(0.3)

清水貴之 しみず たかゆき

維前 ［R1］当2

福岡県筑紫野市 S49・6・29
勤9年9ヵ月 （初/平25）

環境委理、議運委、ODA・沖北特委理、朝日放送アナウンサー、早大、関西学院大学大学院修士/48歳

〒662-0916 西宮市戸田町4-23-202 ☎0798(24)2426
〒102-0094 千代田区紀尾井町1-15、宿舎

高橋光男 <ruby>高<rt>たか</rt></ruby><ruby>橋<rt>はし</rt></ruby><ruby>光<rt>みつ</rt></ruby><ruby>男<rt>お</rt></ruby>　公新　　R1 当1
兵庫県宝塚市　S52・2・15
勤3年8ヵ月　（初／令元）

国土交通委理事、決算委、外交・安保調委、党
青年委副委員長、党国際局次長、国土交通部
会長代理、元外務省職員、中央大学法／46歳

〒650-0015　神戸市中央区多聞通3-3-16-1102　☎078(367)6755
〒100-8962　千代田区永田町2-1-1、会館　☎03(6550)0614

加田裕之 <ruby>加<rt>か</rt></ruby><ruby>田<rt>だ</rt></ruby><ruby>裕<rt>ひろ</rt></ruby><ruby>之<rt>ゆき</rt></ruby>　自新［安］　R1 当1
兵庫県神戸市　S45・6・8
勤3年8ヵ月　（初／令元）

法務委理、決算委、災害特委、国民生活
調委、法務大臣政務官、兵庫県議会副議
長、兵庫県議(4期)、甲南大／52歳

〒650-0001　神戸市中央区加納町2-4-10-603　☎078(262)1666
〒100-8962　千代田区永田町2-1-1、会館　☎03(6550)0819

片山大介 <ruby>かた<rt></rt></ruby><ruby>山<rt>やま</rt></ruby><ruby>大<rt>だい</rt></ruby><ruby>介<rt>すけ</rt></ruby>　維前　　　R4 当2
岡山県　S41・10・6
勤6年9ヵ月　（初／平28）

予算委理、総務委、倫選特委、党国会議
員団政調副会長、NHK記者、慶大理工学
部、早大院公共経営研究科修了／56歳

〒650-0022　神戸市中央区元町通3-17-8
　　　　　　TOWA神戸元町ビル202号室　☎078(332)4224

末松信介 <ruby>すえ<rt></rt></ruby><ruby>松<rt>まつ</rt></ruby><ruby>信<rt>しん</rt></ruby><ruby>介<rt>すけ</rt></ruby>　自前［安］　R4 当4
兵庫県　S30・12・17
勤18年11ヵ月　（初／平16）

予算委員長、文科委、文部科学大臣、参議国対委
員長、議運委員長、国土交通・内閣府・復興副大
臣、財務政務官、県議、全日空(株)、関学大／67歳

〒655-0044　神戸市垂水区舞子坂3-15-9　☎078(783)8682
〒102-0094　千代田区紀尾井町1-15、宿舎

伊藤孝江 <ruby>い<rt></rt></ruby><ruby>とう<rt></rt></ruby><ruby>たか<rt></rt></ruby><ruby>え<rt></rt></ruby>　公前　　　R4 当2
兵庫県尼崎市　S43・1・13
勤6年9ヵ月　（初／平28）

文部科学大臣政務官、党女性委員会副
委員長、弁護士、税理士、関西大／55歳

〒650-0015　神戸市中央区多聞通3-3-16
　　　　　　甲南第1ビル812号室　☎078(599)6619
〒102-0083　千代田区麹町4-7、宿舎

兵庫・奈良

| 奈良県 | 2人 |

令和元年選挙得票数				令和4年選挙得票数			
当	301,201	堀井　巌	自現 (55.3)	当	256,139	佐藤　啓	自現 (41.7)
▽	219,244	西田　一美	無新 (40.2)	▽	180,124	中川　崇	維新 (29.3)
	24,660	田中　孝子	諸新 (4.5)		98,757	猪奥　美里	立新 (16.1)
					42,609	北野伊津子	共新 (6.9)
					28,919	中村　麻美	参新 (4.7)
					8,161	冨田　哲之	N新 (1.3)

略歴

ほり い　　　　いわお
堀井　巌

自前［安］　R1 当2
奈良県橿原市 S40・10・22
勤9年9ヵ月（初／平25）

党外交部会長、外防委、予算委、参党副幹事長、外務政務官、総務省、SF領事、内閣官房副長官秘書官、岡山県総務部長、東大／57歳

〒630-8114　奈良市芝辻町1-2-27乾ビル2F ☎0742(30)3838
〒100-8962　千代田区永田町2-1-1、会館 ☎03(6550)0417

さ　とう　　　けい
佐藤　啓

自前［安］　R4 当2
奈良県奈良市 S54・4・7
勤6年9ヵ月（初／平28）

総務委理、党国対副委員長、党税調幹事、党青年局長代理、経産兼内閣府兼復興大臣政務官、首相官邸、総務省、東大／43歳

〒630-8012　奈良市二条大路南1-2-7
　　　　　　松岡ビル301
〒100-8962　千代田区永田町2-1-1、会館 ☎03(6550)0708

和歌山県　2人

		令和元年選挙得票数					令和4年選挙得票数		
当	295,608	世耕	弘成	自現 (73.8)	当	283,965	鶴保	庸介	自現 (72.1)
▽	105,081	藤井	幹雄	無新 (26.2)		57,522	前川	久也	共新 (14.6)
						22,967	加藤	充也	参新 (5.8)
						15,420	遠西	愛美	N新 (3.9)
						14,200	谷口	尚大	諸新 (3.6)

せ　こう　ひろ　しげ
世耕弘成

自前［安］　R1 当5
大阪府 S37・11・9
勤24年8ヵ月(初／平10補)

参党幹事長、経済産業大臣、官房副長官、参自政審会長、党政調会長代理、参自国対委長代理、総理補佐官、NTT、早大／60歳

〒640-8232　和歌山市南汀丁22 汀ビル2F ☎073(427)1515
〒100-8962　千代田区永田町2-1-1、会館 ☎03(6550)1017

つる　ほ　よう　すけ
鶴保庸介

自前［二］　R4 当5
大阪府大阪市 S42・2・5
勤25年（初／平10）

地方・デジ特委員長、国交委、党捕鯨対策特委長、国際経済調会長、沖北大臣、党参政審会長、国交副大臣、党水産部会長、議運・決算・厚労委員長、国交政務官2期、東大法／56歳

〒640-8341　和歌山市黒田107-1-503 ☎073(472)3311
〒100-8962　千代田区永田町2-1-1、会館 ☎03(6550)0313

鳥取県・島根県　2人

		令和元年選挙得票数					令和4年選挙得票数		
当	328,394	舞立	昇治	自現 (62.3)	当	326,750	青木	一彦	自現 (62.5)
▽	167,329	中林	佳子	無新 (31.7)	▽	118,063	村上泰二郎		立新 (22.6)
	31,770	黒瀬	信明	諸新 (6.0)		37,723	福住	英行	共新 (7.2)
						26,718	前田	敬孝	参新 (5.1)
						13,517	黒瀬	信明	N新 (2.6)

まい たち しょう じ
舞立昇治
自前［無］　R1　当2
鳥取県日吉津村 S50・8・13
勤9年9ヵ月　（初/平25）

総務委、行監委筆頭理、倫選特委、参国国対副委長、党水産総合調査会副会長、過疎対策特委幹事、党副幹事長、前水産部会長、元内閣府政務官、総務省、東大/47歳

〒683-0067　米子市東町177 東町ビル1F　☎0859(37)5016
〒100-8962　千代田区永田町2-1-1、会館　☎03(6550)0603

あお き かず ひこ
青木一彦
自前［茂］　R4　当3
島根県 S36・3・25
勤12年10ヵ月　（初/平22）

参党筆頭副幹事長・党副幹事長、国交委理事、ODA・沖北特委理事、議運委、予算委筆頭理事、国交副大臣、水産部会長代理、早大/61歳

〒690-0873　松江市内中原町140-2　☎0852(22)0111
〒100-8962　千代田区永田町2-1-1、会館　☎03(6550)0814

岡山県　2人

令和元年選挙得票数				令和4年選挙得票数			
当	415,968	石井　正弘	自現 (59.5)	当	392,553	小野田紀美	自現 (54.7)
▽	248,990	原田　謙介	立新 (35.6)	▽	211,419	黒田　晋	無新 (29.5)
	33,872	越智　寛之	諸新 (4.8)		59,481	住寄　聡美	共新 (8.3)
					37,281	高野由里子	参新 (5.2)
					16,441	山本　貴平	N新 (2.3)

いし い まさ ひろ
石井正弘
自前［安］　R1　当2
岡山県岡山市 S20・11・29
勤9年9ヵ月　（初/平25）

経産委理、党政調副・参政審副・税調幹事、経産兼内閣府副大臣、党国交会長代理、内閣委員長、岡山県知事4期、建設省大臣官房審議官、東大法/77歳

〒700-0824　岡山市北区内山下1-9-15　☎086(233)6600
〒100-8962　千代田区永田町2-1-1、会館　☎03(6550)1214

お の だ き み
小野田紀美
自前［茂］　R4　当2
岡山県 S57・12・7
勤6年9ヵ月　（初/平28）

防衛大臣政務官、党政調副会長、参政政審副会長、党農林副部会長、法務大臣政務官、党過疎特委次長、党青年局次長、都北区議、CD・ゲーム制作会社、拓殖大/40歳

〒700-0927　岡山市北区西古松2-2-27　☎086(243)8000
〒100-8962　千代田区永田町2-1-1、会館　☎03(6550)0318

広島県　4人

令和元年選挙得票数				令和4年選挙得票数			
				当	530,375	宮沢　洋一	自現 (50.3)
当	329,792	森本　真治	無現 (32.3)	当	259,363	三上　絵里	無新 (24.6)
当	295,871	河井　案里	自新 (29.0)		114,442	森川　央	維新 (10.9)
	270,183	溝手　顕正	自現 (26.5)		58,461	中村　孝江	共新 (5.5)
		以下は P270 に掲載			52,969	浅井　千晴	参新 (5.0)
令和3年2月3日河井あんり議員辞職再選挙(4.25)					11,087	渡辺　敏光	N新 (1.1)
当	370,860	宮口　治子	諸新 (48.4)		7,335	玉田　憲勲	無新 (0.7)
	336,924	西田　英範	自新 (43.9)		7,149	野村　昌央	無新 (0.7)
		以下は P270 に掲載			6,717	産原　稔文	無新 (0.6)
					5,846	猪飼　規之	N新 (0.6)

鳥取・島根・岡山・広島

参略歴

※選挙区別の当日有権者数・投票者数・投票率は 271 頁

森本真治 もり もと しん じ
立前　　R1 当2

広島県広島市　S48・5・2
勤9ヵ月9ヵ月　（初/平25）

議運委理、経産委、政倫審幹事、党組織委員長、会派国対委員長代理、広島市議3期、弁護士秘書、松下政経塾、同志社大学文／49歳

〒739-1732　広島市安佐北区落合南1-3-12　☎082（840）0801

宮口治子 みや ぐち はる こ
立新　　R1 再当1

広島県福山市　S51・3・5
勤1年11ヵ月　（初/令3）

文科委、行監委、倫選特委、元ＴＶ局キャスター、フリーアナウンサー、声楽家、ヘルプマーク普及団体代表、大阪音大／46歳

〒720-0032　福山市三吉町南1-7-17　☎084（926）4878
〒100-8962　千代田区永田町2-1-1、会館　☎03（6550）0206

宮沢洋一 みや ざわ よう いち
自前［岸］R4 当3（初/平22）＊

広島県福山市　S25・4・21
勤22年2ヵ月（衆9年2ヵ月）

資源エネ調査会長、財金委、党税調会長、党総務、経済産業大臣、党政調会長代理、元内閣府副大臣、元首相首席秘書官、大蔵省企画官、東大法／72歳

〒730-0017　広島市中区鉄砲町8-24
にしたやビル401号　☎082（511）5541
〒100-8962　千代田区永田町2-1-1、会館　☎03（6550）0820

三上えり み かみ
無新（立憲）R4 当1

広島県　S45・6・11
勤8ヵ月　（初/令4）

国交委、決算委、拉致特委、外交・安保調委、TSSテレビ新広島アナウンサー、米サザンセミナリーカレッジ／52歳

〒732-0816　広島市南区比治山本町3-22 大保ビル201
☎082（250）8811
〒100-8962　千代田区永田町2-1-1、会館　☎03（6550）0320

山口県　2人

令和元年選挙得票数			令和4年選挙得票数		
当	374,686	林　芳正　自現（70.0）	327,153	江島　潔　自現（63.0）	
		以下は P270 に掲載	61,853	秋山　賢治　立新（11.9）	
令3.8.16林議員辞職、補選（令3.10.24）			53,990	大内　一也　国新（10.4）	
当	307,894	北村　経夫　自現（75.6）	32,390	吉田　達彦　共新（6.2）	
	92,532	河合　喜代　共新（22.7）	20,441	大石　健一　参新（3.9）	
	6,809	へずまりゅう　N新（1.7）	15,410	佐々木信夫　諸新（3.0）	
			8,298	二矢川珠紀　N新（1.6）	

北村経夫 きた むら つね お
自前［安］R1 補当3

山口県田布施町　S30・1・5
勤9年10ヵ月　（初/平25）

経産委、拉致特委理、党国防部会長代理、党安全保障調査会長、参外防委員長、経産政務官、産経新聞政治部長、中央大、ペンシルベニア大学院／68歳

〒753-0064　山口市神田町5-11　☎083（928）8071
〒100-8962　千代田区永田町2-1-1、会館　☎03（6550）1109

江島　潔 （えじま　きよし）

自 前［安］　R4 当3

山口県下関市　S32・4・2
勤10年1ヵ月（初/平25補）

党総務会副会長、元経産・内閣府副大臣、農水委員長、復興特委員長、党水産部会長、国交政務官、下関市長、東大院/65歳

〒754-0011　山口市小郡御幸町7-31
　　　　　　アドレ・ビル103号
〒102-0083　千代田区麹町4-7、宿舎
☎083(976)4318

徳島県・高知県　2人

令和元年選挙得票数			
当	253,883	高野光二郎	自現 (50.3)
▽	201,820	松本　顕治	無新 (40.0)
	33,764	石川新一郎	諸新 (6.7)
	15,014	野村　秀邦	無新 (3.0)

令和4年選挙得票数			
当	287,609	中西　祐介	自現 (52.8)
▽	103,217	松本　顕治	共新 (19.0)
	62,001	藤本　健一	維新 (11.4)
	49,566	前田　　強	国新 (9.1)
	28,195	荒牧　国晴	参新 (5.2)
	14,006	中島　康治	N新 (2.6)

高野光二郎 （たかの　こうじろう）

自 前［麻］　R1 当2

高知県高知市　S49・9・30
勤9年9ヵ月（初/平25）

党副幹事長、参党副幹事長、総務委、党水産部会長代理、党林政対策委事務局長、農水政務官、高知県議、東農大/48歳

〒780-0870　高知市本町5-6-35
　　　　　　つちばしビル2F
〒100-8962　千代田区永田町2-1-1、会館
☎088(855)5223
☎03(6550)0421

中西祐介 （なか　にし　ゆうすけ）

自 前［麻］　R4 当3

徳島県　S54・7・12
勤12年10ヵ月（初/平22）

総務委筆頭理事、総務副大臣、参党国対筆頭副委員長、財政金融委員長、党水産部会長、党青年局長代理、財務大臣政務官、銀行員、松下政経塾、慶大法/43歳

〒770-8056　徳島市問屋町31
〒100-8962　千代田区永田町2-1-1、会館
☎088(655)8852
☎03(6550)0622

香川県　2人

令和元年選挙得票数			
当	196,126	三宅　伸吾	自現 (54.0)
▽	151,107	尾田美和子	無新 (41.6)
	15,970	田中　邦明	諸新 (4.4)

令和4年選挙得票数			
当	199,135	磯崎　仁彦	自現 (51.5)
▽	59,614	三谷　祥子	国新 (15.4)
	52,897	茂木　邦夫	立新 (13.7)
	33,399	町川　順子	維新 (8.6)
	18,070	石田　真優	共新 (4.7)
	13,528	小林　直美	参新 (3.5)
	7,116	池田　順一	N新 (1.8)
	2,890	鹿島日出喜	諸新 (0.7)

三宅伸吾 （み　やけ　しんご）

自 前［無］　R1 当2

香川県さぬき市　S36・11・24
勤9年9ヵ月（初/平25）

内閣委、地方・デジ特委理、決算委理、党環境部会長、党安全保障関係団体委員長、外務大臣政務官、日本経済新聞社記者、編集委員、東大大学院/61歳

〒760-0080　高松市木太町2343-4
　　　　　　木下産業ビル2F
☎087(802)3845

※選挙区別の当日有権者数・投票者数・投票率は271頁

略歴

自前[岸]　　R4　当3
磯﨑仁彦（いそざき よし ひこ）
香川県　S32·9·8
勤12年10ヵ月（初/平22）

内閣官房副長官、内閣委、党政調会長代理、経産副大臣兼内閣府副大臣、環境委員長、東大法／65歳

〒760-0068　高松市松島町1-13-14
九十九ビル4F　☎087(834)6301
〒102-0094　千代田区紀尾井町1-15、宿舎

愛媛県　2人

令和元年選挙得票数			
当	335,425	永江　孝子	無新（56.0）
	248,616	らくさぶろう	自新（41.5）
	14,943	椋本　薫	諸新（ 2.5）

令和4年選挙得票数			
当	318,846	山本　順三	自現（59.0）
▽	173,229	高見　知佐	無新（32.1）
	27,912	八木　邦靖	参新（ 5.2）
	12,724	吉原　弘	N新（ 2.4）
	7,350	松木　崇	諸新（ 1.4）

無新　　R1当1(初/令元)※
ながえ孝子（たか こ）
愛媛県　S35·6·15
勤7年（衆3年4ヵ月）

環境委、衆議院議員1期、南海放送アナウンサー、神戸大学法学部／62歳

〒790-0802　松山市喜与町1-5-4　☎089(941)8007

自前[安]　　R4　当4
山本順三（やま もと じゅん ぞう）
愛媛県今治市　S29·10·27
勤18年11ヵ月（初/平16）

参党議員会長副会長、予算委員長、国家公安委員長、内閣府特命担当大臣、議運委員長、党県連会長、国交・内閣府・復興副大臣、幹事長代理、決算委員長、国交政務官、県議、早大／68歳

〒794-0005　今治市大新田町2-2-50　☎0898(31)7800
〒102-0094　千代田区紀尾井町1-15、宿舎

福岡県　6人

令和元年選挙得票数			
当	583,351	松山　政司	自現（33.2）
当	401,495	下野　六太	公新（22.8）
当▽	365,634	野田　国義	立現（20.8）
	171,436	河野　祥子	共新（ 9.8）
	143,955	春日久美子	自新（ 8.2）
	46,362	川口　尚宏	諸新（ 2.6）
		以下は P270 に掲載	

令和4年選挙得票数			
当	586,217	大家　敏志	自現（29.2）
当	438,876	古賀　之士	立現（21.9）
当	348,700	秋野　公造	公現（17.4）
▽	158,772	龍野真由美	維新（ 7.9）
	133,900	大田　京子	国新（ 6.7）
	98,746	真島　省三	共新（ 4.9）
	82,333	奥田美美代	れ新（ 4.1）
	72,263	野中しんすけ	参新（ 3.6）
		以下は P270 に掲載	

自前[岸]　　R1　当4
松山政司（まつ やま まさ じ）
福岡県福岡市　S34·1·20
勤21年11ヵ月（初/平13）

参党政審会長、弾劾裁判長、環境委、ODA・沖北特委、党外労特委員、一億・内特相、参党国対委長、外務副大臣、経産政務官、日本JC会頭、明治大商／64歳

〒810-0001　福岡市中央区天神3-8-20-1F　☎092(725)7739
〒100-8962　千代田区永田町2-1-1、会館　☎03(6550)1124

参　略歴

※平21衆院初当選

公新 R1 当1

しも の ろく た
下野六太
福岡県北九州市八幡西区 S39・5・1
勤3年8ヵ月 （初／令元）

農水委、党農林水産部会長、農水大臣政
務官、中学校保健体育科教諭、国立福岡
教育大学大学院修士課程／58歳

〒812-0873 福岡市博多区西春町3-2-21
　　　　　 島田ビル2F
〒100-8962 千代田区永田町2-1-1、会館 ☎092(558)8910
☎03(6550)0913

立新 R1 当2(初／平25)*

の だ くに よし
野田国義
福岡県 S33・6・3
勤13年1ヵ月 （衆3年4ヵ月）

決算委理、総務委、災害特委理、行政監
視委員長、衆院議員、八女市長(4期)、日
大法／64歳

〒834-0031 福岡県八女市本町2-81 ☎0943(24)4630
〒102-0094 千代田区紀尾井町1-15、宿舎

自前[麻] R4 当3

おお いえ さと し
大家敏志
福岡県 S42・7・17
勤12年10ヵ月 （初／平22）

財金委筆頭理事、党政調会長代理、財務副
大臣、議運筆頭理事、財金委員長、財務大臣
政務官、予算委理、県議、北九州大／55歳

〒805-0019 北九州市八幡東区中央3-8-24 ☎093(681)5500
〒100-8962 千代田区永田町2-1-1、会館 ☎03(6550)0518

立前 R4 当2

こ が ゆき ひと
古賀之士
福岡県久留米市 S34・4・9
勤6年9ヵ月 （初／平28）

震災復興特委員長、総務委、党県連副代
表、前国土交通委員長、FBS福岡放送
キャスター、明治大政経／63歳

〒814-0015 福岡市早良区室見5-13-21
　　　　　 アローズ室見駅前201号 ☎092(833)2288
〒102-0094 千代田区紀尾井町1-15、宿舎

公前 R4 当3

あき の こう ぞう
秋野公造
兵庫県 S42・7・11
勤12年10ヵ月 （初／平22）

財務副大臣、党九州方面本部長、党参国対
委員長、総務・法務委員長、環境・内閣府大
臣政務官、厚労省、医師、長崎大院／55歳

〒804-0066 北九州市戸畑区初音町6-7
　　　　　 中西ビル201 ☎093(873)7550
〒102-0083 千代田区麹町4-7、宿舎

福岡・佐賀

参略歴

佐賀県　2人

	令和元年選挙得票数				令和4年選挙得票数	
当	186,209	山下 雄平	自現 (61.6)	当	218,425	福岡 資麿	自現 (65.2)
▽	115,843	犬塚 直史	国元 (38.4)	▽	78,802	小野 司	立新 (23.5)
					18,008	稲葉 継男	参新 (5.4)
					13,442	上村 泰稔	共新 (4.0)
					6,383	真喜志雄一	N新 (1.9)

※平21衆院初当選

265

やました ゆうへい
山下 雄平
佐賀県唐津市　S54・8・27
勤9年9ヵ月　（初/平25）

自前[茂]　　R1　当2

農林水産委員長、倫選特委、党副幹事長、党新聞出版局長、内閣府大臣政務官、日本経済新聞社記者、時事通信社記者、慶大/43歳

〒840-0801　佐賀市駅前中央3-6-11　　☎0952(37)8290
〒102-0083　千代田区麹町4-7、宿舎　　☎03(3237)0341

ふく おか たか まろ
福岡 資麿
佐賀県　S48・5・9
勤16年9ヵ月（衆3年11ヵ月）

自前[茂]　R4当3(初/平22)＊

党人事局長、法務委、倫選特委、議運委員長、党厚労部会長、内閣府副大臣、党政調・総務会長代理、衆院議員、慶大法/49歳

〒840-0826　佐賀市白山1-4-18　　☎0952(20)0111
〒100-8962　千代田区永田町2-1-1、会館　　☎03(6550)0919

長崎県　2人

令和元年選挙得票数			
当	258,109	古賀友一郎	自現 (51.5)
▽	224,022	白川 鮎美	国新 (44.7)
	19,240	神谷幸太郎	諸新 (3.8)

令和4年選挙得票数			
当	261,554	山本 啓介	自新 (50.1)
▽	152,473	白川 鮎美	立新 (29.2)
	53,715	山田 真美	維新 (10.3)
	26,281	安江 綾子	共新 (5.0)
	21,363	尾方 綾子	参новое (4.1)
	6,969	大熊 和人	N新 (1.3)

こ が ゆういちろう
古賀 友一郎
長崎県諫早市　S42・11・2
勤9年9ヵ月　（初/平25）

自前[岸]　　R1　当2

内閣委員長、消費者特委、党中央政治大学院副学院長、党政調副会長、総務大臣政務官兼内閣府大臣政務官、長崎市副市長、総務省室長、東大法/55歳

〒850-0033　長崎市万才町2-7松本ビル301　☎095(832)6061
〒102-0083　千代田区麹町4-7、宿舎

やま もと けい すけ
山本 啓介
長崎県壱岐市　S50・6・21
勤8ヵ月　（初/令4）

自新[岸]　　R1　当1

農林水産委、議運委、党長崎県連幹事長、長崎県議会議員、衆議院議員秘書、皇學館大学文学部/47歳

〒850-0033　長崎市万才町7-1 TBM長崎ビル10階
　　☎095(818)6588

熊本県　2人

令和元年選挙得票数			
当	379,223	馬場 成志	自現 (56.4)
▽	262,664	阿部 広美	無新 (39.1)
	30,539	最勝寺辰也	諸新 (4.5)

令和4年選挙得票数			
当	426,623	松村 祥史	自現 (62.2)
▽	149,780	出口慎太郎	立新 (21.8)
	78,101	高井 千蔵	参新 (11.4)
	31,734	本間 明子	N新 (4.6)

佐賀・長崎・熊本

参 略歴

※平17衆院初当選

馬場 成志（ば ば せい し）
自前［岸］ R1 当2
熊本県熊本市 S39・11・30
勤9年9ヵ月（初/平25）

議運理事、財金委、**党副幹事長**、厚労大臣政務官、党国対副委員長、熊本県議会議長、全国都道府県議長会副会長、市議、県立熊工/58歳

〒861-8045 熊本市東区小山6-2-20 ☎096(388)8855
〒102-0083 千代田区麹町4-7、宿舎

松村 祥史（まつ むら よし ふみ）
自前［茂］ R4 当4
熊本県 S39・4・22
勤18年11ヵ月（初/平16）

党総務会長代理、経産委、議運委員長、経済産業副大臣、党水産部会長、環境委員長、全国商工会顧問、専修大/58歳

〒862-0950 熊本市中央区水前寺6-41-5
千代田レジデンス県庁東101 ☎096(384)4423
〒100-8962 千代田区永田町2-1-1、会館 ☎03(6550)1023

大分県　2人

令和元年選挙得票数			
当	236,153	安達　澄	無新（49.6）
▽	219,498	礒崎 陽輔	自現（46.1）
	20,909	牧原慶一郎	諸新（4.4）

令和4年選挙得票数			
当	228,417	古庄　玄知	自新（46.6）
▽	183,258	足立 信也	国現（37.4）
	35,705	山下　魁	共新（7.3）
	21,723	重松 雄子	参新（4.4）
	10,770	二宮 大造	N新（2.2）
	10,512	小手川裕市	無新（2.1）

安達　澄（あ だち きよし）
無新 R1 当1
大分県別府市 S44・12・14
勤3年8ヵ月（初/令元）

財金委、（株）DMOジャパン代表取締役、朝日新聞社、新日本製鉄（現・日本製鉄）株式会社、上智大/53歳

〒874-0909 大分県別府市田の湯町3-6 ☎0977(76)9008
〒100-8962 千代田区永田町2-1-1、会館 ☎03(6550)0419

古庄 玄知（こ しょう はる とも）
自新［安］ R4 当1
大分県国東市 S32・12・23
勤8ヵ月（初/令4）

予算委、法務委、憲法審、災害特委、元大分県弁護士会会長、元大分県暴力追放運動推進センター理事長、早大法/65歳

〒870-0047 大分市中島西2-5-20 ☎097(540)6255
〒100-8962 千代田区永田町2-1-1、会館 ☎03(6550)0907

宮崎県　2人

令和元年選挙得票数			
当	241,492	長峯　誠	自現（64.4）
▽	110,782	園生 裕造	立新（29.5）
	23,002	河野 一郎	諸新（6.1）

令和4年選挙得票数			
当	200,565	松下 新平	自現（48.0）
▽	150,911	黒田 奈々	立新（36.1）
	30,162	黒木 章光	国新（7.2）
	15,670	今村 幸史	幸新（3.8）
	12,260	白江 好友	共新（2.9）
	8,255	森　大地	N新（2.0）

※選挙区別の当日有権者数・投票者数・投票率は 271 頁

なが みね　　　まこと
長峯　誠

自前［安］　　Ｒ1　当2
宮崎県都城市　S44・8・2
勤9年9ヵ月　（初/平25）

経産大臣政務官兼内閣府大臣政務官、党水産部会長、外防委員長、財務大臣政務官、都城市長、県議、早大政経／53歳

〒880-0805　宮崎市橘通東1-8-11 3F　☎0985(27)7677
〒100-8962　千代田区永田町2-1-1、会館　☎03(6550)0802

まつ した　　しん ぺい
松下　新平

自前［無］　　Ｒ4　当4
宮崎県宮崎市（旧高岡町）　S41・8・18
勤18年11ヵ月　（初/平16）

政倫審会長、党財金・外交・総務部会長、総務兼内閣府副大臣、国交政務官、倫選特・ODA特・災害特委員、県議、県職員、法大／56歳

〒880-0813　宮崎市丸島町5-18　平和ビル丸島1F
〒102-0083　千代田区麹町4-7、宿舎　☎0985(61)1501

鹿児島県　　2人

	令和元年選挙得票数				
当	290,844	尾辻　秀久	自現	(47.4)
▽	211,301	合原　千尋	無新	(34.4)
▽	112,063	前田　終止	無新	(18.2)

	令和4年選挙得票数			
当	291,169	野村　哲郎	自現	(46.0)
▽	185,055	柳　　誠子	立新	(29.2)
	93,372	西郷　歩美	無新	(14.8)
	47,479	昇　　拓真	参新	(7.5)
	15,770	草尾　　敦	N新	(2.5)

お つじ　ひで ひさ
尾辻　秀久

無前　　　　Ｒ1　当6
鹿児島県　S15・10・2
勤34年1ヵ月　（初/平1）

参議院議長、自民党両院議員総会長、元参議院副議長、党参議院議員会長、予算委員長、厚労大臣、財務副大臣、県議、防大、東大中退／82歳

〒890-0064　鹿児島市鴨池新町6-5-603　☎099(214)3754

の むら　　てつ ろう
野村　哲郎

自前［茂］　　Ｒ4　当4
鹿児島県霧島市　S18・11・20
勤18年11ヵ月　（初/平16）

農林水産大臣、前参議員副会長、決算委員長、党農林部会長、党政調会長代理、農水委長、党選運庶務小委員長、農水政務官、鹿児島県農協中央会常務、ラ・サール高／79歳

〒890-0064　鹿児島市鴨池新町6-5-404　☎099(206)7557
〒100-8962　千代田区永田町2-1-1、会館　☎03(6550)1120

沖縄県　　2人

	令和元年選挙得票数			
当	298,831	高良　鉄美	無新	(53.6)
▽	234,928	安里　繁信	自新	(42.1)
	12,382	玉利　朝輝	無新	(2.2)
	11,662	磯山　秀夫	諸新	(2.1)

	令和4年選挙得票数			
当	274,235	伊波　洋一	無現	(46.9)
▽	271,347	古謝　玄太	自新	(46.4)
	22,585	河野　禎史	参新	(3.9)
	11,034	山本　　圭	N新	(1.9)
	5,644	金城　竜郎	諸新	(1.0)

宮崎・鹿児島・沖縄

参　略歴

たから　てつ　み
髙良鉄美
無新（沖縄）[R1] 当1
沖縄県那覇市　S29・1・15
勤3年8ヵ月　（初／令元）

外防委、ODA・沖北特委、琉球大学名誉教授、琉球大学法科大学院院長、琉球大法文学部教授、九州大大学院博士課程／69歳

〒903-0803　沖縄県那覇市首里平良町1-18-102☎098(885)7171
〒100-8962　千代田区永田町2-1-1、会館　☎03(6550)0712

い　は　よう　いち
伊波洋一
無前（沖縄）[R4] 当2
沖縄県宜野湾市　S27・1・4
勤6年9ヵ月　（初／平28）

外交防衛委、行政監視委、倫選特委、外交・安保調委、宜野湾市長、沖縄県議、宜野湾市職員、琉球大／71歳

〒901-2203　沖縄県宜野湾市野嵩2-1-8-101 ☎098(892)7734
〒100-8962　千代田区永田町2-1-1、会館　☎03(6550)0519

※選挙区別の当日有権者数・投票者数・投票率は 271 頁

参議院議員選挙得票数（続き）

第25回選挙（令和元年）

北海道（P237 より）

23,785	中村	治	諸新（ 1.0）
13,724	森山	佳則	諸新（ 0.6）
10,108	岩瀬	清次	無所（ 0.4）

埼玉県（P243 より）

80,741	佐藤 恵理子		諸新（ 2.9）
21,153	鮫島 良司		諸新（ 0.8）
19,515	小島 一郎		諸新（ 0.7）

東京都（P245 より）

▽	214,438	野原 善正	諸新（ 3.7）
▽	186,667	水野 素子	国新（ 3.2）
	129,628	大橋 昌信	諸新（ 2.3）
	91,194	野末 陳平	無元（ 1.6）
	86,355	朝倉 玲子	社新（ 1.5）
	34,121	七海 ひろこ	諸新（ 0.5）
	26,958	佐藤 均	諸新（ 0.5）
	23,582	横山 昌弘	諸新（ 0.4）
	18,123	溝口 晃一	諸新（ 0.3）
	15,475	森 純	無所（ 0.3）
	9,686	関口 安弘	無所（ 0.2）
	9,562	西野 貞吉	無所（ 0.2）
	3,586	大塚 久雄	諸新（ 0.1）

神奈川県（P248 より）

79,208	林 大祐		諸新（ 2.2）
61,709	相原 倫子		諸新（ 1.7）
22,057	森下 正勝		無所（ 0.6）
21,755	藤曲 愛子		諸新（ 0.6）
21,598	加藤 友行		諸新（ 0.6）
17,170	榎本 太志		諸新（ 0.5）
11,185	渋谷 貢		無所（ 0.3）
8,514	圷 孝行		諸新（ 0.2）

愛知県（P253 より）

43,756	平山 良平		社新（ 1.5）
32,142	石井 均		無所（ 1.1）
25,219	牛田 宏幸		諸新（ 0.9）
17,905	古川 均		諸新（ 0.6）
16,425	末永 啓		無所（ 0.6）

大阪府（P257 より）

129,587	にしゃんた		国新（ 3.7）
43,667	尾崎 全紀		諸新（ 1.2）
14,732	浜田 健		諸新（ 0.4）
11,203	数森 圭吾		諸新（ 0.3）
9,314	足立 美生代		諸新（ 0.3）
7,252	佐々木一郎		諸新（ 0.2）

広島県（P261 より）

70,886	高見 篤己		共新（ 6.9）
26,454	加陽 輝実		諸新（ 2.6）
15,253	玉田 憲勲		無所（ 1.5）
12,327	泉 安政		諸新（ 1.2）

広島県再選挙（P261 より）

20,848	佐藤 周一		無所（ 2.7）
16,114	山本 貴平		諸新（ 2.1）
13,363	大山 宏		無所（ 1.7）
8,806	玉田 憲勲		無所（ 1.1）

山口県（P262 より）

▽	118,491	大内 一也	国新（ 22.1）
	24,131	河井美和子	諸新（ 4.5）
	18,177	竹本 秀之	無所（ 3.4）

福岡県（P264 より）

15,511	本藤 昭子		諸新（ 0.9）
15,380	江夏 正敏		諸新（ 0.9）
14,586	浜武 振一		諸新（ 0.8）

第26回選挙（令和4年）

東京都（P245 より）

137,692	河西 泉緒		参新（ 2.2）
59,365	服部 良一		社新（ 0.9）
53,032	松田 美樹		諸新（ 0.8）
50,661	斎木 陽平		諸新（ 0.8）
46,641	杉沢 亮治		無新（ 0.7）
27,110	田村 真美		N新（ 0.4）
25,209	及川 幸久		諸新（ 0.4）
22,306	河野 憲二		諸新（ 0.4）
20,758	安藤 裕		諸新（ 0.3）
19,287	田中 健		N新（ 0.3）
19,100	後藤 輝樹		諸新（ 0.3）
17,020	菅原 深雪		N新（ 0.3）
14,845	青山 雅幸		諸新（ 0.2）
13,431	長谷川洋平		N新（ 0.2）
10,150	猪野 恵司		N新（ 0.2）
9,658	セッタケンジ		諸新（ 0.2）
7,417	中村 高志		無新（ 0.1）
7,203	中川 智晴		無新（ 0.1）
5,408	込山 洋		諸新（ 0.1）
3,559	内藤 久遠		諸新（ 0.1）
3,370	油井 史正		諸新（ 0.1）
3,283	小畑 治彦		諸新（ 0.1）
3,043	中村之菊		諸新（ 0.1）
1,913	桑島 康文		諸新（ 0.0）

神奈川県（P248 より）

19,920	橋本 博幸		N新（ 0.5）
19,867	針谷 大輔		諸新（ 0.5）
19,155	藤沢あゆみ		N新（ 0.5）
17,609	飯田富和子		N新（ 0.5）
13,904	首藤 信彦		諸新（ 0.4）
11,623	小野塚清仁		N新（ 0.3）
11,073	壹岐 愛子		諸新（ 0.3）
10,268	久保田 京		N新（ 0.3）
8,099	萩山あゆみ		N新（ 0.2）

愛知県（P253 より）

36,370	山下 俊輔		無新（ 1.2）
27,447	末永友香梨		N新（ 0.9）
21,629	山下 健次		N新（ 0.7）
16,359	平岡真奈美		諸新（ 0.5）
12,459	曽我 周作		諸新（ 0.4）
9,841	斎藤 幸成		無新（ 0.3）
8,071	伝 三樹雄		諸新（ 0.3）

大阪府（P257 より）

37,088	西谷 久美		諸新（ 1.0）
21,663	吉田 宏之		N新（ 0.6）
13,234	西脇 京子		N新（ 0.4）
11,220	丸吉 孝文		N新（ 0.3）
9,138	本多 香織		諸新（ 0.3）
8,111	数森 圭吾		諸新（ 0.2）
7,254	高山純三朗		諸新（ 0.2）
6,217	後藤 住弘		諸新（ 0.2）
2,440	押越 清悦		諸新（ 0.1）

福岡県（P264 より）

30,190	福本 貴紀		社新（ 1.5）
14,513	真島加央理		N新（ 0.7）
9,309	熊丸 英治		N新（ 0.5）
8,917	和田 昌子		N新（ 0.4）
7,962	江夏 正敏		N新（ 0.4）
7,186	対馬 一誠		無新（ 0.4）
4,908	先崎 玲子		諸新（ 0.2）
3,868	組坂 善昭		諸新（ 0.2）

参議院議員選挙 選挙区別当日有権者数・投票者数・投票率

選挙区	第25回選挙(令和元年7月21日)			第26回選挙(令和4年7月10日)		
	当日有権者数	投票者数	投票率(%)	当日有権者数	投票者数	投票率(%)
北海道	4,569,237	2,456,307	53.76	4,465,577	2,410,392	53.98
青森県	1,109,105	476,241	42.94	1,073,060	531,101	49.49
岩手県	1,066,495	603,115	56.55	1,034,059	572,696	55.38
宮城県	1,942,518	993,990	51.17	1,921,486	937,723	48.80
秋田県	864,562	486,653	56.29	833,368	463,040	55.56
山形県	925,158	561,961	60.74	899,997	556,859	61.87
福島県	1,600,928	839,115	52.41	1,564,668	835,510	53.40
茨城県	2,431,531	1,094,580	45.02	2,409,541	1,137,768	47.22
栃木県	1,634,678	721,568	44.14	1,620,720	761,353	46.98
群馬県	1,630,505	785,514	48.18	1,608,605	780,048	48.49
埼玉県	6,121,021	2,845,047	46.48	6,146,072	3,088,514	50.25
千葉県	5,244,929	2,374,964	45.28	5,261,370	2,631,296	50.01
東京都	11,396,789	5,900,049	51.77	11,454,822	6,477,709	56.55
神奈川県	7,651,249	3,728,103	48.73	7,696,783	4,195,301	54.51
新潟県	1,919,522	1,061,606	55.31	1,866,525	1,032,469	55.32
富山県	891,171	417,762	46.88	875,460	449,731	51.37
石川県	952,304	447,560	47.00	941,362	436,850	46.41
福井県	646,976	308,201	47.64	635,127	351,323	55.32
山梨県	693,775	357,741	51.56	684,292	384,777	56.23
長野県	1,744,373	947,069	54.29	1,721,369	993,314	57.70
岐阜県	1,673,778	853,555	51.00	1,646,587	882,366	53.59
静岡県	3,074,712	1,551,423	50.46	3,037,295	1,608,958	52.97
愛知県	6,119,143	2,948,450	48.18	6,113,878	3,189,927	52.18
三重県	1,496,659	773,570	51.69	1,473,183	777,571	52.78
滋賀県	1,154,433	599,882	51.96	1,154,141	629,993	54.59
京都府	2,126,435	987,180	46.42	2,094,931	1,066,437	50.91
大阪府	7,311,131	3,555,053	48.63	7,299,848	3,828,471	52.45
兵庫県	4,603,272	2,237,085	48.60	4,558,268	2,352,776	51.62
奈良県	1,149,183	569,173	49.53	1,129,608	631,480	55.90
和歌山県	816,550	411,689	50.42	796,272	417,419	52.42
鳥取県・島根県	1,048,600	547,406	52.20	1,019,771	540,376	52.99
┌鳥取	474,342	237,076	49.98	463,109	226,580	48.93
└島根	574,258	310,330	54.04	556,662	313,796	56.37
岡山県	1,587,953	715,907	45.08	1,562,505	737,981	47.23
広島県	2,346,879	1,048,374	44.67	2,313,406	1,082,510	46.79
山口県	1,162,683	550,186	47.32	1,132,957	539,213	47.59
徳島県・高知県	1,247,237	528,657	42.39	1,213,323	564,520	46.53
┌徳島	636,739	245,745	38.59	619,194	283,122	45.72
└高知	610,498	282,912	46.34	594,129	281,398	47.36
香川県	825,466	373,999	45.31	808,630	398,021	49.22
愛媛県	1,161,978	608,817	52.39	1,135,046	554,056	48.81
福岡県	4,225,217	1,810,510	42.85	4,221,251	2,058,417	48.76
佐賀県	683,956	309,459	45.25	672,782	343,894	51.12
長崎県	1,137,066	516,939	45.46	1,107,592	539,595	48.72
熊本県	1,471,767	695,050	47.23	1,450,229	712,381	49.12
大分県	969,453	489,974	50.54	950,511	503,627	52.98
宮崎県	920,474	384,656	41.79	898,598	427,017	47.52
鹿児島県	1,371,428	627,480	45.75	1,337,184	650,267	48.63
沖縄県	1,163,784	570,305	49.00	1,177,144	595,192	50.56
合　計	105,886,063	51,671,922	48.80	105,019,203	54,660,242	52.05

委員会（参）

【常任委員会】

内閣委員(22)
(自11)(立4)(公2)(維2)(国1)(共1)(れ1)

長	古賀友一郎	自
理	上月良祐	自
理	森屋宏	自
幹	酒井庸行	自
幹	山田太郎	自
	磯﨑仁彦	自
	高橋はるみ	自
	広瀬めぐみ	自
	友納理緒	自
	石井正弘	自
	宮崎雅夫	自
	小沼巧	立
	塩村あやか	立
	杉尾秀哉	立
	水野素子	立
	高橋光男	公
	里見隆治	公
	柴田巧	維
	高木かおり	維
	上田清司	国
	田村智子	共
	大島九州男	れ

総務委員(25)
(自12)(立4)(公3)(維2)(国1)(共1)(N2)

長	河野義博	公
理	佐藤啓	自
理	藤川政人	自
幹	西田昌司	自
幹	浦野靖人	自
	沢田良	自
	本田顕子	自
	上田清司	自
	島村大	自
	野上浩太郎	自
	植田晴治	自
	川田龍平	立
	立憲	立
	野田国義	立
	下野六太	公
	本田太郎	公
	賀田	維
	田	維
	柳ヶ瀬裕文	維
	山本大	国
	瀬岳	共
	詰一	N
	伊藤岳	N
	片山大介	
	浜田聡	

法務委員(21)
(自9)(立3)(公3)(維2)(国1)(共1)(無2)

長	杉久武	公
理	牧山ひろえ	立
理	谷合正明	公
幹	加田裕之	自
	山東昭子	自
	古庄玄知	自
	世耕弘成	自
	福岡資麿	自
	森まさこ	自
	山崎正昭	自
	和田政宗	自
	石川大我	立
	古賀之士	立
	佐々木さやか	公
	梅村みずほ	維
	鈴木宗男	維
	川合孝典	国
	仁比聡平	共
	福島みずほ	無
	嘉田由紀子	無

外交防衛委員(21)
(自10)(立3)(公2)(維2)(国1)(共1)(沖2)

長	阿達雅志	自
理	佐藤正久	自
理	松川るい	自
幹	小野田紀美	自
	猪口邦子	自
	堀井巌	自
	北村経夫	自
	松下新平	自
	山田宏	自
	比嘉	自
	羽田次郎	立
	小西洋之	立
	福山哲郎	立
	高橋光男	公
	山本香苗	公
	音喜多駿	維
	金子道仁	維
	榛葉賀津也	国
	山添拓	共
	伊波洋一	沖
	高良鉄美	沖

長＝委員長・会長、理＝理事、幹＝幹事、議員氏名の右は会派名

財政金融委員(25)
(自12)(立3)(公3)(維2)
(国1)(共1)(無3)

(長)	酒井 庸行	自
(理)	浅尾 慶一郎	自
(理)	大家 敏志	自
(理)	西田 昌司	自
	岡田 直樹	自
	野上 浩太郎	自
	馬場 成志	自
	古川 俊治	自
	宮沢 洋一	自
	上田 …	自
	横山 信一	公
	秋野 公造	公
	安江 伸夫	公
	勝部 賢志	立
	柴 愼一	立
	横沢 高徳	立
	浅田 均	維
	梅村 聡	維
	大塚 耕平	国
	大門 実紀史	共
	神谷 宗幣	無
	堂込 麻紀子	無

厚生労働委員(25)
(自12)(立4)(公3)(維2)
(国2)(共1)(れ1)

(長)	山田 宏	自
(理)	こやり 隆史	自
(理)	羽生田 俊	自
(理)	本田 顕子	自
(理)	石田 昌宏	自
(理)	友納 理緒	自
	比嘉 奈津美	自
	藤井 一博	自
	神谷 政幸	自
	打越 さく良	立
	石橋 通宏	立
	高木 真理	立
	田島 麻衣子	立
	村田 享子	立
	窪田 哲也	公
	若松 謙維	公
	東 徹	維
	松野 明美	維
	芳賀 道也	国
	倉林 明子	共
	天畠 大輔	れ

文教科学委員(21)
(自10)(立4)(公2)(維2)
(国1)(共1)(れ1)

(長)	高橋 克法	自
(理)	赤池 誠章	自
(理)	今井 絵理子	自
(理)	上野 通子	自
(理)	熊谷 裕人	立
(理)	伊藤 孝恵	国
	赤松 健	自
	臼井 正一	自
	櫻井 充	立
	末松 信介	自
	古賀 千景	立
	斎藤 嘉隆	立
	宮口 治子	立
	伊藤 孝江	公
	竹内 真二	公
	中条 きよし	維
	吉良 よし子	共
	松沢 成文	維
	舩後 靖彦	れ

農林水産委員(21)
(自10)(立4)(公2)(維1)
(国1)(共1)(無2)

(長)	山下 雄平	自
(理)	堂故 茂	自
(理)	宮崎 雅夫	自
(理)	滝波 宏文	自
(理)	舟山 康江	国
(理)	横沢 高徳	立
	永井 …	自
	山田 俊男	自
	藤木 眞也	自
	山本 啓介	自
	加田 裕之	自
	羽田 次郎	立
	田名部 匡代	立
	徳永 エリ	立
	下野 六太	公
	里見 隆治	公
	串田 誠一	維
	紙 智子	共
	須藤 元気	無
	寺田 静	無

経済産業委員（21）
（自10）（立4）（公2）（維2）
（国1）（共1）（無1）

長	吉川　沙織	立
理	青山　繁晴	自
理	石井　正弘	自
理	中田　宏	自
理	越智　俊之	立
	北村　経夫	維
	小林　一大	自
	松村　祥史	自
	村田　享子	自
	森本　真治	自
	里見　隆治	立
	猪瀬　直樹	公
	礒﨑　哲史	共
	岩渕　友	無

環境委員（21）
（自10）（立3）（公2）（維2）
（国1）（れ1）（無1）

長	三原じゅん子	自
理	滝沢　求	自
理	沢　太郎	自
理	朝日　健太郎	自
	日　金珠	維
	藤川　政人	共
	川　珠代	自
	水下　之	自
	井口　邦彦	自
	村山　俊秀	立
	山　清俊秀	立
	石関　健	立
	野松　喜太孝	公
	渡辺　猛之	公
	青辻　清美	維
	水元岡　一規	国
	新妻　秀規	れ
	宮崎　勝	無
	青浜　野喜史	
	浜田　聡	
	山　ながえ	

国土交通委員（25）
（自12）（立4）（公3）（維2）
（国2）（共1）（れ1）

長	蓮　舫	立
理	青木　一彦	自
理	長谷川　岳	自
理	森屋　隆	自
理	高橋　光男	立
	石井　苗子	維
	足立　敏之	自
	木村　英子	れ
	川田　龍平	立
	屋　泰大	自
	橋本　聖子	自
	井上　義行	公
	立野　真庸	国
	野田　国義	国
	原口　一博	共
	水野　素子	立
	保坂　誠	公
	井上　哲士	共
	木上　章	公
	上田　清司	
	倉林　明子	
	田村　智子	
	口村	

国家基本政策委員（20）
（自10）（立2）（公2）（維2）
（国2）（共1）（れ1）

長	室井　邦彦	維
理	櫻井　充	自
理	武見　敬三	共
理	大塚　耕平	自
理	小池　晃	自
	石田　昌宏	自
	太田　房江	自
	自見　はなこ	自
	柘植　芳文	立
	豊田　俊郎	立
	羽生田　俊	公
	宮本　周司	公
	斎藤　嘉隆	維
	徳永　エリ	維
	山口　那津男	国
	浅田　均	国
	榛葉賀津也	共
	木村　英子	れ

予算委員（45）
（自22）（立8）（公5）（維4）
（国2）（共1）（れ1）（N1）

長	末松　信介	自
理	足立　敏之	自
理	大家　敏志	自
理	片山さつき	自
理	藤川　政人	立
	石橋　通宏	公
	山　宏	維

立 立 立 公 公 公 公 維 維 国 国 共
誠 理 郎 り 勇 男 祐 子 文 仁 也 子
真 次 え 　 光 信 苗 裕 　 道 よ し
木 木 田 上 橋 浦 瀬 詰 賀 良
鬼 高 羽 三 上 高 三 石 柳 竹 芳 吉

立 立 立 自 自 自 自 国 国 共
哉 夫 介 郎 子 一 大 知 大 宏 岳 実 厳 い 平 男 平 こ 美 子 昭 勝 苗 維 太 駿 一 史 子 拓 郎 聡
秀 克 大 健 治 邦 正 一 玄 　 め 利 　 る 新 俊 洋 の 千 あ 清 み 享 博 　 香 謙 健 　 誠 哲 由 智 太
尾 倉 山 日 村 口 井 林 庄 川 瀬 橋 井 川 下 田 林 垣 賀 村 元 島 田 田 崎 本 松 島 多 田 﨑 田 村 添 本 田
杉 矢 片 朝 有 猪 臼 小 古 島 中 長 谷 堀 松 松 山 若 石 古 塩 辻 福 村 塩 宮 山 若 青 音 串 礒 嘉 田 山 山 浜
㊧
㊟
㊟

行政監視委員 (35)
(自17)(立7)(公4)(維2)
(国1)(共2)(れ1)(沖1)

立 自 自 自 自 自 公 公 公 公 共 共 国 維 維 れ 沖
　 愛 　 　 　 木 　 　 青
㊧ 治 史 代 規 聡 司 子 晴 郎 行 弘 子 史 茂 学 晴 子 博 仁 二 子 作 章 子 二 司 章 子 男 一
㊟ 舞 松 田 新 梅 上 倉 青 浅 井 石 こ 高 堂 永 長 橋 藤 星 三 山 小 柴 田 水 宮 竹 平 山 石 紙 大 伊
㊟ 立 村 部 妻 村 田 林 山 尾 上 井 野 故 井 川 本 井 　 浦 谷 沢 　 島 野 口 内 木 本 井 　 島 波
㊟ 名 新 林 清 繁 義 正 通 隆 　 や 　 英 　 雅 　 智 　 大 　 真
㊟ 　 慶 　 　 　 　 　 り 　 り 聖 一 　 慎 　 九 　 大
㊟ 　 　 　 　 　 　 　 　 　 　 一 北 　 麻 　 州 　 博
㊟ 　 　 　 　 　 　 　 　 　 　 え 　 　 素 　 洋
㊟ 　 　 　 　 　 　 　 　 　 　 り 　 　 治
㊟ 　 　 　 　 　 　 　 　 　 　 　 　 　 伊

決 算 委 員 (30)
(自15)(立5)(公4)
(維3)(国2)(共1)

自 自 自 立 自 自 公 自 自 自 維 自 自 国 自 自 共
　 秋 　 信 　 藤 　 佐
㊧ 吾 宗 義 崇 巧 子 人 之 啓 子 文 美 夫 宏 郎
㊟ 宅 田 川 田 稲 井 本 智 田 藤 波 嘉 崎 屋 田
㊟ 伸 政 国 博 　 晃 絵 剛 俊 裕 　 日 津 奈 雅 太
㊟ 三 和 野 石 柴 生 今 岩 越 加 佐 進 滝 比 宮 森 山
㊟
㊟

議院運営委員（25）
（自13）（立4）（公3）
（維2）（国2）（共1）

役	氏名	党
長	石井　準一	自
理	井上　一宏	自
理	馬場　成志	自
理	渡辺　猛之	自
理	石田　昌宏	自
理	勝部　賢志	立
理	森　ゆうこ	立
理	佐々木さやか	公
理	東　徹	維
理	浜口　誠	国
理	仁比　聡平	共
理	青木　一彦	自
理	赤池　誠章	自
理	加田　裕之	自
理	梶原　大介	自
理	神谷　政幸	自
理	友納　理緒	自
理	山本　啓介	自
	山本　佐知子	立
	吉井　章	立
	牧山ひろえ	公
	横沢　高徳	公
	窪田　哲也	維
	下野　六太	維
	清水　貴之	国
	田村　まみ	国

懲罰委員（10）
（自5）（立1）（公1）
（維1）（国1）（共1）

役	氏名	党
長	鈴木　宗男	維
理	牧野たかお	自
理	世耕　弘成	自
	関口　昌一	自
	野上　浩太郎	自
	松山　政司	自
	水落　敏栄	立
	横山　信一	公
	舟山　康江	国
	山下　芳生	共

【特別委員会】

災害対策特別委員（20）
（自10）（立3）（公3）
（維2）（国1）（共1）

役	氏名	党
長	三浦　信祐	公
理	三浦　靖	自
理	足立　敏之	自
理	大野　泰正	自
	立憲　野田国義	立
	下野　六太	公
	阿達　雅志	自
	岩本　剛人	自
	小野田紀美	自
	加藤　裕之	自
	加田　良	自

政府開発援助等及び沖縄・北方問題に関する特別委員（35）
（自17）（立6）（公4）（維3）
（国2）（共1）（れ1）（沖1）

役	氏名	党
長	三原じゅん子	自
理	青木　一彦	自
理	江島　潔	自
理	高野光二郎	自
理	高橋はるみ	自
理	石倉　克法	自
	矢倉　貴之	公
	清水　繁	公
	青山　健太	自
	朝日　健太郎	自
	有村　治子	自
	今井　絵理子	自
	臼井　正一	自
	大家　敏志	自
	中西　祐介	自
	松山　政司	自
	勝部　賢志	立
	塩村あやか	立
	水野　素子	立
	吉野　正芳	立
	河野　義博	公
	窪田　哲也	公
	上田　清司	国
	紙　智子	共
	大島九州男	れ
	高良　鉄美	沖

政治倫理の確立及び選挙制度に関する特別委員（35）
（自17）（立6）（公4）（維3）
（国2）（共1）（れ1）（沖1）

役	氏名	党
長	古川　俊治	自
理	石井　弘美	自
理	西田　昌司	自
理	比嘉奈津美	自

地方創生及びデジタル社会の形成等に関する特別委員(20)
(自10)(立3)(公2)(維2)(国1)(共1)(N1)

長　鶴保庸介（自）
理　三原じゅん子（自）　山本佐知子（自）　杉尾秀哉（立）　平木大作（公）

委員：
介吾郎（自）　宅間（自）　尾木（自）　平木（自）　浅田均（維）　越智俊之（自）　友納理緒（自）　長浜博行（立）　船橋利実（自）　山本啓介（自）　小沼巧（立）　岸真紀子（共）　上田勇（公）　猪瀬直樹（維）　柳ヶ瀬裕文（維）　浜田聡（N）

巌我明章祐啓宏誠麿博治い平靖宏平人之景子隆江武司介し恵士輔一沖
（自　立　公　維　自　公　自　自　自　自　立　自　自　自　立　立　公　公　維　維　国　共　れ　沖）

大正良　資一昇る新（雄裕洋千治　孝久博き孝史大洋）

堀石谷上佐中長福藤舞松三森小古宮伊杉山片中伊浜井天伊
井川合井月藤岡井立川下浦屋下西賀口屋藤
（理理理）本山条藤野上畠波

北朝鮮による拉致問題等に関する特別委員(20)
(自10)(立3)(公2)(維2)(国1)(共1)(れ1)

長　山谷えり子（自）
理　北村経夫（自）　滝沢求（自）　打越さく良（立）　竹内真二（公）

委員：
子夫文良二章一大学代章り治徹仁士彦
村波越内池林水井木上見
（自　立　公　自　自　自　自　自　自　自　立　公　維　維　国　共　れ）
経宏さ真誠晟一真珠え　道孝靖
（滝波　越内　藤林　永井　丸木　吉上見　三里　東　金　井　舩後）

地方創生及び……（続）

消費者問題に関する特別委員(20)
(自10)(立4)(公2)(維2)(国1)(共1)

長　松沢成文（維）
理　こやり隆史（自）　中川雅治（自）　田江（自）　安江伸夫（公）

委員：
こやり隆史宏夫史　成文　龍伸　晃政昌太雅勝聡み子
中田田松稲賀中本沢田崎村
赤生古島宮山羽村宮田梅倉
生神古宮山小羽村宮田梅倉
（自　自　自　自　自　自　自　自　自　立　立　立　立　公　維　維　国　共）
神古宮山小羽村宮田梅倉
（赤松健　生稲晃子　神谷政幸　古賀　島村大　宮本周司　山田太郎　小沢雅仁　羽田次郎　村田享子　宮崎雅夫　田村まみ　梅村みずほ　倉林明子）

東日本大震災復興特別委員(35)
(自17)(立6)(公4)(維2)(国2)(共2)(れ1)(N1)

長　古賀之士（立）
理　上月良祐（自）　櫻井充（自）　松村祥史（自）
　　（月井村　祥　祐充史）

（前会続き）

維	仁比聡平
維	道下大樹
Ｎ	浜田聡
沖	伊波洋一

国民生活・経済及び地方に関する調査会委員(25)

（自13）（立4）（公3）（維2）
（国1）（共1）（れ1）

会長　福山哲郎（立）

理事ほか委員（各党所属）：
自／立／自／自／公／維／国／共／自／自／自／自／自／立／立／公／公／維／国／れ

福山哲郎、加田裕之、上月良祐、小林一大、高橋はるみ、伊藤孝江、山添拓、岩渕友、越智俊之、堂故茂、友納理緒、星北斗、山本啓介、山田太郎、若松謙維、本田顕子、條村佐知、木村英子…

※名簿の一部は判読困難

資源エネルギー・持続可能社会に関する調査会委員(25)

（自12）（立4）（公3）（維2）
（国2）（共1）（れ1）

会長　宮沢洋一（自）

理事ほか委員：
自／立／自／自／公／維／国／共／自／自／自／自／自／立／立／公／公／維／国／れ／自…

宮沢洋一、佐藤啓、滝波宏文、三浦靖、岸田文雄、塩田博昭、梅村みずほ、吉良よし子、有村治子、神谷政幸、自見はなこ、高木真理、広瀬めぐみ、藤井一博、船橋利実、村田享子、鬼木誠…

※名簿の一部は判読困難

【調査会】

外交・安全保障に関する調査会委員(25)

（自12）（立4）（公2）（維3）
（国1）（共1）（Ｎ1）（沖1）

会長　猪口邦子（自）

理事ほか委員：
自／立／自／自／公／維／国／共／自／自／自／自／自／立／立／公／公／維／国／共／れ／Ｎ／沖…

猪口邦子、朝日健太郎、松川るい、塩村あやか、平木大作、串田誠一、浜口誠、岩渕友、赤池誠章、生稲晃子、今井絵理子、上野通子、永井学、長浜博行、森本真治、吉川沙織、羽田次郎、三上えり、水岡俊一、高橋…

※名簿の一部は判読困難

【情報監視審査会】

情報監視審査会委員(8)
(自4)(立1)(公1)
(維1)(国1)

- 長 有村　治子　自
- 　 上野　通子　自
- 　 こやり隆史　自
- 　 堀井　巌　　自
- 　 牧山ひろえ　立
- 　 石川　博崇　公
- 　 高木かおり　維
- 　 浜口　誠　　国

【政治倫理審査会】

政治倫理審査会委員(15)
(自8)(立2)(公2)
(維1)(国1)(共1)

- 長 松下　新平　自
- 幹 佐藤　正久　自
- 幹 丸川　珠代　自
- 　 世耕　弘成　自
- 　 関口　昌一　自
- 　 松山　政司　自
- 　 山下　雄平　自
- 　 森　まさこ　自
- 　 森本　真治　立
- 　 蓮舫　　　　立
- 　 谷合　正明　公
- 　 西田　実仁　公
- 　 室井　邦彦　維
- 　 浜野　喜史　国
- 　 井上　哲士　共

【憲法審査会】

憲法審査会委員(45)
(自22)(立8)(公5)(維4)
(国3)(共2)(れ1)

- 長 中曽根弘文　自
- 幹 浅尾慶一郎　自
- 幹 片山さつき　自
- 幹 堀井　巌　　自
- 幹 牧野たかお　自
- 幹 山本　順三　自
- 幹 西田　昌司　自
- 　 山田　宏　　自
- 　 赤池　誠章　自
- 　 臼井　正一　自
- 　 衛藤　晟一　自
- 　 加田　裕之　自
- 　 小林　一大　自
- 　 古庄　玄知　自
- 　 佐藤　正久　自
- 　 進藤金日子　自
- 　 松川　るい　自
- 　 丸川　珠代　自
- 　 山田　太郎　自
- 　 山谷えり子　自
- 　 山東　昭子　自
- 　 和田　政宗　自
- 　 小西　洋之　立
- 　 石川　大我　立
- 　 打越さく良　立
- 　 辻元　清美　立
- 　 古賀　千景　立
- 　 鬼木　誠　　立
- 　 村田　享子　立
- 　 森屋　隆　　立
- 　 佐々木さやか　公
- 　 矢倉　克夫　公
- 　 安江　伸夫　公
- 　 河野　義博　公
- 　 新妻　秀規　公
- 　 浅田　均　　維
- 　 東　徹　　　維
- 　 猪瀬　直樹　維
- 　 青島　健太　維
- 　 礒崎　哲史　国
- 　 舟山　康江　国
- 　 嘉田由紀子　国
- 　 仁比　聡平　共
- 　 山添　拓　　共
- 　 船後　靖彦　れ

会派名の表記は下記の通り。
- 自＝自由民主党
- 立＝立憲民主・社民
- 公＝公明党
- 維＝日本維新の会
- 国＝国民民主党・新緑風会
- 共＝日本共産党
- れ＝れいわ新選組
- Ｎ＝ＮＨＫ党
- 沖＝沖縄の風
- 無＝各派に属しない議員
- 欠＝欠員

各党役員

自由民主党
（昭和30年11月15日結成）

〒100-8910 千代田区永田町1-11-23
☎03-3581-6211

総　　　　　裁	岸田文雄
副　総　裁	麻生太郎
幹　事　長	茂木敏充
幹事長代行	梶山弘志
幹事長代理	上川陽子
同	伊藤達也
同	井上信治
同	牧野たかお
副幹事長	福田達夫（筆頭）、坂本哲志、鷲尾英一郎、あかま二郎、井林辰憲、大野敬太郎、小林鷹之、小林史明、鈴木貴子、田中英之、堀内詔子、宮澤博行、山下貴司、谷川とむ、青木一彦、片山さつき、長谷川岳、上月良祐、馬場成志、高野光二郎、こやり隆史、高橋はるみ
人事局長	福岡資麿
経理局長	若宮健嗣
情報調査局長	平　将明
国際局長	伊藤信太郎
財務委員長	林　幹雄
両院議員総会長	橋本聖子
衆議院議員総会長	船田　元
党紀委員長	衛藤晟一
中央政治大学院長	有村治子
組織運動本部長	小渕優子
同本部長代理	金子恭之、奥野信亮、松下新平
団体総局長	橘慶一郎
法務・自治関係団体委員長	今枝宗一郎
財政・金融・証券関係団体委員長	中山展宏
教育・文化・スポーツ関係団体委員長	井原　巧
社会教育・宗教関係団体委員長	堀井　学
厚生関係団体委員長	加藤鮎子
環境関係団体委員長	朝日健太郎
労働関係団体委員長	田所嘉徳
農林水産関係団体委員長	宮路拓馬
商工・中小企業関係団体委員長	冨樫博之
運輸・交通関係団体委員長	長坂康正
情報・通信関係団体委員長	藤井比早之
国土・建設関係団体委員長	細田健一
安全保障関係団体委員長	三宅伸吾
生活安全関係団体委員長	高木宏壽
NPO・NGO関係団体委員長	石川昭政
地方組織・議員総局長	上田英俊
女性局長	松川るい
青年局長	鈴木憲和
労政局長	森　英介
遊説局長	三谷英弘
広報本部長	石田真敏
同本部長代理	土屋品子、平井卓也、島村大
広報戦略局長	関　芳弘
ネットメディア局長	平　将明
新聞出版局長	上野通子
報道局長	石原宏高
国会対策委員長	高木　毅
委員長代理	御法川信英
副委員長	盛山正仁（筆頭）、丹羽秀樹、武藤容治、伊東良孝、柿沢未途、小泉進次郎、八木哲也、熊田裕通、田野瀬太道、佐々木紀、新谷正義、牧島かれん、辻　清人、青山周平、三谷英弘、鈴木隼人、佐藤正久、藤川政人
総務会長	遠藤利明
会長代行	江渡聡徳
会長代理	小里泰弘、金子恭之、義家弘介、松村祥史
副会長	土屋品子、平沢勝栄、江島潔、山田俊男
総務	東国幹、五十嵐清、石破茂、衛藤征士郎、北村誠吾、下村博文、根本幸典、本田太郎、山本有二、若林健太、有村治子、上野通子、中曽根弘文、宮沢洋一、山本順三

政務調査会長 萩生田 光一
会 長 代 行 新藤 義孝
会 長 代 理 今村雅弘、平井
卓也、宮下一郎、赤澤亮正、西
田昌司、大家敏志
副 会 長 上野賢一郎、坂
井 学、大塚 拓、松本洋平、
鈴木馨祐、中西祐介、赤池誠章、
石井正弘

部 会 長

内閣第一部会長 森屋 宏
〃 部会長代理 渡辺孝一、高木
宏壽、山田太郎
内閣第二部会長 神田 憲次
〃 部会長代理 工藤彰三、こや
り隆史
国 防 部 会 長 國場 幸之助
〃 部会長代理 小田原潔、大岡
敏孝、北村経夫
総 務 部 会 長 武村 展英
〃 部会長代理 斎藤洋明、鳩山
二郎、堂故 茂
法 務 部 会 長 宮﨑 政久
〃 部会長代理 今枝 宗一郎
外 交 部 会 長 堀井 巌
〃 部会長代理 若林健太、中川
郁子、松川るい
財務金融部会長 中西 健治
〃 部会長代理 中山展宏、宗清
皇一
文部科学部会長 中村 裕之
〃 部会長代理 堀井 学、井原
巧、今井絵理子
厚生労働部会長 田畑 裕明
〃 部会長代理 加藤鮎子、島村
大
農 林 部 会 長 武部 新
〃 部会長代理 根本幸典、宮路
拓馬、馬場成志
水 産 部 会 長 滝波 宏文
〃 部会長代理 宮路拓馬、高野
光二郎
経済産業部会長 岩田 和親

〃 部会長代理 今枝宗一郎、冨
樫博之、青山繁晴
国土交通部会長 津島 淳
〃 部会長代理 菅家一郎、長坂
康正、朝日健太郎
環 境 部 会 長 三宅 伸吾
〃 部会長代理 務台 俊介

調 査 会 長

税制調査会長 宮沢 洋一
選挙制度調査会長 逢沢 一郎
科学技術・イノベーション戦略調査会長 渡海 紀三朗
ITS推進・道路調査会長 金子 恭之
治安・テロ対策調査会長 岩屋 毅
沖縄振興調査会長 小渕 優子
消費者問題調査会長 船田 元
障害児者問題調査会長 上川 陽子
雇用問題調査会長 塩谷 立
総合農林政策調査会長 江藤 拓
水産総合調査会長 石破 茂
金融調査会長 片山 さつき
知的財産戦略調査会長 小林 鷹之
中小企業・小規模事業者政策調査会長 伊藤 達也
国際協力調査会長 牧島 かれん
司法制度調査会長 古川 禎久
スポーツ立国調査会長 橋本 聖子
環境・温暖化対策調査会長 井上 信治
住宅土地・都市政策調査会長 松島 みどり
文化立国調査会長 山谷 えり子
食育調査会長 土屋 品子
観光立国調査会長 林 幹雄
青少年健全育成推進調査会長 中曽根 弘文
外交調査会長 衛藤 征士郎
安全保障調査会長 小野寺 五典
社会保障制度調査会長 田村 憲久
総合エネルギー戦略調査会長 額賀 福志郎
情報通信戦略調査会長 野田 聖子
整備新幹線等鉄道調査会長 稲田 朋美
競争政策調査会長 若宮 健嗣
地方行政調査会長 佐藤 信秋
教育・人材力強化調査会長 柴山 昌彦
物流調査会長 今村 雅弘
少子化対策調査会長 衛藤 晟一

特別委員長

過疎対策特別委員長 宮下 一郎

281

外国人労働者等特別委員長	江渡　聡徳
たばこ特別委員長	松下　新平
捕鯨対策委員長	鶴保　庸介
災害対策特別委員長	武田　良太
再犯防止推進特別委員長	田中　和徳
国際保健戦略特別委員長	武見　敬三
宇宙・海洋開発特別委員長	新藤　義孝
超電導リニア鉄道に関する特別委員長	古屋　圭司
航空政策特別委員長	梶山　弘志
海運・造船対策特別委員長	石田　真敏
都市公園緑地対策特別委員長	江崎　鐵磨
山村振興特別委員長	奥野　信亮
離島振興特別委員長	谷川　弥一
半島振興特別委員長	北村　誠吾
インフラシステム輸出総合戦略推進特別委員長	二階　俊博
原子力政策に関する特別委員長	鈴木　淳司
鳥獣被害対策特別委員長	武藤　容治
奄美振興特別委員長	森山　裕
クールジャパン戦略推進特別委員長	世耕　弘成
領土に関する特別委員長	猪口　邦子
北海道総合開発特別委員長	伊東　良孝
交通安全対策特別委員長	中根　一幸
下水道・浄化槽対策特別委員長	山本　有二
社会的事業推進特別委員長	橘　慶一郎
所有者不明土地等に関する特別委員長	土井　亨
女性活躍推進特別委員長	丸川　珠代

特命委員長

郵政事業に関する特命委員長	森山　裕
戦没者遺骨帰還に関する特命委員長	福岡　資麿
日本の名誉と信頼を確立するための特命委員長	有村　治子
性的マイノリティに関する特命委員長	高階　恵美子
虐待等に関する特命委員長	平沢　勝栄
安全保障と土地法制に関する特命委員長	北村　経夫
医療情報戦略・ゲノム医療推進特命委員長	古川　俊治
差別問題に関する特命委員長	堀井　巌
日本型Well-being計画推進特命委員長	上野　通子
孤独・孤立対策特命委員長	坂本　哲志
2027横浜国際園芸博覧会（花博）推進特命委員長	坂井　学
ＰＦＩ推進特命委員長	上野　賢一郎
全世代型社会保障に関する特命委員長	田村　憲久
令和の教育人材確保に関する特命委員長	萩生田　光一
防衛関係費の財源検討に関する特命委員長	萩生田　光一

本部長・ＰＴ座長

財政政策検討本部長	西田　昌司
新型コロナウイルス等感染症対策本部長	山際　大志郎
経済安全保障推進本部長	甘利　明
デジタル社会推進本部長	平井　卓也
自由で開かれたインド太平洋戦略本部長	麻生　太郎
社会機能移転分散型国づくり推進本部長	古屋　圭司
サイバーセキュリティ対策本部長	下村　博文
有明海・八代海再生特別対策本部長	金子　恭之
終末期医療に関する検討ＰＴ座長	山口　俊一
子どもの元気！農村漁村で育むＰＴ座長	橘　慶一郎
二輪車問題対策ＰＴ座長	三原　じゅん子
国民皆歯科健診実現ＰＴ座長	古屋　圭司
女性の生涯の健康に関するＰＴ座長	高階　恵美子
佐渡島の金山世界遺産登録ＰＴ座長	橘　慶一郎
選挙対策委員長	森山　裕

参議院自由民主党

参議院議員会長	関口　昌一
副会長	武見　敬三
同	山本　順三
参議院幹事長	世耕　弘成
幹事長代行	丸川　珠代
幹事長代理	牧野　たかお
副幹事長	青木一彦（筆頭）、片山さつき、長谷川岳、上月良祐、馬場成志、堀井　巌、高野光二郎、こやり隆史、高橋はるみ、宮崎雅夫
参議院政策審議会長	松山　政司
会長代理	西田　昌司
同	大家　敏志
副会長	中西祐介、赤池誠章、石井正弘、堂故茂、森屋宏、朝日健太郎、山田太郎
参議院国会対策委員長	野上　浩太郎
委員長代行	佐藤　正久
委員長代理	藤川　政人
副委員長	大野泰正、石田昌宏、舞立昇治、和田政宗、足立敏之、進藤金日子、佐藤啓、比嘉奈津美、船橋利実、加田裕之
会計	上月　良祐

特別機関

憲法改正実現本部長	古屋　圭司

党改革実行本部長	茂木　敏充
行政改革推進本部長	棚橋　泰文
新しい資本主義実行本部長	岸田　文雄
「こども・若者」輝く未来創造本部長	茂木　敏充
東日本大震災復興加速化本部長	額賀　福志郎
地方創生実行統合本部長	林　幹雄
国土強靭化推進本部長	二階　俊博
財政健全化推進本部長	額賀　福志郎
2025年大阪・関西万博推進本部長	二階　俊博
TPP・日EU・日米TAG等経済協定対策本部長	森山　裕
北朝鮮核実験・ミサイル問題対策本部長	江渡　聡徳
北朝鮮による拉致問題対策本部長	山谷　えり子
ウクライナ問題に関する対策本部長	茂木　敏充
GX実行本部長	萩生田　光一

立憲民主党 立憲民主党
（令和2年9月15日結成）

〒100-0014 千代田区永田町1-11-1
三宅坂ビル ☎03-3595-9988

最高顧問	菅　直人
同	野田　佳彦
代表	泉　健太
代表代行	西村　智奈美
同	逢坂　誠二
幹事長	岡田　克也
幹事長代理	手塚　仁雄
同	田名部　匡代
総務局長／副幹事長	山岡　達丸
財務局長／副幹事長	落合　貴之
青年局長／副幹事長	青山　大人
災害・緊急事態局長／副幹事長	森山　浩行
国際局長／副幹事長	源馬　謙太郎
副幹事長	石川香織、本庄知史、勝部賢志、田島麻衣子
常任幹事会議長	徳永　エリ
参議院議員会長	水岡　俊一
両院議員総会長	川田　龍平
選挙対策委員長	大串　博志
政務調査会長	長妻　昭
政務調査会長代理	大西健介（筆頭代理）、城井崇、小西洋之
政務調査会副会長	小熊慎司、稲富修二、篠原豪、山崎誠、岡本あき子、櫻井周、中谷一馬、小沼巧、岸真紀子、熊谷裕人
国会対策委員長	安住　淳
国会対策委員長代理	山井　和則
同	斎藤　嘉隆
国会対策副委員長	笠浩史（筆頭）、後藤祐一、吉川元、森山浩行、野間健、源馬謙太郎、森田俊和、おおつき紅葉
代表政務室長	渡辺　周
代議士会長	寺田　学
組織委員長	森本　真治
企業・団体交流委員長	大島　敦
参議院幹事長	田名部　匡代
参議院議員会長代行	牧山　ひろえ
参議院国会対策委員長	斎藤　嘉隆
参議院政策審議会長	小西　洋之
つながる本部本部長	泉　健太
ジェンダー平等推進本部長	西村　智奈美
政治改革推進本部長	渡辺　周
広報本部長	逢坂　誠二
拉致問題対策本部長	松原　仁
東日本大震災復興対策本部長	玄葉　光一郎
新型コロナウイルス対策本部長	小川　淳也
子ども・若者応援本部長	泉　健太
倫理委員長	吉田　忠智
会計監査	金子　恵美
同	野田　国義
ハラスメント対策委員長	吉田　忠智
旧統一教会被害対策本部長	西村　智奈美
北海道ブロック常任幹事	岸　真紀子
東北ブロック常任幹事	石垣　のりこ
北関東ブロック常任幹事	福田　昭夫
南関東ブロック常任幹事	田嶋　要
東京ブロック常任幹事	手塚　仁雄
北陸信越ブロック常任幹事	近藤　和也
東海ブロック常任幹事	渡辺　周
近畿ブロック常任幹事	徳永　久志
中国ブロック常任幹事	湯原　俊二
四国ブロック常任幹事	白石　洋一
九州ブロック常任幹事	稲富　修二

立憲民主党「次の内閣」

| ネクスト総理大臣 | 泉　健太 |

ネクスト内閣官房長官	長妻　昭
ネクスト内閣担当大臣	杉尾　秀哉
ネクスト総務大臣	野田　国義
ネクスト法務大臣	牧山　ひろえ
ネクスト外務・安全保障大臣	玄葉　光一郎
ネクスト財務金融大臣	階　猛
ネクスト文部科学大臣	菊田　真紀子
ネクスト厚生労働大臣	早稲田　ゆき
ネクスト農林水産大臣	金子　恵美
ネクスト経済産業大臣	田嶋　要
ネクスト国土交通・復興大臣	小宮山　泰子
ネクスト環境大臣	近藤　昭一
憲法調査会長	中川　正春
税制調査会長	小川　淳也
SOGIに関するPT座長	大河原　まさこ
障がい・難病PT座長	横沢　高徳
外国人等労働者受入れ制度及び多文化共生社会のあり方に関する検討PT座長	石橋　通宏
デジタル政策PT座長	中谷　一馬
生殖補助医療PT座長	西村　智奈美
離島対策PT座長	松原　仁
外交・安全保障戦略PT座長	玄葉　光一郎
公務員制度改革PT座長	大島　敦
環境エネルギーPT座長	田嶋　要
政府与野党連絡会議座長	小川　淳也

日本維新の会
(※1、P287参照)

〒542-0082 大阪市中央区島之内1-17-16
三栄長堀ビル ☎06-4963-8800

代表	馬場　伸幸
共同代表	吉村　洋文
副代表	辻　淳子
幹事長・選挙対策本部長	藤田　文武
選挙対策本部長代行	井上　英孝
選挙対策本部長代理	浦野　靖人
幹事長代行	河崎　大樹
政務調査会長	音喜多　駿
政務調査会長代行	藤田　暁
総務会長	柳ヶ瀬　裕文
総務会長代行	岡崎　太
改革実行本部長	東　徹
大阪府議会議員団の長	森　和臣
大阪市会議員団の長	山下　昌彦
堺市議会議員団の長	的場　慎一
大阪府内市町村議会議員・首長協議会長	吉村　洋文
非常任役員	天野　浩
同	松沢　成文
学生局長	松本　常広
ダイバーシティ推進局長	高木　かおり
広報局長	伊良原　勉
財務局長	高見　りょう
党紀委員長	横倉　廉幸
維新政治塾名誉塾長	馬場　伸幸
維新政治塾塾長	音喜多　駿
会計監査人代表	井上　英孝

〔国会議員団〕

代表	馬場　伸幸
副代表	鈴木　宗男
幹事長	藤田　文武
幹事長代理	三木　圭恵
広報局長	柳ヶ瀬　裕文
学生局長	沢田　良
ダイバーシティ推進局長	高木　かおり
政務調査会長	音喜多　駿
政務調査会長代行	青柳　仁士
政務調査会副会長	梅村　聡、三木圭恵、小野泰輔、片山大介、高木かおり、沢田　良、住吉寛紀、堀場幸子、吉田とも代、串田誠一、一谷勇一郎、漆間譲司
国会対策委員長	遠藤　敬
国会対策委員長代行	東　徹
国会対策委員長代理	中司　宏
国会対策副委員長	柴田　巧、奥下剛光、金村龍那、遠藤良太、阿部司、岩谷良平、池畑浩太朗
代議士会長	市村　浩一郎
参議院会長	浅田　均
参議院会長代行	室井　邦彦
参議院幹事長	猪瀬　直樹
参議院国会対策委員長	東　徹
参議院国会対策委員長代理	柴田　巧
参議院政策審議会長	音喜多　駿
両院議員総会長	石井　章
党紀委員長	中司　宏
党紀委員	浦野靖人、梅村聡、三木圭恵、柴田巧

選挙対策本部長代行　井　上　英　孝

公　明　党
KOMEITO
公明党
（※2、P287参照）

〒160-0012 新宿区南元町17
☎03-3353-0111

代　　　　表	山口那津男
副　代　表	北側一雄、古屋範子、斉藤鉄夫
幹　事　長	石井啓一
中央幹事会会長	北側一雄
政務調査会会長	高木陽介
中央幹事	竹内譲（会長代理）、大口善徳、稲津久、庄子賢一、塩田博昭、中川宏昌、中川康洋、山本香苗、山本博司、濵地雅一、河野義博、中島義雄、小笹正博、松葉多美子、金城裕司、山口広治、若松謙維、伊藤渉、石川博崇、岡本三成、國重徹
中央規律委員長	浮島智子
中央会計監査委員	佐々木さやか
同	杉久武
幹事長代行	赤羽一嘉
幹事長代理	稲津久
同	谷合正明
政務調査会長代理	大口善徳、古屋範子、伊藤渉、上田勇
国会対策委員長	佐藤茂樹
国会対策委員長代理	岡本三成
国対筆頭副委員長	中野洋昌
選挙対策委員長	西田実仁
組織委員長	大口善徳
組織局長	稲津久
地方議会局長	輿水恵一
遊説局長	竹内真二
広報委員長	谷合正明
広報局長	國重徹
宣伝局長	佐々木さやか
総務委員長	高鍋博之
財務委員長	石井啓一
機関紙委員長	吉本正史
機関紙推進委員長	若松謙維

国際委員長	岡本三成
国際局長	濵地雅一
団体渉外委員長	伊藤渉
団体局長	中野洋昌
労働局長	佐藤英道
市民活動委員長	石川博崇
市民活動局長	石川博崇
文化芸術局長	浮島智子
NPO局長	鰐淵洋子
女性委員長	古屋範子
女性局長	竹谷とし子
青年委員長	國重徹
青年局長	三浦信祐
学生局長	安江伸夫
常任顧問	太田昭宏、井上義久
アドバイザー	石田祝稔、桝屋敬悟、高木美智代、浜田昌良
参議院会長	西田実仁
参議院副会長	山本香苗
参議院幹事長	谷合正明
参院国会対策委員長	横山信一
参院国対筆頭副委員長	佐々木さやか
参院政策審議会長	石川博崇
全国地方議員団会議議長	中島義雄

日本共産党
（大正11年7月15日結成）

〒151-8586 渋谷区千駄ヶ谷4-26-7
☎03-3403-6111

幹部会委員長	志位和夫
書記局長	小池晃
幹部会副委員長	山下芳生（筆頭）、市田忠義、緒方靖夫、倉林明子、田村智子、浜野忠夫
常任幹部会委員	市田忠義、岩井鐵也、浦田宣昭、太田善作、岡嵜郁子、緒方靖夫、笠井亮、紙智子、吉良よし子、倉林明子、小池晃、小木曽陽司、穀田恵二、志位和夫、高橋千鶴子、田中悠、田村智子、寺沢亜志也、中井作太郎、浜野忠夫、広井暢子、藤田文、不破哲三、

山下芳生、山添 拓、若林義春
書記局次長 中井作太郎(筆頭)、田中 悠、若林義春、土井洋彦

訴願委員会責任者 太田善作
規律委員会責任者 太田邊進一
監査委員会責任者 広井暢子
中央機関紙編集責任者 小木曽陽司
政策委員会委員長 村村智子
経済・社会保障政策委員会責任者 垣内亮子
人権委員会責任者 倉林明子
ジェンダー平等委員会責任者 倉林明子
子どもの権利委員会責任者 梅村早江子
障害者の権利委員会責任者 高橋千鶴子
先住民(アイヌ)の権利委員会責任者 紙智子
在日外国人の権利委員会責任者 田川実志
宣伝局長 田村一志
広報部長 植木俊雄
国民の声室責任者 藤原田昭
国民運動委員会責任者 浦田宣昭
労働局長 大幡基夫
農林・漁民局長 紙智子
市民・住民運動・中小企業局責任者 堤文俊
平和運動局長 川田忠明
基地対策委員会責任者 小泉親司
災害問題対策委員会責任者 太田善彦
学術・文化委員会責任者 土井洋
文教委員会責任者 藤森毅
宗教委員会責任者 土畑野君枝
スポーツ委員会責任者 畑野君枝
選挙対策局長 中井作太郎
選挙対策委員 穀田恵二
自治体局長 岡嵜郁子
国際委員会責任者 緒方靖夫
党建設委員会責任者 山下方明果
組織局長 土方明果
機関紙活動局長 田中悠
学習・教育局長 山谷富士雄
青年・学生委員会責任者 吉良よし子
中央党学校運営委員会責任者 山下芳生
法規対策部長 柳沢明夫
人事局長 浜野忠夫
財務・業務委員会責任者 岩井鐵也

財政部長 大久保健三美
機関紙誌業務部長 佐藤正志
管理部長 結城久
厚生部長 三輪慎
コンピュータ・システム開発管理室責任者 田中芳樹司
赤旗まつり実行委員会責任者 小木曽陽三
社会科学研究所長 不破哲也
出版企画委員会責任者 岩井鐵忠利
出版局長 田代忠利
雑誌刊行委員会責任者 田代忠
資料室責任者 菅原正伯
党史資料室責任者 岡宏
中央委員会事務室責任者 工藤充
第二事務室責任者 高宮正芳
赤旗編集局長 小木曽陽司
原発・気候変動・エネルギー問題対策室責任者 笠井亮子
国会議員団総会長 紙智子
衆議院議員団長 高橋千鶴子
参議院議員団長 紙智子
参議院団幹事長 井上哲士
国会対策委員長 穀田恵二
衆議院国会対策委員 穀田恵二
参議院国会対策委員 井上哲士
国会議員団事務局長 藤井正人

国民民主党
(令和2年9月15日結成)

〒102-0093 千代田区平河町2-5-3
永田町グリッド4F ☎03-3593-6229

代表 玉木雄一郎
代表代行 前原誠司
兼政務調査会長 大塚耕平
副代表兼選挙対策委員長 大浜野喜史
幹事長兼選挙対策委員長 榛葉賀津也
幹事長代行 古川元久
国会対策委員長兼企業団体対策委員長 古川元久
参議院議員会長兼総会長 舟山康江
役員室長 浜口誠
副代表 浜野喜史
同 礒崎哲史
幹事長代理 鈴木義弘
副幹事長 西岡秀子
同 伊藤孝恵

国会対策委員長代理	浅野　　　哲
国会対策副委員長	鈴木　　敦
同	田中　　健
組織委員長	伊藤　孝恵
広報局長	礒崎哲史
財務局長兼総務局長	浜口　　誠
倫理委員長	西岡秀子
国民運動局長	田村まみ
青年局長	浅野　　哲
国際局長	古川元久
参議院幹事長	川合孝典
参議院国会対策委員長	礒崎哲史
政治改革・行政改革推進本部長	古川元久
男女共同参画推進本部長	矢田わか子
拉致問題対策本部長	川合孝典
新型コロナウイルス対策本部長	玉木雄一郎
災害対策局長	榛葉賀津也
政務調査会長代理	西岡秀子
同	浜口　　誠

れいわ新選組

（平成31年4月1日結成）

〒102-0083 千代田区麹町2-5-20
押田ビル4F　☎03-6384-1974

代　表	山本太郎
共同代表	櫛渕万里
同	大石あきこ
副代表	舩後靖彦
同	木村英子
国会対策委員長	たがや亮
政策審議会長	大石あきこ
政策審議会長代理兼衆議院会長	櫛渕万里
幹事長	高井たかし
幹事	天畠大輔
同	水道橋博士
参議院会長兼参議院国会対策委員兼院内総会長	舩後靖彦
参議院国会対策副委員長	木村英子

社会民主党

（※3、P287参照）

〒104-0043 中央区湊3-18-17
マルキ榎本ビル5F　☎03-3553-3731

党　首	福島みずほ
副党首	新垣邦男
副党首	大椿裕子
幹事長	服部良一
国会対策委員長（兼）	新垣邦男
政策審議会長（兼）	新垣邦男
選挙対策委員長（兼）	服部良一
総務企画局長	中島　　修
組織団体局長	渡辺英明
機関紙宣伝局長（兼）	中島　　修
常任幹事	山城博治、伊地智恭子、伊是名夏子

ＮＨＫ党

（平成25年6月17日結成）

〒100-8962 千代田区永田町2-1-1
参議院議員会館403号
☎03-6550-0403

党首/選挙対策委員長/次期選挙戦略本部長	立花孝志
副党首	丸山穂高
副党首	斉藤健一郎
政策調査会長	浜田　　聡
幹事長/国会対策委員長	黒川敦彦

参政党

（令和2年4月11日結成）

〒106-0041 港区麻布台2-2-12
三貴ビル3F
☎050-5490-1344

| 代表 | 松田　　学 |
| 副代表・事務局長・選挙対策委員長 | 神谷宗幣 |

※1 平成27年10月31日、おおさか維新の会結党。平成28年8月23日、日本維新の会へ党名変更
※2 昭和39年11月17日旧公明党結党。平成10年11月7日、「公明」と「新党平和」が合流して、新しい現在の「公明党」結成
※3 昭和20年11月2日、日本社会党結成。昭和30年10月13日、左右再統一。平成8年1月19日、社会民主党へ党名変更

衆議院議員勤続年数・当選回数表

氏名の前の（　）内の数字は参議院の通算在職年数、端数は切り上げてあります。
○内の数字は衆議院議員としての当選回数です。

勤続年数

54年（1人）
小沢一郎 ⑱
46年（1人）
(7)衛藤征士郎 ⑬
44年（1人）
中村喜四郎 ⑮
43年（1人）
菅直人 ⑭
41年（1人）
麻生太郎 ⑭
40年（3人）
甘利明 ⑬
二階俊博 ⑬
額賀福志郎 ⑬
37年（4人）
逢沢一郎 ⑫
石破茂 ⑫
船田元 ⑬
村上誠一郎 ⑫
34年（7人）
岡田克也 ⑪
中谷元 ⑪
古屋圭司 ⑪
細田博之 ⑪
森英介 ⑪
山口俊一 ⑪
山本有二 ⑪
30年（15人）
石井啓一 ⑩
枝野幸男 ⑩
岸田文雄 ⑩
北側一雄 ⑩
玄葉光一郎 ⑩
穀田恵二 ⑩
斉藤鉄夫 ⑩
志位和夫 ⑩
鈴木俊一 ⑩
渡海紀三朗 ⑩
野田聖子 ⑩
浜田靖一 ⑩
林幹雄 ⑩
前原誠司 ⑩
茂木敏充 ⑩

28年（3人）
塩谷立 ⑩
高市早苗 ⑨
(27)林芳正 ①
27年（24人）
安住淳 ⑨
赤羽一嘉 ⑨
伊藤達也 ⑨
今村雅弘 ⑨
岩屋毅 ⑨
遠藤利明 ⑨
大口善徳 ⑨
河野太郎 ⑨
近藤昭一 ⑨
佐藤茂樹 ⑩
佐藤勉 ⑨
下村博文 ⑨
菅義偉 ⑨
田中和德 ⑨
田村憲久 ⑨
高木陽介 ⑨
棚橋泰文 ⑨
中川正春 ⑨
根本匠 ⑨
野田佳彦 ⑨
原口一博 ⑨
平沢勝栄 ⑨
古川元久 ⑨
渡辺周 ⑨
26年（1人）
(13)金田勝年 ⑤
25年（2人）
新藤義孝 ⑧
(6)森山裕 ⑦
24年（6人）
江﨑鐵磨 ⑧
江渡聡徳 ⑧
(7)笠井亮 ⑥
櫻田義孝 ⑧
土屋品子 ⑧
渡辺博道 ⑧
23年（17人）
阿部知子 ⑧
赤嶺政賢 ⑧

小渕優子 ⑧
大島敦 ⑧
梶山弘志 ⑧
金子恭之 ⑧
北村誠吾 ⑧
塩川鉄也 ⑧
髙木毅 ⑧
長妻昭 ⑧
平井卓也 ⑧
細野豪志 ⑧
松野博一 ⑧
松原仁 ⑧
松本剛明 ⑧
山井和則 ⑧
吉野正芳 ⑧
22年（3人）
小野寺五典 ⑧
海江田万里 ⑧
末松義規 ⑦
21年（3人）
石田真敏 ⑧
牧義夫 ⑦
山口壮 ⑦
20年（20人）
井上信治 ⑦
泉健太 ⑧
江藤拓 ⑦
加藤勝信 ⑦
上川陽子 ⑦
菊田真紀子 ⑦
小宮山泰子 ⑦
後藤茂之 ⑦
篠原孝 ⑦
田嶋要 ⑦
髙橋千鶴子 ⑦
武田良太 ⑦
谷公一 ⑦
谷川弥一 ⑦
長島昭久 ⑦
西村康稔 ⑦
古川禎久 ⑦
古屋範子 ⑦
松島みどり ⑦
笠浩史 ⑦

㊙ 勤続年数

勤続年数

（承前）

田野瀬 太道 ④	細田 健一 ④
田畑 裕明 ④	堀井 学 ④
武井 俊輔 ④	堀内 詔子 ④
武部 新 ④	牧島 かれん ④
武村 展英 ④	三ッ林 裕巳 ④
津島 淳 ④	宮内 秀樹 ④
辻 清人 ④	宮澤 博行 ④
冨樫 博之 ④	務台 俊介 ④
中島 克仁 ④	村井 英樹 ④
中谷 真一 ④	八木 哲也 ④
中野 洋昌 ④	簗 和生 ④
中村 裕之 ④	山下 貴司 ④
中山 展宏 ④	山田 賢司 ④
長坂 康正 ④	山田 美樹 ④
野中 厚 ④	吉川 元 ④
馬場 伸幸 ④	渡辺 孝一 ④
濱地 雅一 ④	
福田 達夫 ④	
藤井 比早之 ④	
藤丸 敏 ④	
星野 剛士 ④	

10年（2人）
鈴木 貴子 ④
宮﨑 政久 ④

9年（20人）
青山 周平 ④
稲富 修二 ③
尾身 朝子 ③
落合 貴之 ③
加藤 鮎子 ③
近藤 和也 ③
篠原 豪 ③
白石 洋一 ③
鈴木 隼人 ③
谷川 とむ ③
宮路 拓馬 ③
宮本 徹 ③
宗清 皇一 ③
本村 伸子 ③
森山 浩行 ③
山岡 達丸 ③
山崎 誠 ③
吉田 統彦 ③

8年（10人）
(7)井原 巧 ①
緒方 林太郎 ③
小林 茂樹 ③
小山 展弘 ③
杉田 水脈 ③
(7)徳永 久志 ①
福島 伸享 ③
三谷 英弘 ③
谷田川 元 ③
(7)若林 健太 ①

7年（11人）
井坂 信彦 ③
伊東 信久 ③
興水 恵一 ③
坂本 祐之輔 ③
鈴木 義弘 ③
高木 宏壽 ③
中川 郁子 ③
野間 健 ③
鳩山 二郎 ③
吉川 赳 ③
和田 義明 ③

6年（27人）
青山 大人 ②
浅野 哲 ②
伊藤 俊輔 ②
石川 香織 ②
泉田 裕彦 ②
上杉 謙太郎 ②
岡本 あき子 ②
金子 俊平 ②
鎌田 さゆり ②
神谷 裕 ②
木村 次郎 ②
国光 あやの ②
源馬 謙太郎 ②
小寺 裕雄 ②
高村 正大 ②
高橋 周 ②
高木 啓 ②
中曽根 康隆 ②
中谷 一馬 ②
西岡 秀子 ②
西田 昭二 ②
穂坂 泰 ②
本田 太郎 ②
道下 大樹 ②
緑川 貴士 ②
森田 俊和 ②
早稲田 ゆき ②

5年（10人）
横渕 万里 ②
瀬戸 隆一 ③
空本 誠喜 ③
角田 秀穂 ②
中川 康洋 ②
仁木 博文 ③
山本 剛正 ②
湯原 俊二 ②
吉田 豊史 ③
吉田 宣弘 ③

4年（3人）
畦元 将吾 ②
藤田 文武 ②
三木 圭恵 ②

3年（2人）
深澤 陽一 ②
美延 映夫 ②

2年（87人）
阿部 司 ①
阿部 弘樹 ①
青柳 仁士 ①
赤木 正幸 ①
浅川 義治 ①
東 国幹 ①
荒井 優 ①
新垣 邦男 ①
五十嵐 清 ①
池下 卓 ①
池畑 浩太朗 ①
石井 拓 ①
石橋 林太郎 ①
石原 正敬 ①

参議院議員勤続年数・当選回数表

（令和5年2月末現在）

氏名の前の（　）内の数字は衆議院の通算在職年数、端数は切り上げてあります。
○内の数字は参議院議員としての当選回数。

勤続年数

42年（1人）
山東昭子 ⑧

38年（1人）
中曽根弘文 ⑦

35年（1人）
尾辻秀久 ⑥

32年（1人）
山崎正昭 ⑥

29年（3人）
(13)衛藤晟一 ③
(25)鈴木宗男 ①
(7)山口那津男 ③

28年（1人）
橋本聖子 ⑤

27年（1人）
(11)長浜博行 ③

25年（5人）
櫻井充 ⑤
世耕弘成 ⑤
鶴保庸介 ⑤
福島みずほ ⑤
福山哲郎 ⑤

23年（3人）
武見敬三 ⑤
(22)辻元清美 ①
(4)山谷えり子 ④

22年（11人）
有村治子 ④
井上哲士 ④
(21)上田勇 ①
大塚耕平 ④
紙智子 ④
小池晃 ④
榛葉賀津也 ④
松山政司 ④
(10)宮沢洋一 ③
山下芳生 ④
山本香苗 ④

21年（2人）
(9)浅尾慶一郎 ②
(11)若松謙維 ②

20年（1人）
関口昌一 ⑤

19年（11人）
岡田直樹 ④
末松信介 ④
谷合正明 ④
西田実仁 ④
野上浩太郎 ④
野村哲郎 ④
(10)松沢成文 ③
松下新平 ④
松村祥史 ④
山本順三 ③
蓮舫 ③

18年（1人）
(2)室井邦彦 ③

17年（4人）
(8)青木愛 ③
(4)猪口邦子 ③
(4)片山さつき ③
(4)福岡資麿 ③

16年（14人）
石井準一 ③
川田龍平 ③
佐藤信秋 ③
佐藤正久 ③
西田昌司 ③
古川俊治 ③
牧野たかお ③
牧山ひろえ ③
丸川珠代 ③
水岡俊一 ③
森まさこ ③
山田俊男 ③
山本博司 ③
吉川沙織 ③

15年（1人）
(8)田名部匡代 ②

14年（3人）
(4)赤池誠章 ②
(11)上田清司 ②
(4)野田国義 ②

13年（23人）
青木一彦 ③
秋野公造 ③
石井浩郎 ③
石川博崇 ③
石橋通宏 ③
磯崎仁彦 ③
上野通子 ③
大家敏志 ③
大島九州男 ③
川合孝典 ③
小西洋之 ③
斎藤嘉隆 ③
田村智子 ③
竹谷とし子 ③
徳永エリ ③
中西祐介 ③
仁比聡平 ③
長谷川岳 ③
藤川政人 ③
舟山康江 ③
三原じゅん子 ③
横山信一 ③
渡辺猛之 ③

12年（2人）
(11)中田宏 ①
(6)山田宏 ②

11年（2人）
(4)石井章 ②
江島潔 ②

10年（43人）
東徹 ②
石井正弘 ②
石田昌宏 ②
礒崎哲史 ②
梅村聡 ②
大野泰正 ②
太田房江 ②
河野義博 ②
吉良よし子 ②
北村経夫 ②
倉林明子 ②
古賀友一郎 ②
上月良祐 ②
佐々木さやか ②
酒井庸行 ②
清水貴之 ②
柴田巧 ②

参 勤続年数

島村　大 ②
杉　久武 ②
高野　光二郎 ②
高橋　克法 ②
滝沢　求 ②
滝波　宏文 ②
柘植　芳文 ②
堂故　茂 ②
豊田　俊郎 ②
長峯　誠 ②
新妻　秀規 ②
羽生田　俊 ②
馬場　成志 ②
浜野　喜史 ②
平木　大作 ②
堀井　巖 ②
舞立　昇治 ②
三宅　伸吾 ②
宮本　周司 ③
森屋　宏 ②
矢倉　克夫 ②
山下　雄平 ②
吉川　ゆうみ ②
吉田　忠智 ②
和田　政宗 ②

9年 (1人)
阿達　雅志 ③

8年 (2人)
山田　太郎 ②
(1)山本　太郎 ②

7年 (31人)
足立　敏之 ②
青山　繁晴 ②
浅田　均 ②
朝日　健太郎 ②
井上　義行 ②
伊藤　孝江 ②
伊藤　孝恵 ②
伊波　洋一 ②
石井　苗子 ②
今井　絵理子 ②
岩渕　友 ②
小野田　紀美 ②
片山　大介 ②
こやり　隆史 ②
古賀　之士 ②
佐藤　啓 ②
里見　隆治 ②
自見　はなこ ②
進藤　金日子 ②
杉尾　秀哉 ②
高木　かおり ②
(4)ながえ　孝子 ②
浜口　誠 ②
(5)比嘉　奈津美 ②
平山　佐知子 ②
藤木　眞也 ②
(7)船橋　利実 ①
松川　るい ②
三浦　信祐 ②
宮崎　勝 ②
山添　拓 ②

6年 (2人)
竹内　真二 ①
(2)三浦　靖 ①

5年 (1人)
(5)串田　誠一 ①

4年 (36人)
安達　澄 ①
伊藤　岳 ①
石垣　のりこ ①
石川　大我 ①
岩本　剛人 ①
打越　さく良 ①
梅村　みずほ ①
小沢　雅仁 ①
小沼　巧 ①
音喜多　駿 ①
加田　裕之 ①
嘉田　由紀子 ①
勝部　賢志 ①
木村　英子 ①
岸　真紀子 ①
熊谷　裕人 ①
清水　真人 ①
塩田　博昭 ①
塩村　あやか ①
下野　六太 ①
須藤　元気 ①
田島　麻衣子 ①
田村　まみ ①
高橋　はるみ ①
高橋　光男 ①
高良　鉄美 ①
寺田　静 ①
芳賀　道也 ①
浜田　聡 ①
舩後　靖彦 ①
宮崎　雅夫 ①
森屋　隆 ①
安江　伸夫 ①
柳ヶ瀬　裕文 ①
横沢　高徳 ①

2年 (2人)
羽田　次郎 ①
宮口　治子 ①

1年 (38人)
青島　健太 ①
赤松　健 ①
生稲　晃子 ①
猪瀬　直樹 ①
臼井　正一 ①
越智　俊之 ①
鬼木　誠 ①
ガーシー ①
加藤　明良 ①
梶原　大介 ①
金子　道仁 ①
神谷　宗幣 ①
神谷　政幸 ①
窪田　哲也 ①
小林　一大 ①
古庄　玄知 ①
柴　慎一 ①
田中　昌史 ①
高木　真理 ①
竹詰　仁 ①
天畠　大輔 ①
堂込　麻紀子 ①
友納　理緒 ①
中条　きよし ①
永井　学 ①
長谷川　英晴 ①
広瀬　めぐみ ①
藤井　一博 ①
星　北斗 ①
松野　明美 ①
三上　えり ①
水野　素子 ①
村田　享子 ①
山本　啓介 ①
山本　佐知子 ①
吉井　章 ①
若林　洋平 ①

党派別国会議員一覧

(令和5年1月23日現在)

※衆参の正副議長は無所属に含む。〇内は当選回数・無所属には諸派を含む。衆議院議員の（ ）内は参議院の当選回数。参議院議員の（ ）内は衆議院の当選回数。

自民党　378人
（衆議院260人）

麻生太郎⑭
甘利明⑬
衛藤征士郎⑬(1)
二階俊博⑬
額賀福志郎⑬
船田元⑬
逢沢一郎⑫
石破茂⑫
村上誠一郎⑫
中谷元⑪
古屋圭司⑪
森英介⑪
山口俊一⑪
山本有二⑩
岸田文雄⑩
塩谷立⑩
鈴木俊一⑩
渡海紀三朗⑩
野田聖子⑩
浜田靖一⑩
林幹雄⑩
茂木敏充⑩
伊藤達也⑨
今村雅弘⑨
岩屋毅⑨
遠藤利明⑨
河野太郎⑨
佐藤勉⑨
下村博文⑨
菅義偉⑨
田中和徳⑨
田村憲久⑨
高市早苗⑨
棚橋泰文⑨
根本匠⑨
平沢勝栄⑨
石田真敏⑧
江崎鐵磨⑧
江渡聡徳⑧
小野寺五典⑧
小渕優子⑧
梶山弘志⑧
金子恭之⑧
北村誠吾⑧
櫻田義孝⑧
新藤義孝⑧
高木毅⑧
土屋品子⑧
平井卓也⑧
細野豪志⑧
松本剛明⑧
吉野正芳⑧
渡辺博道⑧
秋葉賢也⑦
井上信治⑦
伊藤信太郎⑦
江藤拓⑦
加藤勝信⑦
上川陽子⑦
小泉龍司⑦
後藤茂之⑦
坂本哲志⑦
柴山昌彦⑦
武田良太⑦
谷公一⑦
谷川弥一⑦
長島昭久⑦
西村康稔⑦
古川禎久⑦
松野博一⑦
森山裕⑦(1)
あべ俊子⑥
赤澤亮正⑥
稲田朋美⑥
小里泰弘⑥
奥野信亮⑥
鈴木淳司⑥
平将明⑥
永岡桂子⑥
丹羽秀樹⑥
西村明宏⑥
西銘恒三郎⑥
葉梨康弘⑥
萩生田光一⑥
御法川信英⑥
宮下一郎⑥
山際大志郎⑥
鷲尾英一郎⑤
あかま二郎⑤
伊東良孝⑤
伊藤忠彦⑤
石原宏高⑤
上野賢一郎⑤
越智隆雄⑤
大塚拓⑤
柿沢未途⑤
金田勝年⑤(2)
亀岡偉民⑤
木原誠二⑤
木原稔⑤
小泉進次郎⑤
齋藤健⑤
坂井学⑤
鈴木馨祐⑤
関芳弘⑤
田中良生⑤
高鳥修一⑤
土井亨⑤
中根一幸⑤
橋本岳⑤
平口洋⑤
牧原秀樹⑤
松本洋平⑤
武藤容治⑤
盛山正仁⑤
山本ともひろ⑤
若宮健嗣⑤
青山周平④
秋本真利④
井野俊郎④

党派別一覧

加藤　明良①
梶原　大介①
神谷　政幸①
小林　一大①
古庄　玄知①
友納　理緒①
永井　学①
長谷川　英晴①
広瀬　めぐみ①
藤井　一博①
船橋　利実①(2)
星　北斗①
山本　啓介①
山本　佐知子①
吉井　章①
若林　洋平①

立憲民主党 135人
（衆議院96人）

小沢　一郎⑱
中村　喜四郎⑮
菅　直人⑭
岡田　克也⑪
枝野　幸男⑩
玄葉　光一郎⑩
安住　淳⑨
近藤　昭一⑨
中川　正春⑨
野田　佳彦⑨
原口　一博⑨
渡辺　周⑧
阿部　知子⑧
大島　敦⑧
長妻　昭⑧
松原　仁⑧
山井　和則⑧
江田　憲司⑦
菊田　真紀子⑦
小宮山　泰子⑦
篠原　孝⑦
末松　義規⑦
田嶋　要⑦
牧　義夫⑦
笠　浩史⑦
小川　淳也⑦
大串　博志⑦

（任期　R10.7.25）
中曽根　弘文⑦
山崎　正昭⑥
櫻井　充⑤
関口　昌一⑤
鶴保　庸介⑤
岡田　直樹④
末松　信介④
野上　浩太郎④
野村　哲郎④
松下　新平④
松村　祥史④
山谷　えり子④(1)
山本　順三③
阿達　雅志③
青木　一彦③
浅尾　慶一郎③(3)
石井　浩郎③
磯崎　仁彦③
猪口　邦子③(1)
上野　通子③
江島　潔③
大家　敏志③
片山　さつき③(1)
中西　祐介③
長谷川　岳③
福岡　資麿③(1)
藤川　政人③
三原　じゅん子③
渡辺　猛之③
足立　敏之②
青山　繁晴②
朝日　健太郎②
井上　義行②
今井　絵理子②
小野田　紀美②
こやり　隆史②
佐藤　啓②
自見　はなこ②
進藤　金日子②
藤木　眞也②
松川　るい②
山田　宏②(2)
赤松　健②
生稲　晃子①
臼井　正一①
越智　俊之①

北村　経夫③
佐藤　信秋③
佐藤　正久③
西田　昌司③
古川　俊治③
牧野　たかお③
丸川　珠代③
森　まさこ③
山田　俊男③
赤池　誠章②(1)
石井　正弘②
石田　昌宏②
大野　泰正②
太田　房江②
古賀　友一郎②
上月　良祐②
酒井　庸行②
島村　大②
高野　光二郎②
高橋　克法②
滝沢　求②
滝波　宏文②
柘植　芳文②
堂故　茂②
豊田　俊郎②
長峯　誠②
羽生田　俊②
馬場　成志②
堀井　巌②
舞立　昇治②
三宅　伸吾②
宮本　周司②
森屋　宏②
山下　雄平②
山田　太郎②
吉川　ゆうみ②
和田　政宗②
岩本　剛人①
加田　裕之①
清水　真人①
田中　昌史①
高橋　はるみ①(4)
中田　宏①(4)
比嘉　奈津美①(1)
本田　顕子①
三浦　靖①(1)
宮崎　雅夫①

階　　　猛 ⑥
寺 田　　学 ⑥
西 村 智奈美 ⑥
伴 野　　豊 ⑥
福 田 昭 夫 ⑥
松 木 けんこう ⑥
柚 木 道 義 ⑥
大 西 健 介 ⑤
逢 坂 誠 二 ⑤
奥 野 総一郎 ⑤
後 藤 祐 一 ⑤
下 条 み つ ⑤
手 塚 仁 雄 ⑤
青 柳 陽一郎 ⑤
小 熊 慎 司 ④(1)
城 井　　崇 ④
佐 藤 公 治 ④(1)
重 徳 和 彦 ④
中 島 克 仁 ④
吉 川　　元 ④
井 坂 信 彦 ③
稲 富 修 二 ③
落 合 貴 之 ③
金 子 恵 美 ③(1)
鎌 田 さゆり ③
小 山 展 弘 ③
近 藤 和 也 ③
坂 本 祐之輔 ③
篠 原　　豪 ③
白 石 洋 一 ③
野 間　　健 ③
森 山 浩 行 ③
谷田川　　元 ③
山 岡 達 丸 ③
山 崎　　誠 ③
吉 田 統 彦 ③
青 山 大 人 ②
伊 藤 俊 輔 ②
石 川 香 織 ②
大河原 まさこ ②(1)
岡 本 あき子 ②
神 谷　　裕 ②
源 馬 謙太郎 ②
櫻 井　　周 ②
中 谷 一 馬 ②
道 下 大 樹 ②
緑 川 貴 士 ②
森 田 俊 和 ②

湯 原 俊 二 ②
早稲田 ゆ き ②
荒 井　　優 ①
梅 谷　　守 ①
おおつき 紅 葉 ①
神 津 たけし ①
末 次 精 一 ①
鈴 木 庸 介 ①
堤　　かなめ ①
永　　久 志 ①(1)
馬 場 雄 基 ①
藤 岡 隆 雄 ①
太　　栄 志 ①
本 庄 知 史 ①
山 岸 一 生 ①
山 田 勝 彦 ①
吉 田 はるみ ①
米 山 隆 一 ①
渡 辺　　創 ①

（参議院38人）
（任期 R7.7.28）
川 田 龍 平 ③
牧 山 ひろえ ③
水 岡 俊 一 ③
吉 川 沙 織 ③
野 田 国 義 ②(1)
森 本 真 治 ②
吉 田 忠 智 ②
石 垣 のりこ ①
石 川 大 我 ①
打 越 さく良 ①
小 沢 雅 仁 ①
小 沼　　巧 ①
勝 部 賢 志 ①
岸　　真紀子 ①
熊 谷 裕 人 ①
塩 村 あやか ①
田 島 麻衣子 ①
羽 田 次 郎 ①
水 野 素 子 ①
宮 口 治 子 ①
森 屋　　隆 ①
横 沢 高 徳 ①
（任期 R10.7.25）
福 山 哲 郎 ⑤
蓮　　　　舫 ④
青 木　　愛 ③(3)
石 橋 通 宏 ③

小 西 洋 之 ③
斎 藤 嘉 隆 ③
徳 永 エ リ ③
古 賀 之 士 ②
杉 尾 秀 哉 ②
田名部 匡 代 ②(3)
鬼 木　　誠 ①
古 賀 千 景 ①
柴　　愼 一 ①
高 木 真 理 ①
辻 元 清 美 ①(7)
村 田 享 子 ①

日本維新の会 61人
（衆議院40人）

足 立 康 史 ④
井 上 英 孝 ④
市 村 浩一郎 ④
浦 野 靖 人 ④
遠 藤　　敬 ④
杉 本 和 巳 ④
馬 場 伸 幸 ④
伊 東 信 久 ③
空 本 誠 喜 ③
藤 田 文 武 ②
三 木 圭 恵 ②
美 延 映 夫 ②
山 本 正 司 ①
阿 部 弘 樹 ①
青 柳 仁 士 ①
赤 木 正 幸 ①
浅 川 義 治 ①
池 下　　卓 ①
池 畑 浩太朗 ①
一 谷 勇一郎 ①
岩 谷 良 平 ①
漆 間 譲 司 ①
遠 藤 良 太 ①
小 野 泰 輔 ①
奥 下 剛 光 ①
金 村 龍 那 ①
沢 田　　良 ①
住 吉 寛 紀 ①
高 橋 英 明 ①
中 司　　宏 ①
早 坂　　敦 ①
藤 巻 健 太 ①

党派別一覧

堀場　幸子①
掘井　健智①
前川　清成①(2)
岬　麻紀①
守島　正①
吉田とも代①
和田有一朗①
（参議院21人）
（任期　R7.7.28）
室井　邦彦③(1)
東　徹②
梅村　聡②
清水　貴之②
柴田　巧②
梅村みずほ①
音喜多　駿①
鈴木　宗男①(8)
柳ヶ瀬裕文①
（任期　R10.7.25）
松沢　成文③(3)
浅田　均②
石井　章②(1)
石井　苗子②
片山　大介②
高木かおり②
青島　健太①
猪瀬　直樹①
金子　道仁①
串田　誠一①(1)
中条きよし①
松野　明美①

公明党　59人
（衆議院32人）

石井　啓一⑩
北側　一雄⑩
佐藤　茂樹⑩
斉藤　鉄夫⑩
赤羽　一嘉⑨
大口　善徳⑨
高木　陽介⑥
古屋　範子⑥
竹内　譲⑥
伊藤　渉⑤
稲津　久⑤
伊佐　進一④
浮島　智子①(1)
岡本　三成④

國重　徹④
佐藤　英道④
中野　洋昌④
濱地　雅一④
興水　恵一③
吉田　宣弘③
角田　秀穂②
中川　康洋②
鰐淵　洋子②(1)
河西　宏一①
金城　泰邦①
日下　正喜①
庄子　賢一①
中川　宏昌①
平林　晃①
福重　隆浩①
山崎　正恭①
吉田久美子①
（参議院27人）
（任期　R7.7.28）
山口那津男④(2)
山本　香苗④
山本　博司④
河野　義博③
佐々木さやか②
杉　久武②
新妻　秀規②
平木　大作②
矢倉　克夫②
若松　謙維②(3)
塩田　博昭①
下野　六太①
高橋　光男①
安江　伸夫①
（任期　R10.7.25）
谷合　正明④
西田　実仁④
秋野　公造③
石川　博崇③
竹谷とし子②
横山　信一②
伊藤　孝江②
里見　隆治②
竹内　真二②
三浦　信祐②
宮崎　勝②
上田　勇①(7)
窪田　哲也①

共産党　21人
（衆議院10人）

穀田　恵二⑩
志位　和夫⑩
赤嶺　政賢⑧
塩川　鉄也⑧
高橋千鶴子⑦
笠井　亮⑥(1)
宮本　岳志⑤(1)
田村　貴昭③
宮本　徹③
本村　伸子③
（参議院11人）
（任期　R7.7.28）
井上　哲士④
紙　智子④
小池　晃④
山下　芳生④
吉良よし子②
倉林　明子②
伊藤　岳①
（任期　R10.7.25）
田村　智子③
仁比　聡平③
岩渕　友②
山添　拓②

国民民主党　20人
（衆議院10人）

前原　誠司⑩
古川　元久⑨
玉木雄一郎⑤
鈴木　義弘③
浅野　哲②
西岡　秀子②
斎藤アレックス①
鈴木　敦①
田中　健①
長友　慎治①
（参議院10人）
（任期　R7.7.28）
大塚　耕平④
榛葉賀津也④
礒﨑　哲史②
浜野　喜史②
田村まみ①

（任期　R10.7.25）

川合　孝典 ③
舟山　康江 ③
伊藤　孝恵 ②
浜口　誠 ②
竹詰　仁 ①

れいわ新選組　8人

（衆議院3人）

櫛渕　万里 ②
大石　あきこ ①
たがや　亮 ①

（参議院5人）
（任期　R7.7.28）

木村　英子 ①
舩後　靖彦 ①

（任期　R10.7.25）

大島　九州男 ③
山本　太郎 ②(1)
天畠　大輔 ①

社民党　2人

（衆議院1人）

新垣　邦男 ①*1

（参議院1人）
（任期　R10.7.28）

福島　みずほ ④*3

NHK党　2人

（参議院2人）
（任期　R7.7.28）

浜田　聡 ①

（任期　R10.7.25）

ガーシー ①

参政党　1人

（参議院1人）
（任期　R10.7.25）

神谷　宗幣 ①
（会派は無所属）

無所属　24人

（衆議院10人）

細田　博之 ⑪
海江田　万里 ⑧
吉良　州司 ⑥*2
北神　圭朗 ④*2
緒方　林太郎 ③*2

福島　伸享 ③*2
吉川　赳 ③
仁木　博文 ②*2
吉田　豊史 ②*2
三反園　訓 ①

（参議院14人）
（任期　R7.7.28）

尾辻　秀久 ⑥
長浜　博行 ③(4)
安達　澄 ①
嘉田　由紀子 ①*4
須藤　元気 ①
髙良　鉄美 ①*5
寺田　静 ①
ながえ　孝子 ①
芳賀　道也 ①*4

（任期　R10.7.25）

伊波　洋一 ②*5
上田　清司 ②(3)*4
平山　佐知子 ②
堂込　麻紀子 ②
三上　えり ①*3

※の議員の所属会派は
以下の通り。
衆議院
　※1 立憲民主党・
　　　無所属
　※2 有志の会
参議院
　※3 立憲民主・社民
　※4 国民民主党・新緑
　　　風会
　※5 沖縄の風

自由民主党内派閥一覧

（令和5年1月23日現在）

○内は当選回数・他派との重複及び自民党系議員を含む。衆議院議員の（）内は参議院の当選回数。参議院議員の（ ）内は衆議院の当選回数。

自民党派閥

安倍派　97人

（衆議院59人）

衛藤征士郎 ⑬(1)
塩谷立 ⑩
下村博文 ⑨
高木毅 ⑧
松野博一 ⑧
吉野正芳 ⑦
柴山昌彦 ⑦
西村康稔 ⑦
松島みどり ⑦
稲田朋美 ⑥
奥野信亮 ⑥
鈴木淳司 ⑥
西村明宏 ⑥
萩生田光一 ⑥
宮下一郎 ⑥
越智隆雄 ⑤
大塚拓 ⑤
亀岡偉民 ⑤
関芳弘 ⑤
髙鳥修一 ⑤
土井亨 ⑤
中根一幸 ⑤
青山周平 ④
池田佳隆 ④
小田原潔 ④
大西英男 ④
神田憲次 ④
菅家一郎 ④
岸信夫 ④(2)
佐々木紀 ④
畑裕明 ④
根本幸典 ④
福田達夫 ④
藤原崇 ④
細田健一 ④
堀井学 ④
三ツ林裕巳 ④
宮澤博行 ④
簗和生 ④
山田美樹 ④
義家弘介 ④(1)
尾身朝子 ③
杉田水脈 ③
谷川とむ ③
宗清皇一 ③
和田義明 ③
上杉謙太郎 ②
木村次郎 ②
髙木啓 ②
井原巧 ①(1)
石井拓 ①
加藤竜祥 ①
小森卓郎 ①
塩崎彰久 ①
鈴木英敬 ①
髙階恵美子 ①(2)
松本尚 ①
若林健太 ①(1)

（参議院38人）
（任期 R7.7.28）

世耕弘成 ⑤
橋本聖子 ⑤
衛藤晟一 ③(4)
北村経夫 ③
西田昌司 ③
古川俊治 ③
丸川珠代 ③
宮本周司 ③
森まさこ ③
赤池誠章 ②(1)
石井正弘 ②
石田昌宏 ②
大野泰正 ②
太田房江 ②
酒井庸行 ②
滝波宏文 ②
羽生田俊 ②
堀井巌 ②
吉川ゆうみ ②
加田裕之 ①
髙橋はるみ ①

（任期 R10.7.25）

山崎正昭 ⑤
岡田直樹 ④
末松信介 ④
野上浩太郎 ④
山谷えり子 ④(1)
山本順三 ④
上野通子 ③
長谷川岳 ③
井上義行 ②
佐藤啓 ①
松川るい ①
山田宏 ②(2)
生稲晃子 ①
古庄玄知 ①
加納緒 ①

茂木派　54人

（衆議院33人）

額賀福志郎 ⑬
船田元 ⑬
茂木敏充 ⑩
伊藤達也 ⑨
小渕優子 ⑧
新藤義孝 ⑧
渡辺博道 ⑧
秋葉賢也 ⑦
加藤勝信 ⑦
古川禎久 ⑦
西銘恒三郎 ⑥
木原稔 ⑤
平口洋 ⑤
若宮健嗣 ⑤
井野俊郎 ④
笹川博義 ④
新谷正義 ④
鈴木憲和 ④
鈴木馨祐 ④
津島淳 ④
中谷真一 ④
中野英幸 ①
山下貴司 ④
鈴木隼人 ③
古川康 ②
東国幹 ①
五十嵐清 ①
上田英俊 ①
島尻安伊子 ①
高見康裕 ①
山口晋 ①

（参議院21人）
（任期 R7.7.28）

石井準一 ③
佐藤信秋 ③
佐藤正久 ③

自民党派閥

（茂木派・参議院 つづき）

牧野 たかお ③
上月 良祐 ②
堂故 茂 ②
山下 雄平 ②
比嘉 奈津美 ①②
三浦 靖 ①①
（任期 R10.7.25）
関口 昌一 ⑤
野村 哲郎 ④
松村 祥史 ④
青木 一彦 ③
石井 準一 ③
福岡 資麿 ③①
渡辺 猛之 ②
小野田 紀美 ②
臼井 正一 ①
加藤 明良 ①
永井 学 ①
山本 佐知子 ①

麻生派　54人

（衆議院38人）

麻生 太郎 ⑭
甘利 明 ⑬
森 英介 ⑪
山口 俊一 ⑪
鈴木 俊一 ⑩
岩屋 毅 ⑨
河野 太郎 ⑨
田中 和德 ⑨
棚橋 泰文 ⑨
江渡 聡徳 ⑧
松本 純 ⑧
井上 信治 ⑦
伊藤 信太郎 ⑦
永岡 桂子 ⑥
山際 大志郎 ⑥
あかま 二郎 ⑤
鈴木 馨祐 ⑤
武藤 容治 ⑤
井出 庸生 ④
井上 貴博 ④
井林 辰憲 ④
今枝 宗一郎 ④
工藤 彰三 ④
斎藤 洋明 ④
中村 裕之 ④
中山 展宏 ④
長坂 康正 ④
牧島 かれん ④
務台 俊介 ④
山田 賢司 ④
瀬戸 隆一 ③
高村 正大 ②
土田 慎 ①
中川 貴元 ①
中西 健治 ①②
柳本 顕 ①
山本 左近 ①

（参議院16人）
（任期 R7.7.28）

山東 昭子 ⑧
武見 敬三 ⑤
有村 治子 ④
高野 光二郎 ②
高橋 克法 ②
滝沢 求 ②
豊田 俊郎 ②
（任期 R10.7.25）
浅尾 慶一郎 ③③
猪口 邦子 ③①
大家 敏志 ③
中西 祐介 ③
藤川 政人 ③
今井 絵理子 ②
神谷 政幸 ①
広瀬 めぐみ ①
船橋 利実 ①②

二階派　43人

（衆議院34人）

二階 俊博 ⑬
林 幹雄 ⑩
今村 雅弘 ⑨
平沢 勝栄 ⑨
江﨑 鐵磨 ⑧
櫻田 義孝 ⑧
細田 健一 ⑦
小泉 龍司 ⑦
武田 良太 ⑦
長島 昭久 ⑦
山口 壯 ⑦
鷲尾 英一郎 ⑥
伊東 良孝 ⑤
伊藤 忠彦 ⑤
金田 勝年 ⑤②
松本 洋平 ⑤
小倉 將信 ④
大岡 敏孝 ④
小林 鷹之 ④
武部 新 ④
宮内 秀樹 ④
小林 茂樹 ③
高木 宏壽 ③
泉田 裕彦 ②
鳩山 二郎 ②
田中 英之 ②
中曽根 康隆 ②
尾崎 正直 ①
国定 勇人 ①
中野 英幸 ①
平沼 正二郎 ①

（参議院9人）
（任期 R7.7.28）

岩本 剛人 ①
清水 真人 ①
宮崎 雅夫 ①
（任期 R10.7.25）
中曽根 弘文 ⑦
鶴保 庸介 ④
自見 はなこ ②
進藤 金日子 ②
梶原 大介 ①
若林 洋平 ①

岸田派　43人

（衆議院33人）

岸田 文雄 ⑩
根本 匠 ⑨
石田 真敏 ⑧
小野寺 五典 ⑧
金子 恭之 ⑧
北村 誠吾 ⑧
平井 卓也 ⑧
上川 陽子 ⑦
寺田 稔 ⑥
葉梨 康弘 ⑥
石原 宏高 ⑥
木原 誠二 ⑥
盛山 正仁 ⑥
岩田 和親 ④
小島 敏文 ④
小林 史明 ④
古賀 篤 ④
國場 幸之助 ④
武井 俊輔 ④
辻 清人 ④
藤丸 敏 ④
堀内 詔子 ④
村井 英樹 ④
渡辺 孝一 ④
畦元 将吾 ②
金子 ○○ ②
国光 あやの ②
西田 昭二 ②

自民党派閥

深澤　陽一 ②
石橋　林太郎 ①
石原　正敬 ①
神田　潤一 ①
林　芳正 ①(5)
（参議院10人）
（任期　R7.7.28）
松山　政司 ④
古賀　友一郎 ②
馬場　成志 ②
森屋　宏 ②
（任期　R10.7.25）
磯崎　仁彦 ③
宮沢　洋一 ③(3)
足立　敏之 ②
こやり　隆史 ②
藤木　眞也 ②
山本　啓介 ①

森山派　7人

（衆議院6人）
森山　裕 ⑦(1)
坂本　哲志 ⑥
上野　賢一郎 ⑤
鬼木　誠 ④
田野瀬　太道 ④
宮路　拓馬 ④
（参議院1人）
（任期　R7.7.28）
山田　俊男 ③

無派閥　81人

（衆議院58人）
逢沢　一郎 ⑫
石破　茂 ⑫
村上　誠一郎 ⑫
中谷　元 ⑪
古屋　圭司 ⑪
山本　有二 ⑪
渡海　紀三朗 ⑩
野田　聖子 ⑩
浜田　靖一 ⑩
遠藤　利明 ⑨
佐藤　勉 ⑨
菅家　一郎 ⑨
田村　憲久 ⑧
高市　早苗 ⑧
梶山　弘志 ⑧
土屋　品子 ⑦
江藤　拓 ⑦
後藤　茂之 ⑥
あべ　俊子 ⑥
赤澤　亮正 ⑥
小里　泰弘 ⑥
城内　実 ⑥
平　将明 ⑥
丹羽　秀樹 ⑤
御法川　信英 ⑤
小泉　進次郎 ⑤
齋藤　健 ⑤
坂井　学 ⑤
田中　良生 ⑤
橘　慶一郎 ⑤
牧原　秀樹 ⑤
山本　ともひろ ⑤
秋本　真利 ④
石川　昭政 ④
大串　正樹 ④
大野　敬太郎 ④
門山　宏哲 ④
黄川田　仁志 ④
熊田　裕通 ④
田所　嘉徳 ④
田中　英之 ④
冨樫　博之 ④
藤井　比早之 ④
星野　剛士 ④
八木　哲也 ④
山下　貴司 ④
加藤　鮎子 ④
三谷　英弘 ②
穂坂　泰 ②
本田　太郎 ②
石原　正敬 ①
勝目　康 ①
川崎　ひでと ①
西野　太亮 ①
長谷川　淳二 ①
古川　直季 ①
保岡　宏武 ①
（参議院23人）
（任期　R7.7.28）
島村　大 ②
柘植　芳文 ②
舞立　昇治 ②
三宅　伸吾 ②
山田　太郎 ②
和田　政宗 ②
中田　宏 ①(4)
本田　顕子 ①
（任期　R10.7.25）
櫻井　充 ⑤
松下　新平 ③
阿達　雅志 ③
片山　さつき ③(1)
三原　じゅん子 ③
青木　一彦 ②
朝日　健太郎 ②
赤松　健 ①
越智　俊之 ①
小林　一大 ①
長谷川　英晴 ①
藤井　一博 ①
吉井　章 ①

派閥住所・電話一覧

名称	郵便番号	住所	電話番号
清和政策研究会（安倍派）	102-0093	千代田区平河町2-7-1 塩崎ビル	3265-2941
平成研究会（茂木派）	100-0014	千代田区永田町1-11-32 全国町村会館西館3F	3580-1311
志公会（麻生派）	102-0093	千代田区平河町2-5-5 全国旅館会館西館3F	3237-1121
志帥会（二階派）	102-0093	千代田区平河町2-7-4 砂防会館別館3F	3263-3001
宏池会（岸田派）	100-0014	千代田区永田町1-11-32 全国町村会館西館6F	3508-0551
近未来政治研究会（森山派）	102-0093	千代田区平河町2-5-7 ヒルクレスト平河町204号室	3288-9055

議員プロフィール
議員親族一覧

●**凡例**　記載内容は原則として令和5年1月23日現在。

議　員　名 党派 (会派)	所属政党の変遷
ふりがな 選挙区・年	

血液型、🅟(略歴)、🅟(政策重点分野)、🅟(趣味)、
🅟(尊敬する人物)、🅟(座右の銘)

議員名　🅟親族の氏名：親族の主な経歴
●**編集要領**
●記載内容は議員への直接取材による。

＝議員プロフィール＝
●党派については略称を用いた(下記参照)。
●🅟(略歴)は議員に当選する前の主な経歴を記載した。
●「所属政党の変遷」欄には議員初当選以降の所属政党の変遷を掲載した(令和5年1月23日現在)。
　○矢印(→)は所属政党の変遷を表している。政党名の右のカッコ内は移動の年・月である。
　○自民党議員の派閥名([ ]で表示)を略称で表記した。ただし、他党から自民党に移籍・復籍した議員の移籍の年・月は自民党に移籍した年・月であって、派閥に入会した年・月とは必ずしも一致しない。
　○旧所属政党の次に無所属になっている議員については、旧所属政党を離党した場合と、旧所属政党の解党によって無所属になった場合、議長・副議長就任に伴う党籍離脱がある。
　○略称で表記した政党は下記のとおりである。

自民……自由民主党	みんな……みんなの党	社民連……社会民主連合		( ) 内は会派名	
新自ク……新自由クラブ	公明……公明(注1)	社民……社会民主党	[安]	…安倍派	
新生……新生党	民社……民社党	さきがけ…新党さきがけ	[茂]	…茂木派	
みらい…新党みらい	新進……新進党	民主……民主党	[麻]	…麻生派	
自由……自由党	平和……新党平和	民進……民進党	[二]	…二階派	
保守……保守党	改ク……改革クラブ(注2)	立憲……立憲民主党	[岸]	…岸田派	
保新……保守新党	黎ク……黎明クラブ	希望……希望の党	[森]	…森山派	
たち日…たちあがれ日本	友愛……新党友愛	国民……国民民主党	[無]	…無派閥	
次世代…次世代の党	民政……民政党	未来……日本未来の党			
こころ…日本のこころ	社会……日本社会党	共産……日本共産党			

(注1)　「公明党」は平成6年12月、新進党結党に際して解党し、地方議員と一部参院議員による「公明」が結成。10年11月に新党平和と公明が合流して新「公明党」が結成。この一覧では旧「公明党」、「公明」、新「公明党」いずれも公明と表記。
(注2)　平成10年1月に結成された改革クラブ(代表・小沢辰男)と平成20年8月に結成された改革クラブ(代表・渡辺秀央)は政党名は同じであるが別の政党である。

- -

＝議員親族一覧＝
●両親と配偶者を原則として記載しているが、議員の親族(配偶者の親族も含む)で政治歴や特筆すべき経歴(企業・団体役員、公職員等)のある方については優先的に掲載した。

あかま二郎 _{じろう}
自[麻] 神奈川14

自民[麻]

O型、㊻県議会議員・総務副大臣、㊾地方自治

あ べ 俊 子 _{とし こ}
自[無] ㊻中国

自民[無]

A型、㊻東京医科歯科大学助教授、㊾社会保障制度（医療・年金・福祉）、農林関係、㊺読書・水泳・ハイキング、㊺キュルケゴール・ガウディ

安 住 淳 _{あ ずみ じゅん}
立 宮城5

民主→民進(16.3)→無所属(18.5)→立憲(19.9)→立憲(20.9)

A型、㊻日本放送協会、㊾外交・地方自治・情報通信・財政・金融、㊺絵画・ゴルフ・読書

足 立 康 史 _{あ だち やす し}
維 大阪9

日本維新の会→維新の党(14.9)→おおさか維新の会(15.11)→日本維新の会(16.8)

B型、㊻経済産業省、㊾憲法・教育・社会保障・原子力・地方分権、㊺水泳（水球）・作詩、㊺高碕達之助

阿 部 司 _{あ べ つかさ}
維 ㊻東京

日本維新の会(20)

ＡＢ型、㊻シンクタンク職員、㊾コロナ経済対策・憲法改正・外交安保、㊺剣道・サウナ、㊻山岡鉄舟、㊾人間万事塞翁が馬

阿 部 知 子 _{あ べ とも こ}
立 神奈川12

社民→未来(12.11)→みどりの風(13.5)→無所属(13.7)→民主(14.11)→民進(16.3)→立憲(17.10)→立憲(20.9)

O型、㊻小児科医、㊾エネルギー・医療、㊺料理・読書

阿 部 弘 樹 _{あ べ ひろ き}
維 ㊻九州

日本維新の会

O型、㊻県議・町長、厚生省、㊾公衆衛生・地方自治、㊺読書、㊻渋沢栄一、㊾至誠天に通ず

逢 沢 一 郎 _{あい さわ いち ろう}
自[無] 岡山1

自民[無]

O型、㊻松下政経塾、㊾通産・外交、㊺サッカー

あお　やぎ　ひと　し
青柳仁士
維　大阪14

日本維新の会→維新の党→おおさか維新の会→日本維新の会

A型、[略]国連職員、[政]経済成長、外交・安全保障、[趣]格闘技観戦、ハンドボール、[尊]緒方貞子、[銘]人事を尽くして天命を待つ

あお　やぎ　よう　いち　ろう
青柳陽一郎
立　[比]南関東

みんな→結いの党(13.12)→維新の党(14.9)→民進(16.3)→立憲(17.10)→立憲(20.9)

A型、[略]国務大臣政策秘書、[政]新しい公共・規制改革・イノベーション・アジア外交、[趣]ランニング・サーフィン・音楽鑑賞、[尊]高碕達之助、[銘]我以外皆我師

あお　やま　しゅう　へい
青山周平
自[安]　[比]東海

自民[安]

A型、[略]幼稚園園長、[政]教育、[趣]登山・スキー・読書、[尊]徳川家康、[銘]至誠にして動かざる者は未だこれ有らざるなり

あお　やま　やまと
青山大人
立　[比]北関東

希望→国民(18.5)→立憲(20.9)

O型、[略]県議、[政]外交・子育て教育、[趣]読書・ジョギング、[尊]徳川家康・田中角栄、[銘]人事を尽くして天命を待つ

あか　ぎ　まさ　ゆき
赤木正幸
維　[比]近畿

日本維新の会(20.10)

A型、[略]IT会社代表、[政]経済政策・地方創生・社会保障、[趣]猫・温泉、[尊]大学と大学院の恩師、[銘]笑われて、笑われて、つよくなる。

あか　ざわ　りょう　せい
赤澤亮正
自[無]　鳥取2

自民[無]

A型、[略]国土交通省秘書課企画官、[政]国土強靭化・防災・農林水産行政、[趣]読書・スキー・ゴルフ

あか　ば　かず　よし
赤羽一嘉
公　兵庫2

公明→新進(94.12)→平和(98.1)→公明(98.11)

B型、[略]三井物産社員、[銘]一人立てるときに強き者は真正の勇者なり

あか　みね　せい　けん
赤嶺政賢
共　沖縄1

共産

[略]那覇市議、[政]平和基地問題、[趣]スポーツ観戦、[尊]瀬長亀次郎・古堅実吉・翁長雄志、[銘]命どぅ宝

あき ば けん や **秋葉賢也** 自[茂] [比]東北	自民[茂]

A型、[略]松下政経塾・宮城県議会議員・東北福祉大講師、[政]社会保障・外交・教育・環境、[趣]スポーツ・音楽・映画・読書、[尊]松下幸之助、マザー・テレサ

あき もと まさ とし **秋本真利** 自[無] [比]南関東	自民[無]

A型、[略]市議会議員、[政]エネルギー・国土交通・環境、[趣]映画鑑賞・旅行・モータースポーツ、[銘]先憂後楽

あさ かわ よし はる **浅川義治** 維 [比]南関東	さきがけ→旧民主→民主→無所属→維新の党→日本維新の会

O型、[略]銀行員・市会議員、[政]減税・規制改革・安全な国と地域・UFO問題、[趣]小田和正・音楽・写真、[尊]小田和正・沼野輝彦・カールセーガン、[銘]不撓不屈

あさ の さとし **浅野哲** 国 茨城5	民進→希望(17.10)→国民(18.5)→国民(20.9)

O型、[略]衆議院議員秘書、[政]経済産業分野、[趣]珈琲・文房具、[尊]稲盛和夫、[銘]基本と正道

あずま くに よし **東国幹** 自[茂] 北海道6	自民[茂]

O型、[略]道議・旭川市議、[政]過疎対策・一次産業・交通体系、[趣]読書、[尊]児島惟謙、[銘]知覚動考

あぜ もと しょう ご **畦元将吾** 自[岸] [比]中国	自民[岸]

O型、[略]会社役員、[政]医療・環境、[趣]旅行・映画鑑賞、[尊]松下幸之助、[銘]七転八起

あ そう た ろう **麻生太郎** 自[麻] 福岡8	自民[麻]

A型、[略]麻生セメント社長、[政]文教・商工・外交、[趣]射撃・ゴルフ・読書

あま り あきら **甘利明** 自[麻] [比]南関東	新自ク→自民[麻](86.8)

A型、[略]ソニー・甘利正衆院議員秘書、[政]経済産業政策、通商政策、エネルギー政策、科学技術・イノベーション政策、[趣]美術鑑賞・映画、[尊]甘利正（父、元衆院議員）

荒井 優 _{あら い ゆたか} 立　㉚北海道	立憲

A型、㊂学校法人理事長・高校校長、㊉教育・経済、㊙テニス、読書、サウナ、㊊父（荒井聰）、㊟龍になれ、雲自ずから集まる

新垣 邦男 _{あら かき くに お} 社　　　沖縄2	社民

A型、㊂北中城村長、㊉米軍基地問題・沖縄振興・地方自治、㊙空手（上地流七段）、㊊照屋寛徳

五十嵐 清 _{い がらし きよし} 自[茂]　㉚北関東	自民[茂]

B型、㊂県議・衆院議員秘書、㊙サッカー・愛犬と散歩、㊊徳川家康、㊟意志のあるところに道は開ける

井坂 信彦 _{い さか のぶ ひこ} 立　　　兵庫1	みんな→結いの党→維新の党→民進 →希望→国民→立憲

O型、㊂行政書士・神戸市議、㊉厚生労働、行政改革、㊙テニス、キーボード、空手、㊊スティーブ・ジョブズ、㊟信・行・学

井出 庸生 _{い で よう せい} 自[麻]　　長野3	みんな→結いの党(13.12)→維新の 党(14.9)→民進(16.3)→希望(17.9) →無所属(18.5)→自民[麻](19.12)

㊂NHK記者

井野 俊郎 _{い の とし ろう} 自[茂]　　群馬2	自民[茂]

A型、㊂市議・弁護士、㊟経世済民

井上 信治 _{い の うえ しん じ} 自[麻]　　東京25	自民[麻]

A型、㊂国土交通省・外務省、㊉国土交通・厚生労働・環境、㊙お祭り・マラソン・温泉、㊊石川要三・麻生太郎

井上 貴博 _{い の うえ たか ひろ} 自[麻]　　福岡1	自民[麻]

A型、㊂会社役員・福岡県議（3期）、㊉経済再生・防災、㊙囲碁・将棋

井上 英孝 (いの うえ ひで たか) 維 　大阪1	自民→日本維新の会→維新の党 (14.9)→おおさか維新の会(15.11)→ 日本維新の会(16.8)

B型、⑱大阪市議、⑳港湾・国土政策・消費者・地方自治、⑳ゴルフ

井林 辰憲 (い ばやし たつ のり) 自[麻] 　静岡2	自民[麻]

O型、⑱国土交通省、⑳農林水産業・社会資本整備、⑳野球・水泳

井原 巧 (い はら たくみ) 自[安] 　愛媛3	自民[安]

B型、⑱参議院議員、四国中央市長、⑳読書、スポーツ、⑳井原岸高、㊗信は力なり

伊佐 進一 (い さ しん いち) 公 　大阪6	公明

B型、⑱文科省職員、⑳経済・外交・イノベーション、⑳将棋・ピアノ・料理・マラソン、㊗一剣倚天寒

伊東 信久 (い とう のぶ ひさ) 維 　大阪19	日本維新の会

B型、⑱医療法人理事長、⑳医療政策・社会保障・教育、⑳ラグビー、⑳橋下徹、㊗禍福は糾える縄の如し

伊東 良孝 (い とう よし たか) 自[二] 　北海道7	自民[二]

A型、⑱釧路市長、⑳農林水産の経営基盤整備・医療福祉の充実、⑳読書・旅行・音楽・スポーツ、㊗至誠天に通ず

伊藤 俊輔 (い とう しゅん すけ) 立 　㊤東京	日本維新の会→希望→国民(18.5)→ 無所属(19.1)→立憲(20.9)

A型、⑱会社役員、⑳地方分権・原発ゼロ・社会保障、⑳スポーツ全般、㊗逆境は人を創る

伊藤 信太郎 (い とう しん た ろう) 自[麻] 　宮城4	自民[麻]

AB型、⑱大学教授・ニュースキャスター、⑳震災復興・農水・外交、⑳料理・映画

伊藤忠彦（いとう ただひこ） 自[二]　愛知8	自民[二]

AB型、[略]愛知県議会議員・衆議院議員秘書

伊藤達也（いとう たつや） 自[茂]　東京22	日本新党→新進(94.12)→無所属(97.7)→民政(98.1)→無所属(98.4)→自民[茂](98.7)

O型、[略]大学院教授・松下政経塾、[政]経済・財政・社会保障・IT、[趣]野球・映画鑑賞

伊藤渉（いとう わたる） 公　[比]東海	公明

AB型、[略]JR東海、[政]厚労・国交、[趣]音楽鑑賞・読書・スポーツ全般、[銘]我以外皆我師

池下卓（いけした たく） 維　大阪10	日本維新の会

A型、[略]大阪府議、[趣]書道、茶道、自転車

池田佳隆（いけだ よしたか） 自[安]　[比]東海	自民[安]

O型、[略]日本青年会議所会頭、[政]経済・教育・安全保障、[趣]読書・ジョギング

池畑浩太朗（いけはた こうたろう） 維　[比]近畿	日本維新の会

A型、[略]兵庫県議会議員2期、[政]農林水産、[趣]農作業・自転車、[尊]両親、[銘]不動心

石井啓一（いしい けいいち） 公　[比]北関東	公明→新進(94.12)→平和(98.1)→公明(98.11)

B型、[略]建設省課長補佐、[政]財政・税制・金融、[趣]読書・テニス、[尊]上杉鷹山、[銘]人に温かく、己に厳しく

石井拓（いしい たく） 自[安]　[比]東海	自民[安]

B型、[略]愛知県議・碧南市議、[政]産業振興、[趣]柔道・郷土史研究、[尊]聖徳太子、[銘]Think Globally, Act Locally

| いし かわ あき まさ
石 川 昭 政
自[無]　㊥北関東 | 自民[無] |

A型、㊟自民党本部職員、㊡経済産業・文部科学・原子力、㊙サッカー・読書、㊛艱難汝を玉にす

| いし かわ か おり
石 川 香 織
立　　北海道11 | 立憲→立憲(20.9) |

A型、㊟民放アナウンサー、㊡農林水産業振興・子育て支援、㊙料理、㊛渡辺カネ（北海道十勝・帯広の開拓者・教育者）、㊛つもり違い十ヶ条

| いし だ まさ とし
石 田 真 敏
自[岸]　和歌山2 | 自民[岸] |

B型、㊟海南市長、㊡自治行政、㊙ゴルフ・読書・書道

| いし ば しげる
石 破　　茂
自[無]　鳥取1 | 自民→無所属(93.12)→新生(94.4)→新進(94.12)→無所属(96.9)→自民[無](97.4) |

B型、㊟三井銀行・木曜クラブ事務局、㊡安全保障・農林水産・地方創生、㊙読書・音楽鑑賞・料理

| いし ばし りん た ろう
石 橋 林 太 郎
自[岸]　㊥中国 | 自民[岸] |

O型、㊟広島県議会議員、㊡教育、憲法、安保、家族政策、㊙サッカー、ゴルフ、読書、詩吟、㊛春風接人、積小為大

| いし はら ひろ たか
石 原 宏 高
自[岸]　㊥東京 | 自民[岸] |

AB型、㊟銀行員、㊡外交・経済・中小企業、㊙読書・散歩

| いし はら まさ たか
石 原 正 敬
自[岸]　㊥東海 | 自民[岸] |

B型、㊟三重県議、菰野町長、㊡地方創生、㊙俳句、ジョギング、㊛木村東介、㊛挑戦なくば、前進なし！

| いずみ けん た
泉　　健 太
立　　京都3 | 民主→民進(16.3)→希望(17.9)→国民(18.5)→立憲(20.9) |

O型、㊟介護職員・参院議員秘書、㊡少子化対策・エネルギー政策・政治改革、㊙日曜大工・サイクリング、㊛浅沼稲次郎、㊛答えは民の中にある

泉田裕彦
自[二]　㉛北陸信越

自民[二]

B型、㊙新潟県知事、㊙ジョギング・水泳・スキー、㊙上杉鷹山、㊙風林火山

一谷勇一郎
維　　　㉛近畿

日本維新の会

O型、㊙会社役員、㊙医療介護、㊙ドライブ・料理・読書・ゴルフ、㊙坂本龍馬、㊙大器晩成・精力善用・自他共栄

市村浩一郎
維　　　兵庫6

民主→日本維新の会

B型、㊙松下政経塾・NPOプログラムオフィサー、㊙民間主導型社会システム、㊙旅・食・日本酒、㊙松下幸之助翁、㊙「日本の洗濯」ジャブジャブ！

稲田朋美
自[安]　　福井1

自民[安]

AB型、㊙弁護士、㊙ランニング・サウナ、㊙西郷隆盛、㊙高邁な精神で決断し断固として行動する

稲津久
公　　　北海道10

公明

AB型、㊙北海道議、㊙農林水産業・地方活性化・少子高齢化対策、㊙読書・ウォーキング、㊙吉田松陰、㊙誠実

稲富修二
立　　　㉛九州

民主→希望(17.9)→国民(18.5)→立憲(20.9)

A型、㊙松下政経塾・丸紅、㊙税制・子育て支援、㊙ランニング・囲碁、㊙松下幸之助・広田弘毅、㊙人生二度なし

今枝宗一郎
自[麻]　　愛知14

自民[麻]

O型、㊙医師（在宅救急・難病）・新城市夜間救急、㊙医療・社会保障・中小企業施策、㊙旅行・カラオケ・スイーツは正義、㊙J.F.ケネディ、㊙至誠天に通ず

今村雅弘
自[二]　　㉛九州

自民→無所属(05.8)→自民[二](06.12)

A型、㊙JR九州、㊙マリンスポーツ・山登り

い

岩田　和親
自[岸]　㋲九州

自民[岸]

B型、㋕佐賀県議・㈱メモリード顧問、㋙経済産業分野・国土交通分野・農業分野・国防分野、㋛ジョギング、㋓是の処は即ち是れ道場なり

岩谷　良平
維　　　大阪13

日本維新の会

ＡＢ型、㋕大阪府議、企業経営者、㋙地方分権、政治改革、行財政改革、㋛仕事、㋗坂本龍馬、㋓世に生を得るは事を為すにあり

岩屋　毅
自[麻]　大分3

自民→さきがけ(93.6)→新進(94.12)
→無所属→自民[麻](98.6)

A型、㋕鳩山邦夫衆院議員秘書、㋙国防政策の充実・教育改革・行政改革・政治改革、㋛映画鑑賞・読書、㋓至誠通天

上杉　謙太郎
自[安]　㋲東北

自民[安]

AB型、㋕議員秘書、㋙復興・農業・地方創生、㋛子育て・剣道三段、㋗上杉謙信、㋓清明正直

上田　英俊
自[茂]　富山2

自民[茂](03)

A型、㋕衆議院議員秘書・県議、㋛ラグビー観戦・読書、㋗中野正剛・松村謙三・大平正芳、㋓天下一人を以て興る

上野　賢一郎
自[森]　滋賀2

自民[森]

A型、㋕総務省課長補佐、㋙経済政策・地方分権・農業、㋛ミュージカル鑑賞・祭り

浮島　智子
公　　　㋲近畿

公明

B型、㋕参院議員・プリマバレリーナ、㋙教育・文化芸術振興、㋛散歩・映画鑑賞、㋗チャップリン、㋓誠実

梅谷　守
立　　　新潟6

無所属→国民→立憲

A型、㋕新潟県議会議員・国会議員担当政策秘書、㋙農業・経済・地方分権・社会保障・環境、㋛読書・映画鑑賞・バスケットボール・サッカー、㋗父、㋓至誠にして動かざる者は未だ之れ有らざるなり

浦野 靖人 維　　大阪15	自民→日本維新の会→維新の党 (14.9)→おおさか維新の会(15.11)→ 日本維新の会(16.8)

Ａ型、㊥大阪府議会議員、㊎福祉・教育・子育て、㊙スキー

漆間 譲司 維　　大阪8	日本維新の会

ＡＢ型、㊥府議、㊎身を切る改革・地方分権、㊙アイスホッケー

江﨑 鐵磨 自[二]　　愛知10	新生→新進(94.12)→自由(98.1)→保守(00.4)→保新(02.12)→自民[二](03.11)

AB型、㊥衆議院議員秘書、㊎日米地位協定の即時見直し、㊙絵画鑑賞、㊗江﨑真澄、㊞自塚

江田 憲司 立　　神奈川8	無所属→みんな(09.8)→結いの党(13.12)→維新の党(14.9)→民進(16.3)→無所属(18.5)→立憲(20.9)

AB型、㊥通産省・首相秘書官、㊎行政改革・財政改革・外交・少子高齢化問題、㊙食べ歩き・旅行（温泉）・カラオケ・スポーツ観戦

江渡 聡徳 自[麻]　　青森1	自民[麻]

O型、㊥短大講師・障害者施設園長、㊎福祉・エネルギー・防衛・農水・国交・教育、㊙読書・映画鑑賞、㊗父・江渡誠一、徳川家康、㊞随処に主となれば、立処皆真なり

江藤 拓 自[無]　　宮崎2	無所属→自民(03.11)→無所属(05.8)→自民[無](06.12)

㊥衆院議員秘書・大臣秘書官、㊙釣り、㊗高杉晋作、㊞愛郷無限

衛藤 征士郎 自[安]　　大分2	自民→無所属(09.9)→自民[安](12.11)

Ａ型、㊥玖珠町長・(公財)日本青少年文化センター理事長・(一財)全日本大学サッカー連盟会長（現職）、㊎外交・安全保障、㊙ゴルフ・山歩き

枝野 幸男 立　　埼玉5	日本新党→無所属(94.5)→さきがけ(94.7)→民主(96.9)→民進(16.3)→立憲(17.10)→立憲(20.9)

Ｂ型、㊥弁護士、㊎行政改革、㊙カラオケ

えんどう たかし **遠藤　敬** 維　大阪18	日本維新の会→維新の党(14.9)→おおさか維新の会(15.12)→日本維新の会(16.8)

O型、[略]財団法人役員、[政]教育・地方分権、[趣]だんじり祭、[銘]敬天愛人

えんどう としあき **遠藤利明** 自[無]　山形1	無所属→日本新党(93.11)→無所属(94.12)→自民[無](95.12)

B型、[略]近藤鉄雄衆院議員秘書・山形県議、[政]教育・スポーツ・農業、[趣]読書・ラグビー・ゴルフ、[尊]母、[銘]有志有途

えんどう りょうた **遠藤良太** 維　[比]近畿	日本維新の会

O型、[略]会社役員、[政]外交、子育て支援、医療・介護、[趣]キャンプ・アウトドア、[尊]長谷川保、[銘]夢をみるから人生は輝く

くれは **おおつき紅葉** 立　[比]北海道	立憲

O型、[略]フジテレビ政治部記者、[政]地方活性化、少子高齢化対策、農林水産業、[趣]山登り、盆踊り、スキー、[尊]母、榎本武揚、[銘]猪突猛進、無償の愛

おがわ じゅんや **小川淳也** 立　香川1	民主→民進(16.3)→希望(17.9)→無所属(18.5)→立憲(20.9)

O型、[略]総務省、[趣]野球・旅行、[尊]両親

おぐま しんじ **小熊慎司** 立　福島4	自民→みんな→日本維新の会(12.9)→維新の党(14.9)→改革結集の会(15.12)→民進(16.3)→希望(17.9)→国民(18.5)→立憲(20.9)

A型、[略]福島県議・参議院議員

おぐら まさのぶ **小倉將信** 自[二]　東京23	自民[二]

A型、[略]日本銀行、[政]金融・経済、[趣]ダイビング・温泉めぐり・ジョギング、[銘]先憂後楽

おざと やすひろ **小里泰弘** 自[無]　[比]九州	自民[無]

A型、[略]野村証券・秘書、[政]農林水産・国土交通・災害対策、[趣]読書・釣り・剣道、[尊]西郷隆盛、[銘]花に水、人に心

おざわ いちろう **小沢一郎** 立　[比]東北	自民→新生(93.6)→新進(94.12)→自由(98.1)→民主(03.9)→国民の生活が第一(12.7)→未来(12.11)→生活の党(12.12)→自由(16.10)→国民(19.4)→立憲(20.9)

B型、[政]憲法・外交、[趣]囲碁・読書・釣り、[銘]百術は一誠に如かず

おだわら きよし **小田原潔** 自[安]　東京21	自民[安]

O型、[略]外資系証券会社、[政]安全保障・外交・財政・金融政策、[趣]トライアスロン・執筆、[銘]我未だ木鶏たりえず

おの たいすけ **小野泰輔** 維　[比]東京	日本維新の会

O型、[略]熊本県副知事、[政]成長戦略・公教育改革・行政改革、[趣]三線・テニス・ゴルフ・ドライブ・お酒、[尊]アウグストゥス・徳川家康、[銘]しあわせはいつも自分のこころがきめる

おのでら いつのり **小野寺五典** 自[岸]　宮城6	自民[岸]

O型、[略]松下政経塾・宮城県職員・東北福祉大特任教授、[政]外交・安全保障・農林水産・震災復興、[趣]テニス・スキー、[銘]一隅を照らす

おぶち ゆうこ **小渕優子** 自[茂]　群馬5	自民[茂]

A型、[略]TBS、[趣]料理・読書

おざき まさなお **尾﨑正直** 自[二]　高知2	自民[二]

B型、[略]高知県知事（3期）、[政]地方創生・国土強靭化・外交、[趣]読書・テニス、[尊]坂本龍馬、[銘]至誠通天

おみ あさこ **尾身朝子** 自[安]　[比]北関東	自民[安]

[略]NPO事務局長

おち たかお **越智隆雄** 自[安]　[比]東京	自民[安]

AB型、[略]住友銀行、[政]財務・金融・経済産業・外交・安保、[趣]アイロンがけ・絵画・読書

| 大塚 拓 (おお つか たく)
自[安] 埼玉9 | 自民[安] |

A型、㊟銀行員、㊕防衛・法務・外交・経済・金融・科学技術、㊙音楽鑑賞・読書、㊗祖父・父

| 大西 健介 (おお にし けん すけ)
立 愛知13 | 民主→民進(16.3)→希望(17.9)→国民(18.5)→立憲(20.9) |

㊟参議院職員・外交官・衆院議員政策秘書、㊕消費者・自動車政策・厚生労働

| 大西 英男 (おお にし ひで お)
自[安] 東京16 | 自民[安] |

B型、㊟地方議員、㊕経済活性化、安心・安全街づくり、㊙読書（歴史小説等）・ゴルフ・愛犬の散歩

| 大野 敬太郎 (おお の けい た ろう)
自[無] 香川3 | 自民[無] |

O型、㊟富士通・議員秘書、㊕外交・安保・経済・農林水産・金融、㊙楽器演奏

| 逢坂 誠二 (おお さか せい じ)
立 北海道8 | 民主→民進(16.3)→立憲(17.10)→立憲(20.9) |

A型、㊟ニセコ町職員・ニセコ町長、㊕自治・民主主義・原子力・公文書管理、㊙読書・音楽鑑賞、㊨大平正芳・石橋湛山、㊗虚心坦懐

| 岡田 克也 (おか だ かつ や)
立 三重3 | 自民→新生(93.6)→新進(94.12)→国民の声(98.1)→民政(98.1)→民主(98.4)→民進(16.3)→無所属(18.5)→立憲(20.9) |

O型、㊟通産省官房企画調査官、㊕政権交代可能な政治の実現、㊙読書・ジムでのトレーニング・カエルの置物収集、㊗織田信長、㊗大器晩成

| 岡本 あき子 (おか もと あき こ)
立 ㊗東北 | 民主→民進→立憲(17.10)→立憲(20.9) |

A型、㊟NTT・仙台市議、㊕地方分権・社会保障・ICT・教育、㊙テニス・空手（月心会）、㊨緒方貞子、㊗その時の出逢いが人生を根底から変えることがある。よき出逢いを

| 岡本 三成 (おか もと みつ なり)
公 東京12 | 公明 |

O型、㊟ゴールドマン・サックス証券、㊕経済再建・外交

おくした たけみつ **奥下剛光** 維　大阪7	日本維新の会

A型、[略]大阪市長特別秘書・衆議員秘書、[政]環境、地方分権、憲法改正、[趣]フットサル、サウナ、[尊]宮澤喜一、橋下徹

おくの しんすけ **奥野信亮** 自[安]　[比]近畿	自民[安]

AB型、[略]会社役員、[趣]ゴルフ・読書・旅行

おくの そういちろう **奥野総一郎** 立　千葉9	民主→民進(16.3)→希望(17.9)→国民(18.5)→立憲(20.9)

AB型、[略]総務省、[政]郵政、[趣]読書・ジョギング、[尊]児玉源太郎、[銘]鞠躬尽瘁

おちあい たかゆき **落合貴之** 立　東京6	みんな→結いの党→維新の党(14.9)→民進(16.3)→立憲(17.10)→立憲(20.9)

[略]銀行員・衆院議員秘書、[政]経済政策、[趣]読書・旅・映画鑑賞、[尊]田中秀征・ガンジー、[銘]一期一会

おにき まこと **鬼木　誠** 自[森]　福岡2	自民[森]

A型、[略]県議・地方銀行員、[政]財政・金融、社会保障・安全保障、[趣]書道・ラグビー、[尊]マハトマ・ガンジー、[銘]熱意こそ人を動かす

かとう あゆこ **加藤鮎子** 自[無]　山形3	自民[無]

AB型、[略]衆議院議員秘書、[趣]バスケットボール・ダンス、[銘]至誠天に通ず

かとう かつのぶ **加藤勝信** 自[茂]　岡山5	自民[茂]

B型、[略]大蔵省大臣官房企画官、[政]社会保障・財政・教育、[趣]読書・映画鑑賞、[尊]勝海舟、西郷隆盛ら幕末の志士たち、[銘]一点素心

かとう りゅうしょう **加藤竜祥** 自[安]　長崎2	自民[安]

O型、[略]衆議院議員秘書、[政]農林水産・地方創生・社会保障、[趣]バスケットボール・読書、[尊]安岡正篤、[銘]千里同風

| 河西 宏一 <ruby>河<rt>か</rt></ruby> <ruby>西<rt>さい</rt></ruby> <ruby>宏<rt>こう</rt></ruby> <ruby>一<rt>いち</rt></ruby>
公　㉗東京 | 公明 |

O型、㊗電機メーカー社員・政党職員、㉔社会保障・経済振興・科学技術、㉘自動車全般・建築物見学、㉓高杉晋作、㉚真剣勝負

| 海江田万里 <ruby>海<rt>かい</rt></ruby> <ruby>江<rt>え</rt></ruby> <ruby>田<rt>だ</rt></ruby> <ruby>万<rt>ばん</rt></ruby> <ruby>里<rt>り</rt></ruby>
無　㉗東京 | 日本新党→無所属(94.12)→市民リーグ(95.12)→民主(96.9)→民進→立憲(17.10)→立憲(20.9)→無所属(21.11) |

AB型、㊗参院議員秘書・経済評論家、㉘書道・絵画鑑賞・剣道・詩作、㉓西郷隆盛、㉚人生意気に感ず

| 柿沢未途 <ruby>柿<rt>かき</rt></ruby> <ruby>沢<rt>さわ</rt></ruby> <ruby>未<rt>み</rt></ruby> <ruby>途<rt>と</rt></ruby>
自　　東京15 | みんな→無所属(13.9)→結いの党(13.12)→維新の党(14.9)→民進(16.3)→希望(17.9)→無所属(18.5)→自民(21.10) |

B型、㊗NHK・都議、㉔外交・安全保障、地球温暖化対策（原発エネルギー政策）、社会保障制度改革、㉘競馬予想、㉓高杉晋作

| 笠井 亮 <ruby>笠<rt>かさ</rt></ruby> <ruby>井<rt>い</rt></ruby> <ruby>亮<rt>あきら</rt></ruby>
共　㉗東京 | 共産 |

㊗日本共産党職員、㉘料理・ウォーキング

| 梶山弘志 <ruby>梶<rt>かじ</rt></ruby> <ruby>山<rt>やま</rt></ruby> <ruby>弘<rt>ひろ</rt></ruby> <ruby>志<rt>し</rt></ruby>
自[無]　　茨城4 | 自民[無] |

A型、㊗日本原子力研究開発機構・梶山静六衆院議員秘書、㉔中小企業対策・少子高齢化対策、㉘野球・サッカー・スポーツ観戦・読書

| 勝俣孝明 <ruby>勝<rt>かつ</rt></ruby> <ruby>俣<rt>また</rt></ruby> <ruby>孝<rt>たか</rt></ruby> <ruby>明<rt>あき</rt></ruby>
自[二]　　静岡6 | 自民[二] |

B型、㊗銀行員、㉔経済産業・金融政策、㉘ゴルフ・読書

| 勝目康 <ruby>かつ</ruby> <ruby>め</ruby> <ruby>やすし</ruby>
自[無]　　京都1 | 自民[無] |

AB型、㊗総務省室長、㉔コロナ禍からの社会経済の再生、東京一極集中の是正、少子高齢化対策、㉘音楽・美術鑑賞、㉓温かな心と冷静な頭脳

| 門山宏哲 <ruby>かど</ruby> <ruby>やま</ruby> <ruby>ひろ</ruby> <ruby>あき</ruby>
自[無]　㉗南関東 | 自民[無] |

B型、㊗弁護士、㉔経済の再生と社会正義の実現、㉘囲碁

金子　恵美 （かね　こ　めぐ　み） 立　　　　福島1	民主→民進(16.3)→無所属(18.5)→ 立憲(20.9)

A型、㉝町議・市議・参議院議員、㉑復興・農業・福祉、㉞映画鑑賞・読書

金子　俊平 （かね　こ　しゅん　ぺい） 自[岸]　　岐阜4	自民[岸]

A型、㉝衆議院議員秘書、㉞ドライブ・バレーボール、㉟父、㊞風林火山 人は石垣人は城

金子　恭之 （かね　こ　やす　し） 自[岸]　　熊本4	無所属→無所属の会(00.12)→自民 [岸](01.11)

O型、㉝田代由紀男参院議員秘書・園田博之衆院議員秘書、㉞ゴルフ・野球

金田　勝年 （かね　だ　かつ　とし） 自[二]　　㊦東北	自民[二]

A型、㉝大蔵省課長・主計官、㉑財政・厚生労働・農林水産・全般、㉞カラオケ・スポーツ観戦

金村　龍那 （かね　むら　りゅう　な） 維　　　㊦南関東	日本維新の会

A型、㉝療育施設代表・衆議員秘書、㉑子育て支援、㉞飲みニケーション、㉟王陽明・頭山満、㊞向き不向きより前向き

鎌田さゆり （かま　た） 立　　　　宮城2	自民→民主→民進→立憲

O型、㉝仙台市議・宮城県議、㉑司法制度、㉞お菓子作り・農作業・お料理、㉟マザーテレサ、㊞学びて思はざれば則ち罔し。思ひて学ばざれば則ち殆ふし。

上川　陽子 （かみ　かわ　よう　こ） 自[岸]　　静岡1	無所属→自民[岸](00.12)

AB型、㉝三菱総合研究所研究員、㉑厚生労働・農林水産・海洋・公文書、㉞合気道・日本舞踊・手芸

神谷　裕 （かみ　や　ひろし） 立　　　㊦北海道	民主→民進→立憲(17.10)→立憲 (20.9)

A型、㉝参議院議員秘書、㉑農林水産、㉞野球、㉟父・高校時代の野球部の監督、㊞向き不向きよりも前向き

亀岡 偉民 （かめ おか よし たみ）
自[安]　　㊗東北

自民[安]

A型、㊷会社員・議員秘書、㊾震災復興、㊙音楽鑑賞

川崎 ひでと （かわ さき）
自[無]　　三重2

自民[無]

A型、㊷衆議院議員秘書、㊾IT促進・インフラ整備、㊙アウトドア・ゴルフ、㊗川崎二郎・武井壮・坂本竜馬、㊽型をしっかり覚えた後に、型破りになれる

神田 憲次 （かん だ けん じ）
自[安]　　愛知5

自民[安]

㊷税理士、㊾税制、㊙旅行

神田 潤一 （かん だ じゅん いち）
自[岸]　　青森2

自民[岸]

A型、㊷日本銀行・金融庁・マネーフォワード、㊾金融・経済、ＩＴ・デジタル、㊙ジョギング、オペラ、㊽一期一会

菅 直人 （かん なお と）
立　　東京18

社民連 → さきがけ(94.1) → 民主(96.9)→民進(16.3)→立憲(17.10)→立憲(20.9)

O型、㊷弁理士、㊙囲碁・将棋・スキューバダイビング

菅家 一郎 （かん け いち ろう）
自[安]　　㊗東北

自民[安]

B型、㊷会津若松市長3期、㊾農林水産・経済産業・震災復興・地方分権、㊙ウォーキング

木原 誠二 （き はら せい じ）
自[岸]　　東京20

自民[岸]

O型、㊷財務省、㊗織田信長

木原 稔 （き はら みのる）
自[茂]　　熊本1

自民[茂]

B型、㊷日本航空社員、㊙ラーメン食べ歩き・スポーツ観戦、㊽常在戦場・みのるほど頭を垂れる稲穂かな

| 木村 次郎
き むら じ ろう
自[安] 青森3 | 自民[安] |

B型、㉑青森県職員、㉓農林水産・地方創生、㉔ジョギング・映画鑑賞、㉕白洲次郎、㉖風雪人を磨く

| 吉良 州司
き ら しゅう じ
無(有志) 大分1 | 無所属→民主(04.11)→民進(16.3)→
希望(17.9)→国民(18.5)→無所属
(20.9) |

B型、㉑日商岩井本社・ニューヨーク、㉓教育・外交・安全保障・エネルギー・地方創生、㉔スポーツ全般・歴史小説・自然堪能

| 城井 崇
き い たかし
立 福岡10 | 民主→民進→希望(17.9)→国民(18.5)
→立憲(20.9) |

㉑衆議院議員秘書

| 城内 実
き うち みのる
自[無] 静岡7 | 無所属→自民(03.11)→無所属(05.8)
→自民[無](12.5) |

B型、㉑外務省、㉓外交安保・農水・法務・経産・環境、㉔SPレコード蒐集・サッカー

| 黄川田 仁志
き かわ だ ひと し
自[無] 埼玉3 | 自民[無] |

O型、㉑環境コンサルタント・松下政経塾、㉓海洋資源開発、外交・安全保障、産業振興、㉔空手・剣道・スキューバダイビング・野球・落語

| 菊田 真紀子
き くた ま き こ
立 新潟4 | 民主→民進(16.3)→無所属(17.11)→
立憲(20.9) |

A型、㉑加茂市議・衆院議員秘書、㉓外交・社会保障・中小企業対策、㉔料理・中国語・映画鑑賞、㉕マザー・テレサ

| 岸 信夫
き し のぶ お
自[安] 山口2 | 自民[安] |

B型、㉑住友商事、㉔スキー・テニス・釣り、㉕吉田松陰・二宮尊徳・岸信介

| 岸田 文雄
き し だ ふみ お
自[岸] 広島1 | 自民[岸] |

AB型、㉑長銀・岸田文武衆院議員秘書、㉓外交・経済、㉔広島東洋カープ

北 神 圭 朗 きた がみ けい ろう 無（有志）　京都4	民主→民進→希望→無所属

B型、㋰大蔵省職員、㋵音楽鑑賞、㋒大久保利通、㋕正心誠意

北 側 一 雄 きた がわ かず お 公　　大阪16	公明→新進(94.12)→平和(98.1)→公明(98.11)

B型、㋰弁護士、㋵税財政・経済対策など、㋰囲碁・観劇・ジャズ鑑賞、㋒周恩来、㋕学ばずは卑し

北 村 誠 吾 きた むら せい ご 自［岸］　長崎4	無所属→自民［岸］(00.12)

㋰佐世保市議・長崎県議、㋵防衛・農水、㋰ラグビー観戦・釣り・バードウォッチング

金 城 泰 邦 きん じょう やす くに 公　㋐九州	公明

O型、㋰沖縄県議、㋵国土交通観光並びに農林水産関係分野、㋰釣り・読書、㋒白保台一元衆議員、㋕不撓不屈

工 藤 彰 三 く どう しょう ぞう 自［麻］　愛知4	自民［麻］

O型、㋰名古屋市議、㋵防災・中小企業対策・教育、㋰野球・料理・園芸

日 下 正 喜 くさ か まさ き 公　㋐中国	公明

O型、㋰政党職員、㋵子育て・教育、科学技術、防災・減災、㋰長唄三味線（師範）、㋒西郷隆盛、㋕国とは人の集まりなり、人とは心の器なり

櫛 渕 万 里 くし ぶち ま り れ　㋐東京繰	民主→民進→希望→れいわ新選組

AB型、㋰国際協力NGO、㋵気候変動、㋰スキー・水泳・和歌、㋒石橋湛山、㋕初志貫徹

国 定 勇 人 くに さだ いさ と 自［二］㋐北陸信越	自民［二］

B型、㋰三条市長、㋰読書、ラーメン紀行、㋒坂本龍馬、㋕愚直に、ただ愚直に

㋰プロフィール　き・く

くに しげ とおる
國重 徹
公 大阪5

公明

B型、[略]弁護士、[政]景気・経済対策・社会保障・人権・教育、[趣]剣道二段・ボクシング観戦、[銘]我以外皆我師

くに みつ
国光あやの
自[岸] 茨城6

自民[岸]

A型、[略]医師・厚労省課長補佐、[政]医療介護・子育て・働き方改革、[趣]柔道・剣道・読書、[銘]至誠

くま だ ひろ みち
熊田裕通
自[無] 愛知1

新進→自民[無]

[略]秘書、[政]教育・安保、[趣]クラシックギター

げん ば こう いち ろう
玄葉光一郎
立 福島3

無所属→さきがけ(93.12)→民主(96.9)→民進(16.3)→無所属(18.5)→立憲(20.9)

O型、[略]松下政経塾・福島県議、[政]外交問題・地方分権、[趣]映画観賞・スポーツ（野球・サッカー・水泳etc.）・読書、[尊]石橋湛山・チャーチル、[銘]不失恒心・人間万事塞翁が馬・知足

げん ま けん た ろう
源馬謙太郎
立 静岡8

民主→日本維新の会(12.11)→維新の党(16.3)→希望(17.10)→国民(18.5)→立憲(20.9)

B型、[略]静岡県議会議員、[政]道州制・少子化対策・外交・安全保障、[趣]バスケ・海に行くこと（ダイビング・サーフィン）・茶道、[尊]吉田松陰・西郷隆盛・安岡正篤・松下幸之助、[銘]一燈照隅万燈照国

こ いずみ しん じ ろう
小泉進次郎
自[無] 神奈川11

自民[無]

AB型、[略]衆議院議員秘書、[政]環境・気候変動・厚労・農業・安全保障、[趣]SUP・落語・文楽、[尊]JFケネディ・小林一三・二宮金次郎・中村仲蔵、[銘]積小為大

こ いずみ りゅう じ
小泉龍司
自[二] 埼玉11

無所属→自民(00.11)→無所属(05.8)→自民[二](17.10)

O型、[略]大蔵省、[政]財政・金融・社会保障、[趣]ウォーキング・読書

こ じま とし ふみ
小島敏文
自[岸] [比]中国

自民[岸]

O型、[略]広島県議会議員、[政]農林水産・防衛・国土交通、[趣]読書・スポーツ観戦、[銘]気概と公正

| こ てら ひろ お
小 寺 裕 雄
自[二]　滋賀4 | 自民[二] |

A型、㆑滋賀県議、㆓農林業・地方創生・中小企業対策・社会保障、㆔スポーツ全般・柔道4段・レーシングカヌー全日本5位、㆕本田宗一郎、㉕一隅を照らす

| こ ばやし しげ き
小 林 茂 樹
自[二]　㆑近畿 | 自民[二] |

O型、㆑奈良県議会議員、㆓教育・住宅政策・地方創生、㆔詩吟・読書、㆕王貞治、㉕世に生を得るは事を成すにあり

| こ ばやし たか ゆき
小 林 鷹 之
自[二]　千葉2 | 自民[二] |

O型、㆑財務省課長補佐・外交官、㆓経済安全保障・科学技術・宇宙、㆔マラソン・御輿渡御、㉕有志有途

| こ ばやし ふみ あき
小 林 史 明
自[岸]　広島7 | 自民[岸] |

A型、㆑NTTドコモ、㆓デジタル政策・規制改革・情報通信・水産、㆔野球・スノーボード（C級インストラクター）、㉕知行合一

| こ み やま やす こ
小宮山泰子
立　㆑北関東 | 民主→国民の生活が第一(12.7)→未来(12.11)→生活の党(12.12)→民主(14.11)→民進(16.3)→希望(17.9)→国民(18.5)→立憲(20.9) |

㆑NTT社員・衆院議員秘書・埼玉県議、㆓老朽インフラ対策・障がい者・観光・都市農業、㆔茶道・映画鑑賞

| こ もり たく お
小 森 卓 郎
自[安]　石川1 | 自民[安] |

B型、㆑国家公務員、㆓経済財政、地域活性化、安全保障、㆔映画鑑賞、㉕一期一会

| こ やま のぶ ひろ
小 山 展 弘
立　静岡3 | 民主→立憲 |

AB型、㆑農林中央金庫職員、㆓農林水産・経済産業、㆔弓道・水泳、㆕石橋湛山、㉕衆人愛敬

| こ が あつし
古 賀 　篤
自[岸]　福岡3 | 自民[岸] |

A型、㆑財務省職員、㆔料理・カラオケ、㉕一意専心、天下一人を以て興る

| 後藤茂之
自[無]　長野4 | 新進→民主→自民[無]（03.8） |

A型、⑱大蔵省企画調整室長、⑭税・財政・社会保障、⑭お茶・書・クラッシック音楽

| 後藤祐一
立　神奈川16 | 民主→民進（16.3）→希望（17.9）→国民（18.5）→立憲（20.9） |

A型、⑱経産省課長補佐、⑭安全保障・行政改革・農政改革、⑭キャンプ、⑭大久保利通、⑭従流志不変

| 河野太郎
自[麻]　神奈川15 | 自民[麻] |

O型、⑱富士ゼロックス、⑭読書・映画鑑賞

| 神津たけし
立　⑭北陸信越 | 立憲 |

B型、⑱JICA企画調査員、⑭地方分権、国土交通、農林水産、⑭マレットゴルフ、スキー、料理

| 高村正大
自[麻]　山口1 | 自民[麻] |

B型、⑱衆院議員秘書、⑭外交・文教・社会保障、⑭スキー・マラソン・ゴルフ・格闘技・少林寺拳法、⑭福沢諭吉、⑭政治家は一本のローソクたれ

| 國場幸之助
自[岸]　⑭九州 | 自民→無所属→自民[岸] |

O型、⑱県議会議員、⑭国土交通・厚生労働・安全保障、⑭映画・読書・空手、⑭松下幸之助、⑭誠心誠意

| 穀田恵二
共　⑭近畿 | 共産 |

⑱立命館大職員・京都市議、⑭雇用・年金・介護・外交・安保、⑭サッカー・ラグビー・スポーツ観戦・映画鑑賞

| 輿水恵一
公　⑭北関東 | 公明 |

⑱さいたま市議、⑭福祉・教育・情報通信、⑭芸術鑑賞、⑭田中正造、⑭賢而能下　剛而能忍

こん どう かず や **近 藤 和 也** 立　　㊗北陸信越	民主→民進→希望(17.9)→国民 (18.5)→立憲(20.9)

O型、㊥野村證券㈱社員、㊙金融・農水・災害対策、㊙ごいた・マラソン・釣り、㊙カエサル・伊藤博文、㊙一所懸命

こん どう しょう いち **近 藤 昭 一** 立　　　　　愛知3	民主→民進(16.3)→立憲(17.10)→立 憲(20.9)

A型、㊥中日新聞、㊙環境・アジア外交、㊙スキー・水泳・ヨット・読書・カラオケ、㊙石橋湛山、㊙愚公移山

さ さ き はじめ **佐 々 木 紀** 自[安]　　石川2	自民[安]

AB型、㊥会社役員、㊙中小企業振興・教育・福祉、㊙旅行、㊙正直は一生の宝

さ とう こう じ **佐 藤 公 治** 立　　　　　広島6	新進→自由→民主→生活の党→自由 →希望(17.9)→無所属(18.5)→立憲 (20.9)

O型、㊥㈱電通社員・議員秘書、㊙一以貫之

さ とう しげ き **佐 藤 茂 樹** 公　　　　　大阪3	公明→新進(94.12)→自由(98.1)→無 所属(98.10)→公明(98.11)

ＡＢ型、㊥日本IBM・団体職員、㊙スポーツ観戦、映画鑑賞、㊙自分自身に勝て！

さ とう つとむ **佐 藤 勉** 自[無]　　栃木4	自民[無]

B型、㊥栃木県議、㊙中小企業・農業・教育・情報通信・地方分権、㊙ゴルフ・ドライブ

さ とう ひで みち **佐 藤 英 道** 公　　㊗北海道	公明

㊥北海道議・公明新聞記者、㊙農林水産・国土交通・障がい者・文化芸術

さい とう てつ お **斉 藤 鉄 夫** 公　　　　　広島3	公明→新進(94.12)→平和(98.1)→公 明(98.11)

A型、㊥清水建設技術研究所、㊙科学技術、㊙鉄道・水泳

斎藤アレックス
さいとう
国　⑭近畿　｜　国民

⑭会社員、松下政経塾、㉑経済、防衛、⑭筋トレ、旅行、映画・ドラマ鑑賞、㉟松下幸之助、斎藤隆夫、㊟疑うなかれ

齋藤　健
さい とう けん
自[無]　千葉7　｜　自民[無]

A型、⑭経済産業省、⑭読書・ハンドボール・カラオケ、㉟ユリウス・カエサル、高杉晋作、原敬、鈴木貫太郎

斎藤洋明
さい とう ひろ あき
自[麻]　新潟3　｜　自民[麻]

A型、⑭内閣府職員、⑭ジョギング・読書

坂井　学
さか い まなぶ
自[無]　神奈川5　｜　自民[無]

B型、⑭衆議院議員秘書・配管工、㉑環境・国交・財務

坂本哲志
さか もと てつ し
自[森]　熊本3　｜　無所属→自民[森](07.12)

O型、⑭新聞記者・熊本県議、㉑地方自治・農業・教育・安全保障、⑭ジョギング・剣道・テニス・読書

坂本祐之輔
さか もと ゆう の すけ
立　⑭北関東　｜　日本維新の会→維新の党→民進→希望→立憲

O型、⑭市長、市議、会社役員、㉑教育、地方自治、福祉、⑭スポーツ全般、将棋、音楽演奏、海釣り、㉟父、㊟修身・斉家・治国・平天下

櫻井　周
さくら い しゅう
立　⑭近畿　｜　民主→民進→立憲(17.10)→立憲(20.9)

O型、⑭伊丹市議会議員、㉑教育・財政・金融、⑭マラソン、㊟義を見てせざるは勇なきなり

櫻田義孝
さくら だ よし たか
自[二]　⑭南関東　｜　自民[二]

O型、⑭市議・県議・建設会社社長、㉑道州制・教育再建・経済成長、⑭オペラ鑑賞・山登り・空手三段・将棋四段、㉟徳川家康、J・F・ケネディ

笹川 博義 自[茂]　群馬3	自民[茂]

B型、㊗県会議員、㊕経済の再建、㊙ガーディニング

沢田　良 維　　㊗北関東	日本維新の会

ＡＢ型、㊗参議院議員秘書、㊕教育・減税・社会保障、㊙ラーメン巡り、ポケモンカード、㊙松井一郎、㊙初志貫徹

志位 和夫 共　　㊗南関東	共産

O型、㊗日本共産党本部、㊙ピアノ・クラシック音楽鑑賞

塩川 鉄也 共　　㊗北関東	共産

AB型、㊗日高市職員、㊙読書・郷土史研究

塩崎 彰久 自[安]　愛媛1	自民[安]

㊗弁護士事務所、㊙テニス、茶道、インスタ俳句、㊙疾風に勁草を知る

塩谷　立 自[安]　㊗東海	自民[安]

A型、㊗財団役員

重徳 和彦 立　　愛知12	日本維新の会→維新の党(14.9)→改革結集の会(15.12)→民進(16.3)→無所属(17.10)→立憲(20.9)

O型、㊗総務省職員、㊕子どもを増やす「増子化」・地方分権・道州制・鉄壁防災対策、㊙まちおこし・ラグビー観戦、㊙上杉鷹山

階　猛 立　　岩手1	民主→民進(16.3)→希望(17.9)→国民(18.5)→無所属(19.5)→立憲(20.9)

O型、㊗新生銀行・みずほ証券、㊕法務・金融、㊙野球・ボクシング

篠原　豪 {しの はら ごう}	みんな→結いの党→維新の党→民進
立　　神奈川1	(16.3)→立憲(17.10)→立憲(20.9)

B型、㊙横浜市会議員、㊗外交・安全保障、行財政制度、
地方自治、㊙マリンスポーツ、㊙粗にして野なれど卑に
あらず

篠原　孝 {しの はら たかし}	民主→民進(16.3)→国民(18.5)→立
立　㊐北陸信越	憲(20.9)

B型、㊙農水省農林水産政策研究所長、㊗農林水産・環
境・安全保障・外交、㊙テニス・野球・山歩き・読書

柴山昌彦 {しば やま まさ ひこ}	自民[安]
自[安]　埼玉8	

A型、㊙弁護士（東京弁護士会）、㊗文部科学・経済・
総務・外交・法務、㊙空手（和道流五段）・カラオケ、
㊙野口英世、アブラハム・リンカーン

島尻安伊子 {しま じり あ い こ}	自民[茂]
自[茂]　沖縄3	

O型、㊙市議、㊗経済政策、沖縄振興、㊙釣り、㊙緒方
貞子、㊙いつも喜んでいなさい。

下条みつ {しも じょう みつ}	民主→民進→希望(17.9)→国民
立　　長野2	(18.5)→立憲(20.9)

AB型、㊙銀行員、㊗年金・福祉の充実、中小・自営の
景気対策、㊙バンド演奏・テニス・スキー、㊙ロバート・
ケネディ、㊙努力は力なり

下村博文 {しも むら はく ぶん}	自民[安]
自[安]　東京11	

A型、㊙博文進学ゼミ社長・都議、㊗文教・憲法、㊙ウォー
キング・読書

庄子賢一 {しょう じ けん いち}	公明
公　㊐東北	

O型、㊙県議会議員、㊗国土交通観光、地方創生、㊙読
書、㊙上杉鷹山、㊙信なくば立たず

白石洋一 {しら いし よう いち}	民主→民進→希望(17.9)→国民
立　㊐四国	(18.5)→立憲(20.9)

B型、㊙監査法人・銀行員、㊗社会保障、㊙稲盛和夫、
㊙誠実

しん たに まさ よし
新谷正義
自[茂] 広島4
自民[茂]

O型、[略]医師・病院長、[政]医療再建・経済再生・情報通信、[趣]読書・音楽鑑賞、[銘]一期一会

しん どう よし たか
新藤義孝
自[茂] 埼玉2
自民[茂]

B型、[略]川口市議・学校法人理事、[政]地方創生・地方自治・ICT・経済産業・領土・外交・安全保障・資源、[趣]音楽・スキー

すえ つぐ せい いち
末次精一
立 [比]九州
自由→無所属→国民の生活が第一→未来→生活の党→自由→希望→国民→立憲

O型、[略]県議、衆議院議員秘書、[政]エネルギー・障害者福祉・1次産業・子育て、[趣]新極真空手・読書、[尊]小沢一郎・両親

すえ まつ よし のり
末松義規
立 東京19
さきがけ→民主→民進→立憲(17.10)→立憲(20.9)

[略]外務省（通産省出向）、[政]外交・財政・社会保障、[趣]旅行・神社巡り・少林寺拳法・アニメ鑑賞、[尊]聖徳太子・斎藤一人、[銘]政治は人助け・愛と感謝

すが よし ひで
菅義偉
自[無] 神奈川2
自民[無]

O型、[略]通産相秘書官・横浜市議、[趣]ジョギング・釣り、[銘]意志あれば道あり

すぎ た み お
杉田水脈
自[安] [比]中国
日本維新の会→次世代→自民[安]

B型、[略]西宮市役所職員、[政]外交・児童福祉、[趣]読書・旅行・カラオケ、[尊]マーガレット・サッチャー、[銘]置かれたところで咲く

すぎ もと かず み
杉本和巳
維 [比]東海
民主→みんな→日本維新の会

B型、[略]銀行員、[政]しがらみのない庶民の政治、[趣]テニス・登山・カラオケ、[尊]ガンジー・チャーチル、[銘]為せば成る

すず き あつし
鈴木敦
国 [比]南関東
国民

A pos、[略]政党職員、[政]労働、安全保障、[趣]温泉、[尊]乃木希典

すず き えい けい	
鈴 木 英 敬	自民[安]
自[安]　　三重4	

A型、㋕三重県知事、㋔地方創生、エネルギー、防災、少子化、㋛子育て、読書、㋘坂本龍馬、㋚夢なき者に成功なし（吉田松陰）

すず き けい すけ	
鈴 木 馨 祐	自民[麻]
自[麻]　　神奈川7	

A型、㋕大蔵省、㋔外交・財政・金融・環境、㋛スポーツ

すず き しゅん いち	
鈴 木 俊 一	自民[麻]
自[麻]　　岩手2	

B型、㋕全漁連、㋔社会保障・農林水産、㋛ゴルフ

すず き じゅん じ	
鈴 木 淳 司	自民[安]
自[安]　　愛知7	

㋕松下政経塾・瀬戸市議

すず き たか こ	
鈴 木 貴 子	新党大地→民主(14.11)→無所属
自[茂]　㋛北海道	(16.3)→自民[茂](17.9)

㋕NHK長野放送局ディレクター

すず き のり かず	
鈴 木 憲 和	自民[茂]
自[茂]　　山形2	

㋕農水省、㋘上杉鷹山公、㋚現場が第一

すず き はや と	
鈴 木 隼 人	自民[茂]
自[茂]　　東京10	

㋕経済産業省課長補佐、㋔経済政策・社会保障、㋛スキー・テニス・読書・写真

すず き よう すけ	
鈴 木 庸 介	立憲
立　　㋛東京	

O型、㋕会社経営、㋔格差是正、㋛熱帯魚飼育、㋗両親、㋚人間万事塞翁が馬

すず き よし ひろ
鈴木義弘
国　[比]北関東

日本維新の会→維新の党→改革結集の会→民進→希望→国民

O型、[略]県議、参議院議員秘書、[政]経済産業振興と教育改革、[趣]読書、音楽鑑賞、ゴルフ、[尊]土屋義彦、[銘]熟慮断行

すみ よし ひろ き
住吉寛紀
維　[比]近畿

日本維新の会

[略]兵庫県議

せ と たか かず
瀬戸隆一
自[麻]　[比]四国繰

自民[麻]

O型、[略]総務省、[趣]少林寺拳法、[尊]大平正芳、[銘]信なくば立たず

せき よし ひろ
関　芳弘
自[安]　兵庫3

自民[安]

B型、[略]三井住友銀行本社上席推進役、[政]経済・金融分野、[趣]将棋・囲碁・茶道・卓球

そら もと せい き
空本誠喜
維　[比]中国

民主→無所属→日本維新の会

A型、[略]（株）東芝の技術者、[政]エネルギー、[趣]スキー指導員、[銘]安心立命

りょう
たがや　亮
れ　[比]南関東

生活の党→民進→れいわ新選組

B型、[略]会社経営、[政]経済、農政、国土交通、[趣]DJ、スポーツ、[尊]両親、田中角栄、小沢一郎、[銘]人間万事塞翁が馬

た じま かなめ
田嶋　要
立　千葉1

民主→民進(16.3)→希望(17.10)→無所属(18.5)→立憲(20.9)

O型、[略]NTT社員、[政]経済産業・エネルギー・情報通信、[趣]旅行・声楽と指揮・ダイビング・読書

た どころ よし のり
田所嘉徳
自[無]　[比]北関東

自民[無]

A型、[略]茨城県議・法務博士・特定行政書士・一級建築士、[趣]サイクリング、[銘]百術は一誠に如かず

たなか かずのり **田中和徳** 自[麻]　神奈川10	自民[麻]

B型、[略]川崎市議・神奈川県議、[政]再犯防止の推進・環境教育の推進、[趣]切手収集・読書・旅行・スポーツ

たなか けん **田中　健** 国　[比]東海	民主→民進→希望→国民

O型、[略]銀行員、区議、都議、[政]中小企業、地域振興、教育、[趣]映画鑑賞、[尊]後藤新平、[銘]人事を尽くして天命を待つ

たなか ひでゆき **田中英之** 自[無]　[比]近畿	自民[無]

AB型、[略]京都外大職員・京都市議、[政]文部科学・国土交通・厚労

たなか りょうせい **田中良生** 自[無]　埼玉15	自民[無]

AB型、[略]蕨ケーブルビジョン会長、[政]成長戦略・憲法改正・教育改革・中小企業対策、[趣]浦和レッズ・水泳・スキー、[尊]上杉鷹山、[銘]義を見てせざるは勇なきなり

たのせたいどう **田野瀬太道** 自[森]　奈良3	自民→無所属(21.2)→自民[森](21.10)

[略]社会福祉法人理事長・㈳橿原青年会議所理事長・衆議院議員秘書、[政]文教、林野関係、科学技術、首都機能移転、[趣]登山・読書・音楽鑑賞・柔道3段

たばた ひろあき **田畑裕明** 自[安]　富山1	自民[安]

A型、[略]会社員・市議・県議、[政]社会保障制度改革、[趣]ウォーキング、[銘]雲外蒼天

たむら たかあき **田村貴昭** 共　[比]九州	共産

A型、[略]北九州市議会議員、[政]農林水産・財金・災害対策、[趣]おつまみ作り

たむら のりひさ **田村憲久** 自[無]　三重1	自民[無]

B型、[略]田村元衆院議員秘書、[政]社会保障・教育・福祉・環境、[趣]柔道初段・読書

たいら まさあき **平　将明** 自[無]　東京4	自民[無]

A型、[略]東京JC理事長・会社社長

たかいち さなえ **高市早苗** 自[無]　奈良2	無所属→自由(94.4)→新進(94.12)→無所属(96.11)→自民[無](96.12)

A型、[略]松下政経塾・大学教授、[政]憲法・産業政策、[趣]スキューバダイビング、[尊]松下幸之助・両親、[銘]高い志・広い眼・深い心

たかがいえみこ **髙階恵美子** 自[安]　[比]中国	自民[安]

O型、[略]日本看護協会常任理事

たかぎ けい **髙木　啓** 自[安]　[比]東京	自民[安]

B型、[略]区議・都議、[政]地方自治・中小企業等産業振興・社会保障、[趣]映画鑑賞・街歩き、[尊]東郷平八郎、[銘]百折不撓

たかぎ つよし **髙木　毅** 自[安]　福井2	自民[安]

A型、[略]高木商事社長・JC北信越会長、[政]防衛・国土交通、[趣]映画・歌舞伎鑑賞・サッカー・ゴルフ、[銘]弗爲胡成

たかぎ ひろひさ **高木宏壽** 自[二]　北海道3	自民[二]

A型、[略]コンサルタント、北海道議、[政]社会保障、安全保障、財務金融、[趣]ジャズピアノ、サーキット走行、読書、[尊]石橋湛山、白洲次郎、[銘]原則と良識、継続は力なり

たかぎ ようすけ **高木陽介** 公　[比]東京	公明→新進(94.12)→平和(98.1)→公明(98.11)

A型、[略]毎日新聞記者、[政]国土交通、[趣]写真

たかとり しゅういち **髙鳥修一** 自[安]　[比]北陸信越	自民[安]

B型、[略]衆院議員秘書、[政]福祉・医療の充実、[趣]スキー・テニス・ギター・空手錬士五段

[衆]プロフィール　た

| 高橋　千鶴子
共　　　　㊡東北 | 共産 |

㉕高校教諭・青森県議、㉑厚生労働・震災復興・災害対策・教育・農林水産業問題、㉚イラスト

| 高橋　英明
維　　　　㊡北関東 | 自民→日本維新の会 |

ＡＢ型、㉕会社役員、㉑行政改革、㉚ボクシング、サッカー、読書etc、㉛吉田松陰、㉟知行合一

| 高見　康裕
自［茂］　　島根2 | 自民［茂］ |

Ａ型、㉕島根県議会議員、㉑地方創生、㉚家族と散歩すること、㉛坂本龍馬、㉟人事を尽くして天命を待つ

| 竹内　　譲
公　　　　㊡近畿 | 公明→新進→公明 |

Ａ型、㉕銀行員、㉑経済・金融、㉚読書・ボーカル・囲碁

| 武井　俊輔
自［岸］　　㊡九州 | 自民［岸］ |

Ｏ型、㉕楽天社員・宮崎交通社員、㉑公共交通政策、㉚鉄道旅行・古城巡り

| 武田　良太
自［二］　　福岡11 | 無所属→自民(04.7)→無所属(05.8)→自民［二］(06.12) |

Ｂ型、㉕衆院議員秘書、㉑外交安全保障・エネルギー問題、㉚ゴルフ、㉟正気堂々

| 武部　　新
自［二］　　北海道12 | 自民［二］ |

Ｂ型、㉕衆公設秘書・銀行員、㉚剣道・スポーツ全般・犬の散歩

| 武村　展英
自［無］　　滋賀3 | 自民［無］ |

Ａ型、㉕公認会計士、㉑中小企業・環境・消費者問題、㉚テニス

たちばな けいいちろう 橘 慶一郎 自[無] 富山3	自民[無]

A型、[略]高岡市長、[政]地方自治、[趣]家族とのだんらん

たなはし やすふみ 棚橋泰文 自[麻] 岐阜2	自民[麻]

O型、[略]通産省課長補佐・弁護士、[趣]サッカー・読書・ジョギング

たに こういち 谷 公一 自[二] 兵庫5	自民[二]

A型、[略]衆院議員秘書・兵庫県政策室長、[政]復興・防災・自治、[趣]歌舞伎鑑賞・山歩き、[尊]齊藤隆夫

たにがわ 谷川とむ 自[安] [比]近畿	自民[安]

B型、[略]参院議員秘書、[政]地方創生・教育・社会保障、[趣]テニス

たにがわ やいち 谷川弥一 自[安] 長崎3	自民[安]

B型、[略]会社役員・長崎県議会議長、[政]農水・自治、[趣]ウォーキング・囲碁・読書、[銘]打成一片

たまき ゆういちろう 玉木雄一郎 国 香川2	民主→民進(16.3)→希望(17.9)→国民(18.5)→国民(20.9)

O型、[略]財務省、[政]行政改革・農林水産、[趣]カラオケ

つしま じゅん 津島 淳 自[茂] [比]東北	自民[茂]

A型、[略]議員秘書・会社員、[政]国交全般・農水・エネルギー政策・社会保障、[趣]写真撮影・読書、[尊]坂本龍馬・大平正芳

つかだ いちろう 塚田一郎 自[麻] [比]北陸信越	自民[麻]

AB型、[略]議員秘書、[政]地方分権、インフラ整備、拉致問題、[趣]掃除・洗濯、[尊]塚田十一郎、[銘]一志一道

[衆]プロフィール た・つ

つじ きよと **辻　清人** 自[岸]　東京2	自民[岸]

O型、[略]民間会社社員・研究所職員、[政]経済・外交、[趣]落語鑑賞・野球観戦・銭湯巡り、[尊]新渡戸稲造・深谷隆司、[銘]至誠天に通ず

つちだ しん **土田　慎** 自[麻]　東京13	自民[麻]

[略]参議院議員秘書、[趣]剣道、[尊]上杉鷹山、[銘]為せば成る　為さねば成らぬ何事も　成らぬは人の為さぬなりけり

つちや しなこ **土屋品子** 自[無]　埼玉13	無所属→無所属の会(99.12)→自民[無](01.9)

O型、[略]料理研究家・フラワーアーティスト

つつみ **堤　かなめ** 立　福岡5	民主→民進→立憲

A型、[略]大学教員、[政]少子化対策（子育て支援）、ジェンダー平等、[趣]山歩き、ヨガ、[尊]緒方貞子、[銘]至誠通天

つのだ ひでお **角田秀穂** 公　[比]南関東	公明

A型、[略]水道産業新聞記者、[政]防災・減災・働き方改革、[趣]登山・読書、[尊]上杉鷹山、[銘]我以外皆我師

てづか よしお **手塚仁雄** 立　東京5	日本新党→無所属→民主→民進→立憲(17.10)→立憲(20.9)

O型、[趣]高校野球観戦、[尊]野田佳彦、[銘]屈伸

てらた まなぶ **寺田　学** 立　[比]東北	民主→民進(16.3)→希望(17.9)→無所属(18.5)→立憲(20.9)

A型、[略]内閣総理大臣補佐官、[政]地域活性化、[趣]登山・自転車、[尊]後藤田正晴

てらだ みのる **寺田　稔** 自[岸]　広島5	自民[岸]

AB型、[略]財務省、[政]財政・防衛、[趣]テニス・ウォーキング・読書・カラオケ

| 土井　亨 <small>どい とおる</small>
自[安]　宮城1 | 自民[安] |

㊟宮城県議

| 冨樫　博之 <small>とがし ひろゆき</small>
自[無]　秋田1 | 自民[無] |

㊟秋田県議会議長、㊟ゴルフ・釣り

| 渡海紀三朗 <small>とかい きさぶろう</small>
自[無]　兵庫10 | 自民→さきがけ(93.7)→自民[無]
(00.6) |

AB型、㊟一級建築士・外相秘書、㊟科学技術・文教・建設、㊟読書、音楽・映画鑑賞、カラオケ

| 徳永　久志 <small>とく なが ひさ し</small>
立　㊟近畿 | 民主→民進→希望→国民→立憲 |

O型、㊟参議院議員、滋賀県議、㊟外交・安全保障、㊟スポーツ観戦、㊟狭き門より入れ

| 中川　貴元 <small>なか がわ たか もと</small>
自[麻]　㊟東海 | 自民[麻] |

A型、㊟名古屋市議、㊟財政、金融、経済産業、社会保障、子育て支援、地方自治、㊟ウォーキング、㊟初心生涯

| 中川　宏昌 <small>なか がわ ひろ まさ</small>
公　㊟北陸信越 | 公明 |

O型、㊟県議、長野銀行、㊟地方創生、観光対策、㊟詩吟、剣舞、㊟上杉鷹山、㊟まさに苦労は買ってせよ

| 中川　正春 <small>なか がわ まさ はる</small>
立　㊟東海 | 新進→国民の声(98.1)
→民政(98.1)
→民主(98.4)→民進(16.3)→無所属
(18.5)→立憲(19.9)→立憲(20.9) |

AB型、㊟国際交流基金・三重県議（3期）、㊟経済・外交、㊟読書・テニス・バレーボール・釣り・ガーデニング・山歩き・オカリナ、㊟和して同ぜず

| 中川　康洋 <small>なか がわ やす ひろ</small>
公　㊟東海 | 公明 |

㊟県議・市議、㊟子育て・教育・環境・地方自治、㊟読書、山登り、㊟周恩来夫妻、㊟人間主義の政治

㊟プロフィール　と な

339

中川 郁子（なかがわ ゆうこ）
自［二］　㋘北海道

自民［二］

O型、㋿北海道第11選挙区支部長、㋕農林水産業、商工業、建設業、㋷スポーツ、㋰中川昭一、㋙真実一路

中島 克仁（なかじま かつひと）
立　㋘南関東

みんな→民主(14.11)→民進(16.3)→無所属(17.10)→立憲(20.9)

O型、㋿医師、㋕医療・福祉、㋷ラグビー・サッカー・野球・時計、㋙父

中曽根 康隆（なかそね やすたか）
自［二］　　群馬1

自民［二］

O型、㋿会社員・参議院議員秘書、㋕外交・安保・少子化対策、㋷読書・ゴルフ、㋙自我作古

中谷 一馬（なかたに かずま）
立　㋘南関東

立憲→立憲(20.9)

B型、㋿神奈川県議・IT企業執行役員・首相秘書、㋕経済・デジタル・子育て教育・社会保障、㋷旅行・料理、㋰オードリー・タン、㋙一隅を照らす

中谷 元（なかたに げん）
自［無］　高知1

自民［無］

A型、㋿陸上自衛官、加藤紘一・今井勇・宮沢喜一各衆院議員秘書、厚相秘書、㋕安全保障・農林水産・情報通信、㋷ラグビー・読書・囲碁、㋙信念・凛

中谷 真一（なかたに しんいち）
自［茂］　山梨1

自民［茂］

AB型、㋿元自衛官、㋕安全保障・農林水産、㋷ラグビー・読書、㋰ネルソン・マンデラ、リンカーン

中司 宏（なか つか ひろし）
維　　大阪11

自民→無所属→日本維新の会

A型、㋿新聞記者、市長、府議、㋕地方分権改革、㋰聖徳太子、㋙人間万事塞翁が馬

中西 健治（なか にし けんじ）
自［麻］　神奈川3

みんな→無所属(14.11)→自民［麻］(16.7)

B型、㋿JPモルガン証券副社長、㋷ランニング・水泳・トライアスロン・書道、㋙いつだって挑戦者

中根 一幸 なか ね かず ゆき 自[安] ㊷北関東	自民[安]

A型、㊹大学講師・衆議院議員秘書、㊵外交・国交・経済・文教、㊶テニス・野球・ジョギング・読書

中野 英幸 なか の ひで ゆき 自[二] 埼玉7	自民[二]（10.11）

B型、㊹会社役員、県議、㊵産業経済、教育・子育て、㊶音楽鑑賞・スポーツ観戦、㊸坂本龍馬、㊺行くに径に由らず

中野 洋昌 なか の ひろ まさ 公 兵庫8	公明

㊹国土交通省課長補佐、㊺基本は力、継続は力なり

中村 喜四郎 なか むら き し ろう 立 ㊷北関東	自民→無所属（94.3）→改ク（09.10）→無所属（10.4）→立憲（20.9）

B型、㊹田中角栄衆院議員秘書、㊶読書・スポーツ、㊸織田信長・勝海舟、㊺疾風に勁草を知る

中村 裕之 なか むら ひろ ゆき 自[麻] 北海道4	自民[麻]

O型、㊹北海道議会議員、㊵地域経済・防災・教育、㊶ゴルフ・読書、㊸上杉鷹山、㊺知行合一

中山 展宏 なか やま のり ひろ 自[麻] ㊷南関東	自民[麻]

A型、㊹債券ディーラー・国会議員秘書、㊵財政・金融、㊶ジョギング・料理

永岡 桂子 なが おか けい こ 自[麻] 茨城7	自民[麻]

A型、㊹主婦、㊵信頼できる政治の確立、㊶水泳・テニス・音楽鑑賞

長坂 康正 なが さか やす まさ 自[麻] 愛知9	自民[麻]

A型、㊹総理大臣秘書、㊵事前防災・福祉・中小企業振興、㊶歴史探訪・観劇・美術鑑賞・ご当地グルメ・スポーツ観戦、㊸伊能忠敬・海部俊樹、㊺理想は高く姿勢は低くいつも心に太陽を持って

長島 昭久	民主→民進(16.3)→無所属(17.4)→
なが しま あき ひさ	希望(17.9)→無所属(18.5)→自民
自[二] ㉔東京	[二](19.6)

A型、㊟米外交問題評議会上席研究員、㊏外交・安全保障、㊣水泳・スケート観戦、㊚西郷隆盛、㊞命もいらず、名もいらず、官位も金も望まぬ者ほど御し難きものはなし。しかれども、この御し難き者にあらざれば、国家の大業を計るべからず

長妻 昭	民主→民進(16.3)→立憲(17.10)→立
なが つま あきら	憲(20.9)
立 東京7	

AB型、㊟日経ビジネス誌記者・NEC、㊏すべての人に「居場所」と「出番」のある社会の実現、㊣読書・カラオケ・散歩、㊚徳川家康、㊞而今・至誠通天

長友 慎治	国民
なが とも しん じ	
国 ㉔九州	

AB型、㊟NPO法人理事長、㊏中小企業支援、農林水産業、地方創生、㊣登山、アウトドア、㊚安井息軒、㊞人間万事塞翁が馬

二階 俊博	自民→新生(93.6)→新進(94.12)→自
に かい とし ひろ	由(98.1)→保守(00.4)→保新(02.12)
自[二] 和歌山3	→自民[二](03.11)

B型、㊟和歌山県議、㊏国土交通・観光・農業等、㊣読書・サイクリング

仁木 博文	民主→民進→無所属
に き ひろ ふみ	
無(有志) 徳島1	

O型、㊟産婦人科医・医学博士、㊏厚生労働分野全般、㊣映画鑑賞、㊚ジョン・F・ケネディ、㊞一期一会

丹羽 秀樹	自民[無]
に わ ひで き	
自[無] 愛知6	

O型、㊟証券会社員、㊏経済対策・教育・福祉・農業・環境、㊣読書・茶道・アーチェリー・登山・スポーツ観戦、㊞無信不立

西岡 秀子	民主→民進→希望(17.9)→国民
にし おか ひで こ	(18.5)→国民(20.9)
国 長崎1	

㊟国会議員秘書・会社役員、㊚父 西岡武夫、㊞一日一生

西田 昭二	自民[岸]
にし だ しょう じ	
自[岸] 石川3	

O型、㊟県議会議員、㊏地方の活性化、㊣ウォーキング、㊚瓦力 元代議士、㊞滅私奉公

| 西野 太亮 にし の だい すけ
自[無] 熊本2 | 無所属→自民[無](21.12) |

B型、㊟財務省、㊞一生燃焼、一生感動、一生不悟

| 西村 明宏 にし むら あき ひろ
自[安] 宮城3 | 自民[安] |

㊟大臣秘書官・大学教授、㊞至誠・和敬

| 西村 智奈美 にし むら ち な み
立 新潟1 | 民主→民進(16.3)→立憲(17.10)→立憲(20.9) |

㊟大学非常勤講師・新潟県議、㊎社会保障・地方分権、㊙料理、山歩き、㊥両親、㊞歩く人が多くあればそこが道になる

| 西村 康稔 にし むら やす とし
自[安] 兵庫9 | 無所属→自民[安](04.1) |

B型、㊟通産省調査官、㊎経済外交政策・行政改革・憲法改正、㊙秘境巡り・マラソン・写真・映画鑑賞、㊞断旧立新

| 西銘 恒三郎 にし め こう さぶ ろう
自[茂] 沖縄4 | 自民[茂] |

AB型、㊟知事秘書・県議4期、㊎安全保障・社会保障・中小企業振興・農林水産業、㊙ウォーキング・史跡巡り

| 額賀 福志郎 ぬか が ふく し ろう
自[茂] 茨城2 | 自民[茂] |

O型、㊟産経新聞記者・茨城県議、㊎安全保障・経済財政・社会保障・教育、㊙ゴルフ・読書、㊞福志大道

| 根本 匠 ね もと たくみ
自[岸] 福島2 | 自民[岸] |

A型、㊟建設省、㊎復興・社会保障・金融・財政・農政、㊙水泳・読書、㊥後藤新平、㊞自ら計らわず・疾風に勁草を知る

| 根本 幸典 ね もと ゆき のり
自[安] 愛知15 | 自民[安] |

AB型、㊟豊橋市議会議員2期、㊎農業政策、㊙読書・音楽観賞、㊞義を見てせざるは勇なき也

㊞プロフィール

に・ぬ・ね

| 野田 聖子
_{の だ せい こ}
自[無]　　岐阜1 | 自民→無所属(05.8)→自民[無]
(06.12) |

A型、㊂岐阜県議、㊚少子化対策・情報通信、㊙パソコ
ン・読書・映画鑑賞

| 野田 佳彦
_{の だ よし ひこ}
立　　千葉4 | 日本新党→新進(94.12)→無所属→
民主(98.12)→民進(16.3)→無所属
(18.5)→立憲(20.9) |

B型、㊂松下政経塾・千葉県議、㊙読書・格闘技観戦

| 野中 厚
_{の なか あつし}
自[茂]　㊡北関東 | 自民[茂] |

B型、㊂埼玉県議会議員、㊚教育・福祉・農業・安全保
障、㊙野球・旅行

| 野間 健
_{の ま たけし}
立　　鹿児島3 | 国民新党→希望→国民→立憲 |

O型、㊂商社員、大臣秘書官、㊚農林水産、地方分権、
㊙ジャズ鑑賞、㊥西郷隆盛、㊐敬天愛人

| 長谷川淳二
_{は せ がわじゅん じ}
自[無]　愛媛4 | 自民[無] |

O型、㊂総務省課長・愛媛県副知事、㊚地方創生・農林
水産、㊙マラソン（サブ3ランナー）、㊥中曽根康弘、㊐
念ずれば花開く

| 葉梨 康弘
_{は なし やす ひろ}
自[岸]　茨城3 | 自民[岸] |

㊂警察庁理事官

| 馬場 伸幸
_{ば ば のぶ ゆき}
維　　大阪17 | 自民→日本維新の会→維新の党
(14.9)→おおさか維新の会(15.12)→
日本維新の会(16.8) |

O型、㊂堺市議会議長・秘書、㊚憲法改正・統治機構改
革、㊙仕事・美味しいものをたべる事

| 馬場 雄基
_{ば ば ゆう き}
立　　㊡東北 | 立憲 |

B型、㊂団体職員、㊚復興、㊙温泉めぐり、㊥福澤諭吉、
㊐為すべきことを為す

萩生田光一 <ruby>はぎ<rt>はぎ</rt></ruby><ruby>生<rt>う</rt></ruby><ruby>田<rt>だ</rt></ruby><ruby>光<rt>こう</rt></ruby><ruby>一<rt>いち</rt></ruby> 自［安］　東京24	自民［安］

AB型、�市議・都議、㊒教育・科学技術、㊛映画・読書・スポーツ（観戦も）、㊗ONE FOR ALL, ALL FOR ONE

橋本　岳 <ruby>はし<rt>はし</rt></ruby><ruby>本<rt>もと</rt></ruby><ruby>岳<rt>がく</rt></ruby> 自［茂］　岡山4	自民［茂］

A型、㊥三菱総研研究員、㊒情報通信・社会保障・経済活性化、㊛読書・山歩き、㊩橋本龍太郎

鳩山二郎 <ruby>はと<rt>はと</rt></ruby><ruby>山<rt>やま</rt></ruby><ruby>二<rt>じ</rt></ruby><ruby>郎<rt>ろう</rt></ruby> 自［二］　福岡6	自民［二］

O型、㊥大川市長、㊛音楽鑑賞・映画鑑賞

浜田靖一 <ruby>はま<rt>はま</rt></ruby><ruby>田<rt>だ</rt></ruby><ruby>靖<rt>やす</rt></ruby><ruby>一<rt>かず</rt></ruby> 自［無］　千葉12	自民［無］

B型、㊥渡辺美智雄蔵相秘書官・浜田幸一衆院議員秘書、㊛ゴルフ

濱地雅一 <ruby>はま<rt>はま</rt></ruby><ruby>地<rt>ち</rt></ruby><ruby>雅<rt>まさ</rt></ruby><ruby>一<rt>かず</rt></ruby> 公　㊙九州	公明

㊥弁護士

早坂　敦 <ruby>はや<rt>はや</rt></ruby><ruby>坂<rt>さか</rt></ruby><ruby>敦<rt>あつし</rt></ruby> 維　㊙東北	みんな→維新の党→日本維新の会

AB型、㊥児童指導員、㊒子育て支援、若者文化推進、㊛映画鑑賞、トレーニング、㊩坂本龍馬、㊗念ずれば花開く

林　幹雄 <ruby>はやし<rt>はやし</rt></ruby><ruby>幹<rt>もと</rt></ruby><ruby>雄<rt>お</rt></ruby> 自［二］　千葉10	自民［二］

A型、㊥林大幹衆院議員秘書・千葉県議、㊛映画鑑賞

林　芳正 <ruby>はやし<rt>はやし</rt></ruby><ruby>芳<rt>よし</rt></ruby><ruby>正<rt>まさ</rt></ruby> 自［岸］　山口3	自民［岸］

B型、㊥三井物産・林義郎衆院議員秘書、㊛テニス・音楽・ゴルフ

㊙プロフィールは

原 口 一 博 はら　ぐち　かず　ひろ 立　　　佐賀1	新進→国民の声(98.1)→民政(98.1) → 民主(98.4) → 民進(16.3) → 国民 (18.5)→立憲(20.9)

A型、⑱松下政経塾・佐賀県議、㉑財政・金融・外交・安保・教育、⑱読書・絵画・詩・スポーツ全般、㉓マザー・テレサ、ガンジー、松下幸之助

伴 野 豊 ばん　の　　ゆたか 立　　⑫東海	国民→立憲(20.9)

A型、⑱JR東海、㉑コロナ時代の生活を立て直す、⑱映画鑑賞、㉓坂本龍馬、㉘人間万事塞翁が馬

平 井 卓 也 ひら　い　たく　や 自[岸]　⑫四国	無所属→自民[岸](00.12)

O型、⑱電通・高松中央高校理事長、㉑情報通信・エネルギー、⑱読書・ギター

平 口 洋 ひら　ぐち　　ひろし 自[茂]　広島2	自民[茂]

A型、⑱国土交通省河川局次長、㉑行財政改革、⑱水泳・尺八・音楽、㉓灘尾弘吉

平 沢 勝 栄 ひら　さわ　かつ　えい 自[二]　東京17	自民[二]

A型、⑱警視庁防犯部長・警察庁官房審議官・防衛庁官房審議官

平 沼 正 二 郎 ひら　ぬましょう　じ　ろう 自[二]　岡山3	無所属→自民[二](21.11)

A型、⑱IT会社役員、㉑地方創生・選挙制度改革・国土強靭化・安全保障・憲法改正、⑱読書・弓道（参段）、㉓盛田昭夫、㉘義を見てせざるは勇なきなり

平 林 晃 ひら　ばやし　あきら 公　　⑫中国	公明

A型、⑱大学教授、㉑デジタル・地方創成、⑱ギター・読書、㉓坂本龍馬、㉘初心不可忘

深 澤 陽 一 ふか　ざわ　よう　いち 自[岸]　静岡4	自民[岸]

B型、⑱静岡県議会議員、㉑国交・経産・農水・地方創生、⑱スポーツ・映画鑑賞、㉓前野良沢、㉘狂愚誠に愛すべし

福 重 隆 浩 ふく しげ たか ひろ 公　　　㉖北関東	公明

A型、㋿県議、㉘福祉教育・地方創生、㉟読書（歴史小説）、㋲坂本龍馬、㊊努力は人を裏切らない

福 島 伸 亨 ふく しま のぶ ゆき 無（有志）　茨城1	民主→民進→希望→無所属

A型、㋿経済産業省、㉘農業政策・エネルギー・行政改革、㉟家庭菜園・料理・釣り・㊊知行合一

福 田 昭 夫 ふく だ あき お 立　　　栃木2	民主→民進(16.3)→立憲(18.5)→立憲(20.9)

A型、㋿今市市長・栃木県知事、㉘地方分権・少子高齢化・財政、㉟野球・ソフトボール・囲碁・読書

福 田 達 夫 ふく だ たつ お 自［安］　群馬4	自民［安］

A型、㋿商社員、㉘中小企業政策・労働政策・農政、㉟人の話を聞く・読書、㋲保科正之、㊊成徳達材

藤 井 比早之 ふじ い ひ さ ゆき 自［無］　兵庫4	自民［無］

㋿彦根市副市長、㉘景気回復・地方創生、㉟水泳・テニス・B級グルメ

藤 岡 隆 雄 ふじ おか たか お 立　　　㉖北関東	立憲

B型、㋿金融庁課長補佐、㉘人口減少対策・消費税減税、㉟読書（歴史小説を読む）・スウィーツ探索、㋲吉田松陰・二宮尊徳、㊊志に生きる

藤 田 文 武 ふじ た ふみ たけ 維　　　大阪12	日本維新の会

A型、㋿会社役員、㉘社会保障、㉟ラグビー、㋲父、㊊着眼大局着手小局

藤 巻 健 太 ふじ まき けん た 維　　　㉖南関東	日本維新の会

B型、㋿みずほ銀行員、㉘金融・経済・文化・スポーツ、㉟サッカー観戦・映画鑑賞・旅、㋲橋下徹、㊊七転び八起き

藤丸　敏 ^{ふじ まる さとし} 自[岸]　福岡7	自民[岸]

A型、㊾衆議院議員秘書、㊙柔道、剣道

藤原　崇 ^{ふじ わら たかし} 自[安]　岩手3	自民[安]

㊾弁護士・参議院議員秘書

太　栄志 ^{ふと り ひで し} 立　神奈川13	民主→民進→希望→国民→立憲

B型、㊾衆議院議員秘書・米研究所員、㊵外交安全保障・社会保障・教育、㊙神輿担ぎ・ラグビー・ランニング、㊎西郷隆盛、㊔命もいらず、名もいらず、官位も金もいらぬ者でなければ国家の大業は成し得ない

船田　元 ^{ふな だ はじめ} 自[茂]　栃木1	自民→新生(93.6)→新進(94.12)→無所属(96.9)→自民[茂](97.1)

O型、㊾学校法人理事長、㊵憲法・科学技術・文教、㊙天文

古川　直季 ^{ふる かわ なお き} 自[無]　神奈川6	自民[無]

A型、㊾横浜市会議員、㊵地方分権・地方自治、㊙サッカー・ゴルフ・合氣道、㊎伊能忠敬、㊔人間万事塞翁が馬

古川　元久 ^{ふる かわ もと ひさ} 国　愛知2	民主→民進(16.3)→希望(17.9)→国民(18.5)→国民(20.9)

A型、㊾大蔵省、㊵年金・税制・医療・エネルギー・IT

古川　康 ^{ふる かわ やすし} 自[茂]　㊱九州	自民[茂]

A型、㊾佐賀県知事、㊵地方創生・交通・障碍福祉、㊙読書・旅行・映画鑑賞

古川　禎久 ^{ふる かわ よし ひさ} 自[茂]　宮崎3	無所属→自民(03.11)→無所属(05.8)→自民[茂](06.12)

O型、㊾建設省・衆院議員秘書、㊙旅・海とヨット・樹木

ふるや けいじ **古屋圭司** 自[無]　岐阜5	自民→無所属(05.8)→自民[無](06.12)

B型、[略]大正海上（現三井住友海上）火災・古屋亨自治相秘書官、[政]国土強靭化・IT・エネルギー・外交、[趣]クラリネット演奏・音楽鑑賞・モータースポーツ、[銘]人事を尽くして天命を待つ

ふるや のりこ **古屋範子** 公　[比]南関東	公明

A型、[略]会社員、[趣]ガーデニング・スポーツ観戦・音楽鑑賞

ほさか やすし **穂坂泰** 自[無]　埼玉4	自民[無]

A型、[略]法人役員、[政]環境・介護・福祉、[趣]カラオケ・ボーリング、[尊]父、[銘]まずやってみる

ほしの つよし **星野剛士** 自[無]　[比]南関東	自民[無]

B型、[略]神奈川県議会議員、[政]経済・外交・社会保障、[趣]読書・ゴルフ

ほそだ けんいち **細田健一** 自[安]　新潟2	自民[安]

O型、[略]経産省職員、[政]経済産業・エネルギー、[趣]読書・カラオケ、[銘]過去は及ばず、未来は知れず、今この時に全力を尽くせ

ほそだ ひろゆき **細田博之** 無　島根1	自民→無所属(21.11)

B型、[略]通産省課長、[政]政治改革・エネルギー問題、[趣]テニス・コントラクトブリッジ

ほその ごうし **細野豪志** 自[二]　静岡5	民主→民進(16.3)→無所属(17.8)→希望(17.9)→無所属(18.5)→自民[二](21.11)

AB型、[略]三和総合研究所研究員、[政]外交・安全保障・エネルギー、[趣]囲碁

ほりい まなぶ **堀井学** 自[安]　[比]北海道	自民[安]

O型、[略]元道議会議員（2期）、[政]国交・農水・安全保障・外交・地方行政、[趣]冷水で体を清める、[尊]安倍晋三、[銘]下座に生きる

ほりうち のりこ **堀内詔子** 自[岸]　山梨2	自民[岸]

A型、[政]熱中症対策・食ロス削減による地球温暖化対策・新型コロナ感染症等対策・医療介護福祉子育て対策、[趣]テニス・読書・書道、[銘]一言芳恩

ほりば さちこ **堀場幸子** 維　[比]近畿	日本維新の会

O型、[略]アンガーマネジメント講師、[政]子育て・働き方・教育、[趣]ジオパーク巡り、[尊]空海、[銘]日々是精進也

ほりい けんじ **掘井健智** 維　[比]近畿	日本維新の会

AB型、[略]市議・県議、[政]教育・財政・安全保障、[趣]似顔絵・カラオケ、[尊]橋本左内・田中角栄、[銘]知行合一

ほんじょう さとし **本庄知史** 立　千葉8	立憲

A型、[略]衆議院議員秘書、[政]経済・雇用、環境・エネルギー、少子高齢化問題、税財政、外交、[趣]テニス、[尊]オットー・フォン・ビスマルク、[銘]意志あるところに道は開ける

ほんだ たろう **本田太郎** 自[無]　京都5	自民[無]

A型、[略]京都府議、[政]地方創生、[趣]水泳、[尊]谷垣禎一、[銘]実るほど頭を垂れる稲穂かな

まぶち すみお **馬淵澄夫** 立　奈良1	民主→民進(16.3)→希望→無所属→国民(20.6)→立憲(20.9)

B型、[略]会社役員、[政]国土交通・税制改革・社会保障・エネルギー政策、[趣]料理・サーフィン、[銘]不易流行

まえかわ きよしげ **前川清成** 維　[比]近畿	民主→民進→希望→無所属→日本維新の会(20.8)

A型、[略]弁護士、[政]社会保障・税制・金融・民事法、[趣]読書（歴史小説・医療小説・経済小説など）、[尊]我妻栄、[銘]生活は低く、志は高く

まえはら せいじ **前原誠司** 国　京都2	日本新党→無所属(94.5)→さきがけ(94.7)→民主(96.9)→民進(16.3)→希望(17.11)→国民(18.5)→国民(20.9)

A型、[略]松下政経塾・京都府議、[政]外交・安保、[趣]野球・ドライブ・旅行、[銘]至誠、天命に生きる

牧 義夫 (まき よしお) 立 ㊉東海	民主→国民の生活が第一(12.7)→未来(12.11)→生活の党→無所属(13.4)→結いの党→維新の党→民進(16.3)→希望(17.9)→国民(18.5)→立憲(20.9)

O型、㊚衆議院議員秘書、㊕社会保障・教育、㊟ピアノ演奏

牧島 かれん (まき しま) 自[麻] 神奈川17	自民[麻]

B型、㊚大学客員教授、㊕外交・教育・デジタル化推進・観光行政、㊟映画鑑賞・SUDOKU

牧原 秀樹 (まき はら ひでき) 自[無] ㊉北関東	自民[無]

B型、㊚弁護士、㊕経済・国際経済、㊟旅行・読書、㊞たゆまぬ努力、意志あるところに道がある

松木 けんこう (まつき) 立 北海道2	民主→新党大地→維新の党→民進(16.3)→希望→立憲

B型、㊚会社役員・大学理事長、㊕SDGs全般、㊟切手収集（子供の頃から）・読書・釣り、㊙藤波孝生、㊞至誠一貫

松島 みどり (まつ しま) 自[安] 東京14	自民[安]

A型、㊚朝日新聞記者、㊕中小企業対策・性犯罪の撲滅と被害者の救済・再犯防止、㊟盆踊り、ラジオ体操、近現代史、バレエ・オペラ・演劇・美術鑑賞、㊙勝海舟・北里柴三郎、㊞継続は力なり

松野 博一 (まつ の ひろ かず) 自[安] 千葉3	自民[安]

A型、㊚松下政経塾、㊕環境・科学・教育、㊟読書

松原 仁 (まつ ばら じん) 立 東京3	民主→民進(16.3)→希望(17.9)→無所属(18.5)→立憲(20.9)

O型、㊚都議（二期）・松下政経塾、㊕拉致問題・人権問題・離島振興対策、㊟読書・音楽鑑賞・水泳、㊙松下幸之助、㊞一処懸命

松本 剛明 (まつ もと たけ あき) 自[麻] 兵庫11	民主→無所属(15.11)→自民[麻](17.9)

AB型、㊚日本興業銀行・松本十郎防衛庁長官秘書官、㊕経済・財政・社会保障・外交・教育、㊟水泳・読書・茶道

351

まつ もと　ひさし **松本　尚** 自[安]　千葉13	自民[安]

O型、[略]医師、[政]危機時における医療体制構築、[趣]読書・ランニング、[銘]学不可以已

まつ もと よう へい **松本洋平** 自[二]　[比]東京	自民[二]

O型、[略]UFJ銀行員、[政]財務金融・外交・安全保障、[趣]読書、[銘]今やらねばいつできる、わしがやらねばたれがやる

み き け え **三木圭恵** 維　[比]近畿	たち日→日本維新の会

A型、[略]市議、[政]教育・安全保障、[趣]ピアノ・書道・料理・スポーツ、[尊]父と母、[銘]無私の奉仕

み た ぞの　さとし **三反園　訓** 無　鹿児島2	無所属

A型、[略]鹿児島県知事、[政]農業・観光・高齢者・子育て支援、[趣]読書、[尊]西郷隆盛、[銘]世の為人の為

み たに ひで ひろ **三谷英弘** 自[無]　[比]南関東	みんな→無所属→自民[無]

A型、[略]弁護士、[政]規制改革、[趣]釣り・マラソン、[尊]大谷刑部吉継・陸奥宗光

み つ ばやし ひろ み **三ッ林裕巳** 自[安]　埼玉14	自民[安]

A型、[略]医師、[趣]柔道（初段）・剣道（三段）・詩吟（七段）、[尊]後藤新平、[銘]質実剛健

み のべ てる お **美延映夫** 維　大阪4	自民→大阪維新の会→日本維新の会

A型、[略]大阪市議・会社役員、[政]地方分権・公務員制度改革、[趣]読書・映画鑑賞、[尊]上杉鷹山、[銘]為せば成る為さねば成らぬ何事も

み のり かわ のぶ ひで **御法川信英** 自[無]　秋田3	無所属→自民[無]（04.9）

A型、[略]銀行員・議員秘書、[政]外交・安全保障・農水、[趣]読書、[尊]毛沢東、マーチン・ルーサー・キング、[銘]至誠通天

岬　　麻紀 維　　㋹東海	日本維新の会

B型、㋰フリーアナウンサー、㋜教育無償化、㋪城・神社仏閣・温泉・吊橋巡り、落語、㋘豊臣秀吉、㋛微差は大差なり

道下　大樹 立　　北海道1	民主→民進→立憲(17.10)→立憲 (20.9)

A型、㋰北海道議・衆院議員秘書、㋜社会保障・教育・憲法、㋪ミニトマト栽培、㋘マハトマ・ガンジー、㋛念ずれば花開く

緑川　貴士 立　　秋田2	民主→民進→希望(17.9)→国民 (18.5)→立憲(20.9)

O型、㋰民放アナウンサー、㋜地域の活性化、㋪津軽三味線・マラソン、㋛継続は力なり

宮内　秀樹 自[二]　福岡4	自民[二]

A型、㋰衆議院議員秘書、㋜農林水産・国土交通、㋪ジョギング・スポーツ観戦

宮﨑　政久 自[茂]　㋹九州	自民[茂]

O型、㋰弁護士、㋜日米地位協定改定・司法改革、㋪絵本の読み聞かせ・草野球、㋘両親、㋛常笑

宮澤　博行 自[安]　㋹東海	自民[安]

B型、㋰磐田市議（3期）、㋪剣道六段・居合道五段（水鴎流）

宮路　拓馬 自[森]　鹿児島1	自民[森]

B型、㋰総務省課長補佐、㋜女性活躍・こども政策・障害福祉・地方創生・農政・エネルギー、㋪サッカー・手話・消防団

宮下　一郎 自[安]　長野5	自民[安]

㋰住友銀行員、㋜財務金融・農林・経産、㋪手品・写真撮影、㋛誠実・着眼大局着手小局

㋺プロフィール

み

353

宮本 岳志 共　　㊶近畿	共産

A型、㊙参院議員、㊙ラグビー・ギター

宮本 徹 共　　㊶東京	共産

㊙党東京都副委員長

武藤 容治 自[麻]　　岐阜3	自民[麻]

A型、㊙会社役員

務台 俊介 自[麻]　㊶北陸信越	自民[麻]

B型、㊙神奈川大学法学部教授・消防庁防災課長・地方創生・防災担当政務官、㊙防災危機管理・地方税財政・地域再生、㊙まち歩き・ハイキング、㊙山岡鉄舟・㊙一期一会・疾風勁草

宗清 皇一 自[安]　㊶近畿	自民[安]

B型、㊙衆議院議員秘書・大阪府議、㊙教育・財政問題・地方分権、㊙ギター・スキー

村井 英樹 自[岸]　　埼玉1	自民[岸]

A型、㊙財務省主税局参事官補佐、㊙景気対策・経済成長・子育て教育、㊙野球・サッカー・将棋、㊙吉田茂・大久保利通、㊙和して同ぜず

村上 誠一郎 自[無]　　愛媛2	自民[無]

A型、㊙河本敏夫衆院議員秘書、㊙財政、㊙ゴルフ・将棋・音楽鑑賞

茂木 敏充 自[茂]　　栃木5	日本新党→無所属(94.12)→自民[茂](95.3)

O型、㊙政治部記者・経営コンサルタント、㊙経済・外交・教育、㊙スポーツ・読書

本村 伸子 もと むら のぶ こ 共　　　㊑東海	共産

B型、㊇参議院議員秘書、㊕憲法・平和、人権、地方行政、国土交通、㊞森林保全・音楽鑑賞

守島 正 もり しま ただし 維　　　大阪2	日本維新の会

O型、㊇大阪市議、㊕都市政策・地方分権、㊞ランニング、㊨島津義弘、㊟知行合一

盛山 正仁 もり やま まさ ひと 自［岸］　㊑近畿	自民［岸］

A型、㊇国土交通省部長、㊕法務・国土交通・厚生労働・環境、㊞スキー・水泳・テニス・料理・写真・ラジオ体操、㊨西郷隆盛、㊟一期一会

森 英介 もり えい すけ 自［麻］　千葉11	自民［麻］

B型、㊇川崎重工、㊞音楽・料理・犬、㊟人生の最も苦しい、いやな、辛い損な場面を真っ先に微笑をもって担当せよ

森田 俊和 もり た とし かず 立　　　埼玉12	希望→国民(18.5)→立憲(20.9)

B型、㊇県議、㊕教育・介護・保育・地方分権、㊞鉄道・カラオケ・ものまね・茶道、㊨勝海舟、㊟一期一会

森山 浩行 もり やま ひろ ゆき 立　　　㊑近畿	民主→立憲(17.10)→立憲(20.9)

㊇関西TV記者、㊕教育・水政策、㊞読書・映画鑑賞・人と会うこと、㊨尾崎行雄・三木武夫・野口英世、㊟有言実行・和而不同

森山 裕 もり やま ひろし 自［森］　鹿児島4	自民→無所属(05.8)→自民［森］(06.12)

O型、㊇鹿児島市議、㊕地方自治、㊞読書

八木 哲也 や ぎ てつ や 自［無］　愛知11	自民［無］

AB型、㊇会社員・豊田市議・議長、㊞読書・陶芸

㊟プロフィール　も・や

やたがわ　はじめ **谷田川　元** 立　[比]南関東	民主→民進→希望→国民→立憲(20.9)

O型、[略]千葉県議会議員、[政]地方創生・教育、[趣]将棋・スポーツ観戦・読書、[尊]石橋湛山、[銘]運・縁・念

やすおか　ひろたけ **保岡宏武** 自[無]　[比]九州	自民[無]

AB型、[略]衆議院議員秘書、[政]地方創生、[趣]フラダンス・SUP・トランペット、[尊]島津斉彬公、マイルス・ディヴィス、[銘]貞観政要

やな　かずお **簗　和生** 自[安]　栃木3	自民[安]

O型、[略]シンクタンク研究員・衆議院議員秘書、[尊]徳川家康、[銘]初心忘るべからず

やなぎもと　あきら **柳本　顕** 自[麻]　[比]近畿	自民[麻]

[略]関西電力(株)・大阪市会議員、[政]産業振興・地方自治・労働問題、[趣]舞台鑑賞・作曲・テニス、[尊]柳本豊（父）、[銘]而今

やまおか　たつまる **山岡達丸** 立　北海道9	民主→民進(16.3)→希望(17.10)→国民(18.5)→立憲(20.9)

A型、[略]NHK記者、[政]地方経済・医療・農業等、[趣]読書・スキー、[尊]徳川家康、[銘]誠心誠意

やまぎし　いっせい **山岸一生** 立　東京9	立憲

O型、[略]新聞記者、[政]子育て・教育、[趣]料理・家庭菜園・サイクリング、[尊]翁長雄志

やまぎわ　だいしろう **山際大志郎** 自[麻]　神奈川18	自民[麻]

O型、[略]動物病院経営、[政]経済・教育・外交等、[趣]アウトドア・キャンプ

やまぐち　しゅんいち **山口俊一** 自[麻]　徳島2	自民→無所属(05.8)→自民[麻](06.12)

A型、[略]徳島県会議員・内閣府特命担当大臣、[政]郵政・情報通信・科学技術・地方自治、[趣]読書

山口 晋（やまぐち すすむ） 自[茂]　埼玉10	自民[茂]
A型、働衆議院議員秘書、❷国土強靱化・エネルギー政策・子育て、趣スポーツ（スキー・野球・ゴルフ）、尊祖父（川島町長）・菅義偉前総理、銘Never Give Up	
山口 壯（やまぐち つよし） 自[二]　兵庫12	無所属→無所属の会(00.11)→民主(05.8)→無所属(14.1)→自民[二](15.1)
A型、働外務省、趣テニス・スキー、尊吉田茂、銘心に喜神を含む	
山崎 誠（やまざき まこと） 立　働南関東	民主→みどりの風→未来→立憲(17.10)→立憲(20.9)
A型、働横浜市議・日揮㈱・㈱熊谷組、❷環境・エネルギー・地域活性化、趣自転車・トロンボーン演奏・音楽・絵画鑑賞・アウトドア、尊緒方貞子、銘誠心誠意	
山崎 正恭（やまざき まさやす） 公　働四国	公明
働高知県議	

山下 貴司（やました たかし） 自[茂]　岡山2	自民[茂]
A型、働弁護士・検事・外交官・慶應大講師、❷規制改革・地方創生・外交、趣ライブ鑑賞・ジョギング・カラオケ、銘人生意気に感ず	
山田 勝彦（やまだ かつひこ） 立　働九州	立憲
O型、働衆議院議員秘書・障がい福祉施設代表、❷農林水産・福祉政策・離島振興、趣野球、尊西郷隆盛、銘義を見てせざるは勇無きなり	
山田 賢司（やまだ けんじ） 自[麻]　兵庫7	自民[麻]
A型、働銀行員、❷経済、外交・安全保障、教育、趣グラウンドゴルフ、銘日々感謝	
山田 美樹（やまだ みき） 自[安]　東京1	自民[安]
AB型、働通産省・内閣官房・ボストンコンサルティング・エルメスジャパン、❷経済・成長戦略、税・社会保障、健康医療、外交、趣旅行・お祭り	

山井和則（やまのい かずのり） 立　京都6	民主→民進(16.3)→希望(17.9)→国民(18.5)→無所属(19.6)→立憲(20.9)

A型、[略]松下政経塾・大学講師、[政]社会保障（高齢者・障害者・児童）、[趣]卓球、ネコの世話、おいしいお茶を飲むこと・いれること、[尊]キング牧師、マザー・テレサ

山本剛正（やまもと ごうせい） 維　[比]九州	日本新党→民主→民進→立憲→日本維新の会

[略]衆議院議員秘書、[政]地方分権、[趣]ラグビー、[尊]祖父、[銘]柳緑花紅

山本左近（やまもと さこん） 自[麻]　[比]東海	自民[麻]

A型、[略]F1ドライバー、医療法人・社会福祉法人理事、[政]医療福祉介護・自動車・クリーンエネルギー、[趣]音楽・読書・スポーツ全般・茶道、[尊]父親、スティーブ・ジョブズ、[銘]人間は自己実現不可能な夢は思い描かない

山本ともひろ（やまもと） 自[無]　[比]南関東	自民[無]

[略]会社員・松下政経塾

山本有二（やまもと ゆうじ） 自[無]　[比]四国	自民[無]

A型、[略]弁護士、[政]社会資本整備・環境・金融経済、[趣]ジョギング・テニス・ゴルフ・読書・音楽

湯原俊二（ゆはら しゅんじ） 立　[比]中国	立憲

A型、[略]県議・農業

柚木道義（ゆのき みちよし） 立　[比]中国	民主→民進(16.3)→希望(17.9)→国民(18.5)→無所属(18.8)→立憲(20.9)

B型、[略]会社員、[趣]イクメン

吉川赳（よしかわ たける） 無　[比]東海	自民→無所属(22.6)

[略]国会議員秘書、[政]中小企業振興・少子高齢化対策・農業振興、[趣]自転車・家庭菜園、[尊]宮沢喜一・勝海舟・広田弘毅、[銘]廓然大公

吉川（よしかわ） 元（はじめ） 立　[比]九州	社民→立憲(20.12)

A型、[略]政策秘書、[政]教育・地方財政、[趣]水泳・読書

吉田久美子（よしだくみこ） 公　[比]九州	公明

[政]子育て支援・女性政策、[趣]読書・映画鑑賞、[尊]ベートーヴェン、[銘]縁ある人全てに感謝

吉田（よしだ） 統彦（つねひこ） 立　[比]東海	民主→民進→立憲(17.10)→立憲(20.9)

AB型、[略]医師、[政]社会保障、子育て・少子化対策、消費者問題、教育、科学技術、[趣]能（観世流）・合気道・野球・テニス、[尊]カエサル・岳飛・袁崇煥・帝堯・帝舜・帝禹、[銘]抜山蓋世・尽忠報国・永清四海時哉弗可失

吉田（よしだ）とも代（よ） 維　[比]四国	日本維新の会

O型、[略]丹波篠山市議会議員、[政]子育て・ジェンダー多様性、[趣]温泉巡り・ヨガ、[尊]マザー・テレサ、[銘]初志貫徹

吉田（よしだ） 豊史（とよふみ） 無　[比]北陸信越	自民→無所属(12.11)→維新の党(14.12)→無所属(15.10)→おおさか維新の会(16.7)→日本維新の会→無所属(22.11)

A型、[略]会社役員、[政]国民の所得向上、今活躍できていない人（例:女性・若い人）が活躍・チャレンジできる環境づくり、危機管理全般（含む安全保障）、[趣]家庭菜園・アウトドア全般、[尊]孔子、[銘]感謝、そして挑戦

吉田（よしだ） 宣弘（のぶひろ） 公　[比]九州	公明

A型、[略]福岡県議・参院議員秘書、[政]地方創生・社会保障・教育・安全保障、[趣]読書・音楽鑑賞、[尊]王貞治、[銘]七転び八起き

吉田（よしだ）はるみ 立　東京8	立憲

A型、[略]証券会社・大学特任教授、[政]教育・経済、[趣]料理・歌舞伎・文楽、[尊]父、[銘]感謝の気もち

吉野（よしの） 正芳（まさよし） 自[安]　福島5	自民[安]

B型、[略]福島県議、[政]大震災からの復興、[趣]読書

義家弘介（よしいえひろゆき） 自[安]　[比]南関東	自民[安]

O型、[略]東北福祉大学特任准教授、[政]教育、[趣]読書

米山隆一（よねやまりゅういち） 立　新潟5	自民→日本維新の会→民進→無所属→立憲(22.9)

A型、[略]医師、弁護士、新潟県知事、[政]社会保障政策（医療・介護・年金等）・地方政策・原発政策、[趣]テニス・バク宙・筋トレ・科学、[銘]意志あるところに道あり（Where there is a will, there is a way.）

笠浩史（りゅうひろふみ） 立　神奈川9	民主→民進(16.3)→希望(17.9)→無所属(18.5)→立憲(21.9)

A型、[略]テレビ朝日政治部記者、[政]地方分権・教育改革、[趣]ゴルフ・読書、[銘]天命を信じて人事を尽くす

早稲田ゆき（わせだゆき） 立　神奈川4	立憲→立憲(20.9)

[略]鎌倉市議・神奈川県議、[趣]旅行・読書、[尊]吉田松陰、[銘]至誠通天

和田有一朗（わだゆういちろう） 維　[比]近畿	自民→日本維新の会

B型、[略]国会議員秘書、[政]外交・防衛、[趣]読書、[尊]勝海舟、[銘]人生開拓

和田義明（わだよしあき） 自[安]　北海道5	自民[安]

O型、[略]商社員、[政]経済・外交安保・教育・子育て・農業、[趣]テニス・ボクシング・ラグビー・旅行・料理、[尊]町村信孝、ウィンストン・チャーチル、[銘]至誠天に通ず

若林健太（わかばやしけんた） 自[安]　長野1	自民[安]

B型、[略]税理士・公認会計士、[政]農林・財金・経産、[趣]マラソン、[尊]吉田茂、[銘]温故創新

若宮健嗣（わかみやけんじ） 自[茂]　[比]東京	自民[茂]

O型、[略]セゾングループ代表秘書・会社代表

鷲尾 英一郎（わしお えいいちろう）
自[二] ㊗北陸信越

民主→民進(16.3)→無所属(17.11)→自民[二](19.3)

Ｂ型、㊙公認会計士・税理士・行政書士、㊂財政・金融・外交・防衛・農林水産・医療・介護・教育、㊣読書・散歩、㊸聖徳太子・原敬・濱口雄幸、㊟一燈照隅

渡辺 孝一（わた なべ こう いち）
自[岸] ㊗北海道

自民[岸]

Ｂ型、㊙歯科医師・岩見沢市長、㊂地方分権・一次産業振興、㊣野球・映画鑑賞

渡辺 周（わた なべ しゅう）
立 ㊗東海

民主→民進(16.3)→希望(17.9)→国民(18.5)→立憲(20.9)

Ｂ型、㊙読売新聞記者・静岡県議、㊂北朝鮮問題・中小企業問題・議員特権見直し、㊣草野球・カラオケ・小旅行、㊸杉原千畝、㊟我以外みな師なり

渡辺 創（わた なべ そう）
立 宮崎1

民主→民進→立憲(18.2)

ＡＢ型、㊙毎日新聞記者・宮崎県議、㊂教育・社会保障・農林水産業振興、㊣読書・旅、㊸石橋湛山、㊟一隅を照らす

渡辺 博道（わた なべ ひろ みち）
自[茂] 千葉6

自民[茂]

Ｏ型、㊙松戸市職員・会社役員、㊂経済再生・教育、㊣謡・カラオケ・ゴルフ

鰐淵 洋子（わに ぶち よう こ）
公 ㊗近畿

公明

Ｏ型、㊙参議院議員・党本部職員、㊂教育・子育て支援・女性活躍の推進、㊣写真撮影・カメラ、㊸鄧穎超・ヘレンケラー、㊟心こそ大切なれ

㊙プロフィール

わ

参議院議員プロフィール

あだち きよし
安達 澄　無所属
無　大分[元]

O型、[略]新日本製鉄（現・日本製鉄）社員・朝日新聞社社員・観光会社代表、[政]経済産業・教育、[趣]山登り・テニス・詩吟、[銘]心高身低

あだち としゆき
足立 敏之　自民[岸]
自[岸]　比例④

B型、[略]国土交通省技監、[政]社会資本整備、建設産業再生、[趣]テニス・カメラ・山歩き、[尊]齋藤隆夫、[銘]謙虚

あだち まさし
阿達 雅志　自民[無]
自[無]　比例④

O型、[略]住友商事、衆議院議員秘書、ニューヨーク州弁護士、[政]エネルギー・運輸・交通・通信・金融等社会インフラ、[趣]剣道五段、自転車、山歩き

あおき あい
青木 愛　民主→国民の生活が第一(12.7)→未来(12.11)→生活の党(12.12)→自由(16.10)→国民(19.4)→立憲(20.9)
立　比例④

AB型、[略]保育士、[政]子育て・教育、[尊]両親、[銘]未来はいつも子供たちの中にある

あおき かずひこ
青木 一彦　自民[茂]
自[茂] 鳥取・島根④

A型、[略]参院議員秘書・山陰中央テレビ社員、[趣]読書・テニス

あおしま けんた
青島 健太　日本維新の会
維　比例④

O型、[略]スポーツライター、[政]教育・福祉・環境、[趣]スポーツ観戦・犬と遊ぶこと、[尊]ネルソン・マンデラ、[銘]大河滔々

あおやま しげはる
青山 繁晴　自民[無]
自[無]　比例④

A型、[略]独立総合研究所社長、[政]安全保障・外交・危機管理・エネルギー、[趣]モータースポーツ・アルペンスキー・映画、[尊]坂本龍馬・高杉晋作、[銘]脱私即的

あかいけ まさあき
赤池 誠章　自民[安]
自[安]　比例[元]

B型、[略]明治大学客員教授・衆議院議員、[政]教育・国土交通行政・経済・外交防衛、[趣]旧道古道めぐり

赤松　健 あか まつ けん 自[無]　比例④	自民[無]

B型、㊞漫画家、㊕表現の自由・デジタル、㊙レトロ
PC・中古レコード・古本収集、プログラミング、㊙ビル・
ゲイツ、㊙悲観的に準備して、楽観的に対処せよ

秋野公造 あき の こう ぞう 公　　　福岡④	公明

O型、㊞医師、厚労省課長補佐、㊕医療・福祉、㊙スキュー
バーダイビング・サイクリング

浅尾慶一郎 あさ お けい いち ろう 自[麻]　神奈川④	民主→みんな→無所属→自民[麻]

A型、㊞銀行員・証券アナリスト、㊕経済・外交・安全
保障、㊙SUP（スタンドアップパドルボード）

浅田　均 あさ だ　ひとし 維　　　大阪④	日本維新の会→維新の党→おおさか 維新の会→日本維新の会(16.8)

B型、㊞大阪府議、㊕地方分権・大都市制度・教育、㊙
読書、㊙空海、㊙一隅を照らすこれ則ち国宝なり

朝日健太郎 あさ ひ けん た ろう 自[無]　東京④	自民[無]

A型、㊞NPO法人理事長、㊕国土強靱化・港湾・環境・
スポーツ・子育て、㊙ランニング・スキー、㊙渋沢栄一・
両親、㊙初心生涯・チャレンジ

東　　徹 あずま　とおる 維　　　大阪元	自民→大阪維新の会設立(10.4)→日本維 新の会設立(12.9)→維新の党(14.9)→おお さか維新の会(16.1)→日本維新の会(16.8)

A型、㊞社会福祉士・府議会議員、㊕副首都大阪の実現、
規制緩和や既得権打破による経済成長、徹底した行政改
革、㊙アウトドア、㊙上杉鷹山

有村治子 あり むら はる こ 自[麻]　比例元	自民[麻]

A型、㊞日本マクドナルド㈱社員　㊕女性活躍・少子化
対策・教育、㊙ウォーキング・ヨガ

井上哲士 いの うえ さと し 共　　　比例元	共産

A型、㊞梅田勝衆議院議員秘書、㊕外交防衛・憲法問題、
㊙水泳・読書

井上 義行 いの うえ よし ゆき 自[安]　　比例④	みんな→日本を元気にする会→自民 [安]（19.6）

O型、㊚第一次安倍内閣総理大臣秘書官、㊉全国の家庭に笑顔を必ず取り戻す、㊙スキー、㊾母、㊗一期一会

伊藤 岳 とう がく 共　　埼玉㊞	共産

A型、㊚政党職員、㊙スポーツ観戦、㊗現場主義

伊藤 孝江 とう たか え 公　　兵庫④	公明

A型、㊚弁護士・税理士、㊙山歩き、㊾ローザ・パークス、㊗誠心誠意

伊藤 孝恵 とう たか え 国　　愛知④	民進→国民（18.5）→国民（20.9）

O型、㊚報道記者・会社員、㊉経済政策・人づくり投資・育児・介護・教育・知る権利、㊙子ども達と絵本を読む・お見合いおばさん、㊾母、㊗頑張ると心に虹がでる

伊波 洋一 は よう いち 無（沖縄）　沖縄④	無所属

AB型、㊚宜野湾市長・沖縄県議、㊙読書、映画・琉球芸能鑑賞、㊗基地のない平和な沖縄

生稲 晃子 いく いな あき こ 自[安]　東京④	自民[安]

B型、㊚俳優、㊙映画鑑賞、㊗一期一会

石井 章 いし い あきら 維　　比例④	民主→国民の生活が第一→未来→おおさか維新の会→日本維新の会 （16.8）

A型、㊚取手市議・衆議院議員、㊉社会保障・経済雇用・医療介護、㊙野球・スキー、㊾田中角栄、㊗一期一会

石井 準一 いし い じゅん いち 自[茂]　千葉[茂]	自民[茂]

A型、㊚代議士秘書・千葉県議、㊉社会保障・災害復興・減災対策・景気経済政策、㊙散歩・庭の水撒き、㊾山岡鉄舟、㊗知行合一

い

石井 浩郎 （いしい ひろお）

自[茂] 秋田④ 自民[茂]

O型、略プロ野球選手、政農業振興・地方創生・教育・文化・スポーツ、趣将棋・音楽鑑賞、尊勇往邁進

石井 正弘 （いしい まさひろ）

自[安] 岡山元 自民[安]

AB型、略岡山県知事・建設省大臣官房審議官、政復旧・復興、地方創生、趣至誠無息、初心忘るべからず

石井 苗子 （いしい みつこ）

維 比例④ おおさか維新の会→日本維新の会（16.8）

O型、略東大医学部客員研究員・女優・キャスター、政厚労・災害対策・福祉・外交、趣剣道・和太鼓、尊エイブラハム・リンカーン、尊あせらず、あわてず、あきらめず

石垣 のりこ （いしがき のりこ）

立 宮城元 立憲→立憲（20.9）

O型、略ラジオ局アナウンサー、政消費税廃止・日本の人権環境を世界基準にする、趣温泉めぐり、尊小学3、4年生時の担任、尊万物流転す

石川 大我 （いしかわ たいが）

立 比例元 立憲→立憲（20.9）

AB型、略豊島区議・参院議員秘書、政LGBT人権施策・児童教育、趣水泳・陶器収集・てんこく

石川 博崇 （いしかわ ひろたか）

公 大阪④ 公明

O型、略外務省、趣映画鑑賞・剣道

石田 昌宏 （いしだ まさひろ）

自[安] 比例元 自民[安]

A型、略看護師・団体幹事長、政厚生労働、趣観賞魚飼育・神社巡り・読書

石橋 通宏 （いしばし みちひろ）

立 比例元 民主→民進（16.3）→立憲（18.5）→立憲（20.9）

O型、略情報労連特別中央執行委員、ILO上級専門官、政雇用・労働・情報通信、趣読書・スキー

磯﨑 仁彦 いそ ざき よし ひこ 自[岸]　香川④	自民[岸]

Ｂ型、㊙全日空、㊣経済産業・教育、㊙世界遺産、㊙命もいらず、名もいらず、官位も金もいらぬ人は仕抹に困るもの也。此の仕抹に困る人ならでは、艱難を共にして国家の大業は成し得られぬなり

礒﨑 哲史 いそ ざき てつ し 国　比例元	民主→民進(16.3)→国民(18.5)→無所属(20.9)→国民(21.3)

ＡＢ型、㊙日産自動車㈱、㊙坂本龍馬

猪口 邦子 いの ぐち くに こ 自[麻]　千葉④	自民[麻]

Ａ型、㊙上智大学教授、軍縮大使、少子化・男女共同参画担当大臣、㊣少子化対策・外交安全保障・教育・財政金融・環境、㊙着物・料理・読書、㊙赤星秀子（桜蔭の担任・校長）、㊙至誠純真

猪瀬 直樹 いの せ なお き 維　比例④	日本維新の会

ＡＢ型、㊙作家・元東京都知事、㊣構造改革、㊙ランニング・テニス、㊙二宮金次郎（拙著『人口減少社会の成長戦略』参照）

今井 絵理子 いま い え り こ 自[麻]　比例④	自民[麻]

Ｏ型、㊙1996ダンス＆ボーカルグループSPEED（スピード）メンバー・歌手、㊣障がい者・沖縄施策、㊙読書・音楽鑑賞、㊙両親、㊙動かなきゃ始まらない

岩渕 友 いわ ぶち とも 共　比例④	共産

㊙日本民主青年同盟福島県委員長、㊣原発ゼロ・震災復興・憲法・平和・中小企業、㊙登山・食べ歩き

岩本 剛人 いわ もと つよ ひと 自[二]　北海道元	自民[二]

Ｂ型、㊙北海道議会議員、㊙野球・空手・スポーツ観戦、㊙努力は人を裏切らない

上田 勇 うえ だ いさむ 公　比例④	公明党

Ｂ型、㊙農水省職員、㊣経済・財政、㊙読書、㊙坂本龍馬、㊙力なき正義は無能、正義なき力は圧制

上田清司（うえだ　きよし）
無(国民)　埼玉④

新生→新進(94.12)→民主(98.4)→無所属

AB型、[略]衆議院議員・埼玉県知事、[趣]読書・登山、[尊]西郷隆盛、[銘]疾風に勁草を知る

上野通子（うえの　みちこ）
自[安]　栃木④

自民[安]

ＡＢ型、[略]栃木県議

臼井正一（うすい　しょういち）
自[茂]　千葉④

自民[茂]

Ａ型、[略]株式会社オリエンタルランド、[政]安全保障、[趣]手洗い・風呂掃除、[尊]臼井日出男、[銘]継続は力なり

打越さく良（うちこし　さくら）
立　新潟[元]

無所属→立憲(19.9)→立憲(20.9)

Ｂ型、[略]弁護士、[政]福祉・教育・農業、[趣]読書、[尊]父母、[銘]未来は待つべきものではない、作り出さなければならないものだ

梅村聡（うめむら　さとし）
維　比例[元]

民主→日本維新の会

Ｂ型、[略]医師、[政]医療・介護分野、[趣]水泳・登山・マラソン

梅村みずほ（うめむら　みずほ）
維　大阪[元]

日本維新の会

Ａ型、[略]フリーアナウンサー、[政]こども政策・教育・女性活躍推進、[趣]キャンプ・読書、[尊]小堀月浦、[銘]知之者不如好之者、好之者不如楽之者

江島潔（えじま　きよし）
自[安]　山口④

自民[安]

Ａ型、[略]下関市長、[政]科学技術・経済産業・国土交通・農林水産、[趣]銭湯巡り・自転車・ランニング、[銘]一所懸命

衛藤晟一（えとう　せいいち）
自[安]　比例[元]

自民→無所属(05.8)→自民[安](07.3)

Ａ型、[略]大分市議・県議、[政]社会保障・教育、[趣]サッカー観戦・読書

小沢 雅仁 おざわ まさひと 立　　　比例元	立憲→立憲(20.9)

O型、働JP労組、砂社会保障・労働環境、趣ランニング・温泉巡り、銘失意泰然得意淡然

小沼 巧 おぬま たくみ 立　　　茨城元	立憲→立憲(20.9)

O型、働ボストンコンサルティング・経産省、砂地域経済・中小企業対策・エネルギー・災害対策、農水政策、趣ラグビー観戦・読書、銘中野正剛・斎藤隆夫、銘不撓不屈

小野田 紀美 おのだ きみ 自[茂]　岡山④	自民[茂]

A型、働東京都北区議会議員、砂教育・法務・農林水産・地方創生、趣作詞作曲・歌・ゲーム・読書、銘命を惜しむな名を惜しめ

尾辻 秀久 おつじ ひでひさ 無　　　鹿児島元	自民→無所属(10.7)→自民(12.12)→無所属(22.8)

O型、働日本遺族会会長・鹿児島県議、砂社会保障・税制改革・財政構造改革、趣読書・旅行

越智 俊之 おち としゆき 自[無]　比例④	自民[無]

働会社役員、砂中小企業支援策・地域活性化、趣旅・ロードバイク・釣り

大家 敏志 おおいえ さとし 自[麻]　福岡④	自民[麻]

O型、働福岡県議会議員、砂経済・財政・社会保障、趣ゴルフ・読書、銘和而不同・現状維持は退歩なり

大島 九州男 おおしま くすお れ　　　比例④繰	民主→民進(16.3)→国民(18.5)→れいわ新選組

O型、働直方市議会議員、砂教育・中小企業・環境、趣旅行・テニス・温泉、銘天道を生きる

大塚 耕平 おおつか こうへい 国　　　愛知元	民主→民進(16.3)→国民(18.5)→国民(20.9)

O型、働日本銀行、砂財政金融・行財政改革、趣スキューバダイビング・スキー・キャンプ

おおの やすただ **大野泰正** 自[安]　岐阜[元]	自民[安]

A型、[略]岐阜県議会議員、[趣]旅行

おおた ふさえ **太田房江** 自[安]　大阪[元]	自民[安]

AB型、[略]元大阪府知事、[趣]ピアノ演奏・カラオケ

おかだ なおき **岡田直樹** 自[安]　石川④	自民[安]

A型、[略]北國新聞社論説委員・石川県議、[政]外交安保・国土交通、[趣]読書

おときた しゅん **音喜多駿** 維　東京[元]	みんな→元気→都民ファーストの会→あたらしい党・日本維新の会

O型、[略]東京都議・化粧品会社社員、[政]経済政策・子育て教育・地方分権、[趣]ダンス・マラソン、[尊]ジャッキー・チェン、[銘]幸せとは、他人になりたいと思わないこと

おにき まこと **鬼木誠** 立　比例④	立憲

[略]福岡県職員・自治労本部書記長、[政]地方分権・労働問題（特に非正規）、[趣]観劇・落語・スポーツ観戦、[尊]アインシュタイン、[銘]一人はみんなのために、みんなは一人のために

かだ ひろゆき **加田裕之** 自[安]　兵庫[元]	自民[安]

[略]兵庫県議・衆院議員秘書、[政]防災・地方分権・社会基盤整備、[趣]ご当地グルメ巡り、[尊]賀川豊彦、[銘]可能性を信じる

かとう あきよし **加藤明良** 自[茂]　茨城④	自民[茂]

O型、[略]県議・参議院議員秘書、[趣]ランニング・サイクリング

かだ ゆきこ **嘉田由紀子** 無(国民)　滋賀[元]	無所属

AB型、[略]滋賀県知事、[政]子ども政策・流域治水政策、[趣]街あるき・山あるき、[尊]伝教大師最澄、[銘]忘己利他

ガーシー
N　比例④
NHK党

[略]You Tuber・アパレル会社役員・実業家

梶原大介（かじはらだいすけ）
自[二]　比例④
自民[二]

B型、[略]県議・参議院議員秘書、[政]地方創生・国土強靭化、[趣]ゴルフ・旅行・キャンプ、[尊]大久保利通、[銘]堅忍不抜

片山さつき（かたやま）
自[無]　比例④
自民[無]

O型、[略]財務省主計官、[政]経済政策・エネルギー・社会保障、[趣]テニス・ゴルフ、[尊]マーガレット・サッチャー、徳川家康、[銘]日新日々新

片山大介（かたやまだいすけ）
維　兵庫④
おおさか維新の会→日本維新の会(16.8)

A型、[略]NHK記者、[政]皇室・労働・雇用・保育・環境、[趣]野球・ビートルズ楽曲鑑賞・街歩き、[尊]坂本龍馬、[銘]信なくば立たず

勝部賢志（かつべけんじ）
立　北海道[元]
立憲→立憲(20.9)

O型、[略]北海道議会副議長

金子道仁（かねこみちひと）
維　比例④
日本維新の会

B型、[略]キリスト教会牧師・社会福祉法人理事長・外務省、[政]教育・福祉・地方創生・外交防衛、[趣]バスケ・散歩、[尊]イエス・キリスト、[銘]あなたの隣人をあなた自身のように愛せよ

神谷宗幣（かみやそうへい）
参　比例④
自民→参政党(20.4)

O型、[略]会社代表、[政]教育、[趣]映画鑑賞、[尊]吉田松陰、[銘]知行合一

神谷政幸（かみやまさゆき）
自[麻]　比例④
自民[麻]

AB型、[略]日本薬剤師連盟副会長、[政]厚生労働、[趣]読書・音楽鑑賞（ポップス）、[尊]イチロー・五木寛之・大江千里、[銘]道に志し、徳に拠り、仁に依り、芸に遊ぶ

| 紙　智子（かみ　ともこ）共　比例⑰ | 共産 |

A型、㊤民青副委員長、㊡福祉・くらし・環境・農林漁業、㊗絵画・山歩き

| 川合孝典（かわい　たかのり）国　比例④ | 民主→民進→国民(18.5)→無所属(20.9)→国民(20.10) |

B型、㊤UAゼンセン役員、㊡雇用、労働、社会保障、医薬・医療、㊗城跡巡り・読書、㊗両親、㊗一隅を照らす

| 川田龍平（かわ　だ　りゅうへい）立　比例⑰ | 無所属→みんな(09.12)→結いの党(13.12)→維新の党(14.9)→無所属(16.3)→立憲(17.12)→立憲(20.9) |

㊤薬害エイズ訴訟原告・松本大学非常勤講師、㊡厚生労働・環境・農業、㊗ピアノ・トランペット・YouTube・動画編集

| 河野義博（かわ　の　よしひろ）公　比例⑰ | 公明 |

A型、㊤丸紅㈱、㊗読書・スポーツ観戦

| 木村英子（き　むら　えいこ）れ　比例⑰ | れいわ新選組 |

A型、㊤自立ステーションつばさ事務局長、㊡障害福祉政策・教育（フルインクルーシブ教育政策）、㊗映画鑑賞、㊗三井絹子

| 吉良よし子（きら　よしこ）共　東京⑰ | 共産 |

㊤会社員・党職員、㊡雇用問題、憲法・平和、原発ゼロ、㊗合唱・ピアノ・映画鑑賞

| 岸真紀子（きし　まきこ）立　比例⑰ | 立憲→立憲(20.9) |

㊤自治労特別中央執行委員

| 北村経夫（きた　むら　つね　お）自[安]　山口⑰補 | 自民[安] |

B型、㊤元産経新聞政治部長、㊡外交防衛、エネルギー、農林水産、運輸、㊗読書・ゴルフ・カラオケ・ウォーキング、㊗至誠にして動かざる者は未だ之有らざるなり

串田 誠一 <ruby>く<rt></rt></ruby>し<ruby>だ<rt></rt></ruby> <ruby>せい<rt></rt></ruby> <ruby>いち<rt></rt></ruby> 維　　　比例④	日本維新の会

㊗大学院教授・作家・漫画原作者・弁護士

窪田 哲也 くぼ　た　てつ　や 公　　　比例④	公明

O型、㊗公明新聞九州支局長、㊙散歩・読書・映画鑑賞、㊙秋山好古・秋山真之兄弟、㊙質実剛健

熊谷 裕人 くま　がい　ひろ　と 立　　　埼玉㊡	立憲→立憲(20.9)

B型、㊗さいたま市議・議員秘書、㊕子ども子育て、㊙ジョギング・ロードバイク、㊙初心生涯

倉林 明子 くら　ばやし　あき　こ 共　　　京都㊡	共産

O型、㊗看護師・京都市議、㊕社会保障・経済・エネルギー問題・雇用、㊙掃除

こやり 隆史 たか　し 自[岸]　滋賀④	自民[岸]

A型、㊗経産省職員、㊕経済、㊙読書・ランニング、㊙秋山真之、㊙運

小池　　晃 こ　いけ　あきら 共　　　比例㊡	共産

O型、㊗医師・国会議員、㊙演劇鑑賞・釣り、㊙命どう宝（命こそ宝）

小西 洋之 こ　にし　ひろ　ゆき 立　　　千葉④	民主→民進(16.3)→無所属(18.5)→立憲(20.9)

㊗総務省、経済産業省課長補佐、㊙父・母

小林 一大 こ　ばやし　かず　ひろ 自[無]　新潟④	自民[無]

㊗県議・普談寺副住職、㊕経済・教育・農林水産業、㊙読書・映画鑑賞・旅行・キャンプ・ランニング、㊙空海、㊙不動心

古賀 千景 立　　比例④	立憲

A型、㊺労組役員、㊵教育・平和・子ども・男女共同参画、㊵ピアノ演奏、㊵平塚らいてう、㊵一期一会

古賀 友一郎 自[岸]　長崎㊦	自民[岸]

O型、㊺総務省（旧自治省）職員、㊵経済財政・社会保障・地域振興、㊵野球・将棋

古賀 之士 立　　福岡④	民進→国民(18.5)→立憲(20.9)

A型、㊺民放アナウンサー、㊵財政金融・経済産業、㊵天体観測・モノポリー・スポーツ全般、㊵王貞治、㊵縁

古庄 玄知 自[安]　大分④	自民[安]

A型、㊺弁護士、㊵憲法改正・法整備・地方活性化、㊵登山・短歌・ウォーキング・剣道、㊵三浦梅園、㊵為せば成る

上月 良祐 自[茂]　茨城㊦	自民[茂]

B型、㊺茨城県副知事、㊵成長戦略・農林水産業振興・地方分権、㊵加圧トレーニング、㊵全てのことを全力で

㊟佐々木 さやか 公　　神奈川㊦	公明

㊺弁護士、㊵女性・若者政策、㊵音楽鑑賞・スキー、㊵両親、上杉鷹山、ローザ・パークス

佐藤 啓 自[安]　奈良④	自民[安]

O型、㊺総務省職員、㊵テニス・ゴルフ

佐藤 信秋 自[茂]　比例㊦	自民[茂]

㊺国土交通事務次官、㊵敬天愛人

佐藤 正久 (さ とう まさ ひさ) 自[茂]　比例元	自民[茂]

O型、㊗自衛官、㊟外交・防衛・防災、㊙散歩、㊚無意不立（意なくば立たず）

斎藤 嘉隆 (さい とう よし たか) 立　愛知④	民主→民進(16.3)→無所属(18.5)→立憲(18.11)→立憲(20.9)

A型、㊗連合愛知副会長・県教組委員長、㊟教育科学、㊙スポーツ・読書

酒井 庸行 (さか い やす ゆき) 自[安]　愛知元	自民[安]

O型、㊗県議・市議、㊟社会資本整備・社会保障・子育て支援、㊙芸術鑑賞・ゴルフ

櫻井 充 (さくら い みつる) 自[無]　宮城④	民主→民進(16.3)→国民(18.5)→無所属(19.11)→自民[無](22.4)

A型、㊗一市民・医師、㊟経済政策・社会保障政策（医療・子育て・その他）、㊙城をめぐって温泉に入る・卓球・将棋

里見 隆治 (さと み りゅう じ) 公　愛知④	公明

O型、㊗厚生労働省・トヨタ自動車出向、㊟労働・社会保障・地方創生、㊙旅行・山登り、㊚上杉鷹山、㊚足下を掘れ、そこに泉あり

山東 昭子 (さん とう あき こ) 自[麻]　比例元	自民→無所属(07.8)→自民(10.7)→無所属(19.8)→自民[麻](22.8)

O型、㊗女優、㊟文教科学・環境・福祉・食育、㊙音楽鑑賞・ゴルフ・インテリアデザイン

清水 貴之 (し みず たか ゆき) 維　兵庫元	日本維新の会→維新の党(14.9)→おおさか維新の会(15.12)→日本維新の会(16.8)

O型、㊗朝日放送アナウンサー、㊟地方分権・震災復興、㊙旅行

清水 真人 (し みず まさ と) 自[二]　群馬元	自民[二]

O型、㊗群馬県議・高崎市議、㊟教育・農林水産・国土交通、㊙スキー・水泳・野球などのスポーツ、将棋、読書、㊚両親、㊚摩頂放踵

自見 はなこ
じ み
自[二]　　比例④

自民[二]

AB型、略虎の門病院小児科医、政社会保障、趣マラソン・読書・旅行、銘一生懸命

塩田 博昭
しお た ひろ あき
公　　　　比例元

公明

O型、略公明党政務調査会事務局長、政社会保障・救急医療・地方創生・ガン対策、趣読書・映画鑑賞、尊諸葛孔明、銘誠心誠意

塩村 あやか
しお むら
立　　　　東京元

みんな→民進→国民→立憲→立憲
(20.9)

AB型、略都議、政脱原発・社会保障・女性施策、尊キャロライン・ケネディ、銘日日是好日

柴 愼一
しば しん いち
立　　　　比例④

立憲

B型、略労組役員、政社会保障・雇用労働・郵政政策、趣ウォーキング・カラオケ・ゴルフ、尊白洲次郎、銘一燈を提げて暗夜を行く。暗夜を憂うることなかれ、ただ一燈を頼め。

柴田 巧
しば た たくみ
維　　　　比例元

自民→無所属→みんな→結いの党→
維新の党→無所属→日本維新の会

A型、略県議・衆議員秘書、趣映画・音楽鑑賞、銘不撓不屈

島村 大
しま むら だい
自[無]　神奈川元

自民[無]

略歯科医師

下野 六太
しも の ろく た
公　　　　福岡元

公明

略中学校保健体育教諭、政教育政策

進藤 金日子
しん どう かね ひ こ
自[二]　　比例④

自民[二]

AB型、略農林水産省中山間地域振興課長、政農林水産・地域振興・土地改良、趣読書・旅行・野球観戦、尊石川理紀之助、銘真実一路、我以外皆我師

| 榛葉賀津也
 国　　　静岡元 | 民主→民進(16.3)→国民(18.5)→国民(20.9) |

O型、略静岡県菊川町議会議員、政外交防衛・中東問題・エネルギー問題、趣野球・大相撲・落語・浪曲・プロレス

| 須藤　元気
 無　　　比例元 | 立憲→無所属(20.9) |

B型、略元格闘家・中央大学レスリング部ゼネラルマネージャー・会社役員、政食の安全・環境保護・平和外交、趣スキューバダイビング・書道・三線、尊後藤田正晴、座WE ARE ALL ONE

| 末松　信介
 自[安]　兵庫④ | 自民[安] |

略兵庫県議会副議長、趣読書・空手道・野球・絵画鑑賞・映画鑑賞、座至道無為、誠、あるがまま

| 杉　　久武
 公　　　大阪元 | 公明 |

A型、略公認会計士、政経済・財政、趣旅行

| 杉尾　秀哉
 立　　　長野④ | 民進→立憲(18.4)→立憲(20.9) |

O型、略TBSテレビニュースキャスター、政総務・社会保障・外交、趣料理・旅行・鉄道、尊筑紫哲也、座意志ある所に道あり

| 鈴木　宗男
 維　　　比例元 | 自民→無所属(02.3)→新党大地(05.8)→日本維新の会 |

B型、略衆議院議員8期、政外交・防衛・農水、趣ジョギング、尊父、座人生出会い

| 世耕　弘成
 自[安]　和歌山元 | 自民[安] |

B型、略NTT、政情報通信・中小企業対策、趣読書

| 関口　昌一
 自[茂]　埼玉④ | 自民[茂] |

B型、略県議・歯科医師、趣野球・ウォーキング・カラオケ

たじままいこ
田島麻衣子
立　愛知[元]

立憲→立憲(20.9)

A型、[略]国連職員（WFP世界食糧計画）、[政]外交・少子化対策・女性の働き方改革、[趣]ヨガ・料理・フェンシング、[尊]緒方貞子（国連難民高等弁務官）、ヘレン・クラーク（元ニュージーランド首相）、[銘]万象皆師

たなかまさし
田中昌史
自[無]　比例[元]繰

自民[無]

[略]理学療法士

たなぶまさよ
田名部匡代
立　青森④

民主→民進(16.3)→国民(18.5)→立憲(20.9)

A型、[略]衆議院議員秘書、[政]農水・厚生労働、[趣]映画鑑賞・スポーツ観戦、[尊]両親、アン・サリバン、[銘]一所懸命

たむらともこ
田村智子
共　比例④

共産

A型、[略]国会議員秘書、[政]子どもの権利と貧困対策・社会保障・労働問題（特に非正規雇用）、[趣]歌・映画鑑賞・読書

たむら
田村まみ
国　比例[元]

国民→無所属(20.9)→国民(21.3)

O型、[略]UAゼンセン政治局、[政]労働・社会保障、[趣]野球観戦・アロマテラピー、[銘]自らが選択し挑戦を続ける

たかぎ
高木かおり
維　大阪④

自民→おおさか維新の会(16.6)→日本維新の会(16.8)

O型、[略]堺市議会議員（2期）、[政]教育・子ども子育て・ダイバーシティ推進、[趣]茶道・琴・アロマテラピー、[尊]マザー・テレサ、[銘]一期一会

たかぎまり
高木真理
立　埼玉④

立憲

AB型、[略]市議・県議、[政]社会保障・教育・地方分権、[趣]マンションミニ庭でのガーデニング・裁縫、[尊]両親、[銘]動けば変わる

たかのこうじろう
高野光二郎
自[麻]　徳島・高知[元]

自民[麻]

A型、[略]県議・衆議院議員秘書、[政]国土交通・農林水産・環境エネルギー・災害対策、[趣]海釣り・筋トレ・読書、[尊]河野洋平・曹操（孟徳）・長宗我部元親・坂本龍馬、[銘]大勇、奪うことができないものは志である。滅びないのはその働きである

高橋 克法 （たか はし かつ のり）
自[麻]　栃木㊦　　自民[麻]

A型、㊤参議院政策秘書・県議・町長、㊎国交・環境・農林水産、㊥炭焼き、㊙天に貯金する

高橋 はるみ （たか はし）
自[安]　北海道㊦　　自民[安]

O型、㊤北海道知事、㊥美術鑑賞・温泉めぐり、㊙何事も一生懸命にやる

高橋 光男 （たか はし みつ お）
公　兵庫㊦　　公明

A型、㊤在ブラジル日本大使館一等書記官、㊎地域経済活性化・社会保障・平和外交、㊥読書・語学学習、㊨父、㊙建設は死闘、破壊は一瞬

髙良 鉄美 （たか ら てつ み）
無（沖縄）　沖縄㊦　　無所属

㊤大学教授、㊎憲法・沖縄基地問題、㊥ボウリング・ギター・ナンプレ（数独）、㊙困難は乗り越えられる者の前にやってくる

滝沢 求 （たき さわ もとめ）
自[麻]　青森㊦　　自民[麻]

B型、㊤県議・衆議院議員秘書、㊎震災復興・社会保障、㊥映画鑑賞

滝波 宏文 （たき なみ ひろ ふみ）
自[安]　福井㊦　　自民[安]

㊤財務省広報室長・主計局主査・スタンフォード大研究員・米国公認会計士、㊎エネルギー・成長戦略・ファイナンス・地方創生、㊥スキー、㊙勤勉・正直・感謝

竹内 真二 （たけ うち しん じ）
公　比例④　　公明

O型、㊤公明新聞編集局次長、㊎国土交通・決算・拉致問題、㊥読書・料理、㊨坂本竜馬、㊙一期一会

竹詰 仁 （たけ づめ ひとし）
国　比例④　　国民

㊤東京電力労働組合中央執行委員長

たけ や こ **竹谷とし子** 公　東京④	公明

(略)公認会計士、(銘)ベストをつくせ、たとえ失敗しても、もう一度トライせよ。そして再びベストをつくせ

たけ み けい ぞう **武見敬三** 自[麻]　東京(元)	自民[麻]

B型、(略)東海大教授、(政)保健医療・外交、(趣)スポーツ観戦・家族とドライブ

たに あい まさ あき **谷合正明** 公　比例④	公明

B型、(略)国際医療NGO「AMDA」、(政)農林水産業・経済産業・環境・外交・共生社会、(趣)写真・フルマラソン、(銘)疾風勁草

つ げ よし ふみ **柘植芳文** 自[無]　比例(元)	自民[無]

A型、(略)全国郵便局長会会長、(趣)ゴルフ

つじ もと きよ み **辻元清美** 立　比例④	社民→民主→民進→立憲(17.10)

B型、(略)国際交流ＮＧＯスタッフ、(政)憲法･安保･公共交通･ＮＰＯ・環境・ジェンダー、(趣)掃除・断捨離・食べ歩き、(尊)土井たか子、(銘)一人の力は微力でも無力ではない

つる ほ よう すけ **鶴保庸介** 自[二]　和歌山④	自由→保守(00.4)→保新(02.12)→自民[二](03.11)

A型、(略)衆院議員秘書、(政)財政・農水・外交問題、(趣)スポーツ

てら た しずか **寺田静** 無　秋田(元)	無所属

O型、(略)議員秘書、(政)福祉・教育・子ども子育て、(趣)庭いじり、(尊)田中正造、(銘)一粒の麦もし地に落ちて死なずば、ただ一つにてあらん、死なば多くの実を結ぶべし

てん ばた だい すけ **天畠大輔** れ　比例④	れいわ新選組

O型、(略)研究者・重度障がい者支援団体代表理事、(政)障がい福祉・若者支援・選挙制度、(尊)恩師である養護学校時代の担任の先生、(銘)悲喜交交

堂故 茂 （どう こ しげる）
自[茂]　富山㊗　自民[茂]

O型、㊂衆議員秘書・県議・市長、㊙読書・ゴルフ

堂込麻紀子 （どう こみ まき こ）
無　　茨城④　無所属

㊂労組役員

徳永 エリ （とく なが）
立　北海道④　民主→民進(16.3)→国民(18.5)→立憲(20.9)

A型、㊂TVリポーター、㊙山登りなどのアウトドア、㊙ガンジー、㊂座して進まず、歩けば道

友納 理緒 （とも のう り お）
自[安]　比例④　自民[安]

O型、㊂看護師・弁護士・元日本看護協会参与、㊟医療・看護・社会保障、㊙手芸・ランニング・バイオリン、㊗母、㊂義務においては堅実に

豊田 俊郎 （とよ だ とし ろう）
自[麻]　千葉㊗　自民[麻]

A型、㊂千葉県議1期・八千代市長3期、㊟国土強靭化・地方分権・所有者不明土地問題、㊙ジョギング・家庭菜園、㊙後藤新平、㊂我事において後悔せず

ながえ孝子 （たか こ）
無　愛媛㊗　民主→無所属

A型、㊂民放アナウンサー、㊟経済・教育、㊙映画鑑賞、㊙ローザ・ルクセンブルク、㊂なぜベストをつくさない？

中条 きよし （なかじょう）
維　比例④　日本維新の会

B型、㊂歌手・俳優、㊟高齢者福祉政策、㊙ゴルフ・サウナ、㊙石原慎太郎、㊂一笑一若、一怒一老

中曽根弘文 （なか そ ね ひろ ふみ）
自[二]　群馬④　自民[二]

O型、㊂旭化成工業・中曽根康弘首相秘書、㊟外交・教育、㊙スポーツ・読書、㊙福澤諭吉、㊂不易流行

中田　宏 なか　だ　ひろし 自[無]　比例元繰	日本新党→新進→日本維新の会→自民[無]

A型、㘝横浜市長、㘝経済・安全保障・地方自治・教育、㘝フィットネスジムトレーニング、㘝松下幸之助、㘝先憂後楽

中西祐介 なか　にし　ゆう　すけ 自[麻]　徳島・高知④	自民[麻]

㘝銀行員

永井　学 なが　い　まなぶ 自[茂]　山梨④	自民[茂]

O型、㘝県議・衆院議員秘書、㘝子育て支援策、㘝弓道、㘝横内正明、㘝一を以て之を貫く

長浜博行 なが　はま　ひろ　ゆき 無　　　千葉元	日本新党→新進(94.12)→無所属→民主(98.12)→民進(16.3)→国民(18.5)→無所属(18.10)→立憲(18.12)→立憲(20.9)→無所属(22.8)

O型、㘝国会議員秘書、㘝地方分権、㘝水族館めぐり、㘝両親、㘝愛と感謝

長峯　誠 なが　みね　まこと 自[安]　宮崎元	自民[安]

B型、㘝都城市長、㘝読書・音楽鑑賞、㘝修己治人

仁比聡平 に　ひ　そう　へい 共　　　比例④	共産

㘝弁護士、㘝憲法・地域経済・災害対策、㘝キャンプ、㘝瀬長亀次郎、㘝被害ある限り絶対に諦めない

新妻秀規 にい　づま　ひで　き 公　　　比例元	公明

A型、㘝川崎重工業、㘝中小企業支援・被災地復興支援・科学技術、㘝英語・体力づくり・乗り鉄、㘝細井平洲、㘝先ず隗より始めよ

西田昌司 にし　だ　しょう　じ 自[安]　京都元	自民[安]

A型、㘝税理士・京都府議会議員、㘝読書・街頭遊説

西田 実仁 公　埼玉	公明

A型、㊂「週刊東洋経済」副編集長、㊉コロナ禍克服、日本再生、特に中小企業の再生、防災・減災、㊙剣道・バドミントン、㊨成せばなる

野上浩太郎 自［安］　富山④	自民［安］

O型、㊂三井不動産・県議、㊙バスケットボール・読書

野田国義 立　福岡㊀	民主→民進(16.3)→無所属(18.5)→ 立憲(18.12)→立憲(20.9)

㊂福岡県八女市長・衆議院議員

野村哲郎 自［茂］　鹿児島④	自民［茂］

A型、㊂鹿児島県農協中央会常務理事、㊉食料・農業問題、地域経済活性化、社会福祉、㊙読書・家庭菜園、㊨一期一会

羽田次郎 立　長野㊀補	立憲

O型、㊂会社社長、㊉スモールボイス・ファースト、チルドレン・ファースト、㊙読書、㊚尾崎行雄、㊨頭は低く目は高く口謹んで心広く孝を原点として他を益する

羽生田 俊 自［安］　比例㊀	自民［安］

㊂日本医師会副会長、㊉厚生労働

芳賀道也 無(国民)　山形㊀	無所属

O型、㊂キャスター・フリーアナウンサー、㊉農業、㊙落語、㊚父、㊨楽観もせず悲観もせず

長谷川 岳 自［安］　北海道④	自民［安］

㊂YOSAKOIソーラン祭り組織委員会専務理事

長谷川英晴 (は せ がわ ひで はる) 自[無]　比例④	自民[無]

O型、㊧郵便局長、㊉地方創生、㊙音楽鑑賞、㊗長嶋茂雄、㊛一意専心

馬場成志 (ば ば せい し) 自[岸]　熊本㊾	自民[岸]

A型、㊧熊本県議会議長、㊉農林水産関連・地方行政、㊙読書

橋本聖子 (はし もと せい こ) 自[安]　比例㊾	自民→無所属(21.2)→自民[安] (22.7)

B型、㊧スピードスケート選手、㊉文教科学、㊙陶芸・乗馬、㊛細心大胆

浜口誠 (はま ぐち まこと) 国　比例④	民進→国民(18.5)→無所属(20.9)→ 国民(21.3)

B型、㊧トヨタ自動車社員、㊛ネバーギブアップ

浜田聡 (はま だ さとし) N　比例㊾繰	NHK党

O型、㊧放射線科専門医、㊉減税と規制緩和を進める、㊙YouTube動画・ブログの更新、㊗高杉晋作、㊛面白き事もなき世を面白くすみなすものは心なりけり

浜野喜史 (はま の よし ふみ) 国　比例㊾	民主→民進(16.3)→国民(18.5)→国民(20.9)

O型、㊧労働組合役員、㊉エネルギー政策、㊙読書・スポーツ観戦

比嘉奈津美 (ひ が な つ み) 自[茂]　比例㊾繰	自民[茂]

A型、㊧歯科医師

平木大作 (ひら き だい さく) 公　比例㊾	公明

A型、㊧シティバンク・経営コンサルタント、㊉経済・金融、㊙読書・音楽鑑賞、㊛百折不撓

平山佐知子 ひら やま さ ち こ	民進→無所属(17.10)
無　　　　静岡④	

B型、㊿フリーアナウンサー、㊋社会保障・環境・エネルギー政策、㊙旅行・水泳、㊙徳川家康、㊙初心忘るべからず

広瀬めぐみ ひろ せ	自民[麻]
自[麻]　　岩手④	

㊿弁護士、㊙身体を動かすこと、音楽・映画鑑賞、㊙「何とかなる」「人生は誰にとっても一度きり」

福岡資麿 ふく おか たか まろ	自民[茂]
自[茂]　　佐賀④	

B型、㊿三菱地所、㊋社会保障・地方創生、㊙剣道・料理・街並散策、㊙愚公移山

福島みずほ ふく しま	社民
社　　　　比例④	

A型、㊿弁護士、㊋人権・女性・環境・平和問題、㊙映画鑑賞

福山哲郎 ふく やま てつ ろう	無所属→民主(99.9)→民進(16.3)→立憲(17.10)→立憲(20.9)
立　　　　京都④	

O型、㊿大和証券・松下政経塾、㊋エネルギー・環境・外交・財政、㊙茶道・書道・野球、㊙一日を生涯として生きる

藤井一博 ふじ い かず ひろ	自民[無]
自[無]　　比例④	

O型、㊿県議・医師、㊋地方創生の実現・危機管理立国・社会保障、㊙読書・ジョギング・野球、㊙上杉鷹山、㊙公直無私

藤川政人 ふじ かわ まさ ひと	自民[麻]
自[麻]　　愛知④	

O型、㊿扶桑町職員・愛知県議

藤木眞也 ふじ き しん や	自民[岸]
自[岸]　　比例④	

O型、㊿JA組合長、㊋農業・災害対策、㊙ドライブ・農機具の修理、㊙（何事にも）一生懸命

舟山 康江 ふな やま やす え 国　山形④	民主→みどりの風(12.7)→無所属→ 国民(20.9)

AB型、㊗農林水産省、㊉農林水産政策全般、㊙音楽鑑賞、㊛石橋湛山・西郷隆盛、㊞足るを知る

舟後 靖彦 ふな ご やす ひこ れ　比例元	れいわ新選組

AB型、㊗介護事業会社顧問、㊉日本の全患者・障害者が幸せになるための教育改革！、㊙読書・ギター演奏、㊛ミシェル・エケム・ド・モンテーニュ、㊞苦難は幸福の門

船橋 利実 ふな はし とし みつ 自[麻]　北海道④	自民[麻]

A型、㊉一次産業・経済対策・医療介護福祉、㊙ウォーキング・トイレ掃除・筋トレ、㊛父、㊞世のため人のため

古川 俊治 ふる かわ とし はる 自[安]　埼玉元	自民[安]

A型、㊗慶応義塾大学教授・医師・弁護士、㊉医療・科学技術・金融政策、㊙ジョギング・映画・音楽鑑賞（ジャズ・クラシック）・トレッキング

星 北斗 ほし ほく と 自[無]　福島④	自民[無]

㊗福島県医師会副会長、㊉厚生労働・医療、㊙ウクレレ

堀井 巌 ほり い いわお 自[安]　奈良元	自民[安]

A型、㊗総務省、㊙旅行・ご当地グルメ食べ歩き、㊞一燈照隅、万燈照国

本田 顕子 ほん だ あき こ 自[無]　比例元	自民[無]

A型、㊗日本薬剤師連盟副会長、㊉厚生労働、㊙街の散策・美術鑑賞、㊛北里柴三郎、㊞履道応乾

舞立 昇治 まい たち しょう じ 自[無]　鳥取・島根元	自民[無]

㊗総務省課長補佐

牧野 たかお <small>まき の</small> 自[茂]　静岡㊤	自民[茂]

A型、㋛静岡県議会議員、㋜農林水産・国土交通

牧山 ひろえ <small>まき やま</small> 立　神奈川㊤	民主→民進(16.3)→立憲(18.5)→立憲(20.9)

O型、㋛米国弁護士・TVディレクター、㋜子育て支援、医療問題、港湾・空港・観光一体化による国際競争力の推進、ODA改革、㋛スポーツ・カラオケ、㋛緒方貞子

松川 るい <small>まつ かわ</small> 自[安]　大阪④	自民[安]

㋛外務省室長、㋜外交・安保、㋛お茶・陶芸・ダンス、㋛聖徳太子

松沢 成文 <small>まつ ざわ しげ ふみ</small> 維　神奈川④	民主→みんな→次世代→希望→日本維新の会(19.06)

A型、㋛神奈川県議・衆議院議員・神奈川県知事、㋜憲法・教育・行財政改革・地方分権、㋛歴史研究・映画鑑賞・スポーツ観戦・ジョギング、㋛二宮尊徳・福沢諭吉・松下幸之助、㋛運と愛嬌・破天荒力

松下 新平 <small>まつ した しん ぺい</small> 自[無]　宮崎④	無所属→改ク(08.8)→自民[無](10.01)

AB型、㋛宮崎県庁・参議院議員秘書・宮崎県議2期、㋜防災、地方行財政、農政、外交防衛、教育、㋛囲碁・読書

松野 明美 <small>まつ の あけ み</small> 維　比例④	日本維新の会

A型、㋛熊本県議会議員、㋜障がい者雇用・生活保障、㋛マラソン・そうじ、㋛ナイチンゲール、㋛継続は力なり

松村 祥史 <small>まつ むら よし ふみ</small> 自[茂]　熊本④	自民[茂]

AB型、㋛全国商工会連合会、㋜地域活性化、中小企業・小規模事業者の育成、㋛釣り・スポーツ・音楽鑑賞

松山 政司 <small>まつ やま まさ じ</small> 自[岸]　福岡㊤	自民[岸]

A型、㋛日本青年会議所会頭、㋜農業・教育問題、㋛音楽活動、㋛高杉晋作、㋛誠心誠意

丸川珠代
まるかわたまよ
自[安]　東京元

自民[安]

B型、略テレビ朝日アナウンサー、政社会保障、趣ダイビング、尊母・祖母

三浦信祐
みうらのぶひろ
公　神奈川④

公明

A型、略防衛大准教授、政エネルギー・医療・社会保障、趣旅行・ドライブ、尊野口英世、銘一期一会、われ以外みなわが師

三浦靖
みうらやすし
自[茂]　比例元

自民[茂]

B型、略衆議院議員、政地方創生・教育、趣読書・ゴルフ、尊鈴木恒夫（元文科大臣）、銘和を以て貴しとなす

三上えり
みかみえり
無(立憲)　広島④

無所属

略テレビ新広島アナウンサー、政子育て支援・社会保障、趣ジョギング・温泉めぐり、銘言葉には魂が宿る

三原じゅん子
みはらじゅんこ
自[無]　神奈川④

自民[無]

B型、略女優、政医療・介護、趣ゴルフ

参プロフィール　ま・み

三宅伸吾
みやけしんご
自[無]　香川元

自民[無]

略日本経済新聞社、政経済成長・外交防衛・教育改革、趣読書、尊両親、銘あなたが変われば世界が変わる

水岡俊一
みずおかしゅんいち
立　比例元

民主→民進→立憲→立憲(20.9)

A型、略中学校教員・教職員組合役員、政教育・雇用・社会保障・人権・平和、趣テニス・写真、銘人間万事塞翁が馬

水野素子
みずののもとこ
立　神奈川④

立憲

AB型、略JAXA、政科学技術・教育・産業・外交・安全保障、趣旅行・温泉、尊赤松良子・川口淳一郎、銘ローマは一日にして成らず

みやぐち はるこ **宮口治子** 立　広島[元]再	無所属→立憲(21.12)

[略]TV局キャスター・フリーアナウンサー、[政]福祉政策、[趣]神社仏閣巡り・温泉・ドライブ・料理、[尊]マザー・テレサ、[銘]人間万事塞翁が馬

みやざき まさお **宮崎雅夫** 自[二]　比例[元]	自民[二]

[略]農水省課長、[政]農業振興・地方活性化、[趣]歴史小説、[尊]島田叡、[銘]一所懸命

みやざき まさる **宮崎勝** 公　比例④繰	公明

A型、[略]公明新聞、[政]教育、[趣]登山、[尊]父母、[銘]不撓不屈

みやざわ よういち **宮沢洋一** 自[岸]　広島④	自民[岸]

AB型、[略]官僚（大蔵省）、[政]社会保障・財政再建、[趣]料理・カメラ

みやもと しゅうじ **宮本周司** 自[安]　石川[元]補	自民[安]

A型、[略]酒造会社社長、[政]小規模企業政策・中小企業政策、[趣]音楽

むらた きょうこ **村田享子** 立　比例④	立憲

A型、[略]基幹労連職員・参議院議員秘書、[政]経済産業政策・社会保障、[趣]読書・銭湯・野球観戦・顔出しパネルで写真撮影、[銘]笑う門には福来る

むろい くにひこ **室井邦彦** 維　比例[元]	民主→日本維新の会(13.5)→維新の党(14.9)→おおさか維新の会(15.11)→日本維新の会(16.8)

A型、[略]国土交通大臣政務官、[政]国土交通、環境・エネルギー、[趣]スポーツ全般・音楽鑑賞・ユーマ（未確認生物）研究、[尊]松下幸之助、[銘]温故知新

もり **森まさこ** 自[安]　福島[元]	自民[安]

O型、[略]弁護士・金融庁、[政]消費者問題・金融・少子化対策、[趣]洋裁・料理・登山・旅行

| **森本　真治**
立　　　　広島㊦ | 民主→民進(16.3)→国民(18.5)→立憲(20.9) |

㊂広島市議

| **森屋　　隆**
立　　　　比例㊦ | 立憲→立憲(20.9) |

㊂西東京バス㈱・団体職員

| **森屋　　宏**
自[岸]　　山梨㊦ | 自民[岸] |

A型、㊂県議、㊙観光・少子化対策・地方分権、㊙旅行、㊙われ以外皆我が師

| **矢倉克夫**
公　　　　埼玉㊦ | 公明 |

A型、㊂弁護士・経産省職員、㊙通商・外交・社会保障・教育、㊙自転車・カラオケ・映画、㊙たくましき楽観主義

| **安江伸夫**
公　　　　愛知㊦ | 公明 |

A型、㊂弁護士、㊙中小企業支援、㊙カラオケ、㊙自分以外のすべての人、㊙不可能とは、臆病者の言いわけである

| **柳ヶ瀬裕文**
維　　　　比例㊦ | 日本維新の会 |

A型、㊂東京都議会議員、㊙登山

| **山口那津男**
公　　　　東京㊦ | 公明→新進(94.12)→平和(98.1)→公明(98.11) |

A型、㊂弁護士、㊙安保・防衛、㊙音楽・美術鑑賞

| **山崎正昭**
自[安]　　福井④ | 自民→無所属(12.12)→自民[安](16.7) |

A型、㊂大野市議・福井県議、㊙建設・農林水産・地方自治、㊙野球・スキー

山下雄平（やました ゆうへい） 自[茂]　佐賀[元]	自民[茂]

[略]日本経済新聞社記者、[政]農政・国土交通・総務（地方分権）、[趣]読書・マラソン

山下芳生（やました よしき） 共　比例[元]	共産

AB型、[略]生協職員、[政]雇用・福祉・安全保障・地方自治、[趣]山歩き・落語・料理

山添拓（やまぞえ たく） 共　東京④	共産

AB型、[略]弁護士、[政]労働・原発・憲法、[趣]鉄道写真・登山、[尊]宮沢賢治、[銘]自分らしく

山田太郎（やまだ たろう） 自[無]　比例[元]	みんな→元気(15.1)→おおさか維新の会(16.4)→自民[無]

B型、[略]経営コンサルティング会社社長、[政]表現の自由・子ども政策・デジタル政策、[趣]執筆活動・旅行、[銘]今日の日をありがとう

山田俊男（やまだ としお） 自[森]　比例[元]	自民[森]

A型、[略]全国農協中央会専務理事、[政]農業・農村問題、[趣]水泳・里山歩き・読書

山田宏（やまだ ひろし） 自[安]　比例④	日本新党→新進→日本創新党→日本維新の会→次世代→自民[安](15.9)

B型、[略]杉並区長・衆議院議員、[政]外交防衛・安全保障・厚生労働、[趣]ダイビング、[尊]松下幸之助

山谷えり子（やまたに えりこ） 自[安]　比例④	民主→保新(02.12)→自民[安](03.11)

A型、[略]サンケイリビング新聞編集長・エッセイスト、[政]教育・外交防衛・少子高齢、[趣]水泳・合気道

山本香苗（やまもと かなえ） 公　比例[元]	公明

O型、[略]在カザフスタン共和国大使館勤務、[趣]水泳・映画鑑賞・旅行

やまもと けいすけ **山 本 啓 介** 自［岸］　　　長崎④	自民［岸］

A型、㋮長崎県議会議員・衆議院議員秘書、㋳農林水産業・人口減少対策・防衛・離島振興、㋰読書、㋲松永安左エ門、㋱不惜身命

やまもと さちこ **山 本 佐知子** 自［茂］　　　三重④	自民［茂］

A型、㋮三重県議会議員、㋳地方創生・観光・農林水産・産業振興、㋰登山・絵画鑑賞、㋱初心忘るるべからず

やまもと じゅんぞう **山 本 順 三** 自［安］　　　愛媛④	自民［安］

A型、㋮川崎製鉄・愛媛県議、㋳農林水産業再生・地場産業再生、㋰スポーツ・読書

やまもと たろう **山 本 太 郎** れ　　　　　東京④	無所属→自由→れいわ新選組

A型、㋮俳優、㋳積極財政、㋰サーフィン、㋲木村英子・舩後靖彦、㋱金を刷れ、皆に配れ

やまもと ひろし **山 本 博 司** 公　　　　　比例元	公明

A型、㋮日本IBM、㋳福祉・情報通信、㋰スポーツ観戦・映画鑑賞

よこさわ たかのり **横 沢 高 徳** 立　　　　　岩手元	国民→立憲(20.9)

O型、㋮バンクーバー・パラリンピック日本代表、㋰カーリング・パワースポット巡り・体を動かすこと、㋲原敬、㋱雨垂れ石を穿つ

よこやま しんいち **横 山 信 一** 公　　　　　比例④	公明

A型、㋮北海道議2期

よしい あきら **吉 井 　 章** 自［無］　　　京都④	自民［無］

B型、㋮京都市議、㋳経済対策・外交安全保障・教育政策・地方創生、㋰サッカー観戦・ゴルフ、㋱一念不動

吉川沙織（よしかわ さおり） 立　比例[元]	民主→民進(16.3)→立憲(18.5)→立憲(20.9)

AB型、[略]NTT社員、[政]情報通信、[趣]人と会うこと・散歩・吹奏楽

吉川ゆうみ（よしかわ） 自[安]　三重[元]	自民[安]

[略]三井住友銀行、[政]環境・経済、[趣]スポーツ・読書

吉田忠智（よしだ ただとも） 立　比例[元]	社民→立憲(20.12)

B型、[略]労組委員長・県議、[政]労働者のための「働き方改革」・辺野古新基地移設反対、[趣]登山・旅行・映画鑑賞・読書・犬の散歩、[尊]村山富市・重野安正、[銘]夢・まごころ・努力

蓮舫（れんほう） 立　東京④	民主→民進(16.3)→立憲(17.12)→立憲(20.9)

A型、[略]報道キャスター、[政]行革・子ども子育て支援政策

和田政宗（わだ まさむね） 自[無]　比例[元]	みんな→次世代(14.11)→こころ(15.12)→無所属(16.11)→自民[無](17.9)

A型、[略]NHKアナウンサー、[政]震災復興、[趣]マラソン

若林洋平（わかばやし ようへい） 自[二]　静岡④	自民[二]

[略]御殿場市長

若松謙維（わかまつ かねしげ） 公　比例[元]	公明

O型、[略]衆議員・公認会計士・税理士・行政書士、[政]行財政改革・東日本大震災復興・エネルギー、[趣]マラソン、[尊]上杉鷹山

渡辺猛之（わたなべ たけゆき） 自[茂]　岐阜④	自民[茂]

O型、[略]県議、[政]地方創生、森林・林業、国土交通、[趣]釣り、[尊]松下幸之助

衆議院議員親族一覧

（令和5年1月23日現在）

※親族について回答のあった議員のみ掲載

あ　あかま二郎　父故 あかま一之：県議

安住　淳　父故 安住重彦：元宮城県牡鹿町長

阿部　司　父 阿部吉夫：ハイヤー運転手　母 阿部信子：化粧品店経営　妻 阿部香織：不動産会社勤務

逢沢一郎　父故 逢沢英雄：衆院議員

青柳仁士　父 青柳景一：元警察官

青柳陽一郎　曾祖父故 高碕達之助：元通産大臣、元衆議院議員、東洋製罐㈱創設者　祖父故 池田正之輔：元科技庁長官、元衆議院議員

青山周平　父 青山秋男：愛知県議会議員

赤澤亮正　祖父故 赤澤正道：自治大臣、国家公安委員長

東　国幹　妻 東　みつよ：会社役員　長男 東　泰民：大学生

麻生太郎　父故 麻生太賀吉：衆院議員、実業家　母故 麻生和子：故吉田茂元首相三女　妻 麻生千賀子：故鈴木善幸元首相三女

甘利　明　父故 甘利　正：衆院議員

荒井　優　父 荒井　聰：前衆議院議員

い　井出庸生　伯父 井出正一：元衆院議員　祖父故 井出一太郎：元衆院議員

井上信治　兄 井上賢治：井上眼科病院理事長

井上貴博　祖父故 井上吉左衛門：福岡県議会議員　父故 井上雅實：福岡県議会議員

井上英孝　祖父：大阪市会議員　父：大阪市会議員　母：大阪市会議員　妻 井上智子　長男 井上英将　次男 井上真孝　三男 井上義英

井原　巧　祖父故 井原岸高：衆議院議員

伊藤俊輔　父 伊藤公介：元衆議院議員

伊藤信太郎　父故 伊藤宗一郎：衆議院議長

※親族一覧

| 池畑浩太朗 | (祖父)(故)大上 司：衆議院議員（自由民主党5期） |

| 石井 拓 | (父)石井和男 (母)石井妙子 (妻)石井香代 |

| 石川香織 | (夫)石川知裕：元衆議院議員 |

| 石破 茂 | (父)(故)石破二朗：鳥取県知事、自治大臣 (母)(故)石破和子：元宮城県知事金森太郎長女 (妻)石破佳子：元昭和電工取締役中村明次女 |

| 石橋林太郎 | (父)(故)石橋良三：広島県議会議員 |

| 石原宏高 | (父)石原慎太郎：元衆議院議員、元東京都知事 (兄)石原伸晃：前衆議院議員 |

| 泉 健太 | (父)(故)泉 訓雄：石狩市議 |

| 稲田朋美 | (夫)稲田龍示：弁護士 |

| 岩屋 毅 | (父)岩屋 啓：大分県議 |

| [う] 上田英俊 | (父)上田辰三：理容業 (母)上田千恵：理容業 (妻)上田チヨミ：主婦 |

| 梅谷 守 | (義父)筒井信隆：農林水産副大臣 |

| 浦野靖人 | (妻)浦野雅代 (長男)浦野靖士朗 (次男)浦野慶夏 |

| [え] 江﨑鐵磨 | (父)(故)江﨑真澄：副総理、自治・通産大臣、総務庁・防衛庁長官 (妻)細貝正統：第一屋製パン株式会社代表取締役社長 |

| 江渡聡徳 | (父)(故)江渡誠一：青森県議会議員 (叔父)(故)江渡龍博：十和田市議会議員 (従弟)江渡信貴：十和田市議会議員 |

| 江藤 拓 | (父)(故)江藤隆美：元建設大臣、運輸大臣、総務庁長官 |

| 衛藤征士郎 | (妻)衛藤まり子 |

| 遠藤利明 | (伯父)(故)鈴木行男：上山市長、山形県議 (長男)遠藤寛明：山形県議 |

| [お] 小里泰弘 | (父)(故)小里貞利：総務庁長官、震災対策大臣、北・沖開発庁長官、労働大臣、自民党総務会長 |

| 小沢一郎 | (父)(故)小沢佐重喜：運輸大臣、衆院議員 |

| 小野寺五典 | (義父)(故)小野寺信雄：宮城県議会議員、気仙沼市長 |

※親族について回答のあった議員のみ掲載

小渕優子	(祖)(故)小渕光平：衆院議員　(父)(故)小渕恵三：内閣総理大臣
尾身朝子	(父)尾身幸次：元財務大臣、元衆議院議員
越智隆雄	(祖父)(故)福田赳夫：内閣総理大臣　(叔父)福田康夫：内閣総理大臣　(父)(故)越智通雄：国務大臣　(従弟)福田達夫：衆議院議員
大島　敦	(父)(故)大島　茂：北本市議（3期）
大塚　拓	(妻)大塚珠代（丸川珠代）：参議院議員
大野敬太郎	(父)大野功統：元防衛庁長官
岡田克也	(義兄)村上誠一郎：衆議院議員
奥下剛光	(祖父)奥下幸助：元茨木市議
奥野信亮	(祖父)奥野貞治：県議会議員、町長　(祖父)神奈川県知事　(父)(故)奥野誠亮：衆議院議員、文部大臣、法務大臣、国土庁長官
加藤鮎子	(祖父)(故)加藤精三：元衆議院議員　(父)(故)加藤紘一：元衆議院議員
加藤勝信	(義父)(故)加藤六月：元農水大臣、元衆議院議員　(妻の伯父)(故)加藤武徳：元自治大臣、元参議院議員　(義従兄)(故)加藤紀文：元参議院議員
加藤竜祥	(父)加藤寛治：前衆議院議員
河西宏一	(曾祖父)(故)河西嘉一：山川製薬（株）専務　(祖父)(故)河西健一：住友金属工業（株）常務・住金化工（株）会長
海江田万里	(妻)海江田志津子
柿沢未途	(父)(故)柿沢弘治：外務大臣、衆議院議員
梶山弘志	(父)(故)梶山静六：衆院議員　(母)梶山春江
金子恵美	(父)(故)金子徳之介：衆議院議員
金子俊平	(父)金子一義：衆議院議員、国土交通大臣、行革大臣　(祖父)(故)金子一平：衆議院議員、大蔵大臣、経企庁長官
金子恭之	(祖父)(故)金子　龍：深田村長、熊本県議（2期）　(父)(故)金子　徹：深田村議会議長
金田勝年	(妻)金田龍子

亀 岡 偉 民	Ⓧ㊙亀岡高夫：衆議院議員、建設・農林水産各大臣
川崎ひでと	Ⓧ川崎二郎：前衆議院議員　㊦Ⓧ㊙川崎秀二：元衆議院議員
菅　　直 人	㊛菅 伸子
菅 家 一 郎	㊦Ⓧ菅家一博：村議会議員　㊦㊅遠藤和夫：北塩原村村長　㊦㊇阿部光國：町議会議員

き

木 村 次 郎	㊦Ⓧ㊙木村文男：衆議院議員、青森県議会議員　Ⓧ木村守男：衆議院議員、青森県知事　㊅㊙木村太郎：衆議院議員、青森県議会議員
城 内　　実	Ⓧ城内康光：警察庁長官、ギリシャ大使　㊅㊅水谷章：オーストリア大使、モザンビーク大使
菊田真紀子	Ⓧ菊田征治：新潟県議会議員
岸　　信 夫	㊦Ⓧ㊙岸 信介：内閣総理大臣　㊦Ⓧ㊙安倍寛：衆議院議員　Ⓧ㊙安倍晋太郎：自民党幹事長、外務大臣　㊅㊙安倍晋三：内閣総理大臣、自民党幹事長
岸 田 文 雄	㊦Ⓧ㊙岸田正記：衆院議員　Ⓧ㊙岸田文武：衆院議員
北 側 一 雄	Ⓧ㊙北側義一：元衆院議員（昭和42～58年）
北 村 誠 吾	㊛北村シズノ

く

| 日 下 正 喜 | ㊛日下美香：広島県議会議員（5期） |

こ

小泉進次郎	Ⓧ小泉純一郎：元衆院議員　㊅小泉孝太郎：俳優
小 林 茂 樹	㊦Ⓧ小林茂市：奈良市議会議員　Ⓧ㊙小林喬：奈良県議会議員
小 林 史 明	㊦Ⓧ㊙小林政夫：元参議院議員
小宮山泰子	㊦Ⓧ㊙小宮山常吉：参議院議員　Ⓧ㊙小宮山重四郎：衆議院議員、郵政大臣
小 森 卓 郎	㊅Ⓧ北村茂男：元衆議院議員、環境副大臣
河 野 太 郎	㊦Ⓧ㊙河野一郎：農林大臣　Ⓧ河野洋平：衆院議長、副総理兼外相、自民党総裁　㊊㊙河野武子

㊋親族一覧

※親族について回答のあった議員のみ掲載
397

神津たけし　[伯父]羽田　孜：元首相　[従兄弟][故]羽田雄一郎：元国土交通大臣

高村正大　[祖父][故]高村坂彦：元衆院議員　[父]高村正彦：前衆院議員

國場幸之助　[大叔父][故]國場幸昌：衆院議員(自民党)　[義父]西田健次郎：沖縄県議会議員、自民党県連会長

穀田恵二　[父]穀田良二　[叔父]戸田龍馬：伊丹市議会元議長　[妻]穀田誠子：染色家

近藤昭一　[父][故]近藤昭夫：元名古屋市議　[弟][故]近藤高昭：名古屋市議

[さ] 佐藤公治　[父][故]佐藤守良：農林水産大臣、国土庁長官、北海道・沖縄開発庁長官

佐藤　勉　[祖父][故]佐藤鶴七：栃木県議会議員、壬生町長　[父][故]佐藤昌次：栃木県議会議長、壬生町長　[従兄][故]佐藤三郎：栃木県議会議員　[長男]佐藤良：栃木県議会議員

斉藤鉄夫　[父][故]斉藤武夫：陸軍中佐　[母][故]斉藤静枝　[妻]斉藤敏江

坂本哲志　[妻]坂本晶江

坂本祐之輔　[父][故]坂本守平：元東松山市議会議長

櫻田義孝　[長男]櫻田慎太郎：柏市議会議員

笹川博義　[祖父][故]笹川良一：元衆議院議員、公益団体会長　[義父]笹川　堯：元衆議院議員

[し] 志位和夫　[父][故]志位明義：船橋市議・小学校教諭　[母]志位茂野：小学校教諭　[妻]志位孝子：主婦

塩崎彰久　[祖父][故]塩崎　潤：元衆議院議員　[父]塩崎恭久：元衆議院議員

塩谷　立　[父][故]塩谷一夫：衆議院議員

下条みつ　[祖父][故]下条康麿：元参議院議員、文部大臣　[父][故]下条進一郎：元参議院議員、厚生大臣

下村博文　[父][故]下村正雄　[母][故]下村富子：主婦　[妻]下村今日子：主婦

新谷正義　[祖父][故]高橋績二：東広島市議会議長、東広島市名誉市民　[祖母][故]新谷房子：世羅町議会議員

新藤 義孝	祖父⑯新藤勝衛：川口市議会議員
す 鈴木 英敬	妻鈴木美保（旧姓：武田）：アーティスティックスイミング・五輪メダリスト
鈴木 俊一	父⑯鈴木善幸：内閣総理大臣
た 田中 和徳	子田中徳一郎：神奈川県議会議員
田中 英之	祖父⑯田中三松：元京都府議会議長　父⑯田中のぼる：元京都市会議長
田中 良生	父田中啓一：蕨市市長
田野瀬太道	実父田野瀬良太郎：衆議院議員、自由民主党総務会長
田村 憲久	祖父⑯田村　袷：衆院議員　伯父⑯田村　元：衆院議員
髙木　啓	祖父⑯髙木惣市：東京都北区長　父⑯髙木信幸：東京都議
髙木　毅	父⑯髙木孝一：敦賀市長
髙鳥 修一	父⑯髙鳥　修：元国務大臣、元衆議院議員
高橋千鶴子	義父高橋勇樹：宮城県栗駒町議
竹内　譲	従兄三輪昭尚：元内閣情報通信政策監　従妹井上和香：女優
武部　新	実父武部　勤：自民党幹事長、農林水産大臣、衆議運委員長
橘　慶一郎	父⑯橘　康太郎：衆議院議員
棚橋 泰文	祖父⑯松野幸泰：国土庁長官、衆院議員　父棚橋祐治：通産事務次官
谷　公一	父⑯谷　洋一：衆議院議員、農水大臣
谷川 とむ	父谷川秀善：元参議院議員　兄谷川正秀：元尼崎市議会議長
つ 津島　淳	父津島雄二：厚生大臣、自民党税制調査会長、衆議院議員　大伯父⑯津島文治：知事、衆議院議員、参議院議員
塚田 一郎	父⑯塚田十一郎：郵政大臣、自治大臣、新潟県知事　妻塚田志保：元アナウンサー
辻　清人	妻辻　奈々

土屋 品子 　㉕㉘上原正吉：参議院議員　㉛㉘土屋義彦：参議院議長、埼玉県知事

堤　かなめ 　㉖堤　明純：北里大学医学部教授

て 寺田　学 　㉗寺田静：参議院議員　㉛寺田典城：元知事、元参議院議員

寺田　稔 　㉕㉘寺田　豊：広島市議会議長、広島県議会議員　㉕㉘池田勇人：内閣総理大臣　㉓㉛㉘池田行彦：外務大臣、防衛庁長官　㉗寺田慶子　㉜石山優子　㉝寺田聡子

と 渡海紀三朗 　㉛㉘渡海元三郎：衆議院議員、元建設・自治大臣　㉞石見利勝：前姫路市長

な 中川 郁子 　㉖㉘中川昭一：衆議院議員、農林水産大臣、経済産業大臣、財務大臣　㉟㉘中川一郎：衆議院議員、農林水産大臣

中島 克仁 　㉛㉘中嶋眞人：元内閣府副大臣　㊱中嶋ふじゑ　㉗中嶋美由紀

中曽根康隆 　㉕㉘中曽根康弘：元内閣総理大臣　㉛中曽根弘文：参議院議員

中谷 一馬 　㊲深田慎治：元山口県防府市議会副議長　㊲藤居芳明：横浜市会議員

中谷　元 　㉕㉘中谷貞頼：衆院議員　㉗中谷美弥子

中司　宏 　㉛㉘中司　実：元大阪府議会議員

中野 英幸 　㉛中野　清：市議、県議、元衆議院議員　㊳星野光弘：市議、県議、富士見市長

中村喜四郎 　㉛中村喜四郎（先代）：参議院議員　㊱㉘中村登美：参議院議員

永岡 桂子 　㉖永岡洋治：衆議院議員

長坂 康正 　㉛㉘長坂悦次：東浦町長

長妻　昭 　㉕㉘長妻孜一郎：千葉県八街町議会議長

に 二階 俊博 　㉛㉘二階俊太郎：和歌山県議

丹羽 秀樹 　㉕㉘丹羽兵助：衆院議員、労働大臣　㉕㉘安藤孝三：衆議院議員

西岡秀子　[祖父][故]西岡竹次郎：長崎県知事、衆議院議員
[祖母][故]西岡ハル：参議院議員（全国区）
[父][故]西岡武夫：参議院議長、衆議院議員

西村智奈美　[夫]本多平直：元衆議院議員　[長男]本多宏旭

西村康稔　[義父][故]吹田　愰：自治大臣

西銘恒三郎　[父][故]西銘順治：元衆議院議員、元沖縄県知事
[兄]西銘順志郎:元参議院議員、[弟]西銘啓史郎:沖縄県議会議員

[の] 野田聖子　[祖父][故]野田卯一：建設大臣、衆院議員

野田佳彦　[弟]野田剛彦：千葉県議会議員（1期）

野中　厚　[祖父][故]野中英二：衆議院議員（6期）

[は] 葉梨康弘　[義父]葉梨信行：元衆議院議員　[義祖父][故]葉梨新五郎：元衆議院議員

橋本　岳　[祖父][故]橋本龍伍：元文相、元厚相、元衆議院議員　[父][故]橋本龍太郎：元首相、元通産相、元蔵相、元運輸相、元厚相、元衆議院議員
[叔父]橋本大二郎：元高知県知事

鳩山二郎　[父][故]鳩山邦夫：衆議院議員

林　幹雄　[父][故]林　大幹：環境庁長官、衆院議員　[母][故]林　ちよ　[妻]林　博子　[長男]林　幹人：千葉県議会議員

林　芳正　[祖父][故]林　佳介：元衆議院議員　[父][故]林　義郎：元衆議院議員、元大蔵大臣、元厚生大臣

[ひ] 平井卓也　[祖父][故]平井太郎：郵政大臣、参院議員　[父][故]平井卓志：労働大臣、参院議員

平沼正二郎　[曽祖父][故]平沼騏一郎：元内閣総理大臣　[父]平沼赳夫：元衆議院議員、元経済産業大臣

[ふ] 福島伸享　[大おじ][故]小平久雄：元衆議院副議長

福田達夫　[祖父][故]福田赳夫：第67代内閣総理大臣　[父]福田康夫：第91代内閣総理大臣

藤巻健太　[父]藤巻健史:元参議院議員　[叔父][故]藤巻幸夫:元参議院議員

船田　元　[祖父][故]船田　中:衆議院議長　[父][故]船田　譲:参議院議員、栃木県知事　[妻]船田　恵：参議院議員

※親族について回答のあった議員のみ掲載

古川元久　〔妻〕古川有希子　〔長男〕古川公士　〔長女〕古川さくら

古屋圭司　〔曽祖父〕〔故〕古屋善造：国会議員　〔祖父〕〔故〕古屋慶隆：国会議員　〔養父〕〔故〕古屋　亨：衆院議員、自治大臣

ほ

穂坂　泰　〔父〕穂坂邦夫：第99代埼玉県議会議長、元志木市長

星野剛士　〔父〕〔故〕星野尚昭：自由民主党本部職員（国会対策事務部長）

細田博之　〔父〕〔故〕細田吉蔵：衆院議員、防衛庁長官、運輸大臣

堀内詔子　〔義曽祖父〕〔故〕堀内良平：衆議院議員　〔義祖父〕〔故〕堀内一雄：衆議院議員　〔義父〕〔故〕堀内光雄：衆議院議員、元通商産業大臣

ま

馬淵澄夫　〔従兄弟〕馬淵昌也：千葉県一宮町長

松野博一　〔妻〕松野三千代　〔長女〕晶子

松原　仁　〔妻〕松原ひろみ

松本剛明　〔父〕〔故〕松本十郎：国務大臣

松本洋平　〔母〕松本るみ子　〔妻〕松本幸子　〔長男〕松本悠之介　〔長女〕松本淑乃

み

三ッ林裕巳　〔父〕〔故〕三ッ林弥太郎：元国務大臣科学技術庁長官、元衆議院議員、元埼玉県議会議長　〔兄〕〔故〕三ッ林隆志：元衆議院議員　〔祖父〕〔故〕三ッ林幸三：元衆議院議員、元埼玉県議会議長、元幸手町長

美延映夫　〔祖父〕〔故〕美延重忠：大阪市議会議員　〔祖母〕〔故〕美延よし：大阪市議会議員　〔母〕美延郷子：大阪市議会議員

御法川信英　〔父〕〔故〕御法川英文：衆議院議員　〔母〕御法川憲子

宮下一郎　〔父〕〔故〕宮下創平：衆議院議員

む

村上誠一郎　〔曽祖父〕〔故〕村上紋四郎：衆院議員　〔父〕〔故〕村上信二郎：衆院議員　〔伯父〕〔故〕村上孝太郎：参院議員　〔義弟〕岡田克也：衆院議員

も

茂木敏充　〔父〕〔故〕茂木文男　〔母〕茂木和子　〔妻〕茂木栄美　〔子〕茂木駿介

盛山正仁　[義父][故]田村　元：元衆議院議長　[妻の従兄弟]田村憲久：前厚生労働大臣

森　英介　[祖父][故]森　矗昶：衆院議員　[父][故]森　美秀：衆院議員、環境庁長官　[伯父][故]森　清：衆院議員、総務長官

森田俊和　[祖父][故]森田新五郎：元埼玉県議会議員

[や] 谷田川　元　[弟]谷田川充丈：千葉県議会議員　[従兄弟][故]山村新治郎：元衆議院議員

保岡宏武　[祖父][故]保岡武久：元衆議院議員　[祖父][故]武田恵喜光：元和泊町町長　[父]保岡興治：元衆議院議員

柳本　顕　[父]柳本　豊：元大阪市会議員　[叔父]柳本卓治：元衆議院議員、元参議院議員

山岡達丸　[祖父][故]山岡荘八：作家　[父]山岡賢次：元衆議院議員

山口俊一　[父][故]山口一雄：徳島県会議員

山口　晋　[父]山口泰明：前衆議院議員、前自民党選対委員長

山口　壯　[義叔父]中村正三郎：元衆院議員、環境庁長官、法務大臣　[妻]山口牧子　[長女]デュポン洸子　[次女]山口玲子

山田勝彦　[父]山田正彦：元衆議院議員

山井和則　[妻]斉藤弥生：大学教員

山本剛正　[妻]西村正美：元参議院議員

[よ] 吉川　赳　[父]吉川雄二：元静岡県議

吉川　元　[いとこ]越　直美：大津市長

吉田豊史　[父]吉田良三：元富山県会議員　[伯父]吉田清治：元富山県会議員

吉野正芳　[妻]吉野公子

米山隆一　[妻]室井佑月：作家

[わ] 和田義明　[義父][故]町村信孝：衆議院議長、内閣官房長官、外相、文科相　[義祖父][故]町村金五：北海道知事、自治相、自民党参議院議員会長

若林健太　[父]若林正俊：農林水産大臣、環境大臣

※親族について回答のあった議員のみ掲載

渡辺孝一　[父][故]渡辺省一：衆議院議員、国務大臣（科技庁長官）

渡辺　周　[父][故]渡辺　朗：衆院議員、沼津市長

渡辺　創　[祖父][故]渡辺　紀：宮崎県議会議員

渡辺博道　[父][故]渡辺福太郎：松戸市議会議長

参議院議員親族一覧

（令和5年1月23日現在）

※親族について回答のあった議員のみ掲載

[あ]	安達　澄	[祖父][故]深田光霊：淡窓伝光霊流日本詩道会宗家
	阿達雅志	[妻の祖父][故]佐藤栄作：元内閣総理大臣　[妻の父][故]佐藤信二：元運輸大臣、通商産業大臣
	青木　愛	[父]青木岩造：千倉町議会議員　[母]青木伊久：社会福祉法人櫻の会理事長、ゆうひが丘保育園園長
	青木一彦	[父]青木幹雄：内閣官房長官、参議院自民党議員会長他
	青島健太	[妻]青島みゆき：同志社女子大→日本航空CA　[長女]青島奈乃：ロンドン芸術大学→スウェーデン在住　[長男]青島健賢：デンマーク工科大学大学院→デンマーク在住
	青山繁晴	[妻]青山千春：東京海洋大学特任准教授
	浅田　均	[父][故]浅田貢：元大阪府議
	東　徹	[祖父][故]東　二三郎：元大阪市会議員、元大阪府議会議員　[父][故]東　武：元大阪府議会議長
	有村治子	[父]有村國宏:元滋賀県議会議長　[兄]有村國俊:前近江八幡市議会議員、現滋賀県議会議員　[弟]有村国知：現滋賀県愛荘町長
[い]	石井　章	[娘]根本めぐみ（石井）：取手市議会議員
	石井準一	[叔父]石井常雄：前茂原市長
	石川博崇	[義父]風間　昶：元参議院議員、元環境副大臣
	石橋通宏	[父]石橋大吉：元衆院議員
	猪口邦子	[夫]猪口　孝：東京大学名誉教授、桜美林大学特別招聘教授、前新潟大学学長
	今井絵理子	[長男]今井礼夢：18才
[う]	臼井正一	[祖父][故]臼井荘一：元衆院議員、元参院議員　[父]臼井日出男：元衆院議員、元法相、元防衛庁長官　[妻]臼井千鶴子：会社役員
	打越さく良	[夫]村木一郎：弁護士
[え]	江島　潔	[祖父][故]江島鐵雄：下関市議会議員　[大叔父][故]江藤　智：参議院議員、運輸大臣　[父][故]江島淳：参議院議員、大蔵政務次官

※親族について回答のあった議員のみ掲載

衛藤晟一 （岳父）⑳矢野竹雄：元大分県議会議長　（長男）衛藤博昭：大分県議会議員

小野田紀美 （曾祖父）⑳小野田庄市：裳掛村議会議員

尾辻秀久 ⑭尾辻　義：前鹿児島県議会議員

大野泰正 （祖父）⑳大野伴睦：衆議院議長、自由民主党副総裁　（父）⑳大野　明：衆・参議院議員、労働大臣、運輸大臣　（母）⑳大野つや子：元参議院議員、文教科学委員長

岡田直樹 （父）岡田尚壮：前北國新聞社社長　（妻の伯父）森喜朗：元首相

音喜多　駿 （妻）三次由梨香：江東区議会議員（現職）

加田裕之 （父）⑳加田正雄　（母）⑳加田久美子　（妻）加田美奈子

加藤明良 （父）加藤浩一：水戸市議、県議、水戸市長

片山さつき （曾祖父）⑳銀林綱男：埼玉県知事、東京府名誉議員、東京商品取引所理事長　（父）⑳朝長康郎：宇都宮大学名誉教授、理学博士　（夫）片山龍太郎：元マルマン社長、元産業再生機構執行役員

片山大介 （父）片山虎之助：参議院議員

川田龍平 （母）川田悦子：元衆議院議員

吉良よし子 （父）吉良富彦：高知県議　（夫）松嶋祐一郎：目黒区議

倉林明子 （父）⑳三瓶　猛：福島県西会津町議2期

こやり隆史 （妻）主婦　（長男）大学生　（長女）会社員

上月良祐 （義父）金子　清：元新潟県知事

酒井庸行 （父）酒井　博：元刈谷市議会議員

櫻井　充 （妻）櫻井宏子　（長女）櫻井亜美　（長男）櫻井隆正　（次男）櫻井隼人

山東昭子 （曾祖父）山東直砥：神奈川県副知事　（大叔父）⑳下村宏（海南）：朝日新聞社社長、NHK会長、国務大臣　（祖父のいとこ）山東永夫：紀陽銀行頭取

自見はなこ （父）自見庄三郎：元参議院議員

塩田博昭 （父）塩田茂：元市場町議

進藤金日子 （父）進藤廣雄：秋田県協和町議会議員

榛葉賀津也 （父）⑳榛葉達男：静岡県議会議員、旧菊川町長

[す] 杉　久武　[義祖父][故]上林繁次郎：元参議院議員　[義父]上林謙二郎：元船橋市議　[義祖父][故]向後重雄：元飯岡町議（現旭市飯岡）

杉尾秀哉　[父][故]杉尾秀一郎：元会社員　[母][故]杉尾秀子　[妻]杉尾美保

鈴木宗男　[長女]鈴木貴子：衆議院議員

[せ] 世耕弘成　[祖父][故]世耕弘一：経企庁長官　[父][故]世耕弘昭：元近畿大学理事長　[伯父][故]世耕政隆：自治大臣、参院議員

関口昌一　[父][故]関口恵造：参院議員　[母]関口泰子：歯科医師　[息子]関口恵太

[た] 田名部匡代　[父]田名部匡省：参議2期、衆議6期

高木真理　[夫]高木錬太郎：前衆院議員

高橋はるみ　[弟]新田八朗：富山県知事

滝沢　求　[父][故]滝沢章次：県議会議員

[て] 寺田　静　[夫]寺田学：衆議院議員　[義父]寺田典城：元参議院議員、元秋田県知事　[祖父][故]佐藤佐太郎：増田町長（現、横手市）

[と] 堂故　茂　[祖父][故]堂故敏雄：氷見市長　[父][故]堂故茂一：氷見市議会議員

友納理緒　[伯祖父][故]友納武人：千葉県知事、衆議院議員

[な] 中曽根弘文　[父][故]中曽根康弘：内閣総理大臣　[長男]中曽根康隆：衆議院議員

長峯　誠　[父]長峯　基：参議院議員

[に] 西田昌司　[父][故]西田吉宏：参議院議員3期、議院運営委員長、参自民国対委員長

[の] 野上浩太郎　[祖父][故]野上資良：元富山県議会議長　[父]野上徹：元衆議院議員

[は] 羽田次郎　[祖父][故]羽田武嗣郎：元衆議院議員　[父][故]羽田孜：元衆議院議員、第八十代内閣総理大臣　[兄][故]羽田雄一郎：元参議院議員、元国土交通大臣

馬場成志　[父][故]馬場三則：熊本県議会議員（6期）

橋本聖子　[義兄][故]高橋辰夫：衆院議員

[ふ] 福岡資麿　[祖父][故]福岡日出麿：元参議院議員

※親族について回答のあった議員のみ掲載

藤井一博	㊵藤井省三：元鳥取県会議員（9期）、社会医療法人仁厚会・社会福祉法人敬仁会名誉会長　㊊藤井啓子：社会医療法人仁厚会・社会福祉法人敬仁会会長
舩後靖彦	ⓔ舩後正道：環境省（庁）事務次官（初代）
船橋利実	ⓔ船橋賢二：北海道議会議員

| ほ | 星　北斗 | ⓔ星　享子 |
| | 本田顕子 | ⓔⓖ本田良一：元参議院議員 |

ま	松下新平	ⓔ野辺修光：前串間市長、元宮崎県議会議員　ⓔⓖ松下　渉：元宮崎県議会議員
	松野明美	ⓔ前田真治　ⓔ前田輝仁　ⓔ前田健太郎
	松村祥史	ⓔⓖ松村　昭：元熊本県議会議長、元県議
	松山政司	ⓔⓖ松山　譲：元福岡県議会議員

み	三原じゅん子	ⓔ中根雄也
	宮沢洋一	ⓔⓖ宮澤喜一：首相、財務、大蔵、外務、通産相、経企庁長官、官房長官　ⓔⓖ宮澤弘：広島県知事、参議院議員、法務大臣
	宮本周司	ⓔ宮本長興：元辰口町長　ⓔ井出敏朗：能美市長

| む | 室井邦彦 | ⓔ室井秀子：元衆議院議員、元兵庫県議 |

や	山崎正昭	ⓔ山崎正一：福井県議会議長　ⓔⓖ山崎ミヨ：主婦　ⓔ山崎澄子：主婦
	山下雄平	ⓔⓖ清水荘次郎：元唐津市長　ⓔⓖ山下善平：会社会長、元呼子町議員　ⓔ山下正雄：会社社長、唐津市議
	山谷えり子	ⓔⓖ山谷親平：ジャーナリスト
	山本佐知子	ⓔⓖ山本幸雄：自治大臣、国家公安委員長　ⓔⓖ川島信也：長浜市長　ⓔ川島隆二：滋賀県議会議員
	山本順三	ⓔⓖ山本博通：愛媛県議会議員

内閣（大臣・長官・副長官）
副大臣・大臣政務官履歴一覧

凡　　例

- ●現職の内閣（大臣・官房長官・官房副長官）・副大臣・大臣政務官の出生地、学歴、職歴等主な履歴を一覧表にした（令和5年1月23日現在）。
- ●衆議院議員の当選回数のカッコ内の数字は総選挙の回次を示す。参考のため下記に総選挙の回次と期日を記載した。
- ●参議院議員の当選回数のカッコ内の数字は当選の年次を示す。

自民……自由民主党	［安］……安倍派	［岸］……岸田派
公明……公明党	［茂］……茂木派	［森］……森山派
	［麻］……麻生派	［無］……無派閥
	［二］……二階派	

衆議院総選挙		参議院通常選挙	
総選挙回次	総 選 挙 期 日	選 挙回次	選 挙 期 日
第35回	昭和54年10月 7 日（日）	第12回	昭和55年 6 月22日（日）
第36回	昭和55年 6 月22日（日）	第13回	昭和58年 6 月26日（日）
第37回	昭和58年12月18日（日）	第14回	昭和61年 7 月 6 日（日）
第38回	昭和61年 7 月 6 日（日）	第15回	平成元年 7 月23日（日）
第39回	平成 2 年 2 月18日（日）	第16回	平成 4 年 7 月26日（日）
第40回	平成 5 年 7 月18日（日）	第17回	平成 7 年 7 月23日（日）
第41回	平成 8 年10月20日（日）	第18回	平成10年 7 月12日（日）
第42回	平成12年 6 月25日（日）	第19回	平成13年 7 月29日（日）
第43回	平成15年11月 9 日（日）	第20回	平成16年 7 月11日（日）
第44回	平成17年 9 月11日（日）	第21回	平成19年 7 月29日（日）
第45回	平成21年 8 月30日（日）	第22回	平成22年 7 月11日（日）
第46回	平成24年12月16日（日）	第23回	平成25年 7 月21日（日）
第47回	平成26年12月14日（日）	第24回	平成28年 7 月10日（日）
第48回	平成29年10月22日（日）	第25回	令和元年 7 月21日（日）
第49回	令和 3 年10月31日（日）	第26回	令和 4 年 7 月10日（日）

内閣総理大臣　岸_{きし}田_だ文_{ふみ}雄_お　自民
［岸］

〈衆議院広島1区〉S 32.7.29東京都渋谷区生、早稲田大学法学部卒○（株）日本長期信用銀行行員、衆議院議員秘書○建設政務次官、文部科学副大臣、内閣府特命担当大臣（沖縄北方対策・科学技術・国民生活・規制改革）、消費者行政推進担当大臣、宇宙開発担当大臣、外務大臣、防衛大臣○衆議院議院運営委員会理事、同消費者問題に関する特別委員会筆頭理事、同文部科学委員会筆頭理事、同国土交通委員会筆頭理事、同国家基本政策委員会筆頭理事、同厚生労働委員長○自民党青年局長、同政務調査会商工部会長、同消費者問題調査会会長、同副幹事長、同経理局長、同団体総局長、同選挙対策局長代理、同広島県支部連合会会長、同国会対策委員長、同政務調査会長○宏池会会長○当選10回（40、41、42、43、44、45、46、47、48、49）

総務大臣 松本剛明 自民［麻］

〈衆議院兵庫11区〉S34.4.25東京都目黒区生、東京大学法学部卒○日本興業銀行勤務、国務大臣防衛庁長官秘書官、松本十郎衆議院議員秘書○外務副大臣、外務大臣○旧民主党政策調査会長、党国会対策委員会長代理、党幹事長代理、党税制調査会長。自由民主党政務調査会長代理、党行政改革推進本部長代行、党税制調査会幹事、党新しい資本主義実現本部副本部長、党デジタル社会推進本部長代理、党国際協力調査会長、党外交調査会幹事長、党文化立国調査会長代理、党金融調査会副会長○衆議院財務金融委員会筆頭理事、内閣委員会筆頭理事、院運営委員長、外務委員長○当選8回（42、43、44、45、46、47、48、49）

総務副大臣 尾身朝子 自民［安］

〈衆議院比例北関東〉S36.4.26東京都千代田区生、東京大学法学部卒○内閣府子ども・子育て会議委員となる。また日本電信電話株式会社社員、ITコンサルタントとなり、現在株式会社ブライトホープ代表取締役○R3.11.16付自民党中央政治大学院副学院長、組織運動本部情報・通信関係団体委員長○当選3回（47、48、49）

総務副大臣 柘植芳文 自民［無］

〈参議院比例〉S20.10.11岐阜県恵那市生、愛知大学卒○郵便局、郵政局に勤務し、H21全国郵便局長会会長に就任。H24全国郵便局長会顧問○H25参議院議員に初当選し、自民党副幹事長、参議院政策審議会長、参議院内閣委員長、自民党総務部会部会長代理、自由民主党人事局長、参議院内閣委理事、参議院国際経済・外交に関する調査会理事等を歴任○当選2回（H25、R1）

総務大臣政務官 国光あやの 自民［岸］

〈衆議院茨城6区〉S54.3.20山口県生、長崎大学医学部卒、米国カリフォルニア大学ロサンゼルス校公衆衛生大学院修士課程修了、東京医科歯科大学大学院博士課程修了○医師、医学博士。国立病院機構災害医療センター・国立病院機構東京医療センター医師。厚生労働省老健局老人保健課主査、保険局医療課課長補佐○自由民主党文部科学部会副部会長、茨城県第六選挙区支部長○衆議院厚生労働委員、法務委員、東日本大震災復興特別委員、災害対策特別委員○当選2回（48、49）

総務大臣政務官　中川貴元 <small>なか がわ たか もと</small> 自民[麻]

〈衆議院比例東海〉S 42.2.25生、早稲田大学商学部卒○H7名古屋市会議員初当選。名古屋市会議員七期連続当選。第八十七代名古屋市会議長。指定都市議長会会長等歴任○自由民主党愛知県支部連合会名古屋市対策本部長○当選1回（49）

総務大臣政務官　長谷川淳二 <small>は せ がわじゅんじ</small> 自民[無]

〈衆議院愛媛4区〉S 43.8.5岐阜県加茂郡七宗町生、東京大学法学部卒。著書「ようこそ地方財政」○H3自治省（現総務省）入省、財政課財政企画官、愛媛県副知事、内閣官房内閣参事官、地方債課長、財務調査課長、地域政策課長を経て、R元年退官○衆議院農林水産委員、倫理選挙特別委員○自由民主党組織運動本部団体総局農林水産関係団体委員会副委員長○当選1回（49）

法務大臣　齋藤健 <small>さい とう けん</small> 自民[無]

〈衆議院千葉7区〉S 34.6.14東京都新宿区生、東京大学経済学部卒、ハーバード大学修士。著書「転落の歴史に何を見るか」○経済産業省電力基盤整備課長、埼玉県副知事○環境大臣政務官、党副幹事長、農林部会長、農林水産副大臣、農林水産大臣○衆議院予算委員会理事、衆議院厚生労働委員会筆頭理事○当選5回（45、46、47、48、49）

法務副大臣　門山宏哲 <small>かど やま ひろ あき</small> 自民[無]

〈衆議院比例南関東〉S 39.9.3生、中央大学法学部法律学科卒○弁護士、千葉家庭裁判所家事調停委員、千葉大学大学院専門法務研究所非常勤講師、門山綜合法律事務所主宰○法務大臣政務官○自民党副幹事長○当選4回（46、47、48、49）

法務大臣政務官　高見康裕（たか み やす ひろ）自民[茂]

〈衆議院島根2区〉S 55.10.16島根県出雲市島村町生、東京大学法学部卒、東京大学公共政策大学院修了○島根県議会議員二期、海上自衛隊、読売新聞本社勤務、学習塾教室長○自由民主党青年局次長、自由民主党島根県第二選挙区支部長○当選1回（49）

外務大臣　林　芳正（はやし よし まさ）自民[岸]

〈衆議院山口3区〉S 36.1.19生、本籍山口県下関市、東京大学法学部卒○三井物産入社、H1下関に帰り、サンデン交通（株）、山口合同ガス（株）に勤務○H3渡米。下院議員スタッフとして勤務。ウイリアム・ロス上院議員のもとマンスフィールド法案を手がける○林義郎大蔵大臣政務秘書官、衆議院議員林義郎政策秘書を歴任、ハーバード大学ケネディ行政大学院修了○H7参議院初当選、大蔵政務次官、自民党行革本部事務局長、外交防衛委員長、内閣府副大臣、防衛大臣、内閣府特命担当大臣（経済財政政策担当）、参議院自民党政審会長、自民党政調会長代理、農林水産大臣、文部科学大臣等を歴任○参議院当選5回（H7、13、19、25、R1）○当選1回（49）

外務副大臣　武井俊輔（たけ い しゅん すけ）自民[岸]

〈衆議院比例九州〉S 50.3.29宮崎県宮崎市生、中央大学文学部史学科卒、早稲田大学大学院公共経営研究科修了○宮崎交通株式会社、楽天株式会社、宮崎県議会議員○外務大臣政務官○自由民主党国会対策副委員長○当選4回（46、47、48、49）

外務副大臣　山田賢司（やま だ けん じ）自民[麻]

〈衆議院兵庫7区〉S 41.4.20大阪府東大阪市生、神戸大学法学部卒○通商産業省調査員（出向）、西宮市保護司会保護司、三井住友銀行、エス・ジー信託銀行に勤務、芦屋キワニスクラブ会長○外務大臣政務官○自由民主党国対副委員長○衆議院議事進行係○当選4回（46、47、48、49）

外務大臣政務官　**秋本真利**<ruby>秋<rt>あき</rt>本<rt>もと</rt>真<rt>ま</rt>利<rt>さ とし</rt></ruby>　自民［無］

〈衆議院比例南関東〉S 50.8.10千葉県生、法政大学法学部卒。著書「自民党発！『原発のない国へ』宣言」○地方議会議員を経て、第46回衆議院選挙にて初当選○国土交通大臣政務官○自民党青年局顧問、副幹事長、広報本部本部長特別補佐、国会対策委員会副委員長○衆議院国土交通委員○当選4回（46、47、48、49）

外務大臣政務官　**髙木　啓**<ruby>髙<rt>たか</rt>木<rt>ぎ</rt>啓<rt>けい</rt></ruby>　自民［安］

〈衆議院比例東京都〉S 40.3.16東京都北区生、立教大学社会学部卒○東京都北区議会議員、東京都議会議員○自由民主党北区総支部長、東京都議会自由民主党幹事長○当選2回（48、49）

外務大臣政務官　**吉川ゆうみ**<ruby>吉<rt>よし</rt>川<rt>かわ</rt></ruby>　自民［安］

〈参議院三重〉S 48.9.4三重県桑名市生、東京農業大学農学部国際農業開発学科卒、東京農工大学大学院修士課程農学研究科修了○H 12（株）農業食品証システム入社、テュフ ラインランド ジャパン（株）（ドイツの審査機関）、（株）日本環境認証機構にて、国際認証等のコンサルタントや審査、マーケティング、研修業務等に従事。H 19（株）三井住友銀行入行、上席部長代理として、金融商品開発、国内外の企業支援や海外展開業務、省庁における委員会、講義・講演等の業務を担当○H 25参議院三重県選挙区にて初当選。自民党女性局長代理、経済産業委員会筆頭理事、予算委員会委員、文教科学委員長などを歴任○当選2回（H 25、R 1）

財務大臣
内閣府特命担当大臣
（金融）
デフレ脱却担当
　鈴木俊一<ruby>鈴<rt>すず</rt>木<rt>き</rt>俊<rt>しゅん</rt>一<rt>いち</rt></ruby>　自民［麻］

〈衆議院岩手2区〉S 28.4.13東京都杉並区生、早稲田大学教育学部卒○全国漁業協同組合連合会会長秘書、同会調査役。衆議院議員鈴木善幸秘書○衆議院厚生労働委員長、外務委員長、東日本大震災復興興特別委員長○厚生労働次官、環境大臣、外務副大臣○自民党水産部会長、社会部会長、社会保障制度調査会長、水産総合調査会長、東日本大震災復興加速化本部副本部長、地方創生実行統合本部筆頭副本部長、財務委員長○当選10回（39、40、41、42、43、44、46、47、48、49）

財務副大臣　井上貴博 いの うえ たか ひろ 自民[麻]

〈衆議院福岡1区〉S 37.4.2福岡県福岡市生、獨協大学法学部卒○福岡県議会議員（三期）、福岡JC理事長○財務大臣政務官○自民党国会対策委員会副委員長、商工・中小企業関係団体委員長、副幹事長○衆議院議院運営委員会理事○当選4回（46、47、48、49）

財務副大臣　秋野公造 あき の こう ぞう 公明

(参議院福岡) S 42.7.11兵庫県生、長崎大医学部卒、同大大学院医学研究科博士課程修了。著書「やさしい腎代替療法」「てんかんの教科書」「フットケアで寿命を延ばす」「胃がんは『ピロリ菌除菌』でなくせる」「沖縄をもっとがんじゅうに」「明日の『健康ニッポン』を造る」○H4医師免許取得、長崎大学、米国シーダース・サイナイ・メディカルセンター、厚生労働省にて勤務、H21東京空港検疫所支所長、同年厚生労働省退職。H22参院選初当選。H24環境大臣政務官兼内閣府大臣政務官、H25参議院災害対策特別委員長。H28法務委員長○長崎大、横浜薬科大、長崎外語大、広島大、北海道医療大、福岡大、長崎国際大、福島県立医大、和歌山県医大客員教授。東北師範大学客座教授○当選3回（H22、H28、R4）

財務大臣政務官　金子俊平 かね こ しゅん ぺい 自民[岸]

〈衆議院岐阜4区〉S 53.5.28生、慶應義塾大学経済学部卒○三井不動産勤務、衆議院議員秘書、国土交通大臣秘書官、高山青年会議所理事長、日本青年会議所岐阜ブロック協議会長○自民党青年局次長、副幹事長○当選2回（48、49）

財務大臣政務官　宮本周司 みや もと しゅう じ 自民[安]

〈参議院石川〉S 46.3.27石川県能美市出身、東京経済大学卒○H7（株）宮本酒店入社、H12同社代表取締役○H21全国商工会青年部連合会第18代会長就任○H25参議院選挙初当選。参議院経済産業委員会筆頭理事、自由民主党経済産業部会、中小企業・小規模事業者政策調査会幹部などを歴任、中小・小規模事業者政策の充実に注力。○R1参議院議員選挙にて2回目の当選。同年9月経済産業大臣政務官。R4.4参議院石川県選挙区選出議員補欠選挙にて3回目の当選○当選3回（H25、R1、R4補）

文部科学大臣
教育未来創造担当　永岡桂子（ながおかけいこ）[自民][麻]

〈衆議院茨城7区〉S 28.12.8東京都渋谷区生、学習院大学法学部卒○H 18農林水産大臣政務官、H 26厚生労働副大臣、H 30文部科学副大臣となる○自民党副幹事長、自民党茨城県第七選挙区支部長○衆議院文部科学委員長、消費者問題特別委員長、議院運営委員会理事、厚生労働委員会理事、青少年問題特別委員会理事○自民党政務調査会副会長、自民党国会対策副委員長等を歴任○当選6回（44、45、46、47、48、49）

文部科学副大臣　井出庸生（いでようせい）[自民][麻]

〈衆議院長野3区〉S 52.11.21東京都生、東京大学教養学部卒○日本放送協会（NHK）に入局、記者として仙台と横浜に勤務○H 24総選挙にて初当選○衆議院法務委員会理事、情報監視審査会委員、自由民主党法務部会長代理、厚生労働部会長代理○当選4回（46、47、48、49）

文部科学副大臣　簗和生（やなかずお）[自民][安]

〈衆議院栃木3区〉S 54.4.22東京都小金井市生、慶應義塾大学商学部卒、東京大学大学院経済学研究科修士課程修了○衆議院議員岡部英明秘書、株式会社日本経済研究所研究員○国土交通大臣政務官兼内閣府大臣政務官○自由民主党栃木県第三選挙区支部長、農林部会長○衆議院農林水産委員会理事、国土交通委員会理事、経済産業委員会理事、科学技術・イノベーション推進特別委員会理事○当選4回（46、47、48、49）

文部科学
大臣政務官　伊藤孝江（いとうたかえ）[公明]

〈参議院兵庫〉S 43.1.13兵庫県尼崎市生、関西大学法学部卒。主な著書「ヒマワリのように、希望に向かって」○H 7司法試験合格、H 8司法修習生（50期）○H 10弁護士登録（大阪弁護士会）。大阪弁護士会人権擁護委員会前副委員長、日弁連人権擁護委員会委員、大阪弁護士会人権調査室嘱託を歴任。関西大学法科大学院元非常勤講師、NPO法人建築問題研究会元理事長。H 22税理士登録○H 28参議院選挙初当選。公明党女性委員会副委員長、参議院国土交通委員会理事、予算委員会委員、憲法審査会委員等を歴任○当選2回（H 28、R 4）

文部科学大臣政務官 兼 復興大臣政務官 山本左近（やまもとさこん）[麻] 自民

〈衆議院比例東海〉S 57.7.9愛知県豊橋市生、南山大学総合政策学部中退。著書「覚悟と、メシと。」○元F1ドライバー、医療法人／社会福祉法人理事、学校法人理事長、認定NPO法人理事長○自由民主党国会対策委員、自由民主党青年局次長○当選1回（49）

厚生労働大臣 加藤勝信（かとうかつのぶ）[茂] 自民

〈衆議院岡山5区〉S 30.11.22東京都生、東京大学経済学部卒○大蔵省入省、農林水産大臣秘書官、大蔵省大臣官房企画官、衆議院議員加藤六月秘書、川崎医療福祉大学客員教授○自由民主党厚生労働部会長、総裁特別補佐・報道局長、総務会長○衆議院環境委員会理事、内閣委員会理事、厚生労働委員会理事○内閣府大臣政務官、内閣官房副長官、内閣人事局長、国務大臣（一億総活躍・働き方改革・女性活躍・再チャレンジ・拉致問題・国土強靱化）、内閣府特命担当大臣（少子化対策・男女共同参画・拉致問題）、厚生労働大臣、内閣官房長官・国務大臣（沖縄基地負担軽減・拉致問題）○当選7回（43、44、45、46、47、48、49）

厚生労働副大臣 羽生田俊（はにゅうだたかし）[安] 自民

〈参議院比例〉S 23.3.28群馬県出身、東京医科大学医学部卒○群馬大学医学部附属病院眼科学教室入局、S 53羽生田眼科医院院長、S 62（社）前橋市医師会理事、H 5（社）群馬県医師会理事、H 12（社）日本医師会常任理事、H 22（社）日本医師会副会長○H 28参議院厚生労働委員長、自民党厚生労働部会部会長代理、自民党副幹事長、H 29参議院財政金融委員会理事○（公社）日本医師会参与、日本医師連盟参与、自民党厚生労働部会部会長代理、東京医科大学客員教授、医学博士○当選2回（H 25、R 1）

厚生労働副大臣 兼 内閣府副大臣 伊佐進一（いさしんいち）公明

〈衆議院大阪6区〉S 49.12.10兵庫県宝塚市生、東京大学航空宇宙工学科卒、米国ジョンズ・ホプキンス大学国際高等問題研究大学院（SAIS）修了。著書「『科学技術大国』中国の真実」○文部科学省宇宙開発利用課課長補佐、在中国日本大使館一等書記官、文部科学副大臣秘書官、財務大臣政務官○公明党宣伝局長、青年委員会副委員長、国際局次長、市民活動局次長○当選4回（46、47、48、49）

厚生労働大臣政務官　**畦元将吾**　自民［岸］
<rp>あぜ もとしょう ご</rp>

〈衆議院比例中国〉S 33.4.30広島県広島市生、国際医学総合技術学院診療放射線技師科卒。著書「へぇ、そうだったんだ!!健康診断・病院検査のトリビア43—賢い受診者になろう」○岐阜医療科学大学客員教授、東邦大学医学部客員教授、日本診療放射線技師連盟顧問、全日本着物コンサルタント協会理事○自民党総務、環境副部会長○当選2回（48繰、49）

厚生労働大臣政務官兼内閣府大臣政務官　**本田顕子**　自民［無］
<rp>ほん だ あき こ</rp>

〈参議院比例〉S 46.9.29熊本生、星薬科大学衛生薬学科卒、薬剤師。○H 10医薬品総合商社福神（現アルフレッサ（株））、H 13（株）同仁堂、H 14参議院議員本田良一公設秘書。H 19沢井製薬（株）熊本支店、同年12月アルフレッサ（株）熊本支店、H 25（有）慶星魔成薬局、H 28熊本県薬剤師会職員となった1カ月後（同年4月）熊本地震を経験。熊本県薬剤師会災害対策本部の中で医薬品供給の責務を担当○H 29日本薬剤師連盟副会長、H 30日本薬剤師会災害対策委員会委員○R 1参議院議員選挙初当選。厚労委、議運委、ODA特委、国民調委、図書小委等を歴任○当選1回（R 1）

農林水産大臣　**野村哲郎**　自民［茂］
<rp>の むら てつろう</rp>

〈参議院鹿児島〉S 18.11.20鹿児島県霧島市隼人町生、鹿児島ラ・サール高校卒○S 44鹿児島県農協中央会入会、H 11常務理事に就任○H 16参議院議員選挙鹿児島選挙区において初当選。第2次福田内閣・麻生内閣において農林水産大臣政務官、参議院農林水産委員長、自民党政務調査会長代理、水産部会長、農林水産委員会筆頭理事、参議院議院運営委員会・庶務小委員長、農林部会長等を歴任○当選4回（H 16、H 22、H 28、R 4）

農林水産副大臣　**勝俣孝明**　自民［二］
<rp>かつ また たか あき</rp>

〈衆議院静岡6区〉S 51.4.7静岡県沼津市生、学習院大学経済学部卒、慶應義塾大学大学院経営管理研究科了○スルガ銀行株式会社人事担当マネージャー、財団法人企業経営研究所研究員、沼津市人事委員会臨時委員○H 24の総選挙にて初当選。環境大臣政務官、自由民主党静岡県第六選挙区支部長等を歴任○当選4回（46、47、48、49）

農林水産副大臣　野中　厚（の なか あつし）自民［茂］

〈衆議院比例北関東〉S 51.11.17埼玉県加須市大越生、慶應義塾大学商学部卒○埼玉県議会議員○農林水産大臣政務官○自由民主党農林部会長代理、青年局次長、副幹事長、国会対策委員会副委員長、国土・建設関係団体委員長○当選4回（46、47、48、49）

農林水産大臣政務官　角田秀穂（つの だ ひで お）公明

〈衆議院比例南関東〉S 36.3.25東京都葛飾区生、創価大学法学部卒○社会保険労務士、船橋市議会議員、公明党千葉県本部副代表○当選2回（47、49）

農林水産大臣政務官　藤木眞也（ふじ き しん や）自民［岸］

〈参議院比例〉S 42.2.25熊本県生、熊本農業高校畜産科卒○S 61就農。農業生産法人（水稲・畜産経営）社長。熊本県農業コンクール創意開発部門秀賞（農林水産大臣賞）受賞。H 17全国農協青年組織協議会会長。上益城農業協同組合の理事を経て、H 26同組合代表理事組合長。熊本県農業協同組合中央会参与、熊本県経済農業協同組合連合会理事等を歴任○H 28参議院議員選挙初当選○当選2回（H 28、R 4）

経済産業大臣
（うち原子力経済被害担当）
（うち産業競争力担当）
（ロシア経済分野協力担当）
内閣府特命担当大臣
（原子力損害賠償・廃炉等支援機構担当）

西村康稔（にし むら やす とし）自民［安］

〈衆議院兵庫9区〉S 37.10.15生、東大法学部、米国メリーランド公共政策大学院卒。著書「第四次産業革命」「リスクを取る人・取らない人」等○S 60通産省入省、石川県商工課長○外務大臣政務官、内閣官房副長官、国務大臣（経済再生・新型コロナ対策・TPP・全世代型社会保障各担当）○自民党政調会副会長、総裁特別補佐、衆内閣委員長、予算理事、選対委員長代行、コロナ対策本部長、経済成長戦略本部座長○当選7回（43、44、45、46、47、48、49）

**経済産業副大臣
兼内閣府副大臣** なか たに しん いち **中谷真一**[茂] 自民

〈衆議院山梨1区〉S 51.9.30大阪府寝屋川市生、防衛大学校理工学部卒○陸上自衛隊幹部候補生学校、陸上自衛隊第一空挺団、参議院議員秘書を経て現在衆議院議員○外務大臣政務官○当選4回（46、47、48、49）

**経済産業副大臣
兼内閣府副大臣** おお た ふさ え **太田房江**[安] 自民

〈参議院大阪〉S 26.6.26広島県呉市生、東京大学経済学部卒○S 50通商産業省入省、住宅産業課長、近畿通商産業局総務企画部長、消費経済課長を経てH 9岡山県副知事、H 11通商産業大臣官房審議官に就任○H 12大阪府知事を2期8年務める（全国初の女性知事）○H 25参議院選挙に比例代表として初当選○厚生労働大臣政務官、自民党女性局長などを歴任○R 1参議院選挙で大阪選挙区より立候補、当選○予算委員会委員、経済産業委員会理事、地方創生・消費者問題特別委員会委員、災害対策特別委員会委員等を歴任○当選2回（H 25、R 1）

**経済産業大臣政務官
兼内閣府大臣政務官** なが みね まこと **長峯誠**[安] 自民

〈参議院宮崎〉S 44.8.2宮崎県都城市生、早稲田大学政経学部卒。早大雄弁会幹事長○参議院議員秘書を経て、H 9宮崎県議会議員初当選（連続3期）○H 16当時全国最年少35歳で都城市長初当選（連続3期）○H 25参議院議員選挙初当選。財務大臣政務官、参議院自民党副幹事長、国会対策副委員長、財政金融委員会筆頭理事、行政監視委員会理事、党水産部会長代理、環境調査会長、火山対策特別委員会理事○R 1参議院議員通常選挙再選。財政金融委員会委員、決算委員会理事、災害対策特別委員会理事、資源エネルギー調査会委員、党財政金融部会長、党組織運動本部地方組織・団員総局長代理等を歴任。防災士○当選2回（H 25、R 1）

**経済産業大臣政務官
兼内閣府大臣政務官
兼復興大臣政務官** さと み りゅう じ **里見隆治**[安] 公明

〈参議院愛知〉S 42.10.17大阪市生、東京大学経済学部卒。著書「愛知の未来をつくる」○H 3労働省入省。H 12長野労働局総務部長○H 14内閣官房行革事務局参事官補佐、H 16在英国日本国大使館一等書記官、H 19厚生労働省大臣官房国会連絡室長、H 23内閣官房地域活性化統合事務局参事官、H 24厚生労働省大臣官房参事官、H 26トヨタ自動車（株）（官民交流）を経て、H 27退官○H 28参議院議員選挙初当選。参議院国民生活調査会理事、国土交通委員会委員、倫理選挙特別委員会委員、公明党国土交通部会・厚生労働部会副部会長、同認知症施策推進本部事務局長、同愛知県本部代表代行等を歴任○日本語教育推進議員連盟事務局次長、防災士、認知症サポーター○当選2回（H 28、R 4）

国土交通大臣
水循環政策担当
国際園芸博覧会担当

斉藤鉄夫 <ruby>斉<rt>さい</rt></ruby><ruby>藤<rt>とう</rt></ruby><ruby>鉄<rt>てつ</rt></ruby><ruby>夫<rt>お</rt></ruby> 公明

〈衆議院広島3区〉S 27.2.5島根県邑智郡邑南町（旧羽須美村）生、東京工業大学大学院修士課程修了、工学博士○技術士○清水建設（株）技術研究所主任研究員、同宇宙開発室課長、日本原子力研究所外来研究員、米プリンストン大学プラズマ物理研究所客員研究員○科学技術総括政務次官、環境大臣○公明党幹事長、税制調査会長、広島県本部代表○衆議院文部科学委員長○当選10回（40、41、42、43、44、45、46、47、48、49）

国土交通副大臣

豊田俊郎 <ruby>豊<rt>とよ</rt></ruby><ruby>田<rt>だ</rt></ruby><ruby>俊<rt>とし</rt></ruby><ruby>郎<rt>ろう</rt></ruby> 自民[麻]

〈参議院千葉〉S 27.8.21千葉県八千代市生、中央工学校卒○S 49豊田俊郎土地家屋調査士事務所設立○H 15千葉県八千代市長初当選（連続3期）○H 25参議院議員通常選挙初当選○国土交通委員会筆頭理事、憲法審査会幹事、内閣府大臣政務官、党憲法改正推進本部事務局次長、法務・国土交通副部会長、決算委員、国土交通委員、東日本大震災復興特別委員、国民生活・経済に関する調査会理事、党政務調査会副会長、党税制調査会審議会副会長、地方組織・議員総局次長、NPO・NGO関係団体委員会副委員長、所有者不明土地等に関する特命委員会事務局長代理、所有者不明土地問題に関する議員懇談会事務局長等を歴任○当選2回（H 25、R 1）

国土交通副大臣
兼内閣府副大臣
兼復興副大臣

石井浩郎 <ruby>石<rt>いし</rt></ruby><ruby>井<rt>い</rt></ruby><ruby>浩<rt>ひろ</rt></ruby><ruby>郎<rt>お</rt></ruby> 自民[茂]

〈参議院秋田〉S 39.6.21秋田県南秋田郡八郎潟町生、早稲田大学第二文学部卒○（株）プリンスホテル入社。同社に勤務しながらプリンスホテル硬式野球部に在籍し、3年間社会人野球でプレー○H 2ドラフト3位で近鉄バファローズへ入団し、以後13年間読売巨人軍、千葉ロッテマリーンズ、横浜ベイスターズに於いてプロ野球選手としてプレー。現役引退後は日本テレビの野球解説者を務めた後、西武ライオンズ2軍監督に就任し若手選手を育成○H 22参議院選挙初当選○文教科学委員会理事、東日本大震災復興特別委員会理事、自民党組織本部副本部長、党文科部会部会長等を歴任○当選3回（H 22、H 28、R 4）

国土交通
大臣政務官

古川康 <ruby>古<rt>ふる</rt></ruby><ruby>川<rt>かわ</rt></ruby><ruby>康<rt>やすし</rt></ruby> 自民[茂]

〈衆議院比例九州〉S 33.7.15佐賀県唐津市生、東京大学法学部卒○S 57自治省入省、H 9自治大臣秘書官、H 15佐賀県知事（3期連続）○H 26衆議院議員初当選（3期連続）○自民党障害児者問題調査会事務局次長、情報通信戦略調査会事務局次長、障害児者問題調査会発達障害者の支援の在り方に関するPT座長、農林部会長、過疎対策特別委員会事務局次長、棚田支援に関するPT事務局長、地方行政調査会事務局長、女性局次長、総務大臣政務官、自民党税制調査会幹事、組織運動本部団体総局財政・金融・証券関団体委員長、総務部会副会長、中央政治大学院副学院長○当選3回（47、48、49）

421

国土交通
大臣政務官　**清水真人**[自民][二]
（しみずまさと）

〈参議院群馬〉S 50.2.26群馬県高崎市生、明治学院大学経済学部卒〇H15高崎市議会議員初当選（連続2期）、H21高崎市議会副議長〇H23群馬県議会議員初当選（連続2期）。在任中に、産経土木常任委員長、環境農林常任委員長、文教警察委員長等を歴任〇H31自由民主党群馬県連の公募に応じ、参議院群馬県選挙区の自由民主党公認候補に決定、R1参議院議員通常選挙初当選〇農林水産委員会委員、行政監視委員会委員、自民党国会対策委員を歴任〇群馬県私立幼稚園・こども園PTA連合会元会長・現顧問、群馬県ボウリング連盟会長、群馬県銃剣道連盟副会長〇政治信条は、「出来ること、するべきことを確実に」「摩頂放踵」〇当選1回（R1）

国土交通大臣政務官
兼内閣府大臣政務官　**西田昭二**[自民][岸]
兼復興大臣政務官　　（にしだしょうじ）

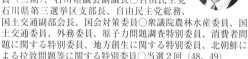

〈衆議院石川3区〉S 44.5.1石川県七尾市石崎町生、愛知学院大学商学部卒〇衆議院議員秘書、七尾市議会議員（三期）、石川県議会議員（三期）、石川県議会副議長〇自由民主党石川県第三選挙区支部長、自由民主党総務、国土交通副部会長、国会対策委員〇衆議院農林水産委員、国土交通委員、外務委員、原子力問題調査特別委員、消費者問題に関する特別委員、地方創生に関する特別委員、北朝鮮による拉致問題等に関する特別委員〇当選2回（48、49）

環　境　大　臣
内閣府特命担当大臣　**西村明宏**[自民][安]
（原子力防災）　　　（にしむらあきひろ）

〈衆議院宮城3区〉S 35.7.16福岡県生、早稲田大学政治経済学部政治学科卒、同大院修了〇大蔵大臣秘書官、早稲田大学講師、東北福祉大学教授〇内閣官房副長官、国土交通副大臣、内閣府副大臣、復興副大臣、内閣府大臣政務官〇自民党筆頭副幹事長、総務会総務、政務調査会副会長兼事務局長、国会対策委員会筆頭副委員長、団体総局長、地方組織議員総局長、経済産業部会長、国土交通部会長、総合交通政策特別委員長、航空政策特別委員長、宮城県支部連合会会長〇国土交通委員長、災害対策特委筆頭理事、東日本大震災復興特委筆頭理事、科学技術特委筆頭理事、内閣委理事、文部科学委理事、経済産業委理事〇当選6回（43、44、46、47、48、49）

環境副大臣　**山田美樹**[自民][安]
（やまだみき）

〈衆議院東京1区〉S 49.3.15東京都生、東京大学法学部卒、コロンビア大学経営学修士〇通商産業省（現経済産業省）、内閣官房副長官補室、ボストンコンサルティンググループ、エルメスジャポン〇外務大臣政務官〇自民党法務部会長〇衆議院財金委理事、拉致特委理事〇当選4回（46、47、48、49）

環境副大臣兼
内閣府副大臣　**小林茂樹**（こばやし しげ き）自民［二］

〈衆議院比例近畿〉S 39.10.9奈良県奈良市生、慶應義塾大学法学部卒○大和（現りそな）銀行勤務を経て、三和住宅入社、奈良青年会議所第四十三代理事長、三和住宅代表取締役会長○奈良県議会議員○一般社団法人関西住宅産業協会理事長、一般社団法人全国住宅産業協会副会長、社会福祉法人奈良いのちの電話協会理事長、奈良県卓球協会会長○国土交通大臣政務官、自由民主党社会教育・宗教関係団体委員長、党総務○当選3回（46、48、49）

環境大臣政務官　**国定勇人**（くに さだ いさ と）自民［二］

〈衆議院比例北陸信越〉S 47.8.30東京都千代田区神保町生、一橋大学商学部卒○総務省課長補佐、三条市長○当選1回（49）

環境大臣政務官兼
内閣府大臣政務官　**柳本顕**（やなぎもと あきら）自民［麻］

〈衆議院比例近畿〉S 49.1.29大阪市西成区生、京都大学法学部卒○大阪市会議員（五期連続当選）、大阪市会議員団幹事長、関西電力（株）○衆議院農林水産委員、決算行政監視委員、地方創生特別委員○当選1回（49）

防衛大臣浜田靖一（はま だ やす かず）自民［無］

〈衆議院千葉12区〉S 30.10.21千葉県富津市生、専修大学経営学部卒○渡辺美智雄大蔵大臣秘書官、浜田幸一代議士秘書○防衛庁副長官、防衛大臣○自由民主党青年局長、国防部会長、国防部会政策小委員長、水産政策小委員長、政務調査会副会長、国会対策委員長、幹事長代理、水産総合調査会長○衆議院安全保障委員長、テロ防止特別委員長、我が国及び国際社会の平和安全法制に関する特別委員長、国家基本政策委員長、予算委員長、倫理選挙特別委員長○当選10回（40、41、42、43、44、45、46、47、48、49）

防衛副大臣兼
内閣府副大臣　**井野俊郎**〈い の とし ろう〉自民[茂]

〈衆議院群馬２区〉S 55.1.8群馬県伊勢崎市生、明治大学法学部卒○弁護士、伊勢崎市議会議員○自由民主党国会対策委員会副委員長、畜産酪農対策委員会委員長代理、青年局次長、衆議院議院運営委員会理事となる○当選4回（46、47、48、49）

防衛大臣政務官　**小野田紀美**〈お の だ き み〉自民[茂]

〈参議院岡山〉S 57.12.7生、岡山県瀬戸内市邑久町虫明出身。拓殖大学政経学部政治学科卒○CD・ゲーム制作会社にて広報・プロモーション・制作などを担当。東京都北区議会議員○H 28第24回参議院議員選挙にふるさとである岡山県選挙区から立候補し、初当選○当選2回（H 28、R 4）

防衛大臣政務官兼
内閣府大臣政務官　**木村次郎**〈き むら じ ろう〉自民[安]

〈衆議院青森3区〉S 42.12.16青森県南津軽郡藤崎町生、中央大学法学部法律学科卒○国土交通大臣政務官○自由民主党青森県第三選挙区支部長、国防部会副部会長、農林部会副部会長、総務部会副部会長○衆議院議院運営委員会委員、農林水産委員、総務委員、厚生労働委員○当選2回（48、49）

内閣官房長官
沖縄基地負担軽減担当
拉致問題担当
ワクチン接種推進担当　**松野博一**〈まつ の ひろ かず〉自民[安]

〈衆議院千葉3区〉S 37.9.13千葉県木更津市生、早稲田大学法学部卒○ライオン（株）社員を経て、（財）松下政経塾入塾、現在、（公財）松下政経塾塾員、自民党衆議院千葉県第三選挙区支部長○自民党政務調査会会長代理、副幹事長、雇用問題調査会会長代行、教育再生実行本部本部長代行、女性活力特別委員会委員長、広報戦略局局長○衆議院文部科学委員長、厚生労働委員会筆頭理事○厚生労働大臣政務官、文部科学大臣○当選8回（42、43、44、45、46、47、48、49）

内閣官房副長官　木原誠二（き はら せい じ）　自民［岸］

〈衆議院東京20区〉S 45.6.8東京都新宿区生、東京大学法学部卒、ロンドン大学LSE修士卒、著書「英国大蔵省から見た日本」○財務省大臣官房課長補佐、英国大蔵省初代出向、H 17衆議院議員総選挙にて初当選○外務副大臣、外務大臣政務官○自民党国会対策委員会副委員長、税制調査会幹事、行政改革推進本部事務局長、金融調査会事務局長、財政・金融・証券関係団体委員長、財務金融部会部会長代理、観光立国調査会副会長、政務調査会副会長○衆議院議院運営委員会理事、安全保障委員会理事、財務金融委員、厚生労働委員○当選5回（44、46、47、48、49）

内閣官房副長官　磯﨑仁彦（いそ ざき よし ひこ）　自民［岸］

〈参議院香川〉S 32.9.8香川県丸亀市生、東京大学法学部卒○S 58全日本空輸（株）（ANA）入社。最終経歴は、CSR推進室リスクマネジメント部長。H 22同社退社○H 22参議院選挙香川県選挙区にて、同県初の公募による候補者として初当選○党副幹事長、参議院環境委員長、党環境部会長、経済産業副大臣兼内閣府副大臣歴任○参議院自民党国会対策副委員長（筆頭）○当選3回（H 22、H 28、R 4）

**デジタル大臣
内閣府特命担当大臣**
（デジタル改革 消費者及び食品安全）
国家公務員制度 担当　河野太郎（こう の た ろう）　自民［麻］

〈衆議院神奈川15区〉S 38.1.10生、神奈川県平塚市出身、米国ジョージタウン大学（比較政治学専攻）卒○会社員○外務大臣○防衛大臣○国務大臣（行政改革、国家公務員制度）○国家公安委員会委員長、内閣府特命担当大臣（消費者及び食品安全、規制改革、防災）○国務大臣（行政改革、ワクチン接種）○内閣府特命担当大臣（規制改革、沖縄及び北方対策）○衆議院外務委員長○当選9回（41、42、43、44、45、46、47、48、49）

**デジタル副大臣
兼内閣府副大臣　大串正樹**（おお ぐし まさ き）　自民［無］

〈衆議院比例近畿〉S 41.1.20兵庫県西宮市生、東北大学工学部、同大学院修了。工学修士○石川島播磨重工業、松下政経塾を経て、北陸先端科学技術大学院大学修了。博士（知識科学）。同大学院助教、西武文理大学准教授○H 23自由民主党兵庫県第六選挙区支部長に就任○H 29経済産業大臣政務官に就任○当選4回（46、47、48、49）

デジタル大臣政務官
兼内閣府大臣政務官
尾﨑正直（お ざき まさ なお）自民［二］

〈衆議院高知2区〉S 42.9.14高知市生、東京大学経済学部卒。著書「至誠通天の記」〇大蔵省入省、外務省在インドネシア大使館一等書記官、主計局主査、理財局計画官補佐、内閣官房副長官秘書官、高知県知事（三期）〇組織運動本部地方組織議員総局長、地方創生実行統合本部本部長補佐、デジタル社会推進本部事務局次長〇当選1回（49）

復興大臣
福島原発事故再生総括担当
渡辺博道（わた なべ ひろ みち）自民［茂］

〈衆議院千葉6区〉S 25.8.3千葉県松戸市生、早稲田大学法学部卒、明治大学大学院法学研究科修士課程修了〇松戸市職員、タクシー会社代表取締役、千葉県議会議員〇内閣府大臣政務官、経済産業副大臣、復興大臣〇衆議院総務委員長、厚生労働委員長、地方創生特別委員長、北朝鮮による拉致問題等に関する特別委員長、原子力問題調査特別委員長〇当選8回（41、42、43、44、46、47、48、49）

復興副大臣　小島敏文（こ じま とし ふみ）自民［岸］

〈衆議院比例中国〉S 25.9.7広島県世羅郡甲山町（現・世羅町）生、大東文化大学経済学部経営学科卒。著書「飯より政治が好き」「みどり資源活用のフロンティア」（共著）〇広島県議会議員、広島県議会副議長、財団法人広島教育事業団理事、広島県社会福祉審議会委員〇衆議院議員中山正暉秘書、衆議院議員宮澤喜一秘書、広島県森林組合連合会代表理事会長〇厚生労働大臣政務官〇自由民主党広島県第六選挙区支部長、副幹事長、国土交通部会長〇衆院厚生労働委員会筆頭理事〇当選4回（46、47、48、49）

復興副大臣　竹谷とし子（たけ や とし こ）公明

〈参議院東京〉S 44.9.30北海道標津町生、創価大学卒〇公認会計士。税理士、行政書士。監査法人、コンサルティング会社執行役員〇H 22東京選挙区から初当選。女性国会議員唯一の公認会計士として特別会計の積立金見直しで年700億円超の税のムダ削減や、国連のSDGsで言及された食品ロス・廃棄を削減し、あわせてフードバンクを支援するための「食品ロス削減推進法」成立を推進〇財務大臣政務官、参院災害対策特別委員長、総務委員長、法務委員長を歴任。党女性局長、党都本部副代表、食品ロス削減及びフードバンク支援を推進する議員連盟事務局長〇当選3回（H 22、H 28、R 4）

国家公安委員会委員長
国土強靱化担当
領土問題担当
内閣府特命担当大臣
（防災　海洋政策）

谷　公一 たに　こういち 自民[二]

〈衆議院兵庫5区〉S 27.1.28兵庫県美方郡香美町（旧村岡町）生、明治大学政治経済学部卒○兵庫県防災局長、兵庫県政策室長○国土交通大臣政務官、復興副大臣○自由民主党兵庫五区支部長、党団体総局長、党副幹事長、党国会対策副委員長、党政務調査会長代理、党税制調査会幹事、党災害対策特別委員長、党過疎対策特別委員長、党兵庫県支部連合会会長○衆議院国土交通委員会筆頭理事、農林水産委員会理事、議院運営委員会理事・議事進行係、国土交通委員長、東日本大震災復興特別委員長○当選7回（43、44、45、46、47、48、49）

こども政策担当
共生社会担当
女性活躍担当
孤独・孤立対策担当
内閣府特命担当大臣
（少子化対策　男女共同参画）

小倉將信 おぐらまさのぶ 自民[二]

〈衆議院東京23区〉S 56.5.30東京都生、東京大学法学部卒、オックスフォード大学院卒。著書「EBPMとは何か―令和の新たな政策形成―」○元日本銀行職員○総務大臣政務官○第52代自民党青年局局長○当選4回（46、47、48、49）

経済再生担当
新しい資本主義担当
新型コロナ対策担当
新型コロナ・健康危機管理担当
全世代型社会保障改革担当
内閣府特命担当大臣
（経済財政政策）

後藤茂之 ごとうしげゆき 自民[無]

〈衆議院長野4区〉S 30.12.9東京生、東京大学法学部卒○S 55大蔵省入省、米国ブラウン大学経済学部大学院留学（MA取得）、主税局企画調整室長にてH7退官○国土交通大臣政務官、法務副大臣、厚生労働大臣○自由民主党政務調査会長代理、税制調査会幹事、報道局長、社会保障制度に関する特命委員会事務局長、新型コロナウイルス感染症対策本部座長、日本経済再生本部幹事長、政調副会長七期、政調事務局長五期、厚労部会長、長野県支部連合会長○衆議院厚労委員長、予算・厚労各委員会筆頭理事、決算行政監視・予算・厚労・地方創生特別・財金・国交・経産・農水各委員会理事○当選7回（42、43、44、46、47、48、49）

経済安全保障担当
内閣府特命担当大臣
（知的財産戦略　科学技術政策　宇宙政策　経済安全保障）

高市早苗 たかいちさなえ 自民[無]

〈衆議院奈良2区〉S 36.3.7生、神戸大学経営学部卒○（財）松下政経塾卒塾。近畿大学経済学部教授。通商産業政務次官、経済産業副大臣（三回任命）、内閣府特命担当大臣（三回任命）、総務大臣（五回任命）○衆議院文部科学委員長、衆議院憲法調査会小委員長、衆議院議院運営委員長○自由民主党広報本部長、自由民主党遊説局長、自由民主党政務調査会長（三期）等を歴任○当選9回（40、41、42、44、45、46、47、48、49）

内閣府特命担当大臣

（沖縄及び北方対策 地方分権改革 クールジャパン戦略 アイヌ施策）デジタル田園都市国家構想担当 国際博覧会担当 行政改革担当

岡田直樹 おか だ なお き 自民［安］

〈参議院石川〉S 37.6.9石川県金沢市生、東京大学文学部卒・同大法学部卒○H 1北國新聞社に入社。政治記者、論説委員等を歴任○H 14石川県議会補欠選挙当選○H 16参議院議員初当選。H 19議運理事、国対副委員長。H 20国土交通大臣政務官、H 23年国土交通委員長、H 24議運筆頭理事、H 25参院自民党国対委員長代理、党整備新幹線等鉄道調査会幹事長、H 27財務副大臣、H 28党幹事長代理、H 29参院自民党幹事長代行、R 1内閣官房副長官○当選4回（H 16、H 22、H 28、R 4）

内閣府副大臣 藤丸 敏 ふじ まる さとし 自民［岸］

〈衆議院福岡7区〉S 35.1.19福岡県山門郡瀬高町生、東京学芸大学教育学部卒、東京学芸大学大学院中退○立正中学・高等学校社会科教師、本郷学園中学・高等学校社会科教師○古賀誠衆議院議員秘書○自由民主党福岡県第七選挙区支部長○防衛大臣政務官兼内閣府大臣政務官○当選4回（46、47、48、49）

内閣府副大臣 星野剛士 ほし の つよ し 自民［無］

〈衆議院比例南関東〉S 38.8.8東京都杉並区生、ニューヨーク・エルマイラ大学国際関係学科卒、日本大学法学部卒○産経新聞社社会部・政治記者○神奈川県議会議員、自由民主党青年局中央常任委員会議長。経営コンサルティング会社役員○経済産業大臣政務官兼内閣府大臣政務官兼復興大臣政務官○自由民主党内閣第一部会長代理○当選4回（46、47、48、49）

内閣府副大臣 和田義明 わ だ よし あき 自民［安］

〈衆議院北海道5区〉S 46.10.10大阪府池田市生、早稲田大学商学部卒。著書「北海道ブランド戦略」○三菱商事株式会社、衆議院議員町村信孝秘書、自由民主党北海道第五選挙区支部長を経て、H 28衆議院北海道第五区選出議員補欠選挙にて初当選○内閣府大臣政務官○自由民主党遊説局長、党総務会総務、党国防部会副部会長、党中央政治大学院副学院長、党女性局次長、党外交部会副部会長、党商工・中小企業関係団体副委員長○衆議院内閣委員、東日本大震災特別委員、地方創生特別委員○当選3回（47補、48、49）

内閣府大臣政務官　鈴木英敬（すず　き　えい　けい） 自民［安］

〈衆議院三重４区〉 S 49.8.15兵庫県生、東京大学経済学部卒○H 10通商産業省（現経済産業省）入省、内閣官房出向を経てH 19退官。H 23三重県知事選初当選（当時全国最年少36歳で就任）、その後連続三期当選○R 3衆議院選挙初当選○自民党新型コロナウイルス等感染症対策本部本部長補佐、地方創生実行統合本部本部長補佐○当選１回（49）

内閣府大臣政務官　自見はなこ（じ　み） 自民［二］

〈参議院比例〉 S 51.2.15長崎県佐世保市生、筑波大学第三学群国際関係学類卒、東海大学医学部卒○東京大学医学部小児科入局、東京都青梅市立総合病院小児科、虎の門病院小児科～現在（非常勤）、認定内科医、小児科専門医、日本医師連盟参与○H 28参議院選挙初当選。参議院厚生労働委員会理事、厚生労働大臣政務官等を歴任○当選２回（H 28、R 4）

内閣府大臣政務官兼復興大臣政務官　中野英幸（なか　の　ひで　ゆき） 自民［二］

〈衆議院埼玉７区〉 S 36.9.6埼玉県川越市生、日本大学通信教育部法学部政治経済学科中退○埼玉県議会議員（三期）○埼玉県議会企画財政委員長、産業労働企業委員長、経済・雇用対策特別委員長○自由民主党川越支部支部長○自由民主党埼玉県第七選挙区支部支部長○有限会社くらづくり本舗社長○当選１回（49）

衆議院・参議院案内図

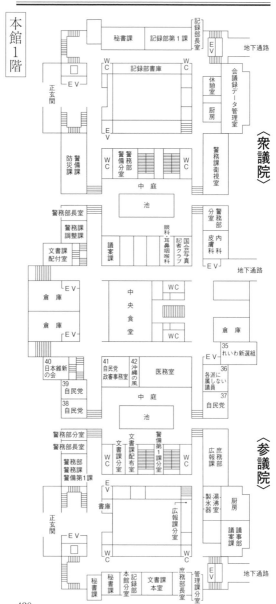

本館1階

〈衆議院〉

〈参議院〉

秘書課
記録部第1課
記録部長室
EV
地下通路

正玄関
EV
WC
記録部図書庫
WC
EV
休憩室
厨房
会議録データ管理室

防災課
警備課
WC
警務部
警備分室
WC
中庭
池
警務課衛視室

警務部長室
警務課調整課
文書課配付室
EV
倉庫
倉庫
EV
議案課
眼科
耳鼻咽喉科
国会写真
記者クラブ
分室
警務部
皮膚科
内科
EV
地下通路

中央食堂
WC
WC
倉庫
35 れいわ新選組
EV

40 日本維新の会
39 自民党
38 自民党
41 自民党政審事務室
42 沖縄の風
医務室
中庭
池
36 各派に属さない議員
37 自民党

警務部分室
警務部長室
警務部警務課警備第1課
文書課分室
WC
文書課配布室
警備第1課分室
WC
広報課
庶務課
製氷器
湯沸室
厨房

正玄関
EV
書庫
EV
広報課分室
WC
WC
議案課
議事部
管理課分室
EV
地下通路

秘書課
秘書課
記録部本館分室
文書課本室
庶務部長室

430

衆議院・参議院案内図

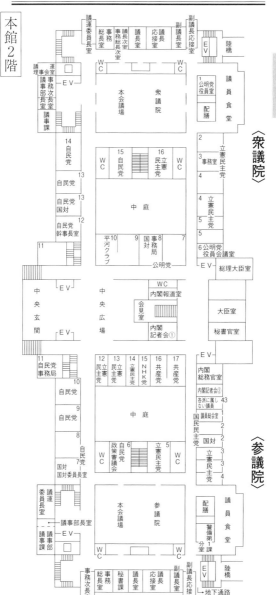

本館2階

〈衆議院〉

〈参議院〉

衆議院・参議院案内図

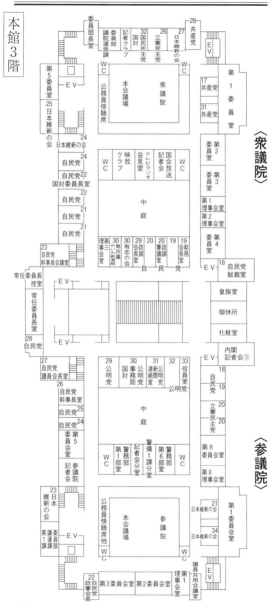

衆議院別館・分館案内図

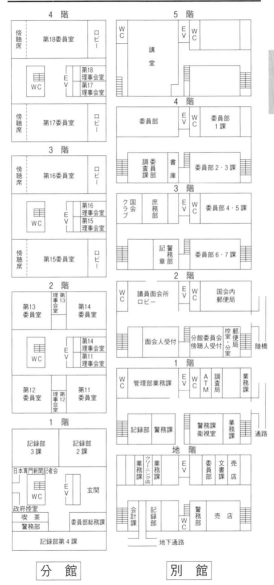

分館

4 階

| 傍聴席 | 第18委員室 | ロビー |

| WC | EV | 第18理事会室 / 第17理事会室 |

| 傍聴席 | 第17委員室 | ロビー |

3 階

| 傍聴席 | 第16委員室 | ロビー |

| WC | EV | 第16理事会室 / 第15理事会室 |

| 傍聴席 | 第15委員室 | ロビー |

2 階

| 第13委員室 | 第13理事会室 | 第14委員室 |

| WC | EV | 第14理事会室 / 第11理事会室 |

| 第12委員室 | 第12理事会室 | 第11委員室 |

1 階

| 記録部3課 | 記録部2課 |

| 日本専門新聞記者会 | WC | EV | 玄関 |

| 政府控室 / 喫茶 / 警務部 | 委員部総務課 |

| 記録部第4課 |

別館

5 階

| WC | EV / WC | |
| 講堂 | | |

4 階

| 委員部 | EV / WC | 委員部1課 |

| 調査課 / 委員部 | 書庫 | 委員部2・3課 |

3 階

| 国会クラブ / 庶務部 | EV / WC | 委員部4・5課 |

| 記章 / 警務部 | 委員部6・7課 |

2 階

| WC | 議員面会所 / ロビー | EV / WC | 国会内郵便局 |

| 面会人受付 | 分館委員会 / 傍聴人受付 | 控室・分室 / 郵便局 | 陸橋 |

1 階

| WC | 管理部業務課 | EV / WC / ATM | 調査局 | 業務課 |

| 記録部 / 警務課 | 警務課衛視室 | 業務課 | 通路 |

地 階

| 業務課 / クリーニング店 / 業務課 | EV | 委員部 / 文書課 | 売店 |

| 会計課 / 記録部 | WC / 警務部 | 売店 |

地下通路

433

参議院別館・分館案内図

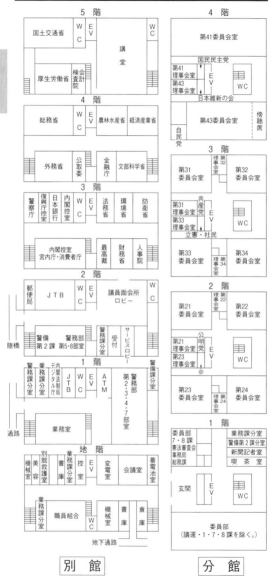

院内案内図

別館

5 階
- 国土交通省
- WC
- EV
- WC
- 講堂
- 厚生労働省
- 検査院
- 会計検査院

4 階
- 総務省
- WC
- EV
- 農林水産省
- 経済産業省
- 外務省
- 公取委
- 金融庁
- 文部科学省

3 階
- 警察庁
- 復興庁控室
- 日本銀行
- 内閣控室
- WC
- EV
- 法務省
- 環境省
- 防衛省
- 内閣控室 宮内庁・消費者庁
- 最高裁
- 財務省
- 人事院

2 階
- 郵便局
- JTB
- WC
- EV
- 議員面会所 ロビー
- WC
- 警備第2課 第5・8部室
- 警務部
- 警務課分室
- サービスロビー
- 受付
- 陸橋

1 階
- 警務課分室
- 業務課分室
- 内閣法制局 デジタル庁
- JTB
- WC
- EV
- ATM
- 警務部 第2・3・4・7部室
- 警備課分室
- 業務室
- 通路

地階
- 機械室
- 美容
- 別館救護室
- 書庫
- 業務課分室
- 控室
- EV
- 変電室
- 会議室
- 蓄電池室
- 業務課分室
- 職員組合
- 機械室
- 書庫
- 倉庫
- WC

地下通路

分館

4 階
- 第41委員会室
- 国民民主党
- 第41 理事会室
- 第43 理事会室
- EV
- WC
- 日本維新の会
- 自民党
- 第43委員会室
- 傍聴席

3 階
- 第31 委員会室
- 第32 理事会室
- 第32 委員会室
- 第31 理事会室
- 共産党
- 第33 理事会室
- EV
- WC
- 立憲・社民
- 第33 委員会室
- 第34 理事会室
- 第34 委員会室

2 階
- 第21 委員会室
- 第22 理事会室
- 第22 委員会室
- 第21 理事会室
- 公明党
- 第23 理事会室 ※
- EV
- WC
- 第23 委員会室
- 第24 理事会室
- 第24 委員会室

1 階
- 委員部 7・8課 憲法審査会事務局 総務課
- 業務課分室
- 警備第2課分室
- 新聞記者室
- 喫茶室
- 玄関
- EV
- WC
- 委員部 （議運・1・7・8課を除く。）

※ れいわ新選組、NHK党、沖縄の風、各派に属しない議員

衆議院第1議員会館2階案内図

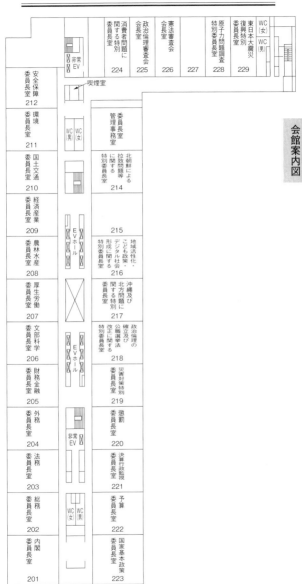

会館案内図

国会議事堂側

衆議院第1議員会館1階案内図

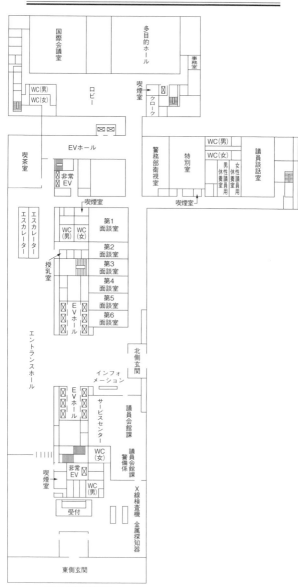

国際会議室

多目的ホール

事務室

WC(男)
WC(女)

ロビー

喫煙室

クローク

EVホール

警務部衛視室

特別室

WC(男)
WC(女)

議員談話室

男性議員用休養室

女性議員用休養室

喫茶室

非常EV

喫煙室

喫煙室

エスカレーター
エスカレーター
エスカレーター

第1面談室

WC(男)　WC(女)

第2面談室

授乳室

第3面談室

第4面談室

EVホール

第5面談室

第6面談室

北側玄関

インフォメーション

EVホール

サービスセンター

議員会館課

エントランスホール

WC(女)

議員会館課警備係

非常EV

喫煙室

WC(男)

X線検査機

金属探知機

受付

東側玄関

国会議事堂側

436

衆議院第1議員会館地下1階案内図

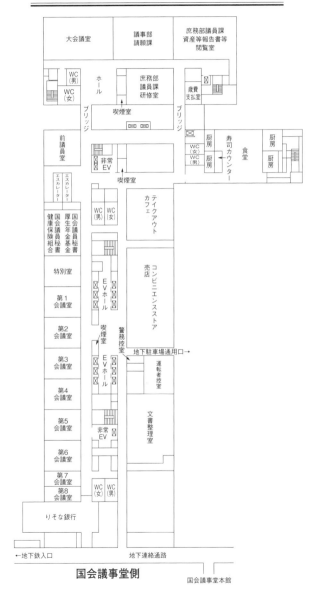

衆議院第１議員会館地下２階案内図

会館案内図

※2 国家基本政策調査室
内閣調査室
安全保障調査室
外務調査室
※1 第一特別調査室

WC（男）
WC（女）

調査局一号会議室

※3 総務調査室

調査局図書室

調査局図書整理室

総括調整監

法務調査室

炊煙室

非常EV

調査局調査情報課
調査局総務課
調査局局長室
局長会議室

議員会館課分室
日本共産党事務室
日本共産党会議室
国民民主党会議室
自由民主党会議室
日本維新の会政務調査会室

WC（男）
WC（女）

調査局二号研修室
調査局会議室
物品管理室
客員調査員室
特別委員会PT室
予備的調査PT室
調査局閲覧室

共用資料室

研修室C
調査局三号

研修室B
調査局二号

研修室A
調査局一号

※1 沖縄及び北方問題に関する特別委員会
　　消費者問題に関する特別委員会
※2 北朝鮮による拉致問題等に関する
　　特別調査室
※3 地域活性化・こども政策・
　　デジタル社会形成に関する特別調査室

EVホール

立憲民主党B会議室
立憲民主党A会議室

EVホール

理髪室
美容室
歯科診療室

非常EV

WC（男）
WC（女）

療術治療室

国会議事堂側

438

衆議院第1議員会館地下3階案内図

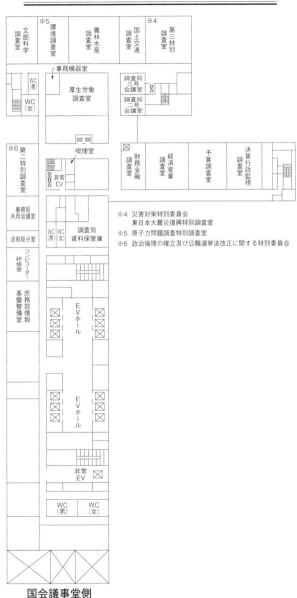

※4 災害対策特別委員会
　　東日本大震災復興特別調査室
※5 原子力問題調査特別調査室
※6 政治倫理の確立及び公職選挙法改正に関する特別委員会

国会議事堂側

衆議院第２議員会館１階案内図

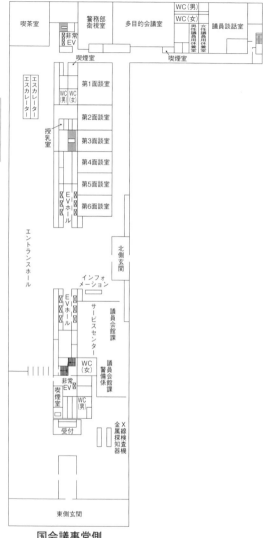

衆議院第2議員会館地下1階案内図

国会議事堂側

衆議院第2議員会館地下2階案内図

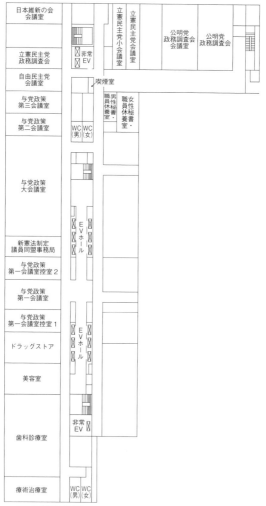

参議院議員会館2階案内図

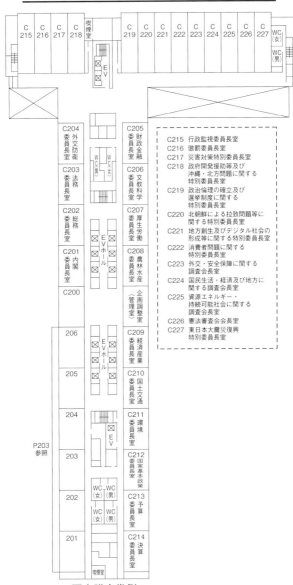

C215　C216　C217　C218　喫煙室

C219　C220　C221　C222　C223　C224　C225　C226　C227　WC(女)　WC(男)

EV

C204 外交防衛委員長室
C203 法務委員長室
C202 総務委員長室
C201 内閣委員長室
C200

C205 財政金融委員長室
C206 文教科学委員長室
C207 厚生労働委員長室
C208 農林水産委員長室
企画調整室（管理室）

WC(男)　WC(女)

EVホール

206
205
204
P203参照
203
202
201

WC(女)　WC(男)

EV

C209 経済産業委員長室
C210 国土交通委員長室
C211 環境委員長室
C212 国家基本政策委員長室
C213 予算委員長室
C214 決算委員長室

WC(女)　WC(男)

喫煙室

C215　行政監視委員長室
C216　懲罰委員長室
C217　災害対策特別委員長室
C218　政府開発援助等及び
　　　沖縄・北方問題に関する
　　　特別委員長室
C219　政治倫理の確立及び
　　　選挙制度に関する
　　　特別委員長室
C220　北朝鮮による拉致問題等に
　　　関する特別委員長室
C221　地方創生及びデジタル社会の
　　　形成等に関する特別委員長室
C222　消費者問題に関する
　　　特別委員長室
C223　外交・安全保障に関する
　　　調査会長室
C224　国民生活・経済及び地方に
　　　関する調査会長室
C225　資源エネルギー・
　　　持続可能社会に関する
　　　調査会長室
C226　憲法審査会会長室
C227　東日本大震災復興
　　　特別委員長室

国会議事堂側

参議院議員会館 1 階案内図

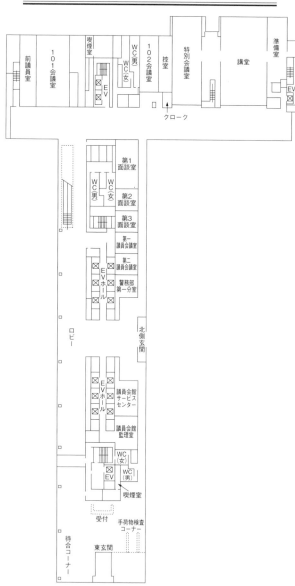

参議院議員会館地下1階案内図

445

参議院議員会館地下２階案内図

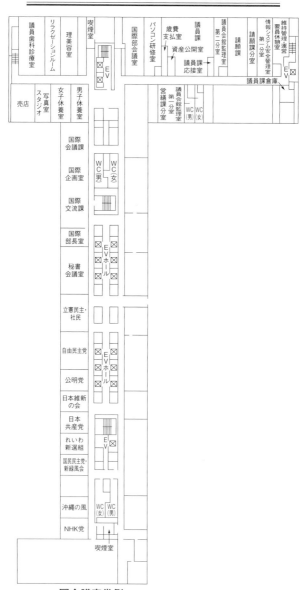

議員歯科診療室
リラクゼーションルーム
理美容室
喫煙室
国際部会議室
パソコン研修室
歳費支払室
資産公開室
議員課
議員課応接室
議員会館監理室
第二分室
請願課
請願課分室
情報システム安全管理室
第一分室
議員休憩室
維持管理運営要員休憩室
EV
議員課倉庫

売店
女子休養室
スタジオ
写真室
男子休養室
営繕課分室
議員会館監理室
第一分室
WC（男）
WC（女）

国際会議課
WC（男）
WC（女）

国際企画室

国際交流課

国際部長室

秘書会議室
EVホール

立憲民主・社民

自由民主党
EVホール

公明党

日本維新の会

日本共産党

れいわ新選組
EV

国民民主党・新緑風会

沖縄の風
WC（女）
WC（男）

NHK党

喫煙室

国会議事堂側

ドント方式による比例代表選挙当選順位

	A党	B党	C党
	1500票	900票	720票
1で割る	1500①	900②	720④
2で割る	750③	450⑥	360
3で割る	500⑤	300	240
4で割る	375⑦	225	180
5で割る	300	180	144

（日本経済新聞より）

各党の得票数を1、2、3……と整数（各党に割り振る議席）で割っていき、商の大きい順に当選を決めていく。左の図は7議席を配分した例。当選順位を決定していく作業はどの政党の何人目の候補に議席を与えれば有権者の投票を最も反映するかを判断するとともに、各党の1議席当たりの得票数をなるべく公平にする意味がある。

第49回衆議院選挙（令和3年10月31日施行）

【北海道】(8人)
(P57参照)

自民党 4人
- ÷1 ① 863,300
- ÷2 ③ 431,650
- ÷3 ⑥ 287,766
- ÷4 ⑧ 215,825

立憲民主党 3人
- ÷1 ② 682,912
- ÷2 ④ 341,456
- ÷3 ⑦ 227,637

公明党 1人
- ÷1 ⑤ 294,371

【東北】(13人)
(P66参照)

自民党 6人
- ÷1 ① 1,628,233
- ÷2 ③ 814,116
- ÷3 ④ 542,744
- ÷4 ⑦ 407,058
- ÷5 ⑨ 325,646
- ÷6 ⑪ 271,372

立憲民主党 4人
- ÷1 ② 991,504
- ÷2 ⑤ 495,752
- ÷3 ⑧ 330,501
- ÷4 ⑬ 247,876

公明党 1人
- ÷1 ⑥ 456,287

共産党 1人
- ÷1 ⑩ 292,830

日本維新の会 1人
- ÷1 ⑫ 258,690

【北関東】(19人)
(P78参照)

自民党 7人
- ÷1 ① 2,172,065
- ÷2 ③ 1,086,032
- ÷3 ⑤ 724,021
- ÷4 ⑧ 543,016
- ÷5 ⑪ 434,413
- ÷6 ⑬ 362,010
- ÷7 ⑮ 310,295

立憲民主党 5人
- ÷1 ② 1,391,148
- ÷2 ⑥ 695,574
- ÷3 ⑨ 463,716
- ÷4 ⑭ 347,787
- ÷5 ⑱ 278,229

公明党 3人
- ÷1 ④ 823,930
- ÷2 ⑫ 411,965
- ÷3 ⑲ 274,643

日本維新の会 2人
- ÷1 ⑦ 617,531
- ÷2 ⑯ 308,765

共産党 1人
- ÷1 ⑩ 444,115

国民民主党 1人
- ÷1 ⑰ 298,056

【南関東】(22人)
(P92参照)

自民党 9人
- ÷1 ① 2,590,787
- ÷2 ③ 1,295,393
- ÷3 ⑤ 863,595
- ÷4 ⑧ 647,696
- ÷5 ⑪ 518,157
- ÷6 ⑬ 431,797
- ÷7 ⑰ 370,112
- ÷8 ⑲ 323,848
- ÷9 ㉒ 287,865

立憲民主党 5人
- ÷1 ② 1,651,562
- ÷2 ⑦ 825,781
- ÷3 ⑨ 550,520
- ÷4 ⑮ 412,890
- ÷5 ⑱ 330,312

日本維新の会 3人
- ÷1 ④ 863,897
- ÷2 ⑫ 431,948
- ÷3 ㉑ 287,965

公明党 2人
- ÷1 ⑥ 850,667
- ÷2 ⑭ 425,333

共産党 1人
- ÷1 ⑩ 534,493

国民民主党 1人
- ÷1 ⑯ 384,481

れいわ新選組 1人
- ÷1 ⑲ 302,675

【東京都】(17人)
(P102参照)

自民党 6人
- ÷1 ① 2,000,084
- ÷2 ③ 1,000,042
- ÷3 ⑦ 666,694
- ÷4 ⑨ 500,021
- ÷5 ⑫ 400,016
- ÷6 ⑯ 333,347

立憲民主党 4人
- ÷1 ② 1,293,281
- ÷2 ⑧ 646,640
- ÷3 ⑩ 431,093
- ÷4 ⑬ 323,320

日本維新の会 2人
- ÷1 ④ 858,577
- ÷2 ⑪ 429,288

公明党 2人
- ÷1 ⑤ 715,450
- ÷2 ⑭ 357,725

共産党 2人
- ÷1 ⑥ 670,340

(P110参照)
(P123参照)
(P141参照)
(P149参照)
(P154参照)
(P167参照)

÷2　⑮　335,170
れいわ新選組　1人
÷1　⑬　360,387

【北陸信越】(11人)
(P110参照)

自民党　6人
÷1　①　1,468,380
÷2　③　734,190
÷3　④　489,460
÷4　⑥　367,095
÷5　⑨　293,676
÷6　⑪　244,730

立憲民主党　3人
÷1　②　773,076
÷2　⑤　386,538
÷3　⑩　257,692

日本維新の会　1人
÷1　⑦　361,476

公明党　1人
÷1　⑧　322,535

【東海】(21人)
(P123参照)

自民党　9人
÷1　①　2,515,841
÷2　③　1,257,920
÷3　④　838,613
÷4　⑧　628,960
÷5　⑩　503,168
÷6　⑪　419,306
÷7　⑯　359,405
÷8　⑱　314,480
÷9　⑳　279,537

立憲民主党　5人
÷1　②　1,485,947
÷2　⑦　742,973
÷3　⑩　495,315
÷4　⑮　371,486
÷5　⑲　297,189

公明党　3人
÷1　⑤　784,976
÷2　⑬　392,488
÷3　㉑　261,658

日本維新の会　2人
÷1　⑦　694,630
÷2　⑰　347,315

共産党　1人
÷1　⑫　408,606

国民民主党　1人
÷1　⑭　382,733

れいわ新選組　1人
÷1　－　273,208

※れいわ新選組は1議席分の票を獲得したが、名簿登載者2人(重複立候補)がいずれも小選挙区で復活当選に必要な得票数(有効投票総数の10%)に満たなかった。このため、次点だった公明党に1議席が割り振られた。

【近畿】(28人)
(P141参照)

日本維新の会　10人
÷1　①　3,180,219
÷2　③　1,590,109
÷3　⑦　1,060,073
÷4　⑨　795,054
÷5　⑪　636,043
÷6　⑮　530,036
÷7　⑰　454,317
÷8　⑲　397,527
÷9　㉓　353,357
÷10　㉕　318,021

自民党　8人
÷1　②　2,407,699
÷2　④　1,203,849
÷3　⑧　802,566
÷4　⑫　601,924
÷5　⑯　481,539
÷6　⑱　401,283
÷7　㉔　343,957
÷8　㉗　300,962

公明党　3人
÷1　⑤　1,155,683
÷2　⑬　577,841
÷3　⑳　385,227

立憲民主党　3人
÷1　⑥　1,090,665
÷2　⑭　545,332
÷3　㉒　363,555

共産党　2人
÷1　⑩　736,156
÷2　㉑　368,078

国民民主党　1人
÷1　㉖　303,480

れいわ新選組　1人
÷1　㉘　292,483

【中国】(11人)
(P149参照)

自民党　6人
÷1　①　1,352,723
÷2　②　676,361
÷3　④　450,907
÷4　⑥　338,180
÷5　⑨　270,544
÷6　⑩　225,453

立憲民主党　2人
÷1　③　573,324
÷2　⑦　286,662

公明党　2人
÷1　⑤　436,220
÷2　⑪　218,110

日本維新の会　1人
÷1　⑧　286,302

【四国】(6人)
(P154参照)

自民党　3人
÷1　①　664,805
÷2　②　332,402
÷3　⑤　221,601

立憲民主党　1人
÷1　③　291,870

公明党　1人
÷1　④　233,407

日本維新の会　1人
÷1　⑥　173,826

【九州】(20人)
(P167参照)

自民党　8人
÷1　①　2,250,966
÷2　②　1,125,483
÷3　⑤　750,322
÷4　⑦　562,741
÷5　⑩　450,193
÷6　⑫　375,161
÷7　⑮　321,566
÷8　⑰　281,370

立憲民主党　4人
÷1　③　1,266,801
÷2　⑥　633,400
÷3　⑪　422,267
÷4　⑯　316,700

公明党　4人
÷1　④　1,040,756
÷2　⑨　520,378
÷3　⑭　346,918
÷4　⑳　260,189

日本維新の会　2人
÷1　⑧　540,338
÷2　⑲　270,169

共産党　1人
÷1　⑬　365,658

国民民主党　1人
÷1　⑱　279,509

(小数点以下は切り捨て)

第25回参議院選挙（令和元年7月21日施行）

（P223参照）

自民党　19人
÷1	①	17,712,373
÷2	②	8,856,186
÷3	⑤	5,904,124
÷4	⑧	4,428,093
÷5	⑩	3,542,474
÷6	⑬	2,952,062
÷7	⑮	2,530,339
÷8	⑲	2,214,046
÷9	㉒	1,968,041
÷10	㉓	1,771,237
÷11	㉗	1,610,215
÷12	㉚	1,476,031
÷13	㉛	1,362,490
÷14	㉞	1,265,169
÷15	㊱	1,180,824
÷16	㊶	1,107,023
÷17	㊹	1,041,904
÷18	㊼	984,020
÷19	㊿	932,230

立憲民主党　8人
÷1	③	7,917,720
÷2	⑨	3,958,860
÷3	⑭	2,639,240
÷4	㉑	1,979,430
÷5	㉘	1,583,544
÷6	㉜	1,319,620
÷7	㊵	1,131,102
÷8	㊺	989,715

公明党　7人
÷1	④	6,536,336
÷2	⑫	3,268,168
÷3	⑳	2,178,778
÷4	㉖	1,634,084
÷5	㉝	1,307,267
÷6	㊷	1,089,389
÷7	㊾	933,762

日本維新の会　5人
÷1	⑥	4,907,844
÷2	⑯	2,453,922
÷3	㉕	1,635,948
÷4	㉟	1,226,961
÷5	㊽	981,568

共産党　4人
÷1	⑦	4,483,411
÷2	⑱	2,241,705
÷3	㉙	1,494,470
÷4	㊲	1,160,852

国民民主党　3人
÷1	⑪	3,481,078
÷2	㉔	1,740,539
÷3	㊳	1,160,539

れいわ新選組　2人
÷1	⑰	2,280,252
÷2	㊴	1,140,126

社民党　1人
÷1	㊸	1,046,011

NHKから国民を守る党　1人
÷1	㊻	987,885

（小数点以下は切り捨て）

第26回参議院選挙（令和4年7月10日施行）

（P234参照）

自民党　18人
÷1	①	18,256,245
÷2	②	9,128,122
÷3	⑥	6,085,415
÷4	⑦	4,564,061
÷5	⑨	3,651,249
÷6	⑭	3,042,707
÷7	⑯	2,608,035
÷8	⑱	2,282,030
÷9	㉑	2,028,471
÷10	㉓	1,825,624
÷11	㉗	1,659,658
÷12	㉛	1,521,353
÷13	㉜	1,404,326
÷14	㉟	1,304,017
÷15	㊴	1,217,083
÷16	㊷	1,141,015
÷17	㊺	1,073,896
÷18	㊽	1,014,235

日本維新の会　8人
÷1	③	7,845,995
÷2	⑧	3,922,997
÷3	⑮	2,615,331
÷4	㉒	1,961,498
÷5	㉙	1,569,199
÷6	㉞	1,307,665
÷7	㊹	1,120,856
÷8	㊾	980,749

立憲民主党　7人
÷1	④	6,771,945
÷2	⑪	3,385,972
÷3	⑲	2,257,315
÷4	㉖	1,692,986
÷5	㉝	1,354,389
÷6	㊸	1,128,657
÷7	㊿	967,420

公明党　6人
÷1	⑤	6,181,431
÷2	⑬	3,090,715
÷3	⑳	2,060,477
÷4	㉚	1,545,357
÷5	㊳	1,236,286
÷6	㊼	1,030,238

共産党　3人
÷1	⑩	3,618,342
÷2	㉔	1,809,171
÷3	㊵	1,206,114

国民民主党　3人
÷1	⑫	3,159,625
÷2	㉘	1,579,812
÷3	㊻	1,053,203

れいわ新選組　2人
÷1	⑰	2,319,156
÷2	㊶	1,159,578

参政党　1人
÷1	㉕	1,768,385

社民党　1人
÷1	㊱	1,258,501

ＮＨＫ党　1人
÷1	㊲	1,253,872

（小数点以下は切り捨て）

※　各党の得票数を1、2、3…の整数で割り、その「商」の大きい順に議席が配分されます。各党の得票数を1、2、3…の整数で割った「商」を掲載しています。丸なか数字はドント式当選順位です。

年齢早見表 （令和5年・西暦2023年・紀元2683年）

生まれ年	年齢	西暦	十二支	干支
昭和8	90	1933	酉	癸
9	89	1934	戌	甲
10	88	1935	亥	乙
11	87	1936	子	丙
12	86	1937	丑	丁
13	85	1938	寅	戊
14	84	1939	卯	己
15	83	1940	辰	庚
16	82	1941	巳	辛
17	81	1942	午	壬
18	80	1943	未	癸
19	79	1944	申	甲
20	78	1945	酉	乙
21	77	1946	戌	丙
22	76	1947	亥	丁
23	75	1948	子	戊
24	74	1949	丑	己
25	73	1950	寅	庚
26	72	1951	卯	辛
27	71	1952	辰	壬
28	70	1953	巳	癸
29	69	1954	午	甲
30	68	1955	未	乙
31	67	1956	申	丙
32	66	1957	酉	丁
33	65	1958	戌	戊
34	64	1959	亥	己
35	63	1960	子	庚
36	62	1961	丑	辛
37	61	1962	寅	壬
38	60	1963	卯	癸
39	59	1964	辰	甲
40	58	1965	巳	乙
41	57	1966	午	丙
42	56	1967	未	丁
43	55	1968	申	戊
44	54	1969	酉	己
45	53	1970	戌	庚
46	52	1971	亥	辛
47	51	1972	子	壬
48	50	1973	丑	癸
49	49	1974	寅	甲
50	48	1975	卯	乙
51	47	1976	辰	丙

生まれ年	年齢	西暦	十二支	干支
昭和52	46	1977	巳	丁
53	45	1978	午	戊
54	44	1979	未	己
55	43	1980	申	庚
56	42	1981	酉	辛
57	41	1982	戌	壬
58	40	1983	亥	癸
59	39	1984	子	甲
60	38	1985	丑	乙
61	37	1986	寅	丙
62	36	1987	卯	丁
63	35	1988	辰	戊
(昭64)平成元	34	1989	巳	己
2	33	1990	午	庚
3	32	1991	未	辛
4	31	1992	申	壬
5	30	1993	酉	癸
6	29	1994	戌	甲
7	28	1995	亥	乙
8	27	1996	子	丙
9	26	1997	丑	丁
10	25	1998	寅	戊
11	24	1999	卯	己
12	23	2000	辰	庚
13	22	2001	巳	辛
14	21	2002	午	壬
15	20	2003	未	癸
16	19	2004	申	甲
17	18	2005	酉	乙
18	17	2006	戌	丙
19	16	2007	亥	丁
20	15	2008	子	戊
21	14	2009	丑	己
22	13	2010	寅	庚
23	12	2011	卯	辛
24	11	2012	辰	壬
25	10	2013	巳	癸
26	9	2014	午	甲
27	8	2015	未	乙
28	7	2016	申	丙
29	6	2017	酉	丁
30	5	2018	戌	戊
(平31)令和元	4	2019	亥	己
2	3	2020	子	庚
3	2	2021	丑	辛
4	1	2022	寅	壬
5	0	2023	卯	癸

國會要覧® 第七十四版

令和5年2月24日発行　　定価：3,123円(本体＋税10%)

編集・発行人　中島孝司　※定期購読の場合は送料は当社負担と致します。

発行所　国政情報センター

〒150-0044 東京都渋谷区円山町5-4 道玄坂ビル

電話 03 (3476) 4111

ＦＡＸ 03 (3476) 4842

郵便振替　00150-1-24932

ISBN978-4-87760-344-1 C2531 ¥2839E

政党／省庁 住所・電話番号一覧

名称	〒	住所	電話番号
自由民主党	〒100-8910	千代田区永田町1-11-23	☎03(3581)6211
立憲民主党	〒100-0014	千代田区永田町1-11-1	☎03(3595)9988
日本維新の会	〒542-0082	大阪府中央区島之内1-17-16 三榮長堀ビル	☎06(4963)8800
公明党	〒160-0012	新宿区南元町17	☎03(3353)0111
日本共産党	〒151-8586	渋谷区千駄ヶ谷4-26-7	☎03(3403)6111
国民民主党	〒102-0093	千代田区平河町2-5-3 永田町グリッド4F	☎03(3593)6229
れいわ新選組	〒102-0083	千代田区麹町2-5-20 押田ビル4F	☎03(6384)1974
社会民主党	〒104-0043	中央区湊3-18-17 マルK榎本ビル5F	☎03(3553)3731
Ｎ Ｈ Ｋ 党	〒100-8962	千代田区永田町2-1-1参議院議員会館403号	☎03(6550)0403
参 政 党	〒106-0041	港区麻布台2-2-12 三貴ビル3F	☎050(5490)1344
衆 議 院	〒100-8960	千代田区永田町1-7-1	☎03(3581)5111
参 議 院	〒100-8961	千代田区永田町1-7-1	☎03(3581)3111
国立国会図書館	〒100-8924	千代田区永田町1-10-1	☎03(3581)2331
内 閣	〒100-0014	千代田区永田町2-3-1 総理官邸	☎03(3581)0101
内 閣 官 房	〒100-8968	千代田区永田町1-6-1	☎03(5253)2111
内 閣 法 制 局	〒100-0013	千代田区霞が関1-1-1 ㊷4号館	☎03(3581)7271
人 事 院	〒100-8913	千代田区霞が関1-2-3 ㊷5号館別館	☎03(3581)5311
内 閣 府	〒100-8914	千代田区永田町1-6-1	☎03(5253)2111
宮 内 庁	〒100-8111	千代田区千代田1-1	☎03(3213)1111
公正取引委員会	〒100-8987	千代田区霞が関1-1-1 ㊷6号館B棟	☎03(3581)5471
警 察 庁	〒100-8974	千代田区霞が関2-1-2 ㊷2号館	☎03(3581)0141
個人情報保護委員会	〒100-0013	千代田区霞が関3-2-1 霞が関コモンゲート西館32F	☎03(6457)9680
カジノ管理委員会	〒105-6090	港区虎ノ門4-3-1 城山トラストタワー12F・13F	☎03(6453)0201
金 融 庁	〒100-8967	千代田区霞が関3-1-1 ㊷7号館	☎03(3506)6000
消 費 者 庁	〒100-8958	千代田区霞が関3-1-1 ㊷4号館	☎03(3507)8800
デジタル庁	〒102-0094	千代田区紀尾井町1-3東京ガーデンテラス紀尾井町19F・20F	☎03(4477)6775
復 興 庁	〒100-0013	千代田区霞が関3-1-1 ㊷4号館	☎03(6328)1111
総 務 省	〒100-8926	千代田区霞が関2-1-2 ㊷2号館	☎03(5253)5111
消 防 庁	〒100-8927	〃	
法 務 省	〒100-8977	千代田区霞が関1-1-1 ㊷6号館	☎03(3580)4111
出入国在留管理庁		〃	
公 安 調 査 庁	〒100-0013		☎03(3592)5711
最 高 検 察 庁	〒100-0013		☎03(3592)5611
外 務 省	〒100-8919	千代田区霞が関2-2-1	☎03(3580)3311
財 務 省	〒100-8940	千代田区霞が関3-1-1	☎03(3581)4111
国 税 庁	〒100-8978	〃	☎03(3581)4161
文 部 科 学 省	〒100-8959	千代田区霞が関3-2-2	☎03(5253)4111
スポーツ庁	〃	〃	
文 化 庁	〃	〃	
厚 生 労 働 省	〒100-8916	千代田区霞が関1-2-2 ㊷5号館本館	☎03(5253)1111
農 林 水 産 省	〒100-8950	千代田区霞が関1-2-1 ㊷1号館	☎03(3502)8111
林 野 庁	〒100-8952	〃	
水 産 庁	〒100-8907	〃	
経 済 産 業 省	〒100-8901	千代田区霞が関1-3-1	☎03(3501)1511
資源エネルギー庁	〒100-8901	〃	
特 許 庁	〒100-8915	千代田区霞が関3-4-3	☎03(3581)1101
中 小 企 業 庁	〒100-8912	千代田区霞が関1-3-1	☎03(3501)1511
国 土 交 通 省	〒100-8918	千代田区霞が関2-1-3 ㊷3号館	☎03(5253)8111
観 光 庁	〃	〃	
気 象 庁	〒105-8431	港区虎ノ門3-6-9	☎03(6758)3900
海 上 保 安 庁		国土交通省内	☎03(3591)6361
環 境 省	〒100-8975	千代田区霞が関1-2-2 ㊷5号館本館	☎03(3581)3351
原子力規制庁	〒106-8450	港区六本木1-9-9	☎03(3581)3352
防 衛 省	〒162-8801	新宿区市谷本村町5-1	☎03(3268)3111
防 衛 装 備 庁	〃	〃	
会 計 検 査 院	〒100-8941	千代田区霞が関3-2-2 ㊷7号館	☎03(3581)3251
最 高 裁 判 所	〒102-8651	千代田区隼町4-2	☎03(3264)8111

※㊷＝中央合同庁舎

第2次岸田改造内閣

内閣官房副長官
木原誠二

内閣官房副長官
磯﨑仁彦

デジタル副大臣兼内閣府副大臣
大串正樹

内閣府副大臣
星野剛士

内閣府副大臣
和田義明

総務副大臣
尾身朝子

外務副大臣
山田賢司

財務副大臣
井上貴博

財務副大臣
秋野公造

厚生労働副大臣兼内閣府副大臣
伊佐進一

農林水産副大臣
勝俣孝明

農林水産副大臣
野中　厚

国土交通副大臣兼
内閣府副大臣兼復興副大臣
石井浩郎

環境副大臣
山田美樹

環境副大臣兼内閣府副大臣
小林茂樹

副長官・副大臣

復興副大臣
小島敏文

復興副大臣
竹谷とし子

内閣府副大臣
藤丸　敏

総務副大臣
柘植芳文

法務副大臣
門山宏哲

外務副大臣
武井俊輔

文部科学副大臣
井出庸生

文部科学副大臣
簗　和生

厚生労働副大臣
羽生田　俊

経済産業副大臣兼内閣府副大臣
中谷真一

経済産業副大臣兼内閣府副大臣
太田房江

国土交通副大臣
豊田俊郎

防衛副大臣兼内閣府副大臣
井野俊郎

第2次岸田改造内閣

デジタル大臣政務官兼
内閣府大臣政務官
尾﨑 正直

内閣府大臣政務官
鈴木 英敬

内閣府大臣政務官
自見 はなこ

総務大臣政務官
長谷川 淳二

法務大臣政務官
高見 康裕

外務大臣政務官
秋本 真利

財務大臣政務官
宮本 周司

文部科学大臣政務官
伊藤 孝江

文部科学大臣政務官兼
復興大臣政務官
山本 左近

農林水産大臣政務官
藤木 眞也

経済産業大臣政務官兼
内閣府大臣政務官
長峯 誠

経済産業大臣政務官兼
内閣府大臣政務官兼復興大臣政務官
里見 隆治

環境大臣政務官
国定 勇人

環境大臣政務官兼
内閣府大臣政務官
柳本 顕

防衛大臣政務官
小野田 紀美